Markus M. Ronner · Der treffende Geistesblitz

Markus M. Ronner

Der treffende Geistesblitz

10 000 Aphorismen, Pointen und Bonmots
des 20. Jahrhunderts,
nach Stichwörtern alphabetisch geordnet

Mit Autorenverzeichnis

Ott Verlag Thun

CIP-Kurztitelaufnahme der Deutschen Bibliothek

Der treffende Geistesblitz: 10 000 Aphorismen, Pointen und Bonmots des 20. Jahrhunderts; mit Autorenverzeichnis / Markus M. Ronner. – 1. Aufl. – Thun: Ott, 1990
(Treffendreihe)
ISBN 3-7225-6128-0
NE: Ronner, Markus M. [Hrsg.]

1. Auflage 1990

ISBN 3-7225-6128-0

Printed in Switzerland
Ott Verlag + Druck AG Thun
Umschlag: Atelier Design + Druck AG

Für Ursula

Vorwort

Zugegeben: der Titel dieses Buches – der Reihe verpflichtet, in der es erscheint – ist das, was man gemeinhin als Pleonasmus zu bezeichnen pflegt. Denn wie der Blitz hat es auch der Geistesblitz bereits in sich, zu treffen. Wobei der, der sich getroffen fühlt, immer auch gemeint war. Es sei denn, man habe sich durch Blitzableitung gegen den Einschlag geschützt, was sich bei Geistesblitzen noch immer am wirksamsten bewerkstelligen läßt, wenn man sie nicht versteht. Ihrem Donnerschlag allerdings wird sich keiner zu entziehen vermögen – begrüßt von den einen als Reaktion auf die erlebte Erleuchtung, abgelehnt von den anderen, für die der Satz gilt: Wo Geistesblitze zucken, folgt unweigerlich auch das Donnergrollen der Dummheit.

Apropos Dummheit: das ist, bewußt so konzipiert, wohl die Stärke dieses Buches gegenüber seinen Vorläufern, den «Treffenden Pointen»: daß es sich weniger empfiehlt als Objekt der Ausbeutung durch jeden dahergelaufenen Ignoranten. Natürlich basiert die Originalität der Mehrheit unserer Zeitgenossen noch immer zu einem beträchtlichen Teil auf der Kunst, sich Bonmots zu merken und zu vergessen, von wem sie stammen. Ein Minimum an eigener Geisteskraft allerdings sollte vorausgesetzt werden dürfen. Wo etwa Sätze, wie sie ein Joseph Conrad feinfühlig formuliert hat, skrupellos und, nota bene, wider jedes Urheberrecht einem nicht nur punkto Textilien minderbemittelten «Seite-3-Girl» in den Schmollmund gelegt werden, endet jede Literatenlust im Frust.

Wie man dem begegnen kann? Indem man, ein Rezept, das sich noch in allen Lebenslagen bewährt hat, den geistigen Anspruch erhöht; etwa dadurch, daß man die Freunde des Kalauers nicht (mehr) auf ihre Rechnung kommen und statt dessen die Liebhaber feinsinnigen Humors vermehrt Anteil nehmen läßt.

So ist ein Buch entstanden, in dem von den insgesamt über 10000 nur noch die allerbesten Sätze meiner vorangegangenen Pointensammlungen (die aktuellen «Treffenden Pointen ums liebe Geld» natürlich ausgenommen) Aufnahme gefunden haben, derweil die Meßlatte für die geballte Ladung aller neu eingeführten Sätze beträchtlich höher geschraubt wurde – mit dem ehrgeizigen Ziel, so etwas wie ein Geistesgewitter des 20. Jahrhunderts auf die Leser niedergehen zu lassen.

Unterstrichen wird dieser Anspruch durch ein in seiner breitgefächerten Zusammensetzung bisher noch nirgends zu findendes Verzeichnis von rund 1400 Autoren und

ihrer Lebensdaten im Anhang, aber auch durch die sinngebende Komposition der unter insgesamt 3300 Stichwörtern vereinigten Sätze. Daraus ergibt sich bisweilen die amüsanteste «Fortsetzungsgeschichte» oder aber die Relativierung eines Spruchs durch einen Wider-Spruch; gelegentlich allerdings kann es auch geschehen, daß sich auf diese Weise der eine oder andere «zündende Geistesblitz» ziemlich unvermittelt als plumpe Geistesanleihe entlarvt sieht ...
Von den noch lebenden Autoren dieser Sammlung haben jene, die wir angefragt haben, ausnahmslos alle ihre Einwilligung zum Abdruck erteilt. Jene, die wir nicht zu erreichen vermochten, werden gegen dieses kleine Stück Verewigung nichts einzuwenden haben. Denn dieses Buch, im anbrechenden letzten Jahrzehnt unseres Jahrhunderts entstanden, birgt Gedankengut, das die Jahrtausendwende überleben wird. Es ist nun mal eine Tatsache, daß selbst von der Mehrzahl der literarischen Werke am Ende nur die Zitate übrigbleiben. Wobei es Zitate gibt, die es bereits sind, und solche, die es erst noch werden. Manches Wort hat nämlich einen mühsamen Fußmarsch – oder den Gang durch eine Sammlung wie die vorliegende – hinter sich, ehe es sich geflügelt in die Lüfte zu erheben vermag. Wie viele der in diesem Band zusammengetragenen es schaffen werden? Warten wir's ab.

Kampen, im August 1990 Markus M. Ronner

A

A Wer A sagt, der muß nicht B sagen. Er kann auch erkennen, daß A falsch war. *Bertolt Brecht*

Aal Wenn ich etwas in der Politik verabscheue, dann den Typ des Aals, der sich vor lauter Geschmeidigkeit am liebsten selbst in sein Hinterteil beißen würde. *Margaret Thatcher*

Abend *1* Nachrichtensprecher fangen stets mit «Guten Abend» an und brauchen dann 15 Minuten, um zu erklären, daß es kein guter Abend ist. *Rudi Carrell*

2 «Man soll den Tag nicht vor dem Abend loben», sagte die Eintagsfliege, als es dunkelte. *Markus M. Ronner*

3 Manche erwachen erst am Abend – ihres Lebens. *Wolfgang Eschker*

Abendkleid Ich trage große Toiletten immer nur einmal und verschenke sie dann. So kommt es, daß meine Abendkleider häufiger ausgehen als ich selbst. *Brigitte Bardot*

Abendland Eigentlich ist alles im männlichen Sitzen produziert worden, was das Abendland so sein Höheres nennt. *Gottfried Benn*

Abenteuerurlaub Abenteuerurlaub besteht aus siebzig Prozent Vorfreude und aus dreißig Prozent Nachsorge. *Alberto Sordi*

Aberglaube *1* Ein Glaube, der unruhig macht, ist Aberglaube. *Carl Ludwig Schleich*

2 Aberglaube ist die Freigeisterei zweiten Ranges. *Friedrich Nietzsche*

3 Die Astrologie ist eine Form von Aberglauben, die sich anmaßt, Gott in die Karten zu schauen. *Hoimar von Ditfurth*

4 Aberglaube kann mich erst dann beeindrucken, wenn einer sein dreizehntes Monatsgehalt ablehnt. *Markus M. Ronner*

5 Der größte Aberglaube ist der Glaube an die Vorfahrt. *Jacques Tati*

Abgrund *1* Wenn du lange in einen Abgrund blickst, blickt der Abgrund auch in dich hinein. *Friedrich Nietzsche*

2 Nicht der Abgrund trennt, sondern der Niveau-Unterschied. *Stanislaw Jerzy Lec*

3 Der Standort des Gipfels ist am Abgrund. *Stanislaw Jerzy Lec*

4 Gipfel und Abgrund sind eins. *Friedrich Nietzsche*

Abkürzung Beim Liebesspiel ist es wie beim Autofahren: Die Frauen mögen die Umleitung, die Männer die Abkürzung. *Jeanne Moreau*

Ablehnung Grundsätzliches Einverständnis ist die höflichste Form der Ablehnung. *Hans Jaray*

Abrüstung *1* Abrüstung mit Frieden zu verwechseln, ist ein schwerer Fehler. *Winston S. Churchill*

2 Auch Krieg ist eine Form von Abrüstung. *Markus M. Ronner*

Abrüstungskonferenz Abrüstungskonferenzen erinnern mich immer an den Versuch von Alkoholikern, sich darauf zu verständigen, an einem Tag der Woche ein Glas weniger zu trinken. *Alfred Mechtersheimer*

Absatz *1* Je größer der Stiefel, desto größer der Absatz. *Karl Kraus*

2 Als Partnerin von Fred Astaire habe ich immer die gleichen Schritte wie er gemacht. Aber rückwärts und mit hohen Absätzen. *Ginger Rogers*

3 Erfunden wurden die hohen Absätze zweifellos von einer Frau, deren Mann sie immer nur auf die Stirn geküßt hat. *Curt Goetz*

4 Wer einen Standpunkt allzu lange vertritt, bekommt schiefe Absätze. *Gustav Knuth*

Abschied *1* Im Abschied ist die Geburt der Erinnerung. *Salvador Dalí*

2 Ein Abschied schmerzt immer, auch wenn man sich schon lange darauf freut. *Arthur Schnitzler*

3 Abschied ist die innigste Weise menschlichen Zusammenseins. *Hans Kudszus*

Abseits Nicht im Jenseits liegt das Paradies, sondern im Abseits. *Hans Krailsheimer*

Absicht *1* In der Moral zählt nur die Absicht, in der Kunst nur das Ergebnis. *Henry de Montherlant*

2 Originalität ist etwas, das man nie mit Absicht erreicht. *William Somerset Maugham*

Absprung Die Meisterung des Schicksals besteht aus rechtzeitigen Absprüngen.
Hans Arndt

Abstand *1* Abstand wahren ist der kürzeste Weg in die Nähe des anderen. *Hans Kudszus*

2 Den Abstand wahren ist das Geheimnis der Kultur. *George Bernard Shaw*

3 Souveränität ist durchlittener Abstand.
Hans Arndt

Abstieg Ich verstehe nicht, was man gegen den Abstieg haben kann. Gäbe es den Abstieg nicht, wären die Gipfel übersät mit erfrorenen Bergsteigern. *Werner Schneyder*

Abstinenz *1* Abstinenz ist der heroische Verzicht auf etwas, was man ohnehin nicht kriegt. *Tristan Bernard*

2 Abstinenz ist leichter als Mäßigung.
Ewald Balser

Abstinenzler *1* Abstinenzler sind Leute, die vom Verzichten nicht genug bekommen können. *Michael Pfleghar*

2 Abstinenzler sind Leute, die niemals entdecken, was sie versäumt haben.
Marcello Mastroianni

Absurde *1* Das Absurde entsteht aus der Gegenüberstellung des Menschen, der fragt, und der Welt, die vernunftwidrig schweigt.
Albert Camus

2 Wer sich an das Absurde gewöhnt hat, findet sich in unserer Zeit gut zurecht.
Eugène Ionesco

Absurdität Absurdität: eine Meinungsäußerung, die der eigenen Ansicht offenkundig widerspricht. *Ambrose Bierce*

Abtreibung Wenn Männer Kinder bekämen, wäre die Abtreibung längst ein Sakrament.
Lore Lorentz

Accessoire Ein Mann kann anziehen, was er will – er bleibt doch nur ein Accessoire der Frau. *Gabrielle «Coco» Chanel*

Achillesferse Die meisten Menschen haben ihre Achillesferse woanders. *Heinrich Nüsse*

Achtung *1* Meistens nennen wir die Achtung dann vorzüglich und hoch, wenn wir sie verloren haben. *Nikolaus Cybinski*

2 Die Menschen haben vor dem Tod zuviel Achtung, gemessen an der geringen Achtung, die sie vor dem Leben haben.
Henry de Montherlant

Adam *1* Adam – der erste Entwurf für Eva.
Jeanne Moreau

2 Adam war ein Mensch: er wollte den Apfel nicht um des Apfels willen, sondern weil er verboten war. *Mark Twain*

3 Es gibt Männer, die heute noch der Rippe nachtrauern, die Adam hergeben mußte.
Markus M. Ronner

4 Adam und Eva hatten viele Vorteile. Vor allem bekamen sie ihre Zähne sofort und auf einmal. *Mark Twain*

5 Wie muß Adam das Gefühl ausgekostet haben, Dinge zu sagen, die vor ihm noch keiner gesagt hat! *Mark Twain*

6 Adam war höchstwahrscheinlich der vorläufig letzte Mensch, der nicht plagiiert hat.
George Bernard Shaw

7 Wenn Adam auf die Erde zurückkäme, würde er nichts wiedererkennen – ausgenommen die Witze. *Ugo Tognazzi*

Adel Nach der Ausrufung der Republik wurde der Adel in Österreich abgeschafft. An seine Stelle ist der Besitz eines Abonnements bei den Konzerten der Wiener Philharmoniker getreten. *Hans Weigel*

Adelsersatz In manchen Familien sind Hunde mit Stammbaum so eine Art Adelsersatz.
Oliver Hassencamp

Adjektiv Was Adjektive angeht: im Zweifelsfall streichen! *Mark Twain*

Adresse Man müßte nochmals zwanzig sein – mit den Adressen von heute. *Harald Juhnke*

Advokat Eine friedliche und einträchtige Welt ist der geheime Alptraum der Offiziere und Advokaten. *Norman Mailer*

Affe *1* Der Übergang vom Affen zum Menschen sind wir. *Konrad Lorenz*

2 Der Mensch stammt vom Affen ab. Immer mehr. *Wolfgang Eschker*

3 Der Mensch: ein durch die Zensur gerutschter Affe. *Gabriel Laub*

4 Es gibt Frauen, die Darwin falsch verstanden haben: Sie machen aus jedem Mann einen Affen. *Carola Höhn*

5 Auch in einem Königshaus lernt man wie die Affen: Indem man die Eltern beobachtet. *Charles, Prince of Wales*

6 Wenn Affen Klavier spielen können, warum sollten Menschen nicht dazu singen? *John Lennon*

7 Eigentlich wollten sie ja wieder einen Affen in den Weltraum schießen, aber dann erschien ihnen das doch zu grausam – und sie haben mich genommen. *Alan Shepard*

8 Nach manchen Gesprächen mit einem Menschen hat man das Verlangen, einen Hund zu streicheln, einem Affen zuzunicken oder vor einem Elefanten den Hut zu ziehen. *Maxim Gorki*

Afrika Zu den größten Leistungen europäischer Außenminister in Afrika gehört es, bei vierzig Grad im Schatten einen Frack zu tragen. *Roger Peyrefitte*

Aggressor Ein Friedlicher ist einer, der sich totschießen läßt, um zu beweisen, daß der andere der Aggressor gewesen ist. *Ludwig Marcuse*

Agitator Agitatoren sind Störenfriede, die eine zufriedene Bevölkerung zur Unzufriedenheit aufstacheln. Deshalb sind Agitatoren notwendig. *Oscar Wilde*

Ahnenstolz Vom Ahnenstolz ist es nur ein Schritt zum Rassenwahn. *Peter Benary*

Ahnung *1* Die Ahnung der Frau ist meistens zuverlässiger als das Wissen des Mannes. *Rudyard Kipling*

2 Menschen, die keine blasse Ahnung haben, bekommen schnell einen roten Kopf. *Gerhard Uhlenbruck*

AIDS AIDS: gehe nie mit Fremden fremd. *Gerhard Uhlenbruck*

Akademie Bilder malen lernt man ja ganz von selbst, aber wie man Bilder verkauft, das sollten sie einem auf der Akademie beibringen. *Olaf Gulbransson*

Akt Ich kenne viele Theaterstücke, bei denen man schon im ersten Akt nach dem Ausgang fragt. *Wolfgang Eschker*

Akteur Politik ist die Bühne, auf der die Souffleure manchmal deutlicher zu hören sind als die Akteure. *Ignazio Silone*

Aktie Die Börse hängt nur davon ab, ob es mehr Aktien gibt als Idioten – oder umgekehrt. *André Kostolany*

Aktualität *1* Die Aktualität ist der Pulsschlag der Presse. Deshalb haben Zeitschriften einen relativ niedrigen Blutdruck. *Cecil King*

2 Aktualität ist das, was unsere dauernde Langeweile unterbricht. *Peter Bichsel*

Aktuelle Journalisten sind Leute, die über Aktuelles unbefangen schreiben und über bürgerliche Ehren spotten. Dann werden sie Publizisten, schreiben über Ewiges bedeutsam und nehmen bürgerliche Ehren an. *Johannes Groß*

Akustik Prediger in leeren Kirchen trösten sich mit der besseren Akustik. *Markus M. Ronner*

Albernheit Albernheit ist eine Erholung von der Umwelt. *Peter Bamm*

Alibi Manchmal ist das Alibi das Verbrechen. *Stanislaw Jerzy Lec*

Alkohol *1* Wer sich verheizt fühlt, ist meistens auch versucht, mit Alkohol zu löschen. *Helmut Qualtinger*

2 Es hat keinen Sinn, Sorgen im Alkohol ertränken zu wollen, denn Sorgen sind gute Schwimmer. *Robert Musil*

3 Stehkneipen sind so beliebt, weil der Alkohol hier das beste Gefälle hat. *Jürgen von Manger*

Alleinsein Pünktlichkeit ist ein gutes Training für das Alleinsein. *Georg Thomalla*

Allerwerteste Bezeichnenderweise meint man mit dem Allerwertesten nicht den Kopf. *Rainer Malkowski*

Allianz Zwischen Staaten gibt es keine Freundschaft, sondern nur Allianzen. *Charles de Gaulle*

Alltag *1* Der Alltag der meisten Menschen ist stilles Heldentum in Raten. *Anna Magnani*

2 Alltag ist nur durch Wunder erträglich. *Max Frisch*

Allüre *1* Die Laster der Großen nennt man Allüren. *Friedl Beutelrock*

2 Leute mit Starallüren sind keine Stars. Ein Star hat keine Allüren. *Anna Moffo*

Alphabet *1* Was ist Literatur? Eine Aufblähung des Alphabets. *Werner Bergengruen*

2 Das X ist der Klappstuhl des Alphabets. *Ramón Gómez de la Serna*

Alptraum *1* Aus den Träumen von gestern werden manchmal die Alpträume von morgen. *Friedrich Nowottny*

2 Unser heutiges Leben ist ein Alptraum mit Klimaanlage. *Henry Miller*

Alte *1* Die Welt vergöttert die Jugend, aber regieren läßt sie sich von den Alten. *Henry de Montherlant*

2 Jugendgefährdend heißt: die Alten sind so gefährdet, daß sie sich hinter der Jugend verstecken müssen. *Ludwig Marcuse*

Alter *1* Wer jung altert, hat mehr vom Alter. *Christian Bruhn*

2 Alter ist immer noch das einzige Mittel, das man entdeckt hat, um lange leben zu können. *José Ortega y Gasset*

3 Seitdem man das Alter nicht mehr mit Würde trägt, wird versucht, es mit Frischzellen zu ertragen. *Oliver Hassencamp*

4 Alter ist meist nur eine Ausrede. *Rudolf Rolfs*

5 Kinder sind ein Trost im Alter und ein Mittel, es rascher zu erreichen. *Rudolf Fernau*

6 Nichts zeigt das Alter eines Menschen so sehr, wie wenn er die junge Generation schlechtmacht. *Adlai Stevenson*

7 Die Ungeduld ist die einzige Eigenschaft der Jugend, deren Verlust man im Alter nicht beklagt. *Frank Thieß*

8 Die junge Generation hat auch heute noch Respekt vor dem Alter. Allerdings nur beim Wein, beim Whisky und bei den Möbeln. *Truman Capote*

9 Es gibt ein Alter, in dem eine Frau schön sein muß, um geliebt zu werden. Und dann kommt das Alter, in dem sie geliebt werden muß, um schön zu sein. *Françoise Sagan*

10 Alter schützt vor Liebe nicht, aber Liebe schützt bis zu einem gewissen Grad vor Alter. *Jeanne Moreau*

11 Wer sein Alter verbirgt, schafft seine Erinnerungen ab. *Arletty*

12 Nur wer sein Alter verleugnet, fühlt sich wirklich alt. *Lilli Palmer*

13 Eine Frau, die ihr wahres Alter verrät, ist fähig, alles zu verraten. *Oscar Wilde*

14 Frauen fürchten nicht das Alter. Sie fürchten nur die Meinung der Männer über alte Frauen. *Jeanne Moreau*

15 Von einem bestimmten Alter an ist jeder Mensch für sein Gesicht verantwortlich. *Albert Camus*

16 Das ist der Vorteil, wenn man häßlich ist: das Alter zerstört die Häßlichkeit. *Martin Walser*

17 Das Alter macht nicht freundlicher, nur geneigter. *Elazar Benyoëtz*

18 Von einem bestimmten Alter an sollte man lernen, sich seine Feinde auszusuchen. *Hildegard Knef*

19 Von einem gewissen Alter an tut auch die Freude weh. *Charlie Chaplin*

20 Ein großer Vorteil des Alters liegt darin, daß man nicht länger die Dinge begehrt, die man sich früher aus Geldmangel nicht leisten konnte. *Charlie Chaplin*

21 Das Alter hat auch gesundheitliche Vorteile: zum Beispiel verschüttet man ziemlich viel von dem Alkohol, den man trinken möchte. *André Gide*

22 Versuchung im vorgerückten Alter ist wie ein Dudelsack ohne Luft. *John Barrymore*

23 Im Alter bereut man vor allem die Sünden, die man nicht begangen hat. *William Somerset Maugham*

24 Das Alter umgibt einen wie ein Panzerschrank. *Hermann Kesten*

25 Das Alter ist ein Schiffbruch. *Charles de Gaulle*

26 Die Tragödie des Alters besteht nicht darin, daß man alt ist, sondern daß man jung ist. *Oscar Wilde*

27 Der Trost ist die Kunst des Alters. *Simone de Beauvoir*

Altern *1* Altern ist eine schlechte Gewohnheit, die ein beschäftigter Mann gar nicht erst aufkommen läßt. *André Maurois*

2 In der Entschlußlosigkeit liegt das Geheimnis des Nicht-Alterns. *André Gide*

3 Altern beginnt damit, daß wir nur noch Konsequenzen aus dem ziehen können, wozu wir geworden sind. *Hans Kudszus*

4 Altern heißt sich über sich selbst klarwerden. *Simone de Beauvoir*

5 Altern heißt sich in zunehmendem Maße überflüssig machen. *Hellmut Walters*

6 Irgendwann hört auch das Altern auf; man verwittert dann nur noch.
George Bernard Shaw

Altersgrenze Keine Grenze verlockt mehr zum Schmuggeln als die Altersgrenze.
Robert Musil

Altersversorgung Unsere Gesellschaft gleicht einem Menschen, der ahnungslos in einem Minenfeld umherirrt und sich dabei Sorgen um seine Altersversorgung macht.
Hoimar von Ditfurth

Altruist *1* Es gibt flache Egoisten und tiefe Egoisten. Die letzteren nennt man Altruisten.
Egon Friedell

2 Die meisten Egoisten sind ehemalige Altruisten. *George Bernard Shaw*

Amateur *1* Zeichen der Zeit: die Künstler sind Profis geworden; die Amateure Künstler.
Erik Satie

2 Die Liebe ist nichts anderes als ein Seiltanz von Amateuren ohne Balancierstange und Netz. *Peter Altenberg*

Amboß *1* «Jeder ist seines Glückes Schmied»? Die meisten von uns sind der Amboß. *Hans-Horst Skupy*

2 Im Leben kommt es darauf an, Hammer oder Amboß zu sein – aber niemals das Material dazwischen. *Norman Mailer*

Ameise Kriege führen auch die Ameisen, Staaten haben auch die Bienen, Reichtümer sammeln auch die Hamster. *Hermann Hesse*

Amerika *1* Wer weiß, was Kolumbus alles entdeckt hätte, wäre ihm nicht Amerika im Wege gestanden. *Stanislaw Jerzy Lec*

2 Die Bedeutung von Kolumbus besteht nicht so sehr darin, daß er Amerika entdeckt hat, sondern daß er dort geblieben ist.
Alberto Moravia

3 Amerika war ein jungfräuliches Land. Die Pioniere fanden nur die Knochen der von ihnen abgemurksten Rothäute.
Charles de Gaulle

4 Amerika – die Entwicklung von der Barbarei zur Dekadenz ohne Umweg über die Kultur. *Georges Clemenceau*

5 Amerika – dies gesegnete Land, das der Mittelmäßigkeit eine Freiheitsstatue errichtet hat. *Walter Hasenclever*

6 Amerika ist eine Nation, die viele sonderbare Erfindungen macht, um irgendwohin zu gelangen, und die dann nicht weiß, was sie tun soll, wenn sie dort angekommen ist.
Will Rogers

7 Weil alles in Amerika so gleichförmig ist, hat man vollste Freiheit der Wahl, aber nichts, was man wählen möchte. *Peter Ustinov*

8 In Amerika ist das Verschiedensein nahezu gleichbedeutend mit Landesverrat.
Henry Miller

9 Die drei bekanntesten Generale in Amerika sind immer noch General Motors, General Electric und General Food. *Bob Hope*

10 Für hohe Positionen in Amerika braucht man keine Erfahrung. Es genügt die Bereitschaft, diese Erfahrung zu erwerben.
Dean Rusk

11 In Amerika regiert der Präsident für vier Jahre und der Journalismus für immer und ewig. *Oscar Wilde*

12 Es gibt Leute in Amerika, die Wichtigeres zu tun haben, als Präsident zu sein.
Peter Ustinov

13 Neben Coca-Cola sind die Blue Jeans der einzige strahlende Sieg Amerikas nach dem Zweiten Weltkrieg. *Horst Krüger*

14 Die Kirchen in Amerika sind eine Art Kosmetiksalon für Seelen.
Thomas Niederreuther

15 Amerika ist Amerika. Deutschland aber will Deutschland und außerdem noch Amerika sein. *Jean Cocteau*

Amerikaner *1* Der Amerikaner – ein Europäer mit Negermanieren und indianischer Seele. *Carl Gustav Jung*

2 Man muß offenbar wie die Amerikaner

direkt von der Barbarei in die Dekadenz gesprungen sein, um eine Klatschkultur entwickeln zu können. *Wolf Wondratschek*

3 In jedem Amerikaner steckt irgendwo die Provinz. *Witold Gombrowicz*

4 Die Amerikaner sind große Heldenverehrer und suchen ihre Helden stets in der Verbrecherwelt. *Oscar Wilde*

5 Der Vietnamkrieg ist für viele Amerikaner erst dadurch unmoralisch geworden, daß er verloren ging. *Edward Albee*

6 Wenn ein Amerikaner zufrieden ist, fragt er sich unwillkürlich, was er falsch gemacht hat. *Tony Curtis*

7 Die Amerikaner wollen lieber das halbe Deutschland ganz, als das ganze Deutschland halb. *Carlo Schmid*

Amnestie *1* Amnestie: ein Akt, durch den die Herrscher Ungerechtigkeiten verzeihen, die sie begangen haben. *Pierre Véron*

2 Amnestie: die Großmut des Staates gegenüber jenen Rechtsbrechern, deren Bestrafung ihm zu teuer wäre. *Ambrose Bierce*

Amor Amors Streifschüsse nennt man Flirt. *Georg Thomalla*

Analphabet *1* Analphabeten können am besten zwischen den Zeilen lesen. *Peter Benary*

2 Das Fernsehen wurde erfunden, um den Analphabeten einen guten Grund zum Brillentragen zu geben. *Gabriel Laub*

3 Wenn es darauf ankommt, in den Augen einer Frau zu lesen, sind die meisten Männer Analphabeten. *Heidelinde Weis*

Anarchist Wenn man die Anarchisten der Gesetzlichkeit am Werke sieht, erscheinen einem die Bombenwerfer in milderem Licht. *Karl Kraus*

Anatomie Unter Anatomie versteht man heute ein riesiges Ersatzteillager. *Jean Rostand*

Anerkennung *1* Die Pegasusse fliegen tief: es wird Anerkennung regnen. *Wieslaw Brudziński*

2 Anerkennung ist eine beliebte Friedhofspflanze. *Ben Barzman*

3 Anerkennung und Applaus können auch Vernichtung bedeuten. *Helmut Qualtinger*

4 Bornierte Menschen soll man nicht widerlegen wollen. Widerspruch ist immerhin ein Zeichen von Anerkennung. *Richard von Schaukal*

5 Neid ist die aufrichtigste Form der Anerkennung. *Markus M. Ronner*

Anfang *1* Am Anfang gehören alle Gedanken der Liebe. Später gehört dann alle Liebe den Gedanken. *Albert Einstein*

2 Am Anfang war das Wort. Aber es ist noch kein Ende abzusehen. *Wolfgang Eschker*

3 Am Anfang war das Wort. Dann muß es ihm die Sprache verschlagen haben. *Heinrich Wiesner*

4 Am Anfang war das Wort – am Ende die Phrase. *Stanislaw Jerzy Lec*

5 Am Anfang war das Wort und nicht das Geschwätz, und am Ende wird nicht die Propaganda sein, sondern wieder das Wort. *Gottfried Benn*

6 Die Mitte der Nacht ist auch schon der Anfang eines neuen Tages. *Karol Wojtyla*

7 Jeder Tag ist ein neuer Anfang. *Thomas Stearns Eliot*

8 Aller Anfang ist leicht – wenn man ihn mit dem Ende vergleicht. *Gerhard Uhlenbruck*

9 Der schwerste Anfang ist der Anfang vom Ende. *Hans-Helmut Dickow*

Anfängerin Es gehört Erfahrung dazu, wie eine Anfängerin zu küssen. *Zsa Zsa Gábor*

Anfechtung Was können die Schweizer dafür, daß ihre Anfechtungen klein sind? *Heinrich Nüsse*

Angabe Publicity: Die Angaben zur Person sind alles Angaben. *Gerhard Uhlenbruck*

Angebot Ich prüfe jedes Angebot. Es könnte das Angebot meines Lebens sein. *Henry Ford*

Angeln Angeln ist die einzige Philosophie, von der man satt wird. *Peter Bamm*

Angler Definition der Humanität: den Angler verachten und sich von den Fischen nähren, die er fängt. *Hans Kudszus*

Angriff *1* Eine Frau, die ihren Widerstand aufgibt, geht zum Angriff über. *Marcello Mastroianni*

2 Wenn die Wahrheit zur Verteidigung zu schwach ist, muß sie zum Angriff übergehen. *Bertolt Brecht*

Angriffsplan Ein durchdachter Angriffsplan schließt die Rückzugsmöglichkeit ein. *Hans Kasper*

Angst *1* Die Angst zittert mit im Triumph. *Walter Hilsbecher*

2 Jeder, der etwas besitzt, hat Angst vor jenen, die weniger oder nichts besitzen. *Margarete Mitscherlich*

3 Angst ist für die Seele ebenso gesund wie ein Bad für den Körper. *Maxim Gorki*

4 Angst ist der einzige sichere Ratgeber, den das Leben überhaupt hat. *Oskar Lafontaine*

5 Die Religion stützt sich hauptsächlich und vor allem auf die Angst. *Bertrand Russell*

6 Die Hölle - das ist im wesentlichen die Angst vor ihr. *Gerhard Uhlenbruck*

7 Wenn einer keine Angst hat, hat er keine Phantasie. *Erich Kästner*

8 Ein Mann hat immer Angst vor einer Frau, die ihn zu sehr liebt. *Bertolt Brecht*

9 Ich habe Angst vor Leuten, die immer nur die Menschheit lieben und niemals einzelne Menschen. *Wolf Biermann*

10 Der Unwissende hat Mut, der Wissende hat Angst. *Alberto Moravia*

11 Mut ist nichts anderes als Angst, die man nicht zeigt. *Sergio Leone*

12 Mut: Abfallprodukt der Angst. *Rudolf Rolfs*

13 Die Angst ist die andere Hälfte von Mut. *Reinhold Meßner*

14 Angst haben wir alle. Der Unterschied liegt in der Frage: wovor? *Frank Thieß*

15 Noch nie hatte die Menschheit soviel Angst wie heute - und noch nie hatte sie soviel Grund dazu. *Bertrand Russell*

16 Angst vor der Zukunft heißt heute Angst vor keiner Zukunft. *Armand Salacrou*

Anhänglichkeit Hiebe tragen oft die größte Anhänglichkeit ein. *Walter Serner*

Anlauf Wenn ein Mann zurückweicht, weicht er zurück. Eine Frau weicht nur zurück, um besser Anlauf nehmen zu können. *Zsa Zsa Gábor*

Anmaßung Die Forderung, geliebt zu werden, ist die größte der Anmaßungen. *Friedrich Nietzsche*

Anpassung *1* Protest ist heute eine der bemerkenswertesten Formen der Anpassung. *Johannes Groß*

2 Anpassung ist die Stärke der Schwachen. *Wolfgang Herbst*

Ansagerin Was die meisten Fernsehzuschauer übersehen: daß Ansagerinnen oft aus Schadenfreude lächeln. *Werner Schneyder*

Anschauung Viele ereifern sich über Anschauungen, die sie in zwanzig Jahren haben werden. *Jean-Paul Sartre*

Ansehen Wer den höchsten Rang in einer Gruppe von Tieren oder Menschen hat, ist leicht zu erkennen. Es ist immer derjenige, der am meisten angeschaut wird. Davon kommt auch das Wort Ansehen. *Irenäus Eibl-Eibesfeldt*

Ansicht *1* Ansichten können nicht überleben, wenn man nicht die Möglichkeit hat, für sie zu kämpfen. *Thomas Mann*

2 Gute Ansichten sind wertlos. Es kommt darauf an, wer sie hat. *Karl Kraus*

3 Wenn zwei Menschen immer wieder die gleichen Ansichten haben, ist einer von ihnen überflüssig. *Winston S. Churchill*

Ansichtskarte *1* Manche Menschen reisen hauptsächlich in den Urlaub, um Ansichtskarten zu kaufen, obwohl es doch vernünftiger wäre, sich diese Karten kommen zu lassen. *Robert Musil*

2 Was ist das erste, wenn Herr und Frau Müller in den Himmel kommen? Sie bitten um Ansichtskarten. *Christian Morgenstern*

Anspruch *1* Mancher hält sich für vollkommen, nur weil er geringere Ansprüche an sich stellt. *Hermann Hesse*

2 Der Rechtsbrecher hat einen Anspruch darauf, bestraft zu werden. *Max Scheler*

Anspruchsvolle Für die Anspruchsvollen plagt man sich, aber die Anspruchslosen liebt man. *Marie von Ebner-Eschenbach*

Anständigkeit *1* Anständigkeit ist die Verschwörung der Unanständigkeit mit dem Schweigen. *George Bernard Shaw*

2 Moral ist jenes Maß von Anständigkeit, das gerade modern ist. *Federico Fellini*

3 Es geht ungerecht zu auf dieser Welt: Ein Schurke darf sich jede Anständigkeit herausnehmen, ein anständiger Mensch aber nicht die kleinste Schurkerei. *Mark Twain*

Anstreicher Immer wieder kommen Staatsmänner mit großen Farbtöpfen des Weges und erklären, sie seien die neuen Baumeister. Und immer wieder sind es nur Anstreicher. Die Farben wechseln, die Dummheit bleibt. *Erich Kästner*

Anstrengung *1* Denken ist eine Anstrengung, Glauben ein Komfort. *Ludwig Marcuse*

2 Fanatismus besteht im Verdoppeln der Anstrengung, wenn das Ziel vergessen ist. *George Santayana*

3 Mit etwas Anstrengung läßt sich alles auf dieser Welt geheimhalten – ausgenommen Knoblauch. *Alexander Roda Roda*

Anteilnahme *1* Anteilnahme ist die allseitige Bestätigung der Einsamkeit. *Gottfried Edel*

2 Anteilnahme ist die gesellschaftliche Form der Zudringlichkeit. *Hans Lohberger*

Antiquität *1* Alles auf der Welt ist eine zukünftige Antiquität. *Bernard Buffet*

2 Antiquitäten sind das einzige Feld, auf dem das Gestern noch Zukunft hat. *Harold Wilson*

Antisemitismus Der Antisemitismus ist das Gerücht über die Juden. *Theodor W. Adorno*

Antlitz Es lohnt sich, das Antlitz der Welt zu verändern, ohne sein eigenes zu verlieren. *Wieslaw Brudziński*

Antwort *1* Man hört nur die Frage, auf welche man imstande ist, eine Antwort zu finden. *Friedrich Nietzsche*

2 Die einzig mögliche Antwort ist die Frage selbst. *Eugène Ionesco*

3 Die Antwort auf eine Frage bei Tag oder bei Nacht – das sind zwei Antworten. *Erhard Blanck*

4 Mancher ist von Antworten so fasziniert, daß er die Fragen dazu erfindet. *Samuel Beckett*

5 Man kann Antworten auch zerfragen. *Wolfgang Eschker*

6 Antworten finden heißt vom Fragen ermüdet sein. *Hans Kudszus*

7 Hütet euch vor den Politikern, die auf jede Frage eine Antwort wissen. *Norbert Blüm*

8 Schlagfertig ist eine Antwort, die so klug ist, daß der Zuhörer wünscht, er hätte sie gegeben. *Elbert Hubbard*

Antworten Die beste Frage nützt nichts, wenn sie so lange dauert, daß keine Zeit zum Antworten bleibt. *Peter Ustinov*

Anziehen Je mehr Raffinement eine Frau aufs Anziehen verwendet, umso mehr tut sie es auch beim Ausziehen. *Jewgenij Jewtuschenko*

Apathie Radikalismus und Apathie liegen nahe beieinander. *Theodor Eschenburg*

Apfel *1* Apfel: Sündenfallobst. *Hans-Horst Skupy*

2 Adam war ein Mensch: er wollte den Apfel nicht um des Apfels willen, sondern weil er verboten war. *Mark Twain*

Aphorismensammlung Aphorismensammlung: preiswertester Gedanken-Ausverkauf. *Gabriel Laub*

Aphorismus *1* Der Aphorismus hat vor jeder anderen Literaturgattung den Vorteil, daß man ihn nicht weglegt, bevor man ihn zu Ende gelesen hat. *Gabriel Laub*

2 Ein Aphorismus ist das letzte Glied einer langen Gedankenkette. *Marie von Ebner-Eschenbach*

3 Der Aphorismus ist ein Sektor, der den Kreis ahnen läßt. *Heinrich Wiesner*

4 Aphorismus: vorverdaute Weisheit. *Ambrose Bierce*

5 Aphorismen: vollendete Sätze. *Hans-Horst Skupy*

6 Aphorismen sind Gedankensprünge in einem Satz. *Gerhard Uhlenbruck*

7 Aphorismen sind Hobelspäne vom Baum der Erkenntnis. *Hanns-Hermann Kersten*

8 Aphorismen – abgeleitete Geistesblitze. *Hans-Horst Skupy*

9 Aphorismen – Geist in Raten. *Adolf Reitz*

10 Jeder Aphorismus ist das Amen einer Erfahrung. *Hans Kudszus*

11 Der Aphorismus ist ein Indiz dafür, daß jemandem ein Gedanke durchgegangen ist. Durch den Kopf. *Hanns-Hermann Kersten*

12 Im Aphorismus ist der Gedanke nicht zu Hause, sondern auf dem Sprung. *Helmut Arntzen*

13 Mancher Aphorismus ist das Grabmal eines frühzeitig verstorbenen großen Gedankens. *Hermann Bahr*

14 Aphorismen sind ausgefallene Einfälle, die zufällig kurz sind und längst fällig waren. *Gerhard Uhlenbruck*

15 Aphorismen sind Ansätze, die keine Angst haben, steckenzubleiben. *Wolfgang Herbst*

16 Aphorismen sind Schnäpse: es genügt ein Schluck, um die klarsten Visionen zu haben. *Martin Kessel*

17 Aphorismen regen den Verfasser zum Denken an. *Heinrich Wiesner*

18 Der treffende Aphorismus setzt den getroffenen Aphoristiker voraus. *Alfred Polgar*

19 Einen Aphorismus kann man in keine Schreibmaschine diktieren. Es würde zu lange dauern. *Karl Kraus*

20 Der Aphorismus bekämpft die Beschränktheit auf beschränktestem Raum. *Hanns-Hermann Kersten*

21 Der Aphorismus will nicht Dumme gescheit, sondern Gescheite nachdenklich machen. *Sigmund Graff*

22 Beim Aphorismus muß etwas stimmen, nicht er. *Joachim Günther*

23 Einen Aphorismus, der uns im Profil gefällt, darf man nicht en face betrachten. *Karol Irzykowski*

24 Der Aphorismus sei wie eine Primzahl: unteilbar. *Erhard Blanck*

25 Man schätzt den Aphorismus unter anderem deshalb, weil er eine halbe Wahrheit enthält. Das ist ein ungewöhnlich hoher Prozentsatz. *Gabriel Laub*

26 Ein Aphorismus braucht nicht wahr zu sein, aber er soll die Wahrheit überflügeln. *Karl Kraus*

27 Aphorismen können verLECen. *Wolfgang Eschker*

28 Aphorismen entstehen nach dem gleichen Rezept wie Statuen: man nehme ein Stück Marmor und schlage alles ab, was man nicht unbedingt braucht. *Gabriel Laub*

29 Wenn man es nicht kann, dann ist ein Roman leichter zu schreiben als ein Aphorismus. *Karl Kraus*

30 Aphorismen kann man nicht zensieren. Man kann sie nur streichen. *Hans-Horst Skupy*

31 Alle Aphorismen über Frauen sind notgedrungen boshaft. Um das Gute an den Frauen zu schildern, benötigt man viele Seiten. *André Maurois*

32 Die Zukunft der Literatur liegt im Aphorismus. Den kann man nicht verfilmen. *Gabriel Laub*

Aphoristiker *1* Aphoristiker sind Zeilenschinder. *Heinrich Wiesner*

2 Das spezielle Potenzproblem des Aphoristikers: je kürzer, desto besser. *Hanns-Hermann Kersten*

3 Ein Aphoristiker ist ein Lebensphilosoph, der keine Zeit hat und der für Leser schreibt, die ebenfalls keine Zeit haben. *Gerhard Uhlenbruck*

4 Aphoristiker: ein Mensch, der sich freut wie ein kleines Kind, wenn es ihm gelingt, etwas zu erfinden, was höchstwahrscheinlich schon die Phönizier als uraltes Sprichwort gekannt hatten. *Bertolt Brecht*

5 Die großen Aphoristiker lesen sich so, als ob sie alle einander gut gekannt hätten. *Elias Canetti*

Aphrodite Müßte Aphrodite heute dem Meeresschaum entsteigen – sie hätte Furunkel am Hintern. *Jacques-Yves Cousteau*

Apotheker Apotheker sind bemüht, ihr kaufmännisches Talent hinter ihrer wissenschaftlichen Vorbildung zu verbergen. *Sigmund Graff*

Apparat Die Menschen neigen zur falschen Auffassung, daß, da sich alle unsere mechanischen Apparate so flink vorwärtsbewegen, auch das Denken schneller vor sich geht. *Christopher Morley*

Appetit *1* Wenn sich ein Mann an einer Frau nicht sattsehen kann, hat er vielleicht Appetit auf eine andere. *Henning Venske*

2 Der große Hunger macht die Liebe klein – eine Unart, die sich der Appetit nie herausnähme. *Thaddäus Troll*

3 Mit den Romanen ist es wie mit den Mahlzeiten: Wenn man sieht, wie sie zubereitet werden, kann einem der Appetit vergehen. *Annette Kolb*

Applaus *1* Erfolg hört nur auf Applaus. Für alles andere ist er taub. *Elias Canetti*

2 Anerkennung und Applaus können auch Vernichtung bedeuten. *Helmut Qualtinger*

Ära Ära, wem Ära gebührt. *Wolfgang Neuß*

Arbeit *1* Die Arbeit ist eine Art Gefängnis. Wie viele schöne Dinge gehen vorbei, die zu sehen sie hindert! *Paul Valéry*

2 Das traute Heim erspart dir eine Menge Arbeit, weil es dir keine Zeit für sie läßt. *Gabriel Laub*

3 Arbeit ist der Fluch der trinkenden Klassen. *Oscar Wilde*

4 Arbeit und Macht vertragen sich nicht miteinander. Ich kenne keinen, der arbeitet und gleichzeitig die Macht ausübt. *Richard Rogler*

5 Für manche Linken ist einer schon rechtsradikal, wenn er nur pünktlich zur Arbeit kommt. *Heiner Geißler*

6 Kunst ist schön, macht aber viel Arbeit. *Karl Valentin*

7 Unsere Kultur besteht aus drei Schubladen, deren zwei sich schließen, wenn eine geöffnet wird: Arbeit, Unterhaltung, Belehrung. *Karl Kraus*

8 Man sollte mehr Zeit in seine Arbeit und mehr Arbeit in seine Zeit stecken. *Friedrich Dürrenmatt*

9 In der Zukunft wird es weniger auf die Arbeit ankommen als auf die Faulheit. *Eric Rohmer*

Arbeitgeber Wie kann man jemanden, der sich die Arbeit anderer nimmt, Arbeitgeber nennen? *Klaus Wagenbach*

Archäologe *1* Scherben bringen Glück – aber nur dem Archäologen. *Agatha Christie*

2 Eine Frau, die mit einem Archäologen verheiratet ist, darf sich glücklich schätzen, denn je älter sie wird, desto interessanter wird sie für ihren Mann. *Agatha Christie*

Arche Noah Bei der nächsten Sintflut wird es keine Arche Noah geben. *Hans Habe*

Architekt In das Poesie-Album eines Architekten: Laß Gras über die Sache wachsen. *Günther Schatzdorfer*

Architektur *1* Das aus der richtigen Erkenntnis einer fehlenden Notwendigkeit erschaffene Überflüssige nennt man moderne Architektur. *Karl Kraus*

2 Länder spiegeln in ihrer Architektur ihre Zwangsvorstellungen wider. *Lawrence Durrell*

Archiv Archiv: alphabetisch geordnete Makulatur. *Michael Schiff*

Ärger *1* Wer sich zum Ärger hinreißen läßt, büßt für die Sünden anderer. *Konrad Adenauer*

2 Ärger ist die Unfähigkeit, Wut in Aktion umzusetzen. *Wolfgang Herbst*

Argument *1* Ein Philosoph ist ein Mann, der nie um Argumente verlegen ist. *Ludwig Marcuse*

2 Idiot: beliebtes Argument. *Helmar Nahr*

3 Schlechte Argumente bekämpft man am besten, indem man ihre Darlegung nicht stört. *Alec Guinness*

4 Die beste Waffe gegen ein schlechtes Argument besteht darin, es bekannt zu machen. *Sidney Smith*

5 Lautsprecher verstärken die Stimme, aber nicht die Argumente. *Hans Kasper*

6 Schweigen ist das einzige Argument, das sich nicht widerlegen läßt. *Christine Brückner*

7 Jugend – das ist vor allem das Übergewicht der Hormone über die Argumente. *David Frost*

8 Argumente nützen gegen Vorurteile so wenig wie Schokoladeplätzchen gegen Stuhlverstopfung. *Max Pallenberg*

9 Ein Zitat ist besser als ein Argument. Man kann damit in einem Streit die Oberhand gewinnen, ohne den Gegner überzeugt zu haben. *Gabriel Laub*

Arm *1* Die schwierigste Turnübung ist immer noch, sich selbst auf den Arm zu nehmen. *Werner Finck*

2 Höflichkeit ist der dritte Arm, der uns erlaubt, Zudringliche auf Distanz zu halten. *Walther Kiaulehn*

3 Zusammenbrüche sind die Arme der Engel, die uns vor uns selbst bewahren. *Hans Arndt*

Armbanduhr *1* Die Armbanduhr ist eine Handfessel der Zeit. *Sigismund von Radecki*

2 Ein Berater ist jemand, der dir deine Armbanduhr wegnimmt, um dir zu sagen, wie spät es ist. *Roy Kinnear*

Ärmel Witze kann man nur dann aus dem Ärmel schütteln, wenn man sie vorher hineingesteckt hat. *Rudi Carrell*

Ärmelkanal Für England ist der Ärmelkanal immer noch breiter als der Atlantik. *Jacques Baumel*

Arsch In den Arsch kriechen, um zu unterwandern: noch nie gutgegangen. *Peter Rühmkorf*

Arschloch Der Stärkste in der Gruppe ist immer auch das größte Arschloch. *Claude Sautet*

Arzt *1* Ein Arzt, der kein Künstler ist, ist auch kein Arzt. *Curt Goetz*

2 Ärzte lassen sich nieder. Gewisse sogar herab. *Hans-Horst Skupy*

3 Nichts gegen die Ärzte, großartige Leute. Früher, bei einem Mückenstich, kratzte man sich. Heute können sie Ihnen zwölf Salben verschreiben und keine nützt, aber das ist doch Leben und Bewegung. *Gottfried Benn*

4 Eine der größten Krankheitsursachen ist die Neigung der Ärzte, viel zu verordnen. *August Bier*

5 Ein Arzt weiß, daß er gegen unheilbare Krankheiten nichts ausrichten kann; trotzdem behandelt er weiter. Für den Schriftsteller gilt dasselbe. *Walter Mehring*

6 Die Praxis manches Arztes sollte man lieber Theorie nennen. *Erhard Blanck*

7 Ein Arzt kann sich irren, doch nicht ein Chromosom. *Carl Zuckmayer*

8 «Der nächste bitte», sagte der Arzt. Er meinte den Geldschein. *Werner Schneyder*

9 Warum geht man, wenn man erkältet ist, lieber ins Konzert oder ins Theater statt zum Arzt? *Hermann Prey*

10 Noch schlimmer für einen Arzt als der eingebildete ist heute der halbgebildete Kranke. *Gerhard Uhlenbruck*

11 Der Sport ist eine völkerverbindende Sache. Vor allem die Ärzte haben viel zu verbinden. *Herbert Rosendorfer*

12 Die Zeit ist ein guter Arzt, aber ein schlechter Kosmetiker. *William Somerset Maugham*

13 Wenn ein Arzt hinter dem Sarg seines Patienten geht, so folgt manchmal tatsächlich die Ursache der Wirkung. *Robert Koch*

As *1* Reformen kommen immer von den Benachteiligten. Wer vier Asse in der Hand hat, verlangt nicht, daß neu gegeben wird. *Wilhelm Hennis*

2 Ein As sticht auch in einer schmutzigen Hand. *Peter Benary*

Aschehaufen Aschehaufen haben es gern, wenn man sie für erloschene Vulkane hält. *Wiesław Brudziński*

Ästhet Privileg des Ästheten: die Risse in den Wänden rein ornamental zu betrachten. *Hans Kasper*

Ästhetik Die Ästhetik unserer Tage heißt Erfolg. *Andy Warhol*

Asthma Es gibt auch so etwas wie geistiges Asthma. Man bekommt es, wenn man hinter jedem Trend herrennt. *Jean Marais*

Astrologie Die Astrologie ist eine Form von Aberglauben, die sich anmaßt, Gott in die Karten zu schauen. *Hoimar von Ditfurth*

Atem *1* Je näher wir dem Spiegel treten, um so mehr trüben wir ihn mit unserem Atem. *Hans Kudszus*

2 Wenn einem Autor der Atem ausgeht, werden die Sätze nicht kürzer, sondern länger. *John Steinbeck*

Atheismus Atheismus ist der Versuch, die Erde ohne die Sonne zu erklären. *Sigismund von Radecki*

Atheist *1* Wer Gott definiert, ist schon Atheist. *Oswald Spengler*

2 Solange es Atheisten gibt, hat Gott die Chance, erwähnt zu werden. *Hans Kasper*

3 Gott wird es verschmerzen können, daß Atheisten seine Existenz leugnen. *John B. Priestley*

4 Der Teufel ist sicher kein Atheist. *Paul von Heyse*

5 Wenn ich nicht von Geburt an Atheist wäre, würde mich der Anblick Deutschlands dazu machen. *Arno Schmidt*

Atmen Atmen durch die Nase ist vor allem deshalb so gesund, weil man dabei den Mund hält. *Markus M. Ronner*

Atom Es ist schwieriger, eine vorgefaßte Meinung zu zertrümmern als ein Atom. *Albert Einstein*

Atombombe Hütet euch vor den Technikern! Mit der Nähmaschine fangen sie an, und mit der Atombombe hören sie auf. *Marcel Pagnol*

Atomenergie Das Problem ist heute nicht die Atomenergie, sondern das Herz des Menschen. *Albert Einstein*

Atomkraftwerk Mich verwundert es immer wieder, welch dezidierte Vorstellung die Leute über Atomkraftwerke haben, die zu Hause noch nicht einmal in der Lage sind, eine Steckdose zu reparieren. *Helmut Schmidt*

Atomkrieg Im Falle eines Atomkriegs gehe ich in die Schweiz; dort findet alles zwanzig Jahre später statt als anderswo. *Albert Einstein*

Atomwaffe *1* Wer Atomwaffen hat, lernt Selbstbeherrschung. *George F. Kennan*

2 Die Hoffnung, die Atomwaffen abzuschaffen, aber im übrigen weiterzumachen wie bisher, ist die Hoffnung, den Wecker aus dem Fenster zu werfen und eine Stunde weiterzuschlafen, während das Haus schon brennt. *Carl Friedrich von Weizsäcker*

Aufgabe Man soll nie einen Menschen aufgeben, bevor er in einer Aufgabe versagt hat, die ihm Freude bereitet. *Lewis E. Lawes*

Aufklärung *1* Aufklärung: Die Vernunft macht immer heller, in welchem Dunkel wir leben. *Ludwig Marcuse*

2 Sexuelle Aufklärung ist insoweit berechtigt, als die Mädchen nicht früh genug erfahren können, wie die Kinder nicht zur Welt kommen. *Karl Kraus*

Aufmerksamkeit *1* Die Menschen schenken nur dem Aufmerksamkeit, was sie an sich selbst erfahren haben. *Markus M. Ronner*

2 Glück in der Ehe setzt viele kleine Aufmerksamkeiten und manchmal eine große Unaufmerksamkeit voraus. *Inge Meysel*

Aufrichtigkeit *1* Aufrichtigkeit: frisch gesagt, ist halb gewonnen. *Gerhard Uhlenbruck*

2 Mit Aufrichtigkeit kann man bei diplomatischen Verhandlungen die verblüffendsten Wirkungen erzielen. *André François-Poncet*

3 Aufrichtigkeit ist die Zuflucht derer, die weder Phantasie noch Taktgefühl haben. *Henry de Montherlant*

4 Aufrichtigkeit ist meistens Absicht. *Gerhard Uhlenbruck*

5 Sei aufrichtig in allem, was du sagst; aber du mußt um der Aufrichtigkeit willen nicht alles sagen. *Peter Benary*

6 Ein wenig Aufrichtigkeit ist eine gefährliche Sache, und viel davon ist tödlich. *Oscar Wilde*

7 Die Lüge tötet die Liebe. Aber die Aufrichtigkeit tötet sie erst recht. *Ernest Hemingway*

8 Aufrichtigkeit ist höchstwahrscheinlich die verwegenste Form der Tapferkeit. *William Somerset Maugham*

9 Weibliche Aufrichtigkeit ist ein Beweis für äußerstes Desinteresse. *Helmar Nahr*

10 Beteuerung der Aufrichtigkeit lehrt den Gutgläubigen zweifeln. *Peter Benary*

11 In der Kunst ist Aufrichtigkeit keine Frage des Willens, sondern der Begabung. *Aldous Huxley*

Aufstehen Ein Gentleman ist ein Mann, der einer Frau auch dann beim Aufstehen behilflich ist, wenn er sie selbst zu Fall gebracht hat. *Alec Guinness*

Auge *1* Wir haben verlernt, die Augen auf etwas ruhen zu lassen. Deshalb erkennen wir so wenig. *Jean Giono*

2 Vor der Wirklichkeit kann man seine Augen verschließen, aber nicht vor der Erinnerung. *Stanislaw Jerzy Lec*

3 Die Zukunft sieht man nicht, die Vergangenheit wohl. Das ist seltsam, denn wir haben ja unsere Augen nicht auf dem Rücken. *Eugène Ionesco*

4 Manche sehen mit dem rechten und mit dem linken Auge genau dasselbe. Und glauben, dies sei Objektivität. *Stanislaw Jerzy Lec*

5 Der Journalist hat zwei Augen und zwei Ohren, um doppelt so viel zu sehen und zu hören, wie geschieht. *Alexander Roda Roda*

6 Große Ereignisse werfen ihre Schatten unter die Augen. *Markus M. Ronner*

7 Ich leide zunehmend an Schlaflosigkeit, weil ich einfach nicht mehr beide Augen zumachen kann. *Werner Schneyder*

8 Fernsehen ist das einzige Schlafmittel, das mit den Augen eingenommen wird. *Vittorio De Sica*

9 Weil der Mensch zu faul war, abends die Augen zuzumachen, erfand er das Fernsehen. *Manfred Hausmann*

10 Fernsehen: durch die Augen direkt in den Bauch - unter Auslassung des Kopfes. *Günter Gaus*

11 Wenn ein Frauenkörper spricht, haben die Männer nicht genug Augen, um zuzuhören. *Alexander Calder*

12 Von allen Frauen, deren Charme ich erlegen bin, habe ich hauptsächlich Augen und Stimme in Erinnerung. *Marcel Proust*

13 Wenn es darauf ankommt, in den Augen einer Frau zu lesen, sind die meisten Männer Analphabeten. *Heidelinde Weis*

14 Alle großen Verführer wissen, daß man Frauen erst die Augen öffnen muß, damit sie sie schließen können. *Henry Miller*

15 Die Frauen machen sich nur deshalb so hübsch, weil das Auge des Mannes besser entwickelt ist als sein Verstand. *Doris Day*

16 Frauen benützen Parfüm, weil die Nase leichter zu verführen ist als das Auge. *Jeanne Moreau*

17 Humor sollte so trocken sein, daß kein Auge trocken bleibt. *Werner Hinz*

18 Komik entsteht, wenn man Tragödien anschaut und dabei ein Auge zukneift. *Eugène Ionesco*

19 Wer viel sehen will, braucht nur ein Auge zuzudrücken. *Daniele Varè*

20 Wer zu lange ein Auge zugedrückt hat, dem werden eines Tages plötzlich beide aufgehen. *Sophia Loren*

21 Frauen, die lange ein Auge zudrücken, tun es am Ende nur noch, um zu zielen. *Humphrey Bogart*

22 Vielleicht gehen einem die Augen erst auf, wenn sie einem zugedrückt werden. *Gerhard Uhlenbruck*

Augenblick *1* Jeder Augenblick ist von der Ewigkeit gleich weit entfernt. *Wolfgang Hildesheimer*

2 Zum Glücklichsein bedarf es einer jeweiligen Gedächtnisschwäche zugunsten des erkorenen Augenblicks. *Hans Arndt*

3 Auch eine stehengebliebene Uhr kann noch zweimal am Tag die richtige Zeit anzeigen; es kommt nur darauf an, daß man im richtigen Augenblick hinschaut. *Alfred Polgar*

4 Augenblick: der Orgasmus der Zeit. *Walter Hilsbecher*

Augenkrankheit Die am weitesten verbreitete Augenkrankheit ist die Liebe auf den ersten Blick. *Gino Cervi*

Augenzeuge Der vergeßlichste Augenzeuge ist der Spiegel. *Hans-Horst Skupy*

Augenzwang Reisen? Dieser Augenzwang! *Paul Valéry*

Ausdauer Ausdauer: eine niedere Tugend, die der Mittelmäßigkeit zu unrühmlichem Erfolg verhilft. *Ambrose Bierce*

Ausdruck Ich würde tausend Originalitäten des Ausdrucks hergeben für eine Klarheit. *Manès Sperber*

Ausdrucksweise Eine falsche Ausdrucksweise wirkt wie ein falsches Gebiß. *Thomas Bernhard*

Ausführung *1* Was alle Erfolgreichen miteinander verbindet, ist die Fähigkeit, den Graben zwischen Entschluß und Ausführung äußerst schmal zu halten. *Peter Drucker*

2 Im Entwurf zeigt sich das Talent, in der Ausführung die Kunst.
Marie von Ebner-Eschenbach

Ausgang *1* Ich ziehe das Schild «Kein Zutritt» dem Schild «Kein Ausgang» vor.
Stanislaw Jerzy Lec

2 Warum zahlen so viele Leute Eintritt, wenn ihnen das Ganze erst am Ausgang gefällt?
Emil Baschnonga

3 Ich kenne viele Theaterstücke, bei denen man schon im ersten Akt nach dem Ausgang fragt. *Wolfgang Eschker*

Ausgefallene Ausgefallenes wirkt immer komisch. Das ist das Pech der Glatzköpfe.
Markus M. Ronner

Ausgehen Gut zurechtgemacht fürs Ausgehen ist eine Frau dann, wenn ihr Begleiter lieber mit ihr zu Hause bliebe.
Olga Tschechowa

Ausgepfiffenwerden Pfeifen und Ausgepfiffenwerden ist immer gut. Es gibt mir so ein bürgerliches Gefühl, das entsteht, wenn der Tee kocht. *André Heller*

Ausland *1* Überall ist es erträglich. Doch am erträglichsten im Ausland. *Walter Serner*

2 Zu Hause ist man nur Politiker, im Ausland dagegen ist man Staatsmann.
Harold Macmillan

3 Als deutscher Tourist im Ausland steht man vor der Frage, ob man sich anständig benehmen muß oder ob schon deutsche Touristen dagewesen sind. *Kurt Tucholsky*

4 Jede Nation ist im Ausland hauptsächlich durch ihre Untugenden bekannt.
Joseph Conrad

Auslassung Die hinterhältigste Lüge ist die Auslassung. *Simone de Beauvoir*

Ausleihen Wenn ich Diktator wäre, würde ich das Ausleihen von Büchern gesetzlich untersagen. *William Saroyan*

Auslese *1* Auslese kann nur wirken, wenn sie von unten herauf beginnt.
Walther Rathenau

2 Universitäten sind weniger eine Auslese von Intelligenz als von Eitelkeit.
Gerhard Zwerenz

3 Prominenz ist eine Eigenschaft, die nicht durch Auslese, sondern durch Beifall zustande kommt. *Friedrich Sieburg*

Ausnahme *1* Es ist traurig, eine Ausnahme zu sein. Aber noch viel trauriger ist es, keine zu sein. *Peter Altenberg*

2 «Ausnahmen bestätigen die Regel», sagte der Elefant und ließ den Porzellanladen links liegen. *Markus M. Ronner*

3 Ausnahmen sind nicht immer Bestätigung der alten Regel. Sie können auch Vorboten einer neuen Regel sein.
Marie von Ebner-Eschenbach

4 Das Leben ist wie die Grammatik: die Ausnahmen sind häufiger als die Regeln.
Rémy de Gourmont

Ausrede *1* Alles wird teurer, nur die Ausreden werden immer billiger. *John R. Hicks*

2 Alter ist meist nur eine Ausrede.
Rudolf Rolfs

3 Zukunft ist die Ausrede derer, die Vergangenheit und Gegenwart zu verbergen trachten.
Ludwig Marcuse

4 Die Zukunft ist die Ausrede all jener, die in der Gegenwart nichts tun wollen.
Harold Pinter

Ausrufzeichen Wer beim Schreiben viele Ausrufzeichen verwendet, spricht auch sehr laut. *Heimito von Doderer*

Ausschmückung Man muß kurze Sätze schreiben, auf jede Ausschmückung verzichten. Das Ideal ist das Skelett, aber eines mit Pulsschlag. *Ernest Hemingway*

Ausschuß *1* Wer heutzutage einen Gedanken in der Welt töten will, braucht nur einen Ausschuß einzusetzen. *Charles F. Kettering*

2 Ein Ausschuß ist ein beratendes Gremium zur Abwendung echter Entschlüsse.
Michael Schiff

Ausschweifung Die Mutter der Ausschweifung ist nicht die Freude, sondern die Freudlosigkeit. *Friedrich Nietzsche*

Außenminister Zu den größten Leistungen europäischer Außenminister in Afrika gehört es, bei vierzig Grad im Schatten einen Frack zu tragen. *Roger Peyrefitte*

Außenpolitik Außenpolitik ist eine Kunst, die wie ein Handwerk aussieht. *Henry Kissinger*

Außenseiter *1* Wer eine Gesellschaft kritisieren will, muß Außenseiter dieser Gesellschaft sein. *Edward Albee*

2 Am interessantesten ist die Innenseite der Außenseiter. *Jean Genet*

Außergewöhnliche *1* Kleine Geister interessieren sich für das Außergewöhnliche, große Geister für das Gewöhnliche. *Elbert Hubbard*

2 Literatur ist die Kunst, Außergewöhnliches an gewöhnlichen Menschen zu entdecken und darüber mit gewöhnlichen Worten Außergewöhnliches zu sagen. *Boris Pasternak*

Außerordentliche Der Stolze verlangt von sich das Außerordentliche, der Hochmütige schreibt es sich zu. *Marie von Ebner-Eschenbach*

Aussicht Die mit den weiteren Horizonten haben meistens schlechtere Aussichten. *Stanislaw Jerzy Lec*

Ausspannen Urlaub - das ist jene Zeit, in der man zum Ausspannen eingespannt wird. *Hans Söhnker*

Aussuchen Leben ist Aussuchen. *Kurt Tucholsky*

Auswählen Erinnern heißt Auswählen. *Günter Graß*

Ausweg *1* Manchmal stellt sich der Mut erst ein, wenn man keinen anderen Ausweg mehr sieht. *William Faulkner*

2 Der beste Ausweg ist meistens der Durchbruch. *Robert Frost*

3 Lieben heißt einen Ausweg finden. *Walter Hasenclever*

Ausziehen Je mehr Raffinement eine Frau aufs Anziehen verwendet, umso mehr tut sie es auch beim Ausziehen. *Jewgenij Jewtuschenko*

Auto *1* Glück ist heutzutage, wenn man im neugekauften Auto mit 150 km/h durch die innere Leere fährt. *Sigismund von Radecki*

2 Das Auto hat das Pferd noch lange nicht verdrängt - oder kennen Sie ein Denkmal, auf dem ein Mann am Steuer sitzt? *Hans Günter Winkler*

3 Ein Mann am Steuer eines Autos ist ein Pfau, der sein Rad in der Hand hält. *Anna Magnani*

4 Wie ein Mann Auto fährt, so möchte er sein. *Anna Magnani*

5 Menschen sind wie Autos: man sollte den unerläßlichen Sicherheitsabstand voneinander einhalten. *Martin Held*

Autobahn *1* Reisen bildet - vor allem Staus auf Autobahnen. *Michael Schiff*

2 Wer mit seinem Wagen auf der Autobahn verunfallt, schlägt als Plusposten im Bruttosozialprodukt zu Buch. *Adolf Muschg*

Autobiographie *1* Autobiographien sind Enthüllungen über das schlechte Gedächtnis ihrer Verfasser. *Alessandro Blasetti*

2 Durch eine Autobiographie verliert man gewöhnlich auch noch den Rest seiner Freunde. *Robert Neumann*

Autofahrer Autofahrer, die auf ihr Recht pochen, tun es meistens mit dem Finger an die Stirn. *Gerhard Uhlenbruck*

Autohupe Die Troubadoure von heute benützen keine Mandolinen mehr, sondern Autohupen. *Igor Strawinski*

Automechaniker Eines haben Automechaniker und Chirurgen gemeinsam: beide profitieren vom Glatteis. *Gerhard Uhlenbruck*

Autonarr Der Autonarr: Pferdestärken sind sein Steckenpferd. *Gerhard Uhlenbruck*

Autor *1* Autoren, die auf der Schreibmaschine mit zwei Fingern tippen, sind im Vorteil, weil sie dabei in aller Ruhe denken können. *Herbert Asmodi*

2 Wenn einem Autor der Atem ausgeht, werden die Sätze nicht kürzer, sondern länger. *John Steinbeck*

3 Autoren sollten stehend an einem Pult schreiben. Dann würden ihnen ganz von selbst kurze Sätze einfallen. *Ernest Hemingway*

4 Der Stil eines Autors ist ein Pferd, das nur einen einzigen Reiter trägt. *John Steinbeck*

5 Die wirklich großen Autoren sind die, die's nicht können. *Peter Bichsel*

6 Wäre ich Verleger, ich würde zuversichtlichen Autoren mißtrauen. Ein Autor hat seine Zuversicht verbraucht, wenn er aus Papier Manuskript gemacht hat. *Heinrich Böll*

7 Wenn ein Autor behauptet, sein Leserkreis habe sich verdoppelt, liegt der Verdacht nahe, daß der Mann geheiratet hat. *William Beaverbrook*

8 Wenn sich ein Autor so wenig wandelte wie seine Leser, wäre der Schriftstellerberuf unmöglich. *John Steinbeck*

9 Wir finden in den Büchern immer nur uns selbst. Komisch, daß dann allemal die Freude groß ist und wir den Autor zum Genie erklären. *Thomas Mann*

10 Das Werk sollte immer ein wenig schlauer sein als der Autor. *Václav Havel*

11 Goethe hätte nicht die geringste Chance gehabt, der größte deutsche Autor zu werden, wenn er gelesen worden wäre. *Peter Bichsel*

12 Das Ideal mancher Autoren ist offensichtlich eine Literatur ohne Leser. *Jules Romains*

13 Wir sind machtlos, wir Autoren, aber ohnmächtig sind wir nicht. *Heinrich Böll*

14 Niemand auf der Welt ist so wehrlos wie ein toter Autor gegen einen lebenden Regisseur. *Laurence Olivier*

15 Noch perverser, als wenn Autoren für Kritiker schreiben, ist es, wenn sie es für Autoren tun. *Peter Rühmkorf*

16 Manche Kritiker fassen jene Autoren am härtesten an, deren Bücher sie nicht angefaßt haben. *Gabriel Laub*

Autorennfahren Die Kunst des Autorennfahrens: so langsam wie möglich der Schnellste zu sein. *Emerson Fittipaldi*

Autoverkäufer Autoverkäufer haben einen enormen Hang, Blech zu reden. *Gerhard Uhlenbruck*

Avantgardist Avantgardisten werden öfter von hinten beschossen als von vorne. *Jean Cocteau*

Axt *1* Man kann einen Menschen mit einer Wohnung genau so töten wie mit einer Axt. *Heinrich Zille*

2 Ein Buch muß die Axt sein für das gefrorene Meer in uns. *Franz Kafka*

B

Bach Die Psychologie befaßt sich mit den einzelnen Wellen des Baches. Aber hat ein Bach je aus Wellen bestanden? *Karl Kraus*

Badeanzug *1* Der Fortschritt ist unaufhaltsam. Früher hat man fünf Mottenkugeln für einen Badeanzug gebraucht, jetzt genügt eine Mottenkugel für fünf Badeanzüge. *Micheline Presle*

2 Der Chic eines Badeanzugs besteht darin, daß er wie ein Sonnenbrand sitzt. *Esther Williams*

Badestrand Was ist der Mensch am Badestrand? Eine Zielscheibe für die Artillerie der Sonne und eine Tankstelle für die Mücken. *Vittorio De Sica*

Badewanne *1* Wenn in tausend Jahren künftige Generationen die Reste unserer Kultur ausgraben – was werden sie dann finden? Badewannen und Spülmaschinen. *Frank Lloyd Wright*

2 Schriftsteller, die ununterbrochen den Tiefgang suchen, kommen mir vor wie Taucher in einer Badewanne. *Alfred Polgar*

Badezimmer Nicht jeder, der danach aussieht, ist ein Gammler. Vielleicht hat er vier Töchter und nur ein Badezimmer. *Markus M. Ronner*

Bakterie Gesundheit ist doch eine häßliche Krankheit, sagen die Bakterien. *Piet Hein*

Bakteriologe Ein Pessimist ist ein Mensch, der sich den Kuß vom Bakteriologen erklären läßt. *Paul Hubschmid*

Balance Erst auf dem Seil wird Balance bedeutsam. *Peter Benary*

Ball Einer Gesellschaft, die man damit unterhalten kann, daß zwei Menschen einen Ball hin- und herschlagen, ist alles zuzutrauen. *Manfred Rommel*

Banalität Der Gedanke ist das, was einer Banalität zum Gedanken fehlt. *Karl Kraus*

Bande Karl Kraus sagte: «Das Wort Familienbande hat einen Beigeschmack von Wahrheit.» Heute hat das Wort Bande einen Beigeschmack von Familie. *Friedrich Hacker*

Bankgeschäft Als erstes im Bankgeschäft lernt man den Respekt vor Nullen. *Carl Fürstenberg*

Barbarei *1* Die Barbarei ist der Prunktitel, den sich die Roheit beilegt. *André Suarès*

2 Barbarei und Zivilisation - Vorgericht und Nachspeise der Kultur. *Hans Kasper*

3 Amerika - die Entwicklung von der Barbarei zur Dekadenz ohne Umweg über die Kultur. *Georges Clemenceau*

4 Man muß offenbar wie die Amerikaner direkt von der Barbarei in die Dekadenz gesprungen sein, um eine Klatschkultur entwickeln zu können. *Wolf Wondratschek*

Barkeeper Die größten Annäherungswerte an einen Beichtvater erreicht wahrscheinlich der Barkeeper. *Peter Sellers*

Barmherzige Geben ist seliger denn Nehmen: das Motto der Barmherzigen und der Boxer. *Harold Pinter*

Barometer Nichts auf der Welt kann so tief fallen wie ein Barometer in England. *Pierre Daninos*

Barrikade Manche Politiker sterben auf Barrikaden, auf denen sie gar nie gestanden haben. *François Mitterrand*

Bass *1* In der Liebe halten die Bässe, was die Tenöre versprechen. *Nellie Melba*

2 Intellektuell läßt sich kein Unterschied zwischen Tenören und Bässen ausmachen. Wenn Tenöre Unsinn reden, tun sie's eben um eine Oktave höher. *Thomas Beecham*

Bastler Ein Bastler ist noch kein Künstler; das weiß man heute nicht mehr. *Giorgio de Chirico*

Bauch *1* Die Nabelschau des Mannes: sein Bauch. *Gerhard Uhlenbruck*

2 Flirtende Ehemänner am Strand sind keine Gefahr, denn sie schaffen es nicht lange, den Bauch einzuziehen. *Heidi Kabel*

3 Es bringt nichts, den Bauch einzuziehen, wenn man auf der Waage steht. *Fritz Herdi*

4 Fernsehen: durch die Augen direkt in den Bauch - unter Auslassung des Kopfes. *Günter Gaus*

Bauer *1* Was der Bauer nicht kennt, das frißt er nicht. Würde der Städter kennen, was er frißt - er würde umgehend Bauer werden. *Oliver Hassencamp*

2 Wenn das Schwein satt ist, will es weiter fressen; wenn der Bauer reich ist, will er weiter raffen. *Wsewolod Iwanow*

Baum *1* Aphorismen sind Hobelspäne vom Baum der Erkenntnis. *Hanns-Hermann Kersten*

2 Einfälle sind Fallobst vom Baum der Erkenntnis. *Gerhard Uhlenbruck*

3 Das Obst, das er vom Baum der Erkenntnis gegessen hatte, muß noch unreif gewesen sein. *Wolfgang Eschker*

4 Der Kommunismus ist das Paradies auf Erden. Sobald man vom Baum der Erkenntnis gegessen hat, wird man daraus vertrieben. *Wolfgang Eschker*

Baumeister Immer wieder kommen Staatsmänner mit großen Farbtöpfen des Weges und erklären, sie seien die neuen Baumeister. Und immer wieder sind es nur Anstreicher. Die Farben wechseln, die Dummheit bleibt. *Erich Kästner*

Bayer *1* Wenn wir Bayern schon nicht deutsch reden, so doch wenigstens deutlich. *Josef Ertl*

2 Der Bayer hat ein irdisches Verhältnis zur Religion und ein mystisches zum Bier. *Johann-Baptist Metz*

Bedauern Bedauern ist nur eine Form des Müßiggangs. *Saul Bellow*

Bedauertwerden Unglücklichsein ist das halbe Unglück, Bedauertwerden das ganze. *Arthur Koestler*

Bedenken Bedenken sind Gewissensbisse im voraus. *Hans Joachim Clarin*

Bedeutung Der Sinn wird gegeben, die Bedeutung nur verliehen. *Elazar Benyoëtz*

Beerdigung Wenn ein Politiker stirbt, kommen viele nur deshalb zur Beerdigung, um sicher zu sein, daß man ihn wirklich begräbt. *Georges Clemenceau*

Beethoven *1* Früher rasierte man sich, wenn man Beethoven hören wollte, jetzt hört man Beethoven, wenn man sich rasieren will. *Peter Bamm*

2 Ich liebe Beethoven, vor allem seine Gedichte. *Ringo Starr*

Befinden Der Langweiler ist ein Mensch, der, wenn du dich nach seinem Befinden erkundigst, es dir erklärt. *Channing Pollock*

Beförderung Karriere: Beförderung bis zur absoluten Inkompetenz. *Cyril Northcote Parkinson*

Befreiung Konserven und Waschmaschinen haben mehr zur Befreiung der Frau beigetragen als alle Revolutionen. *Jean Duché*

Befriedigung *1* Der einzige Geschmack, der einem Menschen wirkliche Befriedigung geben kann, ist sein eigener. *Philip Rosenthal*

2 Es gibt auch eine Befriedigung, die sich im Kopf abspielt: Denken. *Gabriele Wohmann*

Befürchtung Wir haben nur vage Hoffnungen, aber klare Befürchtungen. *Paul Valéry*

Begabung *1* Begabungen sind produktive Gleichgewichtsstörungen. *Hans Kudszus*

2 In der Kunst ist Aufrichtigkeit eine Frage der Begabung. *Aldous Huxley*

3 Man braucht nicht geistreich zu sein, um zu wissen, daß man begabt ist. Aber man braucht Geist, um zu verbergen, daß man keine Begabung hat. *Marcel Achard*

Begeisterung *1* Begeisterung spricht nicht immer für den, der sie erweckt, aber immer für den, der sie empfindet. *Marie von Ebner-Eschenbach*

2 Keine Begeisterung sollte größer sein als die nüchterne Leidenschaft zur praktischen Vernunft. *Helmut Schmidt*

3 Überzeugungen sind Krankheiten, die durch Begeisterung übertragen werden. *Siegfried Lenz*

Begierde Es ist leichter, einer Begierde ganz zu entsagen, als in ihr Maß zu halten. *Friedrich Nietzsche*

Begleiter Gut zurechtgemacht fürs Ausgehen ist eine Frau dann, wenn ihr Begleiter lieber mit ihr zu Hause bliebe. *Olga Tschechowa*

Begräbnis *1* Manche Begräbnisse unterscheiden sich von manchen Hochzeiten nur dadurch, daß es einen Betrunkenen weniger gibt. *Markus M. Ronner*

2 Taschentuch: ein bei Begräbnissen besonders nützlicher Gegenstand, um den Mangel an Tränen zu verbergen. *Ambrose Bierce*

3 Nur Begräbnisse sind adäquate Aufführungen. *Günter Graß*

Begreifen Schicksal kann man nur durch Begreifen überwinden. *Hermann Hesse*

Begriff *1* Begriffe sind Tastversuche des Geistes. *Otto Michel*

2 Die Begriffe zu vereinfachen, ist die erste Tat aller Diktatoren. *Erich Maria Remarque*

3 Sobald sich Gefühle in festen Begriffen ausdrücken lassen, hat ihre Stunde geschlagen. *Paul Valéry*

4 Er hatte begriffen, daß manches leichter ist, wenn man schwer von Begriff ist. *Gerhard Uhlenbruck*

Behagen Behagen: Gemütszustand beim Betrachten der Sorgen deines Nächsten. *Ambrose Bierce*

Behauptung Beweise? Gereimte Behauptungen. *Hans Lohberger*

Beherrschte Die Herrschenden müssen bewacht werden, nicht die Beherrschten. *Friedrich Dürrenmatt*

Beichte Eine Reform der Beichte wäre vorzuschlagen: Der Sünder beichtet nur seine guten Taten. *Karol Irzykowski*

Beichtvater *1* Der Psychoanalytiker ist ein Beichtvater, den es gelüstet, auch die Sünden der Väter abzuhören. *Karl Kraus*

2 Die größten Annäherungswerte an einen Beichtvater erreicht wahrscheinlich der Barkeeper. *Peter Sellers*

Beifall *1* Niemanden stört eine Unterbrechung, wenn es Beifall ist. *Joachim Fuchsberger*

2 Beifall: das Echo auf eine Platitüde. *Ambrose Bierce*

3 Prominenz ist eine Eigenschaft, die nicht durch Auslese, sondern durch Beifall zustande kommt. *Friedrich Sieburg*

4 Gefesselte Hände können keinen Beifall klatschen. *Stanislaw Jerzy Lec*

5 Auch durch Beifall kann man Feinde aus dem Konzept bringen. *Erhard Blanck*

6 Das sicherste Anzeichen dafür, daß man sich auf dem falschen Weg befindet, ist der Beifall der Gegner. *Mario Scelba*

Beihilfe Wenn Gott alles segnen müßte, worum man bittet, würde er sich, juristisch gesehen, der Beihilfe schuldig machen. *Jean Genet*

Beilage Manche Menschen richten ihr Leben so ein, daß sie von Vorspeisen und Beilagen leben. Das Hauptgericht lernen sie nie kennen. *José Ortega y Gasset*

Beileid Das Beileid ist die Operette unter den Leidensformen. *Nikolaus Cybinski*

Bein *1* Der Mensch hat zwei Beine und zwei Überzeugungen: eine, wenn's ihm gut geht, und eine, wenn's ihm schlecht geht. Die letztere heißt Religion. *Kurt Tucholsky*

2 Ein Radikaler ist ein Mann, der mit beiden Beinen fest in der Luft steht. *Franklin D. Roosevelt*

3 Wer ununterbrochen vorwärts marschiert, steht die Hälfte seines Lebens auf einem Bein. *Manfred Bieler*

4 Ein Konservativer ist ein Mensch mit zwei völlig gesunden Beinen, der nie gehen gelernt hat. *Franklin D. Roosevelt*

5 Ein Fauxpas in der Politik entsteht meistens dadurch, daß ein Bein nicht weiß, was das andere vorhat. *Maurice Faure*

6 Stolpern ist eine Ungeschicklichkeit, für die man nicht die Beine, sondern die Türschwelle verantwortlich macht. *Norman Mailer*

7 Takt ist die Fähigkeit, einem anderen auf die Beine zu helfen, ohne ihm dabei auf die Zehen zu treten. *Curt Goetz*

8 Er half ihm auf die Beine - und schonte damit seine eigenen. *Emil Baschnonga*

9 Lügen haben kurze Beine, aber weiche Knie. *Gerhard Uhlenbruck*

10 Wahrheit ist die Lüge, die lange Beine hat. *Fritz Grünbaum*

11 Wenn man schöne Beine behalten will, muß man sie von den Blicken der Männer massieren lassen. *Marlene Dietrich*

12 Ein Mann interessiert sich im allgemeinen mehr für eine Frau, die sich für ihn interessiert, als für eine Frau mit schönen Beinen. *Marlene Dietrich*

13 Tänzerinnen haben die Sexualität in den Beinen, Tenöre im Kehlkopf. Darum täuschen sich die Frauen in den Tenören und die Männer in den Tänzerinnen. *Karl Kraus*

Beispiel So wertlos ist keiner, daß er nicht wenigstens als schlechtes Beispiel herhalten könnte. *Markus M. Ronner*

Beißen Gewissensbisse erziehen zum Beißen. *Friedrich Nietzsche*

Beize Wo die Beize der Vitalität nachläßt, wird Herrenparfüm ruchbar. *Oliver Hassencamp*

Belehrung Unsere Kultur besteht aus drei Schubladen, deren zwei sich schließen, wenn eine geöffnet wird: Arbeit, Unterhaltung, Belehrung. *Karl Kraus*

Benachteiligte Reformen kommen immer von den Benachteiligten. Wer vier Asse in der Hand hat, verlangt nicht, daß neu gegeben wird. *Wilhelm Hennis*

Benehmen *1* Zuhören ist eine leise, aber elementare Äußerung guten Benehmens. Thaddäus Troll

2 Die Huren auf der Strasse benehmen sich so schlecht, daß man daraus auf das Benehmen der Bürger im Hause schließen kann. *Karl Kraus*

3 Vulgär ist immer das Benehmen anderer. *Oscar Wilde*

Bentley Wenn man in einem Bentley fahren gelernt hat, tritt der Wunsch nach einem Rolls-Royce etwas in den Hintergrund. *Louis Malle*

Benzin In der Weltpolitik spritzt mancher, der sich als Feuerwehrmann ausgibt, mit Benzin. *Bertrand Russell*

Berater *1* Ein Berater ist jemand, der dir deine Armbanduhr wegnimmt, um dir zu sagen, wie spät es ist. *Roy Kinnear*

2 Die Stimme des Gewissens wäre ein besserer Berater, wenn wir ihr nicht immerzu soufflieren würden, was sie sagen soll. *Jean Anouilh*

Berg *1* Ihm war kein Berg zu hoch. Er umging sie alle. *Wolfgang Eschker*

2 Warum wir auf die Berge steigen? Weil sie da sind. *Edmund Hillary*

3 Mancher, der «über den Berg ist», merkt gar nicht, daß es nur noch bergab gehen kann. *Markus M. Ronner*

4 Der Glaube versetzt Berge, der Zweifel erklettert sie. *Karl Heinrich Waggerl*

5 Wenn der Glaube stark ist, kann er Berge versetzen. Aber ist er auch noch blind, dann begräbt er das Beste darunter. *Karl Heinrich Waggerl*

6 Der Glaube kann zwar keine Berge versetzen, aber er vermag Berge dorthin zu setzen, wo keine sind. *Friedrich Nietzsche*

7 Gipfeltreffen finden auf Bergen statt, die den Glauben versetzen. *Werner Marx*

8 Die Liebe kann nicht nur Berge, sondern bisweilen auch eine Familie versetzen. *Gerhard Uhlenbruck*

9 Menschen sind wie Berge: die großen scheinen aus der Nähe kleiner, die kleinen größer. *Aleksander Swietochowski*

Bergsteiger Ich verstehe nicht, was man gegen den Abstieg haben kann. Gäbe es den Abstieg nicht, wären die Gipfel übersät mit erfrorenen Bergsteigern. *Werner Schneyder*

Bericht Dadurch, daß man einen Bericht Report nennt, wird er auch nicht besser. *Helmut Qualtinger*

Bernhardiner Ein Bernhardiner ist das letzte, was ich sein möchte. Dauernd die Flasche am Hals und niemals trinken dürfen. *Joachim Ringelnatz*

Beruf *1* Männer reden immer über das gleiche: über ihren Beruf und über Frauen. *Thomas Bernhard*

2 Journalisten sind Leute, die ein Leben lang darüber nachdenken, welchen Beruf sie eigentlich verfehlt haben. *Mark Twain*

3 Man kann nicht schreiben und gleichzeitig einen Beruf ausüben. *Fritz Hochwälder*

4 Der wahre Beruf des Menschen ist, zu sich selbst zu kommen. *Hermann Hesse*

Berufsoffizier Der Berufsoffizier: ein Mann, den wir in Friedenszeiten durchfüttern, damit er uns im Krieg an die Front schickt. *Gabriel Laub*

Berufswahl Noch glauben sich zu viele Eltern vor die Berufswahl gestellt. *Emil Baschnonga*

Berufung Immer wenn jemand kurzen Prozeß machen möchte, gibt es danach eine lange Berufung. *Siegfried Lowitz*

Berühmtheit Eine Berühmtheit ist jemand, der sich freut, daß ihn viele kennen, die er nicht kennenzulernen braucht. *Henry Louis Mencken*

Berührung Neben der Liebe auf den ersten Blick gibt es auch die Liebe auf die erste Berührung. Und die geht vielleicht noch tiefer. *Vladimir Nabokov*

Beschäftigung Nichtstun ist die schwierigste Beschäftigung und zugleich diejenige, die am meisten Geist voraussetzt. *Oscar Wilde*

Bescheidenheit *1* Bescheidenheit ist immer falsche Bescheidenheit. *Jules Renard*

2 Die Bescheidenheit kriecht aus dem gleichen Loch wie die Eitelkeit. *Marie von Ebner-Eschenbach*

3 Bescheidenheit - Mantel des Hochmuts. *Carmen Sylva*

4 Die Bescheidenheit ist eine Eigenschaft, die vom Bewußtsein der eigenen Macht herrührt. *Paul Cézanne*

5 Bescheidenheit ist die Kunst, andere herausfinden zu lassen, wie bedeutsam man ist. *Berta Drews*

6 Bescheidenheit ist eine Eigenschaft, für die der Mensch bewundert wird, falls die Leute je von ihm hören sollten. *Edgar W. Howe*

7 Wenn der Bescheidene nicht mehr weiß, wohin mit der Bescheidenheit, stellt er seinen Scheffel ins Rampenlicht. *Nikolaus Cybinski*

Beschluß All unsere endgültigen Beschlüsse werden in einem Geisteszustand gefaßt, der nicht anhalten wird. *Marcel Proust*

Beschränktheit Der Aphorismus bekämpft die Beschränktheit auf beschränktestem Raum. *Hanns-Hermann Kersten*

Beschreibung Für die wirklichen Sachen gibt es keine Beschreibung, und die Wörter gelten nicht. *Adolf Muschg*

Besen *1* Neue Besen kehren gut. Aber die alten kennen die Ecken. *Martin Held*

2 Gute Besen kehren wie neu. *Gerhard Uhlenbruck*

Besiegte Frauen lieben die Besiegten, aber sie betrügen sie mit den Siegern. *Tennessee Williams*

Besserwisser *1* Es gibt Besserwisser, die niemals begreifen, daß man recht haben und doch ein Idiot sein kann. *Martin Kessel*

2 Besserwisser sind Schlechtermacher. *Paul Hubschmid*

Beständigkeit *1* Beständigkeit ist oft nur die Furcht, schwach zu erscheinen, wenn man seine Meinung ändert. *Alberto Moravia*

2 Beständigkeit ist die letzte Zuflucht der Phantasielosen. *Oscar Wilde*

3 Die Unbeständigkeit der Frau, die man liebt, wird meistens aufgewogen durch die unheimliche Beständigkeit der Frau, von der man geliebt wird. *George Bernard Shaw*

Beste *1* Ich habe einen ganz einfachen Geschmack. Ich bin stets mit dem Besten zufrieden. *Oscar Wilde*

2 Gib immer dein Bestes! Mehr kannst du nicht, weniger darfst du nicht tun. *Laurence Olivier*

3 Ein Pessimist ist ein Mensch, der das Schlimmste erhofft und auf das Beste gefaßt ist. *Werner Krauß*

Bestform Nur der Mittelmäßige ist ständig in Bestform. *William Somerset Maugham*

Bestie Die Männer sind Bestien. Darum ist es höchst wichtig, die Kerle gut zu füttern. *Oscar Wilde*

Bestseller *1* Zu einem Bestseller kommt man wie die Jungfrau zum Kind. Aber man muß empfangsbereit sein. *Heinrich Maria Ledig-Rowohlt*

2 Bestseller sind eine wunderbare Einrichtung: man kauft Bücher, braucht sie aber nicht zu lesen. *Danny Kaye*

3 Es ist ein angenehmes Gefühl der Unabhängigkeit, wenn man einen Bestseller nicht besitzt. *Danny Kaye*

Bestsellerliste Bestsellerlisten sind die Friedhofstafeln von morgen. *Siegfried Unseld*

Besuch Die erste Voraussetzung, um ein Heiliger zu werden, ist, Besuche zu ertragen. *Emile M. Cioran*

Besucher *1* Es gibt Besucher, die so ungeschickt sind, immer dann zu kommen, wenn man zu Hause ist. *Jean Iris Murdoch*

2 In der deutschen Sprache ist der Tod trotz allem ein vornehmer Besucher geblieben. Er tritt immer noch ein. *Nikolaus Cybinski*

Betrieb Wenn jemand in einem Betrieb unverzichtbar ist, dann ist dieser Betrieb falsch organisiert. *Roberto Niederer*

Betriebsamkeit Betriebsamkeit als Zeichen einer Flucht, die vergaß, wovor sie flieht. *Peter Benary*

Betrug *1* Dafür ist einer Politiker geworden, daß er genau weiß, welche Sorte Betrug ihm nicht abgekauft wird. *Adolf Muschg*

2 Alle schlechten Eigenschaften entwickeln sich in der Familie. Das fängt mit Mord an und geht über Betrug und Trunksucht bis zum Rauchen. *Alfred Hitchcock*

Bett *1* Liebe ist, wenn sie dir die Krümel aus dem Bett macht. *Kurt Tucholsky*

2 Wer die Geheimnisse des Bettes verrät, verdient die Liebe nicht. *Ingeborg Bachmann*

3 Die Sexualschulung hat das Bett um die Prüfungsangst bereichert. *Werner Schneyder*

4 Überall schätzt eine Frau einen perfekten Gentleman, nur nicht im Bett. *Noël Coward*

5 Gegen den Tod läßt sich eine Menge sagen. Immerhin braucht man seinetwegen das Bett nicht zu verlassen. *Kingsley Amis*

Bettler Bettler: jemand, der sich auf die Hilfe seiner Freunde verlassen hat. *Ambrose Bierce*

Beute *1* Die Frau ist kein Raubtier. Sie ist die Beute, die dem Raubtier auflauert. *José Ortega y Gasset*

2 Freundschaft ist die stillschweigende Übereinkunft zweier Feinde, die für eine gemeinsame Beute arbeiten wollen. *Elbert Hubbard*

3 Tot sein heißt zur Beute der Lebenden werden. *Jean-Paul Sartre*

Beutetier Der Mensch ist wie der Löwe in der Fabel, der seine eigenen Reißzähne beschimpft, weil ihm das Beutetier leid tut – nachdem es ihm gut geschmeckt hat. *Horst Stern*

Bevölkerungsexplosion Wenn es wirklich soviel Haß auf der Welt gibt – wie soll man sich da die Bevölkerungsexplosion erklären? *Truman Capote*

Bewahrenswerte Wer heute versucht, etwas Bewahrenswertes zu bewahren, der muß schon fast ein Revolutionär sein. *Erhard Eppler*

Bewegung *1* Menschen, die den Fortschritt nur um der Bewegung willen haben möchten, kommen mir vor wie Chauffeure von Autos mit Motor, aber ohne Lenkrad. *John B. Priestley*

2 Bewegung kann man auch vortäuschen, indem man noch schneller auf der Stelle tritt. *Roger Peyrefitte*

3 Demagogie ist die Fähigkeit, Massen in Bewegung zu setzen, und die Unfähigkeit, sie wieder zu bremsen. *Wolfgang Herbst*

Beweis *1* Beweis: eine Aussage, die einen Grad glaubwürdiger ist als die Unwahrscheinlichkeit. *Ambrose Bierce*

2 Beweise? Gereimte Behauptungen. *Hans Lohberger*

Bewunderung Bewunderung: eine beliebte Form der Selbsterniedrigung, nicht frei von Stolz. *Ambrose Bierce*

Bewußtsein *1* Leiden heißt an Bewußtsein leiden, nicht an Todesfällen. *Gottfried Benn*

2 Das Bewußtsein unserer Sterblichkeit macht unser Dasein erst menschlich. *Max Frisch*

Beziehungskiste Die aufregendste Beziehungskiste ist zweifellos der Sarg. *Nikolaus Cybinski*

Bibliothek Die vergessensten aller Bücher sind jene, die in fast jeder Bibliothek stehen. *Sigismund von Radecki*

Biene Kriege führen auch die Ameisen, Staaten haben auch die Bienen, Reichtümer sammeln auch die Hamster. *Hermann Hesse*

Bier *1* Wen Bier hindert, der trinkt es falsch. *Gottfried Benn*

2 Der Bayer hat ein irdisches Verhältnis zur Religion und ein mystisches zum Bier. *Johann-Baptist Metz*

Bierbranche Wer weiß, daß der Begriff «Verleger» aus der Bierbranche stammt, ist gegen Ernüchterungen gefeit. *Markus M. Ronner*

Bigamie *1* Es gibt viele Delikte auf Erden, aber das unbegreiflichste ist die Bigamie. *George Bernard Shaw*

2 Bigamie: eine Geschmacksverirrung, die künftige Weisheit mit einer Strafe namens Trigamie belegen wird. *Ambrose Bierce*

3 Bigamie ist eine Möglichkeit, zugleich die Schmutzwäsche der Scheidung und die Last von Unterhaltszahlungen zu vermeiden. *Oliver Herford*

4 Bigamie: eine Frau zuviel. Monogamie: dasselbe. *Oscar Wilde*

Bigamist Ein Bigamist ist ein Mann, der auch noch andere Fehler zweimal machen wird. *Peter Sellers*

Bild *1* Wer mir sagen kann, warum ein Bild schön ist, dem bezahle ich eine Flasche. *Edgar Degas*

2 Wenn es nur eine einzige Wahrheit gäbe, könnte man nicht hundert Bilder über dasselbe Thema malen. *Pablo Picasso*

3 Bilder malen lernt man ja ganz von selbst, aber wie man Bilder verkauft, das sollten sie einem auf der Akademie beibringen. *Olaf Gulbransson*

4 Der Ausdruck der Leute, die sich in Gemäldegalerien bewegen, zeigt eine schlecht verhehlte Enttäuschung darüber, daß dort nur Bilder hängen. *Walter Benjamin*

5 Erinnerungen sind ein goldener Rahmen, der jedes Bild freundlicher macht. *Carl Zuckmayer*

6 Wer immer im Bilde ist, fällt nicht so leicht aus dem Rahmen. *Hans Joachim Clarin*

7 Wir werden allmählich das Bild, das die anderen sich von uns machen. *Vance Packard*

Bilderkäufer Früher waren die Maler verrückt und die Bilderkäufer clever. Heute ist es umgekehrt. *Giorgio de Chirico*

Bildröhre Die Bildröhre ist das Präservativ der Realität. *Dieter Hildebrandt*

Bildschirm *1* Die Teilnahme der Bürger an der Politik reduziert sich allmählich aufs Zuschauen am Bildschirm. *Rudolf Wassermann*

2 Gutes Fernsehen ist besonders schlecht, weil es dazu verleitet, Zeit vor dem Bildschirm zu verbringen. *Alexander Mitscherlich*

Bildung *1* Bildung ist das, was die meisten empfangen, viele weitergeben und wenige haben. *Karl Kraus*

2 Bildung ist das, was übrig bleibt, wenn wir vergessen, was wir gelernt haben. *Edward Frederick Halifax*

3 Wo Intelligenz ist, stellt sich die Bildung von selber ein. *Louis Bromfield*

4 Bildung: das, was den eigenen Mangel an Intelligenz dem Weisen offenbart und dem Toren verbirgt. *Ambrose Bierce*

5 Bildung ist die Fähigkeit, fast alles anhören zu können, ohne die Ruhe zu verlieren. *Robert Frost*

6 Bildung ist eine Krücke, mit der der Lahme den Gesunden schlägt, um zu zeigen, daß er auch bei Kräften sei. *Karl Kraus*

7 Es kann doch nicht der Sinn von Bildung sein, daß jeder Einsteins Relativitäts-Theorie erklären, aber keiner mehr einen tropfenden Wasserhahn reparieren kann. *Norbert Blüm*

8 Das große Ziel der Bildung ist nicht Wissen, sondern Handeln. *Herbert Spencer*

Bildungslücke Aus der Schulzeit sind mir nur die Bildungslücken in Erinnerung geblieben. *Oskar Kokoschka*

Biograph Wer keinen Biographen findet, muß sein Leben eben selbst erfinden. *Giovanni Guareschi*

Biß Die Schlange ist das Tier der Weisheit. Ihr Biß ist tödlich. *Wolfgang Eschker*

Bissen Essen ist eine höchst ungerechte Sache: Jeder Bissen bleibt höchstens zwei Minuten im Mund, zwei Stunden im Magen, aber drei Monate an den Hüften. *Christian Dior*

Blatt *1* Es ist gar nicht so schwer, vom Blatt zu spielen, wenn man es nicht vor den Mund nimmt. *Markus M. Ronner*

2 Frechheit: der Anstand nimmt das Blatt vom Mund. *Heinrich Wiesner*

Blech *1* Warum es von Vorteil ist, Worte auf die Goldwaage zu legen? Damit man sie von Blech unterscheiden kann. *Markus M. Ronner*

2 Autoverkäufer haben einen enormen Hang, Blech zu reden. *Gerhard Uhlenbruck*

3 Trompeter sind Alchimisten: Sie machen aus Blech Gold. *Herb Alpert*

4 Manchmal ist es besser, zum alten Eisen zu gehören als zum neuen Blech. *Egon Eiermann*

Blechinstrument Das Schädliche an den Blechinstrumenten liegt in der Tatsache, daß sie die Lungen stärken und damit das Leben der Musikanten verlängern. *George Bernard Shaw*

Bleistift Opportunisten sind Leute, die den Bleistift an beiden Enden spitzen. *Peter Wehle*

Blick *1* Die Menschen heben ihren Blick auch zu Sternen auf, die schon lange nicht mehr über ihnen stehen. *Hans Arndt*

2 Ein Blick in die Welt beweist, daß Horror nichts anderes ist als Realismus. *Alfred Hitchcock*

3 Den Blick auf die Welt kann man mit einer Zeitung versperren. *Stanislaw Jerzy Lec*

4 Wenn man schöne Beine behalten will, muß man sie von den Blicken der Männer massieren lassen. *Marlene Dietrich*

5 Die am weitesten verbreitete Augenkrankheit ist die Liebe auf den ersten Blick. *Gino Cervi*

6 Neben der Liebe auf den ersten Blick gibt es auch die Liebe auf die erste Berührung. Und die geht vielleich noch tiefer. *Vladimir Nabokov*

Blitz *1* Zu den Blitzen des Genies machen die Talente den Donner. *Peter Sirius*

2 In unserem Seelenleben liegen zwischen Blitz und Donner oft viele Jahre. *Hans Arndt*

3 Der Unterschied zwischen dem richtigen Wort und dem beinahe richtigen ist derselbe wie zwischen dem Blitz und einem Glühwürmchen. *Mark Twain*

4 Es sind nicht die schlechtesten Ehen, wenn ein Blitz mit einem Blitzableiter verheiratet ist. *Tilla Durieux*

Blödsinnige Wenn ein Mann etwas ganz Blödsinniges tut, so tut er es immer aus den edelsten Motiven heraus. *Oscar Wilde*

Blue Jeans Neben Coca-Cola sind die Blue Jeans der einzige strahlende Sieg Amerikas nach dem Zweiten Weltkrieg. *Horst Krüger*

Blume *1* Die Blume ist das Lächeln der Pflanze. *Peter Hille*

2 Für Kritiker zu schreiben, lohnt sich nicht, wie es sich nicht lohnt, denjenigen Blumen riechen zu lassen, der einen Schnupfen hat. *Anton Tschechow*

3 Ein Pessimist ist ein Mensch, der sofort nach dem Sarg Ausschau hält, wenn er Blumen gerochen hat. *Henry Louis Mencken*

Blumenkohl Der Blumenkohl ist nichts als ein Kohlkopf mit akademischer Bildung. *Mark Twain*

Blumenstrauß Vorurteile sind wie ein Blumenstrauß, den man wenigstens von Zeit zu Zeit neu arrangieren sollte. *Luther Burbank*

Blumentopf Der vielgerühmte weibliche Instinkt gleicht einem Seismographen, der den Fall eines Blumentopfs anzeigt, aber beim Ausbruch des Ätna versagt. *Anna Magnani*

Blut Was sind das für Menschen, die kein Blut sehen können, aber Tränen? *Nikolaus Cybinski*

Blutdruck Die Aktualität ist der Pulsschlag der Presse. Deshalb haben Zeitschriften einen relativ niedrigen Blutdruck. *Cecil King*

Blüte Hüte dich vor dem Imposanten! Aus der Länge des Stiels kann man nicht auf die Schönheit der Blüte schließen. *Peter Altenberg*

Bock Wer Platzhirsch werden will, darf keine Böcke schießen. *Gerhard Uhlenbruck*

Boden *1* Wer nach den Sternen greift, verliert leicht den Boden unter den Füßen. *Wolfgang Eschker*

2 Früher haben die Frauen auf ihrem eigenen Boden gekämpft. Da war jede Niederlage ein Sieg. Heute kämpfen sie auf dem Boden der Männer. Da ist jeder Sieg eine Niederlage. *Gabrielle «Coco» Chanel*

Bogen *1* Der übernächste Krieg wird nur noch mit Pfeil und Bogen entschieden. *Albert Einstein*

2 In der Liebe fühlt sich der Mann als Bogen, er ist aber nur der Pfeil. *Jeanne Moreau*

Bombe Von jeder Bombe springt ein Stück in die Schöpfungswoche zurück. *Elias Canetti*

Bombenwerfer Wenn man die Anarchisten der Gesetzlichkeit am Werke sieht, erscheinen einem die Bombenwerfer in milderem Licht. *Karl Kraus*

Bonmot *1* Originalität ist die Kunst, sich Bonmots zu merken und zu vergessen, von wem sie stammen. *Danny Kaye*

2 Da das böse Wort für die Tyrannei bezeichnend ist, ist es das Bonmot für die Freiheit. *Friedrich Hacker*

Bonn Ich weiß nie, wo Bonn aufhört und die Kleinstadt anfängt. *Werner Finck*

Boot Diejenigen, die immer davon reden, daß wir doch alle in einem Boot sitzen, sind meist diejenigen, die sich rudern lassen. *Helmut Ruge*

Borgia Lucrezia Seit Lucrezia Borgia bin ich die Frau, die am meisten Menschen umgebracht hat – wenn auch mit der Schreibmaschine. *Agatha Christie*

Börse *1* An der Börse ist alles möglich – auch das Gegenteil. *André Kostolany*

2 Die ganze Börse hängt nur davon ab, ob es mehr Aktien gibt als Idioten – oder umgekehrt. *André Kostolany*

Börsenspekulation Für Börsenspekulationen ist der Februar einer der gefährlichsten Monate. Die anderen sind Juli, Januar, September, April, November, Mai, März, Juni, Dezember, August und Oktober. *Mark Twain*

Böse *1* Warum denn in die Ferne schweifen? Das Böse liegt so nah. *Ludwig Marcuse*

2 Das Gute, dieser Satz steht fest,
ist stets das Böse, das man läßt. *Wilhelm Busch*

3 Man kann auch des Bösen zuviel tun. *Gerhard Uhlenbruck*

4 Die Verfolger des Bösen sind oft schlimmer als das Böse. *Joachim Günther*

Bösewicht Nichts trägt mehr zu unserem Wohlbefinden bei als der Gedanke, daß jemand anders ein Bösewicht ist. *Robert Lynd*

Bosheit *1* Die Bosheit ist die Antwort auf eine enttäuschte Zutraulichkeit. *Martin Kessel*

2 Der Mensch ist immer gefährlich. Wenn nicht durch seine Bosheit, dann durch seine Dummheit. Wenn nicht durch seine Dummheit, dann durch seinen Verstand. *Henry de Montherlant*

Botschaft Botschaften soll man per Telex verschicken, aber nicht in einen Film verpacken. *Jerry Lewis*

Botschafter Ein Botschafter ist ein Briefträger in Frack und Zylinder. *Stewart Alsop*

Boulevard Die Unterwelt tut's mit dem Schlagring, der Boulevard mit der Schlagzeile. *Markus M. Ronner*

Boulevardzeitung Von einer Boulevardzeitung, die täglich um Leser kämpft, kann man nicht erwarten, daß sie sich wie ein Kirchenblatt liest. *Alfred C. Northcliffe*

Boxer *1* Nur Boxer werden mit einem Schlag berühmt. *Gerhard Uhlenbruck*

2 Geben ist seliger denn Nehmen: das Motto der Barmherzigen und der Boxer. *Harold Pinter*

3 Angeschlagene Politiker sind wie angeschlagene Boxer: doppelt gefährlich. *Edward Heath*

Brand *1* Unter Politik verstehen manche Leute die Kunst, Brände zu löschen, die sie selbst gelegt haben. *Lawrence Durrell*

2 Wer an der Regierung ist, muß Brände sofort löschen. Die Opposition kann über die Verbesserung der Feuerwehr in Ruhe nachdenken. *Norbert Blüm*

Brauchbarkeit Plunder ist alles, was seine Brauchbarkeit eingebüßt hat. *Oliver Herford*

Braut *1* Die Würze einer langen Verlobungszeit liegt darin, daß die Bräute wechseln. *Alexander Roda Roda*

2 Braut: eine Frau, die eine schöne Glückserwartung hinter sich hat. *Ambrose Bierce*

3 Venedig ist meistens die zweite Enttäuschung der Braut auf der Hochzeitsreise. *Alberto Sordi*

Brecheisen Geld ist das Brecheisen der Macht. *Helmuth Pleßner*

Brechreiz Schon gemeinsame Brechreize schaffen eine Art ausreichender Sympathie. *Arno Schmidt*

Brecht Als Brecht in München schon langweilig war, durfte er in Wien noch immer nicht gespielt werden. *Joachim Kaiser*

Bremsweg Der Herbst ist die Zeit, da die Tage kürzer und die Bremswege länger werden. *Markus M. Ronner*

Brett *1* Auch die Bretter, die man vor dem Kopf hat, können die Welt bedeuten. *Werner Finck*

2 Jeder Mensch hat ein Brett vor dem Kopf. Es kommt nur auf die Entfernung an. *Marie von Ebner-Eschenbach*

Brief *1* Stil und Geist von Briefen sind immer das eigentliche Zeichen der Zeit. *Friedrich Nietzsche*

2 Ein Brief errötet nicht. Aber er vergilbt. *Erhard Blanck*

3 Der Brief ist ein unangemeldeter Besuch, der Briefbote der Vermittler unhöflicher Überfälle. *Friedrich Nietzsche*

4 Der Brief kam nicht an. Man wollte das Briefgeheimnis wahren. *Wolfgang Eschker*

5 Ich habe einen jungen Mann gekannt, der sich durch das Laster, alle Briefe zu beantworten, ruiniert hat. *Oscar Wilde*

Brillanz Brillanz verdeckt nicht selten die Abwesenheit einer Erkenntnis. *Ludwig Marcuse*

Brille Das Fernsehen wurde erfunden, um den Analphabeten einen guten Grund zum Brillentragen zu geben. *Gabriel Laub*

Brot *1* Wir alle hungern nach Menschenliebe, und wenn man hungert, schmeckt auch schlecht gebackenes Brot. *Maxim Gorki*

2 Spricht der Hungrige von Freiheit, meint er Brot. *Hans Kasper*

3 Der Mensch lebt nicht vom Brot allein, besonders wenn er keines hat. *Ernst Bloch*

4 Wenn die Kunst nach Brot geht, entstehen nur kleine Brötchen. *Eugene Ormandy*

Brötchen Die härteste Butter trifft immer auf das pappigste Brötchen. *Manfred Krug*

Brücke Das Leben ist eine Brücke von Seufzern über einen Strom von Tränen. *Philip James Bailey*

Bruder Die Kindheit ist jene herrliche Zeit, in der man dem Bruder zum Geburtstag die Masern geschenkt hat. *Peter Ustinov*

Brust *1* Traue keinem, den der Anblick einer schönen weiblichen Brust nicht außer Fassung bringt. *Auguste Renoir*

2 Manchmal sind sogar Brüste nur die Spitzen eines Eisbergs. *Nikolaus Cybinski*

Bruttosozialprodukt Wer mit seinem Wagen auf der Autobahn verunfallt, schlägt als Plusposten im Bruttosozialprodukt zu Buch. *Adolf Muschg*

Buch *1* Bücher liegen in der Luft. Der Schriftsteller ist nur die Brücke zwischen dem Stoff und der Niederschrift. *Marguerite Duras*

2 Bücher werden geschrieben – und verlegt. *Heinrich Wiesner*

3 Ich empfand plötzlich das Bedürfnis, ein neues Buch von mir zu lesen. Also habe ich eines geschrieben. *Marguerite Duras*

4 Das ist der Vorteil des Schriftstellers: Wenn man etwas loswerden will, schreibt man ein Buch. *Peter Bamm*

5 Ein Buch ist für mich eine Art Schaufel, mit der ich mich umgrabe. *Martin Walser*

6 Ein Buch muß die Axt sein für das gefrorene Meer in uns. *Franz Kafka*

7 Wenn heutzutage Bücher geboren werden, sind es die Hebammen, die schreien. *Thornton Wilder*

8 Wir finden in den Büchern immer nur uns selbst. Komisch, daß dann allemal die Freude groß ist und wir den Autor zum Genie erklären. *Thomas Mann*

9 Für den Leser ist ein gutes Buch das billigste Hobby, für den Schriftsteller – das teuerste. *Gabriel Laub*

10 Freunde sind Leute, die Bücher von uns entleihen und nasse Gläser darauf stellen. *Edwin Arlington Robinson*

11 Bücher sind beleidigt, wenn man sie verleiht. Deshalb kehren verleihte Bücher nicht mehr zurück. *Oskar Kokoschka*

12 Wenn ich Diktator wäre, würde ich das Ausleihen von Büchern gesetzlich untersagen. *William Saroyan*

13 Ein Buch ist deshalb ein so passendes Geschenk, weil viele Leute nur lesen, um nicht denken zu müssen. *André Maurois*

14 Ich würde nie ein Buch lesen, wenn ich die Gelegenheit hätte, mich eine halbe Stunde mit dem Mann zu unterhalten, der es geschrieben hat. *Woodrow Wilson*

15 Ein Buch ist immer ein verhindertes Gespräch. *Hans Urs von Balthasar*

16 Jeder Leser arbeitet an dem Buch mit, das er liest. *Christa Wolf*

17 Es ist erst der Leser, der das Buch zum Buch macht, indem er es liest. *Francis Ponge*

18 Der Vorteil der meisten Bücher liegt darin, daß man ohne sie auskommen kann. *George Bernard Shaw*

19 Man sollte nur Bücher, die sich zu lesen lohnen, Bücher nennen. *Markus M. Ronner*

20 Nicht jedes Buch ist seinem Klappentext gewachsen. *Peter Schifferli*

21 Schnelligkeit ist notwendig, um Flöhe zu fangen, aber nicht, um Bücher zu schreiben. *Michail Scholochow*

22 Mancher schreibt gleich zwei Bücher auf einmal: das erste und das letzte. *Mark Twain*

23 Es gibt keine moralischen oder unmoralischen Bücher; Bücher sind gut geschrieben oder schlecht. *Oscar Wilde*

24 Auch das schlechteste Buch hat seine gute Seite: die letzte. *John Osborne*

25 Der Ungebildete ist ein Mensch, der oft ein schlechtes Buch für gut hält. Der Gebildete ist ein Mensch, der genauso oft ein gutes Buch für schlecht hält. *Robert Lynd*

26 Je besser ein Buch, um so mehr Nichtleser zieht es an. *Nikolaus Cybinski*

27 Bestseller sind eine wunderbare Einrichtung: man kauft Bücher, braucht sie aber nicht zu lesen. *Danny Kaye*

28 Es ist immer noch besser, ein gutes Buch wird gekauft und nicht gelesen, als wenn es gar nicht erst gekauft wird. *Marcel Reich-Ranicki*

29 Intellektuelle sind Leute, die über Bücher reden, die andere Leute geschrieben haben. *Françoise Sagan*

30 Jeder ist überzeugt, er könne Bücher kritisieren – nur weil er lesen und schreiben gelernt hat. *William Somerset Maugham*

31 Manche Kritiker fassen jene Autoren am härtesten an, deren Bücher sie nicht angefaßt haben. *Gabriel Laub*

32 Einige Bücher sind unverdientermaßen vergessen; kein Buch bleibt unverdientermaßen in Erinnerung. *Wystan Hugh Auden*

33 Die vergessensten aller Bücher sind jene, die in fast jeder Bibliothek stehen. *Sigismund von Radecki*

34 Die Perfektion der Zensur ist erreicht, wenn nur solche Bücher zur Lektüre freigegeben werden, die ohnehin niemand liest. *George Bernard Shaw*

35 Zensur hat auch ihre gute Seite: Zahllosen Büchern hat sie wenigstens einen Leser beschert. *Kateb Yacine*

36 Die neuesten Bücher sind jene, die nicht altern. *Holbrook Jackson*

37 Bücher sind wie Weinflaschen; der Staub darauf spricht für Qualität. *Ernst Heimeran*

38 Die Bücher haben die gleichen Feinde wie der Mensch: das Feuer, die Nässe, die Zeit und ihren eigenen Inhalt. *Paul Valéry*

39 Erscheinen die meisten Bücher im Herbst, um an ihre Vergänglichkeit zu erinnern? *Nikolaus Cybinski*

40 Das Buch widersteht der Zeit, wenn sie nachrückend es in sich aufnimmt. *Thomas Mann*

41 Auch den Möbelpackern sind Leute, die Bücher lesen, zuwider. Aber sie haben wenigstens einen guten Grund dafür. *Gabriel Laub*

42 Optimismus ist eine Geistesstörung, die sich in der Überzeugung des Patienten äußert, es werde in zehn Jahren nicht nur Comics, sondern auch noch Bücher geben. *Hans Weigel*

43 Welches sind die drei dünnsten Bücher der Welt? Die israelische Küche, die italienischen Heldensagen und der Schweizer Humor. *Johannes Groß*

44 Streng genommen hat nur eine Sorte Bücher das Glück unserer Erde vermehrt: die Kochbücher. *Joseph Conrad*

45 Ich behaupte daß es leichter ist, ein Buch zu schreiben, als es zu unterlassen. *Markus M. Ronner*

Bücherschrank Sage mir, wie groß dein Bücherschrank ist, und ich sage dir, man kann niemandem trauen. *Hans Kasper*

Bücherschreiben Bücherschreiben ist das einzige Verbrechen, bei dem sich der Täter bemüht, Spuren zu hinterlassen. *Gabriel Laub*

Buchmesse Die einzigen, die an die Wichtigkeit der Frankfurter Buchmesse glauben, sind die zu Hause gebliebenen Gattinnen. *Hans Habe*

Büchner-Preis Wenn Georg Büchner heute noch lebte, er würde den Büchner-Preis nie bekommen. *Walter Mehring*

Buchreihe Es gibt Buchreihen, die erweisen sich als Reihengrab. *Wolfgang Eschker*

Bühne *1* Die Welt ist eine Bühne, aber die Rollen sind schlecht verteilt. *Oscar Wilde*

2 Politik ist die Bühne, auf der die Souffleure manchmal deutlicher zu hören sind als die Akteure. *Ignazio Silone*

3 Schauspielerinnen sind ideale Ehefrauen; sie machen ihre Szenen auf der Bühne. *Bernhard Wicki*

4 Es werden auf deutschen Bühnen zu viele Eierkuchen gebacken. *Jürgen Flimm*

5 Italien besteht aus fünfzig Millionen Schauspielern. Die schlechtesten von ihnen stehen auf der Bühne. *Orson Welles*

Bühnenbildner Bühnenbildner wären glücklicher, wenn nicht dauernd irgendwelche Schauspieler vor ihren Kunstwerken herumstünden. *Rolf von Sydow*

Bühnenfigur Ich habe oft über das Pech nachdenken müssen, daß die interessanteste deutsche Bühnenfigur der Teufel ist. *Friedrich Dürrenmatt*

Bundeskanzler Adenauer hatte noch vier Silben, Kiesinger noch drei. Inzwischen werden die Bundeskanzler immer einsilbiger. *Helmut Schmidt*

Bundestag Der deutsche Bundestag ist mal voller und mal leerer, aber immer voller Lehrer. *Otto Graf Lambsdorff*

Bündnis Bündnis: die Vereinigung zweier Diebe, die ihre Hände so tief in den Taschen des anderen stecken haben, daß sie nicht unabhängig voneinander einen dritten ausplündern können. *Ambrose Bierce*

Bürger *1* Eine ernsthafte Schwäche der Demokratie ist, daß sie sich danach richten muß, was der Bürger denkt, ehe Gewißheit besteht, ob er es überhaupt tut. *Hans Kasper*

2 Die Teilnahme der Bürger an der Politik reduziert sich allmählich aufs Zuschauen am Bildschirm. *Rudolf Wassermann*

3 Die Huren auf der Straße benehmen sich so schlecht, daß man daraus auf das Benehmen der Bürger im Hause schließen kann. *Karl Kraus*

4 Es wäre eine reine Freude, Journalist zu sein, wenn die Bürger soviel acht auf die Sprache gäben wie auf den Lack ihrer Autos. *Fritz Richert*

Bürokrat *1* Die Lage hat sich gewandelt. Der Feind ist jetzt nicht mehr der Feind im anderen Lager, sondern der graue Bürokrat in uns. *John Le Carré*

2 Querulanten sind Bürokraten, die es nicht geschafft haben. *Hans Kasper*

Bus Es gibt genug charakterfeste Männer, die eine Frau nicht sitzen lassen – vor allem im Bus und in der Straßenbahn. *Grethe Weiser*

Büstenhalter Früher brauchte man nur ein Taschentuch fallen zu lassen, und schon stürzten die Männer herbei. Heute könnte man einen Büstenhalter verlieren, und keiner rührt einen Finger. *Helen Vita*

Butler Ein Butler ist eine Prozession, die aus einem einzigen Menschen besteht. *Pelham Grenville Wodehouse*

Butter Die härteste Butter trifft immer auf das pappigste Brötchen. *Manfred Krug*

Butterpreis Manche hören aus dem Wachsen des Grases sogar den Butterpreis heraus. *Wolfgang Eschker*

C

Call-Girl Das Call-Girl hat die Maitresse ersetzt, weil die Männer, die für ihre Frauen keine Zeit haben, nun auch für ihre Geliebten keine Zeit mehr haben. *Hans Habe*

Camping Warum Camping? Das Leben ist auch ohne Camping schon schwer genug. *Herbert Rosendorfer*

Campingplatz Ein Campingplatz ist eine Rheumatismusfarm mit Ansätzen zu «Gallensteins Lager». *Siegfried Sommer*

Casanova *1* Casanova ist der bekannteste Multi der Erotik. *Henry Miller*

2 Casanova war ein herumreisender Früh-Kolle. *Dieter Hildebrandt*

Chance *1* Die Chance klopft öfter an, als man meint, aber meistens ist niemand zu Hause. *Will Rogers*

2 Ein kluger Mann macht nicht alle Fehler selber; er gibt auch anderen eine Chance. *Winston S. Churchill*

3 Von den Chinesen könnten wir einiges lernen. Man hat mir gesagt, sie hätten ein und dasselbe Schriftzeichen für die Krise und für die Chance. *Richard von Weizsäcker*

4 Die Musik spricht für sich allein. Vorausgesetzt, wir geben ihr eine Chance. *Yehudi Menuhin*

Chaos *1* Ordnung ist etwas Künstliches. Das Natürliche ist das Chaos. *Arthur Schnitzler*

2 Zeiten der Ordnung sind die Atempausen des Chaos. *Walter Hilsbecher*

3 Der Staat ist eine Notordnung gegen das Chaos. *Gustav Heinemann*

4 Geschichte ist das Muster, das man hinterher in das Chaos webt. *Carlo Levi*

Charakter *1* Charakter – das ist eine Zeitfrage. *Bertolt Brecht*

2 In der Nacht hat der Mensch nur ein Nachthemd an, und darunter kommt gleich der Charakter. *Robert Musil*

3 Charakter ist das, was man hat, wenn keiner zuschaut. *Siegfried Lowitz*

4 Charakter ist die Fähigkeit, sich selbst im

Wege zu stehen, obwohl man ausweichen könnte. *Markus M. Ronner*

5 Charakter ist Mut zur Monotonie. *Hans Kudszus*

6 Wer einen Charakter hat, braucht keine Prinzipien. *Julius Wagner von Jauregg*

7 Zwischen sämtlichen Stühlen auf hohem Roß – das nenne ich Charakter. *Hanns-Hermann Kersten*

8 Charakter ist nur Eigensinn. Es lebe die Zigeunerin. *Paul Scheerbart*

9 Stärke des Charakters ist oft nichts anderes als eine Schwäche des Gefühls. *Arthur Schnitzler*

10 Der Sprung nach oben hinterläßt oft auch im Charakter einen Sprung. *Gerhard Uhlenbruck*

11 Vielleicht verdirbt Geld den Charakter. Auf keinen Fall aber macht Mangel an Geld ihn besser. *John Steinbeck*

12 Erfolg verbessert den Charakter. *William Somerset Maugham*

13 Heucheln: dem Charakter ein sauberes Hemd überziehen. *Ambrose Bierce*

14 Wer keinen Charakter hat, muß sich wohl oder übel eine Methode zulegen. *Albert Camus*

15 Die Schilderung der schlechten Charaktere gelingt oft besser als die der guten, weil sie in uns selber schlummern. *Ernst Jünger*

16 Der Charakter einer Frau zeigt sich nicht, wo die Liebe beginnt, sondern wo sie endet. *Rosa Luxemburg*

17 Wenn überhaupt keine Winde wehen, hat sogar der Wetterhahn Charakter. *Stanislaw Jerzy Lec*

Charakterlosigkeit Charakterlosigkeit ist ein Mythos, den biedere Individuen geschaffen haben, um damit die Faszinationskraft anderer Leute erklären zu können. *Oscar Wilde*

Charme *1* Charme: die Art, wie ein Mensch «ja» sagt, ohne daß ihm eine bestimmte Frage gestellt worden ist. *Albert Camus*

2 Charme ist ein unbewußtes Versprechen. *Sigmund Graff*

3 Charme ist die Gabe, den anderen vergessen zu lassen, wie er aussieht. *Markus M. Ronner*

4 Der Charme ist die Chance der Häßlichen. *Sigmund Graff*

5 Bildschöne Frauen sind selten charmant, weil sie es nicht nötig haben, charmant zu sein. Charme setzt kleine Fehler voraus, die man überdecken muß. *Boleslaw Barlog*

6 Wenn wir den Charme einer Frau entdecken, haben wir bereits das erste winzige Geheimnis mit ihr. *Sigmund Graff*

7 Von allen Frauen, deren Charme ich erlegen bin, habe ich hauptsächlich Augen und Stimme in Erinnerung. *Marcel Proust*

8 Charme ist, was manche Leute haben, bis sie beginnen, sich darauf zu verlassen. *Simone de Beauvoir*

9 Charme zur Haltung gemacht, ist etwas Fürchterliches. Waffenstillstand mit der eigenen Lüge. *Max Frisch*

Chauvinismus Am Chauvinismus ist nicht so sehr die Abneigung gegen die fremden Nationen als die Liebe zur eigenen unsympathisch. *Karl Kraus*

Chefredakteur Ein Chefredakteur muß an das Blatt geflochten werden wie an ein Rad. Liegt er unten, blutet er. Ist er oben, ist es sein Sieg. *Henri Nannen*

Chic *1* Eleganz ist das Was, Chic ist das Wie. *Pierre Cardin*

2 Der Chic eines Badeanzuges besteht darin, daß er wie ein Sonnenbrand sitzt. *Esther Williams*

China Wenn man China verstehen will, muß man eintausend Millionen Chinesen verstehen. *Deng Xiaoping*

Chirurg *1* Kultur ist das, was der Metzger hätte, wenn er Chirurg geworden wäre. *Anthony Quayle*

2 Eines haben Automechaniker und Chirurgen gemeinsam: beide profitieren vom Glatteis. *Gerhard Uhlenbruck*

3 Einbrecher und Chirurgen ziehen Handschuhe an, weil sie ihre Spuren verwischen wollen. *Jacques Tati*

4 Die Staatsmänner sind wie die Chirurgen: ihre Irrtümer sind tödlich. *François Mauriac*

Choleriker Der donnernde Gott, der zürnende Gott, der rächende Gott. Was für ein Choleriker. *Heinrich Wiesner*

Chopin Bei den Damen kommt man mit Chopin viel weiter als mit Mozart. *Artur Rubinstein*

Christ *1* Kein Mensch muß Christ sein, das ist eine Gnade. *Carl Friedrich von Weizsäcker*

2 Von Christen kann man alles erbitten; wenn man nichts von ihnen bekommt, dann nur, weil man nicht genug von ihnen verlangt. *Paul Claudel*

3 Wenn's um Toleranz geht, machen die Christen einen Heidenlärm. *Bert Berkensträter*

4 Jeder Christ kann die Raketen mit seinem Gewissen vereinbaren – wenn er an die Kreuzzüge denkt. *Helmut Ruge*

Christentum *1* Das Beste, was das Christentum hervorgebracht hat, sind seine Ketzer. *Ernst Bloch*

2 Gewissensbisse sind die sadistischen Regungen des Christentums. *Karl Kraus*

3 Kapitalismus ohne Konkurse ist wie Christentum ohne Hölle. *Frank Borman*

Chromosom *1* Ein Arzt kann sich irren, doch nicht ein Chromosom. *Carl Zuckmayer*

2 Wie lächerlich gering ist der Unterschied zwischen Mann und Frau! Von achtundvierzig Chromosomen unterscheidet sich nur eines. *Germaine Greer*

Coca-Cola Neben Coca-Cola sind die Blue Jeans der einzige strahlende Sieg Amerikas nach dem Zweiten Weltkrieg. *Horst Krüger*

Cocktail Geschichte ist kurzlebig. Von Molotow ist nur der Cocktail übriggeblieben. *Markus M. Ronner*

Cocktail-Party Wenn ich Leute bei einer Cocktail-Party langweile, glauben die, es sei ihr Fehler. *Henry Kissinger*

Coiffeur Im Fernsehzeitalter kann ein guter Coiffeur einen Wahlkampf entscheiden. *James Stewart*

Comic Optimismus ist eine Geistesstörung, die sich in der Überzeugung des Patienten äußert, es werde in zehn Jahren nicht nur Comics, sondern auch noch Bücher geben. *Hans Weigel*

Communiqué Beim Communiqué kommt es vor allem darauf an, was nicht drin steht. *Lawrence Durrell*

Computer *1* Der Computer ist eine spirituelle Maschine, mit der man fast so schnell schreiben wie denken kann. *Umberto Eco*

2 Der Computer arbeitet deshalb so schnell, weil er nicht denkt. *Gabriel Laub*

Coupé Wir sitzen alle im gleichen Zug und viele im falschen Coupé. *Erich Kästner*

Couturier Kein Couturier kann ein Kleid so exakt beschreiben wie eine Frau, die die Robe einer Rivalin demonstrativ ignoriert. *Hubert de Givenchy*

D

Dabeisein Die meisten verwechseln Dabeisein mit Erleben. *Max Frisch*

Dach Es ist mir rätselhaft, woher die andern jedesmal so genau wissen, was die Spatzen von den Dächern pfeifen. *Nikolaus Cybinski*

Dame *1* Eine Dame ist eine Frau, deren bloße Anwesenheit zur Folge hat, daß sich Männer wie Herren benehmen. *Henry Louis Mencken*

2 Die Männer wissen nicht mehr, was eine Dame ist. Und die Frauen wissen es auch nicht mehr. *Emilio Schuberth*

3 Eine Dame ist eine Frau, die weiß, was sie nicht wissen darf, obwohl sie es weiß. *Jean-Paul Belmondo*

4 Junge Damen erkennt man heute daran, daß sie Wörter gebrauchen, die man früher in ihrer Gesellschaft vermieden hätte. *Johannes Heesters*

5 Wenn man mit einer jungen Dame vom Wetter redet, vermutet sie, daß man etwas ganz anderes im Sinn hat. Und meistens hat sie damit recht. *Oscar Wilde*

6 Ein Strand ist ein Gelände, auf dem junge Damen einen Ehemann suchen und Ehemänner eine junge Dame. *Alberto Sordi*

7 Früher zeigte man im Film die Dame ohne Unterleib. Heute zeigt man den Unterleib der Dame. *Ida Ehre*

8 Eine Dame trägt keine Kleider. Sie erlaubt den Kleidern, von ihr getragen zu werden. *Yves Saint-Laurent*

9 Das Orchester versetzt die Damen in Trance, aber schreiben tun's dann dem Tenor. *Arthur Schnitzler*

10 Bei den Damen kommt man mit Chopin viel weiter als mit Mozart. *Artur Rubinstein*

11 Die Kunst ist eine hohe Dame. Sei also nicht ungezogen und warte, bis du angesprochen wirst. *Karl Heinrich Waggerl*

Damenschuh Schuhfabrikanten produzieren Damenschuhe nicht zum Davonlaufen, sondern zum Dableiben; das ist ein Fehler. *Alice Schwarzer*

Dämlichkeit Lachen ohne Anlaß ist pure Dämlichkeit. *Loriot*

Dämmerstunde Jeder Held des Tages fürchtet die Dämmerstunde. *Stanislaw Jerzy Lec*

Dank Man stattet Dank nur deshalb ab, um die Dankbarkeit loszuwerden. *Eduard von Hartmann*

Dankbarkeit *1* Unter Dankbarkeit versteht man gemeinhin die Bereitwilligkeit, lebenslänglich Salbe aufzuschmieren, weil man einmal Läuse gehabt hat. *Karl Kraus*

2 Erwarte keine Dankbarkeit, wenn du einem Menschen Gutes tust; du hast seine Schwächen aufgedeckt. *Elbert Hubbard*

3 Mißtraue jeder Freude, die nicht auch Dankbarkeit ist. *Theodor Haecker*

Darsteller Politisches Theater: Auf einen Darsteller zehn Souffleure. *Wieslaw Brudziński*

Darwin Es gibt Frauen, die Darwin falsch verstanden haben: Sie machen aus jedem Mann einen Affen. *Carola Höhn*

Dasein *1* Das Dasein ist köstlich, man muß nur den Mut haben, sein eigenes Leben zu führen. *Peter Rosegger*

2 Der Schlaf ist für manche Menschen der fruchtbarste Teil ihres Daseins. *Carl Zuckmayer*

3 Der Sinn unseres Daseins läßt sich nicht benennen. Wahrscheinlich laufen wir auf ihn zu. *Heinrich Nüsse*

4 Das Bewußtsein unserer Sterblichkeit macht unser Dasein erst menschlich. *Max Frisch*

Datum Manche Zeitgenossen haben mit der Zeit nur das Datum gemein. *Karl Steinbuch*

Dauer *1* Die kleineren Übel sind meist von längerer Dauer. *Wieslaw Brudziński*

2 Das Glück unterscheidet sich vom Unglück vor allem durch die kurze Dauer. *Gerhard Uhlenbruck*

DDR *1* In der DDR hat man von mir eine Weltanschauung verlangt, ohne daß ich die Welt anschauen durfte. *Manfred Krug*

2 Die Schriftsteller der DDR werden jetzt alles sagen können. Dafür werden sie aber viel weniger Autorität haben. *Stefan Heym*

Deckname Der Zufall ist Gottes Deckname, wenn Gott sich nicht zu erkennen geben will. *Anatole France*

Definition Die meisten Definitionen sind Konfessionen. *Ludwig Marcuse*

Dekadenz *1* Die Dekadenz nimmt zu, wenn die Institutionen ihre Kritiker auszeichnen. *Dieter Hildebrandt*

2 Amerika – die Entwicklung von der Barbarei zur Dekadenz ohne Umweg über die Kultur. *Georges Clemenceau*

3 Man muß offenbar wie die Amerikaner direkt von der Barbarei in die Dekadenz gesprungen sein, um eine Klatschkultur entwickeln zu können. *Wolf Wondratschek*

Dekolleté *1* Lebenskunst ist die Kunst des richtigen Weglassens. Das fängt beim Reden an und endet beim Dekolleté. *Gabrielle «Coco» Chanel*

2 Das Dekolleté ist jener schmale Grat, auf dem der gute Geschmack balanciert, ohne herunterzufallen. *Gabrielle «Coco» Chanel*

3 Ein Dekolleté sollte kein optischer Selbstbedienungsladen sein. *Ruth Leuwerik*

Delikt *1* Es gibt viele Delikte auf Erden, aber das unbegreiflichste ist die Bigamie. *George Bernard Shaw*

2 Um manche Delikte zu begreifen, genügt es, wenn man die Opfer kennt. *Oscar Wilde*

Demagoge Demagogen sind Leute, die in den Wind sprechen, den sie selbst gemacht haben. *Helmut Qualtinger*

Demagogie *1* Zum Spaßmachen gehört auch ein Schuß Demagogie. *Werner Finck*

2 Demagogie ist die Fähigkeit, Massen in Bewegung zu setzen, und die Unfähigkeit, sie wieder zu bremsen. *Wolfgang Herbst*

Dementi *1* Ein Dementi ist ratenweise Bestätigung durch fortgesetzte Verneinung. *Roger Peyrefitte*

2 Unter einem Dementi versteht man in der Diplomatie die verneinende Bestätigung einer Nachricht, die bisher lediglich ein Gerücht gewesen ist. *John B. Priestley*

3 Das Gesicht eines Regierungssprechers: mit den Jahren sieht es aus wie sein eigenes Dementi. *Heinrich Nüsse*

Demokratie *1* Demokratie ist die wiederholt auftauchende Vermutung, daß mehr als die Hälfte der Leute in mehr als der Hälfte der Fälle recht hat. *Elwyn Brooks White*

2 Demokratie ist die Notwendigkeit, sich gelegentlich den Ansichten anderer Leute zu beugen. *Winston S. Churchill*

3 Demokratie heißt die Spielregeln einhalten, auch wenn kein Schiedsrichter zusieht. *Manfred Hausmann*

4 Die Demokratie ist ein Verfahren, das garantiert, daß wir nicht besser regiert werden, als wir es verdienen. *George Bernard Shaw*

5 Demokratie heißt zwar Regierung durch Diskussion; aber sie ist nur wirksam, wenn man die Leute dazu bringt, daß sie aufhören zu reden. *Clement Richard Attlee*

6 Demokratie beruht auf drei Prinzipien: auf der Freiheit des Gewissens, auf der Freiheit der Rede und auf der Klugheit, keine der beiden in Anspruch zu nehmen. *Mark Twain*

7 Die Demokratie ist die schlechteste Staatsform, ausgenommen alle anderen. *Winston S. Churchill*

8 Eine ernsthafte Schwäche der Demokratie ist, daß sie sich danach richten muß, was der Bürger denkt, ehe Gewißheit besteht, ob er es überhaupt tut. *Hans Kasper*

9 Innere Sicherheit: der Schutz der Regierung vor der Demokratie. *Rudolf Rolfs*

10 Das Regieren in einer Demokratie wäre wesentlich einfacher, wenn man nicht immer wieder Wahlen gewinnen müßte. *Georges Clemenceau*

11 Die Demokratie repräsentiert den Unglauben an große Menschen. *Friedrich Nietzsche*

12 Neid ist die Mutter der Demokratie. *Miguel de Unamuno*

13 Neid ist die Grundlage der Demokratie. *Bertrand Russell*

14 Durch Ruhe und Ordnung kann die Demokratie ebenso gefährdet werden wie durch Unruhe und Unordnung. *Hildegard Hamm-Brücher*

15 Wer in der Diktatur die Regierenden kritisiert, kommt ins Gefängnis. Wer in der Demokratie über die Regierenden schimpft, kommt ins Fernsehen. *Manfred Rommel*

Demonstration Ich gehe auf keine Demonstration, ich bin selber eine. *Friedrich Dürrenmatt*

Demoskopie Demoskopie ist die Kunst, hinterher zu begründen, warum alles ganz anders gekommen ist. *David Frost*

Demut *1* Es gibt eine besonders unsympathische Art von Hochmut; sie heißt Demut. *Hans Krailsheimer*

2 Woher sollen die Menschen, denen gesagt wurde, sie seien Ebenbilder Gottes, ihre Demut nehmen. *Erhard Blanck*

3 Lasset uns deklinieren: Der Mut – des Mutes – Demut. *Werner Finck*

Demütigung Große Völker vergessen Leiden, nicht aber Demütigungen. *Winston S. Churchill*

Denken *1* Es gibt auch eine Befriedigung, die sich im Kopf abspielt: Denken. *Gabriele Wohmann*

2 Denken – das heißt eingesehen haben, daß das Wissen zu Ende geht. *Hans Lohberger*

3 Allen ist das Denken erlaubt. Vielen bleibt es erspart. *Curt Goetz*

4 Viele Menschen verstehen unter Denken nur die Umgruppierung ihrer Vorurteile. *William James*

5 Oft ist das Denken schwer, indes
das Schreiben geht auch ohne es. *Wilhelm Busch*

6 Denken ist die schwerste Arbeit, die es gibt. Das ist wahrscheinlich auch der Grund, daß sich so wenig Leute damit beschäftigen. *Henry Ford*

7 Denken ist eine Anstrengung, Glauben ein Komfort. *Ludwig Marcuse*

8 Die Menschen neigen zur falschen Auffassung, daß, da sich alle unsere mechanischen Apparate so flink vorwärtsbewegen, auch das Denken schneller vor sich geht. *Christopher Morley*

9 Die größte Bremse im Denken ist der Selbsterhaltungstrieb. *Stefan Napierski*

10 Der kleine Unterschied: Er denkt beim Lieben, sie liebt beim Denken. *Oliver Hassencamp*

Denker Die Vitalität wird zu Lasten des Verstandes überschätzt. Dabei sind es die Ochsen und nicht die Denker, die uns zu Tode trampeln. *Friedrich Dürrenmatt*

Denkmal *1* Ein Denkmal ist ein Stehplatz, den man von der Geschichte bekommen hat. *Harold Macmillan*

2 Denkmäler sind gefrorene Geschichte. *Alec Guinness*

3 Sobald ein Mensch endgültig seinen Einfluß verloren hat, setzt man ihm ein Denkmal. *Robert Musil*

4 Ein Denkmal ist der Beweis dafür, daß man einen Menschen bereits vergessen hat. *Harold Pinter*

5 Ein Denkmal ist ein berühmter Mann in Marmor oder Bronze, der schutzlos in Wind und Regen steht und den Tauben als Toilette dient. *Peter Sellers*

6 Manches Denkmal ist nichts anderes als Steinigung eines Toten. *Martin Held*

7 Propheten werden zweimal gesteinigt: zum erstenmal bei Lebzeiten, danach durch Errichtung eines Denkmals. *Christopher Morley*

8 Sie bauten ihm ein Denkmal: aus Steinen, mit denen sie ihn einst gesteinigt hatten. *Wolfgang Eschker*

9 Was nützen Denkmäler des Unbekannten Soldaten den Gefallenen? *Carl von Ossietzky*

10 Der Friede hat ebenso viele Siege aufzuweisen wie der Krieg, aber weit weniger Denkmäler. *Kin Hubbard*

11 Kriegskunst hinterläßt die meisten Denkmäler. *Emil Baschnonga*

12 Wenn einem Lebenden ein Denkmal gesetzt wird, so pflegt man beide etwas spöttisch zu betrachten. *Kurt Tucholsky*

13 Denkmäler errichtet man nur den Junggesellen. Ehemänner bringen es höchstens bis zum Sockel. *Tristan Bernard*

14 Schont die Sockel, wenn ihr die Denkmäler stürzt. Sie können noch gebraucht werden. *Stanislaw Jerzy Lec*

15 Das schönste Denkmal für einen Komponisten ist, wenn er im Spielplan bleibt. *Carl Orff*

16 Das Auto hat das Pferd noch lange nicht verdrängt – oder kennen Sie ein Denkmal, auf dem ein Mann am Steuer sitzt? *Hans Günter Winkler*

17 Für mich ist Denkmal ein lebenslanger Imperativ, der aus zwei Wörtern besteht. *Fritz Grünbaum*

Denkpause *1* Wer nicht merkt, daß er denkt, wenn er denkt, ist reif für eine Denkpause. *Elias Canetti*

2 Ich halte nichts von Denkpausen, denn das würde ja bedeuten, daß man vorher nicht gedacht hat. *Helmut Kohl*

Descartes Eine Anmerkung zu Descartes: manchmal denke ich, und manchmal bin ich. *Paul Valéry*

Deserteur Deserteure sind Leute, die sich selbst in die Wüste schicken. *Alfred Andersch*

Desinteresse Weibliche Aufrichtigkeit ist ein Beweis für äußerstes Desinteresse. *Helmar Nahr*

Dessous Ich bin gegen funktionelle Unterwäsche. Ein Dessous muß nicht praktisch sein, sondern reizvoll. *Catherine Deneuve*

Detail Es heißt, der Teufel stecke im Detail. Ich glaube manchmal, er stecke eher in den Grundsätzen. *Michael Stewart*

Deutsch Deutsch ist schon deshalb eine gute Sprache, weil in ihr Mensch und Mann nicht das Gleiche sind. *Wolfgang Hildesheimer*

Deutsche *1* Ein Deutscher ist ein Mensch, der keine Lüge aussprechen kann, ohne sie selbst zu glauben. *Theodor W. Adorno*

2 Warum nur tun die Deutschen so viel für ihre Toten und so wenig für ihre Lebenden? *Heinrich Böll*

3 Die Deutschen – man hat sie entweder an der Gurgel oder zu Füssen. *Winston S. Churchill*

4 Wenn wir Deutschen dem Schicksal in den Rachen greifen, bleibt fast immer die Hand drin. *Joachim Fernau*

5 Es sind die schlechtesten Deutschen nicht, die unruhig werden, wenn sie des Nachts an Deutschland denken. *Willy Brandt*

6 Die Deutschen wollen die Welt verbessern. Die Österreicher begnügen sich damit, sie mies zu finden. *Ernst Stankowski*

7 Das imponiert mir an den Deutschen, daß sie immer etwas in ihrem Angebot finden. Wenn Kanonen nicht gehen, dann geht eben Goethe. *Werner Schneyder*

8 Die Deutschen sitzen an der Tafel einer Kultur, bei der Prahlhans Küchenmeister ist. *Karl Kraus*

9 Die einzige Drohung, die einem Deutschen Angst einjagt, ist die des sinkenden Umsatzes. *Heinrich Böll*

10 Wenn die Deutschen wieder zu arbeiten anfangen wie früher, dann ist der Okzident verloren. *Emile M. Cioran*

11 Der Deutsche fährt nicht wie andere Menschen. Er fährt, um recht zu haben. *Kurt Tucholsky*

12 Die Deutschen sind sicherlich das einzige Volk auf Erden, das ein schlechtes Gewissen mehr genießt als eine schöne Frau. *Peter Zadek*

13 Goethes «Faust» beweist, daß ein junger Mann nur bei den Deutschen den Teufel braucht, um ein Mädchen zu verführen. *Friedrich Dürrenmatt*

14 Die Deutschen, sagt man, lachen nicht – wahrscheinlich, weil sie alles so ernst nehmen wie sich selber. *Hermann Kesten*

15 Wir Deutschen haben ein tiefes Mißtrauen gegen alles, was leicht geht. *Bertolt Brecht*

16 Wir Deutschen haben die Welt beherrscht, fremde Völker, die Nordsee und die Natur ... den Konjunktiv nie. *Dieter Hildebrandt*

17 Die Engländer haben das Öl, die Franzosen die Kernkraft und die Deutschen die Diskussion. *Lothar Späth*

18 Die Deutschen lieben Rheinwein. Er wird in schlanke Flaschen gefüllt und für ein gutes Getränk gehalten. Von Essig unterscheidet er sich durch die Etikette. *Mark Twain*

19 Der Deutsche gleicht gewissen Weinen, die verschnitten am trinkbarsten sind. *Ernst Jünger*

20 Als Gastarbeiter in Deutschland braucht man kein Talent zum Satiriker. Die Deutschen liefern das nötige Material selber. *Sinasi Dikmen*

Deutschland *1* O Deutschland, bleiche Mutter! Wie haben deine Söhne dich zugerichtet ... *Bertolt Brecht*

2 In Deutschland hat man das größte Unheil mit «Heil»-Rufen heraufbeschworen. *Axel Springer*

3 Der Geist ist in Deutschland immer die letzte Rettung nach den Niederlagen. *Kurt Tucholsky*

4 Ich sah aus Deutschlands Asche keinen Phönix steigen, sondern einen Pfau. *Christoph Meckel*

5 Wenn ich nicht von Geburt an Atheist wäre, würde mich der Anblick Deutschlands dazu machen. *Arno Schmidt*

6 Deutschland ist eine anatomische Merkwürdigkeit: es schreibt links und tut rechts. *Kurt Tucholsky*

7 Schriftsteller, die ihrem Weltbild sprachlich nicht gewachsen sind, nennt man in Deutschland Seher. *Gottfried Benn*

8 In Deutschland gilt derjenige, der auf den Schmutz hinweist, für viel gefährlicher als derjenige, der den Schmutz macht. *Kurt Tucholsky*

9 In Deutschland nennt man jeden, der das Messer nicht in den Rachen stopft, einen Ästheten. *Ludwig Rubiner*

10 In Deutschland muß man überarbeitet wirken, um ernstgenommen zu werden. *Karl Otto Pöhl*

11 Deutschland ist das einzige Land, wo Mangel an politischer Befähigung den Weg zu den höchsten Ehrenämtern sichert. *Carl von Ossietzky*

12 Beim Wort Revolution erstarrt Deutschland, bei der Mobilmachung wird es lebendig. *Karlheinz Deschner*

13 Der Patriotismus in Deutschland ist so furchtbar, weil er grundlos ist. *Max Horkheimer*

14 Ich würde ganz gern in die Kulturpolitik eingreifen – wenn es in Deutschland überhaupt eine gäbe. *August Everding*

15 Der Unterschied zwischen Kunst und Unterhaltung ist eine absurde Trennung, die nur in Deutschland gemacht wird. *Johannes Schaaf*

16 Wer in Deutschland unterhalten will, ist zum vornherein verdächtig. *Michael Pfleghar*

17 Nichts wird in Deutschland so ernst genommen wie die Vorbereitungen zum Spaß. *Hermann Höcherl*

18 In Deutschland hat es der Spaß doppelt so schwer. Hier muß er sein. *Nikolaus Cybinski*

19 In Deutschland wird Heiterkeit für Oberflächlichkeit, Satire für Blasphemie gehalten. *Walter Hasenclever*

20 Wenn einer bei uns einen guten politischen Witz macht, dann sitzt halb Deutschland auf dem Sofa und nimmt übel. *Kurt Tucholsky*

21 Im Gegensatz zur Satire sind in Deutschland der Dummheit keine Grenzen gesetzt. *Dieter Hildebrandt*

22 Deutschland ist das einzige Land, in dem die Schlagersänger so aussehen wie ihre Lieder. *André Heller*

23 Österreich ist der Hoflieferant für Deutschland. Wir produzieren Talente, verpacken sie keimfrei und transportieren sie in die bundesdeutschen Absatzgebiete. *André Heller*

24 Um die Wahrheit zu finden, zieht man in Frankreich etwas ab, in Deutschland fügt man etwas hinzu, und in England wechselt man das Thema. *Peter Ustinov*

25 Amerika ist Amerika. Deutschland aber will Deutschland und außerdem noch Amerika sein. *Jean Cocteau*

26 Die Amerikaner wollen lieber das halbe Deutschland ganz als das ganze Deutschland halb. *Carlo Schmid*

27 Ich liebe Deutschland. Ich liebe es so sehr, daß ich zufrieden bin, daß es gleich zwei Deutschland gibt. *François Mauriac*

28 Wer beim Deutschland-Gespräch nicht unter sein Niveau gerät, hat keins. *Martin Walser*

Deutschlehrer Die Qualität eines literarischen Kunstwerks bemißt sich auch danach, wieviel Deutschlehrer es unbeschadet übersteht. *Nikolaus Cybinski*

Devisenzwangswirtschaft Devisenzwangswirtschaft gleicht dem Versuch, die Niagarafälle mit der Hand aufzuhalten. *André Kostolany*

Diagnose Eine der verbreitetsten Krankheiten ist die Diagnose. *Karl Kraus*

Dialektiker Er war Dialektiker. Niemand verstand seinen Dialekt. *Wolfgang Eschker*

Dialog *1* Der Dialog ist eine flüchtige Form der Lüge. *Claude Sautet*

2 Monologe sind Dialoge mit sich. *Heinrich Wiesner*

Dichten Dichten ist eine Arbeit, die nur Gutgeratenen gerät. *Marie von Ebner-Eschenbach*

Dichter *1* Nicht jedes Gedicht eines jeden Dichters ist in jedem Augenblick für jeden Leser geeignet. *Reiner Kunze*

2 Je mehr ihm das Leben entglitt, desto mehr wurde er Dichter. *Wilhelm Raabe*

3 Der Dichter ist das Sprachrohr der Ratlosigkeit seiner Zeit. *Marie Luise Kaschnitz*

4 Der Dichter fischt im Strom, der ihn durchfließt. *Stanislaw Jerzy Lec*

5 In der Vorstellung des Dichters überrascht uns die Welt. *Reiner Kunze*

6 Ein Dichter ist ein Wesen, das imstande ist, eine Pfeife zu verschlucken und dafür eine Dampflokomotive auszuspucken. *Jean Cocteau*

7 Impotente Dichter haben mehr Zeit, Liebeslyrik zu schreiben. *Gabriel Laub*

8 Die Dichter sind gegen ihre Erlebnisse schamlos: sie beuten sie aus. *Friedrich Nietzsche*

9 Man muß die historische Wahrheit mehr gegen die Historiker verteidigen als gegen die Dichter. *Ezra Pound*

10 Die Wege des Dichters und des Wissenschaftlers kreuzen sich für einen Moment. *Douglas Sirk*

11 Kein Dichter wird jemals mehr vom Mond sprechen. *Alberto Moravia*

12 Der Dichter ist überflüssig in der technischen wie in der ökonomischen Welt – das macht sein Elend und seine Größe aus. *Ernst Jünger*

13 Nie hat ein Dichter die Natur so frei ausgelegt wie ein Jurist die Wirklichkeit. *Jean Giraudoux*

14 Ein Dichter, der liest, ist wie ein Koch, der ißt. *Karl Kraus*

15 Ein Dichter, der sich selbst kommentiert, ist kein Dichter, sondern ein Kommentator. *Samuel Beckett*

16 Ein Dichter über dreißig mag zwar noch immer ein leidenschaftlicher Leser sein, doch wird die moderne Dichtung kaum einen sehr großen Teil seiner Lektüre ausmachen. *Wystan Hugh Auden*

17 Wenn ein Volk seine Dichter nicht mehr lesen will, dann feiert es sie. *Alec Guinness*

18 Gott denkt in den Genies, träumt in den Dichtern und schläft in den übrigen Menschen. *Peter Altenberg*

19 Gott denkt in den Genies, träumt in den Dichtern und schläft in den übrigen Menschen. Meine Damen und Herren – gute Nacht! *André Heller*

Dichterleben Dichterleben: große Worte, kleine Brötchen. *Hanns-Hermann Kersten*

Dichtung Der große Rest, der in der Liebe nicht aufgeht, geht in die Dichtung ein. *Elazar Benyoëtz*

Dicke Die Dicken leben zwar kürzer, aber sie essen länger. *Stanislaw Jerzy Lec*

Dieb Kleptomane: ein reicher Dieb. *Ambrose Bierce*

Diebstahlversicherung Die Publikation von Ideen ist eine Art Diebstahlversicherung. *Gerhard Uhlenbruck*

Diener Beim Theater ist jede Rolle wichtig. Ich werde nicht dadurch zum König, daß ich mich königlich gebärde, sondern dadurch, daß der Diener sich vor mir verneigt. *Will Quadflieg*

Dienstverweigerer Die Schweiz ist ein Land, das seine Minderheiten schützt. Selbst Dienstverweigerer kommen in den Genuß der Schutzhaft. *Heinrich Wiesner*

Differenz Differenzen in der Ehe beginnen meistens damit, daß der eine Teil zuviel redet und der andere zu wenig zuhört. *Curt Goetz*

Diktator *1* Nicht die Diktatoren schaffen Diktaturen, sondern die Herden. *Georges Bernanos*

2 Die Begriffe zu vereinfachen, ist die erste Tat aller Diktatoren. *Erich Maria Remarque*

3 Vor allem die Diktatoren wissen, warum sie immer und in jedem Fall für den Sport sind: er unterhält, benebelt und verdummt. *Thomas Bernhard*

4 Wenn ich Diktator wäre, würde ich das Ausleihen von Büchern gesetzlich untersagen. *William Saroyan*

Diktatur *1* Eine Diktatur ist ein Staat, in dem sich alle vor einem fürchten und einer vor allen. *Alberto Moravia*

2 Eine Diktatur ist ein Staat, in dem das Halten von Papageien mit Lebensgefahr verbunden ist. *Jack Lemmon*

3 Wer in der Diktatur die Regierenden kritisiert, kommt ins Gefängnis. Wer in der Demokratie über die Regierenden schimpft, kommt ins Fernsehen. *Manfred Rommel*

Dilemma Dilemma: der Lohn der Konsequenz. *Ambrose Bierce*

Dilettant *1* Dilettant sein, das heißt: seiner eigenen Einfälle nicht wert, aber auf sie stolz sein. *Arthur Schnitzler*

2 Die neue Schauspielkunst: Dilettanten ohne Lampenfieber. *Karl Kraus*

Ding *1* Gewisse Dinge verstehe ich nicht mehr, sobald ich sie begriffen habe. *Karl Heinrich Waggerl*

2 Die Dinge werden in Wahrheit niemals besser oder schlechter; nur eben anders. *Sebastian Haffner*

3 Wer immer nur nach dem Zweck der Dinge fragt, wird ihre Schönheit nie entdecken. *Halldór Laxneß*

4 Erst die Dinge werden wesentlich, die einander vollkommen ausschließen. *Hans Arndt*

5 Jedes Ding hat zwei Seiten. Fanatiker sehen nur die eine. *Hellmut Walters*

6 Jedes Ding hat zwei Seiten. Mich interessiert die dritte. *Hanns-Hermann Kersten*

7 Von den sicheren Dingen das sicherste ist der Zweifel. *Bertolt Brecht*

8 Optimist: der Mensch, der die Dinge nicht so tragisch nimmt, wie sie sind. *Karl Valentin*

9 Man sollte die Dinge so nehmen, wie sie kommen. Aber man sollte auch dafür sorgen, daß sie so kommen, wie man sie nehmen möchte. *Curt Goetz*

10 Viele Menschen sehen die Dinge, wie sie sind, und fragen: Warum? Ich träume von Dingen, die es nie gegeben hat, und frage: Warum nicht? *George Bernard Shaw*

11 Ein Zyniker ist ein Mensch, der die Dinge sieht, wie sie sind, und nicht, wie sie sein sollten. *Ambrose Bierce*

12 Schriftsteller wird man, wenn man alle Dinge beim Wort nimmt. *Hans Kudszus*

13 Presse: die Möglichkeit, Dinge zu verschweigen, indem man andere druckt. *Rudolf Rolfs*

14 Durchaus denkbar, daß der Krieg der Vater aller Dinge ist. Denn der Vater aller Menschen ist er garantiert nicht. *Werner Schneyder*

Diplomat *1* Ein guter Diplomat muß mit den Ohren sehen und mit den Augen schweigen können. *Lawrence Durrell*

2 Ein wahrer Diplomat ist ein Mann, der zweimal nachdenkt, bevor er nichts sagt. *Winston S. Churchill*

3 Ein Diplomat ist ein Mensch, der keinen Mund vor das Blatt nimmt. *Manfred Schmidt*

4 Ein Diplomat ist ein Mann, der offen ausspricht, was er nicht denkt. *Giovanni Guareschi*

5 Politiker sagen nur das, was sie sagen wollen; Diplomaten verschweigen sogar, was sie ohnehin nicht wissen. *Werner Höfer*

6 Weltgeschichte ist die Verschwörung der Diplomaten gegen den gesunden Menschenverstand. *Arthur Schnitzler*

Diplomatie *1* Diplomatie: die patriotische Kunst, für sein Vaterland zu lügen. *Ambrose Bierce*

2 Die Lüge hat zwei Steigerungsformen: Diplomatie und Statistik. *Marcel Achard*

3 Diplomatie ist die Kunst, so gut zu lügen, daß einem sogar die Wahrheit geglaubt wird. *Alberto Sordi*

4 Wahre Diplomatie ist die Fähigkeit, auf eine so taktvolle Weise nein zu sagen, daß alle Welt glaubt, man hätte ja gesagt. *Anthony Eden*

5 Diplomatie ist die Fähigkeit, so zu tun, als täte man nicht so. *Boleslaw Barlog*

6 Unter einem Dementi versteht man in der Diplomatie die verneinende Bestätigung einer Nachricht, die bisher lediglich ein Gerücht gewesen ist. *John B. Priestley*

7 Diplomatie ist die Kunst, konstruktiv aneinander vorbeizureden. *Daniele Varè*

8 Diplomatie besteht darin, den Hund so lange zu streicheln, bis der Maulkorb fertig ist. *Fletcher Knebel*

9 Diplomatie ist ein Schachspiel, bei dem die Völker matt gesetzt werden. *Karl Kraus*

10 Diplomatie: überreife Konflikte durch faule Kompromisse lösen. *Wolfgang Eschker*

11 Diplomatie gleicht einem Boxkampf mit Glacéhandschuhen, bei dem der Gong durch das Klingen der Sektgläser ersetzt wird. *Georges Pompidou*

Dirigent *1* Orchester haben keinen eigenen Klang; den macht der Dirigent. *Herbert von Karajan*

2 Früher gingen die Leute ins Konzert, um Musik zu hören. Heute gehen sie hin, um Dirigenten zu sehen. *Paul Hörbiger*

3 Die überwältigende Mehrheit der Konzertbesucher möchte dort sitzen, wo man den Dirigenten von vorn sehen kann. *Herbert von Karajan*

4 Generäle und Dirigenten leben länger; denn sie sind gewohnt, daß man ihnen nicht widerspricht. *David Frost*

5 Warum Dirigenten und Generäle so alt werden? Vielleicht liegt es am Vergnügen, anderen seinen Willen aufzuzwingen. *Leopold Stokowski*

Diskretion *1* Diskretion ist die außer Mode gekommene Fähigkeit, von sich schweigen zu machen. *Carl Raddatz*

2 Was nützt Diskretion, wenn es nichts mehr gibt, was man diskret behandeln müßte? *Heinrich Böll*

3 Kitsch ist Mangel an Diskretion. *Sigmund Graff*

Diskussion *1* Diskussion: eine Methode, andere in ihren Irrtümern zu festigen. *Ambrose Bierce*

2 Diskussionen haben nur dann einen Sinn, wenn man nicht von vornherein entschlossen ist, recht zu behalten. *Hans Joachim Clarin*

3 Diskussionen haben lediglich einen Wert: daß einem gute Gedanken hinterher einfallen. *Arno Schmidt*

4 Demokratie heißt zwar Regierung durch Diskussion; aber sie ist nur wirksam, wenn man die Leute dazu bringt, daß sie aufhören zu reden. *Clement Richard Attlee*

5 Die Engländer haben das Öl, die Franzosen die Kernkraft und die Deutschen die Diskussion. *Lothar Späth*

Diskussionswissenschaft Jetzt wollen alle studieren, aber etwas Leichtes, am liebsten Diskussionswissenschaften. *Lothar Späth*

Dissertation Sobald man zum Thema von Dissertationen geworden ist, lebt man nicht mehr lange. *Vladimir Nabokov*

Distanz *1* Die größte Distanz schafft die Distanzlosigkeit. *Arthur F. Burns*

2 Nichts nützt der Liebe so sehr wie Distanz. Mit jedem Kilometer Entfernung wächst die Zuneigung. *George Bernard Shaw*

3 Distanz klärt - und verklärt. *Hans Hartung*

4 Flirten heißt auf Distanz intim werden. *Hellmut Walters*

5 Flirten ist die Kunst, einen Mann, der einem nahe steht, auf Distanz zu halten. *Sabina Sesselmann*

6 Höflichkeit ist der dritte Arm, der uns erlaubt, Zudringliche auf Distanz zu halten. *Walther Kiaulehn*

Dogma Wahrheiten verwandeln sich in Dogmen, sobald sie diskutiert werden. *Gilbert Keith Chesterton*

Do-it-yourself Mit der Entstehung des dritten Menschen entstand das Do-it-yourself. *Henry Miller*

Dokument Die Vergangenheit ändert sich dauernd. Die Leute erinnern sich an nichts, und wenn sie es doch mal tun, dann verliert man eben ein paar Dokumente. *Arthur Miller*

Dokumentation Dokumentation ist immer besser als Argumentation. *Heinz Sielmann*

Dolmetscher *1* Das Schicksal der Welt hängt in erster Linie von den Staatsmännern ab, in zweiter Linie von den Dolmetschern. *Trygve Lie*

2 Unverstandene Frauen suchen sich einen Dolmetscher. *Françoise Sagan*

Dompteur *1* Ein Dompteur ist jemand, der im Raubtierkäfig vor den Menschen sicher ist. *George Bernard Shaw*

2 Der Schriftsteller behält den Staat kritisch im Blick wie der Dompteur den Tiger und weiß doch, daß er sein Gegenüber nicht zu bändigen vermag. *Stefan Andres*

Don Juan *1* Don Juan ist nicht der Mann, der die Frauen liebt, sondern der Mann, den die Frauen lieben. *José Ortega y Gasset*

2 Ein Don Juan rennt offene Schlafzimmertüren ein. *Gerhard Uhlenbruck*

Donner *1* In unserem Seelenleben liegen zwischen Blitz und Donner oft viele Jahre. *Hans Arndt*

2 Zu den Blitzen des Genies machen die Talente den Donner. *Peter Sirius*

Donnerschlag Auch Geistesblitzen folgt manchmal ein Donnerschlag. *Wolfgang Eschker*

Doppelhaft Eine Verlobung ist bedingte Verurteilung zu lebenslänglicher Doppelhaft mit vorläufigem Strafaufschub. *August Strindberg*

Doppelzüngigkeit Viele Politiker verwechseln Zweisprachigkeit mit Doppelzüngigkeit. *Wolfgang Eschker*

Dorn *1* Die Rose ist das gute Gewissen ihrer Dornen. *Hand Kudszus*

2 Keine Neurose ohne Dornen. *Hans Kudszus*

Dornenkrone *1* Manchmal drückt ein Lorbeerkranz mehr als eine Dornenkrone. *Wolfgang Eschker*

2 Der Mensch ist die Dornenkrone der Schöpfung. *Stanislaw Jerzy Lec*

Dossier Im Zeitalter der Schnüffelei bedroht man Menschen nicht mehr mit einem Dolch, sondern mit einem Dossier. *Vance Packard*

Drama Modernes Drama: ein Stück, in dem außer action eigentlich nichts passiert. *Helmar Nahr*

Dramatiker *1* Dramatiker sind Leute, die sich aufführen, als ob sie aufgeführt würden. *Joachim Ringelnatz*

2 Dramatiker und Rausschmeißer träumen immer von einem großen Wurf. *Joachim Ringelnatz*

3 Ein Dramatiker stirbt heute nicht einmal, sondern mehrmals – umgebracht von den Regisseuren seiner Stücke. *Fernando Arrabal*

Dramaturgie Wer ein Theater füllen will, bedient sich der Dramaturgie. Um es zu leeren, genügt Ideologie. *Oliver Hassencamp*

Drehbuch *1* Die Freundschaft zwischen zwei Schriftstellern hält manches aus, aber nicht die Tatsache, daß der eine ein Drehbuch aus dem Roman des anderen macht. *Truman Capote*

2 Es ist sehr schwer, aus einem schlechten Drehbuch einen guten Film zu machen. Umgekehrt ist das schon einfacher. *Billy Wilder*

3 Die Geschichte ist ein Drehbuch von miserabler Qualität. *Norman Mailer*

Drehbuchschreiben Drehbuchschreiben ist die Hölle. *Wim Wenders*

Drehtür Ein Ungar ist ein Mensch, der hinter dir eine Drehtür betritt und vor dir herauskommt. *Edward Teller*

Dressur Erziehen heißt Vorleben. Alles andere ist höchstens Dressur. *Oswald Bumke*

Dritte In diesem Lande ist das Leben lustig. Wohin du schaust: lachende Dritte. *Nikolaus Cybinski*

Droge Die beste Droge ist ein klarer Kopf. *Herbert Hegenbarth*

Druck *1* Mancher Einfluß entpuppt sich als gewöhnlicher Druck. *Stanislaw Jerzy Lec*

2 Witze sind wie Obst: Druck vertragen die wenigsten. *Helmut Qualtinger*

Druckfehler *1* Druckfehler zu sein, der einen Sinn hat – eine Höllenqual! *Karol Irzykowski*

2 Manche Zeitungen sind an und für sich ein Druckfehler. *Werner Schneyder*

Dudelsack Versuchung im vorgerückten Alter ist wie ein Dudelsack ohne Luft. *John Barrymore*

Duett Manches, was als Duett beginnt, endet im Duell. *Emil Baschnonga*

Dumme *1* Unter den Dummen findet man wenige Unglückliche. *George Bernard Shaw*

2 Dumme sind Leute, die so dumm sind, daß sie nicht merken, daß sie dumm sind. *Gerhard Uhlenbruck*

3 Auch der Dumme hat manchmal einen gescheiten Gedanken. Er merkt es nur nicht. *Danny Kaye*

4 Kluge, die etwas Dummes tun wollen, richten weniger Schaden an als Dumme, die etwas Kluges tun möchten. *Marcel Pagnol*

5 Der Eigensinn ist die Energie der Dummen. *Jean-Paul Sartre*

6 Nur für Dumme ist das Leben langweilig. *Horst Wolfram Geißler*

7 Der Aphorismus will nicht Dumme gescheit, sondern Gescheite nachdenklich machen. *Sigmund Graff*

Dummheit *1* Es gibt keine Sünde außer Dummheit. *Oscar Wilde*

2 Die Dummheit ist die sonderbarste aller Krankheiten. Der Kranke leidet niemals unter ihr. Die schmerzhaft leiden, sind die anderen. *Paul Henri Spaak*

3 Es ist ein Merkmal der Dummheit, daß sie sich selbst nicht erkennt. *Curt Goetz*

4 Zufriedenheit ist die schwachsinnige Schwester der Dummheit. *Peter Ustinov*

5 Dummheit ist auch eine bestimmte Art, den Verstand zu gebrauchen. *Karol Irzykowski*

6 Vernunft muß sich jeder selbst erwerben, nur die Dummheit pflanzt sich gratis fort. *Erich Kästner*

7 Intelligenz ist nun meßbar, Dummheit immer noch maßlos. *Nikolaus Cybinski*

8 Die Dummheit überschreitet keine Grenzen. Überall, wo sie hintritt, ist ihr Territorium. *Stanislaw Jerzy Lec*

9 Dummheit ist auch eine natürliche Begabung. *Wilhelm Busch*

10 Dummheit ist ein menschliches Privileg. In der Natur gibt's keine. *Sigismund von Radecki*

11 Die Klugheit des Fuchses wird oft überschätzt, weil man ihm auch noch die Dummheit der Hühner als Verdienst anrechnet. *Hans Kasper*

12 Der Mensch ist immer gefährlich. Wenn nicht durch seine Bosheit, dann durch seine Dummheit. Wenn nicht durch seine Dummheit, dann durch seinen Verstand. *Henry de Montherlant*

13 Die menschliche Dummheit besteht nicht darin, daß man keine Ideen hat, sondern daß man dumme Ideen hat. *Henry de Montherlant*

14 Das Recht auf Dummheit wird von der Verfassung geschützt. Es gehört zur Garantie der freien Persönlichkeitsentfaltung. *Mark Twain*

15 Die große Stärke der Narren ist es, daß sie keine Angst haben, Dummheiten zu sagen. *Jean Cocteau*

16 Lieber gelegentlich eine Dummheit machen als nie etwas Gescheites. *Markus M. Ronner*

17 Die Törichten machen immer wieder dieselben Dummheiten, die Gescheiten wenigstens immer wieder andere. *Karl Heinrich Waggerl*

18 Die Anzahl der Dummheiten, die ein intelligenter Mensch im Lauf eines Tages sagen kann, ist unglaublich. *André Gide*

19 Der Gescheitere gibt nach: ein unsterbliches Wort. Es begründet die Weltherrschaft der Dummheit. *Marie von Ebner-Eschenbach*

20 Große Mehrheiten verleiten zu großen Dummheiten. *Wolfgang Mischnick*

21 Die Frau liebt die Schwäche des Starken mehr als seine Stärke, die Dummheit des Gescheiten mehr als seine Gescheitheit. *Shirley MacLaine*

22 Liebe ist immer noch die anständigste Entschuldigung für Dummheiten. *Horst Wolfram Geißler*

23 Die Schönheit brauchen wir Frauen, damit die Männer uns lieben, die Dummheit, damit wir die Männer lieben. *Gabrielle «Coco» Chanel*

24 Erste Liebe ist etwas Dummheit und sehr viel Neugier. *George Bernard Shaw*

25 Auch die Dummheit ist schön, wenn sie vollkommen ist. *Thomas Mann*

26 Dummheit ist auch eine Form von Exklusivität. *Moritz Heimann*

27 Eine der Eigenschaften der Dummheit ist die Logik. *Hugo Dionizy Steinhaus*

28 Erfahrungen sind die vernarbten Wunden unserer Dummheit. *John Osborne*

29 Erfahrung ist die Summe der Dummheiten, die man machen durfte, ohne sich den Hals zu brechen. *Paul Wegener*

30 Unsere Weisheit kommt aus unserer Erfahrung. Unsere Erfahrung kommt aus unseren Dummheiten. *Sacha Guitry*

31 Die größte Dummheit der Menschen besteht darin, daß sie auf eine immer unergiebigere Weise gescheit werden. *Fritz Diettrich*

32 Schlagworte sind Kommandos der Dummheit. *Hans Lohberger*

33 Immer wieder kommen Staatsmänner mit großen Farbtöpfen des Weges und erklären, sie seien die neuen Baumeister. Und immer wieder sind es nur Anstreicher. Die Farben wechseln, die Dummheit bleibt. *Erich Kästner*

34 Die Dummheit von Regierungen sollte niemals unterschätzt werden. *Helmut Schmidt*

35 Vielleicht der größte Vorteil des Ruhmes liegt darin, daß man ungestraft die größten Dummheiten sagen darf. *André Gide*

36 Man kann Dummheit sorgfältig durch Erziehung zu Vorurteilen herbeiführen. *Alexander Mitscherlich*

37 Kinder müssen die Dummheiten der Erwachsenen ertragen, bis sie groß genug sind, sie zu wiederholen. *Jean Anouilh*

38 Die Menschen werden von keinem Medium verdummt. Sie werden nur in ihrer Dummheit bestätigt. *Gabriel Laub*

39 Auch die Güte hat ihre heiklen Punkte. Da wird sie zur Dummheit. *Jean Giono*

40 Grausamkeit empört, Dummheit entmutigt. *Albert Camus*

41 Die Dummheiten, die ich gemacht habe, tun nicht weh, aber die, die ich noch vor mir habe. *Karol Irzykowski*

Dummkopf *1* Dummkopf: ein Idiot, der keine Karriere gemacht hat. *Gabriel Laub*

2 Idioten sind eine weise Einrichtung der Natur, die es den Dummköpfen erlaubt, sich für klug zu halten. *Orson Welles*

3 Nur Dummköpfe und Spinnen produzieren aus sich selbst heraus. *Bernard von Brentano*

4 Es gibt kaum etwas Schöneres, als dem Schweigen eines Dummkopfs zuzuhören. *Helmut Qualtinger*

5 Wenn die Klügeren nachgeben, regieren die Dummköpfe die Welt. *Jean-Claude Riber*

6 Wer die Dummköpfe gegen sich hat, verdient Vertrauen. *Jean-Paul Sartre*

7 Wenn ein Intelligenter die falsche Sache vertritt, ist das noch schlimmer, als wenn ein Dummkopf für die richtige eintritt. *Georges Clemenceau*

8 Wer die Wahrheit nicht weiß, der ist bloß ein Dummkopf. Aber wer sie weiß und sie eine Lüge nennt, der ist ein Verbrecher. *Bertolt Brecht*

9 Dumme Frauen werden mit gescheiten Männern fertig, aber es bedarf einer sehr klugen Frau, um einen Dummkopf zu lenken. *Rudyard Kipling*

10 Verunglimpfung: Satire, wie Dummköpfe und alle anderen Geistesbehinderten sie verstehen. *Ambrose Bierce*

11 Das Gefährliche an den Dummköpfen ist, daß sie oft dasselbe denken wie die Gescheiten. Wie soll man sie da erkennen? *Curzio Malaparte*

Dunkel Man muß ins Dunkel hineinschreiben wie in einen Tunnel. *Franz Kafka*

Dunkelheit Es ist besser, eine Kerze anzuzünden, als die Dunkelheit zu verfluchen. *Heinz Sielmann*

Dur Die Welt ist eine optimistische Schöpfung. Beweis: Alle Vögel singen in Dur. *Jean Giono*

Durchbruch Der beste Ausweg ist meistens der Durchbruch. *Robert Frost*

Durchfall An der Wiege des Gelingens steht der Durchfall. *Carl Zuckmayer*

Durchschnittsmensch *1* Nicht das Genie ist 100 Jahre seiner Zeit voraus, sondern der Durchschnittsmensch ist um 100 Jahre hinter ihr zurück. *Robert Musil*

2 Nimm einem Durchschnittsmenschen seine Lebenslüge, und du nimmst ihm zugleich sein Glück. *Henrik Ibsen*

E

Echo *1* Manche meinen, wenn sie ein Echo hören, der Ton stamme von ihnen. *Ernest Hemingway*

2 Das Echo des Schweigens ist unüberhörbar. *Stanislaw Jerzy Lec*

3 Wenn das Echo sich verspätet, beginnt der Kampf um das Urheberrecht. *Wolfgang Eschker*

Ecke Neue Besen kehren gut. Aber die alten kennen die Ecken. *Martin Held*

Edition Vor die Edition haben die Verleger die Addition gesetzt. *Bert Berkensträter*

Egoismus Egoismus heißt nicht leben, wie man zu leben wünscht, sondern von anderen verlangen, daß sie so leben, wie man es wünscht. *Oscar Wilde*

Egoist *1* Egoist: ein unfeiner Mensch, der für sich selbst mehr Interesse hat als für mich. *Ambrose Bierce*

2 Egoisten sind von unseren Freunden alle, denen unsere Freundschaft gleichgültig ist. *Henry de Montherlant*

3 Der Egoist kann Egoisten nicht leiden; sie kümmern sich nicht um ihn. *Peter Maiwald*

4 Es gibt flache Egoisten und tiefe Egoisten. Die letzteren nennt man Altruisten. *Egon Friedell*

5 Die meisten Egoisten sind ehemalige Altruisten. *George Bernard Shaw*

Ehe *1* Die Ehe ist ein Bankett, das mit dem Dessert beginnt. *Tristan Bernard*

2 Wer den Hafen der Ehe ansteuert, tut gut daran, erst eine Hafenrundfahrt zu buchen. *Markus M. Ronner*

3 Die Ehe ist eine Institution zur Lähmung des Geschlechtstriebes. *Gottfried Benn*

4 Die Liebe ist eine leichte Gemütskrankheit, die durch die Ehe oft schnell geheilt werden kann. *Sacha Guitry*

5 Zur Ehe gehört schon ein bißchen mehr als Liebe. *Faye Dunaway*

6 Ehe ist, wenn man trotzdem liebt. *Sigismund von Radecki*

7 Die Hochzeitsreise ist der erste Versuch, der Ehe-Realität zu entgehen. *August Strindberg*

8 Ehe: Zuerst ist der Leib beliebt, dann wird man durch die Liebe beleibt, und schließlich kann man beileibe nicht mehr lieben. *Gerhard Uhlenbruck*

9 Die Ehe ist so etwas wie die gegenseitige Zärtlichkeit von zwei Schleifsteinen. *John Osborne*

10 Ehe: eine Gemeinschaft, bestehend aus Herr, Herrin und zwei Sklaven. *Ambrose Bierce*

11 Die Ehe ist eine Institution zum leichteren Ertragen von Leiden, die man nicht erleiden würde, hätte man nicht geheiratet. *Hans Habe*

12 Die Ehe ist ein Versuch, zu zweit wenigstens halb so glücklich zu werden, wie man allein gewesen ist. *Oscar Wilde*

13 Die Ehe ist gegenseitige Freiheitsberaubung in beiderseitigem Einvernehmen. *Oscar Wilde*

14 Die Ehe ist ein Bund zur gegenseitigen Festigung von Gefühlen duch deren Abnützung. *Jean Genet*

15 Die Ehe ist eine Einrichtung zur Erzeugung gemeinsamer Gewohnheiten. *Tilla Durieux*

16 Die Ehe ist die Schule der Einsamkeit. *Arthur Schnitzler*

17 Ehe ist legalisierte Einsamkeit zu zweit. *Jean Genet*

18 Manche Ehe ist Verurteilung zu lebenslanger Doppelhaft, verschärft durch gelegentliches weiches Lager. *Harold Pinter*

19 Die Ehe wäre die schönste Sache der Welt, wenn es mehr Kür und weniger Pflicht gäbe. *Jeanne Moreau*

20 Das Geheimnis einer glücklichen Ehe liegt darin, daß man einander verzeiht, sich gegenseitig geheiratet zu haben. *Sacha Guitry*

21 Eine Ehe funktioniert am besten, wenn beide Partner ein bißchen unverheiratet bleiben. *Claudia Cardinale*

22 Die Ehe ist das Bündnis zweier Menschen, von denen einer sich niemals an Geburtstage zu erinnern vermag und der andere sie nie vergißt. *Ogden Nash*

23 Manche Ehen sind ein Zustand, in dem zwei Leute es weder mit- noch ohne einander aushalten können. *Marie von Ebner-Eschenbach*

24 Manche Ehe gilt nur deshalb als gut, weil beide Partner ungewöhnlich begabte Schauspieler sind. *Vanessa Redgrave*

25 Es ist das Geheimnis einer guten Ehe, einer Serienaufführung immer wieder Premierenstimmung zu geben. *Max Ophüls*

26 Das Geheimnis einer guten Ehe ist die Kunst der Improvisation in einem bewährten Repertoire. *Dieter Borsche*

27 Die Ehe ist ein Spielplan mit gleichbleibendem Repertoire. Folglich sollte man wenigstens gelegentlich die Inszenierung ändern. *Federico Fellini*

28 Die Ehe wird vor allen Dingen darum beibehalten, damit jeder wenigstens einen hat, dem er vorwerfen kann, was er sich selbst vorzuwerfen hätte. *Helmut Arntzen*

29 Wenn in der Ehe ein Partner unter allen Umständen einen Streit vermeidet, hat er etwas zu verbergen. *Henry Miller*

30 Glück in der Ehe setzt viele kleine Aufmerksamkeiten und manchmal eine große Unaufmerksamkeit voraus. *Inge Meysel*

31 Zu einer glücklichen Ehe gehören meistens mehr als zwei Personen. *Oscar Wilde*

32 Viele Ehen brauchen die Untreue, damit sie Bestand haben. *Alexander Comfort*

33 Differenzen in der Ehe beginnen meistens damit, daß der eine Teil zuviel redet und der andere zuwenig zuhört. *Curt Goetz*

34 In jeder Ehe kommt einmal die Zeit, in der man andere um ihre Schwerhörigkeit beneidet. *August Strindberg*

35 Eine Ehe ohne Schweigen ist wie ein Auto ohne Bremsen. *Charles Aznavour*

36 Das Geheimnis einer glücklichen Ehe besteht darin, Katastrophen als Zwischenfälle und Zwischenfälle nicht als Katastrophen zu behandeln. *Harold George Nicolson*

37 Es sind nicht die schlechtesten Ehen, wenn ein Blitz mit einem Blitzableiter verheiratet ist. *Tilla Durieux*

38 Die gemeinsame Steuererklärung hat sicherlich mehr zur Rettung bedrohter Ehen beigetragen als die schönste Predigt. *Dale Carnegie*

39 Ehe ist vielfach nur der Kontrakt, auf dessen Bruch die Unterhaltspflicht als Konventionalstrafe steht. *Karl Jaspers*

40 Heute ist ein Ehe schon glücklich, wenn man dreimal die Scheidung verschiebt. *Danny Kaye*

41 Hinter einer langen Ehe steht immer eine sehr kluge Frau. *Ephraim Kishon*

42 Keine Ehe ist so viel wert, wie ihre Scheidung kostet. *Rolf Hochhuth*

43 Ehen werden im Himmel geschlossen, deshalb fällt man so tief. *August Strindberg*

44 Eine gute Ehe ist wie eine ungestörte Gesundheit: beide realisiert man erst dann, wenn man sie nicht mehr hat. *William Somerset Maugham*

45 Wenn es für eine Krankheit keinen Spezialisten gibt, ist es die Ehe. *Martin Walser*

46 Der Mann erträgt die Ehe aus Liebe zur Frau. Die Frau erträgt den Mann aus Liebe zur Ehe. *Gabriel Laub*

47 Die Ehe ist ein viel zu interessantes Experiment, um es nur einmal zu versuchen. *Rita Hayworth*

48 Auch die wilde Ehe zähmt. *Emil Baschnonga*

49 Es gibt keine harmonischere Ehe als die zwischen Illusion und Ignoranz. *Peter Bamm*

Ehefrau *1* Ehefrau: die Steuer, die man für den Luxus zahlen muß, Kinder zu haben. *Gabriel Laub*

2 Schauspielerinnen sind ideale Ehefrauen; sie machen ihre Szenen auf der Bühne. *Bernhard Wicki*

Ehehafen Der Ehehafen ist wie alle anderen Häfen. Je länger die Schiffe in ihnen liegen, um so größer ist die Gefahr, daß sie rosten. *George Bernard Shaw*

Ehekrach Der beste Tip für einen Ehekrach: auf jeden Fall Zimmerlautstärke. *Noël Coward*

Ehekrieg Familienurlaub ist die Fortsetzung des Ehekrieges auf anderem Territorium. *Gabriel Laub*

Ehemann *1* Die Männer sind alle verschieden, aber die Ehemänner sind alle gleich. *William Somerset Maugham*

2 Wer einen guten Freund heiratet, verliert ihn, um dafür einen schlechten Ehemann einzutauschen. *Françoise Sagan*

3 Der ideale Ehemann ist ein unbestätigtes Gerücht. *Brigitte Bardot*

4 Der Ehemann ist seiner Frau ausgeliefert auf Geweih und Verderb.
Alexander Roda Roda

5 Es stimmt nicht, daß Ehemänner vergessen, verheiratet zu sein, wenn sie eine schöne Frau sehen. Im Gegenteil. Gerade dann werden sie besonders schmerzlich daran erinnert.
Mark Twain

6 Ein Strand ist ein Gelände, auf dem junge Damen einen Ehemann suchen und Ehemänner eine junge Dame. *Alberto Sordi*

7 Flirtende Ehemänner am Strand sind keine Gefahr, denn sie schaffen es nicht lange, den Bauch einzuziehen. *Heidi Kabel*

8 Der vorbildliche Ehemann betrügt seine Frau nie, ohne sie dabei aufrichtig zu bedauern. *Georges Feydeau*

9 Denkmäler errichtet man nur den Junggesellen. Ehemänner bringen es höchstens bis zum Sockel. *Tristan Bernard*

10 Ehemänner haben im allgemeinen mehr Phantasie als Junggesellen; sie haben sie auch nötig. *Tristan Bernard*

11 Ich bezweifle sehr, daß Ehemänner länger leben als Junggesellen. Ich bezweifle allerdings nicht, daß es ihnen so vorkommt.
Jean Marais

Ehepaar *1* Es gibt genug Ehepaare, die sich vielleicht sogar lieben würden, wenn sie einander bloß ertragen könnten.
George Bernard Shaw

2 Heutzutage sind viele Ehepaare glücklich - aber nicht miteinander. *Norman Mailer*

Ehepartner *1* Es ist schlimm, wenn zwei Ehepartner einander langweilen. Viel schlimmer jedoch ist es, wenn nur einer von ihnen den andern langweilt.
Marie von Ebner-Eschenbach

2 Wir leben in einer Wegwerfgesellschaft, auch was den Ehepartner betrifft.
Harold Pinter

Eheproblem Die schlimmsten Eheprobleme sind die, von denen man keine Ahnung hat.
Oliver Herford

Ehering *1* Man soll keine Eheringe schmieden, solange die Liebe heiß ist.
Gerhard Uhlenbruck

2 Der Ehering ist eine Tapferkeitsauszeichnung, die man am Finger trägt. *Noël Coward*

Ehre *1* Erst muß der Mensch leben, dann kann seine Ehre geschützt werden.
Carl von Ossietzky

2 Warum erweisen wir immer die letzte Ehre? Warum nie die vorletzte?
Nikolaus Cybinski

Ehrgeiz *1* Ehrgeiz ist die Sehnsucht, die nicht vom Herzen, sondern vom Kopf her kommt. *Anita Daniel*

2 Man sollte Ehrgeiz besitzen, ohne von ihm besessen zu sein. *John Huston*

3 Ehrgeiz schafft viel, sogar einen selbst.
Gerhard Uhlenbruck

4 Ehrgeiz: ein übermächtiges Verlangen, von seinen Feinden zu Lebzeiten geschmäht und von seinen Freunden nach dem Tode verlacht zu werden. *Ambrose Bierce*

Ehrlichkeit *1* Was bei der Jugend wie Grausamkeit aussieht, ist meistens Ehrlichkeit.
Jean Cocteau

2 Ehrlichkeit macht sich bezahlt, aber vielen Menschen scheint die Bezahlung nicht auszureichen. *Kin Hubbard*

3 Gelegentliche Ehrlichkeit ist das Kontrastprogramm der Schurken. *John Osborne*

Ei *1* Er legt Sätze wie Eier, aber er vergißt, sie zu bebrüten. *Ellias Canetti*

2 Frustrierte Politiker erkennt man daran, daß sie brüten, bevor das Ei gelegt ist.
Gino Cervi

3 Manche Politiker muß man behandeln wie rohe Eier. Und wie behandelt man rohe Eier? Man haut sie in die Pfanne.
Dieter Hallervorden

Eierkopf Eierköpfe sind in der Politik nicht sehr beliebt. Sie rollen so schlecht.
Werner Schneyder

Eierkuchen Es werden auf deutschen Bühnen zu viele Eierkuchen gebacken.
Jürgen Flimm

Eifersucht *1* Eifersucht ist ein Hundegebell, das die Diebe anlockt. *Karl Kraus*

2 Eifersucht ist Angst vor dem Vergleich.
Max Frisch

3 Auch im Haß gibt es Eifersucht; wir wollen unseren Feind für uns allein haben. *Friedrich Nietzsche*

4 Moralische Entrüstung ist Eifersucht mit einem Heiligenschein. *Herbert George Wells*

Eifersüchtige Ein Eifersüchtiger weiß nichts, ahnt viel und fürchtet alles. *Curt Goetz*

Eigenlob Eigenlob stinkt. Aber es ist ein angenehmer Gestank. *Boleslaw Barlog*

Eigensinn *1* Der Eigensinn ist die Energie der Dummen. *Jean-Paul Sartre*

2 Die Willenskraft der Schwachen heißt Eigensinn. *Marie von Ebner-Eschenbach*

Eile *1* Eile: die Tüchtigkeit von Stümpern. *Ambrose Bierce*

2 Wer was zu sagen hat, hat keine Eile. Er läßt sich Zeit und sagt's in einer Zeile. *Erich Kästner*

Einbrecher Einbrecher und Chirurgen ziehen Handschuhe an, weil sie ihre Spuren verwischen wollen. *Jacques Tati*

Einfall *1* Einfälle sind Fallobst vom Baum der Erkenntnis. *Gerhard Uhlenbruck*

2 Viele herrliche Einfälle verscheiden auf dem Transport zum Schreibtisch. *Max Frisch*

3 Kunst im überlieferten Sinne gibt es nicht mehr. Es gibt nur noch kurzlebige modische Einfälle. *Giorgio de Chirico*

4 Ein guter Einfall ist wie ein Hahn am Morgen. Gleich krähen andere Hähne mit. *Karl Heinrich Waggerl*

5 Eine Idee ist ein fremder Einfall, den man für seinen eigenen ausgibt. *Michael Schiff*

6 Man soll das Schicksal nicht mit Vorschlägen verärgern, es legt zuviel Wert auf seine eigenen Einfälle. *Karl Heinrich Waggerl*

Einfalt In den Medien wird Vielfalt mehr und mehr durch Einfalt ersetzt. *Dieter Stolte*

Einfältige Vervielfältigung ist insofern ein Fortschritt, als sie die Verbreitung des Einfältigen ermöglicht. *Karl Kraus*

Einfluß *1* Mancher Einfluß entpuppt sich als gewöhnlicher Druck. *Stanislaw Jerzy Lec*

2 Man muß die Leute an ihren Einfluß glauben lassen – Hauptsache ist, daß sie keinen haben. *Ludwig Thoma*

3 Soblad ein Mensch endgültig seinen Einfluß verloren hat, setzt man ihm ein Denkmal. *Robert Musil*

Eingeweide Der Mensch hat ein hartes Herz und gefühlvolle Eingeweide. *Georges Bernanos*

Einigkeit Einigkeit macht stark, aber meistens auch blind. *Sigmund Graff*

Einkommensklasse Uneigennützige Freundschaft gibt es nur unter Leuten gleicher Einkommensklasse. *Jean Paul Getty*

Einladung Der wirklich freie Mensch ist der, der eine Einladung zum Essen ausschlagen kann, ohne dafür einen Vorwand angeben zu müssen. *Jules Renard*

Einreißen Wenn die Eltern schon alles aufgebaut haben, bleibt den Söhnen und Töchtern nur noch das Einreißen. *Gino Cervi*

Einsamkeit *1* Einsamkeit hat den großen Vorteil, daß man die Flucht vor sich selbst einstellt. *Marcel Proust*

2 Das Erlernen der Einsamkeit ist eine Kraft und nicht ein Ziel. *Elisabeth Badinter*

3 Die Ehe ist die Schule der Einsamkeit. *Arthur Schnitzler*

4 Wenn du die Einsamkeit nicht ertragen kannst, dann langweilst du vielleicht auch andere. *Oscar Wilde*

5 Anteilnahme ist die allseitige Bestätigung der Einsamkeit. *Gottfried Edel*

6 Die Hollywood-Pest heißt: Einsamkeit mit Hunden und geistvollen Flaschen. *Gloria Swanson*

Einsicht Wer die bessere Einsicht hat, darf sich nicht scheuen, unpopulär zu werden. *Winston S. Churchill*

Einstein Ich verstehe Einstein nicht, aber die heutigen Gymnasiasten verstehen ihn. Wir müssen also auf die Zukunft hoffen. *Eugène Ionesco*

Eintagsfliege *1* «Man soll den Tag nicht vor dem Abend loben», sagte die Eintagsfliege, als es dunkelte. *Markus M. Ronner*

2 Die Eintagsfliege, die den Anbruch des zweiten Tages erlebte, glaubte sich unsterblich. *Nikolaus Cybinski*

Eintritt *1* Warum werden Fußmatten eigentlich immer nur beim Eintritt benützt? *Markus M. Ronner*

2 Warum zahlen so viele Leute Eintritt, wenn ihnen das Ganze erst am Ausgang gefällt? *Emil Baschnonga*

Einverständnis Grundsätzliches Einverständnis ist die höflichste Form der Ablehnung. *Hans Jaray*

Einzelhaft *1* Ein Schriftsteller ist jemand, der einen Großteil seines Lebens in Einzelhaft vor einem Schreibgerät verbringt. *Barbara Frischmuth*

2 Die Welt ist ein Gefängnis, in dem Einzelhaft vorzuziehen ist. *Karl Kraus*

Eis *1* Du kannst das Schlittschuhlaufen nicht lernen, ohne dich lächerlich zu machen. Das Eis des Lebens ist schlüpfrig. *George Bernard Shaw*

2 Zitate sind Eis für jede Stimmung. *Christian Morgenstern*

3 Eine erloschene Leidenschaft ist kälter als Eis. *Zsa Zsa Gábor*

Eisberg Manchmal sind sogar Brüste nur die Spitzen eines Eisbergs. *Nikolaus Cybinski*

Eisen Manchmal ist es besser, zum alten Eisen zu gehören als zum neuen Blech. *Egon Eiermann*

Eisenbahnzug Fortschritt in der Politik ist manchmal nur das Gefühl, das man in einem stehenden Eisenbahnzug hat, wenn nebenan ein anderer fährt. *George Brown*

Eitelkeit *1* Eitelkeit ist die Gabe, sich noch wichtiger zu nehmen, als man sich fühlt. *Victor de Kowa*

2 Die Eitelkeit besteht aus Komplimenten, die man sich selber macht. *Shirley MacLaine*

3 Universitäten sind weniger eine Auslese von Intelligenz als von Eitelkeit. *Gerhard Zwerenz*

4 Wo die Eitelkeit anfängt, hört der Verstand auf. *Marie von Ebner-Eschenbach*

5 Mit der Eitelkeit eines Mannes kämen zehn Frauen aus. *Dunja Rajter*

6 Die Eitelkeit des Mannes besteht nicht darin, in den Spiegel zu sehen, sondern nicht in den Spiegel zu sehen. *Erhard Blanck*

7 Ein Kollege berichtete mir von einem Fernsehstar, dessen Eitelkeit so weit gediehen war, daß er sich sogar zu verbeugen pflegte, wenn der Regen an die Fenster klatschte. *Hans-Joachim Kulenkampff*

8 Musiker sind nicht eitel - sie bestehen aus Eitelkeit. *Kurt Tucholsky*

9 Ein Tischgespräch zu zweit ist das ergiebigste von allen. Das Fehlen von Zuhörern unterdrückt die Eitelkeit. *André Maurois*

10 Es gibt auch Eitelkeit mit umgekehrtem Vorzeichen. Der wahre Snob bemüht sich um Orden nur, um sie nicht zu tragen. *Daniele Varè*

11 Bevor man das Erb- und Erzübel, die Eitelkeit, nicht totgelacht hat, kann man nicht beginnen, das zu werden, was man ist: ein Mensch. *Erich Kästner*

12 Die Eitelkeit ist das letzte Kleid, das der Mensch auszieht. *Ernst Bloch*

Elefant *1* Wer in einem Porzellanladen ist, sollte aus einer Mücke keinen Elefanten machen. *Gerhard Uhlenbruck*

2 «Scherben bringen Glück», sagte der Elefant, als er den Porzellanladen verließ. *Markus M. Ronner*

3 «Ausnahmen bestätigen die Regel», sagte der Elefant und ließ den Porzellanladen links liegen. *Markus M. Ronner*

4 In der Weltpolitik tappen Elefanten manchmal in eine Falle, die jeder Maus auffiele. *David Frost*

5 Nach manchem Gespräch mit einem Menschen hat man das Verlangen, einen Hund zu streicheln, einem Affen zuzunicken oder vor einem Elefanten den Hut zu ziehen. *Maxim Gorki*

Eleganz *1* Die Eleganz ist der Geschmack der anderen. *Arthur Schnitzler*

2 Eleganz ist gemeisterte Verschwendung. *Walther Rathenau*

3 Eleganz ist das Was, Chic ist das Wie. *Pierre Cardin*

Elektrizität *1* In der Politik ist es wie in der Elektrizität: Wo es Kontakte gibt, gibt es auch Spannungen. *Pierre Mendès-France*

2 Mit der Liebelei ist es wie mit der Elektrizität: Erst Starkstrom, dann Schwachstrom, zuletzt Wechselstrom. *Jacques Tati*

Elend *1* Wer das ganze Elend seiner Mitmenschen ermessen will, braucht sich nur ihre Vergnügungen anzusehen. *Thomas Stearns Eliot*

2 Auch dem Sozialismus wohnt eine Tugend inne: die gleichmäßige Verteilung des Elends. *Winston S. Churchill*

3 Es gibt nur ein Elend, und das ist Unwissenheit. *Thornton Wilder*

Ellbogen *1* Ich habe keine Bedenken gegen frauliche Entblößung, wenn es um die Ellbogen geht. *Alice Schwarzer*

2 Der emanzipierten Frau ins Stammbuch: Wer Ellbogen zeigt, kann auch Knie zeigen. *Karl Lagerfeld*

Eltern *1* Wer geboren wird, ist auf seine Eltern hereingefallen. *Martin Kessel*

2 Wenn dir deine Eltern nicht passen, suche dir neue. *Friedrich Nietzsche*

3 Jeder junge Mensch macht früher oder später die verblüffende Entdeckung, daß auch Eltern gelegentlich recht haben können. *André Malraux*

4 Auch in einem Köngishaus lernt man wie die Affen: Indem man die Eltern beobachtet. *Charles, Prince of Wales*

5 Eltern begabter Kinder glauben unerschütterlich an Vererbung. *Joachim Fuchsberger*

6 Konservativismus: Kinder an den Fehlern ihrer Eltern teilhaftig werden lassen. *Rudolf Rolfs*

7 Eltern verzeihen ihren Kindern die Fehler am schwersten, die sie selbst ihnen anerzogen haben. *Marie von Ebner-Eschenbach*

8 Wir bekamen unsere Prügel von den Eltern. Die Jungen beziehen sie direkt vom Leben. *Waldemar Bonsels*

9 Wenn die Eltern schon alles aufgebaut haben, bleibt den Söhnen und Töchtern nur noch das Einreißen. *Gino Cervi*

10 Noch glauben sich zu viele Eltern vor die Berufswahl gestellt. *Emil Baschnonga*

11 Eltern haben Vertrauen zu ihrer Tochter und Vertrauen zum Freund ihrer Tochter, aber sie haben selten Vertrauen, wenn beide zusammen sind. *Peter Sellers*

12 Das Gefühl braucht Opposition. Wenn man schon aus Liebe heiratet, sollten wenigstens die Eltern dagegen sein. *Hermann Bahr*

13 Die erste Hälfte unseres Lebens wird uns von unseren Eltern verdorben, die zweite von unseren Kindern. *Clarence Darrow*

Emanzipation *1* Emanzipation: der Übergang eines Sklaven aus der Unterdrückung durch einen anderen zur Unterdrückung durch sich selbst. *Ambrose Bierce*

2 Die Emanzipation ist erst dann vollendet, wenn gelegentlich auch eine total unfähige Frau in eine verantwortliche Position aufrücken kann. *Heidi Abel*

Embryo Ist das Leben lebenswert? Das ist eine Frage für einen Embryo, nicht für einen Erwachsenen. *Samuel Butler*

Empfängnis *1* Ich glaube, alle Empfängnisse sind unbefleckt. *George Bernard Shaw*

2 Vielleicht möchten manche Männer deshalb bei der Geburt ihres Kindes unbedingt dabeisein, weil sie es bei der Empfängnis nicht waren. *Markus M. Ronner*

Empfängnisverhütung Auch das Zölibat ist eine Form von Empfängnisverhütung. *Günther Schatzdorfer*

Ende *1* Aller Anfang ist leicht – wenn man ihn mit dem Ende vergleicht. *Gerhard Uhlenbruck*

2 Der schwerste Anfang ist der Anfang vom Ende. *Hans-Helmut Dickow*

3 Am Anfang war das Wort. Aber es ist noch kein Ende abzusehen. *Wolfgang Eschker*

4 Am Anfang war das Wort – am Ende die Phrase. *Stanislaw Jerzy Lec*

5 Am Anfang war das Wort und nicht das Geschwätz, und am Ende wird nicht die Propaganda sein, sondern wieder das Wort. *Gottfried Benn*

6 Der Gemeinplatz steht am Anfang und am Ende aller Erfahrung. *Hans Krailsheimer*

7 Nicht jedes Licht am Ende eines Tunnels bedeutet einen Hoffnungsschimmer. Manchmal ist es auch ein entgegenkommender Zug. *Markus M. Ronner*

8 Jede Sucht sucht – nach einem Ende. *Gerhard Uhlenbruck*

9 Wenn dem Menschen am Ende seines Lebens ein Lächeln übrigbleibt, so ist das ein sehr anständiger Reingewinn. *Horst Wolfram Geißler*

10 Die Menschheit muß dem Krieg ein Ende setzen, oder der Krieg setzt der Menschheit ein Ende. *John F. Kennedy*

11 Ich glaube an das Ende des organischen Lebens auf Erden – aber nicht an das des organisierten. *Stanislaw Jerzy Lec*

12 Die Ewigkeit dauert lange, besonders gegen Ende. *Woody Allen*

13 Jedes Ende ist tröstlich; trostlos ist nur Endlosigkeit. *Peter Benary*

Endgültige Wer dauernd Endgültiges zu sagen bemüht ist, der kommt über Platitüden nicht hinaus. *Günter Graß*

Endzeit Sicheres Zeichen, daß einer kein Künstler ist: wenn er das Gerede von der Endzeit mitmacht. *Peter Handke*

Energie *1* Information ist Energie. Bei jeder Weitergabe verliert sie etwas davon. *Wolfgang Herbst*

2 Die Energie, die wir benötigen, bekommen wir nur aus dem Strom, gegen den wir schwimmen. *Leander Segebrecht*

Energiekrise Energiekrise: erst als es dunkel wurde, ging ihnen ein Licht auf. *Wolfgang Eschker*

Engagement Engagement ist vielfach nichts als Mangel an Talent, an Anspannung, Nachlassen der Kraft. *Theodor W. Adorno*

Engagierte Die Engagierten sind oft in nichts als in einem Mangel an Wissen engagiert. *Ludwig Marcuse*

Engel *1* Ohne das Tier in uns sind wir kastrierte Engel. *Hermann Hesse*

2 Man unterscheidet zwei Arten von Teufeln: degradierte Engel und beförderte Menschen. *Stanislaw Jerzy Lec*

3 Zusammenbrüche sind die Arme der Engel, die uns vor uns selbst bewahren. *Hans Arndt*

4 Es kommt darauf an, sich von anderen zu unterscheiden; ein Engel im Himmel fällt niemandem auf. *George Bernard Shaw*

5 Unter Engeln ist der Vatikan als eine Art Las Vegas beliebt. *Jürg Federspiel*

6 Was nützt ein Engel, wenn er Englisch spricht? *Eugen Roth*

England *1* England, das ist Regen, Cricket und eine korrekte Menschenschlange. *Pierre Daninos*

2 Nichts auf der Welt kann so tief fallen wie ein Barometer in England. *Pierre Daninos*

3 Sommer und Winter sind in England leicht zu unterscheiden: im Sommer ist der Regen etwas wärmer. *Colin Wilson*

4 Wer in England gut essen will, muß dreimal am Tag frühstücken. *William Somerset Maugham*

5 Wenn Sie in England eine stark befahrene Straße überqueren wollen, nehmen Sie am besten einen Hund mit. Kein Engländer wird einen Hund überfahren. *Alec Guinness*

6 Bevor man in England einen Hund mit einem edlen Stammbaum kaufen kann, muß man seinen eigenen nachweisen. *Pierre Daninos*

7 In England ist das Interesse an der Ungleichheit der Pferde weitaus größer als an der Gleichheit der Menschen. *Gilbert Keith Chesterton*

8 In England versteht man unter einem Gentleman einen Mann, der einer Frau beim Fallen so behilflich ist, daß er sich selber nicht wehtut. *Pierre Daninos*

9 Schöne Schauspielerinnen haben in England keine Chance. Das weibliche Ideal professioneller englischer Theaterkritiker ist offenbar die Schielende mit abstehenden Ohren und grünen Zähnen. *Noël Coward*

10 Um die Wahrheit zu finden, zieht man in Frankreich etwas ab, in Deutschland fügt man etwas hinzu, und in England wechselt man das Thema. *Peter Ustinov*

11 Für England ist der Ärmelkanal immer noch breiter als der Atlantik. *Jacques Baumel*

12 England ist eine Insel. Es kann nichts dafür – ich aber auch nicht. *Charles de Gaulle*

Engländer *1* Jeder Engländer ist eine Insel auf einer Insel. *Pierre Daninos*

2 Die Engländer sind ein Volk, das die Untertreibung übertreibt. *Pierre Daninos*

3 Der Engländer gibt damit an, daß er nicht angibt. *Wyndham Lewis*

4 Der Engländer schreibt zwei Wörter immer groß: Ich und Gott. Und das Wort Ich schreibt er noch ein bißchen größer als das Wort Gott. *Pierre Daninos*

5 Es ist die Stärke der Engländer, daß sie meinen, sich selbst überlegen zu sein. *Pierre Daninos*

6 Die Engländer werden niemals Sklaven sein. Sie werden immer die Freiheit haben, das zu tun, was die Regierung und die öffentliche Meinung von ihnen verlangen. *George Bernard Shaw*

7 Die Engländer sind Meister in der Kunst, sich fremde Zähne ziehen zu lassen. *Pierre Daninos*

8 Die Engländer ziehen niemals eine Linie, ohne sie zu verwischen. *Winston S. Churchill*

9 Jeder Engländer ist der Anfang einer Schlange. *Pierre Daninos*

10 Die Engländer sind die einzigen Menschen, die sogar Schlange stehen, um in eine Schlange zu kommen. *Pierre Daninos*

11 Der Engländer liebt das Gefühl, daß er über sich selbst lachen kann. Er tut das aber nur, um den andern die Freude zu nehmen, über ihn zu lachen. *Peter Ustinov*

12 In England kann man Dinge sagen, die man in keinem anderen Land sagen kann. Darum halten sich die Engländer zu unrecht für mutig. *Mary Martlew-Escher*

13 Was ist Schweigen? Konversation mit einem Engländer. *Pierre Daninos*

14 Die Engländer haben die Tischreden erfunden, damit man ihr Essen vergißt. *Pierre Daninos*

15 Wer den Kaffee der Engländer gekostet hat, weiß, warum sie so gerne Tee trinken. *Pierre Daninos*

16 Die Engländer reisen hauptsächlich deshalb, um Engländern zu begegnen. *Pierre Daninos*

17 Die Engländer unterscheiden sich von den Amerikanern nur durch ihre Sprache. *George Bernard Shaw*

18 Auch wenn der Engländer genießt, sieht es so aus, als nähme er Lebertran. *David Frost*

19 Es kann sein, daß die Engländer die Musik lieben; aber vor allem lieben sie den Lärm, den sie macht. *Thomas Beecham*

20 Die Engländer haben das Öl, die Franzosen die Kernkraft und die Deutschen die Diskussion. *Lothar Späth*

Enkel *1* Erst wenn man genau weiß, wie die Enkel ausgefallen sind, kann man beurteilen, ob man seine Kinder gut erzogen hat. *Erich Maria Remarque*

2 Erst bei den Enkeln ist man dann so weit, daß man die Kinder ungefähr verstehen kann. *Erich Kästner*

3 Ob etwas tauglich ist, wissen erst die Enkel. *Robert Neumann*

4 Warum kann man nicht Enkel haben, ohne Kinder haben zu müssen? *Göran Järvefelt*

Entblößung *1* Ich habe keine Bedenken gegen frauliche Entblößung, wenn es um die Ellbogen geht. *Alice Schwarzer*

2 Die Entblößung der Gefühle ist viel anstößiger als die des Körpers. *Arthur Schnitzler*

3 Sein wahres Gesicht zu zeigen, ist von allen Entblößungen die unschicklichste. *Hans Krailsheimer*

Entdeckung Es gibt keine großen Entdeckungen und Fortschritte, solange es noch ein unglückliches Kind auf Erden gibt. *Albert Einstein*

Entfernung *1* Jeder Mensch hat ein Brett vor dem Kopf. Es kommt nur auf die Entfernung an. *Marie von Ebner-Eschenbach*

2 Der Idealismus wächst mit der Entfernung vom Problem. *John Galsworthy*

3 Ein Volk versteht man am besten ganz aus der Nähe oder aus größerer Entfernung. *John Steinbeck*

4 Nichts nützt der Liebe so sehr wie Distanz. Mit jedem Kilometer Entfernung wächst die Zuneigung. *George Bernard Shaw*

Entgleisung Manche Entgleisung rettet vor der schiefen Bahn. *Elazar Benyoëtz*

Enthaltsamkeit *1* Die sonderbarste aller

sexuellen Verirrungen ist vielleicht die Enthaltsamkeit. *Rémy de Gourmont*

2 Enthaltsamkeit ist das Vergnügen an Sachen, welche wir nicht kriegen. *Wilhelm Busch*

Enthüllung Seine Enthüllungen entblößten ihn selbst. *Wolfgang Eschker*

Entrüstung *1* Entrüstung ist ein erregter Zustand der Seele, der meist dann eintritt, wenn man erwischt wird. *Wilhelm Busch*

2 Entrüstung ist ein Bekenntnis der Hilflosigkeit. *Walther Rathenau*

3 In der moralischen Entrüstung schwingt auch immer Besorgnis mit, vielleicht etwas versäumt zu haben. *Jean Genet*

4 Moralische Entrüstung ist Eifersucht mit einem Heiligenschein. *Herbert George Wells*

5 Die gerechte Entrüstung ist leider viel seltener als die ungerechte Rüstung. *Joachim Ringelnatz*

Entscheidung *1* Entscheidungen: Ausführungen nicht erhaltener Befehle. *Ambrose Bierce*

2 Zu mancher richtigen Entscheidung ist es nur gekommen, weil der Weg zur falschen gerade nicht frei war. *Hans Krailsheimer*

Entschlossenheit Entschlossenheit: Starrsinn, den wir billigen. *Ambrose Bierce*

Entschluß Was alle Erfolgreichen miteinander verbindet, ist die Fähigkeit, den Graben zwischen Entschluß und Ausführung äußerst schmal zu halten. *Peter Drucker*

Entschlußlosigkeit In der Entschlußlosigkeit liegt das Geheimnis des Nicht-Alterns. *André Gide*

Entschuldigung Wer sich nach Entschuldigungen sehnt, braucht nur pünktlich zu sein. *Mariano Rumor*

Entwicklung *1* Entwicklung – ein Taumel von einem Irrtum zum anderen. *Henrik Ibsen*

2 Der Fortgang der wissenschaftlichen Entwicklung ist im Endeffekt eine ständige Flucht vor dem Staunen. *Albert Einstein*

Entwicklungsland Die Schwachen, die mit ihrer Schwäche umzugehen wissen, sind stark. Das ist das Geheimnis der Frauen und der Entwicklungsländer. *Maurice Couve de Murville*

Entwurf *1* Im Entwurf zeigt sich das Talent, in der Ausführung die Kunst. *Marie von Ebner-Eschenbach*

2 Adam war der erste Entwurf für Eva. *Jeanne Moreau*

Erbanlage Manche Erbanlagen sind das Vorstrafenregister unseres Lebens. *Gerhard Uhlenbruck*

Erbonkel Was Ungeduld ist, kann nur der ermessen, der einen steinreichen, kranken Erbonkel hat. *Mark Twain*

Erbschaftssteuer Wer in einem Testament nicht bedacht worden ist, findet Trost in dem Gedanken, daß der Verstorbene ihm vermutlich die Erbschaftssteuer ersparen wollte. *Peter Ustinov*

Erbübel Bevor man das Erb- und Erzübel, die Eitelkeit, nicht totgelacht hat, kann man nicht beginnen, das zu werden, was man ist: ein Mensch. *Erich Kästner*

Erdbeben Nach dem Erdbeben schlägt man auf die Seismographen ein. *Ernst Jünger*

Erde *1* Die Erde ist ein gebildeter Stern mit sehr viel Wasserspülung. *Erich Kästner*

2 Wenn Adam auf die Erde zurückkäme, würde er nichts wiedererkennen – ausgenommen die Witze. *Ugo Tognazzi*

3 Wer mit den Füßen fest auf der Erde steht, kann nicht mit dem Scheitel den Himmel berühren. *Hans Kudszus*

4 Wenn ein Mensch zu anderen Himmelskörpern fliegt und dort feststellt, wie schön es doch auf unserer Erde ist, hat die Weltraumfahrt ihren wichtigsten Zweck erfüllt. *Jules Romains*

5 Die Weltraumfahrt hat nur dann einen Sinn, wenn wir durch sie die Erde entdecken und damit uns selber. *Friedrich Dürrenmatt*

6 Der Himmel gehört allen, die Erde wenigen. *Klaus Staeck*

7 Daß wir vor dem Himmel erst in die Erde müssen! Manche Umwege sind derart lang, daß wir eine Ewigkeit für sie brauchen. *Nikolaus Cybinski*

Erdnuß Ich hasse Fernsehen. Ich hasse es so sehr wie Erdnüsse. Aber ich kann es nicht lassen, Erdnüsse zu essen. *Orson Welles*

Ereignis Große Ereignisse werfen ihre Schatten unter die Augen. *Markus M. Ronner*

Eremit Eremit: ein Mensch, dessen Laster und Torheiten ungeselliger Art sind. *Ambrose Bierce*

Erfahrung *1* Wer Fehler gemacht hat, hat meistens nur «Erfahrungen gesammelt». *Oscar Wilde*

2 Ich bin durchaus nicht zynisch, ich habe nur Erfahrung. *Oscar Wilde*

3 Erfahrung bedeutet ursprünglich immer schlechte Erfahrung. *Oswald Spengler*

4 Die nützlichsten Erfahrungen, die man macht, sind die schlechten. *Thornton Wilder*

5 Der Irrtum ist die tiefste Form der Erfahrung. *Martin Kessel*

6 Ein Pessimist ist ein Mensch, der sich über schlechte Erfahrungen freut, weil sie ihm recht geben. *Heinz Rühmann*

7 Erfahrungen sind die vernarbten Wunden unserer Dummheit. *John Osborne*

8 Erfahrung ist die Summe der Dummheiten, die man machen durfte, ohne sich den Hals zu brechen. *Paul Wegener*

9 Unsere Weisheit kommt aus unserer Erfahrung. Unsere Erfahrung kommt aus unseren Dummheiten. *Sacha Guitry*

10 Vieles erfahren haben, heißt noch nicht Erfahrung besitzen. *Marie von Ebner-Eschenbach*

11 Erfahrungen wären nur dann von Wert, wenn man sie hätte, ehe man sie machen muß. *Karl Heinrich Waggerl*

12 Erfahrung ist nicht das, was mit einem Menschen geschieht, sondern was er daraus macht. *Aldous Huxley*

13 Wir glauben, Erfahrungen zu machen, aber die Erfahrungen machen uns. *Eugène Ionesco*

14 Erfahrungen sind die beste Schutzimpfung gegen Vorurteile. *Heinz Hilpert*

15 Ein Versager ist ein Mensch, der Fehler gemacht hat und nicht fähig ist, Nutzen aus der Erfahrung zu ziehen. *Francis Ponge*

16 Leute mit Erfahrungen haben den großen Vorteil, nur neue Fehler zu begehen. *Paul W. List*

17 Erfahrung heißt gar nichts. Man kann eine Sache auch 35 Jahre lang schlecht machen. *Kurt Tucholsky*

18 Die besten Erfahrungen sind die, die andere schon gemacht haben. *Witold Rowicki*

19 Den Lebenskünstler erkennt man daran, daß er seine schlechten Erfahrungen von anderen machen läßt. *Hans Joachim Clarin*

20 Kluge Menschen suchen sich selbst die Erfahrungen aus, die sie zu machen wünschen. *Aldous Huxley*

21 Erfahrungen sind Maßarbeit; sie passen nur dem, der sie macht. *Carlo Levi*

22 Die Erfahrung lehrt uns, daß der Mensch aus Erfahrungen nichts lernt. *George Bernard Shaw*

23 Das einzige, was man aus Erfahrungen lernt, ist die Erkenntnis, daß man nichts aus Erfahrungen lernt. *André Maurois*

24 Manche Leute sprechen aus Erfahrung – und manche aus Erfahrung nicht. *Curt Goetz*

25 Erfahrung verbessert unsere Einsicht, ohne unsere Absichten zu verändern. *Alfred Polgar*

26 Der Gemeinplatz steht am Anfang und am Ende aller Erfahrung. *Hans Krailsheimer*

27 Der einzige Unterschied zwischen einem Mann und einem Kind ist die Erfahrung. *Cornel Wilde*

28 Es gibt kaum etwas Schöneres, als den Frauen beim Sammeln von Erfahrungen behilflich zu sein. *Marcel Achard*

29 Zuviel Erfahrung ist durchaus geeignet, die Freude am Leben zu trüben. *André Maurois*

30 Es gehört Erfahrung dazu, wie eine Anfängerin zu küssen. *Zsa Zsa Gábor*

31 Ein Mann wird durch Erfahrungen klüger, eine Frau wird duch Erfahrungen älter. *Henry de Montherlant*

32 Erfahrungen sind die Jahresringe des Menschen. *Paul Hörbiger*

33 Erfahrung ist das, was übrigbleibt, wenn alles andere verloren ist. *Uwe Barschel*

Erfindung *1* Faulheit ist die Mutter aller Erfindungen. *Curt Goetz*

2 Auch ein schlechtes Gewissen kann die Mutter guter Erfindungen sein. *Juliet Berto*

3 Das Wesentliche an jeder Erfindung tut der Zufall, aber den meisten Menschen begegnet dieser Zufall nicht. *Friedrich Nietzsche*

4 Amerika ist eine Nation, die viele sonderbare Erfindungen macht, um irgendwohin zu gelangen, und die dann nicht weiß, was sie tun soll, wenn sie dort angekommen ist. *Will Rogers*

5 Bei Erfindungen ist der Erste immer der Dumme; den Ruhm kassiert der Zweite, und das Geschäft macht erst der Dritte. *Martin Kessel*

6 Kann man noch eine Erfindung machen, ohne sich davor zu fürchten? *Elias Canetti*

7 Die unheimlichste aller Erfindungen ist der Spiegel. Woher nehmen die Menschen nur den Mut, da hineinzuschauen? *Brendan Behan*

Erfolg *1* Unzufriedenheit ist der erste Schritt zum Erfolg. *Oscar Wilde*

2 Der Erfolg ist das Kind der Keckheit. *Erich Kästner*

3 Die Ästhetik unserer Tage heißt Erfolg. *Andy Warhol*

4 Erfolg hört nur auf Applaus. Für alles andere ist er taub. *Elias Canetti*

5 Eine Idee, die Erfolg hat, ist notwendigerweise eine Pseudo-Idee. *Emile M. Cioran*

6 Holzhacken ist bei manchen Leuten deshalb so beliebt, weil sie den Erfolg dieser Tätigkeit sofort sehen können. *Albert Einstein*

7 Erfolg verbessert den Charakter. *William Somerset Maugham*

8 Erfolg verändert den Menschen nicht. Er entlarvt ihn. *Max Frisch*

9 Das gefährlichste aller Rauschgifte ist der Erfolg. *Billy Graham*

10 Auf dem Gipfel des Erfolgs steht auch ein Kreuz; für die Leichen, über die man gegangen ist. *Gerhard Uhlenbruck*

11 Nichts ist so alt wie der Erfolg von gestern. *Freddy Quinn*

12 Ich habe im Leben Erfolg gehabt. Jetzt versuche ich, das Leben zum Erfolg zu machen. *Brigitte Bardot*

13 Eine Frau, die geliebt wird, hat immer Erfolg. *Vicki Baum*

14 Hinter jeder Frau, die erfolgreich werden könnte, steht mindestens eine Frau, die sie am Erfolg zu hindern versucht. *Lore Lorentz*

15 Sarkasmus ist das, was entsteht, wenn sich Intelligenz und Erfolg nicht die Waage halten. *Oliver Hassencamp*

16 Auch Erfolg wird bestraft. Die Strafe besteht darin, daß man mit Leuten zusammenkommen muß, die man früher meiden durfte. *John Updike*

17 Schriftsteller verzeihen ihren Kollegen alles, nur nicht den Erfolg. *Marcel Reich-Ranicki*

18 Jeder Erfolg, den man erzielt, schafft uns einen Feind. Man muß mittelmäßig sein, wenn man beliebt sein will. *Oscar Wilde*

Erfolgreiche Was alle Erfolgreichen miteinander verbindet, ist die Fähigkeit, den Graben zwischen Entschluß und Ausführung äußerst schmal zu halten. *Peter Drucker*

Erfüllung *1* Unerreichbare Wünsche werden als «fromm» bezeichnet. Man scheint anzunehmen, daß nur die profanen in Erfüllung gehen. *Marie von Ebner-Eschenbach*

2 Erfüllung bedeutet immer Enttäuschung. *Leonardo Sciascia*

Ergebnis *1* In der Moral zählt nur die Absicht, in der Kunst nur das Ergebnis. *Henry de Montherlant*

2 Wenn wir uns gegenseitig zur Sau machen, dürfen wir uns über das Ergebnis nicht wundern. *Gerhard Uhlenbruck*

Erinnern Erinnern heißt Auswählen. *Günter Graß*

Erinnerung *1* Vor der Wirklichkeit kann man seine Augen verschließen, aber nicht vor der Erinnerung. *Stanislaw Jerzy Lec*

2 Erinnerungen sind Wirklichkeiten im Sonntagsanzug. *Oliver Hassencamp*

3 Für angenehme Erinnerungen muß man im voraus sorgen. *Paul Hörbiger*

4 Erinnerungen sind ein goldener Rahmen, der jedes Bild freundlicher macht. *Carl Zuckmayer*

5 Erinnerungen sind Wärmeflaschen fürs Herz. *Rudolf Fernau*

6 Die Stunden, nicht die Tage sind die Stützpunkte unserer Erinnerung. *Joachim Ringelnatz*

7 Wirklich feig ist nur, wer sich vor seinen Erinnerungen fürchtet. *Elias Canetti*

8 Gewissensbisse sind Erinnerungen an das, was man eigentlich vergessen wollte. *Bernhard Wicki*

9 Vergessenkönnen ist das Geheimnis ewiger Jugend. Wir werden alt durch Erinnerung. *Erich Maria Remarque*

10 Wer sein Alter verbirgt, schafft seine Erinnerungen ab. *Arletty*

11 Wir werden alt, wenn die Erinnerung uns zu freuen beginnt. Wir sind alt, wenn sie uns schmerzt. *Peter Sirius*

12 Bei den meisten ruft die Erinnerung nichts anderes hervor als Selbstmitleid. *Siegfried Lenz*

13 Manche Menschen bleiben nur durch ihr Scheitern in Erinnerung. Auch das ist Unsterblichkeit. *Henri Troyat*

Erkenntnis *1* Der Zweifel ist das Wartezimmer der Erkenntnis. *Eleonore Rozanek*

2 Einfälle sind Fallobst vom Baum der Erkenntnis. *Gerhard Uhlenbruck*

3 Das Obst, das er vom Baum der Erkenntnis gegessen hatte, muß noch unreif gewesen sein. *Wolfgang Eschker*

4 Der Kommunismus ist das Paradies auf Erden. Sobald man vom Baum der Erkenntnis gegessen hat, wird man daraus vertrieben. *Wolfgang Eschker*

5 Je weiter unsere Erkenntnis Gottes dringt, desto weiter weicht Gott vor uns zurück. *Marie von Ebner-Eschenbach*

Erklären Erklären heißt Einschränken. *Oscar Wilde*

Erleben Die meisten verwechseln Dabeisein mit Erleben. *Max Frisch*

Erlebnis *1* Der Mensch ist die Summe seiner Erlebnisse. *Henry Jaeger*

2 Unsere Erlebnisse sind viel mehr das, was wir hineinlegen, als das, was darinliegt. *Friedrich Nietzsche*

Ernst *1* Man kann sich das Leben auch durch zu großen Ernst verscherzen. *Peter Sirius*

2 Wenn der Ernst zu Jahren kommt, wird er langweilig. *Oscar Wilde*

3 Der letzte Ernst der Dinge ist heiter. *René Schickele*

Ernste Man kann auch Ernstes heiter sagen. *Curt Goetz*

Ernsthaftigkeit Ernsthaftigkeit ist die Zuflucht derer, die nichts zu sagen haben. *Oscar Wilde*

Eros Sex ohne Eros ist ein Kontakt zweier Hautbesitzer. *Marguerite Duras*

Erschaffung Auch Gott lernt dazu. Man merkt das an den Verbesserungen bei der Erschaffung der Frau gegenüber der des Mannes. *Zsa Zsa Gábor*

Erschöpfung In der Erschöpfung erlahmen auch die Hemmungen. *Hans Arndt*

Erschossene Die deutliche Sprache der Gewehre verstehen immer nur die Erschossenen. *Wolf Biermann*

Ertragen Wer im Handeln ein Zwerg ist, kann im Ertragen ein Riese sein. *Hans Kudszus*

Erwachen Nach jedem Traum gibt es ein Erwachen – auch nach dem erfüllten Traum. *Sam Peckinpah*

Erwachsene *1* Ist das Leben lebenswert? Das ist eine Frage für einen Embryo, nicht für einen Erwachsenen. *Samuel Butler*

2 Als Kind ist jeder ein Künstler. Die Schwierigkeit liegt darin, als Erwachsener einer zu bleiben. *Pablo Picasso*

3 Kinder, die man nicht liebt, werden Erwachsene, die nicht lieben. *Pearl S. Buck*

4 Kinder müssen die Dummheiten der Erwachsenen ertragen, bis sie groß genug sind, um sie zu wiederholen. *Jean Anouilh*

5 Die Jugend kann nicht mehr auf die Erwachsenen hören. Dazu ist ihre Musik zu laut. *Oliver Hassencamp*

6 Der Satz, wonach alle Gottes Kinder sind, wird gerne dazu verwendet, Gottes Erwachsene zu verhindern. *Werner Schneyder*

Erwiderung Schweigen ist die unerträglichste Erwiderung. *Gilbert Keith Chesterton*

Erzählen Erzählen heißt: der Wirklichkeit zur Wirksamkeit zu verhelfen.
Jean-Paul Sartre

Erziehen Erziehen heißt Vorleben. Alles andere ist höchstens Dressur. *Oswald Bumke*

Erziehung *1* Es gibt keine andere vernünftige Erziehung als Vorbild zu sein – wenn's nicht anders geht, ein abschreckendes.
Albert Einstein

2 Erziehung ist organisierte Verteidigung der Erwachsenen gegen die Jugend. *Mark Twain*

3 Jede wohlverstandene Erziehung geht darauf aus, sich zu erübrigen. *André Gide*

4 Gute Erziehung besteht darin, zu verbergen, wieviel wir von uns selber halten und wie wenig von den anderen.
William Somerset Maugham

5 Man kann Dummheit sorgfältig durch Erziehung zu Vorurteilen herbeiführen.
Alexander Mitscherlich

Esel *1* Jeder Esel kann den Takt schlagen, aber Musik machen – das ist schwierig.
Arturo Toscanini

2 Politik ist der Versuch, einem Esel klarzumachen, daß er keiner ist.
Thomas Niederreuther

Eselsbrücke Über manche Gedankenlücke bilden Zitate die Eselsbrücke. *Ludwig Fulda*

Essen *1* Essen ist eine höchst ungerechte Sache: Jeder Bissen bleibt höchstens zwei Minuten im Mund, zwei Stunden im Magen, aber drei Monate an den Hüften.
Christian Dior

2 Reden auf Vegetarier-Banketten sind erfreulich kurz, weil man Angst hat, daß sonst das Essen verwelkt. *Mario Adorf*

3 Die Engländer haben die Tischreden erfunden, damit man ihr Essen vergißt.
Pierre Daninos

4 Der wirklich freie Mensch ist der, der eine Einladung zum Essen ausschlagen kann, ohne dafür einen Vorwand angeben zu müssen.
Jules Renard

Essig *1* Die Deutschen lieben Rheinwein. Er wird in schlanke Flaschen gefüllt und für ein gutes Getränk gehalten. Von Essig unterscheidet er sich durch die Etikette. *Mark Twain*

2 Ein schlechter Schriftsteller wird manchmal ein guter Kritiker, genauso wie man aus einem schlechten Wein einen guten Essig machen kann. *Henry de Montherlant*

Europa *1* Europa ist zweifellos die Wiege der Kultur, aber man kann nicht sein ganzes Leben in der Wiege verbringen.
Oskar Maria Graf

2 Die Schweiz ist ein kleines Europa. Mit dessen Ausschluß. *Heinrich Wiesner*

3 Europas Zukunft hängt davon ab, ob man die schwerblütigen Völker versüdlichen kann.
Emile M. Cioran

Eva *1* Adam – der erste Entwurf für Eva.
Jeanne Moreau

2 Eva ist die umgearbeitete, verbesserte und gekürzte Ausgabe von Adam. *Helen Vita*

3 Adam und Eva hatten viele Vorteile. Vor allem bekamen sie ihre Zähne sofort und auf einmal. *Mark Twain*

4 Die Mode entstand, als Eva beschloß, ihr Feigenblatt zu verkleinern. *Victorien Sardou*

Ewigkeit *1* Jeder Augenblick ist von der Ewigkeit gleich weit entfernt.
Wolfgang Hildesheimer

2 Daß wir vor dem Himmel erst in die Erde müssen! Manche Umwege sind derart lang, daß wir eine Ewigkeit für sie brauchen.
Nikolaus Cybinski

3 Die Ewigkeit dauert lange, besonders gegen Ende. *Woody Allen*

Existenzerhaltung Das Gehirn entwickelt sich zwecks Existenzerhaltung, nicht zwecks Selbsterkenntnis. *Karl Steinbuch*

Experte *1* Experte: ein Spezialist, der über etwas alles weiß und über alles andere nichts.
Ambrose Bierce

2 Ein Experte ist ein Mensch, der zu denken aufgehört hat. *Frank Lloyd Wright*

Explosion Eine Erfindung, die noch fehlt: Explosionen rückgängig zu machen.
Elias Canetti

Exzeß Mäßigung ist eine verhängnisvolle Sache, denn nichts ist so erfolgreich wie der Exzeß. *Oscar Wilde*

F

Fabel Der Mensch ist wie der Löwe in der Fabel, der seine eigenen Reißzähne beschimpft, weil ihm das Beutetier leid tut – nachdem es ihm gut geschmeckt hat. *Horst Stern*

Fackelzug Je älter man wird, desto mehr ähnelt die Geburtstagstorte einem Fackelzug. *Katharine Hepburn*

Faden Mancher rote Faden hat zu viele Knoten. *Wolfgang Eschker*

Fahne *1* Fahnen: Gesinnungstextilien. *Rudolf Rolfs*

2 Je weniger Bedeutung ein Staatsmann hat, desto mehr liebt er die Fahne. *Kin Hubbard*

3 Seine Fahne war jedem Wirbelsturm gewachsen. *Wolfgang Eschker*

Fahrlehrer Fahrlehrer sind Männer, die morgens brünett wegfahren und abends weißhaarig heimkommen. *Peter Frankenfeld*

Fährte Ausgetretene Fährten führen gewöhnlich zur Tränke. *Emil Baschnonga*

Fairplay Fairplay bedeutet, das Foul so versteckt zu machen, daß der Schiedsrichter es nicht sieht. *Dieter Hildebrandt*

Fall Man kann auch hinauffallen. Und solche Fälle sind die tiefsten. *Peter Hille*

Falle *1* Was dir am besten gelingt, wird unweigerlich zur Falle. *Paul Valéry*

2 In der Weltpolitik tappen Elefanten manchmal in eine Falle, die jeder Maus auffiele. *David Frost*

Fallen *1* Alle großen Verführer beherrschen die Kunst, einer Frau beim Fallen so behilflich zu sein, daß sie sich nicht wehtut. *Michel Simon*

2 In der Politik ist es wie beim Pferderennen. Ein guter Jockey weiß sich beim Fallen so wenig wie möglich zu verletzen. *Edouard Herriot*

Fallobst Einfälle sind Fallobst vom Baum der Erkenntnis. *Gerhard Uhlenbruck*

Fälschung Die Fälschung unterscheidet sich vom Original dadurch, daß sie echter aussieht. *Ernst Bloch*

Falte *1* Falten machen einen Mann männlicher, eine Frau älter. *Jeanne Moreau*

2 Ich habe den Kampf gegen die Falten aufgegeben, weil nichts so viele Falten macht wie der Kampf gegen die Falten. *Liv Ullmann*

Familie *1* In jeder Familie, die nicht die eigene ist, erstickt man. In der eigenen erstickt man auch, aber man merkt's nicht. *Elias Canetti*

2 Alle schlechten Eigenschaften entwickeln sich in der Familie. Das fängt mit Mord an und geht über Betrug und Trunksucht bis zum Rauchen. *Alfred Hitchcock*

3 Familie: Zwangsbekanntschaft. *Rudolf Rolfs*

4 Karl Kraus sagte: «Das Wort Familienbande hat einen Beigeschmack von Wahrheit.» Heute hat das Wort Bande einen Beigeschmack von Familie. *Friedrich Hacker*

5 Familie: Zwergdiktatur. *Rudolf Rolfs*

6 Den Mächtigsten in der Familie erkennt man daran, daß er bestimmt, welches Fernsehprogramm eingeschaltet wird. *Peter Sellers*

7 Fernsehansagerinnen sind das einzige Wohnzimmerpersonal, das sich jede Familie leisten kann. *Petra Schürmann*

8 Das Kino kommt wieder. Die Leute wollen miterleben, ohne daß die Familie dazwischenquatscht. *Oliver Hassencamp*

9 In manchen Familien sind Hunde mit Stammbaum so eine Art Adelsersatz. *Oliver Hassencamp*

10 Eine Familie ist in Ordnung, wenn man den Papagei unbesorgt verkaufen kann. *Will Rogers*

11 Die Liebe kann nicht nur Berge, sondern bisweilen auch eine Familie versetzen. *Gerhard Uhlenbruck*

12 Warum geht eigentlich die Familie nie zur Scheidung mit? *Brigitte Schwaiger*

Familienleben Das Familienleben ist ein Eingriff in das Privatleben. *Karl Kraus*

Familienurlaub Familienurlaub ist die Fortsetzung des Ehekrieges auf anderem Territorium. *Gabriel Laub*

Fanatiker *1* Ein Fanatiker ist ein Mensch,

der seine Ansicht nicht ändern kann und das Thema nicht wechseln will.
Winston S. Churchill

2 Ein Fanatiker ist ein Mensch, der bewußt einen geheimen Zweifel überkompensiert.
Aldous Huxley

3 Fanatiker sind Leute, die mit einem nicht vorhandenen Kopf durch eine vorhandene Wand rennen wollen. *Martin Held*

4 Jedes Ding hat zwei Seiten. Fanatiker sehen nur die eine. *Hellmut Walters*

Fanatismus *1* Fanatismus ist die einzige Willensstärke, zu der auch die Schwachen gebraucht werden können. *Friedrich Nietzsche*

2 Fanatismus besteht im Verdoppeln der Anstrengung, wenn das Ziel vergessen ist.
George Santayana

3 Fanatismus ist die hochexplosive Mischung von Engstirnigkeit und Energie.
Herbert von Karajan

Farbe *1* Immer wieder kommen Staatsmänner mit großen Farbtöpfen des Weges und erklären, sie seien die neuen Baumeister. Und immer wieder sind es nur Anstreicher. Die Farben wechseln, die Dummheit bleibt.
Erich Kästner

2 An den Grünen gefällt mir die grüne Farbe. *Ursula Maria Lehr*

3 Die ungeschminkte Wahrheit bringt immer Farbe ins Gesicht. *Gerhard Uhlenbruck*

4 Wenn der Herbst seine Farben verliert, kommt erst der wahre Herbst.
Joachim Günther

Faß Was für ein Gefühl muß der Tropfen haben, der das Faß zum Überlaufen bringt.
Nikolaus Cybinski

Fassade Alternde Menschen sind wie Museen: nicht auf die Fassade kommt es an, sondern auf die Schätze im Innern.
Jeanne Moreau

Fastenkur Morgen nennt man den Tag, an dem die meisten Fastenkuren beginnen.
Gustav Knuth

Faulenzen Fernsehen ist die aktive Form des Faulenzens. *Henning Venske*

Faulheit *1* Faulheit ist die Mutter aller Erfindungen. *Curt Goetz*

2 Faulheit: die Angewohnheit, sich auszuruhen, bevor man müde wird. *Jules Renard*

3 Faulheit – das ist, wenn jemand mit dem Cocktail-Shaker in der Hand auf das nächste Erdbeben wartet. *Danny Kaye*

4 Fleiß für die falschen Ziele ist noch schädlicher als Faulheit für die richtigen.
Peter Bamm

5 In der Zukunft wird es weniger auf die Arbeit ankommen als auf die Faulheit.
Eric Rohmer

Faulpelz Faulpelz: ein Mensch, der sich keine Arbeit damit macht, sein Nichtstun zu begründen. *Gabriel Laub*

Faust *1* Zu oft mit der Faust auf den Tisch schlagen, bekommt der Faust schlechter als dem Tisch. *Willy Brandt*

2 In der Politik darf man nicht versuchen, mit dem Kinn eine Faust k. o. zu schlagen.
Olof Palme

3 Das ist die Schwierigkeit: die Rechte zur Faust ballen und trotzdem leserlich schreiben.
Werner Schneyder

4 Mit einer geballten Faust kann man keinen Händedruck wechseln. *Indira Gandhi*

Faustschlag Ein Faustschlag ins Gesicht der Pietät gehört zu den Taten, ohne welche man nicht von der Schürze der Mutter loskommt.
Hermann Hesse

Fauxpas Ein Fauxpas in der Politik entsteht meistens dadurch, daß ein Bein nicht weiß, was das andere vorhat. *Maurice Faure*

Feder *1* Der eine läßt sich alles gefallen. Der andere wehrt sich mit Händen und Füßen. Der dritte wehrt sich auf dem Rechtsweg. Der vierte auf dem politischen. Der fünfte «greift zur Feder». *Martin Walser*

2 Die meisten «Männer der Feder» sollten sich diese an den Hut stecken.
Wolfgang Eschker

Fehldiagnose Eine günstige Fehldiagnose ist noch immer wirksamer als die beste Medizin.
Markus M. Ronner

Fehler *1* Ein Mensch ohne Fehler ist kein vollkommener Mensch. *Alfred Polgar*

2 Ein Mensch, der keine Fehler macht, macht im allgemeinen nichts.
Edward John Phelps

3 Wer arbeitet, macht Fehler. Wer viel arbeitet, macht mehr Fehler. Nur wer die Hände in den Schoß legt, macht gar keine Fehler.
Alfred Krupp

4 Der größte Fehler im Leben ist, daß man ständig fürchtet, Fehler zu machen.
Elbert Hubbard

5 Vor Fehlern ist niemand sicher. Das Kunststück besteht darin, den gleichen Fehler nicht zweimal zu machen. *Edward Heath*

6 Ich möchte ewig leben – und sei es nur, um zu sehen, daß die Menschen in hundert Jahren die gleichen Fehler machen wie ich.
Winston S. Churchill

7 Die Hälfte aller Fehler entsteht dadurch, daß wir denken sollten, wo wir fühlen – und daß wir fühlen sollten, wo wir denken.
John Churton Collins

8 Wer keine Kritik erträgt, gibt seine Fehler schnell zu. *Hans Kudszus*

9 Viele Leute glauben, wenn sie erst einen Fehler eingestanden haben, brauchten sie ihn nicht mehr abzulegen.
Marie von Ebner-Eschenbach

10 Mit all der Mühe, mit der wir manche unserer Fehler verbergen, könnten wir sie uns leicht abgewöhnen. *Michelangelo Antonioni*

11 Wer Fehler nicht zugeben kann, sollte wenigstens aus ihnen lernen. *John Ogdon*

12 Die Reparatur alter Fehler kostet oft mehr als die Anschaffung neuer.
Wieslaw Brudziński

13 Ein kluger Mann macht nicht alle Fehler selber; er gibt auch anderen eine Chance.
Winston S. Churchill

14 Man heilt sich am zuverlässigsten von einem Fehler, wenn man ihn bei einem anderen sieht. *Henry de Montherlant*

15 Ein Fehler, den man mit einem anderen Menschen teilt, verbindet tiefer als ein gemeinsamer Vorzug. *Hermann Bahr*

16 Wer Fehler gemacht hat, hat meistens nur «Erfahrungen gesammelt». *Oscar Wilde*

17 Lebenserfahrung ist die Summe der Fehler, die man glücklicherweise macht.
Jules Romains

18 Leute mit Erfahrungen haben den großen Vorteil, nur neue Fehler zu begehen.
Paul W. List

19 Ein Versager ist ein Mensch, der Fehler gemacht hat und nicht fähig ist, Nutzen aus der Erfahrung zu ziehen. *Francis Ponge*

20 Fehler, aus denen man lernen kann, sollte man möglichst früh machen. *Aldo Gucci*

21 Konservativismus: Kinder an den Fehlern ihrer Eltern teilhaftig werden lassen.
Rudolf Rolfs

22 Eltern verzeihen ihren Kindern die Fehler am schwersten, die sie selbst ihnen anerzogen haben. *Marie von Ebner-Eschenbach*

23 Es ist das Vorrecht der Jugend, Fehler zu begehen, denn sie hat genügend Zeit, sie zu korrigieren. *Ernst Barlach*

24 Der größte Fehler, den die Jugend von heute hat, ist der, daß man nicht mehr zu ihr gehört. *Salvador Dalí*

25 Toleranz heißt die Fehler des anderen entschuldigen. Takt heißt sie nicht bemerken.
Arthur Schnitzler

26 Der Mensch hat es so gern, wenn man über ihn spricht, daß ihn sogar eine Unterhaltung über seine Fehler entzückt.
André Maurois

27 Wenn mich meine Feinde loben, kann ich sicher sein, einen Fehler gemacht zu haben.
August Bebel

28 Man fällt nicht über seine Fehler. Man fällt immer über seine Feinde, die diese Fehler ausnutzen. *Kurt Tucholsky*

29 Das Schicksal – das sind die zusammengerechneten Fehler, die ein Mensch gemacht hat. *Oliver Herford*

30 In der Politik ist es manchmal wie in der Grammatik: ein Fehler, den alle begehen, wird schließlich als Regel anerkannt.
André Malraux

31 Orchester machen den Fehler immer an der gleichen Stelle. *Herbert von Karajan*

32 Frauen geben Fehler leichter zu als Männer. Deshalb sieht es so aus, als machten sie mehr. *Gina Lollobrigida*

33 Ich habe nie verstanden, warum Frauen

an talentierten Männern zunächst deren Fehler und an Narren deren Verdienste sehen. *Pablo Picasso*

34 Bildschöne Frauen sind selten charmant, weil sie es nicht nötig haben, charmant zu sein. Charme setzt kleine Fehler voraus, die man überdecken muß. *Boleslaw Barlog*

35 Ein Bigamist ist ein Mann, der auch noch andere Fehler zweimal machen wird. *Peter Sellers*

36 Es ist schon möglich, daß man im Laufe der Zeit an mehrere falsche Frauen gerät. Bei der Wahl seiner Witwe aber sollte man keinen Fehler mehr machen. *Sacha Guitry*

Feierlichkeit Feierlichkeit nennt man jenen Nebel, den die Dummheit erzeugt, wenn sie in die Enge getrieben wird. *Heimito von Doderer*

Feigenblatt *1* Die Mode entstand, als Eva beschloß, ihr Feigenblatt zu verkleinern. *Victorien Sardou*

2 Wenn man bedenkt, daß die Mode mit einem Feigenblatt begonnen hat, sind wir schon fast wieder am Anfang. *Claudia Cardinale*

3 Das Feigenblatt ist das Blatt der Feigen. *Joachim Ringelnatz*

Feigheit *1* Die Furcht, daß wir uns lächerlich machen, verursacht unsere größten Feigheiten. *André Gide*

2 Feigheit ist der wirksamste Schutz gegen die Versuchung. *Mark Twain*

3 Was die Menschen Feigheit nennen, ist oft nur der Blick für die tieferen Zusammenhänge. *Bertrand Russell*

4 Was auf den ersten Blick wie Feigheit aussieht, ist möglicherweise Klugheit. *Jean Giono*

5 Vernunft ist manchmal nichts anderes als der Mut zur Feigheit. *George Bernard Shaw*

6 Mut ist oft Mangel an Einsicht, Feigheit dagegen beruht nicht selten auf guten Informationen. *Peter Ustinov*

7 Vorsicht ist das, was wir bei anderen Feigheit nennen. *Oscar Wilde*

Feigling *1* Feiglinge sind Leute, die mit den Füßen nachdenken. *Jerry Lewis*

2 Extreme Idealisten sind immer Feiglinge; sie nehmen vor der Wirklichkeit Reißaus. *Jakob Boßhart*

3 Haß ist die Rache des Feiglings dafür, daß er eingeschüchtert wurde. *George Bernard Shaw*

4 Ich verabscheue Leute, die Hunde halten. Es sind Feiglinge, die nicht genug Schneid haben, selber zu beißen. *August Strindberg*

Feind *1* Jeder Erfolg, den man erzielt, schafft uns einen Feind. Man muß mittelmäßig sein, wenn man beliebt sein will. *Oscar Wilde*

2 Ehrgeiz: ein übermächtiges Verlangen, von seinen Feinden zu Lebzeiten geschmäht und von seinen Freunden nach dem Tode verlacht zu werden. *Ambrose Bierce*

3 Takt ist die Kunst, etwas deutlich zu machen, ohne sich Feinde zu schaffen. *Madeleine Carroll*

4 Durch das, was wir sagen, machen wir uns mehr Feinde als durch das, was wir tun. *John Churton Collins*

5 Man fällt nicht über seine Fehler. Man fällt immer über seine Feinde, die diese Fehler ausnutzen. *Kurt Tucholsky*

6 Am gefährlichsten sind die Feinde, die einem ähnlich sind. *Gerhard Uhlenbruck*

7 Wenn mich meine Feinde loben, kann ich sicher sein, einen Fehler gemacht zu haben. *August Bebel*

8 Auch durch Beifall kann man Feinde aus dem Konzept bringen. *Erhard Blanck*

9 Nachsichtig sein heißt einem Feind vergeben, der seiner Macht beraubt worden ist. *Elbert Hubbard*

10 Vergib stets deinen Feinden. Nichts ärgert sie so. *Oscar Wilde*

11 Von einem bestimmten Alter an sollte man lernen, sich seine Feinde auszusuchen. *Hildegard Knef*

12 Nichts erhält einen Mann so rüstig wie eine junge Frau und alte Feinde. *Henry Miller*

13 Man kann in der Wahl seiner Feinde nicht vorsichtig genug sein. *Oscar Wilde*

14 Auch im Haß gibt es Eifersucht; wir wollen unseren Feind für uns allein haben. *Friedrich Nietzsche*

15 Man ist besser dran mit einem intelligenten Feind als mit einem stupiden Freund. *David Ben Gurion*

16 Der Feind ist ein Freund, der dich zum Handeln anstachelt. *Elbert Hubbard*

17 Unseren Weg weisen uns meistens die Feinde. *Hans Habe*

18 Liebe deine Feinde, aber nur platonisch. *Gabriel Laub*

19 Anstatt deine Feinde zu lieben, behandle deine Freunde ein wenig besser. *Edgar W. Howe*

20 Freundschaft ist die stillschweigende Übereinkunft zweier Feinde, die für eine gemeinsame Beute arbeiten wollen. *Elbert Hubbard*

21 Wir machen uns Freunde. Wir machen uns Feinde. Aber Gott macht uns den Nachbarn nebenan. *Gilbert Keith Chesterton*

22 Ein Politiker teilt die Menschheit in zwei Klassen ein: Werkzeuge und Feinde. *Friedrich Nietzsche*

23 Mancher Politiker hat keinen schlimmeren Feind als sich selbst. *John B. Priestley*

24 Glaubt nicht, ihr hättet Millionen Feinde. Euer einziger Feind heißt - Krieg. *Erich Kästner*

25 Die Lage hat sich gewandelt. Der Feind ist jetzt nicht mehr der Feind im anderen Lager, sondern der graue Bürokrat in uns. *John Le Carré*

26 Die Bücher haben die gleichen Feinde wie der Mensch: das Feuer, die Nässe, die Zeit und ihren eigenen Inhalt. *Paul Valéry*

Feindbild Feindbilder sind sicher nicht die Ursache für einen Krieg, aber sie erleichtern das Marschieren. *Max Frisch*

Feindin Die Wahrheit über eine Frau erfährt man entweder von ihrer besten Freundin oder von ihrer ärgsten Feindin - und manchmal ist das dieselbe Person. *Vittorio De Sica*

Feindschaft *1* Lieber aus ganzem Holz eine Feindschaft als eine geleimte Freundschaft. *Friedrich Nietzsche*

2 Die Stütze mancher Freundschaft ist bloß eine gemeinsame Feindschaft. *Thomas Terry*

Fels Wer Felsen bewegt, scheitert an Kieselsteinen. *Peter Benary*

Feminismus Gibt es einen tieferen Grund, weshalb der Feminismus *der* Feminismus heißt? *Günther Schatzdorfer*

Ferien Wenn die Menschen aus den Ferien zurückkommen, neigen sie dazu, sogar die Regierung etwas milder zu beurteilen. Ein geschickter Regierungschef setzt Wahlen daher für den Frühherbst an. *David Frost*

Ferne *1* Wer die Menschen liebt, darf sie nur aus nächster Nähe betrachten oder ganz aus der Ferne. *Thomas Niederreuther*

2 Man ist mit der Nähe verheiratet, aber man liebt die Ferne. *Friedrich Sieburg*

3 Warum denn in die Ferne schweifen? Das Böse liegt so nah. *Ludwig Marcuse*

Fernsehabend Man soll den Tag nicht vor dem Fernsehabend loben. *Gerhard Uhlenbruck*

Fernsehansagerin Fernsehansagerinnen sind das einzige Wohnzimmerpersonal, das sich jede Familie leisten kann. *Petra Schürmann*

Fernsehanstalt Eher geht den Ölländern das Öl aus als den Fernsehanstalten die alten Filme. *Dieter Hildebrandt*

Fernsehapparat *1* Wenn dein Fernsehapparat aus deinem Kind redet, kannst du das Kind nicht mehr abdrehen. *Werner Schneyder*

2 Solange man mit einem Fernsehapparat keine Fliege totschlagen kann, solange kann er die Zeitung nicht ersetzen. *Manfred Rommel*

Fernsehdiskussion Wenn alle Leute nur von dem redeten, von dem sie etwas verstehen, gäbe es keine Fernsehdiskussionen. *Werner Höfer*

Fernsehen *1* Fernsehen - das Nullmedium. *Hans Magnus Enzensberger*

2 Fernsehen ist die Phantasie der Armen. *Wieslaw Brudziński*

3 Fernsehen - Rundfunk für Phantasielose. *Rudolf Rolfs*

4 Weil der Mensch zu faul war, abends die Augen zuzumachen, erfand er das Fernsehen. *Manfred Hausmann*

5 Fernsehen ist die aktive Form des Faulenzens. *Henning Venske*

6 Fernsehen ist das Vergnügen, zu bewegten Bildern Nüsse zu knabbern und nicht darauf zu achten, wie viele es sind. *Ugo Tognazzi*

7 Ich hasse Fernsehen. Ich hasse es so sehr wie Erdnüsse. Aber ich kann es nicht lassen, Erdnüsse zu essen. *Orson Welles*

8 Fernsehen ist Kaugummi für die Augen. *Orson Welles*

9 Fernsehen ist das einzige Schlafmittel, das mit den Augen eingenommen wird. *Vittorio De Sica*

10 Träume sind eine Art Fernsehen im Schlaf. *Alberto Sordi*

11 Das Fernsehen ist eine Infektion der Seele. *Federico Fellini*

12 Das Fernsehen wurde erfunden, um den Analphabeten einen guten Grund zum Brillentragen zu geben. *Gabriel Laub*

13 Fernsehen: durch die Augen direkt in den Bauch – unter Auslassung des Kopfes. *Günter Gaus*

14 Wir glauben nur, was wir sehen. Und darum glauben wir alles, seit es das Fernsehen gibt. *Dieter Hildebrandt*

15 Es gibt keine künstlerische Organisation, in der die schöpferisch Tätigen derart in der Minderzahl sind wie beim Fernsehen. *Peter von Zahn*

16 Es gehen heute so viele Journalisten zum Fernsehen, weil sie wissen, daß sie, wenn sie schon nichts zu sagen haben, wenigstens gesehen werden. *Markus M. Ronner*

17 Das Fernsehen sorgt dafür, daß man in seinem Wohnzimmer von Leuten unterhalten wird, die man nie zu sich einladen würde. *Shirley MacLaine*

18 Eines der schwierigsten Probleme, die sich aus der Verbreitung von Rundfunk und Fernsehen ergeben haben, lautet: Was geschieht mit dem Sprichwort: «Er lügt wie gedruckt»? *Gabriel Laub*

19 Gutes Fernsehen ist besonders schlecht, weil es dazu verleitet, Zeit vor dem Bildschirm zu verbringen. *Alexander Mitscherlich*

20 Manche Kritiker meinen, in einer einzigen Show müsse man all das leisten, was das Fernsehen sonst nicht fertigbringt. *Werner Höfer*

21 Fernsehen ist ein Hilfsmittel und keine Kunstform. *Woody Allen*

22 Fernsehen ist die Rache des Theaters an der Filmindustrie. *Peter Ustinov*

23 Film multipliziert die Popularität, Fernsehen potenziert sie. *Gustav Knuth*

24 Das Fernsehen macht den Star, nicht umgekehrt. *Silvio Berlusconi*

25 Ich freue mich, daß das Fernsehen endlich erwachsen genug ist, unterhaltsamen Quatsch à la «Schwarzwaldklinik» zu machen, ohne ein schlechtes Gewissen zu haben. *Peter Zadek*

26 Mörder sehen nur im Fernsehen wie Mörder aus. *Herbert Lichtenfeld*

27 Wer in der Diktatur die Regierenden kritisiert, kommt ins Gefängnis. Wer in der Demokratie über die Regierenden schimpft, kommt ins Fernsehen. *Manfred Rommel*

28 Man muß beim Fernsehen immer noch damit rechnen, daß Leute zuschauen. *Armin Halle*

29 Es kommt der Tag, da sendet das Fernsehen die Verwaltung direkt. *Henning Venske*

Fernseher Fernseher sind nicht so dumm, abzudrehen; sie sind so klug, schlechtzufinden. *Werner Schneyder*

Fernsehgerät *1* Jeder Säugling sollte sich so früh und so gründlich wie möglich mit einem Fernsehgerät beschäftigen, denn später hat er ja auch nichts anderes. *Loriot*

2 Je tragbarer unsere Fernsehgeräte werden, desto untragbarer die Programme. *Markus M. Ronner*

Fernsehmacher Nicht nur die Fernsehmacher, auch das Publikum trägt Verantwortung. *Gerd Bacher*

Fernsehprogramm *1* Den Mächtigsten in der Familie erkennt man daran, daß er bestimmt, welches Fernsehprogramm eingeschaltet wird. *Peter Sellers*

2 Am zuverlässigsten unterscheiden sich die einzelnen Fernsehprogramme noch immer durch den Wetterbericht. *Woody Allen*

Fernsehredakteur *1* Fernsehredakteure haben eine einmalige Begabung: Sie können

Spreu von Weizen trennen. Und die Spreu senden sie dann. *Dieter Hallervorden*

2 Es gibt zu viele Fernsehredakteure, die lieber Spesenrechnungen als Programme machen. *Günter Verheugen*

Fernsehschirm Abends versammelt sich eine schweigende Mehrheit auf dem Gemeinplatz vor dem Fernsehschirm. *Heinrich Nüsse*

Fernsehsendung *1* Fernsehsendungen zu machen, ist eine viel zu wichtige Sache, als daß man sie den Fernsehleuten allein überlassen könnte. *Margaret Thatcher*

2 Es kann passieren, daß die Leute schon beleidigt auf dem Sofa sitzen, bevor eine Fernsehsendung beginnt. *Dieter Hildebrandt*

3 Es gibt Fernsehsendungen, die nicht leben würden, wenn es die Vorlacher nicht gäbe. *Werner Schneyder*

Fernsehserie Nach dem ersten Abend einer Fernsehserie schreiben die Kritiker: Das wird böse Folgen haben. *Peter Weck*

Fernsehshow Eine Fernsehshow ist der Triumph des Hintern über den Geist. *Henning Venske*

Fernsehstar *1* Ein Fernsehstar ist man dann, wenn die Leute vor dem Bildschirm vergessen, daß sie eigentlich längst auf die Toilette müßten. *Gilbert Bécaud*

2 Ein Kollege berichtete mir von einem Fernsehstar, dessen Eitelkeit so weit gediehen war, daß er sich sogar zu verbeugen pflegte, wenn der Regen an die Fenster klatschte. *Hans-Joachim Kulenkampff*

Fernsehzeitalter Im Fernsehzeitalter kann ein guter Coiffeur einen Wahlkampf entscheiden. *James Stewart*

Fernsehzuschauer *1* Was die meisten Fernsehzuschauer übersehen: daß Ansagerinnen oft aus Schadenfreude lächeln. *Werner Schneyder*

2 Notorische Fernsehzuschauer bekommen größere Gesäße und immer kleinere Köpfe. *Dieter Hildebrandt*

Fernste Jeder ist sich selbst der Fernste. Das merkt man, wenn man interviewt wird. *Alfred Polgar*

Festessen Wenn man nach einem Festessen die Gastgeberin auf beide Wangen küßt, erspart man die Serviette. *Alexander Roda Roda*

Festival Festivals geben von selber nicht auf, sie platzen. *Friedrich Luft*

Festland Jeder Mensch ist eine Insel, die sich nach Vereinigung mit dem Festland sehnt. *Arthur Koestler*

Festmahl Nach einem guten Festmahl knausert man nicht mit Kleingeld. *Henrik Ibsen*

Festredner *1* Festredner sind Männer mit Kopf. Mit Kehlkopf. *Heinrich Wiesner*

2 Festredner sind Leute, die im Schlaf anderer Menschen sprechen. *Jerry Lewis*

3 Unwahr wie ein Festredner. *August Strindberg*

Festspiel Auch die Kultur hat ihre konzessionierte Prostitution: die Festspiele. *Martin Kessel*

Fettdruck Nähme man den Zeitungen den Fettdruck – um wieviel stiller wäre es in der Welt. *Kurt Tucholsky*

Fettpölsterchen Eine Optimistin ist eine Frau, die Fettpölsterchen für Kurven hält. *Françoise Hardy*

Feuer *1* Warum lernt das Kind sehr bald, daß das Feuer brennt? Weil das Feuer das immer tut. *Ellen Key*

2 Ein gebranntes Kind scheut das Feuer – bis zum nächsten Tag. *Mark Twain*

3 Leute, die sich die Finger verbrennen, verstehen nichts vom Spiel mit dem Feuer. *Oscar Wilde*

4 Prometheus hat das Feuer nicht vom Himmel geholt, damit die Wurstbratereien ihre Geschäfte machen können. *Heinrich Böll*

5 Beenden wir das Wettrüsten, sagte der General – und eröffnete das Feuer. *Wolfgang Eschker*

Feuerwehr Wer an der Regierung ist, muß Brände sofort löschen. Die Opposition kann über die Verbesserung der Feuerwehr in Ruhe nachdenken. *Norbert Blüm*

Feuerwehrmann In der Weltpolitik spritzt mancher, der sich als Feuerwehrmann ausgibt, mit Benzin. *Bertrand Russell*

Feuilleton *1* Ein Feuilleton schreiben heißt, auf einer Glatze Locken drehen. *Karl Kraus*

2 Feuilleton: die Unsterblichkeit eines Tages. *Ludwig Speidel*

Figur Eine Figur ist etwas, das jeder hat, das aber bei jungen Mädchen besser aussieht. *Fred Astaire*

Film *1* Der Film ist eine Kunst ohne Zukunft. *Louis Jean Lumière*

2 Ich mache keine Filme, ich mache Kino. *Jean-Luc Godard*

3 Ein Film ist eine zeitlich beschränkte Organisation von verworrenen Gefühlen. *Claude Sautet*

4 Bevor ich mich an einen Film heranmache, ist mir, als hätte ich ihn schon gesehen; deshalb mache ich ihn manchmal gar nicht. *Alfred Hitchcock*

5 Filme zu machen, ist mindestens so riskant wie Poker. *Michael Douglas*

6 Botschaften soll man per Telex verschicken, aber nicht in einen Film verpacken. *Jerry Lewis*

7 Mit einem Film Wirkung auf das Volk ausüben zu wollen, wäre etwa so, als wollte man mit einem Fingerhut das Meer ausschöpfen. *Pier Paolo Pasolini*

8 Es ist sehr schwer, aus einem schlechten Drehbuch einen guten Film zu machen. Umgekehrt ist das schon einfacher. *Billy Wilder*

9 Jeder Film sollte ein Thriller sein, auch wenn er nur eine kleine Liebesgeschichte ist. *Bernardo Bertolucci*

10 Gangster sind Vollidioten, die davon profitieren, daß wir über sie Filme machen. *John Cassavetes*

11 Früher zeigte man im Film die Dame ohne Unterleib. Heute zeigt man den Unterleib der Dame. *Ida Ehre*

12 Man kann erst dann wieder einen Film über Sexualität drehen, wenn ein neues Geschlechtsorgan erfunden worden ist. *Alfred Hitchcock*

13 Ich bin wie ein Koch. Wenn ein Film fertig ist, setze ich mich hin und schaue zu, ob die Sache den anderen schmeckt. *Roman Polanski*

14 Hollywood ist schon in Ordnung. Nur die Filme sind halt so schlecht. *Orson Welles*

15 Warum sollen Leute außer Haus gehen und gutes Geld ausgeben, um schlechte Filme zu sehen, wenn sie zu Hause bleiben und schlechte Filme umsonst sehen können? *Sam Goldwyn*

16 Eher geht den Öllländern das Öl aus als den Fernsehanstalten die alten Filme. *Dieter Hildebrandt*

17 Film multipliziert die Popularität, Fernsehen potenziert sie. *Gustav Knuth*

Filmdialog Die meisten Filmdialoge werden von rachsüchtigen Anhängern des Stummfilms geschrieben. *Gabriel Laub*

Filmemachen Das Herrliche am Filmemachen ist nur die Idee zum Film. *Woody Allen*

Filmemacher Filmemacher sollten bedenken, daß man ihnen am Tag des Jüngsten Gerichts alle ihre Filme wieder vorspielen wird. *Charlie Chaplin*

Filmer Alle Filmer sind geprügelte Hunde und haben irgendwo eine Macke. *Doris Dörrie*

Filmkritiker Filmkritiker haben die wichtige Aufgabe, dem Publikum zu erklären, warum es einen Film niemals verstehen wird. *René Clair*

Filmleute Die Schutzheilige der Filmleute ist die heilige Hysterika. *Rudolf Fernau*

Finger *1* Wer immer auf sein Recht pocht, bekommt wunde Finger. *Volker Schlöndorff*

2 Autofahrer, die auf ihr Recht pochen, tun es meistens mit dem Finger an die Stirn. *Gerhard Uhlenbruck*

3 Leute, die sich die Finger verbrennen, verstehen nichts vom Spiel mit dem Feuer. *Oscar Wilde*

4 Zuerst haben die Männer zehn Frauen an einem Finger. Und dann haben sie zehn Finger an einer Frau. *Helen Vita*

5 Der Ehering ist eine Tapferkeitsauszeichnung, die man am Finger trägt. *Noël Coward*

6 Früher brauchte man nur ein Taschentuch fallen zu lassen, und schon stürzten die Männer herbei. Heute könnte man einen Büstenhalter verlieren, und keiner rührt einen Finger. *Helen Vita*

7 Was ein rechter Wiener ist, der rührt grundsätzlich keinen Finger. *Walter Hasenclever*

Fingerabdruck *1* Der perfekte Rhetoriker hinterläßt keine Fingerabdrücke am Rednerpult. *Markus M. Ronner*

2 Reue ist der feste Vorsatz, beim nächsten Mal keine Fingerabdrücke zu hinterlassen. *Marcel Achard*

3 Es gibt Zufälle, an denen sind noch die Fingerabdrücke Gottes. *Nikolaus Cybinski*

Fisch *1* Definition der Humanität: den Angler verachten und sich von den Fischen nähren, die er fängt. *Hans Kudszus*

2 Wir haben beobachtet, daß Fische sich lange küssen. Man weiß aber noch nicht, was das zu bedeuten hat. *Bernhard Grzimek*

3 Es kann vorkommen, daß sich der Vater um das neuentstandene Leben kümmert – ein bei den Fischen häufiges Phänomen. *Simone de Beauvoir*

Fischen Das Fischen von lebenden Fischen mit der Angel wird von vielen Seiten als Grausamkeit empfunden; hauptsächlich vom Fisch selbst. *Karl Valentin*

Flasche *1* Versuchung ist ein Parfüm, das man so lange riecht, bis man die Flasche haben möchte. *Jean-Paul Belmondo*

2 Die Deutschen lieben Rheinwein. Er wird in schlanke Flaschen gefüllt und für ein gutes Getränk gehalten. Von Essig unterscheidet er sich durch die Etikette. *Mark Twain*

3 Die Hollywood-Pest heißt: Einsamkeit mit Hunden und geistvollen Flaschen. *Gloria Swanson*

4 Mein Großvater sagte immer: «Trinke nie zuviel, denn die letzte Flasche, die umfällt, könntest du selber sein.» *Heinz Schenk*

5 Wer eine Flasche ist, wird kaltgestellt. *Gerhard Uhlenbruck*

6 Ein Bernhardiner ist das letzte, was ich sein möchte. Dauernd die Flasche am Hals und niemals trinken dürfen. *Joachim Ringelnatz*

Fleck Es gibt den Maler, der aus der Sonne einen gelben Fleck macht, aber es gibt auch den, der mit Überlegung und Geschick aus einem gelben Fleck eine Sonne macht. *Pablo Picasso*

Fleisch Fleisch ist etwas, was ich lieber warm und lebend auf meiner Haut spüre, als es blutend auf meinem Teller liegen zu sehen. *Achim Reichel*

Fleiß *1* «Genie ist Fleiß», aber nur, wenn es der Fleiß eines Genies ist. *Hans Kudszus*

2 Den eigenen Fleiß empfinden wir als notwendiges Übel. Der Fleiß der anderen ist eine Folge ihrer Unfähigkeit. *Gabriel Laub*

3 Fleiß für die falschen Ziele ist noch schädlicher als Faulheit für die richtigen. *Peter Bamm*

4 Der Fleiß ist die Wurzel aller Häßlichkeit. *Oscar Wilde*

Flexibilität Inkonsequenz nennen wir die Flexibilität unserer Mitmenschen. *Mildred Scheel*

Fliege *1* Es gibt Leute, die keiner Fliege etwas zuleide tun, weil sie nicht imstande sind, eine zu fangen. *Helmut Qualtinger*

2 Fliegen und Menschen haben eines gemeinsam: man kann sie beide mit Zeitungen erschlagen. *Dieter Hildebrandt*

3 Solange man mit einem Fernsehapparat keine Fliege totschlagen kann, solange kann er die Zeitung nicht ersetzen. *Manfred Rommel*

4 Der Kriminalschriftsteller ist eine Spinne, die die Fliege bereits hat, bevor sie das Netz um sie herum webt. *Arthur Conan Doyle*

Flirt *1* Flirts sind Spinnweben zwischen einem Maskulinum und einem Femininum, auf denen ein Sonnenstrahl tanzt. *Thaddäus Troll*

2 Amors Streifschüsse nennt man Flirt. *Georg Thomalla*

3 Flirt: wenn Männer einer Frau nachlaufen, die längst hinter ihnen her ist. *Colette*

4 Der Flirt ist das Aquarell der Liebe. *Paul Bourget*

5 Der Flirt ist die Sünde der Tugendhaften und die Tugend der Sünderinnen. *Paul Bourget*

6 Der Flirt ist ein Versuch, gleichzeitig Feuer zu fangen und zu löschen. *Senta Berger*

7 Flirt ist das Training mit dem Unrichtigen für den Richtigen. *Senta Berger*

8 Der Flirt ist ein Überbrückungskredit bis zur nächsten Liebe. *Jeanne Moreau*

9 Der Flirt ist das Manöver, die Liaison der Krieg. *Marcel Achard*

Flirten *1* Flirten ist die Kunst, einen Mann, der einem nahe steht, auf Distanz zu halten. *Sabina Sesselmann*

2 Flirten heißt auf Distanz intim werden. *Hellmut Walters*

Flitterwoche Flitterwochen sind das, was man heutzutage schon hinter sich hat, wenn man heiratet. *Mary McCarthy*

Floh Eine vernünftige Anzahl von Flöhen ist gut für einen Hund; sie hält ihn davon ab, darüber nachzudenken, daß er ein Hund ist. *Brooke Foss Westcott*

Fluch *1* Stilmodelle: der Fluch, das Telegramm und der Grabspruch. *Emile M. Cioran*

2 Der Fluch ist das Gebet des Teufels. *Hans Lohberger*

Flucht Betriebsamkeit als Zeichen einer Flucht, die vergaß, wovor sie flieht. *Peter Benary*

Flug Je leiser der Flug, desto gefährlicher der Raubvogel. *Graham Greene*

Flügel *1* Eine Partei kann nicht nur aus Flügeln bestehen, sie muß auch einen Rumpf haben. *Amintore Fanfani*

2 Parteien mit starken Flügeln bekommen schwache Beine. *Gabriel Laub*

3 Meist sind es die Flügel, die den Aufschwung einer Partei verhindern. *Wolfgang Eschker*

4 Was noch fehlt, ist ein Staubsauger für all jene Noten, die bei einem Klavierkonzert unter den Flügel fallen. *Thomas Beecham*

5 Es ist einfach nicht fair, den Pianisten zu erschießen, wenn der Flügel verstimmt ist. *Markus M. Ronner*

Flugkatastrophe Auch glücklich landende Reisegesellschaften kann man Flugkatastrophen nennen. *Werner Schneyder*

Fluglotse Sogar der Himmel kann zur Hölle werden. Ich denke da vor allem an die Fluglotsen. *Guy Williams*

Flugzeug Luftpiraten sind Leute, die Flugzeuge erst unterwegs chartern. *Danny Kaye*

Fluß Unser Leben ist der Fluß, der sich ins Meer ergießt, das Sterben heißt. *Federico García Lorca*

Flußlauf Die meisten Quellen sind mit dem Flußlauf nicht einverstanden. *Jean Cocteau*

Folge Nach dem ersten Abend einer Fernsehserie schreiben die Kritiker: Das wird böse Folgen haben. *Peter Weck*

Folter In früheren Zeiten bediente man sich der Folter. Heutzutage bedient man sich der Presse. *Oscar Wilde*

Forderung Die Forderung, geliebt zu werden, ist die größte der Anmaßungen. *Friedrich Nietzsche*

Form *1* Die Notwendigkeit schafft die Form. *Wassily Kandinsky*

2 Form ist Verzicht. *Reinhold Schneider*

3 Wer die Form zerstört, beschädigt auch den Inhalt. *Herbert von Karajan*

Formel Die Zukunft der Sprache ist die Formel. *C. W. Ceram*

Formulieren Wenn man das Forschen vom Formulieren trennt, wird der Stil frigid. *Niklaus Meienberg*

Formulierung *1* Ein Journalist bekommt für die Lösung eines Problems nicht mehr bezahlt als für dessen Formulierung. Deshalb stellt er die Behauptung auf und läuft vor der Lösung davon. *George Bernard Shaw*

2 Originelle Formulierungen sind noch nicht originelle Einsichten. *Ludwig Marcuse*

3 Über der Formulierung geht die Wahrheit zum Teufel. *Hans Erich Nossack*

Forscher Die beste Morgengymnastik für einen Forscher ist es, jeden Tag vor dem Frühstück eine Lieblingshypothese über Bord zu werfen. *Konrad Lorenz*

Forschung *1* Ernst zu nehmende Forschung erkennt man daran, daß plötzlich zwei Probleme existieren, wo es vorher nur eines gegeben hat. *Thorstein Bunde Veblen*

2 Die medizinische Forschung hat so enorme Fortschritte gemacht, daß es praktisch überhaupt keinen gesunden Menschen mehr gibt. *Aldous Huxley*

Fortpflanzung *1* Die Liebe ist unsere Strafe

dafür, daß wir es nicht einfach bei der Fortpflanzung bewenden lassen. *Helmar Nahr*

2 Die Männer sind das nebensächliche Geschlecht. Im Tierreich braucht man sie bei vielen Arten nicht einmal zur Fortpflanzung. *Orson Welles*

3 Der Mensch hat, neben dem Trieb der Fortpflanzung und dem zu essen und zu trinken, zwei Leidenschaften: Krach zu machen und nicht zuzuhören. *Kurt Tucholsky*

Fortschritt *1* Den Fortschritt verdanken die Menschen den Unzufriedenen. *Aldous Huxley*

2 Unter Fortschritt verstehen die meisten die Unfähigkeit, Wurzel zu fassen. *Richard von Schaukal*

3 Wirklicher Fortschritt ist nicht Fortgeschrittensein, sondern Fortschreiten. *Bertolt Brecht*

4 Was wir Fortschritt nennen, ist der Austausch einer Plage durch eine andere. *Havelock Ellis*

5 Den Fortschritt erkennt man schon daran, daß in jedem neuen Krieg die Menschen auf andere Art getötet werden. *Will Rogers*

6 Fortschritt in der Politik ist manchmal nur das Gefühl, das man in einem stehenden Eisenbahnzug hat, wenn nebenan ein anderer fährt. *George Brown*

7 Fortschritt ist nur durch Sackgassen möglich. *Helmut Heißenbüttel*

8 Der Fortschritt ist unaufhaltsam. Früher hat man fünf Mottenkugeln für einen Badeanzug gebraucht, jetzt genügt eine Mottenkugel für fünf Badeanzüge. *Micheline Presle*

Foul Fairplay bedeutet, das Foul so versteckt zu machen, daß der Schiedsrichter es nicht sieht. *Dieter Hildebrandt*

Frack *1* Ein Kellner ist ein Mensch, der einen Frack anhat, ohne daß man es merkt. Hinwieder gibt es Menschen, die man für Kellner hält, sobald sie einen Frack anhaben. Der Frack hat also in keinem Fall einen Wert. *Karl Kraus*

2 Ein Botschafter ist ein Briefträger in Frack und Zylinder. *Stewart Alsop*

3 Zu den größten Leistungen europäischer Außenminister in Afrika gehört es, bei vierzig Grad im Schatten einen Frack zu tragen. *Roger Peyrefitte*

Frage *1* Nicht Philosophen stellen die radikalsten Fragen, sondern Kinder. *Hellmut Walters*

2 Oft beweist es mehr Geist, sich um eine Frage zu kümmern, als sie zu lösen. *Henry de Montherlant*

3 Das Genie entdeckt die Frage, das Talent beantwortet sie. *Karl Heinrich Waggerl*

4 Die Frage ist falsch gestellt, wenn wir nach dem Sinn unseres Lebens fragen. Das Leben ist es, das Fragen stellt; wir sind die Befragten, die zu antworten haben. *Viktor E. Frankl*

5 Die beste Frage nützt nichts, wenn sie so lange dauert, daß keine Zeit zum Antworten bleibt. *Peter Ustinov*

6 Man hört nur die Fragen, auf welche man imstande ist, eine Antwort zu finden. *Friedrich Nietzsche*

7 Die einzig mögliche Antwort ist die Frage selbst. *Eugène Ionesco*

8 Wer noch fähig ist, Fragen zu stellen, dem kann nichts geschehen. Ein fragender Mensch hat nichts Tragisches. *Peter Handke*

9 Mancher ist von Antworten so fasziniert, daß er die Fragen dazu erfindet. *Samuel Beckett*

10 Hütet euch vor den Politikern, die auf jede Frage eine Antwort wissen. *Norbert Blüm*

11 Wenn der Interviewte zu dem Interviewer sagt: «Das ist eine gute Frage», will er entweder schmeicheln oder Zeit gewinnen. *David Frost*

12 Die Antwort auf eine Frage bei Tag oder bei Nacht – das sind zwei Antworten. *Erhard Blanck*

13 In Prüfungen stellen Narren Fragen, die Weise nicht beantworten können. *Oscar Wilde*

Fragen *1* Antworten finden heißt, vom Fragen ermüdet sein. *Hans Kudszus*

2 «Durch Fragen wird man klug», sagte der Talk-Master, aber er blieb dumm. *Markus M. Ronner*

Fragezeichen Wo du sicher bist, setz Fragezeichen. *Wieslaw Brudziński*

Frankreich *1* Die Bestimmung Frankreichs ist es, der Welt lästig zu fallen. *Jean Giraudoux*

2 Um die Wahrheit zu finden, zieht man in Frankreich etwas ab, in Deutschland fügt man etwas hinzu, und in England wechselt man das Thema. *Peter Ustinov*

Franzose *1* Die Franzosen wollen kommandiert sein, aber nur, um einen Grund zum Ungehorsam zu haben. *Harold Wilson*

2 Guillotine: eine Maschine, die einen Franzosen aus gutem Grund die Achseln zucken läßt. *Ambrose Bierce*

3 Nachdem die Franzosen die Österreicherin Marie Antoinette verdammt hatten, wollten sie sich mit Romy Schneider wieder freikaufen. *Claude Sautet*

4 Die Engländer haben das Öl, die Franzosen die Kernkraft und die Deutschen die Diskussion. *Lothar Späth*

Frau *1* Was wären die Menschen ohne die Frauen? Rar, sehr rar. *Mark Twain*

2 Ohne Frauen geht es nicht, das hat sogar Gott einsehen müssen. *Eleonora Duse*

3 Auch Gott lernt dazu. Man merkt das an den Verbesserungen bei der Erschaffung der Frau gegenüber der des Mannes. *Zsa Zsa Gábor*

4 Wie lächerlich gering ist der Unterschied zwischen Mann und Frau! Von achtundvierzig Chromosomen unterscheidet sich nur eines. *Germaine Greer*

5 Auch emanzipierte Frauen wünschen sich manchmal, daß der Unterschied zwischen den Geschlechtern etwas größer wäre. *Wolfgang Eschker*

6 Der Streit, ob der Mann oder die Frau wertvoller sei, ist genauso müßig wie die Diskussion über die Frage, was schwerer ist, ein Kilo Eisen oder ein Kilo Bettfedern. *Andrés Segovia*

7 Ich würde mit Freuden zugeben, daß die Frauen uns überlegen sind, wenn sie nur den Versuch lassen wollten, uns gleich zu sein. *Sacha Guitry*

8 Die volle Gleichberechtigung der Frau wäre ein kolossaler Rückschritt. *Anita Ekberg*

9 Früher haben die Frauen auf ihrem eigenen Boden gekämpft. Da war jede Niederlage ein Sieg. Heute kämpfen sie auf dem Boden der Männer. Da ist jeder Sieg eine Niederlage. *Gabrielle «Coco» Chanel*

10 Frauen sind nicht etwa die besseren Menschen; sie hatten bisher nur nicht so viel Gelegenheit, sich die Hände schmutzig zu machen. *Alice Schwarzer*

11 Frauen gelten vielleicht deshalb als gefühlvoller, weil sie mehr Dinge zu fühlen vorgeben müssen als Männer. *Silvana Mangano*

12 Eine Frau zu sein, ist eine schrecklich schwierige Aufgabe, weil sie es vor allem mit Männern zu tun hat. *Joseph Conrad*

13 Wer die Frauen kennen will, muß die Männer studieren. *Franz Molnár*

14 Man tut das meiste im Leben, auch wenn man andere Gründe vorschützt, der Frauen wegen. *Hermann Hesse*

15 Vieles, was Männer tun, ist von Frauen erdacht, und das meiste, was sie nicht tun, haben Frauen verhindert. *Ludwig Friedrich Barthel*

16 Männer reden immer über das Gleiche: über ihren Beruf und über Frauen. *Thomas Bernhard*

17 Alle Aphorismen über Frauen sind notgedrungen boshaft. Um das Gute an den Frauen zu schildern, benötigt man viele Seiten. *André Maurois*

18 Frauen trösten uns über jeden Kummer hinweg, den wir ohne sie nicht hätten. *Jean Anouilh*

19 Die Frau ist das Kamel, das uns hilft, die Wüste des Lebens zu durchqueren. *David Ben Gurion*

20 Nur Frauen beherrschen die Kunst, sich so zu verstellen, wie sie wirklich sind. *Tristan Bernard*

21 Frauen sind oft unbegreiflich, sie legen Wert darauf, geheimnisvoll zu sein. *Silvio Blatter*

22 Die Frau ist die Rätselecke in Gottes großer Weltzeitung. *Marcel Achard*

23 Für den Mann ist jede Frau ein Rätsel, dessen Lösung er bei der nächsten sucht. *Jeanne Moreau*

24 Jede Frau ist ein Rätsel, dessen Lösung ihr Mann ist. *Laszlo Willinger*

25 Warum bemühen sich manche Frauen, den Männern ein Rätsel zu sein? Die meisten Männer können die Mona Lisa nicht leiden. *Oswald Bumke*

26 Frauen tun so, als seien sie Rätsel. Die meisten sind aber schon die Lösung. *Jean-Luc Godard*

27 Bei einer Frau muß man sich auf alles gefaßt machen, außer auf das Wahrscheinliche. *Hans Söhnker*

28 Die einzigen Männer, die eine Frau zu durchschauen vermögen, sind die Röntgenologen. *Sacha Guitry*

29 Es ist absolut sinnlos, die Frauen verstehen zu wollen, wo doch ihr größter Reiz in der Unergründlichkeit liegt. *Alfred Hitchcock*

30 Wenn man die Frauen verstehen könnte, ginge viel von ihrem Zauber verloren. *Sacha Guitry*

31 Unverstandene Frauen suchen sich einen Dolmetscher. *Françoise Sagan*

32 Die Phantasie der Männer reicht bei weitem nicht aus, um die Realität Frau zu begreifen. *Anna Magnani*

33 Die Phantasie des Mannes ist die beste Waffe der Frau. *Sophia Loren*

34 Wenn ein Mann über eine Frau nachzudenken beginnt, hat sie ihn schon halb gewonnen. *Marcel Pagnol*

35 Die meisten Männer, die Kluges über die Frauen gesagt haben, waren schlechte Liebhaber. Die großen Praktiker reden nicht, sondern handeln. *Jeanne Moreau*

36 Ein Philosoph ist ein Mann, der in Ermangelung einer Frau die ganze Welt umarmt. *Peter Ustinov*

37 Bei mir haben die Frauen immer bemängelt, daß ich auch ohne sie auskomme. *Götz George*

38 Es ist nicht wahr, daß man ohne eine Frau nicht leben kann. Man kann bloß ohne eine Frau nicht gelebt haben. *Karl Kraus*

39 Eine Frau ist nur eine Frau, aber eine gute Zigarre kann man rauchen. *Rudyard Kipling*

40 Niemand ist den Frauen gegenüber aggressiver oder herablassender als ein Mann, der seiner Männlichkeit nicht ganz sicher ist. *Simone de Beauvoir*

41 Ein Mann fühlt sich erst dann von einer Frau verstanden, wenn sie ihn bewundert. *Kim Novak*

42 Eine kluge Frau lernt beizeiten, ihren Mann ohne Grund zu bewundern. *Margot Hielscher*

43 Intuition ist der eigenartige Instinkt, der einer Frau sagt, daß sie recht hat, gleichgültig, ob das stimmt oder nicht. *Oscar Wilde*

44 Die Ahnung der Frau ist meistens zuverlässiger als das Wissen des Mannes. *Rudyard Kipling*

45 Die Frauen sind darauf angewiesen, daß die Männer den Verstand verlieren. *Peter Bamm*

46 Dumme Frauen werden mit gescheiten Männern fertig, aber es bedarf einer sehr klugen Frau, um einen Dummkopf zu lenken. *Rudyard Kipling*

47 Die dümmste Frau ist in der Lage, einen klugen Mann um den Finger zu wickeln. Um aber einen Narren richtig zu behandeln, bedarf es einer sehr klugen Frau. *André Maurois*

48 Die Klugheit des Mannes ist eine Leiter, die der Frau eine Wendeltreppe. *Halldór Laxness*

49 Manche kluge Frau ist nur deshalb allein, weil sie es nicht verstanden hat, ihre Klugheit zu verbergen. *Daphne du Maurier*

50 Frauen sind im Unglück weiser als Männer, weil sie Übung darin haben. *Eleonora Duse*

51 Eine Frau holt gerne den Rat ihres Mannes ein - schon deshalb, um ihn nicht zu befolgen. *Arthur Schnitzler*

52 Von einem Mann erfährt man die Wahrheit, indem man ihm widerspricht; von einer Frau, indem man ihr zustimmt. *George Bernard Shaw*

53 Frauen lügen nie. Sie erfinden höchstens die Wahrheit, die sie gerade brauchen. *Yves Montand*

54 Die Lüge der Frau unterscheidet sich von der Lüge des Mannes wie ein Florett von einem Kavalleriesäbel. *Sacha Guitry*

55 Wer eine Frau beim Wort nimmt, ist ein Sadist. *Jeanne Moreau*

56 Letzten Endes besteht die einzige Methode, die Frauen zu beherrschen, darin, in ihnen die Illusion zu wecken, sie beherrschten uns. *André Maurois*

57 Es ist die Stärke der Frauen, daß sie imstande sind, Illusionen für Tatsachen zu halten. *Federico Fellini*

58 Frauen können von vielem träumen, wovon Männer sich nichts träumen lassen. *Claire Goll*

59 Wenn Männer wüßten, was Frauen denken, wären sie tausendmal kühner. *Pablo Picasso*

60 Man kann eine Frau immer nur mit dem überraschen, was sie erhofft. *Jean Anouilh*

61 Die Männer würden mehr gestehen, wenn ihnen bekannt wäre, wieviel die Frauen schon wissen. *Peter Frankenfeld*

62 Brüllt ein Mann, ist er dynamisch. Brüllt eine Frau, ist sie hysterisch. *Hildegard Knef*

63 Frauen werden nie durch Komplimente entwaffnet. Männer immer. *Oscar Wilde*

64 Mit der Eitelkeit eines Mannes kämen zehn Frauen aus. *Dunja Rajter*

65 Eine eitle Frau braucht einen Spiegel. Ein eitler Mann ist sein eigener Spiegel. *Françoise Sagan*

66 Die Männer ergreifen die Gelegenheiten, die Frauen schaffen sie. *Sigmund Graff*

67 Männer wollen alles ausprobieren, bevor sie es haben. Frauen wollen alles haben, damit sie es ausprobieren können. *Harold Pinter*

68 Wenn Sie in der Politik etwas gesagt haben wollen, wenden Sie sich an einen Mann. Wenn Sie etwas getan haben wollen, wenden Sie sich an eine Frau. *Margaret Thatcher*

69 Ein Mann wird durch Erfahrungen klüger, eine Frau wird durch Erfahrungen älter. *Henry de Montherlant*

70 Falten machen einen Mann männlicher, eine Frau älter. *Jeanne Moreau*

71 Männer werden ohne Frauen dumm, und Frauen welken ohne Männer. *Anton Tschechow*

72 Gute Frauen sind besser als gute Männer. Böse Frauen sind böser als böse Männer. *Marcel Achard*

73 Frauen geben Fehler leichter zu als Männer. Deshalb sieht es so aus, als machten sie mehr. *Gina Lollobrigida*

74 Die Männer haben oft recht, aber die Frauen behalten recht – das ist viel wichtiger. *Jeanne Moreau*

75 Du überzeugst keine Frau, die dich nicht mag. *Jan Lemański*

76 Wenn ein Mann zurückweicht, weicht er zurück. Eine Frau weicht nur zurück, um besser Anlauf nehmen zu können. *Zsa Zsa Gábor*

77 Frauen stehen immer vor dem Dilemma, die Schwächen eines Mannes zu beseitigen, oder seine Schwäche zu sein. *Françoise Sagan*

78 Ich habe nie verstanden, warum Frauen an talentierten Männern zunächst deren Fehler und an Narren deren Verdienste sehen. *Pablo Picasso*

79 Die Frau liebt die Schwäche des Starken mehr als seine Stärke, die Dummheit des Gescheiten mehr als seine Gescheitheit. *Shirley MacLaine*

80 Kein Mann ist so stark wie eine hilflose Frau, die ihre Schwäche zu erkennen gibt. *Hans Holt*

81 Die Schwachen, die mit ihrer Schwäche umzugehen wissen, sind stark. Das ist das Geheimnis der Frauen und der Entwicklungsländer. *Maurice Couve de Murville*

82 Den Juden und den Frauen merkt man an, daß sie jahrhundertelang unterdrückt wurden. *Theodor W. Adorno*

83 Frauen waren jahrhundertelang ein Vergrößerungsspiegel, der es den Männern ermöglichte, sich selbst in doppelter Lebensgröße zu sehen. *Virginia Woolf*

84 Wann war das «Jahr der Frau»? Anno Domini 1975. *Wolfgang Eschker*

85 Frauen begnügen sich nicht länger mit der Hälfte des Himmels, sie wollen die Hälfte der Welt. *Alice Schwarzer*

86 Männer verlangen von den Frauen immer das Gleiche. Frauen verlangen von den Männern etwas Besonderes. *Sarah Bernhardt*

87 Die Frauen sind sinnlicher als die Männer, aber sie wissen weniger um ihre Sinnlichkeit. *Friedrich Nietzsche*

88 Ein Mann kann höchstens vollständig sein, eine Frau aber vollkommen. *Eleonora Duse*

89 Bildschöne Frauen sind selten charmant, weil sie es nicht nötig haben, charmant zu sein. Charme setzt kleine Fehler voraus, die man überdecken muß. *Boleslaw Barlog*

90 Von allen Frauen, deren Charme ich erlegen bin, habe ich hauptsächlich Augen und Stimme in Erinnerung. *Marcel Proust*

91 Wenn es darauf ankommt, in den Augen einer Frau zu lesen, sind die meisten Männer Analphabeten. *Heidelinde Weis*

92 Früher hatten schöne Frauen automatisch dumm zu sein. Wie man sieht, können heute auch schöne Männer dumm sein. *Jean-Paul Gaultier*

93 Die Schönheit brauchen wir Frauen, damit die Männer uns lieben, die Dummheit, damit wir die Männer lieben. *Gabrielle «Coco» Chanel*

94 Schönheit: die Macht, womit eine Frau ihren Liebhaber bezaubert und ihren Ehegatten in Schranken hält. *Ambrose Bierce*

95 Für das Wohlbefinden einer Frau sind bewundernde Männerblicke wichtiger als Kalorien und Medikamente. *Françoise Sagan*

96 Wenn man schöne Beine behalten will, muß man sie von den Blicken der Männer massieren lassen. *Marlene Dietrich*

97 Ein Mann interessiert sich im allgemeinen mehr für eine Frau, die sich für ihn interessiert, als für eine Frau mit schönen Beinen. *Marlene Dietrich*

98 Die schönsten Frauen sind die, denen wir gefallen. *Gabriel Laub*

99 Gegenüber sehr attraktiven Frauen ist meist der Mann der Schutzbedürftige. *Oscar Wilde*

100 Die Schönheit einer Frau besteht in dem Grad des Verlangens, das sie bei einem Manne auslöst. *Italo Svevo*

101 Ich kann nicht verstehen, daß eine Frau das Haus verlassen kann, ohne sich hübsch gemacht zu haben. Sie könnte gerade an diesem Tag ihrem Schicksal begegnen. *Gabrielle «Coco» Chanel*

102 Es gibt keine häßlichen Frauen, es gibt nur gleichgültige. *Helena Rubinstein*

103 Sagt man zu einer unauffälligen Frau, sie sei schön, wird sie zwar nicht schön, aber bezaubernd. *André Malraux*

104 Frauen sind wie Übersetzungen: die schönen sind nicht treu, und die treuen sind nicht schön. *George Bernard Shaw*

105 Fast jede Frau wäre gerne treu. Schwierig ist es bloß, den Mann zu finden, dem man treu sein kann. *Marlene Dietrich*

106 Wir Frauen verlieben uns immer in den gleichen Typ von Mann. Das ist unsere Form der Monogamie. *Lauren Bacall*

107 Das Schlimme am Leben ist, daß es so viele schöne Frauen gibt und so verdammt wenig Zeit. *John Barrymore*

108 Wenn eine Frau in ein Rendez-vous einwilligt, dann weiß sie im Moment noch nicht, ob sie kommen wird oder nicht. In dieser Ungewißheit liegt für sie der Reiz der Verabredung. *Tristan Bernard*

109 Eine Frau, die zu einem Rendez-vous nicht zu spät kommt, kommt zu früh. *Françoise Hardy*

110 Eine immer pünktliche Frau ist auch sonst nicht sehr zuverlässig. *Maurice Chevalier*

111 Flirt: wenn Männer einer Frau nachlaufen, die längst hinter ihnen her ist. *Colette*

112 Mit einer verliebten Frau kann man alles machen, was sie will. *Marcello Mastroianni*

113 Frauen mit Vergangenheit und Männer mit Zukunft ergeben eine fast ideale Mischung. *Oscar Wilde*

114 Es gibt genug charakterfeste Männer, die eine Frau nicht sitzen lassen – vor allem im Bus und in der Straßenbahn. *Grethe Weiser*

115 Heutzutage gilt ein Mann schon als Gentleman, wenn er die Zigarette aus dem Mund nimmt, bevor er eine Frau küßt. *Barbra Streisand*

116 Ein Gentleman ist ein Mann, der seiner Frau die Hoteltür öffnet, damit sie das Gepäck in die Halle tragen kann. *Peter Ustinov*

117 Ein Gentleman ist ein Mann, der einer Frau gegenüber nicht aus dem Rahmen fällt, auch wenn er über sie im Bilde ist. *Werner Finck*

118 Den wahren Gentleman erkennt man daran, daß er nicht zögert, eine Frau notfalls auch vor sich selbst zu schützen. *Alec Guinness*

119 Der wahre Gentleman ist ein Mann, der die Gedanken einer Frau errät und sie trotzdem nicht nach Hause begleitet. *John Barrymore*

120 Ein Gentleman ist ein Mann, der einer Frau auch dann beim Aufstehen behilflich ist, wenn er sie selbst zu Fall gebracht hat. *Alec Guinness*

121 Ein Gentleman ist ein Mann, der sich nach einem Zusammensein mit einer Frau als freiwilliger Geheimnisträger betrachtet. *Alec Guinness*

122 Ich wüßte gerne, wie viele Frauen ihren guten Ruf schon verwünscht haben. *Norman Mailer*

123 Es gibt Frauen, die von Jahr zu Jahr unschuldiger werden. *Greta Garbo*

124 Überall schätzt eine Frau einen perfekten Gentleman, nur nicht im Bett. *Noël Coward*

125 Die Männer wissen nicht mehr, was eine Dame ist. Und die Frauen wissen es auch nicht mehr. *Emilio Schuberth*

126 Wenn ein Mann einer Frau höflich die Wagentüre aufreißt, dann ist entweder der Wagen neu oder die Frau. *Uschi Glas*

127 Frauen am Steuer versuchen erst gar nicht, den Motor zu verstehen; deshalb imponiert er ihnen auch nicht. *Ugo Tognazzi*

128 Frauen am Steuer haben eine ruhigere Hand, weil sie nicht die Kurven fürchten müssen, die neben ihnen sitzen. *Alexander Kerst*

129 Es ist kein Kunststück, bei einer Frau der erste oder der letzte zu sein. Trotzdem bilden sich die Männer auf beides etwas ein. *Françoise Rosay*

130 Zuerst haben die Männer zehn Frauen an einem Finger. Und dann haben sie zehn Finger an einer Frau. *Helen Vita*

131 In der Jugend bemüht man sich, die Liebe durch die Frauen kennenzulernen. Später hofft man dann, die Frauen durch die Liebe kennenzulernen. *Roland Dorgelès*

132 Manche Frauen glauben offenbar, Liebe heiße, nie neinsagen zu können. *Erich Segal*

133 Ich kann in zwölf Sprachen Nein sagen – das ist unerlässlich für eine Frau, die weit herumkommt. *Sophia Loren*

134 Eine Frau, die ihr «Nein» begründet, hat es bereits halb zurückgenommen. *Sigmund Graff*

135 Die Frau kontrolliert ihren Sex, weil sie für Sex all das bekommt, was ihr noch wichtiger ist als Sex. *Esther Vilar*

136 Frauen, die sich zu schnell erobern lassen, organisieren später den Widerstand im Untergrund. *Jean-Paul Belmondo*

137 Das ist eine arme Frau, die nichts mehr zu geben hat, wenn sie sich hingegeben hat. *Marie von Ebner-Eschenbach*

138 Die Frauen warten auf Liebe, und die Männer warten auf Frauen. *Wolf Wondratschek*

139 Ein Mann kann mit jeder Frau glücklich sein, solange er sie nicht liebt. *Oscar Wilde*

140 Eine liebende Frau ist eine Sklavin, die ihrem Herrn die Ketten anlegt. *George Bernard Shaw*

141 Beim Liebesspiel ist es wie beim Autofahren: Die Frauen mögen die Umleitung, die Männer die Abkürzung. *Jeanne Moreau*

142 Den Kopf in den Rachen des Löwen zu stecken, ist auch nicht gefährlicher, als ihn von einer Frau streicheln zu lassen. *David Herbert Lawrence*

143 Die Frau ist kein Raubtier. Sie ist die Beute, die dem Raubtier auflauert. *José Ortega y Gasset*

144 Eine liebende Frau hört auch das, was man noch gar nicht gesagt hat. *Adriano Celentano*

145 Ein Mann hat immer Angst vor einer Frau, die ihn zu sehr liebt. *Bertolt Brecht*

146 Frauen lieben die Besiegten, aber sie betrügen sie mit den Siegern.
Tennessee Williams

147 Die Männer haben einen sehr sicheren Geschmack – sie wünschen sich immer eine andere Frau, als sie gerade haben.
Barbra Streisand

148 Alle Männer möchten zwei Frauen haben: eine schlanke, mit der sie angeben, und eine mollige, mit der sie sich abgeben.
Helen Vita

149 Liebe ist der für manche Männer unvorstellbare Zustand, in dem man bereit ist, die Frau im Singular zu akzeptieren.
Georges Courteline

150 Das letzte, was eine Frau an der Liebe interessiert, ist die Theorie.
Alfred Charles Kinsey

151 Alle großen Verführer wissen, daß man Frauen erst die Augen öffnen muß, damit sie sie schließen können. *Henry Miller*

152 Ein Verführer ist ein Mann, der Frauen wie Bücher liest: keine ganz zu Ende.
Henry Miller

153 Alle großen Verführer beherrschen die Kunst, einer Frau beim Fallen so behilflich zu sein, daß sie sich nicht wehtut. *Michel Simon*

154 Don Juan ist nicht der Mann, der die Frauen liebt, sondern der Mann, den die Frauen lieben. *José Ortega y Gasset*

155 Frauen schätzen einen raffinierten Mann nur stundenweise. *Hans Arndt*

156 Es gibt kaum etwas Schöneres, als den Frauen beim Sammeln von Erfahrungen behilflich zu sein. *Marcel Achard*

157 Am liebsten erinnern sich die Frauen an die Männer, mit denen sie lachen konnten.
Anton Tschechow

158 Wenn ein Mann der umworbenen Frau versichert, er sei ihrer nicht würdig, dann hat er meistens damit recht. *Jeanne Moreau*

159 In der Liebe ergeben ein kluger Mann und eine kluge Frau zusammen zwei Narren.
Helen Vita

160 Zwischen Mann und Frau ist alles in Ordnung, wenn er das Zündholz ist und sie die Reibungsfläche. *Henry Miller*

161 Wenn sich ein Mann an einer Frau nicht sattsehen kann, hat er vielleicht Appetit auf eine andere. *Henning Venske*

162 Eine Frau, die geliebt wird, hat immer Erfolg. *Vicki Baum*

163 Hinter jeder Frau, die erfolgreich werden könnte, steht mindestens eine Frau, die sie am Erfolg zu hindern versucht. *Lore Lorentz*

164 Die Frauen haben gelernt, die Stärke der Männer zu bewundern. Die Stärke anderer Frauen ist ihnen verdächtig. *Alice Schwarzer*

165 Wenigstens in einem Punkt sind sich Männer und Frauen einig: beide mißtrauen den Frauen. *Jean Genet*

166 Der schlimmste Feind der Frau ist die Frau. *Henry de Montherlant*

167 Wenn zwei Frauen nebeneinander sitzen, zieht es. *Marlene Dietrich*

168 Die Wahrheit über eine Frau erfährt man entweder von ihrer besten Freundin oder von ihrer ärgsten Feindin – und manchmal ist das dieselbe Person. *Vittorio De Sica*

169 Eine Freundschaft zwischen zwei Männern ist ein Luxus, zwischen zwei Frauen ein Wunder. *Jorge Luis Borges*

170 Freundin eines Mannes kann eine Frau nur werden, wenn sie zuerst seine Bekannte, dann seine Geliebte war. *Anton Tschechow*

171 Freundschaft zwischen zwei Frauen ist entweder ein Nichtangriffspakt oder eine Verschwörung gegen eine dritte.
Markus M. Ronner

172 Wenn Frauen sich küssen, muß man immer an Boxer denken, die sich die Hände reichen. *Henry Louis Mencken*

173 Es ist ein Irrtum anzunehmen, Frauen machten sich schön, um Männern zu gefallen; sie tun es, um andere Frauen zu ärgern.
Marcel Aymé

174 Kein Couturier kann ein Kleid so exakt beschreiben wie eine Frau, die die Robe einer Rivalin demonstrativ ignoriert.
Hubert de Givenchy

175 Ein Mann, der liebt, vergißt sich selbst. Eine Frau, die liebt, vergißt die andern Frauen.
Daphne du Maurier

176 Keine Frau trägt gern ein Kleid, das eine andere abgelegt hat. Mit Männern ist sie nicht so heikel. *Françoise Sagan*

177 Die meisten Frauen wählen ihr Nachthemd mit mehr Verstand als ihren Mann. *Gabrielle «Coco» Chanel*

178 Die Kunst der Frau besteht darin, den Mann zu wählen, der sie wählt. *Graham Greene*

179 Die geschmackvolle Frau wählt den Mann, der ihr am besten steht. *Emilio Schuberth*

180 Ein Mann kann anziehen, was er will – er bleibt doch nur ein Accessoire der Frau. *Gabrielle «Coco» Chanel*

181 Frauen benützen Parfüm, weil die Nase leichter zu verführen ist als das Auge. *Jeanne Moreau*

182 Die Frau, die man liebt, riecht immer gut. *Rémy de Gourmont*

183 Solange der Nagellack noch nicht trocken ist, ist eine Frau praktisch wehrlos. *Burt Reynolds*

184 Manche Mißstimmung von Frauen, der auch beste Psychiater nicht beizukommen vermögen, kann schon ein mittelmäßiger Friseur beseitigen. *Mary McCarthy*

185 Erfunden wurden die hohen Absätze zweifellos von einer Frau, deren Mann sie immer nur auf die Stirn geküßt hat. *Curt Goetz*

186 Frauen unterwerfen sich willig der Mode, denn sie wissen, daß die Verpackung wechseln muß, wenn der Inhalt interessant bleiben soll. *Noël Coward*

187 Die Frauen machen sich nur deshalb so hübsch, weil das Auge des Mannes besser entwickelt ist als sein Verstand. *Doris Day*

188 Die Mode ist ein Befehl, den sich die Frauen wünschen. *Senta Berger*

189 Frauen, die jede Modeschöpfung zuerst tragen wollen, sind meistens jene, die es bleiben lassen sollten. *Yves Saint-Laurent*

190 Ein Modeschöpfer muß die Seele einer Frau erfassen und das kleiden, was drum herum ist. *Emilio Schuberth*

191 Der Pullover einer Frau sitzt richtig, wenn die Männer nicht mehr atmen können. *Zsa Zsa Gábor*

192 Ein Mann, der eine Frau liebt, achtet auf die Frau und nicht auf ihr Kleid. Fängt er an, auf das Kleid zu achten, hat seine Liebe schon nachgelassen. *Henry Miller*

193 Am schönsten sind die Frauen so, wie Gott sie erschaffen hat – die Schneider können sie nur verderben. *Paul Gauguin*

194 Zur Zeit der extremen Miniröcke war es schon so, daß die Frauen sich nicht mehr hinsetzen und die Männer nicht mehr aufstehen konnten. *Danny Kaye*

195 Der emanzipierten Frau ins Stammbuch: Wer Ellbogen zeigt, kann auch Knie zeigen. *Karl Lagerfeld*

196 Die Frauen müssen wieder lernen, die Männer auf das neugierig zu machen, was sie schon kennen. *Gabrielle «Coco» Chanel*

197 Gut zurechtgemacht fürs Ausgehen ist eine Frau dann, wenn ihr Begleiter lieber mit ihr zu Hause bliebe. *Olga Tschechowa*

198 Wenn eine Frau die Wahl zwischen einem Pelzmantel und einem Geliebten hat, wählt sie den Pelzmantel aus der Hand des Geliebten. *Jeanne Moreau*

199 Nicht jeder, der seiner Frau einen Nerz verweigert, ist ein Tierschützer. *Chris Howland*

200 Der Kleiderschrank ist ein Möbelstück, in dem Frauen, die nichts anzuziehen haben, ihre Kleider aufbewahren. *Liv Ullmann*

201 Je mehr Raffinement eine Frau aufs Anziehen verwendet, umso mehr tut sie es auch beim Ausziehen. *Jewgenij Jewtuschenko*

202 Eine Striptease-Tänzerin ist eine Frau, die zum Ausziehen dreimal so lange braucht wie andere Frauen zum Anziehen. *Peter Sellers*

203 Nichts ist trauriger als eine Frau, die sich aus anderen Gründen auszieht als für die Liebe. *Juliette Gréco*

204 Die Nacktheit der Frau ist weiser als die Lehren der Philosophie. *Max Ernst*

205 In den Herren-Magazinen wird nicht die Frau ausgebeutet. Nur der Mann. *Werner Schneyder*

206 Wenn eine Frau lange genug nackt gewesen ist, schaut man ihr wieder ins Gesicht. *Norman Mailer*

207 Kann man Vertrauen zu einer Frau haben, die einen selber zum Mann nimmt. *Curt Goetz*

208 Welche Frau gäbe nicht gerne zu, daß ihr Mann bei der Partnerwahl einen besseren Geschmack hatte als sie selbst. *Victor de Kowa*

209 Wenn wir Männer die Frau bekämen, die wir verdienen, könnte uns nichts Schlimmeres passieren. *Oscar Wilde*

210 Manche Frau weint, weil sie den Mann ihrer Träume nicht bekommen hat, und manche weint, weil sie ihn bekommen hat. *Annette Kolb*

211 Die Frau, die ihren Mann nicht beeinflussen kann, ist ein Gänschen. Die Frau, die ihn nicht beeinflussen will – eine Heilige. *Marie von Ebner-Eschenbach*

212 Es ist das Ziel jeder Frau, den Mann zu dem zu machen, was er vor der Hochzeit zu sein behauptet hatte. *Micheline Presle*

213 Jede Frau hat den Ehrgeiz, aus dem Mann das zu machen, was er gerne sein möchte. *Annemarie Selinko*

214 Die meisten Frauen setzen alles daran, einen Mann zu ändern; und wenn sie ihn geändert haben, mögen sie ihn nicht mehr. *Marlene Dietrich*

215 Es gibt Frauen, die Darwin falsch verstanden haben: Sie machen aus jedem Mann einen Affen. *Carola Höhn*

216 Eine Frau, die die Stellung ihres Mannes bei seinen Vorgesetzten festigt, festigt auch ihre eigene im Haus. *Otto Flake*

217 Das Problem vieler Ehen: der Mann möchte sich zur Ruhe setzen, die Frau zur Unruhe legen. *Rolf Thiele*

218 Der Mann erträgt die Ehe aus Liebe zur Frau. Die Frau erträgt den Mann aus Liebe zur Ehe. *Gabriel Laub*

219 Es gibt kein Recht der Frau auf ein Kind, sondern es gibt nur das Recht eines Kindes auf eine Mutter. *Gertrud von Le Fort*

220 Jede Mutter hofft, daß ihre Tochter einen besseren Mann bekommt als sie selber, und ist überzeugt, daß ihr Sohn niemals eine so gute Frau bekommen wird wie sein Vater. *Martin Andersen-Nexø*

221 Mit vierzig Jahren haben Männer fast nur noch Gewohnheiten; eine davon ist ihre Frau. *George Meredith*

222 Ist es nicht Ironie, daß der größte Rivale einer Frau der beste Freund ihres Mannes sein kann, und nicht eine andere Frau? *Henry Miller*

223 Richtig verheiratet ist ein Mann erst dann, wenn er jedes Wort versteht, das seine Frau nicht gesagt hat. *Alfred Hitchcock*

224 Wenn ein Mann will, daß ihm seine Frau zuhört, braucht er nur mit einer anderen zu reden. *Liza Minelli*

225 Es stimmt nicht, daß Ehemänner vergessen, verheiratet zu sein, wenn sie eine schöne Frau sehen. Im Gegenteil. Gerade dann werden sie besonders schmerzlich daran erinnert. *Mark Twain*

226 Manche Männer erwarten die Untreue ihrer Frau mit der gleichen Spannung, mit der sie im Zirkus den Absturz eines Seiltänzers erwarten. *Henry Miller*

227 Der Ehemann ist seiner Frau ausgeliefert auf Geweih und Verderb. *Alexander Roda Roda*

228 Die Unbeständigkeit der Frau, die man liebt, wird meistens aufgewogen durch die unheimliche Beständigkeit der Frau, von der man geliebt wird. *George Bernard Shaw*

229 Die Frau, ohne die man nicht leben konnte, ist manchmal dieselbe, mit der man nicht leben kann. *Charles Boyer*

230 Bigamie: eine Frau zuviel. Monogamie: dasselbe. *Oscar Wilde*

231 Wenn ein Mann eine Frau loswerden will, sagt er ihr, daß er ihrer nicht würdig ist. *Sandie Shaw*

232 Es ist schon möglich, daß man im Laufe der Zeit an mehrere falsche Frauen gerät. Bei der Wahl seiner Witwe aber sollte man keinen Fehler mehr machen. *Sacha Guitry*

233 Männer beneiden andere Männer um deren Frauen, bis sie sie haben. *Sacha Guitry*

234 Der vorbildliche Ehemann betrügt seine Frau nie, ohne sie dabei aufrichtig zu bedauern. *Georges Feydeau*

235 Es sind nicht die dümmsten Frauen, die sich für eine Untreue des Mannes durch bedingungslose Treue rächen. *Alec Guinness*

236 Hinter einer langen Ehe steht immer eine sehr kluge Frau. *Ephraim Kishon*

237 Eine kluge Frau fragt nicht, wo ihr Mann gewesen ist; eine kluge Frau weiß es. *Marcel Achard*

238 Kein Mann sollte ein Geheimnis vor seiner Frau haben. Sie wird es in jedem Fall herausfinden. *Oscar Wilde*

239 Der Junggeselle ist der einzige Mann, der vor seiner Frau keine Geheimnisse hat. *Dalida*

240 Frauen würden sich leichter damit abfinden, daß ihr Mann später nach Hause kommt, wenn sie sich wirklich darauf verlassen könnten, daß er nicht früher da ist. *Colette*

241 Wenn eine Frau ihrem Mann einmal verziehen hat, darf sie ihm seine Sünden nicht immer wieder aufgewärmt zum Frühstück servieren. *Marlene Dietrich*

242 Frauen, die lange ein Auge zudrücken, tun es am Ende nur noch, um zu zielen. *Humphrey Bogart*

243 Der Charakter einer Frau zeigt sich nicht, wo die Liebe beginnt, sondern wo sie endet. *Rosa Luxemburg*

244 Die Sache mit Mann und Frau kann doch immer nur in Tragik enden. *Peter Handke*

245 Eine Frau, die mit einem Archäologen verheiratet ist, darf sich glücklich schätzen, denn je älter sie wird, desto interessanter wird sie für ihren Mann. *Agatha Christie*

246 Eine Frau, die ihr wahres Alter verrät, ist fähig, alles zu verraten. *Oscar Wilde*

247 Es gibt ein Alter, in dem eine Frau schön sein muß, um geliebt zu werden. Und dann kommt das Alter, in dem sie geliebt werden muß, um schön zu sein. *Françoise Sagan*

248 Frauen fürchten nicht das Alter. Sie fürchten nur die Meinung der Männer über alte Frauen. *Jeanne Moreau*

249 Alt ist ein Mann dann, wenn er an einer Frau vor allem ihre Tugend bewundert. *Sacha Guitry*

250 Nichts erhält einen Mann so rüstig wie eine junge Frau und alte Feinde. *Henry Miller*

Frauenfeind Wenn jemand sagt: «Richard III. ist ein Ungeheuer», hat er recht. Wenn er sagt: «Salome ist ein Ungeheur», ist er ein Frauenfeind. *Hans Weigel*

Frauenkörper *1* Wenn ein Frauenkörper spricht, haben die Männer nicht genug Augen, um zuzuhören. *Alexander Calder*

2 Wer in einem blühenden Frauenkörper das Skelett zu sehen vermag, ist ein Philosoph. *Kurt Tucholsky*

Frauenname Ich begreife nicht, warum die Damen gegen Frauennamen für Wirbelstürme sind. Im Zentrum eines Wirbelsturmes ist es doch am schönsten. *Henry Miller*

Frauenpsychologie Ich glaube nicht, daß die Italiener in der Frauenpsychologie über die Erkenntnis: «la donna e mobile» hinausgekommen sind. *Karl Kraus*

Frauenquote Wer keine Frauenquote will, muß die Frauen wollen. *Rita Süßmuth*

Frauenträne Die stärkste Wasserkraft der Welt dürften immer noch Frauentränen sein. *Marc Heyral*

Frauenverführer Wenn Frauenverführer wüßten, wie oft sie selbst die Verführten sind, wären sie sehr kleinlaut. *Jeanne Moreau*

Frechheit *1* Frechheit: der Anstand nimmt das Blatt vom Mund. *Heinrich Wiesner*

2 Ist dir noch nicht aufgefallen, wieviel Frechheit durch Unsicherheit zu erklären ist? *Kurt Tucholsky*

Freie Der Sklave ist frei, solange er sich begnügt, und der Freie ist Sklave, solange er begehrt. *Gabriel Laub*

Freiheit *1* Der Mensch ist zur Freiheit verurteilt. *Jean-Paul Sartre*

2 Freiheit existiert nicht; sie ist nur ein Wunsch der Seele. *Émile Henriot*

3 Freiheit wird nie geschenkt, immer nur gewonnen. *Heinrich Böll*

4 Man muß sich die Freiheit nehmen. Sie wird einem nicht gegeben. *Meret Oppenheim*

5 Es gibt keine absolute Freiheit; man ist immer frei von etwas. *Stefan Napierski*

6 Jeder, der sich eine Form von Freiheit wählt, gibt eine andere Freiheit auf. *Peter Bichsel*

7 Die große Freiheit setzt sich aus vielen kleinen Freiheiten zusammen. *Ignazio Silone*

8 Freiheit ist ein Gut, das durch Gebrauch wächst, durch Nichtgebrauch dahinschwindet. *Carl Friedrich von Weizsäcker*

9 Freiheit, die sich nicht ausbreiten will, verliert auch noch das eigene Terrain. *Hans Kasper*

10 Freiheit ist nicht die Willkür, beliebig zu handeln, sondern die Fähigkeit, vernünftig zu handeln. *Rudolf Virchow*

11 Freiheit bedeutet Verantwortung. Deshalb wird sie von den meisten Menschen gefürchtet. *George Bernard Shaw*

12 Das Volk will niemals die Freiheit. Erstens: weil es keinen Begriff von ihr hat. Und zweitens: weil es mit ihr gar nichts anfangen könnte. *Egon Friedell*

13 Freiheit ist immer nur Freiheit des anders Denkenden. *Rosa Luxemburg*

14 Spricht der Hungrige von Freiheit, meint er Brot. *Hans Kasper*

15 Ich habe immer mehr den Eindruck, daß man Freiheit mit Frechheit verwechselt. *Gino Cervi*

16 Die Geschichte der Freiheit ist die Geschichte des Widerspruchs. *Woodrow Wilson*

17 Das einzige, was ich an der Freiheit liebe, ist der Kampf um sie. *Henrik Ibsen*

18 Man sollte nie seine beste Hose anziehen, wenn man hingeht, um für Freiheit und Wahrheit zu kämpfen. *Henrik Ibsen*

19 Der sogenannte freie Schriftsteller ist eine der letzten Bastionen der Freiheit. *Heinrich Böll*

20 Die Presse muß die Freiheit haben, alles zu sagen, damit gewisse Leute nicht die Freiheit haben, alles zu tun. *Alain Peyrefitte*

21 Man sollte den Menschen auch die Freiheit geben, zu gehorchen. *Ludwig Marcuse*

22 Freiheit kann auch die Freiheit des aufgeknöpften Hemdes vor der Hinrichtung bedeuten. *Václav Havel*

23 Es gibt Staaten, denen die Freiheit so teuer ist, daß sie sie mit Mauer und Stacheldraht schützen. *Wolfgang Eschker*

24 Es darf keine Freiheit geben zur Zerstörung der Freiheit. *Karl Jaspers*

25 Niemand kann einem anderen die Freiheit rauben, ohne die eigene Freiheit zu verlieren. *Milovan Djilas*

26 Da das böse Wort für die Tyrannei bezeichnend ist, ist es das Bonmot für die Freiheit. *Friedrich Hacker*

27 Die Unfreiheit hassen wir nun. Wann fangen wir an, die Freiheit zu lieben. *Nikolaus Cybinski*

28 Da, wo's zu weit geht, fängt die Freiheit erst an. *Werner Finck*

29 Die letzte Freiheit, die ein Verzweifelter hat, ist die, komisch zu sein. *Herbert Achternbusch*

30 Es ist vielleicht das einzige Stück Freiheit, das man sein ganzes Leben ununterbrochen besitzt: die Freiheit, das Leben wegzuwerfen. *Stefan Zweig*

31 Die Freiheit umschließt auch das Recht, zu ertrinken, obwohl Rettungsringe vorhanden sind. *Carlo Sforza*

Freiheitskampf Man darf nicht warten, bis der Freiheitskampf Landesverrat genannt wird. *Erich Kästner*

Freizeit Wir sollten wieder lernen, aus der Freizeit Muße zu machen. *Otto Flake*

Freizeitbeschäftigung Schweiß ist Transpiration, die heute nur noch bei Urlaubsreisen und Freizeitbeschäftigungen auftritt. *Michael Schiff*

Fremde die Die Heimat ist nie schöner, als wenn man in der Fremde von ihr spricht. *Horst Wolfram Geißler*

Fremde der AIDS: gehe nie mit Fremden fremd. *Gerhard Uhlenbruck*

Fremdenführer Ein Interviewpartner ist ein Fremdenführer durch uns selbst. *Alfred Polgar*

Fremdsprache *1* Wer eine Fremdsprache lernt, zieht den Hut vor einer anderen Nation. *Thornton Wilder*

2 Man kann noch so viele Fremdsprachen beherrschen – wenn man sich beim Rasieren schneidet, gebraucht man die Muttersprache. *Eddie Constantine*

Fremdwort Ein Fremdwort ist wie ein unscharfes Foto. *Karl Heinrich Waggerl*

Freude *1* Mißtraue jeder Freude, die nicht auch Dankbarkeit ist. *Theodor Haecker*

2 Man soll nie einen Menschen aufgeben, bevor er in einer Aufgabe versagt hat, die ihm Freude bereitet. *Lewis E. Lawes*

3 Zuviel Erfahrung ist durchaus geeignet, die Freude am Leben zu trüben. *André Maurois*

4 Die besten Vergrößerungsgläser für die Freuden der Welt sind die, aus denen man trinkt. *Joachim Ringelnatz*

5 An eine ungetrübte Freude glaubt nur der Neider. *Hans Arndt*

6 Schadenfreude ist die Freude, die durch Schaden nicht klug wird. *Hellmut Walters*

7 Alt ist man dann, wenn man an der Vergangenheit mehr Freude hat als an der Zukunft. *John Knittel*

8 Von einem gewissen Alter an tut auch die Freude weh. *Charlie Chaplin*

Freudlosigkeit Die Mutter der Ausschweifung ist nicht die Freude, sondern die Freudlosigkeit. *Friedrich Nietzsche*

Freund *1* Ein Freund ist jemand, mit dem man nicht reden muß. *Carl Schmitt*

2 Es gibt kaum etwas Besseres, als mit einem guten Freund über ein interessantes Thema zu schweigen. *Alec Guinness*

3 Es gibt wenig aufrichtige Freunde; – die Nachfrage ist auch gering. *Marie von Ebner-Eschenbach*

4 Freundliche Freunde sind keine. *William Borm*

5 Freund: ein Mensch, der dir völlig selbstlos schadet. *Wieslaw Brudziński*

6 Ein gewisses Maß an Unkenntnis vom anderen ist die Voraussetzung dafür, daß zwei Menschen Freunde bleiben. *Hermann Bahr*

7 Selbst der bescheidenste Mensch hält mehr von sich, als sein Freund von ihm hält. *Marie von Ebner-Eschenbach*

8 Egoisten sind von unseren Freunden alle, denen unsere Freundschaft gleichgültig ist. *Henry de Montherlant*

9 Freunde sind Leute, die Bücher von uns entleihen und nasse Gläser darauf stellen. *Edwin Arlington Robinson*

10 Ein an die Macht gekommener Freund ist ein verlorener Freund. *Henry Brooks Adams*

11 Kläger: ein ehemaliger Freund; meist jemand, dem man einen Gefallen erwiesen hat. *Ambrose Bierce*

12 Bettler: jemand, der sich auf die Hilfe seiner Freunde verlassen hat. *Ambrose Bierce*

13 Ein Hund ist der einzige Freund, den man sich für Geld kaufen kann. *Fritz Herdi*

14 Eltern haben Vertrauen zu ihrer Tochter und Vertrauen zum Freund ihrer Tochter, aber sie haben selten Vertrauen, wenn beide zusammen sind. *Peter Sellers*

15 Hin und wieder verlieren junge Mädchen ihren besten Freund dann, wenn sie ihn heiraten. *Françoise Sagan*

16 Wer einen guten Freund heiratet, verliert ihn, um dafür einen schlechten Ehemann einzutauschen. *Françoise Sagan*

17 Ist es nicht Ironie, daß der größte Rivale einer Frau der beste Freund ihres Mannes sein kann, und nicht eine andere Frau? *Henry Miller*

18 Wir machen uns Freunde. Wir machen uns Feinde. Aber Gott macht uns den Nachbarn nebenan. *Gilbert Keith Chesterton*

19 Man ist besser dran mit einem intelligenten Feind als mit einem stupiden Freund. *David Ben Gurion*

20 Anstatt deine Feinde zu lieben, behandle deine Freunde ein wenig besser. *Edgar W. Howe*

21 Der Feind ist ein Freund, der dich zum Handeln anstachelt. *Elbert Hubbard*

22 Ehrgeiz: ein übermächtiges Verlangen, von seinen Feinden zu Lebzeiten geschmäht und von seinen Freunden nach dem Tode verlacht zu werden. *Ambrose Bierce*

23 Willst du einen Freund gewinnen, sei selber einer. *Herbert Louis Samuel*

24 Es gibt nur ein Problem, das schwieriger ist, als Freunde zu gewinnen: sie wieder loszuwerden. *Mark Twain*

Freundeskreis Zum Anlegen einer Privatbibliothek gehören ein großer Freundeskreis und ein schlechtes Gedächtnis.
Georg Thomalla

Freundin *1* Die Wahrheit über eine Frau erfährt man entweder von ihrer besten Freundin oder von ihrer ärgsten Feindin – und manchmal ist das dieselbe Person.
Vittorio De Sica

2 Freundin eines Mannes kann eine Frau nur werden, wenn sie zuerst seine Bekannte, dann seine Geliebte war. *Anton Tschechow*

Freundlichkeit Freundlichkeit ist eine Sprache, die Taube hören und Blinde lesen können.
Mark Twain

Freundschaft *1* Freundschaft ist ein Regenschirm, der den Fehler hat, daß er bei schlechtem Wetter zurückgegeben werden muß.
Pierre Véron

2 Freundschaft: ein Schiff, groß genug, um bei gutem Wetter zwei Menschen, bei schlechtem aber nur einen zu tragen. *Ambrose Bierce*

3 Freundschaft ist, wenn dich einer für gutes Schwimmen lobt, nachdem du beim Segeln gekentert bist. *Werner Schneyder*

4 Die dauerhaftesten Freundschaften beruhen darauf, daß man sich zu lange zu wenig kennt. *Oliver Hassencamp*

5 Je weniger man sich sieht, desto intensiver ist die Freundschaft. *Thomas Bernhard*

6 Liebe ist ein Tornado, Freundschaft ein ständig wehender Passat. *Colette*

7 Uneigennützige Freundschaft gibt es nur unter Leuten gleicher Einkommensklasse.
Jean Paul Getty

8 Die Stütze mancher Freundschaft ist bloß eine gemeinsame Feindschaft. *Thomas Terry*

9 Freundschaft ist die stillschweigende Übereinkunft zweier Feinde, die für eine gemeinsame Beute arbeiten wollen.
Elbert Hubbard

10 Eine Freundschaft zwischen zwei Männern ist ein Luxus, zwischen zwei Frauen ein Wunder. *Jorge Luis Borges*

11 Freundschaft zwischen zwei Frauen ist entweder ein Nichtangriffspakt oder eine Verschwörung gegen eine dritte.
Markus M. Ronner

12 Beim Kartenspiel und in der Weltpolitik hört die Freundschaft auf.
Finley Peter Dunne

13 Zwischen Staaten gibt es keine Freundschaft, sondern nur Allianzen.
Charles de Gaulle

14 Lieber aus ganzem Holz eine Feindschaft als eine geleimte Freundschaft.
Friedrich Nietzsche

Friede *1* Frieden kannst du nur haben, wenn du ihn gibst. *Marie von Ebner-Eschenbach*

2 Friede ist nichts anderes als geistige Streitbarkeit. *Albert Camus*

3 Vielen geht es im Kampf um den Frieden mehr um den Kampf als um den Frieden.
Wolfgang Eschker

4 Friede – die Fortsetzung des Krieges mit anderen Mitteln. *Oswald Spengler*

5 Friede: die Epoche des Betrügens zwischen zwei Epochen des Kriegführens.
Ambrose Bierce

6 Abrüstung mit Frieden zu verwechseln, ist ein schwerer Fehler. *Winston S. Churchill*

7 Der Friede hat ebenso viele Siege aufzuweisen wie der Krieg, aber weit weniger Denkmäler. *Kin Hubbard*

8 Wenn Krieg ist, denkt man über ein besseres Leben nach, wenn Friede ist, über ein bequemeres. *Thornton Wilder*

9 Auf dem Planeten hier – will sagen
Feuerball
wird großer Friede sein – pardon,
erst nach dem Knall. *Wolf Biermann*

Friedenszeit Der Berufsoffizier: ein Mann, den wir in Friedenszeiten durchfüttern, damit er uns im Krieg an die Front schickt.
Gabriel Laub

Friedhof *1* Menschen denken zu historisch. Sie leben immer zur Hälfte auf dem Friedhof.
Aristide Briand

2 Die Friedhöfe sind voll von Leuten, die sich für unentbehrlich hielten. *Georges Clemenceau*

3 Wenn man die Inschriften auf dem Friedhof liest, fragt man sich unwillkürlich, wo denn eigentlich die Schurken begraben liegen. *Peter Sellers*

Friedliche Ein Friedlicher ist einer, der sich totschießen läßt, um zu beweisen, daß der andere der Aggressor gewesen ist. *Ludwig Marcuse*

Frischzelle Seitdem man das Alter nicht mehr mit Würde trägt, wird versucht, es mit Frischzellen zu ertragen. *Oliver Hassencamp*

Friseur Manche Mißstimmung von Frauen, der auch beste Psychiater nicht beizukommen vermögen, kann schon ein mittelmäßiger Friseur beseitigen. *Mary McCarthy*

Friseurgespräch Friseurgespräche sind der unwiderlegliche Beweis dafür, daß die Köpfe der Haare wegen da sind. *Karl Kraus*

Front Generäle sollte man an die Front schicken und Theaterregisseure ins Parkett. *Markus M. Ronner*

Frontbericht Wenn man den Begriff «Sport» aus den entsprechenden Seiten der Zeitungen herausnähme, würden Frontberichte übrigbleiben. *Peter Turrini*

Frosch Dem Storch gegenüber haben die Frösche eine beschränkte Souveränität. *David Frost*

Frucht *1* Legt man eine Zitrone neben eine Orange, so hören sie auf, Zitrone und Orange zu sein. Sie werden Früchte. *Georges Braque*

2 Wann wird der Zankapfel endlich zur verbotenen Frucht erklärt? *Wieslaw Brudziński*

Frühherbst Wenn die Menschen aus den Ferien zurückkommen, neigen sie dazu, sogar die Regierung etwas milder zu beurteilen. Ein geschickter Regierungschef setzt Wahlen daher für den Frühherbst an. *David Frost*

Frühnachricht Frühnachrichten beenden Träume. *Heinrich Nüsse*

Fuchs Die Klugheit des Fuchses wird oft überschätzt, weil man ihm auch noch die Dummheit der Hühner als Verdienst anrechnet. *Hans Kasper*

Führer Ein Führer entsteht nur, wenn eine Gefolgschaft bereits da ist. *Ludwig Marcuse*

Funktionär Zuständige Funktionäre sind Leute, die immerhin dreimal überlegen, bevor sie nichts tun. *Cyril Northcote Parkinson*

Furcht *1* Das einzige, was wir zu fürchten haben, ist unsere eigene Furcht. *Franklin D. Roosevelt*

2 Ein großer Teil der Sorgen besteht aus unbegründeter Furcht. *Jean-Paul Sartre*

3 Tue, was du fürchtest, und die Furcht wird dir fremd. *Dale Carnegie*

4 Schüchternheit ist eine Art Furcht vor sich selbst. *Walter Hilsbecher*

5 Mut kann nur der haben, der auch die Furcht kennt; der andere ist nur tollkühn. *Willy Brandt*

6 Im Unglück finden wir meistens die Ruhe wieder, die uns durch die Furcht vor dem Unglück geraubt wurde. *Marie von Ebner-Eschenbach*

7 Das Leben hört erst dann auf, problematisch zu sein, wenn man ohne Furcht und Hoffnung lebt. *Ludwig Wittgenstein*

Furchtsame Die menschlichen Vorurteile sind wie bissige Hunde, die nur den Furchtsamen angreifen. *Isolde Kurz*

Furchtsamkeit Die Furchtsamkeit ist ein Gradmesser der Intelligenz. *Friedrich Nietzsche*

Fürsorge Weibliche Fürsorge hat etwas Erschreckendes. Heute geht sie ans Hemd, morgen an die Haut, übermorgen unter die Haut. *Alfred Polgar*

Furunkel Müßte Aphrodite heute dem Meeresschaum entsteigen – sie hätte Furunkel am Hintern. *Jacques-Yves Cousteau*

Fusion Das Zeitalter der Fusionen hat den Unternehmer zum bloßen Übernehmer degradiert. Zum Glück hat sich mancher dabei übernommen. *Markus M. Ronner*

Fuß *1* Der Mensch, das sonderbare Wesen: mit den Füßen im Schlamm, mit dem Kopf in den Sternen. *Else Lasker-Schüler*

2 Wer mit den Füßen fest auf der Erde steht, kann nicht mit dem Scheitel den Himmel berühren. *Hans Kudszus*

3 Wer nach den Sternen greift, verliert leicht den Boden unter den Füßen. *Wolfgang Eschker*

4 Feiglinge sind Leute, die mit den Füßen nachdenken. *Jerry Lewis*

5 Wenn man einem Mann das Handwerk gelegt hat, versucht er es eben mit den Füßen. *Helen Vita*

6 Die Wüste kennt nur, wer sie zu Fuß durchquert. *Hans Kudszus*

7 Es ist auch eine Kunst, auf eigenen Füßen zu stehen, ohne jemandem auf die Zehen treten zu müssen. *Stavros Spyros Niarchos*

8 Koalition ist das Kunststück, den rechten Schuh auf dem linken Fuß zu tragen, ohne Hühneraugen zu bekommen. *Guy Mollet*

9 Propaganda ist die Kunst, den Teufel mit zwei gesunden Füßen zu fotografieren. *Hans Kasper*

10 Satire ist die Kunst, einem anderen so auf den Fuß zu treten, daß er es merkt, aber nicht aufschreit. *Helmut Qualtinger*

Fußball *1* Früher war Fußball Kultur – heute ist er Krieg. *Bernhard Minetti*

2 Nachschußlorbeeren gibt es nur beim Fußball. *Gerhard Uhlenbruck*

3 Fußball: eine Möglichkeit, sich brüllend über die Grenzen des Daseins hinwegzusetzen. *Albert K. Cohen*

4 Sinnloser als Fußball ist nur noch eines: Nachdenken über Fußball. *Martin Walser*

Fußgänger *1* Ein Fußgänger ist ein glücklicher Autofahrer, der einen Parkplatz gefunden hat. *Joachim Fuchsberger*

2 Dank der Modernisierung gibt es heute eigentlich nur noch zwei Gruppen von Fußgängern: die schnellen und die toten. *James Dewar*

Fußmatte Warum werden Fußmatten eigentlich immer nur beim Eintritt benützt? *Markus M. Ronner*

Fußnote Mancher hat Opern und Sinfonien geschrieben und lebt doch nur weiter in einer Fußnote. *Alfred Polgar*

Fußtritt Man muß sich von einem politischen Gegner nicht unbedingt mit einem Fußtritt verabschieden, wenn man es mit einem Händedruck tun kann. *Edgar Faure*

Futurist Die meisten Prognosen sind falsch – und es ist kein Fall bekannt, in dem ein Futurist die Verantwortung für die üblen Folgen seiner falschen Prognosen übernommen hätte. *Karl Steinbuch*

Futurologe Futurologe: einer, der sich vorstellen kann, wie die Zukunft einmal sein wird, sich aber nicht vorstellen kann, daß diese ohne ihn auskommen könnte. *Stanislaw Jerzy Lec*

G

Gabel Die Mordwerkzeuge, die mehr Tote fordern als alle Bomben und Autos zusammen, liegen täglich vor uns auf dem Tisch: Messer und Gabel. *Manfred Köhnlechner*

Galopp Steckenpferde dürfen nicht im Galopp geritten werden, sonst nützen sie nichts. *Mathias Wieman*

Gammler Nicht jeder, der danach aussieht, ist ein Gammler. Vielleicht hat er vier Töchter und nur ein Badezimmer. *Markus M. Ronner*

Gangster Gangster sind Vollidioten, die davon profitieren, daß wir über sie Filme machen. *John Cassavetes*

Gänsefüßchen Ein Plagiat ist ein Zitat unter Weglassung der Gänsefüßchen. *Victor de Kowa*

Gänsehaut Die Gänsehaut ist die Epidermis unserer Zeit. *Alfred Hitchcock*

Ganze Wenn Männer aufs Ganze gehen, meinen sie meistens die untere Hälfte. *Helen Vita*

Gärtner Unkraut ist die Opposition der Natur gegen die Regierung der Gärtner. *Oskar Kokoschka*

Gast *1* Man hatte den Eindruck, daß er seine Gäste nur des Gästebuchs wegen einlud. *Wolfgang Eschker*

2 Zu den Villenbesitzern kommt die Wahrheit nicht mit den Gästen, sie kommt mit den Lieferanten. *Martin Kessel*

3 Ein Nachtklub ist ein Lokal, in dem die Tische reservierter sind als die Gäste. *Charlie Chaplin*

4 Restaurants sind Gelegenheiten, wo Wirte grüßen, Gäste bestellen und Kellner essen. *Karl Kraus*

Gastgeberin Wenn man nach einem Festessen die Gastgeberin auf beide Wangen küßt, erspart man ihr die Serviette. *Alexander Roda Roda*

Gastronom Kannibale: ein Gastronom alter Schule, der sich den einfachen Geschmack bewahrt hat und an der natürlichen Diät der Vor-Schweinefleischzeit festhält. *Ambrose Bierce*

Gatte Den idealen Gatten gibt es nicht. Der ideale Gatte bleibt ledig. *Oscar Wilde*

Gauner Nicht alle auf der Rennbahn sind Gauner. Aber alle Gauner sind auf der Rennbahn. *Winston S. Churchill*

Geben Geben ist seliger denn Nehmen: das Motto der Barmherzigen und der Boxer. *Harold Pinter*

Gebet *1* Wenn die Götter uns strafen wollen, erhören sie unsere Gebete. *Oscar Wilde*

2 Man kann sich einen Spezialisten der Religionsgeschichte nicht beim Gebet vorstellen. *Emile M. Cioran*

3 Der Fluch ist das Gebet des Teufels. *Hans Lohberger*

Gebildete Gebildete sind, wenn sie einmal Schurken sind, Doktoren der Schurkerei. *Karl Kraus*

Gebot *1* Denkt ans fünfte Gebot: Schlagt eure Zeit nicht tot! *Erich Kästner*

2 Die zehn Gebote sind deshalb so kurz und verständlich, weil sie ohne Mitwirkung einer Sachverständigenkommission entstanden sind. *Charles de Gaulle*

3 Übertretungen kommen nur von den Geboten, Hühneraugen von zu engen Schuhen. *Peter Hille*

Gebrauchsanweisung Schade, daß man für die meisten Gebrauchsanweisungen eine Gebrauchsanweisung braucht. *Hanns Joachim Friedrichs*

Geburt *1* Geburt ist die Aushändigung einer Rückfahrkarte. *Hans Kudszus*

2 Vielleicht möchten manche Männer deshalb bei der Geburt ihres Kindes unbedingt dabeisein, weil sie es bei der Empfängnis nicht waren. *Markus M. Ronner*

3 Die Wollust ist die Prämie der Natur für die Mühen von Zeugung und Geburt. *Sigmund Freud*

4 Das einzige Mittel gegen Geburt und Tod besteht darin, die Zeit dazwischen zu nutzen. *George Santayana*

Geburtsschein Kosmetik ist die Kunst, den Geburtsschein zu dementieren. *Olga Tschechowa*

Geburtstag *1* Die Kindheit ist jene herrliche Zeit, in der man dem Bruder zum Geburtstag die Masern geschenkt hat. *Peter Ustinov*

2 Jung ist man, solange man noch imstande ist, den eigenen Geburtstag zu vergessen. *Ingrid Bergman*

3 Die Ehe ist ein Bündnis zweier Menschen, von denen einer sich niemals an Geburtstage zu erinnern vermag und der andere sie nie vergißt. *Ogden Nash*

Geburtstagstorte Je älter man wird, desto mehr ähnelt die Geburtstagstorte einem Fackelzug. *Katharine Hepburn*

Gedächtnis *1* Ein gutes Gedächtnis ist ein Fluch, der einem Segen ähnlich sieht. *Harold Pinter*

2 Das Gedächtnis ist ein sonderbares Sieb: es behält alles Gute von uns und alles Üble von den anderen. *Wieslaw Brudziński*

3 Sein Gedächtnis schult man am besten dadurch, daß man etwas vergessen möchte. *André Gide*

4 Gedächtnis nennt man die Fähigkeit, sich das zu merken, was man vergessen möchte. *Daniel Gélin*

5 Das Gedächtnis ist der Diener unserer Interessen. *Thornton Wilder*

6 Das Gedächtnis des Menschen ist das Vermögen, die Vergangenheit den Bedürfnissen der Gegenwart entsprechend umzudeuten. *George Santayana*

7 Nichts ist so sehr für die gute alte Zeit verantwortlich wie das schlechte Gedächtnis. *Anatole France*

8 Wer ein schlechtes Gedächtnis hat, erlebt viele Premieren. *Axel von Ambesser*

9 Wer ein schlechtes Gedächtnis hat, dem bleibt keine andere Wahl, als die Wahrheit zu sagen. *Tennessee Williams*

10 Wer ein schlechtes Gedächtnis hat, erspart sich viele Gewissensbisse. *John Osborne*

11 Das richtige Gedächtnis für einen Politiker ist eines, das ihm sagt, woran er sich zu erinnern und was er zu vergessen hat. *John Morley*

12 Kein Politiker ist denkbar ohne gutes Gedächtnis für Dinge, die er vergessen muß. *Alberto Sordi*

13 Propheten müssen eine starke Stimme und ein schwaches Gedächtnis haben. *John Osborne*

14 Autobiographien sind Enthüllungen über das schlechte Gedächtnis ihrer Verfasser. *Alessandro Blasetti*

15 Zum Anlegen einer Privatbibliothek gehören ein großer Freundeskreis und ein schlechtes Gedächtnis. *Georg Thomalla*

Gedächtnisschwäche Zum Glücklichsein bedarf es einer jeweiligen Gedächtnisschwäche zugunsten des erkorenen Augenblicks. *Hans Arndt*

Gedächtnisverlust Kalkulierter Gedächtnisverlust ist in der Politik ein Überlebensmittel. *Hans Maier*

Gedanke *1* Der Gedanke ist das, was einer Banalität zum Gedanken fehlt. *Karl Kraus*

2 Am Anfang gehören alle Gedanken der Liebe. Später gehört dann alle Liebe den Gedanken. *Albert Einstein*

3 Das Leben ist nichts als die Summe der Gewohnheiten, die durch einige Gedanken gestört werden. *Paul Valéry*

4 Mancher Gedanke fällt um wie ein Leichnam, wenn er mit dem Leben konfrontiert wird. *Christian Morgenstern*

5 Talleyrand hat zwar gesagt, die Sprache sei dazu da, die Gedanken zu verbergen. Ich glaube aber eher, daß sie dazu da ist, zu verbergen, daß jemand keine Gedanken hat. *Edward Heath*

6 Was einer denkt, ist nicht entscheidend. Zu welchen Gedanken er unfähig ist, das verrät ihn. *Nikolaus Cybinski*

7 Gedanken sind nicht stets parat,
man schreibt auch, wenn man keine hat.
Wilhelm Busch

8 Keinen Gedanken haben und ihn ausdrücken können, das macht den Journalisten. *Karl Kraus*

9 Dumme Gedanken hat jeder, nur der Weise verschweigt sie. *Wilhelm Busch*

10 Auch der Dumme hat manchmal einen gescheiten Gedanken. Er merkt es nur nicht. *Danny Kaye*

11 Die Idee ist ein stehengebliebener Gedanke. *Henri Bergson*

12 Die Güte des Intellektuellen ist die Klarheit seiner Gedanken. *Hans Kudszus*

13 Gedanken sind zollfrei, aber man hat doch Scherereien. *Karl Kraus*

14 Man muß die Anzahl der Gedanken derart vermehren, daß die Anzahl der Wächter für sie nicht ausreicht. *Stanislaw Jerzy Lec*

15 Um einen Gedanken haben zu können, müssen wir uns viele aus dem Kopf geschlagen haben. *Hans Kudszus*

16 Ob die Gedanken wirklich aus Köpfen stammen? Meist stammen sie aus zweiter Hand. *Wieslaw Brudziński*

17 Wer laut nachdenkt, dem stiehlt man seine Gedanken. *Gustaf Gründgens*

18 Aphorismensammlung: preisgünstiger Gedanken-Ausverkauf. *Gabriel Laub*

19 Wer Gedanken liebt, wiederholt sich. Wer zu denken liebt, widerspricht sich. *Hans Kudszus*

20 Sobald ein Gedanke allgemein akzeptiert wird, ist es Zeit, ihn zu verwerfen. *Holbrook Jackson*

21 Unser Kopf ist rund, damit die Gedanken die Richtung ändern können. *Francis Picabia*

22 Wer heutzutage einen Gedanken in der Welt töten will, braucht nur einen Ausschuß einzusetzen. *Charles F. Kettering*

23 Diskussionen haben lediglich einen Wert: daß einem gute Gedanken hinterher einfallen. *Arno Schmidt*

24 Stil haben: das heißt die Worte so setzen, daß die Gedanken spazieren können. *Hans Lohberger*

25 Der wahre Gentleman ist ein Mann, der die Gedanken einer Frau errät und sie trotzdem nicht nach Hause begleitet. *John Barrymore*

26 Ein Zensor ist ein Mann, der für seine schmutzigen Gedanken bezahlt wird. *George Trevelyan*

27 Was aber ist denn das Religiöse? Der Gedanke an den Tod. *Thomas Mann*

Gedankenfreiheit Gedankenfreiheit? Langsam, langsam! Eins nach dem andern! *Wolfgang Eschker*

Gedankenlosigkeit *1* Die meisten Männer heiraten aus Gedankenlosigkeit, wie sie aus Gedankenlosigkeit auch Kriege führen. *Henry de Montherlant*

2 Selbstverständlichkeiten sind keine Gedankenlosigkeiten. *Peter Benary*

Gedankenlücke Über manche Gedankenlücke bilden Zitate die Eselsbrücke. *Ludwig Fulda*

Gedenkminute Viele Gedenkminuten hätten durch Denkminuten vermieden werden können. *Wolfgang Eschker*

Gedicht *1* Ein Gedicht entsteht nicht, ein Gedicht wird gemacht. *Gottfried Benn*

2 Wenn man vom Gereimten das Stimmungsmäßige abzieht – was dann übrigbleibt, wenn dann noch etwas übrigbleibt, das ist dann vielleicht ein Gedicht. *Gottfried Benn*

3 Nicht jedes Gedicht eines jeden Dichters ist in jedem Augenblick für jeden Leser geeignet. *Reiner Kunze*

4 Gedichte sind wie Austern: Wenn sie nicht von ganz vorzüglicher Qualität sind, sind sie ungenießbar. *Carl Zuckmayer*

5 Es gibt Gedichte, bei denen sogar der Raum zwischen den Zeilen leer ist. *Günter Eich*

6 Das Machen schlechter Gedichte ist noch viel beglückender als das Lesen der allerschönsten. *Hermann Hesse*

7 Ein Gedicht ist so lange gut, bis man weiß, von wem es ist. *Karl Kraus*

8 Wer Gedichte veröffentlicht, wirft ein Rosenblatt in den Grand Canyon und wartet auf das Echo. *Don Marquis*

Geduld *1* Geduld ist die Kunst zu hoffen. *Tilla Durieux*

2 Geduld ist die Kunst, die Ungeduld zu verbergen. *Hermann Schridde*

3 Geduld ist gezähmte Leidenschaft. *Lyman Abbott*

4 Der wesentliche Teil des Glaubens ist Geduld. *George MacDonald*

5 Liebe ist Geduld, Sex Ungeduld. *Erich Segal*

6 Die Männer haben keine Geduld. Darum haben sie auch den Reißverschluß erfunden. *Senta Berger*

7 Ob Geduld eine Tugend ist, hängt vom Objekt ab. *Hans Kasper*

8 Die sprichwörtliche Geduld des Papiers wird gottlob von der Geduld der Papierkörbe noch übertroffen. *Hanns-Hermann Kersten*

9 Talent ist nur große Geduld. *Anatole France*

10 In der Politik wird Ratlosigkeit oft mit Geduld verwechselt. *Roger Peyrefitte*

11 Eine Übertreibung ist eine Wahrheit, die die Geduld verloren hat. *Kahlil Gibran*

Gefahr *1* Man kann überhaupt nichts mehr sagen, ohne Gefahr zu laufen, daß irgendein Idiot der gleichen Meinung ist. *Gabriel Laub*

2 Die größte Gefahr im Leben ist, daß man zu vorsichtig wird. *Alfred Adler*

3 Die wahren Gefahren liegen in den Pausen – wenn man aufhört und wieder neu beginnen muß. *Herbert von Karajan*

Gefährte Schweigen ist ein köstlicher Genuß, aber um ihn ganz auszuschöpfen, muß man einen Gefährten haben. Allein ist man nur stumm. *Karl Heinrich Waggerl*

Gefängnis *1* Die Welt ist ein Gefängnis, in dem Einzelhaft vorzuziehen ist. *Karl Kraus*

2 Bei den wenigsten Gefängnissen sieht man die Gitter. *Oliver Hassencamp*

3 Die Arbeit ist eine Art Gefängnis. Wie viele schöne Dinge gehen vorbei, die zu sehen sie hindert! *Paul Valéry*

4 Wer in der Diktatur die Regierenden kritisiert, kommt ins Gefängnis. Wer in der Demokratie über die Regierenden schimpft, kommt ins Fernsehen. *Manfred Rommel*

Gefolgschaft Ein Führer entsteht nur, wenn eine Gefolgschaft bereits da ist.
Ludwig Marcuse

Gefühl *1* Gefühl ist eine Unart, die man sich nicht abgewöhnt. *Richard von Schaukal*

2 Die Entblößung der Gefühle ist viel anstößiger als die des Körpers. *Arthur Schnitzler*

3 Sobald sich Gefühle in festen Begriffen ausdrücken lassen, hat ihre Stunde geschlagen. *Paul Valéry*

4 Wir sitzen mit unseren Gefühlen meistens zwischen zwei Stühlen. *Kurt Tucholsky*

5 Stärke des Charakters ist oft nichts anderes als eine Schwäche des Gefühls.
Arthur Schnitzler

6 Das Gefühl braucht Opposition. Wenn man schon aus Liebe heiratet, sollten wenigstens die Eltern dagegen sein. *Hermann Bahr*

7 Die Ehe ist ein Bund zur gegenseitigen Festigung von Gefühlen durch deren Abnützung. *Jean Genet*

8 Was die Liebe betrifft, ist es leichter, auf ein Gefühl zu verzichten, als eine Gewohnheit aufzugeben. *Marcel Proust*

9 Der Schriftsteller scheut sich vor Gefühlen, die sich zur Veröffentlichung nicht eignen, und wartet dann auf seine Ironie. *Max Frisch*

10 Zynismus entsteht, wenn ein heißes Gefühl kalt geduscht wird. *Alberto Sordi*

11 Die Illusion ist der Dilettantismus der Gefühle. *Hans Kasper*

12 Stimmung ist Schwelgen in Gefühlen, die man nicht hat. *Werner Roß*

13 Sentimentalität nennen wir das Gefühl, das wir nicht teilen. *Graham Greene*

Gegenleistung Hüte dich vor Leuten, die dir Versprechungen machen, ohne Gegenleistungen zu fordern. *Bernard Mannes Baruch*

Gegensatz *1* Wie sich die Gegensätze gleichen! *Alfred Polgar*

2 Gegensätze ziehen einander an. Wehe, wenn sie einander ausziehen.
Emil Baschnonga

Gegenseitigkeit Haß beruht meistens auf Gegenseitigkeit, Liebe nur manchmal.
Erhard Blanck

Gegenteil Alles ist richtig, auch das Gegenteil. Nur «zwar – aber», das ist nie richtig.
Kurt Tucholsky

Gegenwart *1* Was in der Gegenwart geschieht, erfährt man in der Regel erst eine ganze Weile danach von den Historikern.
Ludwig Marcuse

2 Für Historiker ist die Gegenwart wie ein Camembert: erst eine Weile liegen lassen, damit der reizvolle Hautgout entsteht.
Henri Troyat

3 Das Gedächtnis des Menschen ist das Vermögen, die Vergangenheit den Bedürfnissen der Gegenwart entsprechend umzudeuten.
George Santayana

4 Die Zukunft vorauszusagen, ist keine Kunst; aber die Gegenwart zu erraten.
Hugo Dionizy Steinhaus

5 Zukunft ist die Zeit, in der man die ganze Vergangenheit kennen wird. Solange man die Vergangenheit nur teilweise kennt, lebt man in der Gegenwart. *Gabriel Laub*

6 Die Zukunft ist unser Hemd, aber die Gegenwart ist unsere Haut. *Eugène Ionesco*

7 Zukunft ist die Gegenwart, die nicht gelebt wird. *Hellmut Walters*

8 Die Zukunft ist die Ausrede all jener, die in der Gegenwart nichts tun wollen.
Harold Pinter

9 Zukunft ist die Ausrede derer, die Vergangenheit und Gegenwart zu verbergen trachten.
Ludwig Marcuse

Gegner *1* Man muß, um gut zu sein, starke Gegner haben, aber man darf nicht von ihnen überwältigt werden. *Wolf Wondratschek*

2 Man soll den Gegner nicht schlechter machen, als er ohnehin ist. *Mark Twain*

3 Man sollte bei einem Gegner keine niedrigeren Motive vermuten, als man selber hat.
James Matthew Barrie

4 Dem Gegner Unrecht widerfahren zu lassen, kräftigt ihn moralisch. *Hans Kasper*

5 Wer einen Gegner schonungslos behandelt, respektiert ihn. *Michel Debré*

6 Jede Niederlage beginnt damit, daß man den Standpunkt des Gegners anerkennt.
Winston S. Churchill

7 Das sicherste Anzeichen dafür, daß man sich auf dem falschen Weg befindet, ist der Beifall der Gegner. *Mario Scelba*

8 Der bequemste Standort ist prinzipiell der auf den Zehen des politischen Gegners. *Georges Clemenceau*

9 Ein Zitat ist besser als ein Argument. Man kann damit in einem Streit die Oberhand gewinnen, ohne den Gegner überzeugt zu haben. *Gabriel Laub*

10 Man muß sich von einem politischen Gegner nicht unbedingt mit einem Fußtritt verabschieden, wenn man es mit einem Händedruck tun kann. *Edgar Faure*

11 Die Wahrheit triumphiert nie, ihre Gegner sterben nur aus. *Max Planck*

Gegnerschaft Die Koalition ist die intimste Form der Gegnerschaft. *Richard Wiggins*

Gehängte Marionetten lassen sich sehr leicht in Gehängte verwandeln. Die Stricke sind schon da. *Stanislaw Jerzy Lec*

Geheimdienstmann Ein Geheimdienstmann muß es fertigbringen, aus einen leeren Auto auszusteigen. *John Le Carré*

Geheimnis *1* Das Glück, ein Geheimnis zu haben, verlangt nach dem Akt der Enthüllung. *Mary McCarthy*

2 Leute, die anvertraute Geheimnisse wirklich für sich behalten, sind in der Politik unbrauchbar. *Roger Peyrefitte*

3 Kein Mann sollte ein Geheimnis vor seiner Frau haben. Sie wird es in jedem Falle herausfinden. *Oscar Wilde*

4 Der Junggeselle ist der einzige Mann, der vor seiner Frau keine Geheimnisse hat. *Dalida*

5 Wer die Geheimnisse des Bettes verrät, verdient die Liebe nicht. *Ingeborg Bachmann*

6 Das schönste aller Geheimnisse: ein Genie zu sein und es als einziger zu wissen. *Mark Twain*

Geheimnisträger Ein Gentleman ist ein Mann, der sich nach einem Zusammensein mit einer Frau als freiwilliger Geheimnisträger betrachtet. *Alec Guinness*

Geheimnisvolle Das Schönste, was wir entdecken können, ist das Geheimnisvolle. *Albert Einstein*

Gehen *1* Im Leben lernt der Mensch zuerst das Gehen und Sprechen. Später lernt er dann stillzusitzen und den Mund zu halten. *Marcel Pagnol*

2 Schon im Wort Müßiggang liegt Weisheit, denn echte Muße gibt es nur beim Gehen. *Carl Zuckmayer*

3 Apropos Gehen: wohin sollten wir gehen, wenn nicht nach innen? *Doris Lessing*

Geher Läufer sind schlechte Geher. *Marie von Ebner-Eschenbach*

Gehirn *1* Gehirn: ein Organ, mit dem wir denken, daß wir denken. *Ambrose Bierce*

2 Das Gehirn entwickelt sich zwecks Existenzerhaltung, nicht zwecks Selbsterkenntnis. *Karl Steinbuch*

Geist *1* Mit dem Geist ist es wie mit dem Magen: Man sollte ihm nur Nahrung zumuten, die er verdauen kann. *Winston S. Churchill*

2 Begriffe sind Tastversuche des Geistes. *Otto Michel*

3 Aphorismen – Geist in Raten. *Adolf Reitz*

4 Man braucht nicht geistreich zu sein, um zu wissen, daß man begabt ist. Aber man braucht Geist, um zu verbergen, daß man keine Begabung hat. *Marcel Achard*

5 Oft beweist es mehr Geist, sich um eine Frage zu kümmern, als sie zu lösen. *Henry de Montherlant*

6 Kleine Geister handeln, große wirken. *Karl Heinrich Waggerl*

7 Es gibt Leute, die so in ihren Geist verliebt sind, daß sie darob den Verstand verlieren. *Curt Goetz*

8 Jeder Beginn einer Idee entspringt einer unmerklichen Verletzung des Geistes. *Emile M. Cioran*

9 Klar nennt man Ideen, die dasselbe Maß an Verwirrung haben wie unser eigener Geist. *Marcel Proust*

10 Intelligenz ist jene Eigenschaft des Geistes, dank derer wir schließlich begreifen, daß alles unbegreiflich ist. *Emile Picard*

11 Ein Intellektueller ist ein Mensch, der

nicht genug Körper hat, um seinen Geist zu bedecken. *Jean Giono*

12 Ein Wüstling ist einer, der auch dort noch Geist hat, wo andere nur Körper haben. *Karl Kraus*

13 Glück ist gut für den Körper, aber Kummer stärkt den Geist. *Marcel Proust*

14 Rührung trübt den Geist. *Jean Cocteau*

15 Die Mission der Presse ist, Geist zu verbreiten und zugleich die Aufnahmefähigkeit zu zerstören. *Karl Kraus*

16 Eine Fernsehshow ist der Triumph des Hintern über den Geist. *Henning Venske*

17 Man muß Geist haben, um ihn aufgeben zu können. *Peter Bamm*

Geistesblitz *1* Geistesblitze können die Welt zwar erhellen, aber nicht erwärmen. *Hellmut Walters*

2 Auch Geistesblitzen folgt manchmal ein Donnerschlag. *Wolfgang Eschker*

3 Aphorismen – abgeleitete Geistesblitze. *Hans-Horst Skupy*

Geisteskrankheit Psychoanalyse ist jene Geisteskrankheit, für deren Therapie sie sich hält. *Karl Kraus*

Geistlose Geistlose kann man nicht begeistern, aber fanatisieren kann man sie. *Marie von Ebner-Eschenbach*

Geizhals Ein Geizhals ist ein Mensch, der sich an das Geld verliert, nachdem er es gewonnen hat. *Karl Heinrich Waggerl*

Gelächter Humor unterscheidet sich vom Witz, wie sich das Lächeln vom Gelächter unterscheidet. *Paul Alverdes*

Gelassenheit Gelassenheit ist eine anmutige Form des Selbstbewußtseins. *Marie von Ebner-Eschenbach*

Geld *1* Geld ist das Brecheisen der Macht. *Helmuth Pleßner*

2 Das Geld ist wie ein krankes Kind – man muß alles tun, um es durchzubringen. *Joachim Ringelnatz*

3 Geld flieht überall dort, wo man es mit Gewalt festhalten will. *André Kostolany*

4 Probleme mit Geld sind besser als Probleme ohne Geld. *Malcolm Forbes*

5 Geld ist nötig, um jederzeit Goethe zitieren zu dürfen: Götz von Berlichingen. *André Kostolany*

6 Wer viel Geld hat, darf spekulieren, wer wenig Geld hat, sollte nicht spekulieren, und wer kein Geld hat, muß spekulieren. *André Kostolany*

7 Vielleicht verdirbt Geld den Charakter. Auf keinen Fall aber macht Mangel an Geld ihn besser. *John Steinbeck*

8 Tugend ist eine Eigenschaft, die nie so angesehen war wie das Geld. *Mark Twain*

9 Ein Hund ist der einzige Freund, den man sich für Geld kaufen kann. *Fritz Herdi*

10 Die Medizin: Geld her und Leben! *Karl Kraus*

11 Alles, was die Sozialisten vom Geld verstehen, ist die Tatsache, daß sie es von anderen haben wollen. *Konrad Adenauer*

Geldgeschäft Nur der Unbegabte stiehlt, der Kluge macht Geldgeschäfte. *Kurt Tucholsky*

Geldmangel Ein großer Vorteil des Alters liegt darin, daß man nicht länger die Dinge begehrt, die man sich früher aus Geldmangel nicht leisten konnte. *Charlie Chaplin*

Geldschein «De nächste bitte», sagte der Arzt. Er meinte den Geldschein. *Werner Schneyder*

Geldverdienen Der Reiche ist nicht böse, er ist nur zu sehr mit dem Geldverdienen beschäftigt, um gut zu sein. *Gerhard Uhlenbruck*

Gelegenheit *1* Gelegenheiten sind selten gekennzeichnet. *John A. Shedd*

2 Glück ist Scharfsinn für Gelegenheiten und die Fähigkeit, sie zu nutzen. *Sam Goldwyn*

3 Die Männer ergreifen die Gelegenheiten, die Frauen schaffen sie. *Sigmund Graff*

Gelesene Wie wenig du gelesen hast, wie wenig du kennst - aber vom Zufall des Gelesenen hängt es ab, was du bist. *Elias Canetti*

Geliebte der Ein Geliebter ist ein Mann, den man nicht heiratet, weil man ihn gern hat. *Vanessa Redgrave*

Geliebte die *1* Eine Geliebte wählt man nicht; sie bricht über einen herein. *Claude Anet*

2 Wenn eine Frau die Wahl zwischen einem Pelzmantel und einem Geliebten hat, wählt sie den Pelzmantel aus der Hand des Geliebten. *Jeanne Moreau*

3 Wenn man der Geliebten zu oft sagt, wie schön sie ist, besteht die Gefahr, daß sie Lust bekommt, es sich auch von anderen sagen zu lassen. *Paul Léautaud*

4 Freundin eines Mannes kann eine Frau nur werden, wenn sie zuerst seine Bekannte, dann seine Geliebte war. *Anton Tschechow*

5 Die Wahrheit ist eine scheue Geliebte; man besitzt sie niemals ganz. *Hermann Bahr*

Gelingen *1* An der Wiege des Gelingens steht der Durchfall. *Carl Zuckmayer*

2 Alles Gelingen hat sein Geheimnis, alles Mißlingen seine Gründe. *Joachim Kaiser*

Gemälde An den modernen Gemälden ist nur noch eines verständlich: die Signatur. *Ephraim Kishon*

Gemäldegalerie Der Ausdruck der Leute, die sich in Gemäldegalerien bewegen, zeigt eine schlecht verhehlte Enttäuschung darüber, daß dort nur Bilder hängen. *Walter Benjamin*

Gemeinplatz *1* Der Gemeinplatz steht am Anfang und am Ende aller Erfahrung. *Hans Krailsheimer*

2 Der Platz, auf dem die meisten Leute zusammenkommen, ist der Gemeinplatz. *Hellmut Walters*

3 Abends versammelt sich eine schweigende Mehrheit auf dem Gemeinplatz vor dem Fernsehschirm. *Heinrich Nüsse*

Gemüse Lorbeer ist ein schnell welkendes Gemüse. *Giovanni Guareschi*

General *1* Der General: ein Korporal, der mehrmals befördert wurde. *Gabriel Laub*

2 Beenden wir das Wettrüsten, sagte der General - und eröffnete das Feuer. *Wolfgang Eschker*

3 Warum Dirigenten und Generäle so alt werden? Vielleicht liegt es am Vergnügen, anderen seinen Willen aufzuzwingen. *Leopold Stokowski*

4 Generäle und Dirigenten leben länger; denn sie sind gewohnt, daß man ihnen nicht widerspricht. *David Frost*

5 Generäle sollte man an die Front schicken und Theaterregisseure ins Parkett. *Markus M. Ronner*

6 Ein ordengeschmückter General mit Schluckauf ersetzt jeden Schellenbaum. *Jaroslav Hašek*

7 Die drei bekanntesten Generäle in Amerika sind immer noch General Motors, General Electric und General Food. *Bob Hope*

8 Nach einem dummen General ist ein intelligenter General das Schlimmste. *Charles de Gaulle*

9 Bei gewissen Generälen ist durchaus eine gewissen Denkbereitschaft festzustellen - nach ihrem Ausscheiden. *Elmar Schmähling*

Generalist Ein Generalist ist ein Mensch, dem auch zum ausgefallensten Thema noch ein Gemeinplatz einfällt. *Lore Lorentz*

Generation *1* Die junge Generation hat auch heute noch Respekt vor dem Alter. Allerdings nur beim Wein, beim Whisky und bei den Möbeln. *Truman Capote*

2 Jede Generation lächelt über die Väter, lacht über die Großväter und bewundert die Urgroßväter. *William Somerset Maugham*

3 Die Sterne, die wir am Himmel sehen, gibt es vielleicht gar nicht mehr. Genauso verhält es sich mit den Idealen früherer Generationen. *Tennessee Williams*

4 Minderheiten sind die Mehrheiten der nächsten Generation. *Jean-Paul Sartre*

5 Nichts zeigt das Alter eines Menschen so sehr, wie wenn er die junge Generation schlechtmacht. *Adlai Stevenson*

6 Wenn in tausend Jahren künftige Generationen die Reste unserer Kultur ausgraben – was werden sie dann finden? Badewannen und Spülmaschinen. *Frank Lloyd Wright*

Genialität Genialität ist Mut zu sich selbst. *Hans Kudszus*

Genie *1* Ein Genie ist ein Mensch, dem etwas Selbstverständliches zum erstenmal einfällt. *Hermann Bahr*

2 Das Genie hat etwas vom Instinkt der Zugvögel. *Jakob Boßhart*

3 Das Genie entdeckt die Frage, das Talent beantwortet sie. *Karl Heinrich Waggerl*

4 Zu den Blitzen des Genies machen die Talente den Donner. *Peter Sirius*

5 Talente finden Lösungen, Genies entdecken Probleme. *Hans Krailsheimer*

6 Es liegt im Wesen des Genies, die einfachsten Ideen auszunutzen. *Charles Péguy*

7 «Genie ist Fleiß», aber nur, wenn es der Fleiß eines Genies ist. *Hans Kudszus*

8 Das schönste aller Geheimnisse: ein Genie zu sein und es als einziger zu wissen. *Mark Twain*

9 Das Publikum ist wunderbar nachsichtig. Es verzeiht alles – außer Genie. *Oscar Wilde*

10 Wer ein Genie ist, bestimmt die Nachwelt. Wer ein Star ist, entscheidet die Mitwelt. *Werner Höfer*

11 Nicht das Genie ist 100 Jahre seiner Zeit voraus, sondern der Durchschnittsmensch ist um 100 Jahre hinter ihr zurück. *Robert Musil*

12 Die Aufgabe, ihr Volk zu vertreten, fällt den Mittelmäßigen zu, nicht den Genies. *Curzio Malaparte*

13 Es ist nicht die einfache Kreatur, die der Hilfe bedarf, sondern das Genie. *Eleonora Duse*

14 Wer Humor hat, der hat beinahe schon Genie. Wer nur Witz hat, der hat meistens nicht einmal den. *Arthur Schnitzler*

15 Gott denkt in den Genies, träumt in den Dichtern und schläft in den übrigen Menschen. *Peter Altenberg*

16 Gott denkt in den Genies, träumt in den Dichtern und schläft in den übrigen Menschen. Meine Damen und Herren – gute Nacht! *André Heller*

Genossenschaft Die größte Genossenschaft auf Erden ist die Neidgenossenschaft. *Helmut Qualtinger*

Gentleman *1* Ein Gentleman ist, wer etwas tut, was ein Gentleman niemals tun darf, es aber so tut, wie es nur ein Gentleman zu tun versteht. *Peter Ustinov*

2 Den Gentleman erkennt man daran, daß er nett ist zu Leuten, von denen er keinen Nutzen hat. *William Lyon Phelps*

3 Ein Gentleman ist ein Herr, der sich sogar dann der Zuckerzange bedient, wenn er allein ist. *Alphonse Allais*

4 Ein Gentleman ist ein Mann, in dessen Gesellschaft die Frauen zu blühen beginnen. *Jeanne Moreau*

5 In vermintem Gelände sind alle Männer Gentlemen – nach dem Motto: Ladies first. *Barbra Streisand*

6 Ein Gentleman ist ein Mann, der seiner Frau die Hoteltür öffnet, damit sie das Gepäck in die Halle tragen kann. *Peter Ustinov*

7 Ein Gentleman ist ein Mann, der in einem überfüllten Bus niemals sitzen bleibt, ohne eine Frau auf den Schoß zu nehmen. *David Frost*

8 Heutzutage gilt ein Mann schon als Gentleman, wenn er die Zigarette aus dem Mund nimmt, bevor er eine Frau küßt. *Barbra Streisand*

9 Eine Lady ist eine Dame, die aus Männern Gentlemen macht. *Alec Guinness*

10 Den wahren Gentleman erkennt man daran, daß er nicht zögert, eine Frau notfalls auch vor sich selbst zu schützen. *Alec Guinness*

11 Der wahre Gentleman ist ein Mann, der die Gedanken einer Frau errät und sie trotzdem nicht nach Hause begleitet. *John Barrymore*

12 Ein Gentleman würde niemals eine hilflose Frau verführen, außer wenn er mit ihr allein ist. *George Bernard Shaw*

13 Ein Gentleman ist ein Mann, der einer Frau ebenso korrekt in die Kleider hilft, wie er ihr vorher unkorrekt aus ihnen geholfen hat. *Peter Ustinov*

14 In England versteht man unter einem Gentleman einen Mann, der einer Frau beim Fallen so behilflich ist, daß er sich selber nicht wehtut. *Pierre Daninos*

15 Ein Gentleman ist ein Mann, der einer Frau auch dann beim Aufstehen behilflich ist, wenn er sie selbst zu Fall gebracht hat. *Alec Guinness*

16 Ein Gentleman ist ein Mann, der sich nach einem Zusammensein mit einer Frau als freiwilliger Geheimnisträger betrachtet. *Alec Guinness*

17 Überall schätzt eine Frau einen perfekten Gentleman, nur nicht im Bett. *Noël Coward*

18 Zum Gentleman gehört auch die Fähigkeit, sich mit Würde betrügen zu lassen. *Alec Guinness*

19 Ein Gentleman ist ein Mann, der einer Frau gegenüber nicht aus dem Rahmen fällt, auch wenn er über sie im Bilde ist. *Werner Finck*

Genugtuung Genugtuung ist, wenn man genug zu tun hat. *Gerhard Uhlenbruck*

Genuß Genuß ist eine Frage der Phantasie. *Markus M. Ronner*

Gerechte So ungerecht der Liebende, so lieblos der Gerechte. *Peter Benary*

Gerechtigkeit *1* Manche Richter sind so stolz auf ihre Unbestechlichkeit, daß sie darüber die Gerechtigkeit vergessen. *Oscar Wilde*

2 Gerechtigkeit ohne Gnade ist nicht viel mehr als Unmenschlichkeit. *Albert Camus*

3 Juristen sind Leute, die die Gerechtigkeit mit dem Recht betrügen. *Harold Pinter*

4 Die Strafe ist die Gerechtigkeit, welche die Schuldigen an die austeilen, die gefaßt werden. *Elbert Hubbard*

5 Es gibt keinen gefährlicheren Feind der Gerechtigkeit als die Selbstgerechtigkeit. *Richard Schmid*

6 Wer kein Verbrechen begeht, ist für die Gerechtigkeit uninteressant. *Stanislaw Jerzy Lec*

Gereimte Wenn man vom Gereimten das Stimmungsmäßige abzieht – was dann übrigbleibt, wenn dann noch etwas übrigbleibt, das ist dann vielleicht ein Gedicht. *Gottfried Benn*

Gericht *1* Erfahrene Juristen bezeugen, daß es vor Gericht von Vorteil sein kann, wenn man im Recht ist. *Graham Chapman*

2 Filmemacher sollten bedenken, daß man ihnen am Tag des Jüngsten Gerichts all ihre Filme wieder vorspielen wird. *Charlie Chaplin*

3 Beim Jüngsten Gericht werden einzig die Tränen in die Waagschale gelegt. *Emile M. Cioran*

Geruch Beim Anblick der Welt fassen sich zwei an der Nase. Der eine des Geruchs wegen, der andere, weil er wissen will, ob er träumt. *Werner Schneyder*

Geruchsinn Man hat beobachtet, daß die Nase niemals glücklicher ist, als wenn sie in anderer Leute Angelegenheiten steckt – daraus haben einige Physiologen geschlossen, daß ihr der Geruchsinn fehle. *Ambrose Bierce*

Gerücht *1* Gerüchte sind die Rauchfahnen der Wahrheit. *Henry de Montherlant*

2 Wo Nachrichten fehlen, wachsen die Gerüchte. *Alberto Moravia*

3 Das Gerücht ist wie Falschgeld: Rechtschaffene Menschen würden es niemals herstellen, aber sie geben es bedenkenlos weiter. *Claire Boothe-Luce*

4 Ein Intrigant ist ein Mensch, der keineswegs alle Gerüchte glaubt, aber alle weitererzählt. *Jacques Baumel*

5 Unter einem Dementi versteht man in der Diplomatie die verneinende Bestätigung einer Nachricht, die bisher lediglich ein Gerücht gewesen ist. *John B. Priestley*

Gesangsunterricht Schlagersänger sind Leute, die immer schon Gesangsunterricht nehmen wollten, aber niemals dazugekommen sind, und die es jetzt bleiben lassen, weil sie inzwischen berühmt geworden sind. *Jacques Tati*

Gesangsverein Wer Harmonie wünscht, soll in einen Gesangsverein eintreten, aber nicht in die Politik gehen. *Norbert Blüm*

Geschäft Ein gutes Leben hat nur selten einen Menschen ruiniert. Was den Menschen in den Ruin treibt, sind die dummen Geschäfte. *Carl Fürstenberg*

Geschehene Ohne die Spekulation, was hätte geschehen können, wirft das tatsächlich Geschehene keine Schatten. *Sebastian Haffner*

Gescheite das *1* Was nennen die Menschen am liebsten «dumm»? Das Gescheite, das sie nicht verstehen. *Marie von Ebner-Eschenbach*

2 Lieber gelegentlich eine Dummheit machen als nie etwas Gescheites.
Markus M. Ronner

Gescheite der *1* Der Jammer mit der Menschheit ist, daß die Narren so selbstsicher sind und die Gescheiten so voller Zweifel.
Bertrand Russell

2 Die Törichten machen immer wieder dieselben Dummheiten, die Gescheiten wenigstens immer wieder andere.
Karl Heinrich Waggerl

3 Es gibt viele Narren, die so tun, als wären sie gescheit. Warum sollte ein Gescheiter nicht so tun dürfen, als wäre er ein Narr?
Salvador Dalí

4 Die Frau liebt die Schwäche des Starken mehr als seine Stärke, die Dummheit des Gescheiten mehr als seine Gescheitheit.
Shirley MacLaine

5 Der Aphorismus will nicht Dumme gescheit, sondern Gescheite nachdenklich machen. *Sigmund Graff*

Gescheitere Der Gescheitere gibt nach: ein unsterbliches Wort. Es begründet die Weltherrschaft der Dummheit.
Marie von Ebner-Eschenbach

Geschenk *1* Ein Geschenk ist genau soviel wert wie die Liebe, mit der es ausgesucht worden ist. *Thyde Monnier*

2 Ein Buch ist deshalb ein so passendes Geschenk, weil viele Leute nur lesen, um nicht denken zu müssen. *André Maurois*

Geschichte *1* Eine Geschichte ist nicht nur dann wahr, wenn man sie so erzählt, wie sie passiert ist, sondern auch so, wie sie hätte passieren können. *Johannes Mario Simmel*

2 Die schönsten Geschichten gehen immer durch Recherchieren kaputt.
Markus M. Ronner

Geschichte (Historie) *1* Geschichte ist eine Sammlung von Tatsachen, die vermeidbar gewesen wären. *Stanislaw Jerzy Lec*

2 Die Geschichte ist das Verzeichnis der Zufrühgekommenen. *Rainer Maria Rilke*

3 Die Geschichte ist ein Drehbuch von miserabler Qualität. *Norman Mailer*

4 Geschichte, das wird ja gerne als unfein ignoriert, ist leider weitgehend Kriminalgeschichte. *Rolf Hochhuth*

5 Geschichte ist das Muster, das man hinterher in das Chaos webt. *Carlo Levi*

6 Geschichte ist die Addition von Zufällen.
Werner Höfer

7 Die Geschichte ist eine Buslinie mit Haltestellen, aber ohne Fahrplan. *John Osborne*

8 Die Geschichte ist eine Schule, in der die Stundenpläne selten eingehalten werden.
Olof Palme

9 Geschichte – Versteckspiel unbelehrter Kinder zwischen Gräbern.
Ernst Wilhelm Eschmann

10 Die Geschichte ist der beste Lehrmeister mit den unaufmerksamsten Schülern.
Indira Gandhi

11 Die Geschichte fotografiert mit einer langen Belichtungszeit. *Arthur Schlesinger*

12 Geschichte ist die Wissenschaft von dem, was nicht zweimal vorkommt. *Paul Valéry*

13 Die Geschichte wiederholt sich, und jedesmal kostet es mehr. *Halldór Laxness*

14 Wir lernen aus der Geschichte immer wieder, daß wir nichts lernen.
Henry de Montherlant

15 Ein Volk, das aus seiner Geschichte nicht lernt, ist dazu verurteilt, sie zu wiederholen.
Francisco Franco

16 Wer behauptet, die Geschichte zu verstehen, wird nie eine Rolle in ihr spielen.
Carlos Barral

17 Wenn man Geschichte macht, merkt man nicht, daß es Geschichte ist.
Margaret Thatcher

18 Geschichte schreibt man am besten mit Bleistift und Radiergummi.
Gerhard Altenbourg

19 Geschichte muß immer wieder neu geschrieben werden, nicht weil neue historische Tatsachen bekannt werden, sondern weil sich der Standpunkt der Betrachter ändert. *Arnold J. Toynbee*

20 Aus der Geschichtsschreibung erfährt man mehr über die Historiker als über die Geschichte. *Paul Reynaud*

21 Die Konservativen sind die Pausenzeichen der Geschichte. *Norman Mailer*

22 Der Nachruhm ist das Dessert der Geschichte. *Harold Macmillan*

23 Ein Denkmal ist ein Stehplatz, den man von der Geschichte bekommen hat. *Harold Macmillan*

24 Ein Politiker, der schon in die Geschichte eingegangen ist, kann schwerlich daraus zurückkehren. *Henri Troyat*

25 Geschichte ist kurzlebig. Von Molotow ist nur der Cocktail übriggeblieben. *Markus M. Ronner*

26 In die Geschichte gehen Sätze von höchstens sieben Wörtern ein. *Hugo Dionizy Steinhaus*

27 Der Mensch ist das Tier, das Geschichte hat. *Carl Friedrich von Weizsäcker*

28 Der Mann macht Geschichte, das Weib ist Geschichte. *Oswald Spengler*

29 Journalismus ist in Wirklichkeit Geschichte, die dahinstürmt. *Thomas Griffith*

30 Die Geschichte der Kritik ist dazu da, zu beweisen, wie fehlbar die zeitgenössische Kritik ist. *William Somerset Maugham*

31 Die Geschichte der Sexualität ist die Geschichte ihrer Unterdrückung. *Lutz Röhrich*

Geschichtsschreibung *1* Die Geschichtsschreibung ist ein Kartenhaus, das von der Windstille abhängt. *Reinhold Schneider*

2 Geschichtsschreibung ist Planung für die Vergangenheit. *Thornton Wilder*

3 Geschichtsschreibung ist Vergangenheitstapezierung. *Evangelos Averoff-Tositsas*

4 Die Geschichtsschreibung ist eine Waschanstalt, aus der die Wäsche meist schmutziger zurückkommt, als sie hingebracht worden ist. *Dame Edith Sitwell*

5 Die Geschichtsschreibung ist der zweite Triumph der Sieger über die Besiegten. *Bernard L. Montgomery*

6 Geschichtsschreibung ist der Klatsch der Professoren. *John Osborne*

7 Das Schwierige an der Geschichtsschreibung ist, daß die, die Geschichte machen, nie wissen, wie es weitergeht. *Hilaire Belloc*

Geschiedene Eine Geschiedene ist eine Frau, die geheiratet hat, um nicht mehr arbeiten zu müssen, und nun arbeitet, um nicht wieder heiraten zu müssen. *Anna Magnani*

Geschlecht *1* Auch emanzipierte Frauen wünschen sich manchmal, daß der Unterschied zwischen den Geschlechtern etwas größer wäre. *Wolfgang Eschker*

2 Die Männer sind das nebensächliche Geschlecht. Im Tierreich braucht man sie bei vielen Arten nicht einmal zur Fortpflanzung. *Orson Welles*

3 Es ist ein vergebliches Bemühen, die beiden Geschlechter entzweien zu wollen; sie finden ja doch wieder zueinander. *Claire Boothe-Luce*

Geschlechtsleben Liebe ist ein nicht näher definierbares Gefühl, das im Leben unendliche Komplikationen hervorruft, besonders im Geschlechtsleben. *Gabriel Laub*

Geschlechtsorgan Man kann erst dann wieder einen Film über Sexualität drehen, wenn ein neues Geschlechtsorgan erfunden worden ist. *Alfred Hitchcock*

Geschlechtssymbol Die Hose ist mittlerweile ein so weibliches Kleidungsstück geworden, daß sich die Männer nach einem anderen Geschlechtssymbol umsehen sollten. *Peter Ustinov*

Geschlechtstrieb Die Ehe ist eine Institution zur Lähmung des Geschlechtstriebes. *Gottfried Benn*

Geschlechtsverkehr In unserer Zeit hat der Geschlechtsverkehr nur mehr die Bedeutung eines Händedrucks in der Horizontalen. *Doris Lessing*

Geschmack *1* Ich habe einen ganz einfachen Geschmack. Ich bin stets mit dem Besten zufrieden. *Oscar Wilde*

2 Der einzige Geschmack, der einem Menschen wirkliche Befriedigung geben kann, ist sein eigener. *Philip Rosenthal*

3 Welche Frau gäbe nicht gerne zu, daß ihr Mann bei der Partnerwahl einen besseren Geschmack hatte als sie selbst. *Victor de Kowa*

4 Die Eleganz ist der Geschmack der anderen. *Arthur Schnitzler*

5 Der schlechte Geschmack gefällt, sobald er Mode wird. *Félicien Marceau*

6 Kunst hat mit Geschmack nichts zu tun. Kunst ist nicht da, daß man sie schmecke. *Max Ernst*

Geschriebene Alles Geschriebene ist gegen den Tod angeschrieben. *Heinrich Böll*

Geschwätz *1* Reden ohne Schweigen wird Geschwätz. *Romano Guardini*

2 Am Anfang war das Wort und nicht das Geschwätz, und am Ende wird nicht die Propaganda sein, sondern wieder das Wort. *Gottfried Benn*

Geschwätzigkeit Verdunkelung ist ein wunderbares Mittel gegen Geschwätzigkeit. Es wirkt bei Papageien; man sollte es auch bei Menschen anwenden. *Louis de Funès*

Geschwindigkeit Der Mensch von heute hat nur ein einziges wirklich neues Laster erfunden: die Geschwindigkeit. *Aldous Huxley*

Geselligkeit Geselligkeit ist die Kunst, den Umgang mit sich selbst zu verlernen. *Oscar Blumenthal*

Gesellschaft *1* Der Mensch lebt meistens allein und sollte deshalb Wert auf gute Gesellschaft legen. *Roberto Rossellini*

2 Gesellschaft ist wie die Luft: notwendig zum Atmen, aber nicht ausreichend, daß man davon leben könnte. *George Santayana*

3 Eine selbstbewußte Gesellschaft kann viele Narren ertragen. *John Steinbeck*

4 Die Gesellschaft neigt dazu, die Stumpfen zu ihren Spitzen zu machen. *Werner Schneyder*

5 Jede Gesellschaft hat die Schurken, die sie verdient. *Albert Camus*

6 Die sogenannte Crème der Gesellschaft ist meistens fett. *Jean Cau*

7 Ich bin sicher, daß die sozialistische Gesellschaft siegen wird. Ich habe nur keine Ahnung, wo. *Werner Schneyder*

8 Einer Gesellschaft, die man damit unterhalten kann, daß zwei Menschen einen Ball hin- und herschlagen, ist alles zuzutrauen. *Manfred Rommel*

9 Ein Künstler sollte geeignet sein für die beste Gesellschaft, aber sich von ihr fernhalten. *John Ruskin*

10 Unsere Gesellschaft gleicht einem Menschen, der ahnungslos in einem Minenfeld umherirrt und sich dabei Sorgen um seine Altersversorgung macht. *Hoimar von Ditfurth*

11 Wer eine Gesellschaft kritisieren will, muß Außenseiter dieser Gesellschaft sein. *Edward Albee*

12 Selbstmord ist ein Kompliment, das man der Gesellschaft nicht machen dürfte. *Oscar Wilde*

Gesellschafter Muße ist das Kunststück, sich selbst ein angenehmer Gesellschafter zu sein. *Karl Heinrich Waggerl*

Gesetz *1* Das Spiel ist das einzige, was Männer wirklich ernst nehmen. Deshalb sind Spielregeln älter als alle Gesetze der Welt. *Peter Bamm*

2 Vor dem Gesetz sind alle gleich, aber einige möchten halt gleicher sein. *Helmut Qualtinger*

3 Wer die Gesetze nicht kennt, bringt sich um das Vergnügen, gegen sie zu verstoßen. *Jean Genet*

4 Die englische Achtung vor der Tradition geht so weit, daß man alte Gesetze lieber umgeht als aufhebt. *Pierre Daninos*

Gesetzlichkeit Wenn man die Anarchisten der Gesetzlichkeit am Werke sieht, erscheinen einem die Bombenwerfer in milderem Licht. *Karl Kraus*

Gesicht *1* Gesichter sind die Lesebücher des Lebens. *Federico Fellini*

2 Sein Gesicht sagte alles. Es war nichtssagend. *Wolfgang Eschker*

3 Das Gesicht eines Menschen verrät vielleicht dessen Magen, gewiß aber nicht sein Herz. *Erhard Blanck*

4 Von einem bestimmten Alter an ist jeder Mensch für sein Gesicht verantwortlich. *Albert Camus*

5 Wenn eine Frau lange genug nackt gewesen ist, schaut man ihr wieder ins Gesicht. *Norman Mailer*

6 Sein wahres Gesicht zu zeigen, ist von allen Entblößungen die unschicklichste. *Hans Krailsheimer*

7 Die ungeschminkte Wahrheit bringt immer Farbe ins Gesicht. *Gerhard Uhlenbruck*

8 Es ist immer noch besser, vor leeren Stühlen spielen zu müssen, als vor leeren Gesichtern. *Alec Guinness*

9 Das Gesicht eines Regierungssprechers: mit den Jahren sieht es aus wie sein eigenes Dementi. *Heinrich Nüsse*

10 In der Weltpolitik herrscht Konjunktur für Kosmetik. Jeder will sein Gesicht wahren. *Joseph Alsop*

11 Warum müssen eigentlich so viele ihr Gesicht wahren, obwohl es gar nicht so schön ist. *Linus Pauling*

12 Manchmal kostet es den Kopf, wenn man sein Gesicht wahren will. *Wolfgang Eschker*

13 Als er seinen Kopf verloren hatte, zeigte er sein wahres Gesicht. *Gerhard Uhlenbruck*

14 Wer sein Gesicht nicht mehr wahrt, zeigt sein wahres Gesicht. *Gerhard Uhlenbruck*

15 Wer sich zu lange im Spiegel betrachtet, verliert sein Gesicht. *Martin Kessel*

16 Mehr kann ein Mann nicht verlieren als sein Gesicht. *Tom Stoppard*

17 Mancher gewinnt, wenn er sein Gesicht verliert. *Peter Benary*

18 Maske: der einzige Teil des Gesichts, den sich der Mensch selber aussucht. *Gabriel Laub*

19 Die Maske verrät mehr über den Menschen als sein Gesicht. *Jean-Louis Barrault*

20 Wie viele Masken muß der Mensch aufsetzen, um den Schlag ins Gesicht nicht zu spüren? *Stanislaw Jerzy Lec*

21 Wenn wir die letzte Maske ablegen, verlieren wir unser Gesicht. *Hans Kudszus*

22 Wer die Uniform erfunden hat, wollte keine Gesichter mehr sehen. *Thomas Niederreuther*

23 Wer kommt, wird nach seinem Gesicht beurteilt. Wer geht, nach seinem Kopf. *Heinrich Wiesner*

24 Wie alt man geworden ist, sieht man an den Gesichtern derer, die man jung gekannt hat. *Heinrich Böll*

25 Mein Gesicht ist meine Firma. *Gaby Dohm*

Gesichtspunkt Sommersprossen sind Gesichtspunkte, die man küssen kann. *Curt Goetz*

Gesichtszug Die verbitterten Gesichtszüge eines Mannes sind oft nur die festgefrorene Verwirrung eines Knaben. *Franz Kafka*

Gespräch *1* Menschen, die ein Gespräch führen wollten, waren mir schon immer verdächtig. Gut reden kann man mit einfachen Leuten. *Thomas Bernhard*

2 Hüte dich vor einem Gespräch, das zu leicht beginnt. *Stephen Leacock*

3 Ein Buch ist immer ein verhindertes Gespräch. *Hans Urs von Balthasar*

4 Groß betrachtet ist alles Gespräch nur – Selbstgespräch. *Christian Morgenstern*

5 Ein Psychoanalytiker ist ein Mann, der nach Gesprächen mit vielen Patienten sagen kann, was ihm fehlt. *Peter Sellers*

6 Nach manchem Gespräch mit einem Menschen hat man das Verlangen, einen Hund zu streicheln, einem Affen zuzunicken oder vor einem Elefanten den Hut zu ziehen. *Maxim Gorki*

Gesprächspartner Wenn Sie mit einem Gesprächspartner weder politisch noch kulturell übereinstimmen, besagt das nicht, daß der Betreffende anderer Meinung ist. Er liest vielleicht nur eine andere Zeitung. *Oliver Hassencamp*

Gesprächsthema Schlechte Zeiten sind gute Gesprächsthemen. *Wolf Wondratschek*

Geständnis Geständnisse werden meist von denen gemacht, die ihre Bedeutung nicht kennen. *Charles John Darling*

Gestern Antiquitäten sind das einzige Feld, auf dem das Gestern noch Zukunft hat.
Harold Wilson

Gestreßte Wenn der Gestreßte abschaltet, hat er das Gefühl, ausgeschaltet zu sein.
Gerhard Uhlenbruck

Gestrige Es gibt nicht nur die ewig Gestrigen, es gibt auch die ewig Morgigen.
Erich Kästner

Gesundheit *1* Gesundheit ist ein labiler Zustand, der nichts Gutes erwarten läßt.
Markus M. Ronner

2 Gesundheit ist die Summe aller Krankheiten, die man nicht hat. *Gerhard Uhlenbruck*

3 Die Natur duldet keine unheilbare Gesundheit. *Thomas Bernhard*

4 Gesundheit ist doch eine häßliche Krankheit, sagen die Bakterien. *Piet Hein*

5 Das Herz pocht – auf seine Gesundheit.
Gerhard Uhlenbruck

6 Glück ist die Gesundheit der Seele.
Hans Lohberger

7 Vernunft ist so etwas wie ansteckende Gesundheit. *Alberto Moravia*

8 Eine gute Ehe ist wie eine ungestörte Gesundheit: beide realisiert man erst dann, wenn man sie nicht mehr hat.
William Somerset Maugham

Gewalt *1* Wo Gewalt angewendet wird, wird Gewalt geweckt. *Karl Jaspers*

2 Was mit Gewalt erlangt worden ist, kann auch nur mit Gewalt behalten werden.
Mahatma Gandhi

3 Das Recht ist eine Gewalt, die der Gewalt das Recht streitig macht. *Hans Kudszus*

4 Der starke Mann ist stärker ohne Gewalt.
Bertolt Brecht

5 Wer die Gewalt als seine Methode proklamiert hat, muß die Lüge zu seinem Prinzip machen. *Alexander Solschenizyn*

6 Gewalt birgt immer ein Element der Verzweiflung. *Thomas Mann*

7 Was ist Gewalt anderes als Vernunft, die verzweifelt? *José Ortega y Gasset*

8 Der Geist der Gewalt ist so stark geworden, weil die Gewalt des Geistes so schwach geworden ist. *Leonhard Ragaz*

9 Gewalt ist das Problem, als dessen Lösung sie sich ausgibt. *Friedrich Hacker*

Gewehr Die deutliche Sprache der Gewehre verstehen immer nur die Erschossenen.
Wolf Biermann

Geweih Der Ehemann ist seiner Frau ausgeliefert auf Geweih und Verderb.
Alexander Roda Roda

Gewicht *1* Man ist niemals zu schwer für seine Größe, aber man ist oft zu klein für sein Gewicht. *Gert Fröbe*

2 Manch einer fühlt sich vor allem deshalb so bedrückt, weil er sich zuviel Gewicht beimißt. *Markus M. Ronner*

Gewichtheber Gewichtheber sind Leute, die von Hanteln viel Aufhebens machen.
Heinz Erhardt

Gewissen *1* Das Gewissen ist der unpersönlich gewordene Vater. *Hans Lohberger*

2 Das Gewissen ist eine Schwiegermutter, deren Besuch nie endet.
Henry Louis Mencken

3 Gewissen ist eine Gedächtnisfrage.
Elazar Benyoëtz

4 Gewissen kann nur sein, wo Wissen ist.
Erhard Blanck

5 Das Gewissen ist ein Kontobuch – man kann es überziehen. *George Bernard Shaw*

6 Das Gewissen ist eine Uhr, die immer richtig geht. Nur wir gehen manchmal falsch.
Erich Kästner

7 Das Gewissen ist die Stimme des Staatsanwalts in uns. *William Casey*

8 Gewissen: die innere Stimme, die uns warnt, weil jemand zuschauen könnte.
Henry Louis Mencken

9 Das Gewissen ist jene innere Stimme, die uns zwar nicht abhält, etwas zu tun, aber das Vergnügen erheblich stört. *Marcel Achard*

10 Auch die Stimme des Gewissens kennt den Stimmbruch. *Stanislaw Jerzy Lec*

11 Die Stimme des Gewissens wäre ein besserer Berater, wenn wir ihr nicht immerzu soufflieren würden, was sie sagen soll.
Jean Anouilh

12 Wenn das Gewissen ein Rotlicht ist, dann

bemühen sich die meisten, noch schnell bei Gelb über die Kreuzung zu kommen. *Senta Berger*

13 Für jeden kommt der Zeitpunkt, an dem er von seinem Gewissen eingeholt wird. *Federico Fellini*

14 Sein Gewissen war rein. Er benutzte es nie. *Stanislaw Jerzy Lec*

15 Terroristen haben kein Gewissen, da sie meinen, das Gewissen zu sein. *Friedrich Hacker*

16 Die Presse ist ein Gewissen aus Papier. *Malcolm Muggeridge*

17 Die Rose ist das gute Gewissen ihrer Dornen. *Hans Kudszus*

18 Verständliche Sprache bei einem Politiker zeugt von gutem Gewissen. *André Malraux*

19 Es gibt einen Grad von eingefleischter Verlogenheit, den nennt man «das gute Gewissen». *Friedrich Nietzsche*

20 Es ist erstaunlich zu sehen, wieviel Untaten ein gutes Gewissen erträgt. *Nikolaus Cybinski*

21 Jeder Christ kann die Raketen mit seinem Gewissen vereinbaren – wenn er an die Kreuzzüge denkt. *Helmut Ruge*

22 Die meisten Menschen leben in friedlicher Koexistenz mit einem schlechten Gewissen. *Henry Miller*

23 Ein schlechtes Gewissen ist nichts anderes als ein Gewissen, das seine Pflicht tut. *Joseph Höffner*

24 Ein schlechtes Gewissen kann nur haben, wer ein Gewissen hat. *Hans Habe*

25 Die Deutschen sind sicherlich das einzige Volk auf Erden, das ein schlechtes Gewissen mehr genießt als eine schöne Frau. *Peter Zadek*

26 Auch ein schlechtes Gewissen kann die Mutter guter Erfindungen sein. *Juliet Berto*

Gewissensbiß *1* Gewissensbisse erziehen zum Beißen. *Friedrich Nietzsche*

2 Gewissensbiß: der Trieb wird Hemmung. *Hans Lohberger*

3 Gewissensbisse sind die sadistischen Regungen des Christentums. *Karl Kraus*

4 Jeder Gewissensbiß ist ein Ahnen Gottes. *Peter Ustinov*

5 Gewissensbisse sind Erinnerungen an das, was man eigentlich vergessen wollte. *Bernhard Wicki*

6 Wer ein schlechtes Gedächtnis hat, erspart sich viele Gewissensbisse. *John Osborne*

7 Bedenken sind Gewissensbisse im vorhinein. *Hans Joachim Clarin*

Gewissenserforschung Gewissenserforschung ist Spionage bei sich selbst. *Jerome K. Jerome*

Gewißheit Ein neuer Irrtum ist mir lieber als alle Gewißheiten. *Hans Magnus Enzensberger*

Gewohnheit *1* Gewohnheiten sind die Fingerabdrücke des Charakters. *Alfred Polgar*

2 Gewohnheit bedeutet, einen gewissen Platz für jede Sache zu haben und sie niemals dort aufzubewahren. *Mark Twain*

3 Wer keine üblen Gewohnheiten hat, hat wahrscheinlich auch keine Persönlichkeit. *William Faulkner*

4 Das Leben ist nichts als die Summe der Gewohnheiten, die durch einige Gedanken gestört werden. *Paul Valéry*

5 Die meisten wohnen in den Ruinen ihrer Gewohnheiten. *Jean Cocteau*

6 Der Mensch ändert leichter seine Überzeugungen als seine Gewohnheiten. *Paul Wegener*

7 Nichts bedarf so sehr der Reform wie die Gewohnheiten der Mitmenschen. *Mark Twain*

8 Heiraten ist eine wunderbare Sache, solange es nicht zur Gewohnheit wird. *William Somerset Maugham*

9 Mit vierzig Jahren haben Männer fast nur noch Gewohnheiten; eine davon ist ihre Frau. *George Meredith*

10 Was die Liebe betrifft, ist es leichter, auf ein Gefühl zu verzichten, als eine Gewohnheit aufzugeben. *Marcel Proust*

11 Gewohnheiten machen alt. Jung bleibt man durch die Bereitschaft zum Wechsel. *Attila Hörbiger*

12 Das moderne Theater muß nicht danach beurteilt werden, wieweit es die Gewohnheiten des Publikums befriedigt, sondern danach, wieweit es sie verändert. *Bertolt Brecht*

Gewöhnliche Kleine Geister interessieren sich für das Außergewöhnliche, große Geister für das Gewöhnliche. *Elbert Hubbard*

Ghostwriter *1* Ghostwriter sind die Maßschneider der Rhetorik. *David Frost*

2 Ein Ghostwriter ist ein Mann, der das uriniert, was andere getrunken haben. *Norman Mailer*

Gift Wir brauchen uns nicht mehr vor Kannibalen zu fürchten; das Gift in uns hat uns ungenießbar gemacht. *Hermann J. Muller*

Gipfel *1* Der Mensch kann wohl die höchsten Gipfel erreichen, aber verweilen kann er dort nicht lange. *George Bernard Shaw*

2 Gipfel haben ihr eigenes Klima. *Hans Arndt*

3 Auf dem Gipfel des Erfolgs steht auch ein Kreuz; für die Leichen, über die man gegangen ist. *Gerhard Uhlenbruck*

4 Der Standort des Gipfels ist am Abgrund. *Stanislaw Jerzy Lec*

5 Der Gipfel zwingt erst zur Bewährung beim Blick in die Tiefe. *Hans Arndt*

6 Gipfel und Abgrund sind eins. *Friedrich Nietzsche*

7 Ich verstehe nicht, was man gegen den Abstieg haben kann. Gäbe es den Abstieg nicht, wären die Gipfel übersät mit erfrorenen Bergsteigern. *Werner Schneyder*

Gipfeltreffen Gipfeltreffen finden auf Bergen statt, die den Glauben versetzen. *Werner Marx*

Gitter Bei den wenigsten Gefängnissen sieht man die Gitter. *Oliver Hassencamp*

Glas *1* Ein halbleeres Glas Wein ist zwar zugleich ein halbvolles, aber eine halbe Lüge mitnichten eine halbe Wahrheit. *Jean Cocteau*

2 Freunde sind Leute, die Bücher von uns entleihen und nasse Gläser darauf stellen. *Edwin Arlington Robinson*

3 Wer in einem Steinhaus sitzt, soll nicht mit Gläsern werfen. *Austin O'Malley*

Glashaus *1* Wer im Glashaus sitzt, soll ruhig mit Steinen werfen. Scherben bringen Glück. *Markus M. Ronner*

2 Wer hat denn schon Steine zur Hand, wenn er im Glashaus sitzt? *Günther Ungeheuer*

3 Wer im Glashaus sitzt, sollte die Rolläden herunterlassen. *Oliver Herford*

4 Wer nicht im Glashaus sitzt, sollte sich ehrlicherweise eingestehen, daß er nicht hineinfand. *Rolf Hochhuth*

Glatteis Eines haben Automechaniker und Chirurgen gemeinsam: beide profitieren vom Glatteis. *Gerhard Uhlenbruck*

Glatze *1* Ein Feuilleton schreiben heißt, auf einer Glatze Locken drehen. *Karl Kraus*

2 Gründe, die an den Haaren herbeigezogen werden, sind immer die ersten, die eine Glatze bekommen. *Martin Kessel*

Glatzkopf Ausgefallenes wirkt immer komisch. Das ist das Pech der Glatzköpfe. *Markus M. Ronner*

Glaube *1* Glaube nennt man die Angewöhnung geistiger Grundsätze ohne Gründe. *Friedrich Nietzsche*

2 Der Glaube ist eine Art von sechstem Sinn, der wirksam wird, wenn die Vernunft versagt. *Mahatma Gandhi*

3 Der Glaube an Gott ist wie das Wagnis des Schwimmens: Man muß sich dem Element anvertrauen und sehen, ob es trägt. *Hans Küng*

4 Der wesentliche Teil des Glaubens ist Geduld. *George MacDonald*

5 Wenn der Glaube stark ist, kann er Berge versetzen. Aber ist er auch noch blind, dann begräbt er das Beste darunter. *Karl Heinrich Waggerl*

6 Der Glaube versetzt Berge, der Zweifel erklettert sie. *Karl Heinrich Waggerl*

7 Der Glaube kann zwar keine Berge versetzen, aber er vermag Berge dorthin zu setzen, wo keine sind. *Friedrich Nietzsche*

8 Wer Glauben schenkt, ist ihn los. *Stanislaw Jerzy Lec*

9 Wer an einen Glauben glaubt, der läßt andere für sich glauben. *Friedrich Georg Jünger*

10 Ein Glaube, der unruhig macht, ist Aberglaube. *Carl Ludwig Schleich*

11 Der größte Aberglaube ist der Glaube an die Vorfahrt. *Jacques Tati*

Glauben *1* Denken ist eine Anstrengung, Glauben ein Komfort. *Ludwig Marcuse*

2 Glauben: seine Zweifel in Sicherheit bringen. *Elazar Benyoëtz*

Gläubige *1* Der Gläubige, der nie gezweifelt hat, wird schwerlich einen Zweifler bekehren. *Marie von Ebner-Eschenbach*

2 Hinknien ist noch kein Beweis – weder für einen Gott noch für einen Gläubigen; nur dafür, daß einer nicht mehr stehen kann. *Ludwig Marcuse*

3 Höllenqualen sind den Gläubigen vorbehalten. *Gabriel Laub*

Gleichberechtigung *1* Die volle Gleichberechtigung der Frau wäre ein kolossaler Rückschritt. *Anita Ekberg*

2 Insgeheim wissen alle klugen Frauen, daß echte Gleichberechtigung mit dem Mann ein Zustand wäre, bei dem sie mehr verlieren als gewinnen würden. *Anna Moffo*

Gleichgewicht Der Zustand des Gleichgewichts ist nur auf dem gespannten Seil schön; auf dem Boden sitzend hat er nichts Glorreiches mehr. *André Gide*

Gleichgültigkeit *1* Gleichgültigkeit ist die Vergeltung der Welt für Mittelmäßigkeit. *Oscar Wilde*

2 Gleichgültigkeit ist die mildeste Form der Intoleranz. *Karl Jaspers*

3 Toleranz ist ein anderes Wort für Gleichgültigkeit. *William Somerset Maugham*

Gleichheit Das Ideal der Gleichheit ist deshalb so schwer zu verwirklichen, weil die Menschen Gleichheit nur mit jenen wünschen, die über ihnen stehen. *John B. Priestley*

Gletscher Jeder Schweizer trägt seine Gletscher in sich. *André Gide*

Glück *1* Glück, das ist einfach eine gute Gesundheit und ein schlechtes Gedächtnis. *Ernest Hemingway*

2 Glück ist die Gesundheit der Seele. *Hans Lohberger*

3 Glück ist, wenn man zusieht, wie die Zeit vergeht, und davon überzeugt ist, daß sie für einen arbeitet. *Werner Schneyder*

4 Dumm sein und Arbeit haben – das ist das Glück. *Gottfried Benn*

5 Glück heißt sich kratzen können, wo es einen juckt. *Ogden Nash*

6 Glück besteht darin, die Eigenschaften zu haben, die von der Zeit verlangt werden. *Henry Ford*

7 Glück ist immer das, was man dafür hält. *Ingrid Bergman*

8 Glück ist meistens ein beseligendes Mißverständnis. *Hannelore Schroth*

9 Glück heißt das mögen, was man muß, und das dürfen, was man mag. *Hans Joachim Clarin*

10 Glück ist Zufall, weiter nichts. *Paul Valéry*

11 Zum Glück muß man auch das Glück haben, daß man es findet. *Gerhard Uhlenbruck*

12 Glück kann man nur besitzen, solange man es nicht sieht. *Hermann Hesse*

13 Glück ist der Zustand, den man nicht spürt. *Kurt Tucholsky*

14 Glück ist ein Stuhl, der plötzlich da steht, wo man sich gerade zwischen zwei andere setzen wollte. *George Bernard Shaw*

15 Glück besteht darin, glücklich zu sein, und nicht etwa darin, den anderen glauben zu lassen, daß man es ist. *Jules Renard*

16 Das Glück vieler Menschen liegt darin, vier Wochen im Jahr nicht dort zu sein, wo sie sonst immer sind. *Karl Heinrich Waggerl*

17 Das Glück der Masse heißt Zwang. *Sigmund Graff*

18 Der Unterschied zwischen Glück und Vergnügen besteht darin, daß man sich das Vergnügen selber wählen kann. *Gustav Knuth*

19 Der Unterschied zwischen Vergnügen und Glück ist derselbe wie zwischen einem Kahn und einem Ozeandampfer. Auf den Tiefgang kommt es an. *Ewald Balser*

20 Vergnügen kann ein Fließbanderzeugnis sein, Glück niemals. *John Steinbeck*

21 Mancher versäumt das kleine Glück, während er vergeblich auf das große wartet. *Pearl S. Buck*

22 Nimm einem Durchschnittsmenschen seine Lebenslüge, und du nimmst ihm zugleich sein Glück. *Henrik Ibsen*

23 Glück ist heutzutage, wenn man im neugekauften Auto mit 150 km/h durch die innere Leere fährt. *Sigismund von Radecki*

24 Wer möchte nicht lieber durch Glück dümmer als durch Schaden klug werden? *Salvador Dalí*

25 Schade, daß man das Glück nicht auf dem Wege zu ihm finden kann. *Stanislaw Jerzy Lec*

26 Glück ist das Pech, das man nicht hat. *Jacques Anquetil*

27 Glück im Leben besteht aus den vielen Dingen, die einem nicht zugestoßen sind. *Paul Hörbiger*

28 Glück ist Scharfsinn für Gelegenheiten und die Fähigkeit, sie zu nutzen. *Sam Goldwyn*

29 Das Glück beruht oft nur auf dem Entschluß, glücklich zu sein. *Lawrence Durrell*

30 Jeder will Ordnung und Glück, trotzdem liegen sich alle in den Haaren. *Thornton Wilder*

31 «Jeder ist seines Glückes Schmied.» Aber wer kann noch mit Schmiedwerkzeug umgehen? *Oliver Hassencamp*

32 «Jeder ist seines Glückes Schmied»? Die meisten von uns sind der Amboß. *Hans-Horst Skupy*

33 Das beste Mittel, das Glück zu verpassen, besteht darin, es zu suchen. *Paul Claudel*

34 Glück ist wie ein Maßanzug. Unglücklich sind meistens die, die den Maßanzug eines anderen tragen möchten. *Karl Böhm*

35 Das Glück unterscheidet sich vom Unglück vor allem durch die kurze Dauer. *Gerhard Uhlenbruck*

36 Glück gleicht durch Höhe aus, was ihm an Länge fehlt. *Robert Frost*

37 Glück ist gut für den Körper, aber Kummer stärkt den Geist. *Marcel Proust*

38 Kummer läßt sich allein tragen. Für das Glück sind zwei Menschen erforderlich. *Elbert Hubbard*

39 Ob die Liebe ein Glück ist? Jedenfalls ist sie das charmanteste Unglück, das uns zustoßen kann. *Curt Goetz*

40 Die Quelle des Mythos ist nicht das Glück, sondern das Unglück. *Franz Herre*

41 Wer liebt, sucht nicht das Glück, sondern das Unglück. *Marcel Proust*

42 Glück in der Ehe setzt viele kleine Aufmerksamkeiten und manchmal eine große Unaufmerksamkeit voraus. *Inge Meysel*

43 Glück ist etwas, das man zum erstenmal wahrnimmt, wenn es sich mit großem Getöse verabschiedet. *Marcel Achard*

44 Glück erkennt man erst im Rückspiegel. *Hannelore Schroth*

45 Nichts macht so alt wie Glück. *Oscar Wilde*

46 Dauerndes Glück ist Langeweile. *Oswald Spengler*

47 Wenn du etwas Glück dein eigen nennst, verheimliche es. *Saul Bellow*

48 Glück hat keinen Plural. *Peter Bamm*

Glückliche Der Glückliche fühlt, der Unglückliche denkt. *Joachim Fernau*

Glücklichsein Zum Glücklichsein bedarf es einer jeweiligen Gedächtnisschwäche zugunsten des erkorenen Augenblicks. *Hans Arndt*

Glückspilz Glückspilze sind ungenießbar. *Lee Van Cleef*

Gnade *1* Gnade ist die Negation der Logik. *Hans Kudszus*

2 Gerechtigkeit ohne Gnade ist nicht viel mehr als Unmenschlichkeit. *Albert Camus*

3 Kein Mensch muß Christ sein, das ist eine Gnade. *Carl Friedrich von Weizsäcker*

Goethe *1* Goethe hätte nicht die geringste Chance gehabt, der größte deutsche Autor zu werden, wenn er gelesen worden wäre. *Peter Bichsel*

2 Goethes «Faust» beweist, daß ein junger Mann nur bei den Deutschen den Teufel braucht, um ein Mädchen zu verführen. *Friedrich Dürrenmatt*

3 Das imponiert mir an den Deutschen, daß sie immer etwas in ihrem Angebot finden. Wenn Kanonen nicht gehen, dann geht eben Goethe. *Werner Schneyder*

4 Geld ist nötig, um jederzeit Goethe zitieren zu dürfen: Götz von Berlichingen. *André Kostolany*

Goldfisch Niemand kommt sich so hilflos vor wie der Besitzer eines kranken Goldfisches. *Kin Hubbard*

Goldwaage Warum es von Vorteil ist, Worte auf die Goldwaage zu legen? Damit man sie von Blech unterscheiden kann. *Markus M. Ronner*

Gott *1* Gott schuf die Welt – und dann begann er mit ihr zu spielen. *Karol Irzykowski*

2 Als Gott sah, daß es gut war, warum hat er da nicht aufgehört? *Wolfgang Eschker*

3 Als Gott den Menschen erschuf, war er bereits müde; das erklärt manches. *Mark Twain*

4 Gott denkt in den Genies, träumt in den Dichtern und schläft in den übrigen Menschen. *Peter Altenberg*

5 Ohne Frauen geht es nicht, das hat sogar Gott einsehen müssen. *Eleonora Duse*

6 Auch Gott lernt dazu. Man merkt das an den Verbesserungen bei der Erschaffung der Frau gegenüber der des Mannes. *Zsa Zsa Gábor*

7 Die Frau ist die Rätselecke in Gottes großer Weltzeitung. *Marcel Achard*

8 Gott schuf den Menschen. Der Teufel den Mitmenschen. *Gerhard Uhlenbruck*

9 Gott ist die gewinnendste Maske des Teufels. *Ernst Wilhelm Eschmann*

10 Was ist der Mensch? Die Tragödie Gottes. *Christian Morgenstern*

11 Woher sollen die Menschen, denen gesagt wurde, sie seien Ebenbilder Gottes, ihre Demut nehmen? *Erhard Blanck*

12 Der Mensch denkt: Gott lenkt. *Bertolt Brecht*

13 Gott lenkt, der Mensch lenkt ein. *Gerhard Uhlenbruck*

14 Der Zufall ist Gottes Deckname, wenn Gott sich nicht zu erkennen geben will. *Anatole France*

15 Es gibt Zufälle, an denen sind noch die Fingerabdrücke Gottes. *Nikolaus Cybinski*

16 Die Astrologie ist eine Form von Aberglauben, die sich anmaßt, Gott in die Karten zu schauen. *Hoimar von Ditfurth*

17 Gott läßt vieles zu, was die Menschen verbieten möchten. *Henry Miller*

18 Damit Gott uns die Sünden vergeben kann, müssen wir erst einmal sündigen. *Brendan Behan*

19 Gott ist ein Zeuge, den man nicht vereidigen kann. *Samuel Beckett*

20 Jeder Gewissensbiß ist ein Ahnen Gottes. *Peter Ustinov*

21 Gott: die Summe aller unserer Entsagungen. *Stefan Napierski*

22 Der donnernde Gott, der zürnende Gott, der rächende Gott. Was für ein Choleriker. *Heinrich Wiesner*

23 Wann bist du eigentlich lieb, lieber Gott? *Wolfgang Borchert*

24 Gott schweigt. Deswegen gilt er als guter Zuhörer. *Emil Baschnonga*

25 Gott, denk mich bloß, um Gottes willen. *Ernst Augustin*

26 Wenn Gott alles segnen müßte, worum man bittet, würde er sich, juristisch gesehen, der Beihilfe schuldig machen. *Jean Genet*

27 Wenn die Götter uns strafen wollen, erhören sie unsere Gebete. *Oscar Wilde*

28 Hinknien ist noch kein Beweis – weder für einen Gott noch für einen Gläubigen; nur dafür, daß einer nicht mehr stehen kann. *Ludwig Marcuse*

29 Religion ist das Werk Gottes, das durch den Teufel seine Perfektion erhielt. *Peter Ustinov*

30 Gott liebt es, wenn seine Quellen rauschen. Aber niemand weiß, welche Art Mühlen er damit antreibt. *Karl Heinrich Waggerl*

31 Wir können uns zwar Gott ohne die Kirche vorstellen, aber nicht die Kirche ohne Gott. *Thomas Mann*

32 Der Satz, wonach alle Gottes Kinder sind, wird gerne dazu verwendet, Gottes Erwachsene zu verhindern. *Werner Schneyder*

33 Die Kunst ist eine Zusammenarbeit zwischen Gott und den Menschen. Je weniger der Mensch dabei tut, desto besser. *André Gide*

34 Schreiben und Verehren, das geht nicht zusammen: ob man will oder nicht – von Gott sprechen, heißt ihn von oben betrachten. *Emile M. Cioran*

35 Je weiter unsere Erkenntnis Gottes dringt, desto weiter weicht Gott vor uns zurück. *Marie von Ebner-Eschenbach*

36 Wer Gott definiert, ist schon Atheist. *Oswald Spengler*

37 Gott wird es verschmerzen können, daß Atheisten seine Existenz leugnen. *John B. Priestley*

38 Solange es Atheisten gibt, hat Gott die Chance, erwähnt zu werden. *Hans Kasper*

39 Wer zu sich selber nein sagt, kann zu Gott nicht ja sagen. *Hermann Hesse*

40 Alle Götter *waren* unsterblich. *Stanislaw Jerzy Lec*

41 Gott ist tot, Marx ist tot, und ich selber fühle mich nicht sehr gut. *Eugène Ionesco*

42 Auch Götter sterben, wenn niemand mehr an sie glaubt. *Jean-Paul Sartre*

43 Immer weniger Menschen glauben an Gott. Was vermutlich auf Gegenseitigkeit beruht. *Michael Augustin*

44 Seitdem die Menschen nicht mehr an Gott glauben, glauben sie nicht etwa an nichts, sondern an alles. *Gilbert Keith Chesterton*

45 Selbst wenn es dir gelingt, gottlos zu werden, so gelänge es dir doch nicht, Gott loszuwerden. *Peter Benary*

46 Ob ich gläubig bin? Das weiß nur Gott allein. *Stanislaw Jerzy Lec*

47 Der Glaube an Gott ist wie das Wagnis des Schwimmens: Man muß sich dem Element anvertrauen und sehen, ob es trägt. *Hans Küng*

48 Gott finden: aufhören, ihn zu suchen. *Elazar Benyoëtz*

49 Wasser ist nicht zum Trinken da, sonst hätte Gott nicht soviel davon gesalzen. *Brendan Behan*

50 Bei der nächsten Sintflut wird Gott nicht Wasser, sondern Papier verwenden. *Romain Gary*

51 Daß Gott die Vögel, die nicht säen und nicht ernten, dennoch ernährt, freut am meisten die Katzen. *Hans Kudszus*

52 Gott ernähret die Vögel unter dem Himmel – und im Winter läßt er sie verhungern. *Jules Renard*

Gottesfurcht Gottesfurcht ist Gotteslästerung. *Peter Hille*

Gottlosigkeit Statt beim Humoristen über seine Gottlosigkeit sollten sich manche Leute lieber bei Gott über ihre Humorlosigkeit beklagen. *Hanns-Hermann Kersten*

Gottvorstellung Der Mensch ist die ideale Gottvorstellung des Hundes. *Holbrook Jackson*

Götz-Zitat Das Götz-Zitat ist bekannt, so weit die deutsche Zunge reicht. *Markus M. Ronner*

Gourmet Der Gourmet muß in jeder Suppe ein Haar finden. Um seine Klasse zu beweisen. *Oliver Hassencamp*

Grab *1* Am Grab der meisten Menschen trauert, tief verschleiert, ihr ungelebtes Leben. *Oskar Jellinek*

2 Beim Verlassen des Grabes wechselt man den Schritt. *Hans Arndt*

3 Geschichte – Versteckspiel unbelehrter Kinder zwischen Gräbern. *Ernst Wilhelm Eschmann*

4 Wer Land heimholen will, wird Gräber mitbringen. *Peter Maiwald*

5 Wir sollten, wie in Urzeiten, den Politikern die Waffen mit ins Grab geben. *Nikolaus Cybinski*

6 Die Ironie ist die Kaktuspflanze, die über dem Grab unserer toten Illusionen wuchert. *Elbert Hubbard*

Grabrede Die meisten Grabreden sind ein Leichenschmus. *Georg Kreisler*

Grabschrift Grabschrift: spät vorgebrachte Komplimente. *Elbert Hubbard*

Grabspruch Stilmodelle: der Fluch, das Telegramm und der Grabspruch. *Emile M. Cioran*

Grabstein *1* Vier Zeilen in einem Lexikon sind mehr wert als der schönste Grabstein. *Alec Guinness*

2 Der Stein der Weisen erweist sich oft als Grabstein. *Wolfgang Eschker*

3 Die Grabsteine der Tugend werden gewöhnlich beim Juwelier gekauft. *Oskar Blumenthal*

Grammatik *1* Das Leben ist wie die Grammatik: die Ausnahmen sind häufiger als die Regeln. *Rémy de Gourmont*

2 In der Politik ist es manchmal wie in der Grammatik: ein Fehler, den alle begehen, wird schließlich als Regel anerkannt. *André Malraux*

Graphologe Schreibmaschine. Die Graphologen werden künftig aus dem Anschlag lesen müssen. *Heinrich Wiesner*

Gras *1* Heu machen kann schließlich jeder, wenn der Himmel Gras wachsen läßt. *Karl Heinrich Waggerl*

2 Wer im Sommer das Gras frißt, hat im Winter kein Heu. *Norbert Blüm*

3 Die Presse hat auch die Aufgabe, das Gras zu mähen, das über etwas zu wachsen droht. *Alfred Polgar*

4 Es gibt Untaten, über welche kein Gras wächst. *Ernst Bloch*

5 Manche hören aus dem Wachsen des Grases sogar den Butterpreis heraus. *Wolfgang Eschker*

6 Leute, die das Gras wachsen hören, haben es meistens auch gesät. *Peter Frankenfeld*

7 Auch die besessensten Vegetarier beißen nicht gern ins Gras. *Joachim Ringelnatz*

8 Todesängste: man hört das Gras wachsen, in welches man glaubt beißen zu müssen. *Gerhard Uhlenbruck*

Gratulation *1* Gratulation: die Höflichkeit des Neides. *Ambrose Bierce*

2 Gratulationen sind Kampfansagen. *Helmar Nahr*

Grausamkeit *1* Was bei der Jugend wie Grausamkeit aussieht, ist meistens Ehrlichkeit. *Jean Cocteau*

2 Grausamkeit empört, Dummheit entmutigt. *Albert Camus*

Grausen Wenn sich bei uns schon mal was wendet, dann meist mit Grausen. *Bert Berkensträter*

Greisenalter *1* Die Krise zur Lebensmitte ist die Pubertät des Greisenalters. *Werner Schneyder*

2 Das Greisenalter ist eine zweite Kindheit minus Lebertran. *Mark Twain*

Grenze *1* Wer seine Grenzen kennt, ist schon ein halber Weiser. *John Galsworthy*

2 Manch einer offenbart seine Grenzen erst dadurch, daß er sie zu überschreiten versucht. *Markus M. Ronner*

3 Ein Mensch, der seine Grenzen kennt, wird sie nicht so schnell überschreiten. *Harold George Nicolson*

4 Die Dummheit überschreitet keine Grenzen. Überall, wo sie hintritt, ist ihr Territorium. *Stanislaw Jerzy Lec*

5 Man sagt, die Liebe kenne keine Grenzen. Aber die Grenzen sind gerade das Interessante. *Jean-Luc Godard*

6 Keine Grenze verlockt mehr zum Schmuggeln als die Altersgrenze. *Robert Musil*

Grenzwert Grenzwerte sind Werte, die sich nach Überschreiten sogleich erübrigen. *Werner Schneyder*

Gretchen Armes Gretchen! Sie bekam es faustdick. *Nikolaus Cybinski*

Griff Man will immer das in den Griff bekommen, was man nicht begriffen hat. *Gerhard Uhlenbruck*

Große das *1*Alles Große in der Welt wird nur dadurch Wirklichkeit, daß irgendwer mehr tut, als er tun müßte. *Hermann Gmeiner*

2 Auf tausend Menschen, die bereit sind, etwas Großes zu tun, kommt einer, der bereit ist, etwas Kleines zu tun. *George MacDonald*

Große der Die Laster der Großen nennt man Allüren. *Friedl Beutelrock*

Größe *1* Man ist niemals zu schwer für seine Größe, aber man ist oft zu klein für sein Gewicht. *Gert Fröbe*

2 Understatement ist ein beliebtes Vergrößerungsglas für die eigene Größe. *Peter Ustinov*

3 Macht besitzen und nicht ausüben ist wahre Größe. *Friedl Beutelrock*

Größenwahn Größenwahn: Kinderkrankheit der Zwerge. *Stanislaw Jerzy Lec*

Großmaul Die Leute können ein Großmaul nicht ausstehen, aber zuhören werden sie ihm immer. *Cassius Clay*

Großstadt Die Großstadt ist ein Warenlager von Geräuschen. *Max Picard*

Großvater Jede Generation lächelt über die Väter, lacht über die Großväter und bewundert die Urgroßväter. *William Somerset Maugham*

Grübchen Wer in ein Grübchen verliebt ist, sollte nicht versuchen, die ganze Wange zu heiraten. *George Bernard Shaw*

Grube Wer andern keine Grube gräbt, fällt selbst hinein. *Karl Kraus*

Grund *1* Man hat immer zwei Gründe, etwas zu tun: einen anständigen und den wahren. *John Pierpont Morgan*

2 Gründe, die an den Haaren herbeigezogen werden, sind immer die ersten, die eine Glatze bekommen. *Martin Kessel*

Gründer Eine Wissenschaft, die zögert, ihre Gründer zu vergessen, ist verloren. *Alfred N. Whitehead*

Grundgesetz Ich stehe so fest auf dem Boden des Grundgesetzes, daß ich dauernd eingeschlafene Füße bekomme. *Günter Graß*

Grundlage Die Grundlage ist das Fundament der Basis. *Le Corbusier*

Grundsatz *1* Es heißt, der Teufel stecke im Detail. Ich glaube manchmal, er stecke eher in den Grundsätzen. *Michael Stewart*

2 Grundsätze haben keine wirkliche Macht, außer man hat gerade gut gegessen. *Mark Twain*

3 Grundsätze sind ein Korsett, das mit der Zeit immer enger wird. *Victor de Kowa*

4 Wer Grundsätze hat, darf auch einmal einen fallen lassen. *Otto Flake*

5 Seine Grundsätze sollte man sich für die großen Gelegenheiten sparen. *Albert Camus*

6 Es ist besser, hohe Grundsätze zu haben, die man befolgt, als noch höhere, die man außer acht läßt. *Albert Schweitzer*

Grüne *1* Nicht die Grünen schaffen uns die Probleme, sondern die Probleme schaffen uns die Grünen. *Klaus von Dohnanyi*

2 An den Grünen gefällt mir die grüne Farbe. *Ursula Maria Lehr*

Grunzen Was kann man von einem Schwein anderes erwarten, außer Grunzen? *Sean O'Casey*

Gruppe *1* Wer den höchsten Rang in einer Gruppe von Tieren oder Menschen hat, ist leicht zu erkennen. Es ist immer derjenige, der am meisten angeschaut wird. Davon kommt auch das Wort Ansehen. *Irenäus Eibl-Eibesfeldt*

2 Der Stärkste in der Gruppe ist immer auch das größte Arschloch. *Claude Sautet*

Guillotine Guillotine: eine Maschine, die einen Franzosen aus gutem Grund die Achseln zucken läßt. *Ambrose Bierce*

Gürtellinie Ich kenne Politiker, welche die Gürtellinie auf Kniescheibenhöhe reduziert haben. *Peter von Oertzen*

Gute *1* Es gibt nichts Gutes – außer: Man tut es. *Erich Kästner*

2 Es reicht nicht aus, Gutes zu tun. Man muß es auf die richtige Weise tun. *John Morley*

3 Das Gute, dieser Satz steht fest,
ist stets das Böse, das man läßt. *Wilhelm Busch*

4 Auch das Gute hat zwei Seiten. Eine gute und eine böse. *Stanislaw Jerzy Lec*

5 Da man Macht haben muß, um das Gute durchzusetzen, setzt man zunächst das Schlechte durch, um Macht zu gewinnen. *Ludwig Marcuse*

6 Wenn du willst, daß dir jemand nicht mehr unsympathisch ist, tue ihm Gutes. *Jacinto Benavente*

7 Erwarte keine Dankbarkeit, wenn du einem Menschen Gutes tust; du hast seine Schwächen aufgedeckt. *Elbert Hubbard*

8 Lieblos ist, wer nur Gutes zu lieben vermag. *Hans Kudszus*

9 Predigen ist die Kunst, die Menschen zum Guten zu verführen. *Billy Graham*

10 Das Gedächtnis ist ein sonderbares Sieb: es behält alles Gute von uns und alles Üble von den anderen. *Wieslaw Brudziński*

11 Alle Aphorismen über Frauen sind notgedrungen boshaft. Um das Gute an den Frauen zu schildern, benötigt man viele Seiten. *André Maurois*

Güte *1* Güte ist, wenn man das leise tut, was andere laut sagen. *Friedl Beutelrock*

2 Ein bißchen Güte von Mensch zu Mensch ist besser als alle Liebe zur Menschheit. *Richard Dehmel*

3 Mit Güte kann man fast jeden Menschen überraschen. *Pearl S. Buck*

4 Auch die Güte hat ihre heiklen Punkte. Da wird sie zur Dummheit. *Jean Giono*

5 Die Güte des Intellektuellen ist die Klarheit seiner Gedanken. *Hans Kudszus*

Gymnasiast Ich verstehe Einstein nicht, aber die heutigen Gymnasiasten verstehen ihn. Wir müssen also auf die Zukunft hoffen. *Eugène Ionesco*

H

Haar *1* Wird die Wahrheit frisiert, muß sie Haare lassen. *Hans Kasper*

2 Illusionen sind das, was ein Mann bisweilen noch vor seinen Haaren verliert. *Yul Brynner*

3 Jeder will Ordnung und Glück, trotzdem liegen sich alle in den Haaren. *Thornton Wilder*

4 Auch Kritik kann zur Manie werden: Man schmeckt vor lauter Haaren die Suppe nicht mehr. *Werner Roß*

5 Der Gourmet muß in jeder Suppe ein Haar finden. Um seine Klasse zu beweisen. *Oliver Hassencamp*

6 Friseurgespräche sind der unwiderlegliche Beweis dafür, daß die Köpfe der Haare wegen da sind. *Karl Kraus*

7 Wenn der Kopf ab ist, weint man den Haaren nicht nach. *Nikita Chruschtschow*

Hafen Wer den Hafen der Ehe ansteuert, tut gut daran, erst eine Hafenrundfahrt zu buchen. *Markus M. Ronner*

Hahn *1* Jeder Misthaufen ist das Zentrum der Welt, wenn der richtige Hahn drauf kräht. *Wolf Biermann*

2 Würde ein Hahn so denken wie ein Mensch – er wäre der Meinung, die Sonne gehe auf, um ihn krähen zu hören. *Markus M. Ronner*

3 Ein Hahn besingt sogar den Morgen, an dem er in den Suppentopf wandert. *Stanislaw Jerzy Lec*

4 Ein guter Einfall ist wie ein Hahn am Morgen. Gleich krähen andere Hähne mit. *Karl Heinrich Waggerl*

5 Wer Hahn im Korb ist, kann seinen Hühnern auch mal einen Korb geben. *Gerhard Uhlenbruck*

Halbwahrheit *1* Das Gefährliche an den Halbwahrheiten ist, daß fast immer die falsche Hälfte geglaubt wird. *Hans Krailsheimer*

2 Wenn wir einer Halbwahrheit nur scharf genug ins Auge sehen, ist es eine ganze Lüge gewesen. *Arthur Schnitzler*

Halbzeit Bei allem interessiert mich am meisten die zweite Halbzeit. Und ganz besonders interessieren mich die letzten zehn Minuten. *Samuel Beckett*

Hälfte *1* Die erste Hälfte unseres Lebens wird uns von unseren Eltern verdorben, die zweite von unseren Kindern. *Clarence Darrow*

2 Wer ununterbrochen vorwärts marschiert, steht die Hälfte seines Lebens auf einem Bein. *Manfred Bieler*

3 Wenn Männer aufs Ganze gehen, meinen sie meistens die untere Hälfte. *Helen Vita*

4 Frauen begnügen sich nicht länger mit der Hälfte des Himmels, sie wollen die Hälfte der Welt. *Alice Schwarzer*

5 Wenn ein Mächtiger teilt, beträgt seine Hälfte mindestens sechzig Prozent. *Georges Clemenceau*

6 Demokratie ist die wiederholt auftauchende Vermutung, daß mehr als die Hälfte der Leute in mehr als der Hälfte der Fälle recht hat. *Elwyn Brooks White*

7 Eine halbe Wahrheit ist nie die Hälfte einer ganzen. *Karl Heinrich Waggerl*

Hals *1* Erfahrung ist die Summe der Dummheiten, die man machen durfte, ohne sich den Hals zu brechen. *Paul Wegener*

2 Ein Bernhardiner ist das letzte, was ich sein möchte. Dauernd die Flasche am Hals und niemals trinken dürfen. *Joachim Ringelnatz*

Halt Wer seine Wurzeln nicht kennt, kennt keinen Halt. *Stefan Zweig*

Haltestelle Die Geschichte ist eine Buslinie mit Haltestellen, aber ohne Fahrplan. *John Osborne*

Haltung Charme zur Haltung gemacht, ist etwas Fürchterliches. Waffenstillstand mit der eigenen Lüge. *Max Frisch*

Hamlet Ich nehme lieber einen echten Kellner als einen Schauspieler, der in der Rolle eines Kellners gleich den Hamlet spielen will. *Ulrich Schamoni*

Hammer Im Leben kommt es darauf an, Hammer oder Amboß zu sein – aber niemals das Material dazwischen. *Norman Mailer*

Hamster Kriege führen auch die Ameisen, Staaten haben auch die Bienen, Reichtümer sammeln auch die Hamster. *Hermann Hesse*

Hand *1* Eine Hand wird zusehends schöner, wenn man sie streichelt. *Peter Altenberg*

2 Wenn dir einer mit dem Herzen in der Hand kommt, sieh dir zunächst einmal die Hand an. *Henry Benrath*

3 Als man ihm zurief: «Hand aufs Herz!», begann er zu suchen. *Wolfgang Eschker*

4 Gefährlicher als eine falsche Theorie ist eine richtige in falschen Händen. *Gabriel Laub*

5 Wer die Hand als erster zum Schlag erhebt, gibt zu, daß ihm die Ideen ausgegangen sind. *Franklin D. Roosevelt*

6 Ob die Gedanken wirklich aus Köpfen stammen? Meist stammen sie aus zweiter Hand. *Wieslaw Brudziński*

7 Wer die Perle in Händen hält, fragt nicht nach der Muschel. *Peter Benary*

8 Man sollte immer anständig spielen, wenn man die Trümpfe in der Hand hat. *Oscar Wilde*

9 Ein As sticht auch in einer schmutzigen Hand. *Peter Benary*

10 Frauen sind nicht etwa die besseren Menschen; sie hatten bisher nur nicht so viel Gelegenheit, sich die Hände schmutzig zu machen. *Alice Schwarzer*

11 Eine Hand wäscht die andere. Besonders in Kreisen, wo man sich die Hände nicht schmutzig macht. *Wolfgang Eschker*

12 Wer arbeitet, macht Fehler. Wer viel arbeitet, macht mehr Fehler. Nur wer die Hände in den Schoß legt, macht gar keine Fehler. *Alfred Krupp*

13 Weit ist der Weg vom Ohr zum Herzen, aber noch weiter ist der Weg zu den helfenden Händen. *Josephine Baker*

14 Gefesselte Hände können keinen Beifall klatschen. *Stanislaw Jerzy Lec*

15 Junggesellen sind Männer, die aus der Hand fressen – aber nur aus der eigenen. *Mario Adorf*

16 Ein Mann am Steuer eines Autos ist ein Pfau, der sein Rad in der Hand hält. *Anna Magnani*

17 Frauen am Steuer haben eine ruhigere Hand, weil sie nicht die Kurven fürchten müssen, die neben ihnen sitzen. *Alexander Kerst*

18 Sex-Appeal ist das, was Männer nur mit den Händen beschreiben können. *Uschi Glas*

19 Das Geheimnis, tausend Hände am Tag schütteln zu können, ohne Schaden zu nehmen, besteht darin, selbst zu schütteln und nicht schütteln zu lassen. *Eleanor Roosevelt*

Händedruck *1* Man muß sich von einem politischen Gegner nicht unbedingt mit einem Fußtritt verabschieden, wenn man es mit einem Händedruck tun kann. *Edgar Faure*

2 Mit einer geballten Faust kann man keinen Händedruck wechseln. *Indira Gandhi*

3 In unserer Zeit hat der Geschlechtsverkehr nur mehr die Bedeutung eines Händedrucks in der Horizontalen. *Doris Lessing*

Handeln *1* Spontanes Handeln will geübt sein. *Heinrich Nüsse*

2 Der Feind ist ein Freund, der dich zum Handeln anstachelt. *Elbert Hubbard*

3 Wer im Handeln ein Zwerg ist, kann im Ertragen ein Riese sein. *Hans Kudszus*

Handfessel Die Armbanduhr ist eine Handfessel der Zeit. *Sigismund von Radecki*

Handkuß *1* Ich hatte schon immer den Verdacht, daß der Handkuß zu einer Zeit des extremen Serviettenmangels erfunden wurde. *Alexander Roda Roda*

2 Ich bin für die Beibehaltung des Handkusses. Irgendwo muß man ja schließlich anfangen. *Sacha Guitry*

Handlung Das Leben zwingt den Menschen zu allerlei freiwilligen Handlungen. *Stanislaw Jerzy Lec*

Handschrift Leserlichkeit ist die Höflichkeit der Handschrift. *Friedrich Dürrenmatt*

Handschuh Einbrecher und Chirurgen ziehen Handschuhe an, weil sie ihre Spuren verwischen wollen. *Jacques Tati*

Handwerk Wenn man einem Mann das Handwerk gelegt hat, versucht er es eben mit den Füßen. *Helen Vita*

Handwerker Den schlechten Handwerker erkennt man daran, daß er kommt. *Alberto Sordi*

Happy-End Heute kann nur noch leben, wer an kein Happy-End mehr glaubt. *Ernst Jünger*

Harmonie *1* Takt ist unhörbare Harmonie. *Richard von Schaukal*

2 Wer Harmonie wünscht, soll in einen Gesangsverein eintreten, aber nicht in die Politik gehen. *Norbert Blüm*

3 Wer für Harmonie ist, muß auch bereit sein, das Harmonium zu spielen. *Franz Josef Strauß*

4 Manche Staatsmänner sind wie Klavierstimmer: Sie wollen die Harmonie wiederherstellen, indem sie die Spannung verstärken. *Walter Lippmann*

Härte An der Härte der Strafen erkennt man die Schwäche des Regimes. *Martin Kessel*

Hartherzige Die Sentimentalität ist das Alibi der Hartherzigen. *Arthur Schnitzler*

Haß *1* Haß ist Achtung vor der Macht des Gehaßten. *Hans Kudszus*

2 Haß ist die Rache des Feiglings dafür, daß er eingeschüchtert wurde. *George Bernard Shaw*

3 Haß ist stets Selbsthaß. Man haßt seine Ohnmacht. *Walter Hilsbecher*

4 Haß: ein angemessenes Gefühl angesichts der Überlegenheit eines anderen. *Ambrose Bierce*

5 Auch im Haß gibt es Eifersucht; wir wollen unseren Feind für uns allein haben. *Friedrich Nietzsche*

6 Haß beruht meistens auf Gegenseitigkeit, Liebe nur manchmal. *Erhard Blanck*

7 Wir alle benutzen einander und nennen es Liebe, und wenn wir einander nicht benutzen können, nennen wir es Haß. *Tennessee Williams*

8 Wenn es wirklich soviel Haß auf der Welt gibt – wie soll man sich da die Bevölkerungsexplosion erklären? *Truman Capote*

9 Haß muß produktiv machen, sonst ist es gescheiter, zu lieben. *Karl Kraus*

Hassen Überlasse das Hassen denen, die zu schwach sind, um lieben zu können. *Michel del Castillo*

Häßliche Der Charme ist die Chance der Häßlichen. *Sigmund Graff*

Häßlichkeit *1* Der Fleiß ist die Wurzel aller Häßlichkeit. *Oscar Wilde*

2 Mode ist eine so unerträgliche Form der Häßlichkeit, daß wir sie alle sechs Monate ändern müssen. *Oscar Wilde*

3 Das ist der Vorteil, wenn man häßlich ist: das Alter zerstört die Häßlichkeit. *Martin Walser*

Hauptgericht Manche Menschen richten ihr Leben so ein, daß sie von Vorspeisen und Beilagen leben. Das Hauptgericht lernen sie nie kennen. *José Ortega y Gasset*

Hauptportal Wer eine Hintertür in sein Leben einbaut, gebraucht sie eines Tages als Hauptportal. *Hans Arndt*

Hauptrolle Manche Menschen spielen nicht einmal in ihrem eigenen Leben die Hauptrolle. *Wolfgang Eschker*

Hauptstadt Selbst die Hunde bellen in der Hauptstadt zentraler. *Stanislaw Jerzy Lec*

Haus *1* Ein Haus, in dem man alle Räume kennt, ist nicht wert, bewohnt zu werden. *Giuseppe Tomasi di Lampedusa*

2 Man spricht immer nur von Leuten, die in Häuser einbrechen wollen. Aber es gibt mehr Leute auf der Welt, die aus Häusern ausbrechen wollen. *Thornton Wilder*

3 Weltverbesserer sind Leute, die sofort das ganze Haus einreißen, wenn eine Tür quietscht. *Gustav Knuth*

4 Die Huren auf der Straße benehmen sich so schlecht, daß man daraus auf das Benehmen der Bürger im Hause schließen kann. *Karl Kraus*

Hausarbeit Hausarbeit ist Menschenarbeit und nicht Frauenarbeit. *Alice Schwarzer*

Hausbesitzer Philosophen und Hausbesitzer haben immer Reparaturen. *Wilhelm Busch*

Hausfrau Schon an der Suppe erkennt man die Hausfrau. Eine Suppe kann lachen. *Thomas Niederreuther*

Haushalt Der Staatshaushalt ist ein Haushalt, in dem alle essen möchten, aber niemand Geschirr spülen will. *Werner Finck*

Haut *1* Die Haut ist das Tiefste am Menschen. *Paul Valéry*

2 Die Zukunft ist unser Hemd, aber die Gegenwart ist unsere Haut. *Eugène Ionesco*

3 Fahre nicht aus der Haut, wenn du kein Rückgrat hast. *Stanislaw Jerzy Lec*

4 Es gibt Menschen, die sich eine so dicke Haut zugelegt haben, daß sie auch ohne Rückgrat aufrecht stehen können. *Markus M. Ronner*

5 Manch einer trägt seine Haut nicht gern zu Markte, weil sie seine vielen Seelen in der Brust zusammenhält. *Arnold Gehlen*

6 Weibliche Fürsorge hat etwas Erschreckendes. Heute geht sie ans Hemd, morgen an die Haut, übermorgen unter die Haut. *Alfred Polgar*

7 Bei der Schafschur und bei den Steuern sollte man aufhören, sobald die Haut erreicht ist. *Austin O'Malley*

8 Prozeßpartei: jemand, der bereit ist, seine Haut zu opfern, in der Hoffnung, daß er seine Knochen behalten darf. *Ambrose Bierce*

Hebamme Wenn heutzutage Bücher geboren werden, sind es die Hebammen, die schreien. *Thornton Wilder*

Heidenlärm Wenn's um Toleranz geht, machen die Christen einen Heidenlärm. *Bert Berkensträter*

Heilige *1* Heiliger: ein toter Sünder, überarbeitet und neu herausgegeben. *Ambrose Bierce*

2 Die Heiligen: postume Karrieristen. *Gabriel Laub*

3 Der einzige Unterschied zwischen dem Heiligen und dem Sünder ist, daß jeder Heilige eine Vergangenheit und jeder Sünder eine Zukunft hat. *Oscar Wilde*

4 Kein Heiliger ist so gering, daß er nicht doch darauf hielte, seine eigene Kerze zu haben. *Karl Heinrich Waggerl*

5 Die erste Voraussetzung, um ein Heiliger zu werden, ist, Besuche zu ertragen. *Emile M. Cioran*

Heim Das traute Heim erspart dir eine Menge Arbeit, weil es dir keine Zeit für sie läßt. *Gabriel Laub*

Heimat *1* Die Heimat ist nie schöner, als wenn man in der Fremde von ihr spricht. *Horst Wolfram Geißler*

2 Das ist die Sehnsucht: wohnen im Gewoge und keine Heimat haben in der Zeit. *Rainer Maria Rilke*

3 Der Wiener ist der Heimat treuester Hasser. *Karl Kraus*

4 In Wien leben zwei Gruppen von Menschen sehr gut – die einen, die ständig auf ihre Heimat schimpfen, und die anderen, die schuld daran sind, daß man schimpft. *Peter Weck*

Heimweh *1* Der verborgene Sinn allen Reisens ist es, Heimweh zu haben. *Erhart Kästner*

2 Die Jugend hat Heimweh nach der Zukunft. *Jean-Paul Sartre*

Heirat *1* Die Heirat ist die einzige lebenslängliche Verurteilung, bei der man auf Grund schlechter Führung begnadigt werden kann. *Alfred Hitchcock*

2 Eine Heirat geht ja furchtbar schnell, nur die Scheidung ist immer so zeitraubend. *Brigitte Bardot*

Heiraten Heiraten ist eine wunderbare Sache, solange es nicht zur Gewohnheit wird. *William Somerset Maugham*

Heitere So schwer das Leichte fällt, so ernst ist das Heitere. *Peter Benary*

Held *1* Ein Held ist einer, der tut, was er kann. *Romain Rolland*

2 Der Held: ein Mensch, der sein Leben dafür opfert, daß der Lehrer an seinem Beispiel die Schüler zur Folgsamkeit erzieht. *Gabriel Laub*

3 Helden erkennt man daran, daß sie eine Gelegenheit zum Heldentum hatten, die Heldentat überlebten und daß jemand sie dabei sah und sie auch überlebte. *Rudolf Rolfs*

4 Wer eine Tragödie überlebt hat, ist nicht ihr Held gewesen. *Stanislaw Jerzy Lec*

5 Jeder Held des Tages fürchtet die Dämmerstunde. *Stanislaw Jerzy Lec*

6 Die Amerikaner sind große Heldenverehrer und suchen ihre Helden stets in der Verbrecherwelt. *Oscar Wilde*

7 Der Verbrecher von gestern ist der Held von heute. *Fritz Bauer*

8 Unglücklich das Land, das Helden nötig hat. *Bertolt Brecht*

Heldentat *1* Es gibt Heldentaten, derer nur die ganz Schüchternen fähig sind. *Pierre Gascar*

2 Ein Langweiler ist einer, der seinen Mund aufmacht und seine Heldentaten hineinsteckt. *Henry Ford*

Heldentum *1* Pflichterfüllung ist tägliches Heldentum ohne Ordensverleihung. *Werner Krauß*

2 Der Alltag der meisten Menschen ist stilles Heldentum in Raten. *Anna Magnani*

Hellseher Hellseher: eine Person – meist weiblichen Geschlechts –, die zu sehen vermag, was ihrem Kunden verborgen bleibt: daß er ein Schwachkopf ist. *Ambrose Bierce*

Hemmung *1* Gewissensbiß: der Trieb wird Hemmung. *Hans Lohberger*

2 In der Erschöpfung erlahmen auch die Hemmungen. *Hans Arndt*

Henker *1* Das Mitleid des Henkers liegt im sicheren Hieb. *Ernst Jünger*

2 Am gleichen Strang zu ziehen, heißt noch gar nichts. Auch Henker und Gehenkter tun das. *Helmut Qualtinger*

Herausforderung Jedes Mädchen ist eine frisierte Herausforderung. *Günther Weisenborn*

Herbst *1* Wenn der Herbst seine Farben verliert, kommt erst der wahre Herbst. *Joachim Günther*

2 Herbst. Wenn das Wild im Pfeffer liegt. *Emil Baschnonga*

3 Der Herbst ist die Zeit, da die Tage kürzer und die Bremswege länger werden. *Markus M. Ronner*

4 Erscheinen die meisten Bücher im Herbst, um an ihre Vergänglichkeit zu erinnern? *Nikolaus Cybinski*

Herde *1* Nicht die Diktatoren schaffen Diktaturen, sondern die Herden. *Georges Bernanos*

2 Von hundert, die von «Herde» reden, gehören neunundneunzig dazu. *Christian Morgenstern*

Herr *1* Ein Herr ist, wer noch nicht weiß, wessen Knecht er ist. *Hellmut Walters*

2 Eine liebende Frau ist eine Sklavin, die ihrem Herrn die Ketten anlegt. *George Bernard Shaw*

3 Ehe: eine Gemeinschaft, bestehend aus Herr, Herrin und zwei Sklaven. *Ambrose Bierce*

4 Eine Dame ist eine Frau, deren bloße Anwesenheit zur Folge hat, daß sich Männer wie Herren benehmen. *Henry Louis Mencken*

5 Herr, vergib ihnen, denn sie wissen, was sie tun. *Karl Kraus*

Herren-Magazin In den Herren-Magazinen wird nicht die Frau ausgebeutet. Nur der Mann. *Werner Schneyder*

Herrenparfüm Wo die Beize der Vitalität nachläßt, wird Herrenparfüm ruchbar. *Oliver Hassencamp*

Herrschende *1* Die Herrschenden müssen bewacht werden, nicht die Beherrschten. *Friedrich Dürrenmatt*

2 Die Herrschenden zimmern ihren Thron nicht mehr selber. Darum wissen sie auch nicht, wo er brüchig ist. *Karl Heinrich Waggerl*

3 Skandale stören das Untersichsein der Herrschenden. *Karl Otto Hondrich*

Herz *1* Das Problem ist heute nicht die Atomenergie, sondern das Herz des Menschen. *Albert Einstein*

2 Stein: ein häufig für Herzen verwendetes Material. *Ambrose Bierce*

3 Der Mensch hat ein hartes Herz und gefühlvolle Eingeweide. *Georges Bernanos*

4 Als man ihm zurief: «Hand aufs Herz!», begann er zu suchen. *Wolfgang Eschker*

5 Weit ist der Weg vom Ohr zum Herzen, aber noch weiter ist der Weg zu den helfenden Händen. *Josephine Baker*

6 Wenn dir einer mit dem Herzen in der Hand kommt, sieh dir zunächst einmal die Hand an. *Henry Benrath*

7 So mancher meint ein gutes Herz zu haben und hat nur schwache Nerven. *Marie von Ebner-Eschenbach*

8 Wer sein Herz auf der Zunge trägt, sollte nicht mit vollem Munde reden. *Gerhard Uhlenbruck*

9 Manch einem geht der Mund über, bevor das Herz voll ist. *Stella Kadmon*

10 Das Gesicht eines Menschen verrät vielleicht dessen Magen, gewiß aber nicht sein Herz. *Erhard Blanck*

11 Das Herz pocht – auf seine Gesundheit. *Gerhard Uhlenbruck*

12 Herz reimt sich wieder häufiger auf Schmerz, seit der Infarkt wie eine Seuche um sich greift. *Christiaan Barnard*

13 Erinnerungen sind Wärmeflaschen fürs Herz. *Rudolf Fernau*

14 Wer behauptet, München sei eine Weltstadt mit Herz, der hat keines. *Oliver Hassencamp*

Herzensbrecher Sogenannte Herzensbrecher brechen meistens Herzen, die bereits einen Sprung haben. *Markus M. Ronner*

Herzinfarkt Seltsamerweise entstehen Herzinfarkte durch Herzlosigkeit der Umwelt. *Gerhard Uhlenbruck*

Heu *1* Heu machen kann schließlich jeder, wenn der Himmel Gras wachsen läßt. *Karl Heinrich Waggerl*

2 Wer im Sommer das Gras frißt, hat im Winter kein Heu. *Norbert Blüm*

Heuchelei Höflichkeit: die annehmbare Heuchelei. *Ambrose Bierce*

Heucheln Heucheln: dem Charakter ein sauberes Hemd überziehen. *Ambrose Bierce*

Hieb *1* Hiebe tragen oft die größte Anhänglichkeit ein. *Walter Serner*

2 Das Mitleid des Henkers liegt im sicheren Hieb. *Ernst Jünger*

Hilfe *1* Wer um Hilfe ruft, nimmt in Kauf, daß die Polizei kommen könnte. *Danilo Kiš*

2 Es ist nicht die einfache Kreatur, die der Hilfe bedarf, sondern das Genie. *Eleonora Duse*

3 Beim modernen Ultimatum droht man nicht mit Krieg, sondern mit Hilfe. *George F. Kennan*

4 Bettler: jemand, der sich auf die Hilfe seiner Freunde verlassen hat. *Ambrose Bierce*

Hilflosigkeit Entrüstung ist ein Bekenntnis der Hilflosigkeit. *Walther Rathenau*

Himmel *1* Wir leben zwar alle unter dem gleichen Himmel, aber wir haben nicht alle den gleichen Horizont. *Konrad Adenauer*

2 Wer seinen Horizont erweitert, verkleinert den Himmel. *Klaus Kinski*

3 Gar mancher wähnt sich im Himmel, dabei schwebt er nur über den Wolken. *Friedl Beutelrock*

4 Wer mit den Füßen fest auf der Erde steht, kann nicht mit dem Scheitel den Himmel berühren. *Hans Kudszus*

5 Es ist besser, zum Himmel hinaufzuschauen, als dort zu leben. *Truman Capote*

6 Der Versuch, den Himmel auf Erden zu verwirklichen, produziert stets die Hölle. *Karl Popper*

7 Passagen zum Himmel oder zur Hölle bucht man im gleichen Reisebüro. *Upton Sinclair*

8 Für die Hölle gibt es genügend Beispiele. Den Himmel müssen wir uns machen. *Heinrich Nüsse*

9 Glücklich, wer dem Himmel danken kann! Der Zufall braucht keinen Dank. *Nikolaus Cybinski*

10 Frauen begnügen sich nicht länger mit der Hälfte des Himmels, sie wollen die Hälfte der Welt. *Alice Schwarzer*

11 Er versprach ihr den Himmel auf Erden. Dann schickte er sie zum Teufel. *Wolfgang Eschker*

12 Ehen werden im Himmel geschlossen, deshalb fällt man so tief. *August Strindberg*

13 Vielleicht wird der Himmel den Laien gehören, aber diese Welt gehört ganz bestimmt den Klerikern. *George Moore*

14 Der Himmel gehört allen, die Erde wenigen. *Klaus Staeck*

15 Es kommt darauf an, sich von anderen zu unterscheiden; ein Engel im Himmel fällt niemandem auf. *George Bernard Shaw*

16 Daß wir vor dem Himmel erst in die Erde müssen! Manche Umwege sind derart lang, daß wir eine Ewigkeit für sie brauchen. *Nikolaus Cybinski*

17 Ich glaube nicht, daß es im Himmel sehr humorvoll zugeht. *Mark Twain*

18 Was ist das erste, wenn Herr und Frau Müller in den Himmel kommen? Sie bitten um Ansichtskarten. *Christian Morgenstern*

Himmelskörper Wenn ein Mensch zu anderen Himmelskörpern fliegt und dort feststellt, wie schön es doch auf unserer Erde ist, hat die Weltraumfahrt ihren wichtigsten Zweck erfüllt. *Jules Romains*

Hindernis *1* Verbringe nicht die Zeit mit der Suche nach einem Hindernis, vielleicht ist keines da. *Franz Kafka*

2 Ein Vorbild wird zum Hindernis, wenn man es erreicht hat. *Efrem Zimbalist*

3 Jockeis sind Reiter, die manchmal früher über ein Hindernis kommen als das Pferd. *Danny Kaye*

Hinknien Hinknien ist noch kein Beweis – weder für einen Gott noch für einen Gläubigen; nur dafür, daß einer nicht mehr stehen kann. *Ludwig Marcuse*

Hinterbänkler Die Hinterbänkler sind die Infanteristen der Politik. *Denis Healey*

Hinterlist Taktik ist ein Modewort für Hinterlist. *Rudolf Rolfs*

Hintern *1* Wer kriecht, muß sich nicht wundern, wenn man ihn in den Hintern tritt. *Gerhard Uhlenbruck*

2 Da werkelt man sein Leben lang mit klassischen Rollen am Burgtheater und stellt dann fest, daß ein paar Männer im Leben und ein nackter Hintern alles sind, was die Leute an einem wirklich interessiert. *Erika Pluhar*

3 Müßte Aphrodite heute dem Meeresschaum entsteigen – sie hätte Furunkel am Hintern. *Jacques-Yves Cousteau*

4 Eine Fernsehshow ist der Triumph des Hintern über den Geist. *Henning Venske*

Hinterteil *1* Wer dem Publikum nachläuft, sieht nur dessen Hinterteil. *Birgit Breuel*

2 Wenn ich etwas in der Politik verabscheue, dann den Typ des Aals, der sich vor lauter Geschmeidigkeit am liebsten selbst in sein Hinterteil beißen würde. *Margaret Thatcher*

Hintertür Wer eine Hintertür in sein Leben einbaut, gebraucht sie eines Tages als Hauptportal. *Hans Arndt*

Hirn *1* Ein voller Magen ist keine Entschuldigung für ein leeres Hirn. *Wolfgang Eschker*

2 Die Frage: «Haben Sie ein Hirn?» kann einwandfrei nur der Metzger beantworten. *Herbert Achternbusch*

Historie Historie ohne Lügen ist außerordentlich langweilig. *Anatole France*

Historiker *1* Was in der Gegenwart geschieht, erfährt man in der Regel erst eine ganze Weile später von den Historikern. *Ludwig Marcuse*

2 Für Historiker ist die Gegenwart wie ein Camembert: erst eine Weile liegen lassen, damit der reizvolle Hautgout entsteht. *Henri Troyat*

3 Ein Historiker ist einer, der zu schlecht schreibt, um an einem Tagesblatt mitarbeiten zu können. *Karl Kraus*

4 Ein Historiker ist vor allem jemand, der nicht selber dabei war. *Frithiof Brandt*

5 Historiker: ein Breitspur-Klatschmaul. *Ambrose Bierce*

6 Die Historiker sind so etwas wie die Schminkmeister des großen Welttheaters. *John Osborne*

7 Historiker sind Anwälte, die erst plädieren, wenn ihr Klient gestorben ist. *Harold Macmillan*

8 Der Unterschied zwischen Gott und den Historikern besteht hauptsächlich darin, daß Gott die Vergangenheit nicht ändern kann. *Samuel Butler*

9 Aus der Geschichtsschreibung erfährt man mehr über die Historiker als über die Geschichte. *Paul Reynaud*

10 Man muß die historische Wahrheit mehr gegen die Historiker verteidigen als gegen die Dichter. *Ezra Pound*

Hobby *1* Hobbies sind Steckenpferde, die den Reitern die Sporen geben. *Heinz Rühmann*

2 Stecken«pferd» bedeutet nicht, daß man ein Hobby tierisch ernst nehmen soll. *Gerhard Uhlenbruck*

3 Die Schauspielerei ist ein herrlich überbezahltes Hobby für kindliche Gemüter. *David Niven*

4 Für den Leser ist ein gutes Buch das billigste Hobby, für den Schriftsteller – das teuerste. *Gabriel Laub*

Hochmut *1* Es gibt eine besonders unsympathische Art von Hochmut; sie heißt Demut. *Hans Krailsheimer*

2 Bescheidenheit – Mantel des Hochmuts. *Carmen Sylva*

Hochmütige Der Stolze verlangt von sich das Außergewöhnliche, der Hochmütige schreibt es sich zu. *Marie von Ebner-Eschenbach*

Hochstehende Immer, wenn man das Gefühl hat, etwas sittlich besonders Hochstehendes vollbracht zu haben, spricht die Wahrscheinlichkeit dafür, daß man sich täuscht. *George F. Kennan*

Hochzeit *1* Eine Hochzeit ist eine Landung, die wie ein Start aussieht. *Paul Hubschmid*

2 Eine Komödie, die mit einer Hochzeit endet, ist der Anfang einer Tragödie. *George Bernard Shaw*

3 Japanische Sitten haben einen tiefen Sinn. Zum Beispiel lächelt die Japanerin in jeder Lebenslage, nur nicht bei der Hochzeit. *Pierre Loti*

Hochzeitsreise *1* Die Hochzeitsreise ist der erste Versuch, der Ehe-Realität zu entgehen. *August Strindberg*

2 Venedig ist meistens die zweite Enttäuschung der Braut auf der Hochzeitsreise. *Alberto Sordi*

Hoffen *1* Hoffen heißt: vom Leben falsche Vorstellungen haben. *Gottfried Benn*

2 Hoffen heißt: die Zukunft dementieren. *Emile M. Cioran*

Hoffnung *1* Hoffnung: man geht hinaus bei schönem Wetter und kehrt im Regen zurück. *Jules Renard*

2 Die Hoffnung ist die Willenskraft der Schwachen. *Henry de Montherlant*

3 Hoffnung ist ein Mittelding zwischen Flügel und Fallschirm. *Tilla Durieux*

4 Hoffnung ist der krankhafte Glaube an den Eintritt des Unmöglichen. *Henry Louis Mencken*

5 Wir haben nur vage Hoffnungen, aber klare Befürchtungen. *Paul Valéry*

6 Die Pille – die Hoffnung, nicht in dieselbe zu kommen. *Markus M. Ronner*

7 Hoffnung wäre gar keine Hoffnung, wenn sie nicht enttäuscht werden könnte. *Ernst Bloch*

8 Ein Aufruf zur Hoffnung ist heute ein Aufruf zum Widerstand. *Max Frisch*

9 Politiker sind Hoffnungsträger: Sie tragen unsere Hoffnungen zu Grabe. *Silvio Blatter*

10 Entferne die Hoffnung aus dem Herzen des Menschen und du machst ihn zum wilden Tier. *Ouida*

11 Das Leben hört erst auf, problematisch zu sein, wenn man ohne Furcht und Hoffnung lebt. *Ludwig Wittgenstein*

12 Es ist verblüffend, wie heiter man wird, wenn man Hoffnungen aufgibt. *Terence Rattigan*

13 Die einzige echte Hoffnung ist die, die auf das abzielt, was nicht von uns abhängt. *Gabriel Marcel*

Hoffnungsschimmer Nicht jedes Licht am Ende eines Tunnels bedeutet einen Hoffnungsschimmer. Manchmal ist es auch ein entgegenkommender Zug. *Markus M. Ronner*

Höflichkeit *1* Es gibt ein Minimum von Unaufrichtigkeit, das von jedem verlangt werden kann: Höflichkeit. *Hans Krailsheimer*

2 Höflichkeit: die annehmbare Heuchelei. *Ambrose Bierce*

3 Höflichkeit ist der Versuch, die anderen so zu sehen, wie sie nicht sind. *Victor de Kowa*

4 Höflichkeit ist der dritte Arm, der uns erlaubt, Zudringliche auf Distanz zu halten. *Walther Kiaulehn*

5 Höflichkeit ist die sicherste Form der Verachtung. *Heinrich Böll*

6 Höflichkeit ist Gymnastik gegen Leidenschaften. *Alain*

7 Es ist keine Höflichkeit, einem Lahmen den Stock tragen zu wollen. *Arthur Schnitzler*

8 Gratulation: die Höflichkeit des Neides. *Ambrose Bierce*

9 Klarheit ist die Höflichkeit des Schriftstellers. *Jules Renard*

10 Leserlichkeit ist die Höflichkeit der Handschrift. *Friedrich Dürrenmatt*

Höhepunkt Höhepunkte leben von Anläufen. *Hans Arndt*

Hölle *1* Ohne Kirche – keine Hölle. *Max Frisch*

2 Nichts lieben, das ist die Hölle. *Georges Bernanos*

3 Die Hölle – das ist im wesentlichen die Angst vor ihr. *Gerhard Uhlenbruck*

4 Die Hölle – das sind die andern. *Jean-Paul Sartre*

5 Die Hölle – das sind wir selbst. *Thomas Stearns Eliot*

6 Der Versuch, den Himmel auf Erden zu verwirklichen, produziert stets die Hölle. *Karl Popper*

7 Passagen zum Himmel oder zur Hölle bucht man im gleichen Reisebüro. *Upton Sinclair*

8 Wer den Menschen die Hölle auf Erden bereiten will, braucht ihnen nur alles zu erlauben. *Graham Greene*

9 Wir machen uns diese Welt zur Hölle, und jeder von uns ist sein eigener Teufel. *Oscar Wilde*

10 Sogar der Himmel kann zur Hölle werden. Ich denke da vor allem an die Fluglotsen. *Guy Williams*

11 Die Hölle bietet immerhin den Vorteil, daß man den Teufel nicht mehr an die Wand zu malen braucht. *Markus M. Ronner*

12 In der Hölle ist der Teufel eine positive Gestalt. *Stanislaw Jerzy Lec*

13 Die Hölle besteht darin, daß man in Ewigkeit tun muß, was man am liebsten getan hat. Zum Beispiel den Liebesakt. *Jean Cau*

14 Drehbuchschreiben ist die Hölle. *Wim Wenders*

15 Für die Hölle gibt es genügend Beispiele. Den Himmel müssen wir uns machen. *Heinrich Nüsse*

16 Kapitalismus ohne Konkurse ist wie Christentum ohne Hölle. *Frank Borman*

Höllenqual *1* Höllenqualen sind den Gläubigen vorbehalten. *Gabriel Laub*

2 Druckfehler zu sein, der einen Sinn hat – eine Höllenqual! *Karol Irzykowski*

Hollywood *1* Hollywood ist ein Ort, wo sie dir 50000 Dollar für einen Kuß und 50 Cent für deine Seele zahlen. *Marilyn Monroe*

2 Hollywood ist eine Stadt mit der Persönlichkeit eines Pappbechers. *Raymond Chandler*

3 Hollywood ist der einzige Ort, an dem man einen Ehemann schon nach fünf Minuten um die Hand seiner Frau bitten darf, ohne daß man deshalb für ungeduldig gehalten wird. *Steve McQueen*

4 In Hollywood werden Filme gemacht, die länger dauern als manche Schauspielerehe. *Barbra Streisand*

5 Die Hollywood-Pest heißt: Einsamkeit mit Hunden und geistvollen Flaschen. *Gloria Swanson*

6 Hollywood ist schon in Ordnung. Nur die Filme sind halt so schlecht. *Orson Welles*

Holzbein Holzbeine sind nicht vererblich, aber Holzköpfe. *Albert Edward Wiggam*

Holzhacken Holzhacken ist bei manchen Leuten deshalb so beliebt, weil sie den Erfolg dieser Tätigkeit sofort sehen können. *Albert Einstein*

Homer Der beste Western-Autor aller Zeiten war Homer. Seine Helden Achill, Ajax, Hector, Agamemnon denken, reden und handeln wie meine Filmbanditen. *Sergio Leone*

Homo sapiens Das Etikett «Homo sapiens» ist die groteskeste Form der Hybris, die sich denken läßt. *Hoimar von Ditfurth*

Horizont *1* Wir leben zwar alle unter dem gleichen Himmel, aber wir haben nicht alle den gleichen Horizont. *Konrad Adenauer*

2 Wer seinen Horizont erweitert, verkleinert den Himmel. *Klaus Kinski*

3 Die mit den weiteren Horizonten haben meistens schlechtere Aussichten. *Stanislaw Jerzy Lec*

Hormon *1* Jugend – das ist vor allem das Übergewicht der Hormone über die Argumente. *David Frost*

2 Sex ist das immer wiederholte Sechstagerennen der Hormone. *Henry Miller*

Hormonausschüttung Keiner, der ein Liebesgedicht schreibt, wird sich über Hormonausschüttung bei Verliebtheit orientieren. *Peter Bichsel*

Horoskop *1* Horoskope sind Religionsersatz, denn wer Religion hat, dem sind die Sterne schnuppe. *Sigismund von Radecki*

2 Ich halte sehr viel von Horoskopen – wenn sie gut sind. *Helmut Schmidt*

Horror Ein Blick in die Welt beweist, daß Horror nichts anderes ist als Realismus. *Alfred Hitchcock*

Höschen Wenn du Karate kannst, ist es egal, ob du Höschen trägst oder nicht. *Germaine Greer*

Hose *1* Man sollte nie seine beste Hose anziehen, wenn man hingeht, um für Freiheit und Wahrheit zu kämpfen. *Henrik Ibsen*

2 Die Hose ist mittlerweile ein so weibliches Kleidungsstück geworden, daß sich die Männer nach einem anderen Geschlechtssymbol umsehen sollten. *Peter Ustinov*

Hüfte Essen ist eine höchst ungerechte Sache: Jeder Bissen bleibt höchstens zwei Minuten im Mund, zwei Stunden im Magen, aber drei Monate an den Hüften. *Christian Dior*

Huhn *1* Die Klugheit des Fuchses wird oft überschätzt, weil man ihm auch noch die Dummheit der Hühner als Verdienst anrechnet. *Hans Kasper*

2 Wer Hahn im Korb ist, kann seinen Hühnern auch mal einen Korb geben. *Gerhard Uhlenbruck*

Hühnerauge *1* Die Menschen nehmen es hin, wenn man ihnen auf die Hühneraugen tritt. Aber sie nehmen es nicht hin, wenn man sagt, sie hätten Hühneraugen. *Norman Mailer*

2 Übertretungen kommen nur von den Geboten, Hühneraugen von zu engen Schuhen. *Peter Hille*

3 Koalition ist das Kunststück, den rechten Schuh auf dem linken Fuß zu tragen, ohne Hühneraugen zu bekommen. *Guy Mollet*

Humanist Ein Humanist liebt alle Menschen – mit Ausnahme derjenigen, die ihm begegnet sind. *Wieslaw Brudziński*

Humanität *1* Humanität besteht darin, daß niemals ein Mensch einem Zweck geopfert wird. *Albert Schweitzer*

2 Definition der Humanität: den Angler verachten und sich von den Fischen ernähren, die er fängt. *Hans Kudszus*

3 Humanität ist das Waschweib der Gesellschaft, das seine schmutzige Wäsche in Tränen auswindet. *Karl Kraus*

Hummer *1* Der Hummer ist der Hering der Diplomaten. *Roger Peyrefitte*

2 Kummer reimt sich auf Hummer. Oder Krebs, wie die Ärzte sagen. *Gerhard Uhlenbruck*

Humor *1* Humor ist das, was man nicht hat, sobald man es definiert. *Rudolf Presber*

2 Humor ist die Lust zu lachen, wenn einem zum Heulen ist. *Werner Finck*

3 Der wahre Humor weiß ganz genau, daß man im Grunde nichts zu lachen hat. *Ernst Heimeran*

4 Humor: mit einer Träne im Auge lächelnd dem Leben beipflichten. *Friedl Beutelrock*

5 Die verborgene Quelle des Humors ist nicht Freude, sondern Kummer. *Mark Twain*

6 Mit dem Humor ist es wie mit den Austern: eine Perle setzt eine kleine Wunde voraus. *William Saroyan*

7 Humor setzt Wunden voraus; er ist eine Vernarbungserscheinung. *Sigmund Graff*

8 Humor ist die Fähigkeit, heiter zu bleiben, wenn es ernst wird. *Ernst Penzoldt*

9 Humor ist eine so ernste Sache, daß man es nur mit Humor schaffen kann. *Gabriel Laub*

10 Humor ist der Knopf, der verhindert, daß uns der Kragen platzt. *Joachim Ringelnatz*

11 Humor ist Distanzgefühl. *Bertolt Brecht*

12 Humor ist der Schwimmgürtel auf dem Strom des Lebens. *Wilhelm Raabe*

13 Humor ist wie Sekt: der trockene ist der beste. *Werner Roß*

14 Humor sollte so trocken sein, daß kein Auge trocken bleibt. *Werner Hinz*

15 Humor ist der Versuch, sich selbst nicht ununterbrochen wichtig zu nehmen. *Ernst Kreuder*

16 Menschen mit Humor stellen sich selbst auch in Frage; damit verbauen sie sich den Weg nach oben. *Esther Vilar*

17 Der Humor ist – wie die Liebe – eine Eigenschaft des Herzens. *Rudolf G. Binding*

18 Der Humor sitzt eher im Kopf als im Herzen. Dummköpfe sind humorlos. *Lee Remick*

19 Humor beim Zuhören läßt sich messen: es ist die Zeit, die vergeht, bis der Groschen fällt. *Heinz Schenk*

20 Wer Humor hat, der hat beinahe schon Genie. Wer nur Witz hat, der hat meistens nicht einmal den. *Arthur Schnitzler*

21 Humor unterscheidet sich vom Witz wie sich das Lächeln vom Gelächter unterscheidet. *Paul Alverdes*

22 Der Witz ist das Erdgeschoß des Humors, die Satire der erste Stock, die Ironie der zweite, der Sarkasmus die Mansarde. *Werner Krauß*

23 Humor tröstet die Menschen über das hinweg, was sie in Wirklichkeit sind. *Albert Camus*

24 Humor ist die Fähigkeit, an den Auswüchsen der menschlichen Natur Gefallen zu finden. *William Somerset Maugham*

25 Unter Humor verstehen die meisten Menschen das Gelächter über Dinge, die einem anderen zugestoßen sind. *Curt Goetz*

26 Schadenfreude ist ein typisch deutsches Wort – für mich die mieseste Äußerung des Humors. *Loriot*

27 Humor ist ein Element, das dem deutschen Menschen abhanden gekommen ist. *Kurt Tucholsky*

28 Deutscher Humor ist, wenn man trotzdem nicht lacht. *Sigismund von Radecki*

29 Es ist schlimm, in einem Lande zu leben, in dem es keinen Humor gibt. Aber noch schlimmer ist es, in einem Lande zu leben, in dem man Humor braucht. *Bertolt Brecht*

Humorist *1* Ein Humorist ist einer, dem weniger lustig zumute ist als den anderen. *Hans Weigel*

2 Angesichts der heute üblichen Honorare muß ein Humorist um jeden Preis witzig sein. *Gabriel Laub*

3 Statt beim Humoristen über seine Gottlosigkeit sollten sich manche Leute lieber bei Gott über ihre Humorlosigkeit beklagen. *Hanns-Hermann Kersten*

Humorlosigkeit Zieh von einem Menschen seine Humorlosigkeit ab, und rechne mit dem Rest. *Curt Goetz*

Hund *1* Der eigene Hund macht keinen Lärm – er bellt nur. *Kurt Tucholsky*

2 Ein Hund ist der einzige Freund, den man sich für Geld kaufen kann. *Fritz Herdi*

3 Viele Menschen wissen von ihren Hunden nicht viel mehr, als was sie gekostet haben. *Horst Stern*

4 In manchen Familien sind Hunde mit Stammbaum so eine Art Adelsersatz. *Oliver Hassencamp*

5 Bevor man in England einen Hund mit einem edlen Stammbaum kaufen kann, muß man seinen eigenen nachweisen. *Pierre Daninos*

6 Ich verabscheue Leute, die Hunde halten. Es sind Feiglinge, die nicht genug Schneid haben, selbst zu beißen. *August Strindberg*

7 Der Mensch ist ein Lebewesen, das klopft, schlechte Musik macht und seinen Hund bellen läßt. Manchmal gibt er auch Ruhe, aber dann ist er tot. *Kurt Tucholsky*

8 Der Hund bellt, wenn ihn etwas erregt. Der Mensch spricht immer. *Richard von Schaukal*

9 Wenn ein Hund dabei ist, werden die Menschen gleich menschlicher. *Hubert Ries*

10 Wenn du einen verhungernden Hund aufliest und ihn satt machst, dann wird er dich nicht beißen. Das ist der grundlegende Unterschied zwischen Hund und Mensch. *Mark Twain*

11 Kein Zweifel, der Hund ist treu. Aber sollen wir uns deshalb ein Beispiel an ihm nehmen? Er ist doch dem Menschen treu und nicht dem Hund. *Karl Kraus*

12 Der Mensch ist die ideale Gottvorstellung des Hundes. *Holbrook Jackson*

13 Eine vernünftige Anzahl von Flöhen ist gut für einen Hund; sie hält ihn davon ab, darüber nachzudenken, daß er ein Hund ist. *Brooke Foss Westcott*

14 Nach manchem Gespräch mit einem Menschen hat man das Verlangen, einen Hund zu streicheln, einem Affen zuzunicken oder vor einem Elefanten den Hut zu ziehen. *Maxim Gorki*

15 Viele, die ihr ganzes Leben auf die Liebe verwendeten, können uns weniger über sie sagen als ein Kind, das gestern seinen Hund verloren hat. *Thornton Wilder*

16 Selbst die Hunde bellen in der Hauptstadt zentraler. *Stanislaw Jerzy Lec*

17 Die menschlichen Vorurteile sind wie bissige Hunde, die nur den Furchtsamen angreifen. *Isolde Kurz*

18 Für Kritiker gilt der Grundsatz: Hunde, die beißen, bellen nicht. *Hans Weigel*

19 Diplomatie besteht darin, den Hund so lange zu streicheln, bis der Maulkorb fertig ist. *Fletcher Knebel*

20 Avantgardistische Ideen im Showbusineß sind riskant. Hier beißen die Hunde den ersten, nicht den letzten. *Michael Pfleghar*

Hunger Der große Hunger macht die Liebe klein – eine Unart, die sich der Appetit nie herausnähme. *Thaddäus Troll*

Hungrige Spricht der Hungrige von Freiheit, meint er Brot. *Hans Kasper*

Hure *1* Die Huren auf der Straße benehmen sich so schlecht, daß man daraus auf das Benehmen der Bürger im Hause schließen kann. *Karl Kraus*

2 Mit der Wahrheit ist das wie mit einer stadtbekannten Hure. Jeder kennt sie, aber es ist peinlich, wenn man ihr auf der Straße begegnet. *Wolfgang Borchert*

Hut *1* Es kommt nicht darauf an, was für einen Hut man auf dem Kopf hat, sondern was für einen Kopf unter dem Hut. *Herbert George Wells*

2 Das unbekannteste Land liegt unterm Hut. *George Bernard Shaw*

3 Die meisten «Männer der Feder» sollten sich diese an den Hut stecken. *Wolfgang Eschker*

Hutaufsetzen Es ist erstaunlich, wie viele Menschen den Kopf nur zum Hutaufsetzen haben. *Harold Pinter*

Hybris Das Etikett «Homo sapiens» ist die groteskeste Form der Hybris, die sich denken läßt. *Hoimar von Ditfurth*

Hysterie Hysterie ist die geronnene Milch der Mutterschaft. *Karl Kraus*

I

Ich *1* Wer sein eigenes Ich entfalten will, der soll nicht Theologe werden. *Otto Dibelius*

2 Der Engländer schreibt zwei Wörter immer groß: Ich und Gott. Und das Wort Ich schreibt er noch ein bißchen größer als das Wort Gott. *Pierre Daninos*

Ideal *1* Ideale sind das Schönste und Größte und Wertvollste im Leben – außer wenn wir versuchen, danach zu leben. *Charlie Chaplin*

2 Ideale sind wie Sterne: Man kann sie nicht erreichen, aber man kann sich an ihnen orientieren. *Carl Schurz*

3 Die Sterne, die wir am Himmel sehen, gibt es vielleicht gar nicht mehr. Genauso verhält es sich mit den Idealen früherer Generationen. *Tennessee Williams*

4 Der Wert der Ideale steigt. Wenigstens behaupten das diejenigen, die ihre Ideale erfolgreich verkauft haben. *Gabriel Laub*

5 Das Übel gedeiht nie besser, als wenn ein Ideal davorsteht. *Karl Kraus*

6 Die Wirklichkeit ist eine Sense für Ideale. *Helmut Qualtinger*

7 Das Ideal läßt sich am besten an den Opfern messen, die es verlangt. *Carl Friedrich von Weizsäcker*

8 An seinen Idealen zugrundegehen können heißt lebensfähig sein. *Peter Altenberg*

Idealismus *1* Idealismus ist die Fähigkeit, die Menschen so zu sehen, wie sie sein könnten, wenn sie nicht so wären, wie sie sind. *Curt Goetz*

2 Der Idealismus wächst mit der Entfernung vom Problem. *John Galsworthy*

Idealist *1* Der Idealist geht glatt durch Mauern und stößt sich wund an der Luft. *Alfred Polgar*

2 Ein Idealist ist ein Mann, der aus der Tatsache, daß die Rose besser riecht als der Kohl, darauf schließt, eine Suppe aus Rosen müsse auch besser schmecken. *Ernest Hemingway*

3 Idealisten sind Menschen, die so tun, als könnte man Ideale verwirklichen. *William Faulkner*

4 Extreme Idealisten sind immer Feiglinge; sie nehmen vor der Wirklichkeit Reißaus. *Jakob Boßhart*

5 Idealisten werden manchmal sehr böse, wenn die Wirklichkeit sie widerlegt. *Jean-Louis Barrault*

6 Der Satiriker ist ein gekränkter Idealist. *Kurt Tucholsky*

Idee *1* Eine Idee kann sich die Köpfe nicht aussuchen, von denen sie gedacht wird. *Don Marquis*

2 Die Idee ist ein stehengebliebener Gedanke. *Henri Bergson*

3 Jeder Beginn einer Idee entspringt einer unmerklichen Verletzung des Geistes. *Emile M. Cioran*

4 Die Idee ist das Staatsbegräbnis der Realität. *Hans Kudszus*

5 Ideen sind keine Schmetterlinge, sie sind Fazit einer Schwerarbeit. *Rudolf Rolfs*

6 Ideen halten sich nicht. Es muß etwas mit ihnen getan werden. *Alfred N. Whitehead*

7 Man muß nicht nur mehr Ideen haben als andere, sondern auch die Fähigkeit besitzen, zu entscheiden, welche dieser Ideen gut sind. *Linus Pauling*

8 Es liegt im Wesen des Genies, die einfachsten Ideen auszunutzen. *Charles Péguy*

9 Klar nennt man Ideen, die dasselbe Maß an Verwirrung haben wie unser eigener Geist. *Marcel Proust*

10 Eine ungefährliche Idee ist nicht wert, eine Idee genannt zu werden. *Oscar Wilde*

11 Eine Idee ist ein fremder Einfall, den man für seinen eigenen ausgibt. *Michael Schiff*

12 Eine gute Idee erkennt man daran, daß sie geklaut wird. *Hanns-Hermann Kersten*

13 Die Publikation von Ideen ist eine Art Diebstahlversicherung. *Gerhard Uhlenbruck*

14 Mancher lehnt eine gute Idee bloß deshalb ab, weil sie nicht von ihm ist. *Luis Buñuel*

15 Die menschliche Dummheit besteht nicht darin, daß man keine Ideen hat, sondern daß man dumme Ideen hat. *Henry de Montherlant*

16 Eine Idee wird darum noch nicht wahr, weil jemand sich dafür geopfert hat. *Oscar Wilde*

17 Der Mensch ist bereit, für jede Idee zu sterben – vorausgesetzt, daß ihm die Idee nicht ganz klar ist. *Gilbert Keith Chesterton*

18 Wenn eine Idee fortwirken soll, muß sie die Möglichkeit bieten, mißverstanden zu werden. *Karl Heinrich Waggerl*

19 Das Publikum liebt neue Ideen, in dramatische Form gebracht. Nur müssen es Ideen sein, die jeder im Publikum gehabt haben könnte und sie nur aus Mangel an Mut nicht auszusprechen gewagt hat. *William Somerset Maugham*

20 Neue Ideen begeistern jene am meisten, die auch mit den alten nichts anzufangen wußten. *Karl Heinrich Waggerl*

21 Eine Idee ist wahr, solange sie sich noch nicht durchgesetzt hat. *Eugène Ionesco*

22 Institutionalisierung einer Idee bedeutet Verrat an der Idee. *Hans Erich Nossack*

23 Das Schlagwort ist eine Idee auf dem Weg zur Phrase. *Rolf Haller*

24 Eine Idee, die Erfolg hat, ist notwendigerweise eine Pseudo-Idee. *Emile M. Cioran*

25 Wer die Hand als erster zum Schlag erhebt, gibt zu, daß ihm die Ideen ausgegangen sind. *Franklin D. Roosevelt*

Identität Identität ist der Schnittpunkt zwischen dem, was eine Person sein will, und dem, was die Welt ihr zu sein gestattet. *Erik Eriksen*

Ideologie *1* Ideologie ist Ordnung auf Kosten des Weiterdenkens. *Friedrich Dürrenmatt*

2 Ideologien sind bewaffnete Ideen. *Ignazio Silone*

3 Ideologien bellen sich gegenseitig an, aber sie beißen nicht. *Robert Musil*

4 Was die Menschen trennt, ist manchmal nur dieselbe Ideologie. *George F. Kennan*

5 Wer ein Theater füllen will, bedient sich der Dramaturgie. Um es zu leeren, genügt Ideologie. *Oliver Hassencamp*

Idiot *1* Nur Idioten ändern sich nie. *Georges Pompidou*

2 Man kann überhaupt nichts mehr sagen, ohne Gefahr zu laufen, daß irgendein Idiot der gleichen Meinung ist. *Gabriel Laub*

3 Idiot: beliebtes Argument. *Helmar Nahr*

4 Die Überzeugung, daß er es draußen im Lande mit Millionen von Idioten zu tun hat, gehört zur psychischen Grundausstattung des Politikers. *Hans Magnus Enzensberger*

5 Oft gehen zwei Idioten eine Vernunftehe ein. *Wieslaw Brudziński*

6 Idioten sind eine weise Einrichtung der Natur, die es den Dummköpfen erlaubt, sich für klug zu halten. *Orson Welles*

7 Dummkopf: ein Idiot, der keine Karriere gemacht hat. *Gabriel Laub*

8 Es gibt Besserwisser, die niemals begreifen, daß man recht haben und doch ein Idiot sein kann. *Martin Kessel*

9 Die Börse hängt nur davon ab, ob es mehr Aktien gibt als Idioten – oder umgekehrt. *André Kostolany*

Idol Gestürzte Idole sind nur noch Schutt. *Stephen Spender*

Illusion *1* Die Illusion ist der Dilettantismus der Gefühle. *Hans Kasper*

2 Es gibt keine größere Illusion als die Meinung, Sprache sei ein Mittel der Kommunikation zwischen Menschen. *Elias Canetti*

3 Es ist die Stärke der Frauen, daß sie imstande sind, Illusionen für Tatsachen zu halten. *Federico Fellini*

4 Es gibt keine harmonischere Ehe als die zwischen Illusion und Ignoranz. *Peter Bamm*

5 Illusionen sind das, was ein Mann bisweilen noch vor seinen Haaren verliert. *Yul Brynner*

6 Illusionen werden gefährlich, wenn sie anfangen, keine Illusionen mehr zu erzeugen. *Paul Valéry*

7 Nichts ist trauriger als der Tod einer Illusion. *Arthur Koestler*

8 Trenne dich nicht von deinen Illusionen. Wenn sie verschwunden sind, wirst du weiter existieren, aber aufgehört haben zu leben. *Mark Twain*

9 Die Ironie ist die Kaktuspflanze, die über dem Grab unserer toten Illusionen wuchert. *Elbert Hubbard*

Image Image ist das, woran man schließlich selber glaubt. *Yul Brynner*

Immergrün Es gibt Stilblüten aus Immergrün. *Wolfgang Eschker*

Imposante Hüte dich vor dem Imposanten! Aus der Länge des Stiels kann man nicht auf die Schönheit der Blüte schließen. *Peter Altenberg*

Improvisation *1* Improvisation ist die Kunst, ohne Anlauf durch den Stegreif zu springen. *Georg Thomalla*

2 Improvisation: etwas, das nur funktioniert, wenn es seriös vorbereitet ist. *Markus M. Ronner*

Improvisieren Alles Politisieren, auch bei den größten Staatsmännern, ist Improvisieren auf gut Glück. *Friedrich Nietzsche*

Indiskretion Teleobjektive sind die Artillerie der Indiskretion. *Georges Pompidou*

Individualismus *1* Individualismus bedeutet heute, alles zu tun, was die andern auch tun, bloß einzeln. *Rock Hudson*

2 Individualismus: auf das, was andere sagen, nicht hören und doch darauf antworten. *Rudolf Rolfs*

Individualist Der Individualist ist seinem Wesen nach ein Ketzer. *Jean Cocteau*

Individualität Die Reihenfolge, in der man die Dinge erlernt, ist, was schließlich die Individualität des Menschen ausmacht.
Elias Canetti

Individuum Je größer ein Staat, desto kleiner die Individuen, die ihn bilden.
Georg Kaiser

Infarkt *1* Herz reimt sich wieder häufiger auf Schmerz, seit der Infarkt wie eine Seuche um sich greift. *Christiaan Barnard*

2 Wirksamster Schutz vor Infarkt: rechtzeitig versagen. *Oliver Hassencamp*

Inflation Geistige Inflation: man sieht den Stein vor lauter Weisen nicht.
Wolfgang Eschker

Information *1* Ein Gramm Information wiegt schwerer als tausend Tonnen Meinung.
Gerd Bacher

2 Die Zahl derer, die durch zu viele Informationen nicht mehr informiert sind, wächst.
Rudolf Augstein

3 Information ist Energie. Bei jeder Weitergabe verliert sie etwas davon.
Wolfgang Herbst

4 Mut ist oft Mangel an Einsicht, Feigheit dagegen beruht nicht selten auf guten Informationen. *Peter Ustinov*

Informationsquelle Die beste Informationsquelle sind immer noch Leute, die versprochen haben, nichts weiterzuerzählen.
Axel von Ambesser

Inhalt *1* Frauen unterwerfen sich willig der Mode, denn sie wissen, daß die Verpackung wechseln muß, wenn der Inhalt interessant bleiben soll. *Noël Coward*

2 Wer die Form zerstört, beschädigt auch den Inhalt. *Herbert von Karajan*

3 Die Bücher haben die gleichen Feinde wie der Mensch: das Feuer, die Nässe, die Zeit und ihren eigenen Inhalt. *Paul Valéry*

Inkompetenz Karriere: Beförderung bis zur absoluten Inkompetenz.
Cyril Northcote Parkinson

Inkonsequenz *1* Inkonsequenz nennen wir die Flexibilität unserer Mitmenschen.
Mildred Scheel

2 Es sind gerade die Inkonsequenzen eines Lebens, welche die größten Konsequenzen haben. *André Gide*

Innenpolitik Innenpolitik ist die Kunst, verschiedene Meinungen unter einen Hut zu bringen, der kein Helm ist.
Hans Henny Jahnn

Inschrift Wenn man die Inschriften auf dem Friedhof liest, fragt man sich unwillkürlich, wo denn eigentlich die Schurken begraben liegen. *Peter Sellers*

Insekt Wenn Insekten nicht schädlich wären, wären Vögel nicht nützlich. *Walter Vogt*

Insel *1* Jeder Mensch ist eine Insel, die sich nach Vereinigung mit dem Festland sehnt.
Arthur Koestler

2 Die beste Insel ist nicht schön, wenn man mit dem falschen Menschen drauf ist.
Boris Becker

Inspiration *1* Die chemische Analyse der sogenannten dichterischen Inspiration ergibt 99 Prozent Whisky und 1 Prozent Schweiß.
William Faulkner

2 Die Sonne ist eine Art von Inspiration; man soll sie darum nicht immer haben.
Elias Canetti

3 Das Ideal von Stil: die Verbindung von Sachlichkeit und Inspiration.
Stefan Napierski

Instinkt *1* Die Zivilisation hat die Liebe von der Stufe des Instinkts auf die der Leidenschaft gehoben. *George Moore*

2 Der vielgerühmte weibliche Instinkt gleicht einem Seismographen, der den Fall eines Blumentopfs anzeigt, aber beim Ausbruch des Ätna versagt. *Anna Magnani*

3 Optimismus ist der Instinkt zu lügen.
Elbert Hubbard

Institutionalisierung Institutionalisierung einer Idee bedeutet Verrat an der Idee.
Hans Erich Nossack

Instrument *1* Wenn das Orchester seine Instrumente stimmt, fängt das Publikum an, seine Katarrhe zu stimmen. *Hermann Prey*

2 In Sachen Sexualität verwechseln viele das Stimmen der Instrumente mit dem Konzert. *Henry Miller*

3 Die Pfeife ist ein Instrument, das dazu verleitet, andere danach tanzen zu lassen. *Michael Schiff*

4 Pessimisten sind Leute, die nur ein einziges Instrument blasen: Trübsal. *Wim Thoelke*

Instrumentenstimmen Moderne Musik ist für mich nichts anderes als Instrumentenstimmen nach Noten. *Peter Sellers*

Inszenierung Die Ehe ist ein Spielplan mit gleichbleibendem Repertoire. Folglich sollte man wenigstens gelegentlich die Inszenierung ändern. *Federico Fellini*

Intellekt Witz – Intellekt auf dem Bummel. *Oscar Wilde*

Intellektuelle *1* Definition des Intellektuellen: der Mensch, der sich an nichts gewöhnen kann; auch nicht an sich selbst. *Hans Kudszus*

2 Ein Intellektueller ist ein Mensch, der nicht genug Körper hat, um seinen Geist zu bedecken. *Jean Giono*

3 Die Güte des Intellektuellen ist die Klarheit seiner Gedanken. *Hans Kudszus*

4 Die eigentliche Sendung des Intellektuellen ist das Mißtrauen gegenüber den Worten. *Václav Havel*

5 Ist der Intellektuelle destruktiv? Ja, er muß es sein. *Rudolf Augstein*

6 Es ist das Privileg der Intellektuellen, sich zwischen alle Stühle zu setzen. *Max Bense*

7 Intellektuelle sind seltener wohlwollend gegeneinander als Einheimische gegen Gastarbeiter. *Ludwig Marcuse*

8 Intellektuelle sind Leute, die über Bücher reden, die andere Leute geschrieben haben. *Françoise Sagan*

9 Ein Intellektueller ist ein Mensch, der schon einmal etwas von Toulouse Lautrec gehört hat, bevor der Film «Moulin Rouge» gedreht worden ist. *Sacha Guitry*

Intelligente *1* Wenn ein Intelligenter die falsche Sache vertritt, ist das noch schlimmer, als wenn ein Dummkopf für die richtige eintritt. *Georges Clemenceau*

2 Jeder Narr kann die Wahrheit sagen, aber nur ein verhältnismäßig Intelligenter kann gut lügen. *Samuel Butler*

Intelligenz *1* Der Mensch ist eine in der Knechtschaft seiner Organe lebende Intelligenz. *Aldous Huxley*

2 Intelligenz ist die Fähigkeit, seine Umgebung zu akzeptieren. *William Faulkner*

3 Universitäten sind weniger eine Auslese von Intelligenz als von Eitelkeit. *Gerhard Zwerenz*

4 Wo Intelligenz ist, stellt sich die Bildung von selber ein. *Louis Bromfield*

5 Bildung: das, was den eigenen Mangel an Intelligenz dem Weisen offenbart und dem Toren verbirgt. *Ambrose Bierce*

6 Die Furchtsamkeit ist ein Gradmesser der Intelligenz. *Friedrich Nietzsche*

7 Intelligenz ist nun meßbar, Dummheit immer noch maßlos. *Nikolaus Cybinski*

8 Der Nachteil der Intelligenz besteht darin, daß man ununterbrochen gezwungen ist, dazuzulernen. *George Bernard Shaw*

9 Das ist der Fluch angeborener Intelligenz: mit vier Jahren Wunderkind – mit 40 wunderlich. *Ernest Hemingway*

10 Manche Menschen benützen ihre Intelligenz zum Vereinfachen, manche zum Komplizieren. *Erich Kästner*

11 Intelligenz ist jene Eigenschaft des Geistes, dank derer wir schließlich begreifen, daß alles unbegreiflich ist. *Emile Picard*

12 Liebe ist der Triumph der Phantasie über die Intelligenz. *Henry Louis Mencken*

13 Sarkasmus ist das, was entsteht, wenn sich Intelligenz und Erfolg nicht die Waage halten. *Oliver Hassencamp*

14 Ein Schriftsteller ist jemand, dessen Intelligenz nicht groß genug ist, um mit dem Schreiben aufhören zu können. *Günter Graß*

15 Als ich jung war, glaubte ich, ein Politiker müsse intelligent sein. Heute weiß ich, daß Intelligenz wenigstens nicht schadet. *Carlo Schmid*

16 Das gestörte Verhältnis der deutschen Intelligenz zur Unterhaltung mag es wohl geben. Das gestörte Verhältnis der deutschen Unterhaltung zur Intelligenz ist Programmbestandteil. *Werner Schneyder*

Intelligenzprüfung Daß einer anfängt aufzuhören, ist die letzte Intelligenzprüfung der Menschheit. *Heinz Haber*

Intendant Wer Journalismus von der Pike auf gelernt hat, wird als Intendant wahnsinnig. *Friedrich Nowottny*

Interesse *1* Das Gedächtnis ist der Diener unserer Interessen. *Thornton Wilder*

2 Ich habe mir vorgenommen, Zeit zu gewinnen durch Verzicht auf Interesse. *Peter Bichsel*

3 Die Verengung des Gesichtsfeldes hebt das Interesse. Darin liegt der Reiz des Schlüssellochs. *Peter Frankenfeld*

4 Politik: das Bemühen, den eigenen Vorteil zum Interesse aller zu machen. *Rudolf Rolfs*

Interpret Moderne Literatur ist die Kunst, den richtigen Interpreten zu finden. *Wolfgang Herbst*

Interview Quiz für Prominente: Nach einem Interview die Sätze suchen, die man tatsächlich gesagt hat. *Oliver Hassencamp*

Interviewer *1* Ein Interviewer sollte die Zitate eines Politikers besser kennen als dieser selbst. *Günter Gaus*

2 Wenn der Interviewte zu dem Interviewer sagt: «Das ist eine gute Frage», will er entweder schmeicheln oder Zeit gewinnen. *David Frost*

Interviewpartner Ein Interviewpartner ist ein Fremdenführer durch uns selbst. *Alfred Polgar*

Intimsphäre Die heutige Prominenz hat nicht einmal soviel Intimsphäre wie ein Goldfisch im Aquarium. *Federico Fellini*

Intoleranz *1* Gleichgültigkeit ist die mildeste Form von Intoleranz. *Karl Jaspers*

2 Manche meinen, sie seien liberal geworden, nur weil sie die Richtung ihrer Intoleranz geändert haben. *Wieslaw Brudziński*

Intrigant Ein Intrigant ist ein Mensch, der keineswegs alle Gerüchte glaubt, aber alle weitererzählt. *Jacques Baumel*

Intuition *1* Unter Intuition versteht man die Fähigkeit mancher Leute, eine Lage in Sekundenschnelle falsch zu beurteilen. *Heinz Hilpert*

2 Intuition ist die Fähigkeit, aus nicht vorhandenen Fakten falsche Schlüsse zu ziehen. *Erskine Caldwell*

3 Ich mißtraue allen Leuten, die auf Intuition warten. *Johannes Mario Simmel*

4 Intuition ist der eigenartige Instinkt, der einer Frau sagt, daß sie recht hat, gleichgültig, ob das stimmt oder nicht. *Oscar Wilde*

5 Die vielgerühmte weibliche Intuition ist nichts anderes als die große Durchsichtigkeit der Männer. *George J. Nathan*

Ire Benzin ist das Weihwasser der Iren, und Häuser-Anzünden ist ihre Messe. *Sean O'Casey*

Ironie *1* Ironie ist darum so angenehm, weil sie in den Stand setzt, mitzumachen und sich gleichzeitig zu distanzieren. *Helmut Arntzen*

2 Ironie ist keine Waffe, sondern eher ein Trost der Ohnmächtigen. *Ludwig Marcuse*

3 Ironie heißt fast immer, aus einer Not eine Überlegenheit machen. *Thomas Mann*

4 Die Ironie ist die Kaktuspflanze, die über dem Grab unserer toten Illusionen wuchert. *Elbert Hubbard*

5 Ironie ist die letzte Phase der Enttäuschung. *Anatole France*

6 Der Schriftsteller scheut sich vor Gefühlen, die sich zur Veröffentlichung nicht eignen, und wartet dann auf seine Ironie. *Max Frisch*

7 Der Witz ist das Erdgeschoß des Humors, die Satire der erste Stock, die Ironie der zweite, der Sarkasmus die Mansarde. *Werner Krauß*

8 Die Satire erkennt das Lächerliche, die Ironie erfindet es. *Helmut Arntzen*

Ironiker Der Ironiker ist meist nur ein beleidigter Pathetiker. *Christian Morgenstern*

Irren Irren ist ärztlich. *Curt Goetz*

Irrtum *1* Der Irrtum ist die tiefste Form der Erfahrung. *Martin Kessel*

2 Ein neuer Irrtum ist mir lieber als alle Gewißheiten. *Hans Magnus Enzensberger*

3 So manche Wahrheit ging von einem Irrtum aus. *Marie von Ebner-Eschenbach*

4 Wahrheit ist der Name, den wir unseren wechselnden Irrtümern geben. *Rabindranath Tagore*

5 Man erkennt den Irrtum daran, daß alle Welt ihn teilt. *Jean Giraudoux*

6 Diskussion: eine Methode, andere in ihren Irrtümern zu festigen. *Ambrose Bierce*

7 Entwicklung – ein Taumel von einem Irrtum zum anderen. *Henrik Ibsen*

8 Wer ja oder nein sagt, riskiert immer den Irrtum. Man erkennt die großen Kritiker in ihren Irrtümern. Nur wer dauernd jein sagt, irrt nie. *Marcel Reich-Ranicki*

9 Die Staatsmänner sind wie die Chirurgen: ihre Irrtümer sind tödlich. *François Mauriac*

Isolierung Reife bedeutet, in einer Isolierung zu leben, die sich selbst genügt. *Cesare Pavese*

Italien *1* Italien ist wie ein Hornisse: nach allen Gesetzen der Aerodynamik sollte es nicht fliegen können, aber es fliegt. *Indro Montanelli*

2 Die heutigen politischen Zustände in Italien sind Chaos, gemildert durch Schlamperei. *Sergio Leone*

3 Mussolini hat einmal gesagt, es sei nicht schwierig, Italien zu regieren, aber es sei nutzlos. *Curzio Malaparte*

4 Italien besteht aus fünfzig Millionen Schauspielern. Die schlechtesten von ihnen stehen auf der Bühne. *Orson Welles*

Italiener *1* Wenn die Italiener mit einem Problem nicht fertig werden, machen sie daraus einen -ismus. *Indro Montanelli*

2 Ich glaube nicht, daß die Italiener in der Frauenpsychologie über die Erkenntnis: «la donna e mobile» hinausgekommen sind. *Karl Kraus*

Italienisch Italienisch ist eine Gebärdensprache, deren Verständnis durch Worte erschwert wird. *Anthony Quinn*

J

Jagd *1* Ich habe etwas gegen Pazifisten, die auf die Jagd gehen. *Aristide Briand*

2 Ich finde es richtig, daß man zu Beginn einer Jagd die Hasen und Fasane durch Hörnersignale warnt. *Gustav Heinemann*

Jahr *1* Wann war das «Jahr der Frau»? Anno Domini 1975. *Wolfgang Eschker*

2 Nicht das Genie ist 100 Jahre seiner Zeit voraus, sondern der Durchschnittsmensch ist um 100 Jahre hinter ihr zurück. *Robert Musil*

3 Erfahrung heißt gar nichts. Man kann einc Sache auch 35 Jahre lang schlecht machen. *Kurt Tucholsky*

4 Ich habe dreißig Jahre gebraucht, um über Nacht berühmt zu werden. *Harry Belafonte*

5 In unserem Seelenleben liegen zwischen Blitz und Donner oft viele Jahre. *Hans Arndt*

6 Wenn der Ernst zu Jahren kommt, wird er langweilig. *Oscar Wilde*

7 Wahre Jugend ist eine Eigenschaft, die sich nur mit den Jahren erwerben läßt. *Jean Cocteau*

8 Mit fünfundzwanzig Jahren kann jeder Talent haben. Mit fünfzig Jahren Talent zu haben, darauf kommt es an. *Edgar Degas*

9 Nach fünfzig Jahren wird man geschlachtet – oder geehrt. *Friedrich Dürrenmatt*

10 Wenn man sich mit 50 Jahren nicht umgebracht hat, dann lebt man weiter. *Thomas Bernhard*

11 Wer an den Superlativ glaubt, ist noch nicht in den besten Jahren. *Markus M. Ronner*

12 Man ist in den besten Jahren, wenn man die guten hinter sich hat. *André Maurois*

13 Wenn in tausend Jahren künftige Generationen die Reste unserer Kultur ausgraben – was werden sie dann finden? Badewannen und Spülmaschinen. *Frank Lloyd Wright*

Jammer Der Jammer mit der Menschheit ist, daß die Narren so selbstsicher sind und die Gescheiten so voller Zweifel. *Bertrand Russell*

Japanerin Japanische Sitten haben einen tiefen Sinn. Zum Beispiel lächelt die Japanerin in jeder Lebenslage, nur nicht bei der Hochzeit. *Pierre Loti*

Jargon Jargon: die Sprache hockt sich an den Biertisch. *Heinrich Wiesner*

Jasager Die häufigsten Versager sind nicht die Nein-, sondern die Jasager. *Gerhard Uhlenbruck*

Jäten *1* Jäten ist Zensur an der Natur. *Oskar Kokoschka*

2 Unkraut ist alles, was nach dem Jäten wieder wächst. *Mark Twain*

Jedermann In der ersten Vorstellung als «Jedermann» kann man gar nicht gut spielen, weil man sich immer noch freut, daß man die Rolle bekommen hat. *Klaus Maria Brandauer*

Jenseits Nicht im Jenseits liegt das Paradies, sondern im Abseits. *Hans Krailsheimer*

Job Es gibt weder gute noch schlechte Jobs. Gut oder schlecht ist das, was einer aus seinem Job macht. *Edward Teller*

Jockey *1* Jockeis sind Reiter, die manchmal früher über ein Hindernis kommen als das Pferd. *Danny Kaye*

2 In der Politik ist es wie beim Pferderennen. Ein guter Jockey weiß sich beim Fallen so wenig wie möglich zu verletzen. *Edouard Herriot*

Journalismus *1* Ich nenne Journalismus alles, was morgen weniger interessant ist als heute. *André Gide*

2 Journalismus ist in Wirklichkeit Geschichte, die dahinstürmt. *Thomas Griffith*

3 Der Journalismus führt überall hin, wenn es einem gelingt, da herauszukommen. *George Bernard Shaw*

4 Wer Journalismus von der Pike auf gelernt hat, wird als Intendant wahnsinnig. *Friedrich Nowottny*

5 Der Unterschied zwischen Literatur und Journalismus besteht darin, daß der Journalismus unlesbar ist und die Literatur nicht gelesen wird. *Oscar Wilde*

6 In Amerika regiert der Präsident für vier Jahre und der Journalismus für immer und ewig. *Oscar Wilde*

Journalist *1* Dem Tage dient der Journalist, vom Tage hat er seinen Namen. *Hugo von Hofmannsthal*

2 Der Journalist ist vom Termin angeregt. Er schreibt schlechter, wenn er Zeit hat. *Karl Kraus*

3 Ein Journalist ist ein Mensch, der immer etwas Wichtigeres zu tun hat und daher nie zum Wichtigen kommt. *Heimito von Doderer*

4 Keinen Gedanken haben und ihn ausdrücken können, das macht den Journalisten. *Karl Kraus*

5 Es gehen heute so viele Journalisten zum Fernsehen, weil sie wissen, daß sie, wenn sie schon nichts zu sagen haben, wenigstens gesehen werden. *Markus M. Ronner*

6 Ein Journalist bekommt für die Lösung eines Problems nicht mehr bezahlt als für dessen Formulierung. Deshalb stellt er die Behauptung auf und läuft vor der Lösung davon. *George Bernard Shaw*

7 Journalisten sind Leute, die ein Leben lang darüber nachdenken, welchen Beruf sie eigentlich verfehlt haben. *Mark Twain*

8 Der Journalist hat Laie zu sein, die Fragen des Laien zu stellen und stellvertretend für den Laien zu schreiben. *Peter Bichsel*

9 Manche Journalisten scheinen ihre Aufgabe darin zu erblicken, anderen zu erklären, was sie selber nicht verstehen. *Markus M. Ronner*

10 Wenn der Journalist nur Fachmann ist, dann ist er kein Journalist. *Peter Bichsel*

11 Journalist heißt einer, der das, was der Leser sich ohnehin schon gedacht hat, in einer Form ausspricht, in der es eben doch nicht jeder Kommis imstande wäre. *Karl Kraus*

12 Journalisten erzählen den Leuten, welchen Weg die Katze beim Sprung nimmt. Die Leute passen auf die Katze auf. *Arthur Hays Sulzberger*

13 Der Journalist hat das zu schreiben, was die Leute denken könnten, denken möchten und nicht das, was sie denken müssen. *Peter Bichsel*

14 Erste Tugend des Journalisten – möchten Sie es glauben? – ist: Verschwiegenheit. *Alexander Roda Roda*

15 Es wäre eine reine Freude, Journalist zu sein, wenn die Bürger soviel acht auf die Sprache gäben wie auf den Lack ihrer Autos. *Fritz Richert*

16 Ein Journalist ist ein Mensch, der keine Befehle entgegennimmt. *Fritz Sänger*

17 Was haben begabte Journalisten mit Spechten gemeinsam? Wenn sie auf etwas pochen, ist meistens der Wurm drin. *Markus M. Ronner*

18 Der geschickte Journalist hat eine Waffe: das Totschweigen – und von dieser Waffe macht er oft genug Gebrauch. *Kurt Tucholsky*

19 Ein Journalist, der wünscht, daß die Leute gut über ihn denken, sollte eines unterlassen: zu schreiben. *Markus M. Ronner*

20 Ein Journalist hat nicht die Pflicht, geliebt zu werden. Aber er hat die Pflicht, gelesen zu werden. *Cecil King*

21 Der Journalist hat zwei Augen und zwei Ohren, um doppelt so viel zu sehen und zu hören, wie geschieht. *Alexander Roda Roda*

22 Journalisten sind wie Frauen: die, die nichts verlangen, sind oft die teuersten. *Georges Clemenceau*

23 Journalisten sind Leute, die über Aktuelles unbefangen schreiben und über bürgerliche Ehren spotten. Dann werden sie Publizisten, schreiben über Ewiges bedeutsam und nehmen bürgerliche Ehren an. *Johannes Groß*

24 Pressefreiheit: jeder Journalist darf schreiben, was er will. Das heißt noch nicht, daß es gedruckt wird. *Rudolf Rolfs*

25 Unter Pressefreiheit verstehen manche Journalisten das Recht, ihren Wagen im Parkverbot zu stationieren. *Franz Böhm*

26 Kritik ist die subtile Rache der Journalisten an den Satirikern dafür, daß diese auch wegen der Journalisten Satiriker geworden sind. *Werner Schneyder*

27 Mit kleinen Jungen und Journalisten soll man vorsichtig sein. Die schmeißen immer noch 'nen Stein hinterher. *Konrad Adenauer*

28 Journalisten sind wie Politiker – sie reichen vom Verbrecher bis zum Staatsmann. *Helmut Schmidt*

29 Politiker und Journalisten teilen das traurige Schicksal, daß sie oft heute schon über Dinge reden, die sie erst morgen ganz verstehen. *Helmut Schmidt*

30 Die Verhältnisse sind dort am besten geordnet, wo die Journalisten alles schreiben können, was sie wollen, und wo die Politiker nicht alles machen, was die Journalisten schreiben. *Manfred Rommel*

31 Der Historiker ist nicht immer ein rückwärts gekehrter Prophet, aber der Journalist ist immer einer, der nachher alles vorher gewußt hat. *Karl Kraus*

Jubiläum Ein Jubiläum ist ein Datum, an dem eine Null für eine Null von mehreren Nullen geehrt wird. *Peter Ustinov*

Jude *1* Die Juden sind so wie alle Leute, nur ein bißchen mehr so. *George Bernard Shaw*

2 Der Antisemitismus ist das Gerücht über die Juden. *Theodor W. Adorno*

3 Den Juden und den Frauen merkt man an, daß sie jahrhundertelang unterdrückt wurden. *Theodor W. Adorno*

4 Selbsthaß ist der Patriotismus der Juden. *Arthur Koestler*

Jugend *1* Die Jugend ist eine wunderbare Sache. Schade nur, daß sie an die Kinder verschwendet wird. *George Bernard Shaw*

2 Die Jugend wäre ein nahezu idealer Zustand, wenn man sie später im Leben haben könnte. *Herbert Henry Asquith*

3 Was bei der Jugend wie Grausamkeit aussieht, ist meistens Ehrlichkeit. *Jean Cocteau*

4 Jugend – das ist vor allem das Übergewicht der Hormone über die Argumente. *David Frost*

5 Die Jugend weiß, was sie nicht will, bevor sie sich darüber im klaren ist, was sie will. *Jean Cocteau*

6 Die Jugend hat Heimweh nach der Zukunft. *Jean-Paul Sartre*

7 Die Jugend kann nicht mehr auf die Erwachsenen hören. Dazu ist ihre Musik zu laut. *Oliver Hassencamp*

8 Es ist das Vorrecht der Jugend, Fehler zu begehen, denn sie hat genügend Zeit, sie zu korrigieren. *Ernst Barlach*

9 Wer es der Jugend so leicht macht, macht es ihr schwer. *Gino Cervi*

10 Der größte Fehler, den die Jugend von heute hat, ist der, daß man nicht mehr zu ihr gehört. *Salvador Dalí*

11 Wer seiner eigenen Jugend nachläuft, wird sie nie einholen. *André Maurois*

12 Wahre Jugend ist eine Eigenschaft, die sich nur mit den Jahren erwerben läßt. *Jean Cocteau*

13 Die Ungeduld ist die einzige Eigenschaft der Jugend, deren Verlust man im Alter nicht beklagt. *Frank Thieß*

14 Jugendgefährdend heißt: die Alten sind so gefährdet, daß sie sich hinter der Jugend verstecken müssen. *Ludwig Marcuse*

15 Die Welt vergöttert die Jugend, aber regieren läßt sie sich von den Alten. *Henry de Montherlant*

16 Spätestens mit sechzig Jahren muß sich der Mann entscheiden, ob er seine Jugend oder sein Leben verlängern will. *Alfred Charles Kinsey*

17 Vergessenkönnen ist das Geheimnis ewiger Jugend. Wir werden alt durch Erinnerung. *Erich Maria Remarque*

Jugendkraft Jugendkraft besteht darin, daß einem jeder Widerstand Freude macht. *Sigismund von Radecki*

Jugendtraum Nicht der ist arm, der sich keinen Jugendtraum erfüllt hat, sondern der schon in der Jugend nichts träumte. *Adolf Nowaczyński*

Junge Wir bekamen unsere Prügel von den Eltern. Die Jungen beziehen sie direkt vom Leben. *Waldemar Bonsels*

Jungfrau *1* Was die Jungfrau nicht weiß – das ziert sie. *Gregor von Rezzori*

2 Eine Jungfrau ist etwas sehr Schönes – vorausgesetzt, sie bleibt es nicht. *Joachim Ringelnatz*

3 Das Problem mit den Männern: Fast alle wünschen sich eine Jungfrau mit den Erfahrungen einer Messalina. *Jeanne Moreau*

Jungfräulichkeit Jungfräulichkeit ist etwas sehr Kostbares, das alle Mädchen verlieren möchten. *William Somerset Maugham*

Junggeselle *1* Junggesellen sind Männer, die sich zuallererst über den Notausgang informieren. *Richard Attenborough*

2 Ein Junggeselle ist ein Mann, der lieber Socken stopft als Mäuler. *Mario Adorf*

3 Ein Junggeselle ist ein Mann, der nicht gleich eine Farm kauft, wenn er ein Hühnerei braucht. *Peter Frankenfeld*

4 Junggesellen sind Männer, die aus der Hand fressen – aber nur aus der eigenen. *Mario Adorf*

5 Ein Junggeselle ist ein Mann, der sein Ziel erreicht, ohne dort zu verweilen. *Alberto Sordi*

6 Junggesellen sind Männer, die sich nicht auf eine einzige Frau versteifen. *Helen Vita*

7 Der Junggeselle ist der einzige Mann, der vor seiner Frau keine Geheimnisse hat. *Dalida*

8 Ich bezweifle sehr, daß Ehemänner länger leben als Junggesellen. Ich bezweifle allerdings nicht, daß es ihnen so vorkommt. *Jean Marais*

9 Denkmäler errichtet man nur den Junggesellen. Ehemänner bringen es höchstens bis zum Sockel. *Tristan Bernard*

10 Ehemänner haben im allgemeinen mehr Phantasie als Junggesellen; sie haben sie auch nötig. *Tristan Bernard*

Junggesellin Eine Junggesellin ist eine Frau, die einmal zu oft nein gesagt hat. *Inge Meysel*

Jurisprudenz Jurisprudenz ist die Fähigkeit, recht zu behalten, obwohl man es nicht hat. *Graham Chapman*

Jurist *1* Wenn ein Jurist in den Raum tritt, muß es um einige Grade kälter werden. *Walter Hallstein*

2 Erfahrene Juristen bezeugen, daß es vor Gericht von Vorteil sein kann, wenn man im Recht ist. *Graham Chapman*

3 Juristen sind Leute, die die Gerechtigkeit mit dem Recht betrügen. *Harold Pinter*

4 Nie hat ein Dichter die Natur so frei ausgelegt wie ein Jurist die Wirklichkeit. *Jean Giraudoux*

5 Ins Stammbuch eines Juristen: Nicht jeder

Recht schaffende Mensch ist ein rechtschaffener Mensch. *Markus M. Ronner*

Juwelier Die Grabsteine der Tugend werden gewöhnlich beim Juwelier gekauft. *Oskar Blumenthal*

K

Kabarett *1* Kabarett: rosa Schleifchen am Sarg der Meinungsfreiheit. *Rudolf Rolfs*

2 Ausgewogenes Kabarett – das ist etwa so, als wenn ich eine Kuh zum Bullen bringe, die ich vorher selbst habe kastrieren lassen. *Dieter Hildebrandt*

3 Ein gutes Kabarett sorgt dafür, daß die Menschen etwas zu lachen haben. Eine Regierung sorgt auch für das Gegenteil. *Gabriel Laub*

4 Das Kabarett von morgen wird eine Art satirischer Nachhilfeunterricht in Politik sein. *Dieter Hildebrandt*

Kabelfernsehen Kabelfernsehen – auf nach Kabylon! *Markus M. Ronner*

Kaffeepause Wer dauernd Kaffeepausen macht, kann nicht alle Tassen im Schrank haben. *Gerhard Uhlenbruck*

Kaiser In Wien hat sich seit hundert Jahren nichts verändert. Nur der Kaiser kommt nicht mehr. *Fritz Molden*

Kakao Wenn einer durch den Kakao gezogen wird, war er schon vorher drin. *Klaus Havenstein*

Kaliber Die gefährlichste Waffe sind Menschen kleinen Kalibers. *Bertolt Brecht*

Kalorie Für das Wohlbefinden einer Frau sind bewundernde Männerblicke wichtiger als Kalorien und Medikamente. *Françoise Sagan*

Kamel *1* Ein Kamel ist ein Pferd, zu dem ein persönlicher Referent einen Entwurf gemacht hat. *Horst Ehmke*

2 Selbst als Kamel war er nicht größer als ein Nadelöhr. *Wolfgang Eschker*

Kampf *1* Vielen geht es im Kampf um den Frieden mehr um den Kampf als um den Frieden. *Wolfgang Eschker*

2 Das einzige, was ich an der Freiheit liebe, ist der Kampf um sie. *Henrik Ibsen*

3 Wir haben keine Windmühlen mehr. Haben wir deshalb den Kampf gewonnen? *Wolfgang Eschker*

Kandidat Es ist schon ein großer Trost bei Wahlen, daß von mehreren Kandidaten immer nur einer gewählt werden kann. *Mark Twain*

Kannibale *1* Kannibale: ein Gastronom alter Schule, der sich den einfachen Geschmack bewahrt hat und an der natürlichen Diät der Vor-Schweinefleischzeit festhält. *Ambrose Bierce*

2 Wir brauchen uns nicht mehr vor Kannibalen zu fürchten; das Gift in uns hat uns ungenießbar gemacht. *Hermann J. Muller*

Kannibalismus *1* Ich prophezeie den Untergang des Kannibalismus. Der Mensch ekelt den Menschen. *Stanislaw Jerzy Lec*

2 Der Kannibalismus hat die pervertierteste Form erreicht. Man tötet den Menschen, ohne ihn zu essen. *Heinrich Wiesner*

3 Literatur ist Kannibalismus mit der Schreibmaschine. *Thornton Wilder*

Kanone Kanone: Instrument zur Berichtigung von Staatsgrenzen. *Ambrose Bierce*

Kapital Auch was das Leben betrifft, ist es besser, nur die Zinsen, nicht das Kapital zu verbrauchen. *Joachim Günther*

Kapitalismus *1* Kapitalismus ohne Konkurse ist wie Christentum ohne Hölle. *Frank Borman*

2 Sozialismus ist der degenerierte Kapitalismus zahlungsunfähiger Kapitalisten. *Henry Louis Mencken*

Kapitän Der erfahrene Kapitän weiß schon vorher, welche Ratten zuerst das sinkende Schiff verlassen. *Nikolaus Cybinski*

Karate *1* Karate ist der Interruptus des Totschlages. *Werner Schneyder*

2 Wenn du Karate kannst, ist es egal, ob du Höschen trägst oder nicht. *Germaine Greer*

Karies Wo Zucker ist, ist die Karies nicht fern. *Rüdiger Nehberg*

Karikatur *1* Karikaturen sind geistige Akupunktur ohne therapeutische Absicht. *Ronald Searle*

2 Eine gute Karikatur ist dem Menschen ähnlicher als der Mensch sich selbst. *Gunnar Heiberg*

3 Eine treffende Karikatur ist optisches Juckpulver. Sie zwingt den Getroffenen, sich zu kratzen. *Ronald Searle*

4 Eine bissige Karikatur ist ein Volltreffer, durch den der Getroffene nur noch populärer wird. *Ronald Searle*

5 Der sogenannte typische Vertreter einer Nation ist immer bereits eine halbe Karikatur. *Saul Steinberg*

Karikaturist Manchmal habe ich den Verdacht, Modeschöpfer seien verkappte Karikaturisten. *Lil Dagover*

Karneval Viele entlarven sich im Karneval bereits in dem Moment, in dem sie in ein Kostüm schlüpfen. *Sigmund Graff*

Karotte Vegetarier seien harmlose Leute. Die Karotten sind da ganz anderer Ansicht. *Markus M. Ronner*

Karriere *1* Karriere: Beförderung bis zur absoluten Inkompetenz. *Cyril Northcote Parkinson*

2 Dummkopf: ein Idiot, der keine Karriere gemacht hat. *Gabriel Laub*

3 Die Karriere ist ein Pferd, das bisweilen auch gute Reiter abwirft. *James Baldwin*

4 Als Sohn eines berühmten Vaters hat man erst dann wirklich Karriere gemacht, wenn die Leute den Vater fragen, wie es dem Sohn geht. *Hans Haß*

5 Die Karriere mancher Schauspielerin hat mit der bedeutenden Rolle begonnen, die sie im Leben des Regisseurs spielte. *Gabriel Laub*

6 Wer Memoiren verfaßt, gibt zu erkennen, daß er seine Karriere als beendet betrachtet. *Edward Heath*

Karrierist Die Heiligen: postume Karrieristen. *Gabriel Laub*

Karte *1* In der Politik mischt man immer nur die Karten, anstatt zu spielen. *Karol Irzykowski*

2 Wer verlangt, daß mit offenen Karten gespielt wird, hat gewöhnlich alle Trümpfe in der Hand. *Graham Greene*

3 Die Astrologie ist eine Form von Aberglauben, die sich anmaßt, Gott in die Karten zu schauen. *Hoimar von Ditfurth*

Kartenspiel Beim Kartenspiel und in der Weltpolitik hört die Freundschaft auf. *Finley Peter Dunne*

Karthago Das große Karthago führte drei Kriege. Nach dem ersten war es noch mächtig. Nach dem zweiten war es noch bewohnbar. Nach dem dritten war es nicht mehr aufzufinden. *Bertolt Brecht*

Käse *1* Der Mensch ist wie der Käse: er muß eine Rinde haben, sonst geht er kaputt. *Brendan Behan*

2 Snobs sind Leute, die am Käse nur die Löcher mögen, und auch die nicht immer. *Paul Kuhn*

Kasse Volle Kassen machen sinnlich, also ist es besser, wenn sie leer bleiben. *Otto Graf Lambsdorff*

Katastrophe *1* Wir sind auf jede Überraschung vorbereitet, nur die alltäglichen Dinge brechen über uns herein wie Katastrophen. *Stanislaw Jerzy Lec*

2 Der Mensch ist ein Geschöpf, dem es bestimmt ist, in Katastrophen zu leben. *Graham Greene*

3 Der Mensch hat schon so viele Katastrophen überstanden, er wird auch die Maßenmedien überstehen. *Thornton Wilder*

4 Wo die Technik im Spiel ist, tritt die Katastrophe in Galauniform auf. *Martin Kessel*

5 Eine Krise ist ein produktiver Zustand. Man muß ihr nur den Beigeschmack der Katastrophe nehmen. *Max Frisch*

6 Das Geheimnis einer glücklichen Ehe besteht darin, Katastrophen als Zwischenfälle und Zwischenfälle nicht als Katastrophen zu behandeln. *Harold George Nicolson*

Katholizismus Der Katholizismus ist die Wissenschaft davon, daß der Mensch mit irdischen Mitteln allein unmöglich zu ändern ist. *Stefan Napierski*

Katze *1* Die Katze ist das einzige vierbeinige Tier, das dem Menschen eingeredet hat, er müsse es erhalten, es brauche aber dafür nichts zu tun. *Kurt Tucholsky*

2 Katzen erreichen mühelos, was uns Menschen versagt bleibt: durchs Leben zu gehen, ohne Lärm zu machen. *Ernest Hemingway*

3 Journalisten erzählen den Leuten, welchen Weg die Katze beim Sprung nimmt. Die Leute passen auf die Katze auf. *Arthur Hays Sulzberger*

4 Die Wahrheit über die Katze erfährt man von den Mäusen. *Henry Ford*

5 Die Katzen halten keinen für eloquent, der nicht miauen kann. *Marie von Ebner-Eschenbach*

6 Egal, ob eine Katze weiß oder schwarz ist – wichtig ist nur, daß sie Mäuse fängt. *Deng Xiaoping*

7 Du mußt nur die Laufrichtung ändern, sagte die Katze zur Maus und fraß sie. *Franz Kafka*

8 Daß Gott die Vögel, die nicht säen und nicht ernten, dennoch ernährt, freut am meisten die Katzen. *Hans Kudszus*

9 Der Uhu ist eine gefiederte Katze. *Ramón Gómez de la Serna*

Käufer Früher waren die Künstler naiv und die Käufer clever; heute ist es umgekehrt. *Franz Josef Strauß*

Keckheit Der Erfolg ist das Kind der Keckheit. *Erich Kästner*

Kegel Wer in der Öffentlichkeit Kegel schiebt, muß sich gefallen lassen, daß nachgezählt wird, wieviel er getroffen hat. *Kurt Tucholsky*

Kegeln Kegeln ist die Kunst, einen Umsturz zu machen, indem man eine ruhige Kugel schiebt. *Jürgen von Manger*

Kehle Eine Kundgebung ist kein Rendezvous der Köpfe, sondern der Kehlen. *Hans Kasper*

Kehlkopf *1* Festredner sind Männer mit Kopf. Mit Kehlkopf. *Heinrich Wiesner*

2 Was manche Politiker nicht im Kopf haben, haben sie im Kehlkopf. *Peter Handke*

3 Tänzerinnen haben die Sexualität in den Beinen, Tenöre im Kehlkopf. Darum täuschen sich die Frauen in den Tenören und die Männer in den Tänzerinnen. *Karl Kraus*

Keller Wenn dein Nachbar hungert, kommen seine Mäuse in deinen Keller. *Hans Kasper*

Kellner *1* Ein Kellner ist ein Mensch, der einen Frack anhat, ohne daß man es merkt. Hinwieder gibt es Menschen, die man für Kellner hält, sobald sie einen Frack anhaben. Der Frack hat also in keinem Fall einen Wert. *Karl Kraus*

2 Ich nehme lieber einen echten Kellner als einen Schauspieler, der in der Rolle eines Kellners gleich den Hamlet spielen will. *Ulrich Schamoni*

3 Restaurants sind Gelegenheiten, wo Wirte grüßen, Gäste bestellen und Kellner essen. *Karl Kraus*

Kernkraft Die Engländer haben das Öl, die Franzosen die Kernkraft und die Deutschen die Diskussion. *Lothar Späth*

Kernphysiker Wenn der Mensch zuviel weiß, wird das lebensgefährlich. Das haben nicht erst die Kernphysiker erkannt, das wußte schon die Mafia. *Norman Mailer*

Kerze *1* Kein Heiliger ist so gering, daß er nicht doch darauf hielte, seine eigene Kerze zu haben. *Karl Heinrich Waggerl*

2 Es ist besser, eine Kerze anzuzünden, als die Dunkelheit zu verfluchen. *Heinz Sielmann*

Kette *1* Eine liebende Frau ist eine Sklavin, die ihrem Herrn die Ketten anlegt. *George Bernard Shaw*

2 So mancher akzeptiert die Kette in dem Glauben, an ihrem Ende befinde sich der Rettungsanker. *Wieslaw Brudziński*

Ketzer *1* Der Individualist ist seinem Wesen nach ein Ketzer. *Jean Cocteau*

2 Ketzer sind Leute, die so lange verfolgt werden, bis man ihnen folgt. *Henry de Montherlant*

3 Die Ketzer von heute sind die Orthodoxen von morgen. *Ignazio Silone*

4 Das Beste, was das Christentum hervorgebracht hat, sind seine Ketzer. *Ernst Bloch*

Keule Die Wahrheit kann auch eine Keule sein, mit der man andere erschlägt. *Anatole France*

Keuschheit *1* Keuschheit ist ebenso wenig eine Tugend wie Unterernährung. *Alexander Comfort*

2 Keuschheit ist vieler Laster Anfang. *Rudolf Rolfs*

Kieselstein Wer Felsen bewegt, scheitert an Kieselsteinen. *Peter Benary*

Kilogramm Heute steht man immer wieder vor der Alternative, ob man zehn Kilogramm abnehmen oder um zehn Zentimeter wachsen soll. *Peter Ustinov*

Kilometer Nichts nützt der Liebe so sehr wie Distanz. Mit jedem Kilometer Entfernung wächst die Zuneigung. *George Bernard Shaw*

Kind *1* Kinder sind eine Art Lebensversicherung – die einzige Art der Unsterblichkeit, derer wir sicher sein können. *Peter Ustinov*

2 Vielleicht möchten manche Männer deshalb bei der Geburt ihres Kindes unbedingt dabeisein, weil sie es bei der Empfängnis nicht waren. *Markus M. Ronner*

3 Die erste Hälfte unseres Lebens wird uns von unseren Eltern verdorben, die zweite von unseren Kindern. *Clarence Darrow*

4 Das Kind hat den Verstand meistens vom Vater, weil die Mutter ihren noch besitzt. *Adele Sandrock*

5 Warum lernt das Kind sehr bald, daß das Feuer brennt? Weil das Feuer das immer tut. *Ellen Key*

6 Kinder müssen die Dummheiten der Erwachsenen ertragen, bis sie groß genug sind, sie zu wiederholen. *Jean Anouilh*

7 Wenn dein Fernsehapparat aus deinem Kind redet, kannst du das Kind nicht mehr abdrehen. *Werner Schneyder*

8 Eltern verzeihen ihren Kindern die Fehler am schwersten, die sie selbst ihnen anerzogen haben. *Marie von Ebner-Eschenbach*

9 Konservativismus: Kinder an den Fehlern ihrer Eltern teilhaftig werden lassen. *Rudolf Rolfs*

10 Empfindsame Kinder und bedeutende Männer ertragen Tadel nur in Lob eingewickelt. *Walther von Hollander*

11 Kinder sind Menschen, die mit Lügen erzogen werden, die Wahrheit zu sagen. *Rudolf Rolfs*

12 Nur Kindern und Narren verzeihen wir, daß sie uns die Wahrheit sagen; die andern werden es früher oder später büßen. *Emile M. Cioran*

13 Ein Kind zu erziehen, ist leicht. Schwer ist nur, das Ergebnis zu lieben. *Werner Schneyder*

14 Eltern begabter Kinder glauben unerschütterlich an Vererbung. *Joachim Fuchsberger*

15 Sexuelle Aufklärung ist insoweit berechtigt, als die Mädchen nicht früh genug erfahren können, wie die Kinder nicht zur Welt kommen. *Karl Kraus*

16 Die Jugend ist eine wunderbare Sache. Schade nur, daß sie an die Kinder verschwendet wird. *George Bernard Shaw*

17 Lästige Konversation mit Tischdamen kann man sich ersparen, indem man unverheiratete Frauen fragt, wie viele Kinder sie schon haben, und verheiratete, warum sie noch keine haben. *George Bernard Shaw*

18 Es gibt kein Recht der Frau auf ein Kind, sondern es gibt nur das Recht eines Kindes auf eine Mutter. *Gertrud von Le Fort*

19 Die Mutter des Jahres sollte eine sterilisierte Frau mit zwei adoptierten Kindern sein. *Paul Ehrlich*

20 Ehefrau: die Steuer, die man für den Luxus zahlen muß, Kinder zu haben. *Gabriel Laub*

21 Wenn Männer Kinder bekämen, wäre die Abtreibung längst ein Sakrament. *Lore Lorentz*

22 Eine gute Zeit, keine Kinder zu bekommen, ist 18 Jahre vor einem Krieg. *Elwyn Brooks White*

23 Meine Vision der Zukunft ist so genau, daß ich, wenn ich Kinder hätte, sie sogleich erwürgen würde. *Emile M. Cioran*

24 Kinder, die man nicht liebt, werden Erwachsene, die nicht lieben. *Pearl S. Buck*

25 Es gibt keine großen Entdeckungen und Fortschritte, solange es noch ein unglückliches Kind auf Erden gibt. *Albert Einstein*

26 Einem Menschen, den Kinder und Tiere nicht leiden können, ist nicht zu trauen. *Carl Hilty*

27 Viele, die ihr ganzes Leben auf die Liebe verwendeten, können uns weniger über sie sagen als ein Kind, das gestern seinen Hund verloren hat. *Thornton Wilder*

28 Kinder sind ein Trost im Alter und ein Mittel, es rascher zu erreichen. *Rudolf Fernau*

29 Erst bei den Enkeln ist man dann so weit, daß man die Kinder ungefähr verstehen kann. *Erich Kästner*

30 Erst wenn man genau weiß, wie die Enkel ausgefallen sind, kann man beurteilen, ob man seine Kinder gut erzogen hat. *Erich Maria Remarque*

31 Warum kann man nicht Enkel haben, ohne Kinder haben zu müssen? *Göran Järvefelt*

32 Der einzige Unterschied zwischen einem Mann und einem Kind ist die Erfahrung. *Cornel Wilde*

33 Geschichte – Versteckspiel unbelehrter Kinder zwischen Gräbern. *Ernst Wilhelm Eschmann*

34 Philosophen sind erwachsene Kinder, die sich mit ihrem eigenen «Warum» auf die Nerven fallen. *Wolfgang Herbst*

35 Nicht Philosophen stellen die radikalsten Fragen, sondern Kinder. *Hellmut Walters*

36 Als Kind ist jeder ein Künstler. Die Schwierigkeit liegt darin, als Erwachsener einer zu bleiben. *Pablo Picasso*

37 Der Satz, wonach alle Gottes Kinder sind, wird gerne dazu verwendet, Gottes Erwachsene zu verhindern. *Werner Schneyder*

38 Daß wir wieder werden wie die Kinder, ist eine unerfüllbare Forderung. Aber wir können zu verhüten suchen, daß die Kinder werden wie wir. *Erich Kästner*

Kindheit *1* Die Kindheit ist jene herrliche Zeit, in der man dem Bruder zum Geburtstag die Masern geschenkt hat. *Peter Ustinov*

2 Das Greisenalter ist eine zweite Kindheit minus Lebertran. *Mark Twain*

Kinn In der Politik darf man nicht versuchen, mit dem Kinn eine Faust k.o. zu schlagen. *Olof Palme*

Kino *1* Ich mache keine Filme, ich mache Kino. *Jean-Luc Godard*

2 Kino ist nichts anderes als der Traum, den jeder von uns kurz vor und kurz nach dem Einschlafen träumt. *Federico Fellini*

3 Mit schönen Frauen langweilige Sachen machen, das ist das Gegenteil von Kino. *François Truffaut*

4 Das Kino kommt wieder! Die Leute wollen miterleben, ohne daß die Familie dazwischenquatscht. *Oliver Hassencamp*

Kirche *1* Die Kirche hat nicht den Auftrag, die Welt zu verändern. Wenn sie aber ihren Auftrag erfüllt, verändert sie die Welt. *Carl Friedrich von Weizsäcker*

2 Was die Kirche nicht verhindern kann, das segnet sie. *Kurt Tucholsky*

3 Wir können uns zwar Gott ohne die Kirche vorstellen, aber nicht die Kirche ohne Gott. *Thomas Mann*

4 Die Kirche, die so viele zu Märtyrern gemacht hat, hat den Zeitpunkt verpaßt, selbst zum Märtyrer zu werden. *Wolfgang Eschker*

5 Die Kirche ist eine Konserve von vorgestern, deren Verfallsdatum längst überschritten ist. *Uta Ranke-Heinemann*

6 Prediger in leeren Kirchen trösten sich mit der besseren Akustik. *Markus M. Ronner*

7 Die Kirchen in Amerika sind eine Art Kosmetiksalon für Seelen. *Thomas Niederreuther*

8 Ohne Kirche – keine Hölle. *Max Frisch*

Kitsch *1* Kitsch ist das Echo der Kunst. *Kurt Tucholsky*

2 Kitsch ist Kunst, gescheitert am fehlenden Widerstand. *Sigismund von Radecki*

3 Kitsch ist Mangel an Diskretion. *Sigmund Graff*

4 Der Kitsch ist die Lüge, die die Wahrheit an den Tag bringt. *Helmut Arntzen*

Kläger Kläger: ein ehemaliger Freund; meist

jemand, dem man einen Gefallen erwiesen hat. *Ambrose Bierce*

Klang Orchester haben keinen eigenen Klang; den macht der Dirigent. *Herbert von Karajan*

Klappentext Nicht jedes Buch ist seinem Klappentext gewachsen. *Peter Schifferli*

Klarheit *1* Die Güte des Intellektuellen ist die Klarheit seiner Gedanken. *Hans Kudszus*

2 Klarheit ist die Höflichkeit des Schriftstellers. *Jules Renard*

3 Ich würde tausend Originalitäten des Ausdrucks hergeben für eine Klarheit. *Manès Sperber*

Klassiker *1* Ein großer Klassiker ist heutzutage ein Mann, den man loben kann, ohne ihn gelesen zu haben. *Gilbert Keith Chesterton*

2 Ein Klassiker ist ein Autor, der noch zitiert, aber nicht mehr gelesen wird. *Laurence Olivier*

3 Klassiker: einer, der uns nicht mehr davon in Kenntnis setzen kann, daß er die Ansichten, auf die wir uns berufen, längst geändert hat. *Gabriel Laub*

4 Man muß die Klassiker wieder so spielen, daß man erschrickt. *Friedrich Dürrenmatt*

5 Verleger interessiert an Klassikern vor allem, daß sie tantiemenfrei geworden sind. *Hubert Beuve-Méry*

Klassikerausgabe Klassikerausgaben sind mehr Möbel als Literatur. *Jacques Tati*

Klatsch *1* Klatsch ist das einzige Geräusch, das schneller ist als der Schall. *Luise Ullrich*

2 Klatsch ist Mangel eines lohnenden Themas. *Elbert Hubbard*

3 Klatsch ist eine gesprochene Zeitung für Analphabeten der Fairneß. *Laurence Olivier*

4 Die Basis für einen Klatsch ist eine unmoralische Gewißheit. *Oscar Wilde*

5 Es ist möglich, daß über uninteressante Menschen Klatsch verbreitet wird, aber es ist unmöglich, daß über interessante Menschen nicht geklatscht wird. *Brigitte Bardot*

6 Frauen lieben es im Grunde gar nicht, Klatsch weiterzuerzählen. Sie wissen nur nicht, was sie sonst damit anfangen sollen. *Romy Schneider*

Klatschkultur Man muß offenbar wie die Amerikaner direkt von der Barbarei in die Dekadenz gesprungen sein, um eine Klatschkultur entwickeln zu können. *Wolf Wondratschek*

Klatschspalte Prominent ist man, wenn man erst aus der Klatschspalte erfährt, was man in nächster Zeit vorhat. *Anna Moffo*

Klavier *1* Ein neues Klavier hat ungeborenen Lärm im Leibe. *Wilhelm Busch*

2 Das Klavier ist ein Schlaginstrument, das man zum Singen bringen muß. *Wladimir Horowitz*

3 Wenn Affen Klavier spielen können, warum sollten Menschen nicht dazu singen? *John Lennon*

4 Ein Onkel, der Gutes mitbringt, ist besser als eine Tante, die bloß Klavier spielt. *Wilhelm Busch*

Klavierkonzert Was noch fehlt, ist ein Staubsauger für all jene Noten, die bei einem Klavierkonzert unter den Flügel fallen. *Thomas Beecham*

Klavierstimmer Manche Staatsmänner sind wie Klaverstimmer: Sie wollen die Harmonie wiederherstellen, indem sie die Spannung verstärken. *Walter Lippmann*

Klaviertaste Einem Maler sagen, er solle die Natur wiedergeben, wie sie ist, hieße einem Pianisten sagen, er solle sich auf die Klaviertasten setzen. *James Abbott McNeill Whistler*

Kleid *1* Der Körper ist ein notwendiges Vehikel, weil er die Kleider trägt und mit den Kleidern die Taschen. *Alfred Jarry*

2 Eine Dame trägt keine Kleider. Sie erlaubt den Kleidern, von ihr getragen zu werden. *Yves Saint-Laurent*

3 Keine Frau trägt gerne ein Kleid, das eine andere abgelegt hat. Mit Männern ist sie nicht so heikel. *Françoise Sagan*

4 Ein Mann, der eine Frau liebt, achtet auf die Frau und nicht auf ihr Kleid. Fängt er an, auf das Kleid zu achten, hat seine Liebe schon nachgelassen. *Henry Miller*

5 Der Blickfang eines Kleides liegt immer dort, wo gar kein Kleid mehr ist. *Peter Frankenfeld*

6 Kein Couturier kann ein Kleid so exakt

beschreiben wie eine Frau, die die Robe einer Rivalin demonstrativ ignoriert.
Hubert de Givenchy

7 Ihr Kleid war der letzte Schrei. Danach hat keiner mehr etwas von ihr gehört.
Nikolaus Cybinski

8 Starlets sind junge Damen, die sich noch keine Kleider leisten können und das auch tun.
Peter Sellers

9 Die Eitelkeit ist das letzte Kleid, das der Mensch auszieht. *Ernst Bloch*

10 Die etwas von Moden verstehen, machen heute längst Literatur, und keine Kleider.
Nikolaus Cybinski

Kleiderschrank Der Kleiderschrank ist ein Möbelstück, in dem Frauen, die nichts anzuziehen haben, ihre Kleider aufbewahren.
Liv Ullmann

Kleidung *1* Scham gab es eher als Kleidung, und sie wird wieder geboren werden, wenn es keine Kleidung mehr gibt. *Mark Twain*

2 Rüstung: die Kleidung eines Mannes, dessen Schneider ein Schmied ist.
Ambrose Bierce

Kleidungsstück Die Hose ist mittlerweile ein so weibliches Kleidungsstück geworden, daß sich die Männer nach einem anderen Geschlechtssymbol umsehen sollten.
Peter Ustinov

Kleine Auf tausend Menschen, die bereit sind, etwas Großes zu tun, kommt einer, der bereit ist, etwas Kleines zu tun.
George MacDonald

Kleingeld Nach einem guten Festmahl knausert man nicht mit Kleingeld. *Henrik Ibsen*

Kleinholz Wenn Männer sich den Kopf zerbrechen, gibt es meistens Kleinholz.
Trude Hesterberg

Kleinstadt In einer Kleinstadt gibt es nicht viel zu sehen; aber was man dort hört, macht es wett. *Kin Hubbard*

Kleptomane Kleptomane: ein reicher Dieb.
Ambrose Bierce

Kleriker Vielleicht wird der Himmel den Laien gehören, aber diese Welt gehört ganz bestimmt den Klerikern. *George Moore*

Klimaanlage *1* Vom Rauch anderer krank werden oder vom Zug der Klimaanlage – das sind Alternativen der Hochzivilisation.
Oliver Hassencamp

2 Unser heutiges Leben ist ein Alptraum mit Klimaanlage. *Henry Miller*

Klischee *1* Ich habe Angst vor Klischees, denn sie sind fast immer wahr.
Françoise Sagan

2 Alle Klischees stimmen. Wahrscheinlich stinken sogar die Neger. *Urs Widmer*

3 Am Ende zeigt sich's, daß alle Klischees wahr sind. Und das ist fast noch schlimmer zu ertragen als die Wahrheit. *Peter Ustinov*

Kluge *1* Kluge, die etwas Dummes tun wollen, richten weniger Schaden an als Dumme, die etwas Kluges tun möchten. *Marcel Pagnol*

2 Nur der Unbegabte stiehlt, der Kluge macht Geldgeschäfte. *Kurt Tucholsky*

Klügere *1* Der Klügere gibt nach – im dümmsten Augenblick. *Gerhard Uhlenbruck*

2 Wenn die Klügeren nachgeben, regieren die Dummköpfe die Welt. *Jean-Claude Riber*

3 Es ist immer der Schwächere, der sich nach dem Nachgeben als der Klügere ausgibt.
Georg Leber

Klugheit *1* Um es im Leben zu etwas zu bringen, braucht man Redlichkeit und Klugheit. Die Redlichkeit besteht darin, zu halten, was man versprochen hat, die Klugheit darin, nichts zu versprechen. *Oliver Herford*

2 Was auf den ersten Blick wie Feigheit aussieht, ist möglicherweise Klugheit.
Jean Giono

3 Der Vorteil der Klugheit besteht darin, daß man sich dumm stellen kann. Das Gegenteil ist schon schwieriger. *Kurt Tucholsky*

4 Die Klugheit des Mannes ist eine Leiter, die der Frau eine Wendeltreppe. *Halldór Laxneß*

5 Manche kluge Frau ist nur deshalb allein, weil sie es nicht verstanden hat, ihre Klugheit zu verbergen. *Daphne du Maurier*

6 Die Klugheit des Fuchses wird oft überschätzt, weil man ihm auch noch die Dummheit der Hühner als Verdienst anrechnet.
Hans Kasper

Klügste Sie werden es nicht glauben, aber es gibt soziale Staaten, die von den Klügsten regiert werden; das ist bei den Pavianen der Fall. *Konrad Lorenz*

Knabe Die verbitterten Gesichtszüge eines Mannes sind oft nur die festgefrorene Verwirrung eines Knaben. *Franz Kafka*

Knall Auf dem Planeten hier –
will sagen Feuerball
wird großer Friede sein –
pardon, erst nach dem Knall. *Wolf Biermann*

Knarren Die Tür zur Vergangenheit ist ohne Knarren nicht zu öffnen. *Alberto Moravia*

Knecht Ein Herr ist, wer noch nicht weiß, wessen Knecht er ist. *Hellmut Walters*

Knechtschaft Der Mensch ist eine in der Knechtschaft seiner Organe lebende Intelligenz. *Aldous Huxley*

Knie *1* Der emanzipierten Frau ins Stammbuch: Wer Ellbogen zeigt, kann auch Knie zeigen. *Karl Lagerfeld*

2 Auf den Knien kommt man unter Umständen sehr weit. *Wieslaw Brudziński*

3 Lügen haben kurze Beine, aber weiche Knie. *Gerhard Uhlenbruck*

Knoblauch Mit etwas Anstrengung läßt sich alles auf dieser Welt geheimhalten – ausgenommen Knoblauch. *Alexander Roda Roda*

Knochen Wenn Zwerge wachsen wollen, brauchen sie fremde Knochen. *Stanislaw Jerzy Lec*

Knopf Humor ist der Knopf, der verhindert, daß uns der Kragen platzt. *Joachim Ringelnatz*

Knopfloch Wer das erste Knopfloch verfehlt, kommt mit dem Zuknöpfen nie zurecht. *Emlyn Williams*

Knoten Mancher rote Faden hat zu viele Knoten. *Wolfgang Eschker*

Knüppel *1* Ein Mann ist ein Mensch, dem Gott einen Knüppel zwischen die Beine geworfen hat. *Hanns-Hermann Kersten*

2 Sprich leise und trage einen großen Knüppel. *Theodore Roosevelt*

Koalition *1* Koalition ist das Kunststück, den rechten Schuh auf dem linken Fuß zu tragen, ohne Hühneraugen zu bekommen. *Guy Mollet*

2 Koalition: eine Partei wäscht die andere. *Paul Renner*

3 In einer Koalition bestätigt man seine Treue durch Seitensprünge von begrenztem Radius. *Ugo Tognazzi*

4 In einer Koalition ist es ganz natürlich, daß der Schwanz mit dem Hund zu wedeln versucht. Es kommt nur darauf an, ob der Hund sich das gefallen läßt. *Amintore Fanfani*

5 Die Koalition ist die intimste Form der Gegnerschaft. *Richard Wiggins*

6 In jeder Koalition verwandelt sich der Bindestrich im Laufe der Zeit in einen Trennungsstrich. *Paul-Henri Spaak*

7 Eine zu Ende gehende Koalition ist wie ein überreifer Camembert: die Sache stinkt. *Mario Scelba*

Koalitionsregierung Wer auf Erden jemals Chef einer Koalitionsregierung war, dem bleibt nach dem Tode das Fegefeuer erspart. *Mario Scelba*

Koch *1* Viele gute Köche sind gerade dadurch verdorben worden, daß sie zur Kunst übergingen. *Paul Gauguin*

2 Ein Dichter, der liest, ist wie ein Koch, der ißt. *Karl Kraus*

3 Ich bin wie ein Koch. Wenn ein Film fertig ist, setze ich mich hin und schaue zu, ob die Sache den andern schmeckt. *Roman Polanski*

Kochbuch *1* Streng genommen hat nur eine Sorte Bücher das Glück unserer Erde vermehrt: die Kochbücher. *Joseph Conrad*

2 Auch Kochbücher sollten der Zensur unterliegen. *Stanislaw Jerzy Lec*

3 Theorie und Praxis verhalten sich wie die bibliophile Ausgabe eines Kochbuchs zum verkohlten Steak. *Michael Kehlmann*

Köchin Eine gute Köchin braucht kein Thermometer. *Karl Valentin*

Kochlöffel Das wirklich Rührende an der Liebe ist – der Kochlöffel. *Gerhard Uhlenbruck*

Köder Köder: ein Präparat, das einen Haken genießbarer macht. Der beste Köder ist Schönheit. *Ambrose Bierce*

Kofferraum Wir gehen mit dieser Welt um, als hätten wir noch eine zweite im Kofferraum. *Jane Fonda*

Kohl *1* Kohl: ein bekanntes Küchengemüse, etwa so groß und klug wie ein menschlicher Kopf. *Ambrose Bierce*

2 Ein Idealist ist ein Mann, der aus der Tatsache, daß die Rose besser riecht als der Kohl, darauf schließt, eine Suppe aus Rosen müsse auch besser schmecken. *Ernest Hemingway*

Kohlkopf Der Blumenkohl ist nichts als ein Kohlkopf mit akademischer Bildung. *Mark Twain*

Kokettieren Kokettieren heißt Lider ohne Worte machen. *Peter Weck*

Kolumbus *1* Die Bedeutung von Kolumbus besteht nicht so sehr darin, daß er Amerika entdeckt hat, sondern daß er dort geblieben ist. *Alberto Moravia*

2 Wer weiß, was Kolumbus alles entdeckt hätte, wäre ihm nicht Amerika im Wege gestanden. *Stanislaw Jerzy Lec*

Kolumnist Jede Nation muß eine Institution haben, die vorschnell urteilen darf. Früher waren das die Wahrsager, heute sind es die Kolumnisten. *Eugene McCarthy*

Koma Tod: Koma, Punkt. *Hanns-Hermann Kersten*

Komet Der Komet – ein Flüchtling des Sonnensystems. *Marc Chagall*

Komik *1* Komik entsteht, wenn man Tragödien anschaut und dabei ein Auge zukneift. *Eugène Ionesco*

2 Komik ist Tragik in Spiegelschrift. *James Thurber*

3 Komik erkennen wir nur in den Dingen, die anderen zustoßen. *Keith Haring*

Komiker *1* Ein Komiker ist ein Mensch, der nichts, aber auch gar nichts ernst nimmt außer sich selbst. *Danny Kaye*

2 Manche Komiker sind offensichtlich der Meinung, Witze müßten so alt sein wie bester schottischer Whisky. *George Bernard Shaw*

Komma Ein Komma am falschen Ort kann unglaublich geschwätzig sein. *Henry de Montherlant*

Kommentar Politische Kommentare sind Orakel im nachhinein. *Thornton Wilder*

Kommentator *1* Kommentatoren sind Leute, die andere kratzen, wenn es sie selber juckt. *Robert McNamara*

2 Ein Dichter, der sich selbst kommentiert, ist kein Dichter, sondern ein Kommentator. *Samuel Beckett*

Kommunikation Es gibt keine größere Illusion als die Meinung, Sprache sei ein Mittel der Kommunikation zwischen Menschen. *Elias Canetti*

Kommunikationswissenschaft Kommunikationswissenschaft – die Lehre von den Mißverständnissen. *Markus M. Ronner*

Kommunismus *1* Der Kommunismus ist das Paradies auf Erden. Sobald man vom Baum der Erkenntnis gegessen hat, wird man daraus vertrieben. *Wolfgang Eschker*

2 Der Kommunismus findet Zulauf nur dort, wo er nicht herrscht. *Henry Kissinger*

Kommunist Auch der orthodoxeste Kommunist verteidigt, wenn er Schach spielt, seinen König. *Brana Crnčević*

Komödie *1* Das Leben ist eine Komödie für jene, die denken, eine Tragödie aber für jene, die fühlen. *Oscar Wilde*

2 Eine Komödie, die mit einer Hochzeit endet, ist der Anfang einer Tragödie. *George Bernard Shaw*

3 Den heutigen Menschen kommt man nur noch mit der Komödie bei. *Friedrich Dürrenmatt*

4 Wie macht man eine Komödie für die Leinwand? Fragen Sie lieber, wie man den Ozean mit einer Kaffeetasse ausschöpfen kann. *Jerry Lewis*

5 Wer verzweifelt, verliert den Kopf. Wer Komödien schreibt, braucht ihn. *Friedrich Dürrenmatt*

6 Ich verstehe nicht, weshalb man soviel Wesens um die Technik des Komödien-Schreibens macht. Man braucht doch nur die Feder in ein Whisky-Glas zu tauchen. *Oscar Wilde*

7 Eine Komödie ist wie ein Pappbecher: man trinkt aus ihm und wirft ihn weg. *Woody Allen*

Kompetenz In einer hierarchischen Organisation pflegt jeder Beschäftigte so lange aufzusteigen, bis er einen Posten erreicht hat, für den ihm die Kompetenz fehlt. *Laurence J. Peter*

Kompliment *1* Ein Kompliment ist eine freundliche Wahrheit mit etwas Make-up.
Hannelore Schroth

2 Ein Kompliment ist die charmante Vergrößerung einer kleinen Wahrheit.
Johannes Heesters

3 Ein hübsches Kompliment ist eine glaubwürdige Übertreibung. *Peter Alexander*

4 Ein Vorwurf sitzt dann am besten, wenn man ihn in ein Kompliment verpackt.
Markus M. Ronner

5 Frauen werden nie durch Komplimente entwaffnet. Männer immer. *Oscar Wilde*

6 Die Eitelkeit besteht aus Komplimenten, die man sich selber macht. *Shirley MacLaine*

7 Selbstmord ist ein Kompliment, das man der Gesellschaft nicht machen dürfte.
Oscar Wilde

8 Grabschrift: spät vorgebrachte Komplimente. *Elbert Hubbard*

Komplizieren Manche Menschen benützen ihre Intelligenz zum Vereinfachen, manche zum Komplizieren. *Erich Kästner*

Komponist *1* Die Komponisten sollten nur Musik schreiben, in der man wohnen kann.
Darius Milhaud

2 Das schönste Denkmal für einen Komponisten ist, wenn er im Spielplan bleibt.
Carl Orff

Kompromiß *1* Ein Kompromiß ist ein Zusammenprall unter Anwendung von Stoßdämpfern. *Maurice Couve de Murville*

2 Ein Kompromiß ist eine Abmachung, bei der man großzügig auf die Rechte des anderen verzichtet. *Tage Erlander*

3 Ein Kompromiß, das ist die Kunst, einen Kuchen so zu teilen, daß jeder meint, das größte Stück bekommen zu haben.
Ludwig Erhard

4 Ein Kompromiß ist dann vollkommen, wenn beide das erhalten, was sie nicht haben wollen. *Edgar Faure*

5 Ein Kompromiß ist dann vollkommen, wenn alle unzufrieden sind. *Aristide Briand*

6 Diplomatie: überreife Konflikte durch faule Kompromisse lösen. *Wolfgang Eschker*

Konferenz *1* Konferenzen sind Verschiebebahnhöfe für ungelöste Probleme.
Richard Burton

2 Konferenzen sind ein vorzügliches Mittel, Probleme so lange zu diskutieren, bis sie nicht mehr aktuell sind. *Alex Möller*

3 Konferenzen sind die Bremsspuren der Geschichte. *Henri Troyat*

König Beim Theater ist jede Rolle wichtig. Ich werde nicht dadurch zum König, daß ich mich königlich gebärde, sondern dadurch, daß der Diener sich vor mir verneigt.
Will Quadflieg

Königshaus Auch in einem Königshaus lernt man wie die Affen: Indem man die Eltern beobachtet. *Charles, Prince of Wales*

Konjunktiv Wir Deutsche haben die Welt beherrscht, fremde Völker, die Nordsee und die Natur . . . den Konjunktiv nie.
Dieter Hildebrandt

Konkurrenz Man hebt einen Stand am besten dadurch, daß man sich eine gute Konkurrenz schafft. *Kurt Tucholsky*

Konkurs Kapitalismus ohne Konkurse ist wie Christentum ohne Hölle. *Frank Borman*

Können Für das Können gibt es nur einen überzeugenden Beweis: das Tun.
Marie von Ebner-Eschenbach

Konsequenz *1* Es sind gerade die Inkonsequenzen eines Lebens, welche die größten Konsequenzen haben. *André Gide*

2 Altern beginnt damit, daß wir nur noch Konsequenzen aus dem ziehen können, was wir geworden sind. *Hans Kudszus*

Konservative *1* Die Konservativen sind die Pausenzeichen der Geschichte.
Norman Mailer

2 Ein Konservativer ist ein Mensch mit zwei völlig gesunden Beinen, der nie gehen gelernt hat. *Franklin D. Roosevelt*

3 Ein Konservativer ist ein Mensch, der zum Kämpfen zu feige und zum Laufen zu dick ist.
Elbert Hubbard

4 Konservativer: einer, der in bestehende Mängel verliebt ist, während der Liberale sie durch neue Mängel ersetzen möchte.
Ambrose Bierce

Konservativismus *1* Konservativismus: Kinder an den Fehlern ihrer Eltern teilhaftig werden lassen. *Rudolf Rolfs*

2 Konservativismus: die Verehrung toter Revolutionäre. *Clinton Rossiter*

3 Konservativismus ist Heimweh. *Klaus Harpprecht*

4 Konservativismus ist Staffellauf auf der Stelle. *Alberto Moravia*

5 Fortschrittlicher Konservativismus ist wie Autofahren mit angezogener Bremse. *George Brown*

Konserve *1* Konserven und Waschmaschinen haben mehr zur Befreiung der Frau beigetragen als alle Revolutionen. *Jean Duché*

2 Die Zeitung ist die Konserve der Zeit. *Karl Kraus*

Konsonant Eine Sprache mit vielen Konsonanten ist wie ein Kartoffelacker. Eine Sprache mit vielen Vokalen ist wie ein Blumenbeet. *Enrico Caruso*

Kontakt *1* Kontakte sind Begegnungen von Beauftragten, die sich nicht treffen dürfen. *Dean Rusk*

2 In der Politik ist es wie in der Elektrizität: Wo es Kontakte gibt, gibt es auch Spannungen. *Pierre Mendès-France*

Kontrolle Vertrauen ist gut, Kontrolle ist besser. *Wladimir Iljitsch Lenin*

Konversation *1* Konversation ist die Kunst zu reden, ohne zu denken. *Victor de Kowa*

2 Gesellschaftliche Konversation ist die Kunst, an Wichtiges zu denken, während man Unwichtiges sagt. *Laurence Olivier*

3 Für eine erfolgreiche gesellschaftliche Konversation sind Gedanken meistens hinderlich. *André Maurois*

4 Lästige Konversation mit Tischdamen kann man sich ersparen, indem man unverheiratete Frauen fragt, wie viele Kinder sie schon haben, und verheiratete, warum sie noch keine haben. *George Bernard Shaw*

5 Was ist Schweigen? Konversation mit einem Engländer. *Pierre Daninos*

Konzept Auch durch Beifall kann man Feinde aus dem Konzept bringen. *Erhard Blanck*

Konzert *1* Früher gingen die Leute ins Konzert, um Musik zu hören. Heute gehen sie hin, um Dirigenten zu sehen. *Paul Hörbiger*

2 Warum geht man, wenn man erkältet ist, lieber ins Konzert oder ins Theater statt zum Arzt? *Hermann Prey*

3 In Sachen Sexualität verwechseln viele das Stimmen der Instrumente mit dem Konzert. *Henry Miller*

Konzertbesucher Die überwältigende Mehrheit der Konzertbesucher möchte dort sitzen, wo man den Dirigenten von vorn sehen kann. *Herbert von Karajan*

Kopf *1* Es ist erstaunlich, wie viele Menschen den Kopf nur zum Hutaufsetzen haben. *Harold Pinter*

2 Es kommt nicht darauf an, was für einen Hut man auf dem Kopf hat, sondern was für einen Kopf unter dem Hut. *Herbert George Wells*

3 Der Mensch, das sonderbare Wesen: mit den Füßen im Schlamm, mit dem Kopf in den Sternen. *Else Lasker-Schüler*

4 Wer kommt, wird nach seinem Gesicht beurteilt. Wer geht, nach seinem Kopf. *Heinrich Wiesner*

5 Der Kopf ist jener Teil unseres Körpers, der uns am häufigsten im Wege steht. *Gabriel Laub*

6 Man muß Menschen vor den Kopf stoßen, damit sie lernen, ihn zu gebrauchen. *Dieter Hildebrandt*

7 Der Kopf ist vor allem die Kassette des Gehirns, nicht der Humus für die Haare. *Gino Cervi*

8 Friseurgespräche sind der unwiderlegliche Beweis dafür, daß die Köpfe der Haare wegen da sind. *Karl Kraus*

9 Viele Menschen sind zu gut erzogen, um mit vollem Mund zu sprechen, aber sie haben keine Bedenken, dies mit leerem Kopf zu tun. *Orson Welles*

10 Abgedroschene Phrasen lassen auf Stroh im Kopf schließen. *Gerhard Uhlenbruck*

11 Menschen, die keine blasse Ahnung haben, bekommen schnell einen roten Kopf. *Gerhard Uhlenbruck*

12 Der Ruhm steigt am leichtesten in leere Köpfe. *Gabriel Laub*

13 Dem Wissenschaftler kann der Ruhm nicht zu Kopf steigen – einfach aus Platzmangel. *Gerhard Uhlenbruck*

14 Manchmal schlägt der Lorbeer im Kopf Wurzeln. *Stanislaw Jerzy Lec*

15 Ehrgeiz ist die Sehnsucht, die nicht vom Herzen, sondern vom Kopf her kommt. *Anita Daniel*

16 Man sollte die Wahrheit dem anderen wie einen Mantel hinhalten, daß er hineinschlüpfen kann – nicht wie ein nasses Tuch um den Kopf schlagen. *Max Frisch*

17 Die beste Droge ist ein klarer Kopf. *Herbert Hegenbarth*

18 Um einen Gedanken haben zu können, müssen wir uns viele aus dem Kopf geschlagen haben. *Hans Kudszus*

19 Unser Kopf ist rund, damit die Gedanken die Richtung ändern können. *Francis Picabia*

20 Ob die Gedanken wirklich aus Köpfen stammen? Meist stammen sie aus zweiter Hand. *Wieslaw Brudziński*

21 Manchmal kostet es den Kopf, wenn man sein Gesicht wahren will. *Wolfgang Eschker*

22 Als er seinen Kopf verloren hatte, zeigte er sein wahres Gesicht. *Gerhard Uhlenbruck*

23 Die gefährlichste Form der Zensur ist die Schere im eigenen Kopf. *Curzio Malaparte*

24 Fanatiker sind Leute, die mit einem nicht vorhandenen Kopf durch eine vorhandene Wand rennen wollen. *Martin Held*

25 Man kann sich auch an offenen Türen den Kopf einrennen. *Erich Kästner*

26 Jeder Mensch hat ein Brett vor dem Kopf. Es kommt nur auf die Entfernung an. *Marie von Ebner-Eschenbach*

27 Auch die Bretter, die man vor dem Kopf hat, können die Welt bedeuten. *Werner Finck*

28 Alles, was wir uns aus dem Kopf schlagen müssen, schlägt uns auf den Magen. *Gerhard Uhlenbruck*

29 Wenn Männer sich den Kopf zerbrechen, gibt es meistens Kleinholz. *Trude Hesterberg*

30 Den Kopf in den Rachen des Löwen zu stecken, ist auch nicht gefährlicher, als ihn von einer Frau streicheln zu lassen. *David Herbert Lawrence*

31 Erstaunlich viele Politiker suchen den besten Kopf ihres Landes vor dem Spiegel. *Saul Steinberg*

32 Was manche Politiker nicht im Kopf haben, haben sie im Kehlkopf. *Peter Handke*

33 Politik wird mit dem Kopf, nicht mit dem Kehlkopf gemacht. *Franz Josef Strauß*

34 Festredner sind Männer mit Kopf. Mit Kehlkopf. *Heinrich Wiesner*

35 Eine Kundgebung ist kein Rendez-vous der Köpfe, sondern der Kehlen. *Hans Kasper*

36 Fernsehen: durch die Augen direkt in den Bauch – unter Auslassung des Kopfes. *Günter Gaus*

37 Wer verzweifelt, verliert den Kopf. Wer Komödien schreibt, braucht ihn. *Friedrich Dürrenmatt*

38 Wer den Kopf in den Sand steckt, bekommt heute einen besonders tiefen Einblick in unsere Umweltverschmutzung. *Gerhard Uhlenbruck*

39 Besser die Partitur im Kopf als den Kopf in der Partitur. *Leonard Bernstein*

40 Ist es Zufall, daß in der Notenschrift die hohlen Köpfe den größten Wert haben? *Peter Benary*

41 Kohl: ein bekanntes Küchengemüse, etwa so groß und klug wie ein menschlicher Kopf. *Ambrose Bierce*

42 Es hat mich nie gestört, wenn man mich mit einem Spargel verglichen hat, denn am Spargel ist der Kopf das Wichtigste. *Charles de Gaulle*

43 Bestimmt wäre es für die Staaten besser, sie hätten einen Kopf und kein Oberhaupt. *Nikolaus Cybinski*

44 Die Krone: eine Kopfbedeckung, die den Kopf überflüssig macht. *Gabriel Laub*

45 Wenn der Kopf ab ist, weint man den Haaren nicht nach. *Nikita Chruschtschow*

Kopie *1* Die sogenannte Society ist eine Ansammlung von Kopien, die von Originalen gemieden wird. *Oliver Hassencamp*

2 Snobismus ist die Fähigkeit, sich als Original zu fühlen, auch wenn man nur eine Kopie ist. *Victor de Kowa*

Korb Wer Hahn im Korb ist, kann seinen Hühnern auch mal einen Korb geben. *Gerhard Uhlenbruck*

Korn Wer zuviel Korn trinkt, hat am Ende nur noch Stroh im Kopf. *Gerhard Uhlenbruck*

Körper *1* Der Körper ist ein notwendiges Vehikel, weil er die Kleider trägt und mit den Kleidern die Taschen. *Alfred Jarry*

2 Der Körper ist der Übersetzer der Seele ins Sichtbare. *Christian Morgenstern*

3 Glück ist gut für den Körper, aber Kummer stärkt den Geist. *Marcel Proust*

4 Ein Intellektueller ist ein Mensch, der nicht genug Körper hat, um seinen Geist zu bedecken. *Jean Giono*

5 Ein Wüstling ist einer, der auch dort noch Geist hat, wo andere nur Körper haben. *Karl Kraus*

6 Die Entblößung der Gefühle ist viel anstößiger als die des Körpers. *Arthur Schnitzler*

7 Tanz ist Esperanto mit dem ganzen Körper. *Fred Astaire*

Korporal Der General: ein Korporal, der mehrmals befördert wurde. *Gabriel Laub*

Kosmetik *1* Kosmetik ist die Kunst, den Geburtsschein zu dementieren. *Olga Tschechowa*

2 Kosmetik ist eine Maßnahme mit aufschiebender Wirkung. *Helmar Nahr*

3 In der Weltpolitik herrscht Konjunktur für Kosmetik. Jeder will sein Gesicht wahren. *Joseph Alsop*

Kosmetiker Die Zeit ist ein guter Arzt, aber ein schlechter Kosmetiker. *William Somerset Maugham*

Kosmetikerin Eine Kosmetikerin ist ihr eigenes Schaufenster. *Olga Tschechowa*

Köstlichkeit Wirklich verewigt ist man erst dann, wenn eine kulinarische Köstlichkeit nach einem benannt wird. *Igor Strawinski*

Kostüm Viele entlarven sich im Karneval bereits in dem Moment, in dem sie in ein Kostüm schlüpfen. *Sigmund Graff*

Krach Ein Verein ist eine Vereinigung von Personen, die entweder gemeinsam Krach machen oder untereinander Krach haben. *Gerhard Uhlenbruck*

Kraft *1* Stark ist, wer Kraft – bändigt. *Hans Lohberger*

2 Den Gebrauch der Kräfte, die man hat, ist man denen schuldig, die sie nicht haben. *Carl Schurz*

3 Engagement ist vielfach nichts als Mangel an Talent, an Anspannung, Nachlassen der Kraft. *Theodor W. Adorno*

4 Die Kraft, die es einen Politiker kostet, nicht zu lügen, fehlt ihm später meistens, um die Wahrheit zu sagen. *Nikolaus Cybinski*

5 Die größte Kraft auf der Welt ist das Pianissimo. *Maurice Ravel*

Kragen Humor ist der Knopf, der verhindert, daß uns der Kragen platzt. *Joachim Ringelnatz*

Krähenfuß Runzeln und Krähenfüße sind die Haltestellen der Gesichtszüge. *Manfred Schmidt*

Kranke Noch schlimmer für einen Arzt als der eingebildete ist heute der halbgebildete Kranke. *Gerhard Uhlenbruck*

Krankheit *1* Das Leben ist eine Krankheit, und der einzige Unterschied zwischen den Menschen besteht darin, daß sie sich in verschiedenen Phasen dieser Krankheit befinden. *George Bernard Shaw*

2 Krankheiten sind Höflichkeitsbesuche des Todes. *Hans Kudszus*

3 Man stirbt nicht an einer bestimmten Krankheit, man stirbt an einem ganzen Leben. *Charles Péguy*

4 Eine der größten Krankheitsursachen ist die Neigung der Ärzte, viel zu verordnen. *August Bier*

5 Eine der verbreitetsten Krankheiten ist die Diagnose. *Karl Kraus*

6 Krankheit verschafft Befriedigungen, die es dem Kranken oft verwehren, gesund zu werden. *Nathalie Sarraute*

7 Es gibt gewisse Tore, die nur die Krankheit öffnen kann. *André Gide*

8 Wer sich nach einer Krankheit wieder im alten Trott bewegt, ist ein alter Trottel. *Gerhard Uhlenbruck*

9 Die Krankheit der Welt kann geheilt werden, wenn man den Virus, der sie krank macht und der in uns allen steckt, ausrottet: den Virus der Macht. *Carlo Schmid*

10 Ein Arzt weiß, daß er gegen unheilbare Krankheiten nichts ausrichten kann; trotzdem behandelt er weiter. Für den Schriftsteller gilt dasselbe. *Walter Mehring*

11 Wenn es für eine Krankheit keinen Spezialisten gibt, ist es die Ehe. *Martin Walser*

12 Die Popularität ist eine Krankheit, die um so chronischer zu werden droht, je später im Leben sie den Patienten befällt. *Ernst Jünger*

13 Gesundheit ist doch eine häßliche Krankheit, sagen die Bakterien. *Piet Hein*

14 Gesundheit ist die Summe aller Krankheiten, die man nicht hat. *Gerhard Uhlenbruck*

Kränkung *1* Auch Kränkungen wollen gelernt sein. Je freundlicher, desto tiefer trifft's. *Martin Walser*

2 Auch Kränkungen haben ihr Gutes; sie setzen einen ins Recht. *Henry de Montherlant*

Kraut Militaristen sind Leute, die gerne schießen, vor allem ins Kraut. *Joachim Ringelnatz*

Krawatte Ich trage meistens Krawatten mit komplizierten indischen Dessins. Das hat den Vorteil, daß es keiner merkt, wenn ich mich bekleckere. *Peter Ustinov*

Krebs Kummer reimt sich auf Hummer. Oder Krebs, wie die Ärzte sagen. *Gerhard Uhlenbruck*

Kreis Schlimm, wenn Leute, die sich im Kreise drehen, das auch noch in der falschen Richtung tun. *Wolfgang Eschker*

Kreuz *1* Alle paar Jahre machen die Wähler ihr Kreuz. Und hinterher müssen sie's dann tragen. *Birgit Berg-Khoshnavaz*

2 Auf dem Gipfel des Erfolgs steht auch ein Kreuz; für die Leichen, über die man gegangen ist. *Gerhard Uhlenbruck*

Kreuzworträtsel Ein Optimist ist einer, der Kreuzworträtsel mit Tinte löst. *Marcel Achard*

Kreuzzug Jeder Christ kann die Raketen mit seinem Gewissen vereinbaren – wenn er an die Kreuzzüge denkt. *Helmut Ruge*

Krieg *1* Durchaus denkbar, daß der Krieg der Vater aller Dinge ist. Denn der Vater aller Menschen ist er garantiert nicht. *Werner Schneyder*

2 Stell dir vor, es ist Krieg, und keiner geht hin. *Carl Sandburg*

3 Einen Krieg beginnen, heißt nichts weiter, als einen Knoten zerhauen, statt ihn aufzulösen. *Christian Morgenstern*

4 Wer keinen Krieg erlebt, wird niemals wissen, was für eine herrliche Vorkriegszeit er erlebt hat. *Gabriel Laub*

5 Eine gute Zeit, keine Kinder zu bekommen, ist 18 Jahre vor einem Krieg. *Elwyn Brooks White*

6 Die Menschheit muß dem Krieg ein Ende setzen, oder der Krieg setzt der Menschheit ein Ende. *John F. Kennedy*

7 Das große Karthago führte drei Kriege. Nach dem ersten war es noch mächtig. Nach dem zweiten war es noch bewohnbar. Nach dem dritten war es nicht mehr aufzufinden. *Bertolt Brecht*

8 Der übernächste Krieg wird nur noch mit Pfeil und Bogen entschieden. *Albert Einstein*

9 Jeder Krieg ist ein Kind der Furcht. Deshalb muß man vor allem die Furcht beseitigen, wenn man Kriege vermeiden will. *Norman Angell*

10 Feindbilder sind sicher nicht die Ursache für einen Krieg, aber sie erleichtern das Marschieren. *Max Frisch*

11 Glaubt nicht, ihr hättet Millionen Feinde. Euer einziger Feind heißt – Krieg. *Erich Kästner*

12 Kriege führen auch die Ameisen, Staaten haben auch die Bienen, Reichtümer sammeln auch die Hamster. *Hermann Hesse*

13 Unsere vernunftmäßige Ablehnung des Krieges als Mittel der Politik besagt noch nicht, daß wir friedensfähig sind. *Max Frisch*

14 Auch Krieg ist eine Form von Abrüstung. *Markus M. Ronner*

15 Den Fortschritt erkennt man schon daran, daß in jedem neuen Krieg die Menschen auf andere Art getötet werden. *Will Rogers*

16 Jubel über militärische Schauspiele ist eine Reklame für den nächsten Krieg. *Kurt Tucholsky*

17 Der Berufsoffizier: ein Mann, den wir in Friedenszeiten durchfüttern, damit er uns im Krieg an die Front schickt. *Gabriel Laub*

18 Wenn Krieg ist, denkt man über ein besseres Leben nach, wenn Frieden ist, über ein bequemeres. *Thornton Wilder*

19 Auf tausend Kriege kommen nicht zehn Revolutionen. *Ernst Bloch*

20 Der Krieg wird niemals zu Ende sein, solange noch eine Wunde blutet, die er geschlagen hat. *Heinrich Böll*

21 Der Friede hat ebenso viele Siege aufzuweisen wie der Krieg, aber weit weniger Denkmäler. *Kin Hubbard*

22 Beim modernen Ultimatum droht man nicht mit Krieg, sondern mit Hilfe. *George F. Kennan*

23 Im Krieg kann man nur einmal abgeschossen werden, in der Politik dagegen oft und oft. *Winston S. Churchill*

Kriegskunst Kriegskunst hinterläßt die meisten Denkmäler. *Emil Baschnonga*

Krimi Alles, was man für einen guten Krimi braucht, ist ein guter Anfang – und ein paar Telefonbücher, damit die Namen stimmen. *Georges Simenon*

Kriminalist Wenn irgendwo Pilze schmoren, wird der Kriminalist unwillkürlich hellhörig. *Agatha Christie*

Kriminalschriftsteller Der Kriminalschriftsteller ist eine Spinne, die die Fliege bereits hat, bevor sie das Netz um sie herum webt. *Arthur Conan Doyle*

Krise *1* Eine Krise ist ein produktiver Zustand. Man muß ihr nur den Beigeschmack der Katastrophe nehmen. *Max Frisch*

2 Von den Chinesen könnten wir einiges lernen. Man hat mir gesagt, sie hätten ein und dasselbe Schriftzeichen für die Krise und für die Chance. *Richard von Weizsäcker*

3 Die Krise zur Lebensmitte ist die Pubertät des Greisenalters. *Werner Schneyder*

Kristallisation Verkalkungen werden oft für Kristallisationen gehalten. *Karol Irzykowski*

Kritik *1* Kritik ist die Kunst, auf fremde Kosten geistreich zu sein, ohne daß jemand den Diebstahl merkt. *Wolfgang Herbst*

2 Kritik ist die Kunst, mit der sich der Kritiker einen Anteil am Ruhm des Künstlers zu sichern trachtet. *George J. Nathan*

3 Die Kritik an anderen hat noch keinem die eigene Leistung erspart. *Noël Coward*

4 Kritik ist die subtile Rache der Journalisten an den Satirikern dafür, daß diese auch wegen der Journalisten Satiriker geworden sind. *Werner Schneyder*

5 Kritik ist oft nur ein Wackelkontakt zwischen Kunst und Öffentlichkeit. *Hans Kudszus*

6 Wer sich mit der Kunst verheiratet, bekommt die Kritik zur Schwiegermutter. *Hildegard Knef*

7 Um Kritik zu vermeiden, darf man nichts sagen, nichts tun, nichts sein. *Elbert Hubbard*

8 Seine Kritik war aufschlußreich. Sie schloß ihn auf. *Wolfgang Eschker*

9 Auch Kritik kann zur Manie werden: Man schmeckt vor lauter Haaren die Suppe nicht mehr. *Werner Roß*

10 Man hatte den Eindruck, er *übte* Kritik. *Wolfgang Eschker*

11 Auch Schlafen ist eine Form der Kritik, vor allem im Theater. *George Bernard Shaw*

12 Schweigen ist die schlimmste oder die gnädigste Form der Kritik. *Pierre Reverdy*

13 Wer Kritik übelnimmt, hat etwas zu verbergen. *Helmut Schmidt*

14 Wer keine Kritik erträgt, gibt seine Fehler schnell zu. *Hans Kudszus*

15 Die Geschichte der Kritik ist dazu da, zu beweisen, wie fehlbar die zeitgenössische Kritik ist. *William Somerset Maugham*

16 Es gibt keine Kritik, es gibt nur den Kritiker. *Siegfried Jacobsohn*

Kritiker *1* Kritiker sind Leute, die ihre Arbeit einen Tag zu spät machen. *Marty Feldman*

2 Kritiker sind einbeinige Dozenten über den Weitsprung. *Harold Pinter*

3 Ein Kritiker ist ein lahmer Trainer für Dreisprung. *John Osborne*

4 Ein Kritiker ist eine Henne, die gackert, wenn andere legen. *Giovanni Guareschi*

5 Kritiker sind blutrünstige Leute, die es nicht bis zum Henker gebracht haben. *George Bernard Shaw*

6 Kritiker sind Leute, die zum Tode verurteilen, damit sie begnadigen können. *Oskar Werner*

7 Bei manchen Kritikern hat man den Eindruck, daß sie die Schreibmaschine mit dem elektrischen Stuhl verwechseln. *Norman Mailer*

8 Man soll die Kritiker nicht für Mörder halten. Sie stellen nur den Totenschein aus. *Marcel Reich-Ranicki*

9 Ein Kritiker ist ein Mensch, der eine Aufführung so schlecht machen muß, wie sie ohnehin ist. *Hans Weigel*

10 Ein Kritiker ist ein Mensch, der sehr böse wird, wenn dem Publikum etwas gefällt, was er nicht mag. *Erich Segal*

11 Arme Kritiker! Daß sie immer nur sehen, hören und lesen müssen, was ihnen gar nicht gefällt. *Erhard Blanck*

12 Für Kritiker gilt der Grundsatz: Hunde, die beißen, bellen nicht. *Hans Weigel*

13 Kritiker glauben tatsächlich, man habe nichts anderes zu tun, als ihnen im Schweiß unseres Angesichts ihr täglich Brot zu verdienen. *Joseph Kainz*

14 Nichts Ärgerlicheres als jene Kritiker, die beweisen wollen, daß das, was man geschrieben hat, nicht das ist, was man schreiben wollte. *André Gide*

15 Der Künstler hat keine Zeit, sich mit Kritikern zu beschäftigen. Nur Möchtegern-Schriftsteller lesen Rezensionen. *William Faulkner*

16 Für Kritiker zu schreiben lohnt sich nicht, wie es sich nicht lohnt, denjenigen Blumen riechen zu lassen, der einen Schnupfen hat. *Anton Tschechow*

17 Noch perverser, als wenn Autoren für Kritiker schreiben, ist es, wenn sie es für Autoren tun. *Peter Rühmkorf*

18 Manche Kritiker fassen jene Autoren am härtesten an, deren Bücher sie nicht angefaßt haben. *Gabriel Laub*

19 Ein schlechter Schriftsteller wird manchmal ein guter Kritiker, genauso wie man aus einem schlechten Wein einen guten Essig machen kann. *Henry de Montherlant*

20 Für den Kritiker sind seine Kollegen die höhere Instanz. Nicht das Publikum. Erst recht nicht die Nachwelt. *Walter Benjamin*

21 Mittelmäßigkeit ist bei einem Kritiker gefährlicher als bei einem Schriftsteller. *Eugène Ionesco*

22 Am gefährlichsten sind die Kritiker, die nichts von der Sache verstehen, aber gut schreiben. *Leopold Stokowski*

23 Wenn Kritiker zugeben könnten, möglicherweise Unrecht zu haben, könnte man ihnen möglicherweise recht geben. *Gottfried Edel*

24 Kritiker ohne Arroganz sind heutzutage so selten wie Fische ohne Flossen. *Harold Pinter*

25 Wer ja oder nein sagt, riskiert immer den Irrtum. Man erkennt die großen Kritiker an ihren Irrtümern. Nur wer dauernd jein sagt, irrt nie. *Marcel Reich-Ranicki*

26 Weckuhren und Kritiker dürfen nicht rücksichtsvoll sein. *Gabriel Laub*

27 Wenn Kritiker altern, werden sie mild. *Fernand Gregh*

28 Die Dekadenz nimmt zu, wenn die Institutionen ihre Kritiker auszeichnen. *Dieter Hildebrandt*

29 Meines Wissens hat man noch keinem Kritiker ein Denkmal gesetzt. *Jean Sibelius*

30 Ich bin von den Kritikern oft zerrissen worden, aber das Publikum hat mich immer wieder zusammengeflickt. *Jacques Tati*

Krokodilsträne Krokodilstränen rinnen eine harte Haut hinunter. *Hans Kasper*

Krone *1* Die Krone: eine Kopfbedeckung, die den Kopf überflüssig macht. *Gabriel Laub*

2 Was nicht in die Wurzel geht, geht nicht in die Krone. *Friedrich Georg Jünger*

3 Wir müssen damit aufhören, über die Menschen zu sprechen, als wären sie die Krone der Schöpfung. *Günter Graß*

Krümel Liebe ist, wenn sie dir die Krümel aus dem Bett macht. *Kurt Tucholsky*

Kugel Kegeln ist die Kunst, einen Umsturz zu machen, indem man eine ruhige Kugel schiebt. *Jürgen von Manger*

Kuh *1* Nur eine Kuh mag es, wenn man sie anstiert. *Bert Berkensträter*

2 Auch eine heilige Kuh braucht einen Stier. *Harold Pinter*

3 Wer Kühe schlecht malen kann, sollte sie lieber melken, denn dabei kommt wenigstens etwas heraus. *Wilhelm Leibl*

Kultur *1* Kultur ist die Pflege der Vernachlässigung einer Naturanlage. *Karl Kraus*

2 Kultur ist das, was der Metzger hätte, wenn er Chirurg geworden wäre. *Anthony Quayle*

3 Unsere Kultur besteht aus drei Schubladen, deren zwei sich schließen, wenn eine geöffnet wird: Arbeit, Unterhaltung, Belehrung. *Karl Kraus*

4 Kultur: Luxus für Kulturlose. *Rudolf Rolfs*

5 Kultur ist der klassische Streichposten. *Adolf Muschg*

6 Den Abstand wahren ist das Geheimnis der Kultur. *George Bernard Shaw*

7 Die Kultur ist ein sehr dünner Firnis, der sich leicht in Alkohol auflöst. *Aldous Huxley*

8 Mit Politik kann man keine Kultur machen, aber vielleicht kann man mit Kultur Politik machen. *Theodor Heuß*

9 Auch die Kultur hat ihre konzessionierte Prostitution: die Festspiele. *Martin Kessel*

10 Wenn die Sonne der Kultur niedrig steht, werfen selbst Zwerge lange Schatten. *Karl Kraus*

11 Barbarei und Zivilisation – Vorgericht und Nachspeise der Kultur. *Hans Kasper*

12 Europa ist zweifellos die Wiege der Kultur, aber man kann nicht sein ganzes Leben in der Wiege verbringen. *Oskar Maria Graf*

13 Amerika – die Entwicklung von der Barbarei zur Dekadenz ohne Umweg über die Kultur. *Georges Clemenceau*

14 Wenn in tausend Jahren künftige Generationen die Reste unserer Kultur ausgraben – was werden sie dann finden? Badewannen und Spülmaschinen. *Frank Lloyd Wright*

Kulturpolitik Ich würde ganz gern in die Kulturpolitik eingreifen – wenn es in Deutschland überhaupt eine gäbe. *August Everding*

Kummer *1* Glück ist gut für den Körper, aber Kummer stärkt den Geist. *Marcel Proust*

2 Kummer läßt sich allein tragen. Für das Glück sind zwei Menschen erforderlich. *Elbert Hubbard*

3 Frauen trösten uns über jeden Kummer hinweg, den wir ohne sie nicht hätten. *Jean Anouilh*

4 Liebe heißt, auch den Kummer zu teilen, den man noch nicht hat. *Liselotte Pulver*

5 Kummer reimt sich auf Hummer. Oder Krebs, wie die Ärzte sagen. *Gerhard Uhlenbruck*

6 Die verborgene Quelle des Humors ist nicht Freude, sondern Kummer. *Mark Twain*

Kundgebung Eine Kundgebung ist kein Rendez-vous der Köpfe, sondern der Kehlen. *Hans Kasper*

Kunst *1* Kunst kommt von Können. *Max Liebermann*

2 Kunst kommt nicht von Können, sondern von Müssen. *Arnold Schönberg*

3 Kunst ist nicht schwierig, um schwierig zu sein, sondern weil sie Kunst ist. *Donald Barthelme*

4 Im Entwurf zeigt sich das Talent, in der Ausführung die Kunst. *Marie von Ebner-Eschenbach*

5 Die Kunst ist eine hohe Dame. Sei also nicht ungezogen und warte, bis du angesprochen wirst. *Karl Heinrich Waggerl*

6 Kunst ist schön, macht aber viel Arbeit. *Karl Valentin*

7 Die Kunst ist eine Zusammenarbeit zwischen Gott und den Menschen. Je weniger der Mensch dabei tut, desto besser. *André Gide*

8 Kunst ist kein Abbild der realen Welt. Eine ist, bei Gott, mehr als genug. *Virginia Woolf*

9 Kunst ist das Bemühen, neben der wirklichen Welt eine menschlichere Welt zu schaffen. *André Maurois*

10 Wenn die Welt klar wäre, gäbe es keine Kunst. *Albert Camus*

11 Wir haben die Kunst, damit wir nicht an der Wahrheit zugrunde gehen. *Friedrich Nietzsche*

12 Kunst ist eine Lüge, die uns die Wahrheit erkennen läßt. *Pablo Picasso*

13 In der Kunst ist Aufrichtigkeit keine Frage des Willens, sondern der Begabung. *Aldous Huxley*

14 Kunst ist eine grausame Angelegenheit, deren Rausch bitter bezahlt werden muß. *Max Beckmann*

15 Die Kunst ist das einzige Seriöse auf der Welt. Und der Künstler ist der einzige, der nie seriös wird. *Oscar Wilde*

16 In der Kunst muß man immer ein bißchen höher zielen, als man vielleicht trifft. *Giacomo Manzù*

17 Das Geheimnis der Kunst liegt darin, daß man nicht sucht, sondern findet. *Pablo Picasso*

18 Nur die Kunst gibt uns die Möglichkeit, etwas zu sagen, was wir nicht wissen. *Gabriel Laub*

19 Die Kunst muß nichts. Die Kunst darf alles. *Ernst Fischer*

20 In der Moral zählt nur die Absicht, in der Kunst nur das Ergebnis. *Henry de Montherlant*

21 Kunst ist das, was übrigbleibt, nachdem alles an ihr bis ins letzte analysiert worden ist. *Martin Kessel*

22 In der Kunst zählt nur eines: was man nicht erklären kann. *Georges Braque*

23 Die Kunst gibt nicht das Sichtbare wieder, sondern macht sichtbar. *Paul Klee*

24 Viele halten Patina für Kunst. *Wieslaw Brudziński*

25 Große Kunst ist häufiger gegen als für den Konsum durch breite Abnehmerkreise entstanden. *Hans Heinz Stuckenschmidt*

26 Die Kunst darf nie populär sein wollen. Das Publikum muß künstlerisch werden. *Oscar Wilde*

27 Wenn die Kunst nach Brot geht, entstehen nur kleine Brötchen. *Eugene Ormandy*

28 Wer sich mit der Kunst verheiratet, bekommt die Kritik zur Schwiegermutter. *Hildegard Knef*

29 Kritik ist oft nur ein Wackelkontakt zwischen Kunst und Öffentlichkeit. *Hans Kudszus*

30 Kunst hat mit Geschmack nichts zu tun. Kunst ist nicht da, daß man sie schmecke. *Max Ernst*

31 Kitsch ist das Echo der Kunst. *Kurt Tucholsky*

32 Kitsch ist Kunst, gescheitert am fehlenden Widerstand. *Sigismund von Radecki*

33 Kunst im überlieferten Sinne gibt es nicht mehr. Es gibt nur noch kurzlebige modische Einfälle. *Giorgio de Chirico*

34 In der Kunst und in der Politik ist gut gemeint das Gegenteil von gut. *André Malraux*

35 Der Unterschied zwischen Kunst und Unterhaltung ist eine absurde Trennung, die nur in Deutschland gemacht wird. *Johannes Schaaf*

Kunstfehler Ärztlicher Kunstfehler: Äskulapsus. *Thomas Niederreuther*

Künstler *1* Als Kind ist jeder ein Künstler. Die Schwierigkeit liegt darin, als Erwachsener einer zu bleiben. *Pablo Picasso*

2 Künstler ist nur einer, der aus der Lösung ein Rätsel machen kann. *Karl Kraus*

3 Der Künstler spielt auf unserer Seele, aber wer spielt auf der Seele des Künstlers. *Wolfgang Hildesheimer*

4 Künstler ist nicht nur, wer sich mitteilt, sondern auch der, dem es sich mitteilt. *Wolfgang Hildesheimer*

5 Der Künstler ringt nicht mit seinem Werk, sondern mit dem, was ihn daran hindert. *Waldemar Bonsels*

6 Die wichtigste Loyalität des Künstlers ist jene gegenüber der Qualität. *Jean-Louis Barrault*

7 Künstler wird man aus Verzweiflung. *Ernst Ludwig Kirchner*

8 Künstler sein heißt in einem Maße scheitern, in dem kein anderer zu scheitern wagt. *Samuel Beckett*

9 Der Künstler hat eigentlich immer nur ein Problem, nämlich sich selbst. *Sigmund Graff*

10 Als Mensch muß man lebendig sein, als Künstler postum. *Jean Cocteau*

11 Ein Maler ist ein Mann, der das malt, was er verkauft. Ein Künstler dagegen ist ein Mann, der das verkauft, was er malt. *Pablo Picasso*

12 Früher waren die Künstler naiv und die Käufer clever; heute ist es umgekehrt. *Franz Josef Strauß*

13 Zeichen der Zeit: die Künstler sind Profis geworden; die Amateure Künstler. *Erik Satie*

14 Ein Bastler ist noch kein Künstler; das weiß man heute nicht mehr. *Giorgio de Chirico*

15 Sicheres Zeichen, daß einer kein Künstler ist: wenn er das Gerede von der Endzeit mitmacht. *Peter Handke*

16 Ein Künstler sollte geeignet sein für die beste Gesellschaft, aber sich von ihr fernhalten. *John Ruskin*

17 Der Künstler kann nur eines nicht sehen: das Offensichtliche. Das Publikum kann nur eines sehen: das Offensichtliche. Resultat: die Zeitungskritik. *Oscar Wilde*

18 Kritik ist die Kunst, mit der sich der Kritiker einen Anteil am Ruhm des Künstlers zu sichern trachtet. *George J. Nathan*

19 Der Künstler hat keine Zeit, sich mit Kritikern zu beschäftigen. Nur Möchtegern-Schriftsteller lesen Rezensionen. *William Faulkner*

20 Ein Arzt, der kein Künstler ist, ist auch kein Arzt. *Curt Goetz*

Kunstrichtung Eine Kunstrichtung hat sich erst dann durchgesetzt, wenn sie auch von den Schaufensterdekorateuren praktiziert wird. *Pablo Picasso*

Kunstwerk *1* Das Kunstwerk ist souverän. Nichts kann es belasten und nichts entschuldigen, das nicht in ihm ist. *Reiner Kunze*

2 Kunstwerke ahmen etwas Künftiges nach. *Karol Irzykowski*

3 Kunstwerke werden um so weniger genossen, je mehr einer davon versteht. *Theodor W. Adorno*

Kür Die Ehe wäre die schönste Sache der Welt, wenn es mehr Kür und weniger Pflicht gäbe. *Jeanne Moreau*

Kurbel Man fragte einen Leierkastenmann, was denn das Wesen der guten Musik sei. «Gleichmäßig die Kurbel drehen.» *Wieslaw Brudziński*

Kurve *1* Eine Kurve ist die lieblichste Entfernung zwischen zwei Punkten. *Mae West*

2 Eine Optimistin ist eine Frau, die Fettpölsterchen für Kurven hält. *Françoise Hardy*

3 Wenn alle in den Kurven aufpassen würden, müßte man in den Kurven nicht aufpassen. *Stanislaw Jerzy Lec*

4 Frauen am Steuer haben die ruhigere Hand, weil sie nicht die Kurven fürchten müssen, die neben ihnen sitzen. *Alexander Kerst*

Kurzgeschichte *1* Eine Kurzgeschichte ist eine Geschichte, an der man sehr lange arbeiten muß, bis sie kurz ist. *Vicente Aleixandre*

2 Wenn man aus einem Roman eine Kurzgeschichte machen könnte, ist er überflüssig. *Ernest Hemingway*

3 Ein Playboy ist ein Mann, der keinen Roman, sondern immer nur Kurzgeschichten erlebt. *Erika Pluhar*

Kuß *1* Küsse sind das, was von der Sprache des Paradieses übriggeblieben ist. *Joseph Conrad*

2 Der Kuß ist nichts anderes als eine Weiterentwicklung der Nahrungsübertragung von Schnabel zu Schnabel, wie sie bei Vögeln üblich ist. *Irenäus Eibl-Eibesfeldt*

3 Der Kuß ist ein schlau erfundenes Verfahren, welches das Reden gegenseitig stoppt, wenn Worte überflüssig sind. *Oliver Herford*

4 Ein Kuß ist der Versuch, unter möglichst intensiver Benützung der Lippen gemeinsam zu schweigen. *Senta Berger*

5 Der Kuß ist ein Lippenbekenntnis zur Liebe. *Martin Beheim-Schwarzbach*

6 Ein Kuß ist eine Sache, für die man beide Hände braucht. *Mark Twain*

7 Ein Kuß ist Mund-zu-Mund-Beatmung ohne medizinischen Anlaß. *Joachim Fuchsberger*

8 Ein Pessimist ist ein Mensch, der sich den Kuß vom Bakteriologen erklären läßt. *Paul Hubschmid*

9 Auch ein kußechter Lippenstift ist sinnlos, wenn der Kuß nicht echt ist. *Markus M. Ronner*

10 Hollywood ist ein Ort, wo sie dir 50000 Dollar für einen Kuß und 50 Cent für deine Seele zahlen. *Marilyn Monroe*

11 Frauen erinnern sich noch an den ersten Kuß, wenn der Mann bereits den letzten vergessen hat. *Rémy de Gourmont*

Küssen Vielleicht wurde das Küssen erfunden, um sich gegenseitig den Mund zu verschließen. *Sacha Guitry*

Kybernetiker Die Kybernetiker werden sich viel genauer irren. *Gabriel Laub*

L

Labyrinth *1* Selbst in den Labyrinthen gibt es bereits Schilder: «Irren verboten!» *Stanislaw Jerzy Lec*

2 Labyrinth verwirrt wirklich. Manche schon durch seine Schreibweise. *Hans-Horst Skupy*

Lächeln *1* Das Lächeln ist nur ein gut getrocknetes Weinen. *Albert Paris Gütersloh*

2 Ein Lächeln ist eine erschöpfende Aussage ohne Worte. *Hans Arndt*

3 Lächeln ist die beste Art, den Leuten die Zähne zu zeigen. *Werner Finck*

4 Man kann auch mit lauter echten Zähnen ein falsches Lächeln produzieren. *Gabriel Laub*

5 Humor unterscheidet sich vom Witz, wie sich das Lächeln vom Gelächter unterscheidet. *Paul Alverdes*

6 Die Blume ist das Lächeln der Pflanze. *Peter Hille*

7 Wenn dem Menschen am Ende seines Lebens ein Lächeln übrigbleibt, so ist das ein sehr anständiger Reingewinn. *Horst Wolfram Geißler*

Lachen *1* Das Weinen ist dem Menschen angeboren, aber das Lachen will gelernt sein. *Max Pallenberg*

2 Lachen bedeutet schadenfroh sein, aber mit gutem Gewissen. *Friedrich Nietzsche*

3 Man hat so lange das Schlimmste vor sich, bis es einen zum Lachen bringt. *Samuel Beckett*

4 Apropos Lachen: keiner hat etwas dagegen, daß man lacht. Es kommt darauf an, worüber man lacht. *Franz Xaver Kroetz*

5 Lachen ohne Anlaß ist pure Dämlichkeit. *Loriot*

6 Nicht durch Zorn, sondern durch Lachen tötet man. *Friedrich Nietzsche*

7 Wer andere zum Lachen bringen kann, muß ernstgenommen werden; das wissen alle Machthaber. *Werner Finck*

8 Wo das Lachen verboten ist, ist gewöhnlich auch das Weinen nicht gestattet. *Stanislaw Jerzy Lec*

Lacher Wer die Lacher auf seiner Seite hat, läßt selten mit sich spassen. *Rainer Malkowski*

Lächerliche Die Satire erkennt das Lächerliche, die Ironie erfindet es. *Helmut Arntzen*

Lack Es wäre eine reine Freude, Journalist zu sein, wenn die Bürger soviel acht auf die Sprache gäben wie auf den Lack ihrer Autos. *Fritz Richert*

Lady *1* Es hat schon etwas Tröstliches, daß selbst der gescheiteste Professor und die feinste Lady unterhalb der Taille auch nur Menschen sind. *Henry Miller*

2 Eine Lady ist eine Dame, die aus Männern Gentlemen macht. *Alec Guinness*

3 In vermintem Gelände sind alle Männer Gentlemen – nach dem Motto: Ladies first. *Barbra Streisand*

Lahme Es ist keine Höflichkeit, dem Lahmen den Stock tragen zu wollen. *Arthur Schnitzler*

Laie *1* Der Journalist hat Laie zu sein, die Fragen des Laien zu stellen und stellvertretend für den Laien zu schreiben. *Peter Bichsel*

2 Vielleicht wird der Himmel den Laien gehören, aber diese Welt gehört ganz bestimmt den Klerikern. *George Moore*

Lampenfieber *1* Lampenfieber – das sind Schmetterlinge im Magen. *Leo Slezak*

2 Lampenfieber ist der Versuch, so zu tun, als hätte man keines. *Rudolf Platte*

3 Das Lampenfieber kommt mit dem Talent. *Sarah Bernhardt*

4 Die neue Schauspielkunst: Dilettanten ohne Lampenfieber. *Karl Kraus*

Land *1* Wer Land heimholen will, wird Gräber mitbringen. *Peter Maiwald*

2 Die Welle, die an Land will, tut nur so. *Hans Peter Keller*

3 Mit der Lüge in der Hand kommt man durch das ganze Land. Aber nicht wieder zurück. *Markus M. Ronner*

4 Das unbekannteste Land liegt unterm Hut. *George Bernard Shaw*

5 Unglücklich das Land, das Helden nötig hat. *Bertolt Brecht*

6 Länder spiegeln in ihrer Architektur ihre Zwangsvorstellungen wider. *Lawrence Durrell*

7 Es ist schlimm, in einem Lande zu leben, in dem es keinen Humor gibt. Aber noch schlimmer ist es, in einem Lande zu leben, in dem man Humor braucht. *Bertolt Brecht*

Landesverrat Man darf nicht warten, bis der Freiheitskampf Landesverrat genannt wird. *Erich Kästner*

Ländlerkapelle Es gibt Ländlerkapellen, die nach dem Grundsatz spielen: daneben ist auch ein Ton. *Joseph Hellmesberger*

Landstreicher Ein Landstreicher ist ein Mensch, der unterwegs zu Hause ist. *Henry Miller*

Landwirt Der Landwirt hat längst begriffen, daß man auch von zweibeinigen Rindviechern leben kann. *Eugen Roth*

Länge *1* Hüte dich vor dem Imposanten! Aus der Länge des Stiels kann man nicht auf die Schönheit der Blüte schließen. *Peter Altenberg*

2 Glück gleicht durch Höhe aus, was ihm an Länge fehlt. *Robert Frost*

3 Eine Liaison gleicht meistens durch Länge aus, was ihr an Tiefe fehlt. *Marcello Mastroianni*

Langeweile *1* Die Kunst der Langeweile besteht darin, alles zu sagen, was man weiß. *Winston S. Churchill*

2 Unsere Zeit ist so aufregend, daß man die Menschen nur noch mit Langeweile schockieren kann. *Samuel Beckett*

3 Es ist ein Kunststück, Langeweile darzustellen, ohne welche zu erzeugen. *Jules Romains*

4 Langeweile ist die Zeit, die wir mit Kurzweil totschlagen. *Gerhard Uhlenbruck*

5 Aktualität ist das, was unsere dauernde Langeweile unterbricht. *Peter Bichsel*

6 Wenn der Ernst zu Jahren kommt, wird er Langeweile. *Oscar Wilde*

7 Langeweile ist die Auflösung des Schmerzes in die Zeit. *Ernst Jünger*

Langweiler *1* Langweiler: ein Mensch, der redet, wenn man wünscht, daß er zuhört. *Ambrose Bierce*

2 Ein Langweiler ist einer, der seinen Mund aufmacht und seine Heldentaten hineinsteckt. *Henry Ford*

3 Der Langweiler ist ein Mensch, der, wenn du dich nach seinem Befinden erkundigst, es dir erklärt. *Channing Pollock*

4 Manche Langweiler sind so offensichtlich glücklich, daß es ein Vergnügen ist, sie zu beobachten. *Robert Lynd*

Lärm *1* Lärm: Gestank im Ohr. *Ambrose Bierce*

2 Gegen Lärm wird gekämpft – warum nicht gegen die schreiende Ungerechtigkeit. *Wieslaw Brudziński*

3 Katzen erreichen mühelos, was uns Menschen versagt bleibt: durchs Leben zu gehen, ohne Lärm zu machen. *Ernest Hemingway*

4 Der eigene Hund macht keinen Lärm – er bellt nur. *Kurt Tucholsky*

5 Es kann sein, daß die Engländer die Musik lieben; aber vor allem lieben sie den Lärm, den sie macht. *Thomas Beecham*

6 Ich habe meine Aufgabe immer darin gesehen, die Musik vor dem Lärm zu schützen. *Andrés Segovia*

Laster *1* Laster sind die Vergnügungen, zu denen es uns an dem nötigen Mut fehlt. *Graham Greene*

2 Wie brav, die Laster zu meiden, deren man nicht fähig ist. *Peter Benary*

3 Als Laster bezeichnen wir die Vergnügungen, von denen wir uns nicht zu kosten getrauen, und als Tugenden die Pflichten, denen wir uns nicht zu entziehen wagen. *Henry Miller*

4 Je weiter sich ein Laster ausbreitet, desto größer sind seine Chancen, zur Tugend zu werden. *Sacha Guitry*

5 Die Laster der Mehrheit nennt man Tugenden. *Jean Genet*

6 Manche Sitten sind arrivierte Laster. *Henry Miller*

7 Die Laster der Großen nennt man Allüren. *Friedl Beutelrock*

8 Die Laster, die man selber verbirgt, verurteilt man am lautesten. *Brendan Behan*

9 Wer sich alle Laster abgewöhnt hat, dessen Tugenden verkümmern. *Jean Genet*

10 Keuschheit ist vieler Laster Anfang. *Rudolf Rolfs*

11 Liebe ist vollkommen verantwortungslos. Sie ist ein Laster. *Wolf Wondratschek*

12 Die große Leidenschaft verbrennt das Laster. *Hans Arndt*

13 Der Mensch von heute hat nur ein einziges wirklich neues Laster erfunden: die Geschwindigkeit. *Aldous Huxley*

Latein Wenn die Männer mit ihrem Latein am Ende sind, reden sie deutsch. *Senta Berger*

Laudatio Eine Laudatio ist ein Nachruf bei Lebzeiten. *Carl Zuckmayer*

Läufer Läufer sind schlechte Geher. *Marie von Ebner-Eschenbach*

Laufrichtung Du mußt nur die Laufrichtung ändern, sagte die Katze zur Maus und fraß sie. *Franz Kafka*

Lautsprecher Lautsprecher verstärken die Stimme, aber nicht die Argumente. *Hans Kasper*

Leben *1* Das Leben ist eine Folge von Paradiesen, die nacheinander vernichtet wurden. *Samuel Beckett*

2 Das Leben ist eine Brücke von Seufzern über einen Strom von Tränen. *Philip James Bailey*

3 Das Leben ist eine Krankheit, und der einzige Unterschied zwischen den Menschen besteht darin, daß sie sich in verschiedenen Phasen dieser Krankheit befinden. *George Bernard Shaw*

4 Das Leben ist der Traum, den der Tod träumt. *Ernst Augustin*

5 Unser Leben ist der Fluß, der sich ins Meer ergießt, das Sterben heißt. *Federico Garcia Lorca*

6 Es ist besser, den Tod für das Leben zu halten, als das Leben für den Tod. *Wassily Kandinsky*

7 Es gibt ein Leben vor dem Tod. *Rolf Biermann*

8 Überleben bedingt, über dem Leben zu stehen. *Karl Heinz Stroux*

9 Das Leben ist die Suche des Nichts nach dem Etwas. *Christian Morgenstern*

10 Das Leben ist eine Anstrengung, die einer besseren Sache würdig wäre. *Karl Kraus*

11 Das Leben ist ein Prozeß, den man verliert, was man auch tut und wer man auch ist. *Thomas Bernhard*

12 Früher oder später stößt jedem alles zu. Das Leben achtet auf Vollständigkeit. *George Bernard Shaw*

13 Das Leben ist einfach ein verdammtes Ding nach dem anderen. *Elbert Hubbard*

14 Wenn wir alles wüßten, könnten wir das Leben nicht eine Stunde ertragen. *Anatole France*

15 Das Leben ist eine Nuß. Sie läßt sich zwischen zwei weichen Kissen nicht knacken. *Arthur Miller*

16 Im Leben kommt es darauf an, Hammer oder Amboß zu sein – aber niemals das Material dazwischen. *Norman Mailer*

17 Die größte Gefahr im Leben ist, daß man zu vorsichtig wird. *Alfred Adler*

18 Der größte Fehler im Leben ist, daß man ständig fürchtet, Fehler zu machen. *Elbert Hubbard*

19 Wenn wir unsicher sind, sind wir am Leben. *Graham Greene*

20 Immer auf dem Sprung stehen bedeutet

Leben. Von Sicherheit eingewiegt werden bedeutet Tod. *Oscar Wilde*

21 Leben ist kein Stilleben. *Oskar Kokoschka*

22 Leben und Ruhe schließen einander aus. *Reinhold Schneider*

23 Das Leben ist wie die Grammatik: die Ausnahmen sind häufiger als die Regeln. *Rémy de Gourmont*

24 Leben ist eine Fremdsprache, die von den meisten falsch ausgesprochen wird. *Christopher Morley*

25 Du kannst das Schlittschuhlaufen nicht lernen, ohne dich lächerlich zu machen. Das Eis des Lebens ist schlüpfrig. *George Bernard Shaw*

26 Das Leben besteht hauptsächlich aus Umwegen. *Frank Thieß*

27 Das ganze Leben ist der Versuch, es zu behalten. *Ingeborg Bachmann*

28 Leben ist Aussuchen. *Kurt Tucholsky*

29 Das Leben: ein langes Verfahren, müde zu werden. *Samuel Butler*

30 Bevor man das Leben über sich ergehen läßt, sollte man sich narkotisieren lassen. *Karl Kraus*

31 Die Vorstellung, daß einem das Leben geschenkt worden ist, erscheint mir ungeheuerlich. *Elias Canetti*

32 Die erste Hälfte unseres Lebens wird uns von unseren Eltern verdorben, die zweite von unseren Kindern. *Clarence Darrow*

33 Wir bekamen unsere Prügel von den Eltern. Die Jungen beziehen sie direkt vom Leben. *Waldemar Bonsels*

34 Das Leben zwingt den Menschen zu allerlei freiwilligen Handlungen. *Stanislaw Jerzy Lec*

35 Im Leben lernt der Mensch zuerst das Gehen und Sprechen. Später lernt er dann, stillzusitzen und den Mund zu halten. *Marcel Pagnol*

36 Das Leben ist gar nicht so. Es ist ganz anders. *Kurt Tucholsky*

37 Unser heutiges Leben ist ein Alptraum mit Klimaanlage. *Henry Miller*

38 Das Leben ist nur ein physikalisches Phänomen. *Ernst Haeckel*

39 Man tut das meiste im Leben, auch wenn man andere Gründe vorschützt, der Frauen wegen. *Hermann Hesse*

40 Das Schlimme am Leben ist, daß es so viele schöne Frauen gibt und so verdammt wenig Zeit. *John Barrymore*

41 Zuviel Erfahrung ist durchaus geeignet, die Freude am Leben zu trüben. *André Maurois*

42 Liebe ist ein nicht näher definierbares Gefühl, das im Leben unendliche Komplikationen hervorruft, besonders im Geschlechtsleben. *Gabriel Laub*

43 Weder Liebe ohne Wissen noch Wissen ohne Liebe können ein gutes Leben bewirken. *Bertrand Russell*

44 Kein Zynismus kann das Leben übertreffen. *Anton Tschechow*

45 Das Leben ist eine Komödie für jene, die denken, eine Tragödie aber für jene, die fühlen. *Oscar Wilde*

46 Man kann das Leben schwerlich zu leicht nehmen, aber leicht zu schwer. *Curt Goetz*

47 Man kann sich das Leben auch durch zu großen Ernst verscherzen. *Peter Sirius*

48 Humor: mit einer Träne im Auge lächelnd dem Leben beipflichten. *Friedl Beutelrock*

49 Das Dasein ist köstlich, man muß nur den Mut haben, sein eigenes Leben zu führen. *Peter Rosegger*

50 Wer das Leben noch als schön preist und die Menschen als gut, ist entweder ein Schwachkopf oder einer, vor dem man auf der Hut sein muß. *Walter Serner*

51 Menschen, die «mit dem Leben fertig werden», sind eigentlich Unmenschen. *Heinrich Böll*

52 Ich habe im Leben Erfolg gehabt. Jetzt versuche ich, das Leben zum Erfolg zu machen. *Brigitte Bardot*

53 Wer ununterbrochen vorwärts marschiert, steht die Hälfte seines Lebens auf einem Bein. *Manfred Bieler*

54 Ein gutes Leben hat nur selten einen Men-

schen ruiniert. Was den Menschen in den Ruin treibt, sind die dummen Geschäfte.
Carl Fürstenberg

55 Um es im Leben zu etwas zu bringen, braucht man Redlichkeit und Klugheit. Die Redlichkeit besteht darin, zu halten, was man versprochen hat, die Klugheit darin, nichts zu versprechen. *Oliver Herford*

56 Auch was das Leben betrifft, ist es besser, nur die Zinsen, nicht das Kapital zu verbrauchen. *Joachim Günther*

57 Das Leben ist eine Komödie für den Reichen, ein Spiel für den Narren, ein Traum für den Weisen und ein Trauerspiel für den Armen. *Scholem-Alejchem*

58 Der Reiche setzt eher sein Leben für seinen Reichtum als seinen Reichtum für sein Leben aufs Spiel. *Frank Wedekind*

59 Wie einfach ließe sich das Leben an, wenn nur die Schlechten schlecht sein könnten.
Karl Heinrich Waggerl

60 Wenn Krieg ist, denkt man über ein besseres Leben nach, wenn Frieden ist, über ein bequemeres. *Thornton Wilder*

61 Ein Leben, bei dem nicht von Zeit zu Zeit alles auf dem Spiel steht, ist nichts wert.
Luise Rinser

62 In diesem Lande ist das Leben lustig. Wohin du schaust: lachende Dritte.
Nikolaus Cybinski

63 Das Leben ist das, was wir daraus machen. *Henry Miller*

64 Das Leben ist nichts als die Summe der Gewohnheiten, die durch einige Gedanken gestört werden. *Paul Valéry*

65 Das Problem des Lebens gleicht einem Meer, in dem wir untergehen, wenn wir entweder zuviel darüber nachdenken oder zu wenig.
Samuel Butler

66 Manche Menschen richten ihr Leben so ein, daß sie von Vorspeisen und Beilagen leben. Das Hauptgericht lernen sie nie kennen. *José Ortega y Gasset*

67 Das Leben ist ein aufreibender Versuch, leere Stunden zu füllen. *Roy Campbell*

68 Nur für Dumme ist das Leben langweilig.
Horst Wolfram Geißler

69 Für die meisten Menschen ist das Leben wie schlechtes Wetter: Sie treten unter und warten, bis es vorüber ist. *Alfred Polgar*

70 Manche Menschen spielen nicht einmal in ihrem eigenen Leben die Hauptrolle.
Wolfgang Eschker

71 Leben – es gibt nichts Selteneres auf der Welt. Die meisten Menschen existieren, weiter nichts. *Oscar Wilde*

72 Über das Leben der meisten läßt sich nur sagen, daß sie sehr, sehr lange nicht gestorben sind. *Karl Kraus*

73 Für neunzig Prozent der Menschen besteht der Sinn des Lebens darin, es zu fristen. *Helmut Qualtinger*

74 Wenn wir bedenken, daß wir alle verrückt sind, ist das Leben erklärt. *Mark Twain*

75 Ist das Leben lebenswert? Das ist eine Frage für einen Embryo, nicht für einen Erwachsenen. *Samuel Butler*

76 Im Moment, da man nach Sinn und Wert des Lebens fragt, ist man krank.
Sigmund Freud

77 Die Menschen, die nicht über den Sinn des Lebens nachdenken, sind die wahren Nutznießer auf Erden. *Hans Arndt*

78 Die Frage ist falsch gestellt, wenn wir nach dem Sinn unseres Lebens fragen. Das Leben ist es, das Fragen stellt; wir sind die Befragten, die zu antworten haben.
Viktor E. Frankl

79 Das Leben hat keinen Sinn außer dem, den wir ihm geben. *Thornton Wilder*

80 Nichts im Leben hätte auch nur den geringsten Sinn, wenn es den Tod nicht gäbe.
Wolfgang Hildesheimer

81 Hoffen heißt: vom Leben falsche Vorstellungen haben. *Gottfried Benn*

82 Das Leben hört erst dann auf, problematisch zu sein, wenn man ohne Furcht und Hoffnung lebt. *Ludwig Wittgenstein*

83 Wer eine Hintertür in sein Leben einbaut, gebraucht sie eines Tages als Hauptportal.
Hans Arndt

84 Je mehr ihm das Leben entglitt, desto mehr wurde er Dichter. *Wilhelm Raabe*

85 Leben soll man leben, aber nicht die ganze Zeit darüber diskutieren. *Isabelle Adjani*

86 Ich liebe das Leben, weil ich darin auftreten darf. *Pavel Kohout*

87 Ich interessiere mich sehr für die Zukunft, denn ich werde den Rest meines Lebens in ihr verbringen. *Charles F. Kettering*

88 Alle Lebewesen außer dem Menschen wissen, daß der Hauptzweck des Lebens darin besteht, es zu genießen. *Samuel Butler*

89 Katzen erreichen mühelos, was uns Menschen versagt bleibt: durchs Leben zu gehen, ohne Lärm zu machen. *Ernest Hemingway*

90 Spannung: das Leben einer Spinne. *George Bernard Shaw*

91 Ein gut beschriebenes Leben hat auf die Dauer mehr Bestand als ein gut gelebtes. *André Maurois*

92 Wer keinen Biographen findet, muß sein Leben eben selbst erfinden. *Giovanni Guareschi*

93 Die Popularität ist eine Krankheit, die um so chronischer zu werden droht, je später im Leben sie den Patienten befällt. *Ernst Jünger*

94 Ich weiß jetzt, was im Leben wichtig ist. Wichtig ist, daß man weiß, daß nichts wichtig ist. *Roman Polanski*

95 Manche erwarten vom Leben nur eine hohe Lebenserwartung. *Gerhard Uhlenbruck*

96 Spätestens mit sechzig Jahren muß sich der Mann entscheiden, ob er seine Jugend oder sein Leben verlängern will. *Alfred Charles Kinsey*

97 Du kannst dein Leben nicht verlängern, noch verbreitern, nur vertiefen. *Gorch Fock*

98 Die Menschen haben vor dem Tod zuviel Achtung, gemessen an der geringen Achtung, die sie vor dem Leben haben. *Henry de Montherlant*

99 Im Verkehr kann man täglich ein Leben retten, nämlich sein eigenes. *Siegfried Sommer*

100 Leben ist immer lebensgefährlich. *Erich Kästner*

101 In diesem Leben ist jeder mutig, der nicht aufgibt. *Paul McCartney*

102 Es ist vielleicht das einzige Stück Freiheit, das man sein ganzes Leben ununterbrochen besitzt: die Freihcit, das Leben wegzuwerfen. *Stefan Zweig*

103 Vielleicht ist doch ein Unterschied, ob einer sich das Leben nimmt oder den Tod gibt. *Nikolaus Cybinski*

104 Manche erwachen erst am Abend – ihres Lebens. *Wolfgang Eschker*

105 Das Leben vergißt manchen, der Tod keinen. *Danilo Kiš*

106 Sterben heißt, dem Leben unerträglich werden. *Hans Kudszus*

107 Machen wir uns gegenseitig das Leben so schwer, damit uns das Sterben leichter fällt? *Gerhard Uhlenbruck*

108 Auch dem Sterben kann man etwas Gutes abgewinnen: Es ist das letzte «Müssen» in unserem Leben. *Gerhard Uhlenbruck*

109 Man stirbt nicht an einer bestimmten Krankheit, man stirbt an einem ganzen Leben. *Charles Péguy*

110 Am Grab der meisten Menschen trauert, tief verschleiert, ihr ungelebtes Leben. *Oskar Jellinek*

Lebende *1* Wenn einem Lebenden ein Denkmal gesetzt wird, so pflegt man beide etwas spöttisch zu betrachten. *Kurt Tucholsky*

2 Tot sein heißt zur Beute der Lebenden werden. *Jean-Paul Sartre*

Lebenserfahrung Lebenserfahrung ist die Summe der Fehler, die man glücklicherweise macht. *Jules Romains*

Lebenserwartung *1* Die Lebenserwartung wächst. Uns allen über den Kopf. *Wolfgang Eschker*

2 Die Lebenserwartung wird immer größer, und was man vom Leben erwarten darf, immer kleiner. *Hans Habe*

3 Maximale Lebenserwartung hat ein Politiker, wenn er sich aggressiv in der Politik und defensiv im Straßenverkehr verhält. *Franz Josef Strauß*

Lebensgesetz Es entspricht einem Lebensgesetz: Wenn sich eine Tür vor uns schließt, öffnet sich eine andere. Die Tragik ist jedoch, daß man auf die geschlossene Tür blickt und die geöffnete nicht beachtet. *André Gide*

Lebensklugheit Es gehört auch zur Lebensklugheit, daß wir uns nicht dauernd mit Menschen vergleichen, die glücklicher sind als wir. *Sigrid Undset*

Lebenskunst *1* Lebenskunst ist zu neunzig Prozent die Fähigkeit, mit Menschen auszukommen, die man nicht mag. *Sam Goldwyn*

2 Lebenskunst ist nicht zuletzt die Fähigkeit, auf etwas Notwendiges zu verzichten, um sich etwas Überflüssiges zu leisten. *Vittorio De Sica*

3 Lebenskunst ist die Kunst des richtigen Weglassens. Das fängt beim Reden an und endet beim Dekolleté. *Gabrielle «Coco» Chanel*

Lebenskünstler *1* Lebenskünstler sind Menschen, die schon vollkommen glücklich sind, wenn sie nicht vollkommen unglücklich sind. *Danny Kaye*

2 Die wahren Lebenskünstler vergleichen sich grundsätzlich nur mit Leuten, denen es schlechter geht als ihnen. *André Maurois*

3 Den Lebenskünstler erkennt man daran, daß er seine schlechten Erfahrungen von anderen machen läßt. *Hans Joachim Clarin*

4 Lebenskünstler sind Menschen, die nicht nur Zeit für das Notwendige, sondern auch für das scheinbar Überflüssige haben. *Friedl Beutelrock*

5 Pessimisten sind die wahren Lebenskünstler, denn nur sie erleben angenehme Überraschungen. *Marcel Proust*

6 Von Lebenskünstlern hört man fast nichts. Darin besteht ihre Lebenskunst. *Oliver Hassencamp*

Lebenslauf Viele verschweigen in den Lebensläufen ihr Nichtvorhandensein. *Stanislaw Jerzy Lec*

Lebenslüge Nimm einem Durchschnittsmenschen seine Lebenslüge, und du nimmst ihm zugleich sein Glück. *Henrik Ibsen*

Lebenslust Wer lachen kann, dort wo er hätte heulen können, bekommt wieder Lebenslust. *Werner Finck*

Lebensmitte Die Krise zur Lebensmitte ist die Pubertät des Greisenalters. *Werner Schneyder*

Lebertran *1* Das Greisenalter ist eine zweite Kindheit minus Lebertran. *Mark Twain*

2 Auch wenn der Engländer genießt, sieht es so aus, als nähme er Lebertran. *David Frost*

Lebewesen *1* Alle Lebewesen außer dem Menschen wissen, daß der Hauptzweck des Lebens darin besteht, es zu genießen. *Samuel Butler*

2 Der Mensch ist das einzige Lebewesen, das von sich eine schlechte Meinung hat. *George Bernard Shaw*

3 Der Mensch ist das einzige Lebewesen, das seine Nahrung zerstört, bevor es sie ißt. *Werner Kollath*

Leere Glück ist heutzutage, wenn man im neugekauften Auto mit 150 km/h durch die innere Leere fährt. *Sigismund von Radecki*

Legende *1* Lügen mit glücklichen Umständen ergeben Legenden. *Stanislaw Jerzy Lec*

2 Legenden sind der Weihrauch, der über der Geschichte schwebt. *Jaime Gild de Biedma*

Lehrer Der deutsche Bundestag ist mal voller und mal leerer, aber immer voller Lehrer. *Otto Graf Lambsdorff*

Lehrerin Die Zeit ist eine große Lehrerin. Schade nur, daß sie ihre Schüler umbringt. *Curt Goetz*

Lehrmeister *1* Es gibt keinen besseren Lehrmeister als die Tatsachen. *Amintore Fanfani*

2 Die Geschichte ist der beste Lehrmeister mit den unaufmerksamsten Schülern. *Indira Gandhi*

Leiche *1* Auf dem Gipfel des Erfolgs steht auch ein Kreuz; für die Leichen, über die man gegangen ist. *Gerhard Uhlenbruck*

2 Es gibt Menschen, die an Leichen erst der Geruch stört. *Werner Schneyder*

3 Manche gehen über ihre eigene Leiche. *Hans-Horst Skupy*

Leichenwagen Das Fatale am Paradies ist, daß man es nur im Leichenwagen erreichen kann. *Sacha Guitry*

Leichte So schwer das Leichte fällt, so ernst ist das Heitere. *Peter Benary*

Leichtigkeit Wer nicht genug Talent für die Leichtigkeit hat, kann immer noch etwas Schwerwiegendes herstellen. *Tristan Bernard*

Leid *1* Es ist herrlich, gleichgültig gegen Leid zu sein – aber nur gegen eigenes.
Robert Lynd

2 Große Völker vergessen Leiden, nicht aber Demütigungen. *Winston S. Churchill*

Leiden Leiden heißt an Bewußtsein leiden, nicht an Todesfällen. *Gottfried Benn*

Leidenschaft *1* Die Leidenschaft ist wie der Blitz: meist schlägt sie daneben ein.
Anatole France

2 Die große Leidenschaft verbrennt das Laster. *Hans Arndt*

3 Die Zivilisation hat die Liebe von der Stufe des Instinkts auf die der Leidenschaft gehoben. *George Moore*

4 Der einzige Unterschied zwischen einer Liebelei und einer Leidenschaft ist, daß die Liebelei von Dauer sein kann. *Oscar Wilde*

5 Wir werden von einer Leidenschaft nur geheilt, wenn wir sie bis zum Letzten auskosten. *Marcel Proust*

6 Eine erloschene Leidenschaft ist kälter als Eis. *Zsa Zsa Gábor*

7 Kein Toter ist so gut begraben wie eine erloschene Leidenschaft.
Marie von Ebner-Eschenbach

8 Keine Begeisterung sollte größer sein als die nüchterne Leidenschaft zur praktischen Vernunft. *Helmut Schmidt*

9 Psychoanalyse ist mehr eine Leidenschaft als eine Wissenschaft. *Karl Kraus*

10 Die Logik ist die Leidenschaft, zwei und zwei zu addieren. *Helmar Nahr*

Leierkastenmann Man fragte einen Leierkastenmann, was denn das Wesen der guten Musik sei. «Gleichmäßig die Kurbel drehen.»
Wieslaw Brudziński

Leine Um sich frei zu fühlen, gibt es ein einfaches Mittel: nicht an der Leine zerren.
Hans Krailsheimer

Leisetreter Radfahrer sind die einzigen sympathischen Leisetreter. *Ernst Schröder*

Leistung *1* Jede künstlerische Leistung ist ein Sieg über die menschliche Trägheit.
Herbert von Karajan

2 Die Kritik an anderen hat noch keinem die eigene Leistung erspart. *Noël Coward*

Leistungsfähigkeit Ich bin überzeugt, daß die Menschen von den Ergebnissen ihrer Leistungsfähigkeit überfordert werden.
Günter Graß

Leitung *1* Wer zuletzt lacht, braucht nicht unbedingt am besten zu lachen. Vielleicht hat er nur die längste Leitung.
Hanns-Hermann Kersten

2 Manche haben eine lange Leitung aus lauter Richtschnüren. *Peter Maiwald*

Lektüre *1* Erst die Lektüre vollendet das Werk. *Ingeborg Bachmann*

2 Ein Dichter über dreißig wird zwar noch immer ein leidenschaftlicher Leser sein, doch wird die moderne Dichtung kaum einen sehr großen Teil seiner Lektüre ausmachen.
Wystan Hugh Auden

3 Die Perfektion der Zensur ist erreicht, wenn nur solche Bücher zur Lektüre freigegeben werden, die ohnehin niemand liest.
George Bernard Shaw

Lernen Lernen ist wie Rudern gegen den Strom. Sobald man aufhört, treibt man zurück. *Benjamin Britten*

Lesen *1* Sobald man das Lesen gelernt hat, wird das Leben auf der Reise zum Tod plötzlich abschüssig. *Graham Greene*

2 Lesen bedeutet, den Starrkrampf zu lösen, in den man einen Gedanken beim Schreiben versetzt hat. *Hans Kudszus*

3 Erst durch das Lesen lernt man, wieviel man ungelesen lassen kann. *Wilhelm Raabe*

4 Kein Lesen ist der Mühe wert, wenn es nicht unterhält. *William Somerset Maugham*

Leser *1* Wenn sich ein Autor so wenig wandelte wie seine Leser, wäre der Schriftstellerberuf unmöglich. *John Steinbeck*

2 Für den Leser ist ein gutes Buch das billigste Hobby, für den Schriftsteller – das teuerste.
Gabriel Laub

3 Schreib den ersten Satz so, daß der Leser unbedingt auch den zweiten Satz lesen will. Und dann immer so weiter. *William Faulkner*

4 Jeder Leser arbeitet an dem Buch mit, das er liest. *Christa Wolf*

5 Es ist erst der Leser, der das Buch zum Buch macht, indem er es liest. *Francis Ponge*

6 Jeder Leser ist, wenn er liest, nur ein Leser seiner selbst. *Ingeborg Bachmann*

7 Leser sind Komplizen, die einander nicht kennen. *Martin Walser*

8 Leidenschaftliche Leser haben es schwer, originell zu sein. *Dámaso Alonso*

9 Nicht jedes Gedicht eines jeden Dichters ist in jedem Augenblick für jeden Leser geeignet. *Reiner Kunze*

10 Die Leser von heute sind sehr bequem. Man muß den Tiefsinn an der Oberfläche ausbreiten, damit sie ihn finden. *Halldór Laxness*

11 Umschweife: ein literarischer Trick, mit dem der Schriftsteller, der nichts zu sagen hat, dies dem Leser schonend beibringt. *Ambrose Bierce*

12 Das Ideal mancher Autoren ist offensichtlich eine Literatur ohne Leser. *Jules Romains*

13 Zensur hat auch ihre gute Seite: Zahllosen Büchern hat sie wenigstens einen Leser beschert. *Kateb Yacine*

14 Journalist heißt einer, der das, was der Leser sich ohnehin schon gedacht hat, in einer Form ausspricht, in der es eben doch nicht jeder Kommis imstande wäre. *Karl Kraus*

15 Von einer Boulevardzeitung, die täglich um Leser kämpft, kann man nicht erwarten, daß sie sich wie ein Kirchenblatt liest. *Alfred C. Northcliffe*

Leserin Die Muse hatte ihn bloß geküßt. Die Leserinnen wollten mehr. *Nikolaus Cybinski*

Leserkreis Wenn ein Dichter behauptet, sein Leserkreis habe sich verdoppelt, liegt der Verdacht nahe, daß der Mann geheiratet hat. *William Beaverbrook*

Leserlichkeit Leserlichkeit ist die Höflichkeit der Handschrift. *Friedrich Dürrenmatt*

Leute *1* Die Menschen sind gut, bloß die Leute sind schlecht. *Erich Kästner*

2 Feine Leute sind solche, die nur in feiner Umgebung ordinär werden. *Wolfgang Herbst*

3 Es ist schwer, es zugleich der Wahrheit und den Leuten recht zu machen. *Thomas Mann*

Leutseligkeit In der Leutseligkeit ist nichts von Menschenhaß, aber eben darum allzuviel von Menschenverachtung. *Friedrich Nietzsche*

Lexikon Vier Zeilen in einem Lexikon sind mehr wert als der schönste Grabstein. *Alec Guinness*

Liaison *1* Der Flirt ist das Manöver, die Liaison der Krieg. *Marcel Achard*

2 Eine Liaison gleicht meistens durch Länge aus, was ihr an Tiefe fehlt. *Marcello Mastroianni*

3 Wer nie eine heimliche Liaison hatte, weiß nicht, wie das Schicksal übertreibt. *Oliver Hassencamp*

4 Eine ideale Liebesaffäre ist eine Liaison per Post. *George Bernard Shaw*

Liberale Konservativer: einer, der in bestehende Mängel verliebt ist, während der Liberale sie durch neue Mängel ersetzen möchte. *Ambrose Bierce*

Licht *1* Ein Optimist sieht stets nur grünes Licht, ein Pessimist immer rotes, der wirklich Weise jedoch ist farbenblind. *Friedrich Dürrenmatt*

2 Sobald ein Optimist ein Licht erblickt, das es gar nicht gibt, findet sich ein Pessimist, der es wieder ausbläst. *Giovanni Guareschi*

3 Wer sein Licht leuchten läßt, muß sich nicht wundern, wenn die anderen nach dem Scheffel suchen. *Gerhard Uhlenbruck*

4 Stell dein Licht unter den Scheffel, sonst blasen es dir die Neider aus. *Gerhard Uhlenbruck*

5 Wo viel Schatten ist, muß viel Licht vermutet werden. *Heinrich Nüsse*

6 Wer dem Licht entgegengeht, sieht seinen Schatten nicht. *Erhard Blanck*

7 Nicht jedes Licht am Ende eines Tunnels bedeutet einen Hoffnungsschimmer. Manchmal ist es auch ein entgegenkommender Zug. *Markus M. Ronner*

8 Außer dem Licht wird nichts auf Erden so oft gebrochen wie das Recht. *Alfred Polgar*

9 Energiekrise: erst als es dunkel wurde, ging ihnen ein Licht auf. *Wolfgang Eschker*

Lid Kokettieren heißt Lider ohne Worte machen. *Peter Weck*

Liebe *1* Die Liebe ist der Wunsch, geliebt zu werden. *Jean Giraudoux*

2 Die meisten Menschen brauchen mehr Liebe, als sie verdienen.
Marie von Ebner-Eschenbach

3 Wir alle benutzen einander und nennen es Liebe, und wenn wir einander nicht benutzen können, nennen wir es Haß.
Tennessee Williams

4 Haß beruht meistens auf Gegenseitigkeit, Liebe nur manchmal. *Erhard Blanck*

5 Die Liebe beruht auf einer starken Übertreibung des Unterschiedes zwischen einer Person und allen anderen.
George Bernard Shaw

6 Liebe ist die wunderbare Gabe, einen Menschen so zu sehen, wie er nicht ist.
Hannelore Schroth

7 Liebe ist der Triumph der Phantasie über die Intelligenz. *Henry Louis Mencken*

8 Die Liebe ist der Versuch der Natur, den Verstand aus dem Weg zu räumen.
Thomas Niederreuther

9 In der Liebe ergeben ein kluger Mann und eine kluge Frau zusammen zwei Narren.
Helen Vita

10 Am Anfang gehören alle Gedanken der Liebe. Später gehört dann alle Liebe den Gedanken. *Albert Einstein*

11 Weder Liebe ohne Wissen noch Wissen ohne Liebe können ein gutes Leben bewirken.
Bertrand Russell

12 Liebe ist ein privates Weltereignis.
Alfred Polgar

13 Die große Liebe gleicht der japanischen Gottheit, zu der mehr als einmal zu beten ein Verbrechen ist – weil sie nur ein einziges Mal erhört. *Ellen Key*

14 Die größte Liebe ist immer die, die unerfüllt bleibt. *Peter Ustinov*

15 Liebe ist zeitweilige Blindheit für die Reize anderer Frauen. *Marcello Mastroianni*

16 Liebe ist jener für manche Männer unvorstellbare Zustand, in dem man bereit ist, die Frau im Singular zu akzeptieren.
Georges Courteline

17 Ein Mann, der eine Frau liebt, achtet auf die Frau und nicht auf ihr Kleid. Fängt er an, auf das Kleid zu achten, hat seine Liebe schon nachgelassen. *Henry Miller*

18 In der Liebe fühlt sich der Mann als Bogen, er ist aber nur der Pfeil.
Jeanne Moreau

19 Die Frauen warten auf Liebe, und die Männer warten auf Frauen.
Wolf Wondratschek

20 Liebe ist die Fähigkeit, Ähnliches an Unähnlichem wahrzunehmen.
Theodor W. Adorno

21 Die wirkliche Liebe beginnt, wo keine Gegengabe mehr erwartet wird.
Antoine de Saint-Exupéry

22 Liebe ist der angenehmste Zustand teilweiser Unzurechnungsfähigkeit. *Marcel Aymé*

23 Liebe nennt man die Unzurechnungsfähigkeit der Zurechnungsfähigen.
Alfred Polgar

24 Liebe ist immer noch die anständigste Entschuldigung für Dummheiten.
Horst Wolfram Geißler

25 Die Liebe bringt auf Ideen und in Gefahren. *Heinrich Mann*

26 Die Liebe ist nichts anderes als ein Seiltanz von Amateuren ohne Balancierstange und Netz. *Peter Altenberg*

27 Liebe: auch so ein Problem, das Marx nicht gelöst hat. *Jean Anouilh*

28 Ein bißchen Güte von Mensch zu Mensch ist besser als alle Liebe zur Menschheit.
Richard Dehmel

29 Wer am wenigsten zur Liebe fähig ist, weiß von ihr die tiefsinnigsten Dinge zu sagen.
Stefan Napierski

30 Viele, die ihr ganzes Leben auf die Liebe verwendeten, können uns weniger über sie sagen als ein Kind, das gestern seinen Hund verloren hat. *Thornton Wilder*

31 Liebe ist das einzige, was nicht weniger wird, wenn wir es verschwenden.
Ricarda Huch

32 Das ist das Eigentümliche an der Liebe, daß sie unaufhörlich wachsen muß, wenn sie nicht abnehmen soll. *André Gide*

33 Man sagt, Liebe kenne keine Grenzen. Aber die Grenzen sind gerade das Interessante.
Jean-Luc Godard

34 Nichts nützt der Liebe so sehr wie Distanz. Mit jedem Kilometer Entfernung wächst die Zuneigung. *George Bernard Shaw*

35 Was die Liebe betrifft, ist es leichter, auf ein Gefühl zu verzichten, als eine Gewohnheit aufzugeben. *Marcel Proust*

36 Wenn einem die Treue Spaß macht, dann ist es Liebe. *Julie Andrews*

37 Liebe heißt, auch den Kummer zu teilen, den man noch nicht hat. *Liselotte Pulver*

38 Liebe ist, miteinander alt werden zu wollen. *Martin Andersen-Nexø*

39 Liebe ist das, was man mit einem anderen durchgemacht hat. *James Thurber*

40 Ob die Liebe ein Glück ist? Jedenfalls ist sie das charmanteste Unglück, das uns zustoßen kann. *Curt Goetz*

41 An Rheumatismus und an wahre Liebe glaubt man erst, wenn man davon befallen wird. *Marie von Ebner-Eschenbach*

42 Liebe ist, wenn sie dir die Krümel aus dem Bett macht. *Kurt Tucholsky*

43 Wer die Geheimnisse des Bettes verrät, verdient die Liebe nicht. *Ingeborg Bachmann*

44 Über die Liebe lächelt man nur solange, bis sie einen selber erwischt hat. *Eleonora Duse*

45 Der Humor ist – wie die Liebe – eine Eigenschaft des Herzens. *Rudolf G. Binding*

46 In der Liebe halten die Bässe, was die Tenöre versprechen. *Nellie Melba*

47 Liebe zwischen zwei Menschen ist nur dann wundervoll, wenn man zwischen die richtigen zwei Leute gerät. *Woody Allen*

48 Liebe ist keine Entschuldigung für schlechte Manieren. *Peter Ustinov*

49 Man sollte die Liebe ernst nehmen, aber nicht tragisch. *André Maurois*

50 In der Liebe spricht das, was man nicht sagt. *Jean Anouilh*

51 Liebe ist ein Konflikt zwischen Reflexen und Reflexionen. *Magnus Hirschfeld*

52 Die Religion hat der Liebe einen großen Dienst erwiesen, indem sie sie zur Sünde gestempelt hat. *Anatole France*

53 In der Liebe gibt es zweierlei Sünden: die lässlichen und die unerlässlichen. *Helen Vita*

54 Liebe ist ein nicht näher definierbares Gefühl, das im Leben unendliche Komplikationen hervorruft, besonders im Geschlechtsleben. *Gabriel Laub*

55 Die Liebe ist unsere Strafe dafür, daß wir es nicht einfach bei der Fortpflanzung bewenden lassen. *Helmar Nahr*

56 Die Zivilisation hat die Liebe von der Stufe des Instinkts auf die der Leidenschaft gehoben. *George Moore*

57 Die Liebe ist eine Waffe, mit der man spielt, ohne daran zu denken, daß sie geladen ist. *Otto Eduard Hasse*

58 Platonische Liebe kommt mir vor wie ein ewiges Zielen und Niemals-Losdrücken. *Wilhelm Busch*

59 Liebe ist, daß du mir ein Messer bist, mit dem ich in mir wühle. *Franz Kafka*

60 Liebe ist vollkommen verantwortungslos. Sie ist ein Laster. *Wolf Wondratschek*

61 Die Liebe ist eine Krise, die Abneigung hinterläßt. *Cesare Pavese*

62 Liebe ist Qual, Lieblosigkeit ist Tod. *Marie von Ebner-Eschenbach*

63 Was die Welt vorwärtstreibt, ist nicht die Liebe, sondern der Zweifel. *Peter Ustinov*

64 Liebe ist ein Tornado, Freundschaft ein ständig wehender Passat. *Colette*

65 Verehrung ist tiefgekühlte Liebe. *Françoise Sagan*

66 Das letzte, was eine Frau an der Liebe interessiert, ist die Theorie. *Alfred Charles Kinsey*

67 Manche Frauen glauben offenbar, Liebe heiße, nie neinsagen zu können. *Erich Segal*

68 Nichts ist trauriger als eine Frau, die sich aus anderen Gründen auszieht als für die Liebe. *Juliette Gréco*

69 Liebe ist Geduld, Sex Ungeduld. *Erich Segal*

70 Erste Liebe ist etwas Dummheit und sehr viel Neugier. *George Bernard Shaw*

71 Die erste Liebe ist ein Versprechen, das andere halten werden. *Senta Berger*

72 Jede enttäuschte Liebe macht ein bißchen immun gegen die nächste. *Ursula Andreß*

73 In der Jugend bemüht man sich, die Liebe durch die Frauen kennenzulernen. Später hofft man dann, die Frauen durch die Liebe kennenzulernen. *Roland Dorgelès*

74 Der Flirt ist das Aquarell der Liebe. *Paul Bourget*

75 Der Kuß ist ein Lippenbekenntnis zur Liebe. *Martin Beheim-Schwarzbach*

76 Die am weitesten verbreitete Augenkrankheit ist die Liebe auf den ersten Blick. *Gino Cervi*

77 Neben der Liebe auf den ersten Blick gibt es auch die Liebe auf die erste Berührung. Und die geht vielleicht noch tiefer. *Vladimir Nabokov*

78 Man soll keine Eheringe schmieden, solange die Liebe heiß ist. *Gerhard Uhlenbruck*

79 Das Gefühl braucht Opposition. Wenn man schon aus Liebe heiratet, sollten wenigstens die Eltern dagegen sein. *Hermann Bahr*

80 Die Liebe kann nicht nur Berge, sondern bisweilen auch eine Familie versetzen. *Gerhard Uhlenbruck*

81 Die Liebe ist eine leichte Gemütskrankheit, die durch die Ehe oft schnell geheilt werden kann. *Sacha Guitry*

82 Ehe: Zuerst ist der Leib beliebt, dann wird man durch die Liebe beleibt, und schließlich kann man beileibe nicht mehr lieben. *Gerhard Uhlenbruck*

83 Wenn die Liebe zunimmt, nehmen die Liebenden ab. Wenn die Liebe abnimmt, nehmen die Liebenden zu. *Gerhard Uhlenbruck*

84 Zur Ehe gehört schon ein bißchen mehr als Liebe. *Faye Dunaway*

85 Der Mann erträgt die Ehe aus Liebe zur Frau. Die Frau erträgt den Mann aus Liebe zur Ehe. *Gabriel Laub*

86 Das wirklich Rührende an der Liebe ist – der Kochlöffel. *Gerhard Uhlenbruck*

87 Die Lüge tötet die Liebe. Aber die Aufrichtigkeit tötet sie erst recht. *Ernest Hemingway*

88 Es sind die kleinen Rechthabereien, die eine große Liebe zerstören können. *Max Frisch*

89 Ewige Liebe ist die Liebe in ihrer vergänglichsten Form. *Hans Krailsheimer*

90 Nur im Urlaub gibt es die ewige Liebe für vierzehn Tage. *Uschi Glas*

91 Die Liebe ist das einzige Märchen, das mit keinem «es war einmal» beginnt – aber schließt. *Hans Lohberger*

92 Alter schützt vor Liebe nicht, aber Liebe schützt bis zu einem gewissen Grad vor Alter. *Jeanne Moreau*

93 Der Charakter einer Frau zeigt sich nicht, wo die Liebe beginnt, sondern wo sie endet. *Rosa Luxemburg*

94 Wohin geht die Liebe, wenn sie geht? *Brigitte Schwaiger*

95 Der große Rest, der in der Liebe nicht aufgeht, geht in die Dichtung ein. *Elazar Benyoëtz*

Liebelei *1* Der einzige Unterschied zwischen einer Liebelei und einer Leidenschaft ist, daß die Liebelei von Dauer sein kann. *Oscar Wilde*

2 Mit der Liebelei ist es wie mit der Elektrizität: Erst Starkstrom, dann Schwachstrom, zuletzt Wechselstrom. *Jacques Tati*

Lieben *1* Lieben heißt, sich mit der Wirklichkeit begnügen. *Stefan Napierski*

2 Lieben heißt einen Ausweg finden. *Walter Hasenclever*

3 Lieben heißt auch: den anderen gegen ihn verteidigen. *Hans Kudszus*

4 Der kleine Unterschied: Er denkt beim Lieben, sie liebt beim Denken. *Oliver Hassencamp*

5 Lieben heißt einwilligen, mit einem Menschen alt zu werden. *Albert Camus*

Liebende *1* Die Liebenden reden mit Zungen. *Bert Berkensträter*

2 So ungerecht der Liebende, so lieblos der Gerechte. *Peter Benary*

Liebesakt Das einzige Erotische am Liebesakt ist sein Schauplatz – das Schlafzimmer. *Saul Steinberg*

Liebesbeziehung Eine Liebesbeziehung kann man zerreden. Zerschweigen kann man sie nicht. *Robert Musil*

Liebesgedicht Keiner, der ein Liebesgedicht schreibt, wird sich über Hormonausschüttung bei Verliebtheit orientieren. *Peter Bichsel*

Liebesheirat Der einzige Entschuldigungsgrund für eine Liebesheirat ist die unüberwindliche gegenseitige Zuneigung. *George Bernard Shaw*

Liebeskunst *1* Liebeskunst besteht darin, mit dem Temperament eines Vampirs die Diskretion einer Anemone zu verbinden. *Emile M. Cioran*

2 Die Liebeskunst ist außer Kraft getreten; sie ward zur Leibeswissenschaft. *Eugen Roth*

Liebesspiel Beim Liebesspiel ist es wie beim Autofahren: Die Frauen mögen die Umleitung, die Männer die Abkürzung. *Jeanne Moreau*

Liebesszene Liebesszenen sind vor allem dann besonders schwierig zu spielen, wenn man sich mit dem Partner gut versteht. *Senta Berger*

Liebhaber *1* Die meisten Männer, die Kluges über die Frauen gesagt haben, waren schlechte Liebhaber. Die großen Praktiker reden nicht, sondern handeln. *Jeanne Moreau*

2 Es gibt keine guten Liebhaber. Es gibt höchstens Männer, mit denen es völlig hoffnungslos ist, und einige, mit denen es nicht ganz so hoffnungslos ist. *Ingeborg Bachmann*

3 Wenn man einen Liebhaber hat, dann hat man auch mehrere. *Marguerite Duras*

Liebling Liebling ist der Rufname für alle Frauen, deren Vorname uns im Augenblick nicht einfällt. *Oliver Herford*

Lieblingsfarbe Bunt ist meine Lieblingsfarbe. *Walter Gropius*

Lieblosigkeit Liebe ist Qual, Lieblosigkeit ist Tod. *Marie von Ebner-Eschenbach*

Liebschaft *1* Liebschaften sind wie Pilzgerichte: beide sollte man nicht aufwärmen. *Claus Biederstaedt*

2 Viele kleine Liebschaften sind fortschreitende Immunisierung gegen die große Liebe. *Jeanne Moreau*

Lied Die ungesungenen Lieder sind stets die schönsten. *Henrik Ibsen*

Liften Liften ist nichts anderes als Persönlichkeitsentfaltung. *Dieter Hildebrandt*

Linie *1* Gerade Linien sind gottlos. *Friedensreich Hundertwasser*

2 Die Engländer ziehen niemals eine Linie, ohne sie zu verwischen. *Winston S. Churchill*

Linke Für manche Linken ist einer schon rechtsradikal, wenn er nur pünktlich zur Arbeit kommt. *Heiner Geißler*

Linksregierung Linksregierungen sind für ihre Anhänger fast immer enttäuschend. *George Orwell*

Lippe Ein Kuß ist der Versuch, unter möglichst intensiver Benützung der Lippen gemeinsam zu schweigen. *Senta Berger*

Lippenbekenntnis Der Kuß ist ein Lippenbekenntnis zur Liebe. *Martin Beheim-Schwarzbach*

Lippenstift *1* Auch ein kußechter Lippenstift ist sinnlos, wenn der Kuß nicht echt ist. *Markus M. Ronner*

2 Man kann auch Musik mit Lippenstift beschmieren und mit Puder ersticken. *Igor Strawinski*

3 Die Metapher ist der Lippenstift des Stils. *Hans Kudszus*

Literat *1* Gerechterweise sollten Literaten auch dafür honoriert werden, was zwischen den Zeilen steht. *Hans-Horst Skupy*

2 Nichts ist verächtlicher, als wenn Literaten Literaten Literaten nennen. *Kurt Tucholsky*

3 Ich komme immer mehr zu der ketzerischen Überzeugung, daß es die Rolle der Literaten in der Gesellschaft ist, keine Rolle zu spielen. *Eugène Ionesco*

Literatur *1* Was ist die Literatur? Eine Aufblähung des Alphabets. *Werner Bergengruen*

2 Literatur ist Kannibalismus mit der Schreibmaschine. *Thornton Wilder*

3 Literatur ist gedruckter Unsinn. *August Strindberg*

4 Literatur ist die Orchestrierung der Plattheiten. *Thornton Wilder*

5 Eine mit Schlagworten geohrfeigte Zeit produziert eine geschwollene Literatur. *Alfred Polgar*

6 Literatur ist die Kunst, Außergewöhnliches an gewöhnlichen Menschen zu entdecken und darüber mit gewöhnlichen Worten Außergewöhnliches zu sagen. *Boris Pasternak*

7 Natürlich basiert so ziemlich jede Blütezeit der Literatur auf der Kraft und Unschuld ihrer Plagiate. *Bertolt Brecht*

8 Nur die Literatur kann Literaturgeschichte schreiben. *Hans Magnus Enzensberger*

9 Klassikerausgaben sind mehr Möbel als Literatur. *Jacques Tati*

10 Die etwas von Moden verstehen, machen heute längst Literatur, und keine Kleider. *Nikolaus Cybinski*

11 Moderne Literatur ist die Kunst, den richtigen Interpreten zu finden. *Wolfgang Herbst*

12 Das Ideal mancher Autoren ist offensichtlich eine Literatur ohne Leser. *Jules Romains*

13 Der Unterschied zwischen Literatur und Journalismus besteht darin, daß der Journalismus unlesbar ist und die Literatur nicht gelesen wird. *Oscar Wilde*

14 Der Aphorismus hat vor jeder anderen Literaturgattung den Vorteil, daß man ihn nicht weglegt, bevor man ihn zu Ende gelesen hat. *Gabriel Laub*

15 Die Zukunft der Literatur liegt im Aphorismus. Den kann man nicht verfilmen. *Gabriel Laub*

Literaturhistoriker Man sollte neun Zehntel aller Literaturhistoriker hängen. *Ludwig Marcuse*

Lob *1* Die einen werden durch großes Lob schamhaft, die andern frech. *Friedrich Nietzsche*

2 Es gibt Augenblicke, da schadet ein Lob mehr, als ein Tadel zerstören könnte. *Nikolaus Cybinski*

3 Empfindsame Kinder und bedeutende Männer ertragen Tadel nur in Lob eingewickelt. *Walther von Hollander*

Loch *1* Wenn ein Mensch ein Loch sieht, hat er das Bestreben, es auszufüllen. Dabei fällt er meist hinein. *Kurt Tucholsky*

2 Snobs sind Leute, die am Käse nur die Löcher mögen, und auch die nicht immer. *Paul Kuhn*

Löffel Er hatte die Weisheit mit Löffeln gefressen; so dünn war sie. *Nikolaus Cybinski*

Logik *1* Logik ist die Leidenschaft, zwei und zwei zu addieren. *Helmar Nahr*

2 Logik ist ein Instrument zum Aufpolstern der Vorurteile. *Elbert Hubbard*

3 Die Logik ist die Zwangsjacke der Phantasie. *Helmar Nahr*

4 Logik ist ein Verfahren, das uns glauben macht, daß eine Sache, die nicht schwarz ist, weiß sein müsse. *Richard Wiggins*

5 Logik ist Glaubenssache. *Ernst Wilhelm Eschmann*

6 Was wir Zufall nennen, ist vielleicht die Logik Gottes. *Georges Bernanos*

Lorbeer *1* Lorbeer zählt zu den seltenen Pflanzen, die man nicht säen, und doch ernten kann. *Peter Maiwald*

2 Wer sich auf Lorbeer ausruht, zerkratzt sich den Hintern. *Markus M. Ronner*

3 Lorbeer ist ein schnell welkendes Gemüse. *Giovanni Guareschi*

4 Manchmal schlägt der Lorbeer im Kopf Wurzeln. *Stanislaw Jerzy Lec*

Lorbeerkranz *1* Wer den Lorbeerkranz annimmt, verrät das Format seines Kopfes. *Stanislaw Jerzy Lec*

2 Manchmal drückt ein Lorbeerkranz mehr als eine Dornenkrone. *Wolfgang Eschker*

Lösung *1* Manchmal führt ein Rechenfehler zur richtigen Lösung. *Stanislaw Jerzy Lec*

2 Talente finden Lösungen, Genies entdecken Probleme. *Hans Krailsheimer*

3 Künstler ist nur einer, der aus der Lösung ein Rätsel machen kann. *Karl Kraus*

4 Für den Wissenschaftler ist des Rätsels Lösung immer noch ein Rätsel. *Gerhard Uhlenbruck*

5 Ein Journalist bekommt für die Lösung eines Problems nicht mehr bezahlt als für dessen Formulierung. Deshalb stellt er die Behauptung auf und läuft vor der Lösung davon. *George Bernard Shaw*

6 Frauen tun so, als seien sie Rätsel. Die meisten sind aber schon die Lösung. *Jean-Luc Godard*

Löwe *1* Der Mensch ist wie der Löwe in der Fabel, der seine eigenen Reißzähne beschimpft, weil ihm das Beutetier leid tut – nachdem es ihm gut geschmeckt hat. *Horst Stern*

2 Den Kopf in den Rachen des Löwen zu stecken, ist auch nicht gefährlicher, als ihn von einer Frau streicheln zu lassen. *David Herbert Lawrence*

Loyalität Die wichtigste Loyalität des Künstlers ist jene gegenüber der Qualität. *Jean-Louis Barrault*

Lücke *1* Am leichtesten kommt man durch die Lücke im Gedächtnis. *Stanislaw Jerzy Lec*

2 Mancher hinterläßt eine Lücke, die ihn ersetzt. *Pearl S. Buck*

Luder Den meisten Ludern sieht man nicht an, daß sie Luder sind; das macht es ihnen ja so leicht, Luder zu sein. *Peter Weck*

Luft *1* Worte sind Luft. Aber die Luft wird zum Wind, und der Wind macht die Schiffe segeln. *Arthur Koestler*

2 Der Idealist geht glatt durch Mauern und stößt sich wund an der Luft. *Alfred Polgar*

3 Ein Radikaler ist ein Mann, der mit beiden Beinen fest in der Luft steht. *Franklin D. Roosevelt*

4 Wenn ein Mann fortgeht, um frische Luft zu schnappen, meint er den Mief in seinem Stammlokal. *Trude Hesterberg*

5 Gesellschaft ist wie die Luft: notwendig zum Atmen, aber nicht ausreichend, daß man davon leben könnte. *George Santayana*

Luftpirat Luftpiraten sind Passagiere, die Flugzeuge erst unterwegs chartern. *Danny Kaye*

Luftpiraterie Die nächste Eskalation der Luftpiraterie wird die Entführung eines Raumschiffes sein. *Harold Pinter*

Luftschloß *1* Der Bau von Luftschlössern ist billiger als ihr Unterhalt. *Markus M. Ronner*

2 Der Bau von Luftschlössern kostet nichts, aber ihre Zerstörung ist oft sehr teuer. *François Mauriac*

Luftzug Es liegt im Wesen der Parteiflügel, daß sie mehr Luftzug als Bewegung erzeugen. *Alberto Sordi*

Lüge *1* Die Lüge ist ein sehr trauriger Ersatz für die Wahrheit, aber sie ist der einzige, den man bis heute entdeckt hat. *Elbert Hubbard*

2 Eine Lüge ist bereits dreimal um die Erde gelaufen, bevor sich die Wahrheit die Schuhe anzieht. *Mark Twain*

3 Letzten Endes kommt es nur auf den Wahrheitsgehalt der Lüge an. *Thomas Bernhard*

4 Ein halbleeres Glas Wein ist zwar zugleich ein halbvolles, aber eine halbe Lüge mitnichten eine halbe Wahrheit. *Jean Cocteau*

5 Kinder sind Menschen, die mit Lügen erzogen werden, die Wahrheit zu sagen. *Rudolf Rolfs*

6 Lügen haben kurze Beine, aber weiche Knie. *Gerhard Uhlenbruck*

7 Wenn Lügen wirklich kurze Beine hätten, gäbe es in Österreich ausschließlich Liliputaner. *André Heller*

8 Die Lüge der Frau unterscheidet sich von der Lüge des Mannes wie ein Florett vom Kavalleriesäbel. *Sacha Guitry*

9 Eine geistreiche Lüge ist eine geheime Huldigung an den Menschen, den man angelogen hat. *Sacha Guitry*

10 Die Lüge tötet die Liebe. Aber die Aufrichtigkeit tötet sie erst recht. *Ernest Hemingway*

11 Wer die Gewalt als seine Methode proklamiert hat, muß die Lüge zu seinem Prinzip machen. *Alexander Solschenizyn*

12 Mit der Lüge in der Hand kommt man durch das ganze Land. Aber nicht wieder zurück. *Markus M. Ronner*

13 Die Lüge hat zwei Steigerungsformen: Diplomatie und Statistik. *Marcel Achard*

14 Die hinterhältigste Lüge ist die Auslassung. *Simone de Beauvoir*

15 Lügen mit glücklichen Umständen ergeben Legenden. *Stanislaw Jerzy Lec*

Lügen Wer keinen Anlaß zum Lügen hat, ist stolz darauf, kein Lügner zu sein. *Friedrich Nietzsche*

Lügendetektor Der Lügendetektor beruht auf dem einfachen Prinzip, daß es anstrengender ist, zu lügen, als die Wahrheit zu sagen. *Dagobert Lindlau*

Lügner *1* Es ist immer die beste Politik, die Wahrheit zu sagen, es sei denn, man ist ein ungewöhnlich guter Lügner. *Jerome K. Jerome*

2 Kummer des Lügners: daß man nur von A bis Z lügen kann. *Peter Maiwald*

3 Die Strafe des Lügners besteht nicht darin, daß man ihm nicht mehr glaubt, sondern daß er niemandem glauben kann. *George Bernard Shaw*

Lunge Das Schädliche an den Blechinstrumenten liegt in der Tatsache, daß sie die Lungen stärken und damit das Leben der Musikanten verlängern. *George Bernard Shaw*

Lustobjekt Pornofilme: Lust- und Verlustobjekte. *Hans-Horst Skupy*

Luxus *1* Nicht viele leisten sich den größten Luxus, den es auf Erden gibt: eine eigene Meinung. *Alec Guinness*

2 Die Überschätzung eines Menschen kann von allem Luxus der teuerste sein. *Hans Arndt*

3 Eine Freundschaft zwischen zwei Männern ist ein Luxus, zwischen zwei Frauen ein Wunder. *Jorge Luis Borges*

4 Kultur: Luxus für Kulturlose. *Rudolf Rolfs*

Lyrik *1* Lyrik ist, wenn die Zeilen vor dem Rand aufhören. *Markus M. Ronner*

2 Wer Lyrik schreibt, ist verrückt. *Peter Rühmkorf*

Lyriker Unter einem Lyriker stelle ich mir einen Mann vor, der nicht mehr richtig pissen kann. *Wolf Wondratschek*

M

Macho Ein Softie ist ein Macho, der mit den Waffen der Frau arbeitet. *Rainhard Fendrich*

Macht *1* Macht hat, wer reden kann. *Robert A. T. Salisbury*

2 Macht besitzen und nicht ausüben ist wahre Größe. *Friedl Beutelrock*

3 Keiner weiß, was in ihm steckt, bevor er von der Macht gekostet hat. *Otto Flake*

4 Die Bescheidenheit ist eine Eigenschaft, die vom Bewußtsein der eigenen Macht herrührt. *Paul Cézanne*

5 Ein an die Macht gekommener Freund ist ein verlorener Freund. *Henry Brooks Adams*

6 Da man Macht haben muß, um das Gute durchzusetzen, setzt man zunächst das Schlechte durch, um Macht zu gewinnen. *Ludwig Marcuse*

7 Es stimmt schon, daß die Macht die Menschen abnützt – allerdings vor allem jene, die sie nicht haben. *Giulio Andreotti*

8 Wer die Macht hat, dem soll man sie nicht auch noch versüßen. *William Beaverbrook*

9 Wo die Würstchen an die Macht kommen, wird der Senf rationiert. *Wolfgang Menge*

10 Die Frage, wer an die Macht kommen soll, ist falsch gestellt. Es genügt, wenn eine schlechte Regierung abgewählt werden kann. *Karl Popper*

11 Alle Macht geht vom Volke aus – und kehrt nie wieder zurück. *Gabriel Laub*

12 Geld ist das Brecheisen der Macht. *Helmuth Pleßner*

13 Arbeit und Macht vertragen sich nicht miteinander. Ich kenne keinen, der arbeitet und gleichzeitig die Macht ausübt. *Richard Rogler*

14 Politik ist der stets neu zu schaffende Kompromiß von Macht und Vernunft. *Carl Friedrich von Weizsäcker*

15 Ich hätte gerne ein Regierungssystem, in dem die, die etwas tun wollen, an der Macht sind – und die, die gerne reden, die Opposition bilden. *Edward Heath*

16 Viele Politiker, die in der Opposition geschmeidige Düsenjäger waren, werden an der Macht bedächtige Segelflieger. *Ignazio Silone*

17 Haß ist Achtung vor der Macht des Gehaßten. *Hans Kudszus*

18 Nachsichtig sein heißt einem Feind vergeben, der seiner Macht beraubt worden ist. *Elbert Hubbard*

19 Grundsätze haben keine wirkliche Macht, außer man hat gerade gut gegessen. *Mark Twain*

20 Schönheit: die Macht, womit eine Frau ihren Liebhaber bezaubert und ihren Ehegatten in Schranken hält. *Ambrose Bierce*

21 Macht ist in dem Maße schlimm, wie sie unkontrollierbar ist, egal, wer sie ausübt. *Martin Walser*

Machthaber Wer andere zum Lachen bringen kann, muß ernstgenommen werden; das wissen alle Machthaber. *Werner Finck*

Mächtige *1* Wenn ein Mächtiger teilt, beträgt seine Hälfte mindestens sechzig Prozent. *Georges Clemenceau*

2 Mächtige verstehen einander immer, mögen sie noch so verfeindet sein. *Georges Clemenceau*

3 Der Mächtige ist am ohnmächtigsten allein. *Oliver Hassencamp*

4 Satiren, über die die Mächtigen sich totlachen, haben ihren Zweck erfüllt. *Nikolaus Cybinski*

Mächtigere Der Mächtigere in einer Verbindung ist immer der, der weniger liebt. *Eleonora Duse*

Mächtigste Den Mächtigsten in der Familie erkennt man daran, daß er bestimmt, welches Fernsehprogramm eingeschaltet wird. *Peter Sellers*

Mädchen *1* Jedes Mädchen ist eine frisierte Herausforderung. *Günther Weisenborn*

2 Eine Figur ist etwas, das jeder hat, das aber bei jungen Mädchen besser aussieht. *Fred Astaire*

3 Es gibt zweierlei Mädchen: die einen, die Pullover stricken, und die anderen, die sie ausfüllen. *Daliah Lavi*

4 Mädchen – das sind die, die rückwärts tanzen. *Bob Hope*

5 Der Tanz ist ein gutes Training für junge Mädchen. Sie lernen dabei zu erraten, was der Mann im nächsten Augenblick tun wird. *Christopher Morley*

6 Sexuelle Aufklärung ist insoweit berechtigt, als die Mädchen nicht früh genug erfahren können, wie die Kinder nicht zur Welt kommen. *Karl Kraus*

7 Jungfräulichkeit ist etwas sehr Kostbares, das alle Mädchen verlieren möchten. *William Somerset Maugham*

8 Goethes «Faust» beweist, daß ein junger Mann nur bei den Deutschen den Teufel braucht, um ein Mädchen zu verführen. *Friedrich Dürrenmatt*

9 Playboys sind Männer, die nicht immer an Mädchen denken. Aber wenn sie denken, dann an Mädchen. *Alberto Sordi*

10 Hin und wieder verlieren junge Mädchen ihren besten Freund dann, wenn sie ihn heiraten. *Françoise Sagan*

11 Verträge sind wie Rosen und junge Mädchen: sie halten sich, solange sie sich halten. *Charles de Gaulle*

Mafia Wenn der Mensch zuviel weiß, wird das lebensgefährlich. Das haben nicht erst die Kernphysiker erkannt, das wußte schon die Mafia. *Norman Mailer*

Magen *1* Das Gesicht eines Menschen verrät vielleicht dessen Magen, gewiß aber nicht sein Herz. *Erhard Blanck*

2 Mit dem Geist ist es wie mit dem Magen: Man sollte ihm nur Nahrung zumuten, die er verdauen kann. *Winston S. Churchill*

3 Ein voller Magen ist keine Entschuldigung für ein leeres Hirn. *Wolfgang Eschker*

4 Manches, was wir uns aus dem Kopf schlagen müssen, schlägt uns auf den Magen. *Gerhard Uhlenbruck*

5 Essen ist eine höchst ungerechte Sache: Jeder Bissen bleibt höchstens zwei Minuten im Mund, zwei Stunden im Magen, aber drei Monate an den Hüften. *Christian Dior*

6 Lampenfieber – das sind Schmetterlinge im Magen. *Leo Slezak*

Maitresse Das Call-Girl hat die Maitresse ersetzt, weil die Männer, die für ihre Frauen keine Zeit haben, nun auch für ihre Geliebten keine Zeit mehr haben. *Hans Habe*

Majorität Der gefährlichste Feind der Wahrheit ist die kompakte Majorität. *Henrik Ibsen*

Make-up *1* Make-up ist die Kunst, sich selber zu plakatieren. *Olga Tschechowa*

2 Ein Kompliment ist eine freundliche Wahrheit mit etwas Make-up.
Hannelore Schroth

3 Die meisten Memoiren sind ein Make-up aus Worten. *Norman Mailer*

Makulatur Archiv: alphabetisch geordnete Makulatur. *Michael Schiff*

Malen Malen ist nicht schwierig, solange man nichts davon versteht. *Edgar Degas*

Maler *1* Für einen Maler gibt es nichts Schwierigeres, als eine Rose zu malen, denn dazu muß er zuerst alle Rosen vergessen, die jemals gemalt worden sind. *Henri Matisse*

2 Die Menschen sind nicht so schlecht, wie die Maler sie darstellen. *Pablo Picasso*

3 Einem Maler sagen, er solle die Natur wiedergeben, wie sie ist, hieße einem Pianisten sagen, er solle sich auf die Klaviertasten setzen. *James Abbott McNeill Whistler*

4 Es gibt den Maler, der aus der Sonne einen gelben Fleck macht, aber es gibt auch den, der mit Überlegung und Geschick aus einem gelben Fleck eine Sonne macht. *Pablo Picasso*

5 Ein Maler ist verloren, wenn er sich findet.
Max Ernst

6 Maler sind Überzeugungstäter, die keinen sehnlicheren Wunsch haben, als gehängt zu werden. *Werner Finck*

7 Ein Maler ist ein Mann, der das malt, was er verkauft. Ein Künstler dagegen ist ein Mann, der das verkauft, was er malt.
Pablo Picasso

8 Früher waren die Maler verrückt und die Bilderkäufer clever. Heute ist es umgekehrt.
Giorgio de Chirico

Malerei Malerei: die Kunst, Flächen vor dem Wetter zu schützen und sie den Kritikern auszusetzen. *Ambrose Bierce*

Malheur Die Unglücklichen und die Schlaflosen sind immer auch ein bißchen stolz auf ihr Malheur. *Bertrand Russell*

Manager Der ideale Manager ist ein Mann, der genau weiß, was er nicht kann, und sich dafür die richtigen Leute holt.
Philip Rosenthal

Manier Liebe ist keine Entschuldigung für schlechte Manieren. *Peter Ustinov*

Manipulation Manipulation erzeugt die Manipulierten, derer sie bedarf.
Friedrich Hacker

Mann *1* Die Männer sind das nebensächliche Geschlecht. Im Tierreich braucht man sie bei vielen Arten nicht einmal zur Fortpflanzung. *Orson Welles*

2 Wie lächerlich gering ist der Unterschied zwischen Mann und Frau! Von achtundvierzig Chromosomen unterscheidet sich nur eines.
Germaine Greer

3 Ich möchte gerne auf den Mond. Dort soll es einen Mann geben. *Jeanne Moreau*

4 Ein Mann ist ein Mensch, dem Gott einen Knüppel zwischen die Beine geworfen hat.
Hanns-Hermann Kersten

5 Wenn ein Mann ein Mann ist, kann man es nicht aus ihm herausprügeln. *Mark Twain*

6 Es gibt Männer, die heute noch der Rippe nachtrauern, die Adam hergeben mußte.
Markus M. Ronner

7 Auch Gott lernt dazu. Man merkt das an den Verbesserungen bei der Erschaffung der Frau gegenüber der des Mannes.
Zsa Zsa Gábor

8 Ein Mann kann höchstens vollständig sein, eine Frau aber vollkommen. *Eleonora Duse*

9 Die Hose ist mittlerweile ein so weibliches Kleidungsstück geworden, daß sich die Männer nach einem anderen Geschlechtssymbol umsehen sollten. *Peter Ustinov*

10 Der Streit, ob der Mann oder die Frau wertvoller sei, ist genauso müßig wie eine Diskussion über die Frage, was schwerer ist, ein Kilo Eisen oder ein Kilo Bettfedern.
Andrés Segovia

11 Der Mann macht Geschichte, das Weib ist Geschichte. *Oswald Spengler*

12 Die Männer sind Bestien. Darum ist es höchst wichtig, die Kerle gut zu füttern.
Oscar Wilde

13 Männer muß man nehmen, wie sie sind, aber man darf sie nicht so sein lassen.
Zsa Zsa Gábor

14 Die meisten Frauen setzen alles daran, einen Mann zu ändern; und wenn sie ihn geändert haben, mögen sie ihn nicht mehr.
Marlene Dietrich

15 Mehr kann ein Mann nicht verlieren als sein Gesicht. *Tom Stoppard*

16 Die verbitterten Gesichtszüge eines Mannes sind oft nur die festgefrorene Verwirrung eines Knaben. *Franz Kafka*

17 Der einzige Unterschied zwischen einem Mann und einem Kind ist die Erfahrung. *Cornel Wilde*

18 Ein Mann wird durch Erfahrungen klüger, eine Frau wird durch Erfahrungen älter. *Henry de Montherlant*

19 Falten machen einen Mann männlicher, eine Frau älter. *Jeanne Moreau*

20 Männer werden ohne Frauen dumm, und Frauen welken ohne Männer. *Anton Tschechow*

21 Gute Frauen sind besser als gute Männer. Böse Frauen sind böser als böse Männer. *Marcel Achard*

22 Alles, was Männer tun, ist erhaben und lächerlich zugleich. *Marie Luise Kaschnitz*

23 Wenn ein Mann etwas ganz Blödsinniges tut, so tut er es immer aus den edelsten Motiven heraus. *Oscar Wilde*

24 Vieles, was Männer tun, ist von Frauen erdacht, und das meiste, was sie nicht tun, haben Frauen verhindert. *Ludwig Friedrich Barthel*

25 Die Frau, die ihren Mann nicht beeinflussen kann, ist ein Gänschen. Die Frau, die ihn nicht beeinflussen will - eine Heilige. *Marie von Ebner-Eschenbach*

26 Frauen stehen immer vor dem Dilemma, die Schwächen eines Mannes zu beseitigen, oder seine Schwäche zu sein. *Françoise Sagan*

27 Eine Frau zu sein, ist eine schrecklich schwierige Aufgabe, weil sie es vor allem mit Männern zu tun hat. *Joseph Conrad*

28 Die Last, jeden Tag stundenlang an einen Mann zu denken, ist schlimmer, als Bibelverse oder Geschichtsdaten auswendig zu lernen. *Joyce Carol Oates*

29 Wer die Frauen kennen will, muß die Männer studieren. *Franz Molnár*

30 Ein Mann fühlt sich erst dann von einer Frau verstanden, wenn sie ihn bewundert. *Kim Novak*

31 Eine kluge Frau lernt beizeiten, ihren Mann ohne Grund zu bewundern. *Margot Hielscher*

32 Männer reden immer über das Gleiche: über ihren Beruf und über Frauen. *Thomas Bernhard*

33 Für den Mann ist jede Frau ein Rätsel, dessen Lösung er bei der nächsten sucht. *Jeanne Moreau*

34 Jede Frau ist ein Rätsel, dessen Lösung ihr Mann ist. *Laszlo Willinger*

35 Warum bemühen sich manche Frauen, den Männern ein Rätsel zu sein? Die meisten Männer können die Mona Lisa nicht leiden. *Oswald Bumke*

36 Wenn ein Mann über eine Frau nachzudenken beginnt, hat sie ihn schon halb gewonnen. *Marcel Pagnol*

37 Kein Mann ist imstande, die weibliche Vernunft zu begreifen. Deshalb gilt sie als Unvernunft. *Eleonora Duse*

38 Die einzigen Männer, die eine Frau zu durchschauen vermögen, sind die Röntgenologen. *Sacha Guitry*

39 Die Ahnung der Frau ist meistens zuverlässiger als das Wissen des Mannes. *Rudyard Kipling*

40 Die Phantasie des Mannes ist die beste Waffe der Frau. *Sophia Loren*

41 Die Phantasie der Männer reicht bei weitem nicht aus, um die Realität Frau zu begreifen. *Anna Magnani*

42 Frauen sind im Unglück weiser als Männer, weil sie Übung darin haben. *Eleonora Duse*

43 Frauen waren jahrhundertelang ein Vergrößerungsspiegel, der es den Männern ermöglichte, sich selbst in doppelter Lebensgröße zu sehen. *Virginia Woolf*

44 Früher haben die Frauen auf ihrem eigenen Boden gekämpft. Da war jede Niederlage ein Sieg. Heute kämpfen sie auf dem Boden der Männer. Da ist jeder Sieg eine Niederlage. *Gabrielle «Coco» Chanel*

45 Brüllt ein Mann, ist er dynamisch. Brüllt eine Frau, ist sie hysterisch. *Hildegard Knef*

46 Frauen werden nie durch Komplimente entwaffnet. Männer immer. *Oscar Wilde*

47 Mit der Eitelkeit eines Mannes kämen zehn Frauen aus. *Dunja Rajter*

48 Die Eitelkeit des Mannes besteht nicht darin, in den Spiegel zu sehen, sondern nicht in den Spiegel zu sehen. *Erhard Blanck*

49 Eine eitle Frau braucht einen Spiegel. Ein eitler Mann ist sein eigener Spiegel. *Françoise Sagan*

50 Ein Mann am Steuer eines Autos ist ein Pfau, der sein Rad in der Hand hält. *Anna Magnani*

51 Wie ein Mann Auto fährt, so möchte er sein. *Anna Magnani*

52 Wenn Sie in der Politik etwas gesagt haben wollen, wenden Sie sich an einen Mann. Wenn Sie etwas getan haben wollen, wenden Sie sich an eine Frau. *Margaret Thatcher*

53 Je größer der Schreibtisch, desto kleiner der Mann, der dahinter sitzt. *Dominik Tatarka*

54 Wenn Männer sich den Kopf zerbrechen, gibt es meistens Kleinholz. *Trude Hesterberg*

55 Wenn die Männer mit ihrem Latein am Ende sind, reden sie deutsch. *Senta Berger*

56 Deutsch ist schon deshalb eine gute Sprache, weil in ihr Mensch und Mann nicht das Gleiche sind. *Wolfgang Hildesheimer*

57 Das Spiel ist das einzige, was Männer wirklich ernst nehmen. Deshalb sind Spielregeln älter als alle Gesetze der Welt. *Peter Bamm*

58 Wenn ein Mann nicht gar zuviel Verdruß hat, ist er bereits glücklich. *Henry de Montherlant*

59 Was einem Manne schmeichelt, ist, daß man ihn der Schmeichelei für wert erachtet. *George Bernard Shaw*

60 Die Klugheit des Mannes ist eine Leiter, die der Frau eine Wendeltreppe. *Halldór Laxness*

61 Die Frauen sind darauf angewiesen, daß die Männer den Verstand verlieren. *Peter Bamm*

62 Dumme Frauen werden mit gescheiten Männern fertig, aber es bedarf einer sehr klugen Frau, um einen Dummkopf zu lenken. *Rudyard Kipling*

63 Die dümmste Frau ist in der Lage, einen klugen Mann um den Finger zu wickeln. Um aber einen Narren richtig zu behandeln, bedarf es einer sehr klugen Frau. *André Maurois*

64 Ich habe nie verstanden, warum Frauen an talentierten Männern zuerst deren Fehler und an Narren deren Verdienste sehen. *Pablo Picasso*

65 Manche Männer sind wie Teppiche: Wenn man etwas von ihnen aufrollt, sehen sie plötzlich betreten aus. *Kai Fischer*

66 Wenn man einmal das Glück hat, einen ergriffenen Mann zu sehen – das ist unerhört schön. *Gabriele Wohmann*

67 Die Frauen haben gelernt, die Stärke der Männer zu bewundern. Die Stärke anderer Frauen ist ihnen verdächtig. *Alice Schwarzer*

68 Wenigstens in einem Punkt sind sich Männer und Frauen einig: beide mißtrauen den Frauen. *Jean Genet*

69 Eine Freundschaft zwischen zwei Männern ist ein Luxus, zwischen zwei Frauen ein Wunder. *Jorge Luis Borges*

70 Freundin eines Mannes kann eine Frau nur werden, wenn sie zuerst seine Bekannte, dann seine Geliebte war. *Anton Tschechow*

71 Es ist ein Irrtum, anzunehmen, Frauen machten sich schön, um Männern zu gefallen; sie tun es, um andere Frauen zu ärgern. *Marcel Aymé*

72 Ein Mann, der liebt, vergißt sich selbst. Eine Frau, die liebt, vergißt die andern Frauen. *Daphne du Maurier*

73 Keine Frau trägt gern ein Kleid, das eine andere abgelegt hat. Mit Männern ist sie nicht so heikel. *Françoise Sagan*

74 Die meisten Frauen wählen ihr Nachthemd mit mehr Verstand als ihren Mann. *Gabrielle «Coco» Chanel*

75 Die Kunst der Frau besteht darin, den Mann zu wählen, der sie wählt. *Graham Greene*

76 Die geschmackvolle Frau wählt den Mann, der ihr am besten steht.
Emilio Schuberth

77 Ohne Schnurrbart ist ein Mann nicht richtig angezogen. *Salvador Dalí*

78 Ein Mann kann anziehen, was er will – er bleibt doch nur ein Accessoire der Frau.
Gabrielle «Coco» Chanel

79 Erfunden wurden die hohen Absätze zweifellos von einer Frau, deren Mann sie immer nur auf die Stirn geküßt hat.
Curt Goetz

80 Die Frauen machen sich nur deshalb so hübsch, weil das Auge des Mannes besser entwickelt ist als sein Verstand. *Doris Day*

81 Ein Mann, der eine Frau liebt, achtet auf die Frau und nicht auf ihr Kleid. Fängt er an, auf das Kleid zu achten, hat seine Liebe schon nachgelassen. *Henry Miller*

82 Der Pullover einer Frau sitzt richtig, wenn die Männer nicht mehr atmen können.
Zsa Zsa Gábor

83 Zur Zeit der extremen Miniröcke war es schon so, daß die Frauen sich nicht mehr hinsetzen und die Männer nicht mehr aufstehen konnten. *Danny Kaye*

84 Die Frauen müssen wieder lernen, die Männer auf das neugierig zu machen, was sie schon kennen. *Gabrielle «Coco» Chanel*

85 Männer wollen alles ausprobieren, bevor sie es haben. Frauen wollen alles haben, damit sie es ausprobieren können. *Harold Pinter*

86 Wenn ein Mann zurückweicht, weicht er zurück. Eine Frau weicht nur zurück, um besser Anlauf nehmen zu können.
Zsa Zsa Gábor

87 Wenn man einem Mann das Handwerk gelegt hat, versucht er es eben mit den Füßen.
Helen Vita

88 Der starke Mann ist stärker ohne Gewalt.
Bertolt Brecht

89 Kein Mann ist so stark wie eine hilflose Frau, die ihre Schwäche zu erkennen gibt.
Hans Holt

90 Frauen geben Fehler leichter zu als Männer. Deshalb sieht es so aus, als machten sie mehr. *Gina Lollobrigida*

91 Die Männer haben oft recht, aber die Frauen behalten recht – das ist viel wichtiger.
Jeanne Moreau

92 Eine Frau holt gerne den Rat ihres Mannes ein – schon deshalb, um ihn nicht zu befolgen. *Arthur Schnitzler*

93 Von einem Mann erfährt man die Wahrheit, indem man ihm widerspricht; von einer Frau, indem man ihr zustimmt.
George Bernard Shaw

94 Die Lüge der Frau unterscheidet sich von der Lüge des Mannes wie ein Florett von einem Kavalleriesäbel. *Sacha Guitry*

95 Frauen gelten vielleicht deshalb als gefühlvoller, weil sie mehr Dinge zu fühlen vorgeben müssen als Männer. *Silvana Mangano*

96 Frauen können von vielem träumen, wovon Männer sich nichts träumen lassen.
Claire Goll

97 Wenn Männer wüßten, was Frauen denken, wären sie tausendmal kühner.
Pablo Picasso

98 Flirt: wenn Männer einer Frau nachlaufen, die längst hinter ihnen her ist. *Colette*

99 Flirten ist die Kunst, einen Mann, der einem nahe steht, auf Distanz zu halten.
Sabina Sesselmann

100 Wenn ein Mann der umworbenen Frau versichert, er sei ihrer nicht würdig, dann hat er meistens damit recht. *Jeanne Moreau*

101 Früher brauchte man nur ein Taschentuch fallen zu lassen, und schon stürzten die Männer herbei. Heute könnte man einen Büstenhalter verlieren, und keiner rührt einen Finger. *Helen Vita*

102 Wenn ein Mann einer Frau höflich die Wagentüre aufreißt, dann ist entweder der Wagen neu oder die Frau. *Uschi Glas*

103 Die Männer wissen nicht mehr, was eine Dame ist. Und die Frauen wissen es auch nicht mehr. *Emilio Schuberth*

104 Eine Dame ist eine Frau, deren bloße Anwesenheit zur Folge hat, daß sich Männer wie Herren benehmen. *Henry Louis Mencken*

105 Eine Lady ist eine Dame, die aus Männern Gentlemen macht. *Alec Guinness*

106 In vermintem Gelände sind alle Männer Gentlemen – nach dem Motto: Ladies first. *Barbra Streisand*

107 Es gibt genug charakterfeste Männer, die eine Frau nicht sitzen lassen – vor allem im Bus und in der Straßenbahn. *Grethe Weiser*

108 Heutzutage gilt ein Mann schon als Gentleman, wenn er die Zigarette aus dem Mund nimmt, bevor er eine Frau küßt. *Barbra Streisand*

109 Ein Gentleman ist ein Mann, der seiner Frau die Hoteltür öffnet, damit sie das Gepäck in die Halle tragen kann. *Peter Ustinov*

110 Ein Gentleman ist ein Mann, der einer Frau gegenüber nicht aus dem Rahmen fällt, auch wenn er über sie im Bilde ist. *Werner Finck*

111 Ein Gentleman ist ein Mann, der einer Frau auch dann beim Aufstehen behilflich ist, wenn er sie selbst zu Fall gebracht hat. *Alec Guinness*

112 Ein Gentleman ist ein Mann, der sich nach einem Zusammensein mit einer Frau als freiwilliger Geheimnisträger betrachtet. *Alec Guinness*

113 Der wahre Gentleman ist ein Mann, der die Gedanken einer Frau errät und sie trotzdem nicht nach Hause begleitet. *John Barrymore*

114 Der Tanz ist ein gutes Training für junge Mädchen. Sie lernen dabei zu erraten, was der Mann im nächsten Augenblick tun wird. *Christopher Morley*

115 Goethes «Faust» beweist, daß ein junger Mann nur bei den Deutschen den Teufel braucht, um ein Mädchen zu verführen. *Friedrich Dürrenmatt*

116 Junggesellen sind Männer, die aus der Hand fressen – aber nur aus der eigenen. *Mario Adorf*

117 Der Winter ist auch nicht mehr, was er war; die Männer sind alle so unverfroren. *Helen Vita*

118 Wenn ein Mann sich für unwiderstehlich hält, liegt es oft daran, daß er nur dort verkehrt, wo kein Widerstand zu erwarten ist. *Françoise Sagan*

119 Die Nabelschau des Mannes: sein Bauch. *Gerhard Uhlenbruck*

120 Wenn Männer aufs Ganze gehen, meinen sie meistens die untere Hälfte. *Helen Vita*

121 Die Männer haben keine Geduld. Darum haben sie auch den Reißverschluß erfunden. *Senta Berger*

122 Das Problem mit den Männern: Fast alle wünschen sich eine Jungfrau mit den Erfahrungen einer Messalina. *Jeanne Moreau*

123 Sex-Appeal ist das, was Männer nur mit den Händen beschreiben können. *Uschi Glas*

124 Zuerst haben die Männer zehn Frauen an einem Finger. Und dann haben sie zehn Finger an einer Frau. *Helen Vita*

125 Wenn ein Frauenkörper spricht, haben die Männer nicht genug Augen, um zuzuhören. *Alexander Calder*

126 In den Herren-Magazinen wird nicht die Frau ausgebeutet. Nur der Mann. *Werner Schneyder*

127 Wenn sich ein Mann an einer Frau nicht sattsehen kann, hat er vielleicht Appetit auf eine andere. *Henning Venske*

128 Wenn es darauf ankommt, in den Augen einer Frau zu lesen, sind die meisten Männer Analphabeten. *Heidelinde Weis*

129 Die Frauen warten auf Liebe, und die Männer warten auf Frauen. *Wolf Wondratschek*

130 Ein Mann kann mit jeder Frau glücklich sein, solange er sie nicht liebt. *Oscar Wilde*

131 Ein Mann hat immer Angst vor einer Frau, die ihn zu sehr liebt. *Bertolt Brecht*

132 In der Liebe fühlt sich der Mann als Bogen, er ist aber nur der Pfeil. *Jeanne Moreau*

133 Liebe ist der für manche Männer unvorstellbare Zustand, in dem man bereit ist, die Frau im Singular zu akzeptieren. *Georges Courteline*

134 Jeder Mann liebt nur einmal. Und zwar zwischen zwölf und fünfzehn. Später bildet er es sich nur noch hin und wieder ein. *Curt Goetz*

135 Die Männer haben einen sehr sicheren

Geschmack – sie wünschen sich immer eine andere Frau, als sie gerade haben. *Barbra Streisand*

136 Fast jede Frau wäre gerne treu. Schwierig ist es bloß, den Mann zu finden, dem man treu sein kann. *Marlene Dietrich*

137 Alle Männer sind die falschen. *Ulla Hahn*

138 Wir Frauen verlieben uns immer in den gleichen Typ von Mann. Das ist unsere Form von Monogamie. *Lauren Bacall*

139 Die Männer ergreifen die Gelegenheiten, die Frauen schaffen sie. *Sigmund Graff*

140 Alle Männer möchten zwei Frauen haben: eine schlanke, mit der sie angeben, und eine mollige, mit der sie sich abgeben. *Helen Vita*

141 Männer verlangen von den Frauen immer das Gleiche. Frauen verlangen von den Männern etwas Besonderes. *Sarah Bernhardt*

142 Die Frauen sind sinnlicher als die Männer, aber sie wissen weniger um ihre Sinnlichkeit. *Friedrich Nietzsche*

143 Niemand ist den Frauen gegenüber aggressiver oder herablassender als ein Mann, der seiner Männlichkeit nicht ganz sicher ist. *Simone de Beauvoir*

144 Die meisten Männer, die Kluges über die Frauen gesagt haben, waren schlechte Liebhaber. Die großen Praktiker reden nicht, sondern handeln. *Jeanne Moreau*

145 Don Juan ist nicht der Mann, der die Frauen liebt, sondern der Mann, den die Frauen lieben. *José Ortega y Gasset*

146 Ein Verführer ist ein Mann, der Frauen wie Bücher liest: keine ganz zu Ende. *Henry Miller*

147 Frauen schätzen einen raffinierten Mann nur stundenweise. *Hans Arndt*

148 Es gibt keine guten Liebhaber. Es gibt höchstens Männer, mit denen es völlig hoffnungslos ist, und einige, mit denen es nicht ganz so hoffnungslos ist. *Ingeborg Bachmann*

149 Am liebsten erinnern sich die Frauen an die Männer, mit denen sie lachen konnten. *Anton Tschechow*

150 Die Schönheit einer Frau besteht in dem Grad des Verlangens, das sie bei einem Mann auslöst. *Italo Svevo*

151 Gegenüber sehr attraktiven Frauen ist meist der Mann der Schutzbedürftige. *Oscar Wilde*

152 Beim Liebesspiel ist es wie beim Autofahren: Die Frauen mögen die Umleitung, die Männer die Abkürzung. *Jeanne Moreau*

153 Zwischen Mann und Frau ist alles in Ordnung, wenn er das Zündholz ist und sie die Reibungsfläche. *Henry Miller*

154 In der Liebe ergeben ein kluger Mann und eine kluge Frau zusammen zwei Narren. *Helen Vita*

155 Früher hatten schöne Frauen automatisch dumm zu sein. Wie man sieht, können heute auch schöne Männer dumm sein. *Jean-Paul Gaultier*

156 Die Schönheit brauchen wir Frauen, damit die Männer uns lieben, die Dummheit, damit wir die Männer lieben. *Gabrielle «Coco» Chanel*

157 Wenn man schöne Beine behalten will, muß man sie von den Blicken der Männer massieren lassen. *Marlene Dietrich*

158 Ein Mann interessiert sich im allgemeinen mehr für eine Frau, die sich für ihn interessiert, als für eine Frau mit schönen Beinen. *Marlene Dietrich*

159 Es ist das Ziel jeder Frau, den Mann zu dem zu machen, was er vor der Hochzeit zu sein behauptet hatte. *Micheline Presle*

160 Jede Frau hat den Ehrgeiz, aus dem Mann das zu machen, was er gerne sein möchte. *Annemarie Selinko*

161 Die meisten Männer heiraten aus Gedankenlosigkeit, wie sie aus Gedankenlosigkeit auch Kriege führen. *Henry de Montherlant*

162 Arme Männer! Wenn sie erst einmal geheiratet haben, haben sie eigentlich immer nur die Wahl, Schurken oder Trottel zu werden. *Sebastian Haffner*

163 Es gibt Frauen, die Darwin falsch verstanden haben: Sie machen aus jedem Mann einen Affen. *Carola Höhn*

164 Frauen mit Vergangenheit und Männer mit Zukunft ergeben eine fast ideale Mischung. *Oscar Wilde*

165 Die Männer sind alle verschieden, aber die Ehemänner sind alle gleich. *William Somerset Maugham*

166 Kann man Vertrauen zu einer Frau haben, die einen selber zum Mann nimmt? *Curt Goetz*

167 Welche Frau gäbe nicht gerne zu, daß ihr Mann bei der Partnerwahl einen besseren Geschmack hatte als sie selbst? *Victor de Kowa*

168 Manche Frau weint, weil sie den Mann ihrer Träume nicht bekommen hat, und manche weint, weil sie ihn bekommen hat. *Annette Kolb*

169 Wenn wir Männer die Frau bekämen, die wir verdienen, könnte uns nichts Schlimmeres passieren. *Oscar Wilde*

170 Das Problem vieler Ehen: Der Mann möchte sich zur Ruhe setzen, die Frau zur Unruhe legen. *Rolf Thiele*

171 Der Mann erträgt die Ehe aus Liebe zur Frau. Die Frau erträgt den Mann aus Liebe zur Ehe. *Gabriel Laub*

172 Wenn Männer Kinder bekämen, wäre die Abtreibung längst ein Sakrament. *Lore Lorentz*

173 Vielleicht möchten manche Männer deshalb bei der Geburt ihres Kindes unbedingt dabeisein, weil sie es bei der Empfängnis nicht waren. *Markus M. Ronner*

174 Jede Mutter hofft, daß ihre Tochter einen besseren Mann bekommt als sie selber, und ist überzeugt, daß ihr Sohn niemals eine so gute Frau bekommen wird wie sein Vater. *Martin Andersen-Nexø*

175 Mit vierzig Jahren haben Männer fast nur noch Gewohnheiten; eine davon ist ihre Frau. *George Meredith*

176 Ist es nicht Ironie, daß der größte Rivale einer Frau der beste Freund ihres Mannes sein kann, und nicht eine andere Frau? *Henry Miller*

177 Männer sind wie Sicherungen: Wenn die Spannung im Hause zu groß wird, brennen sie durch. *Helen Vita*

178 Wenn ein Mann fortgeht, um frische Luft zu schnappen, meint er den Mief in seinem Stammlokal. *Trude Hesterberg*

179 Wenn eine Frau ihrem Mann einmal verziehen hat, darf sie ihm seine Sünden nicht immer wieder aufgewärmt zum Frühstück servieren. *Marlene Dietrich*

180 Richtig verheiratet ist ein Mann erst dann, wenn er jedes Wort versteht, das seine Frau nicht gesagt hat. *Alfred Hitchcock*

181 Eine kluge Frau fragt nicht, wo ihr Mann gewesen ist; eine kluge Frau weiß es. *Marcel Achard*

182 Die Männer würden mehr gestehen, wenn ihnen bekannt wäre, wieviel die Frauen schon wissen. *Peter Frankenfeld*

183 Kein Mann sollte ein Geheimnis vor seiner Frau haben. Sie wird es in jedem Fall herausfinden. *Oscar Wilde*

184 Frauen würden sich leichter damit abfinden, daß ihr Mann später nach Hause kommt, wenn sie sich wirklich darauf verlassen könnten, daß er nicht früher da ist. *Colette*

185 Männer beneiden andere Männer um deren Frauen, bis sie sie haben. *Sacha Guitry*

186 Eine Frau, die die Stellung ihres Mannes bei seinen Vorgesetzten festigt, festigt auch ihre eigene im Haus. *Otto Flake*

187 Wenn Männer in hoher Stellung den Mut zur eigenen Meinung nicht haben, was läßt sich da von Männern in niedriger Stellung erwarten? *Samuel Smiles*

188 Wenn ein Mann will, daß ihm seine Frau zuhört, braucht er nur mit einer anderen zu reden. *Liza Minnelli*

189 Am meisten gefällt mir an den Männern der rührende Versuch, treu zu sein. *Michèle Morgan*

190 Es sind nicht die dümmsten Frauen, die sich für eine Untreue des Mannes durch bedingungslose Treue rächen. *Alec Guinness*

191 Manche Männer erwarten die Untreue ihrer Frau mit der gleichen Spannung, mit der sie im Zirkus den Absturz eines Seiltänzers erwarten. *Henry Miller*

192 Die Sache mit Mann und Frau kann doch immer nur in Tragik enden. *Peter Handke*

193 Jeder Mann hat etwas Höheres als das Weib, wenn er wieder nüchtern ist. *Max Frisch*

194 Wenn ein Mann eine Frau loswerden will, sagt er ihr, daß er ihrer nicht würdig ist. *Sandie Shaw*

195 Es ist kein Kunststück, bei einer Frau der erste oder der letzte zu sein. Trotzdem bilden sich die Männer auf beides etwas ein. *Françoise Rosay*

196 Frauen fürchten nicht das Alter. Sie fürchten nur die Meinung der Männer über alte Frauen. *Jeanne Moreau*

197 Ein Mann ist stets so jung, wie er sich fühlt, aber keineswegs so bedeutend. *Simone de Beauvoir*

198 Spätestens mit sechzig Jahren muß sich der Mann entscheiden, ob er seine Jugend oder sein Leben verlängern will. *Alfred Charles Kinsey*

199 Nichts erhält einen Mann so rüstig wie eine junge Frau und alte Feinde. *Henry Miller*

200 Je weniger Zähne ein Mann hat, desto leichter beißt er an. *Trude Hesterberg*

201 Alt ist ein Mann dann, wenn er an einer Frau vor allem ihre Tugend bewundert. *Sacha Guitry*

202 Alte Männer sind gefährlich, ihnen ist die Zukunft egal. *George Bernard Shaw*

203 Der Unterschied zwischen Witwe und Strohwitwe besteht darin, daß erstere weiß, wo ihr Mann liegt. *Markus M. Ronner*

204 Auch große Männer waren im Leben oft klein. Sie wachsen postum. *Gabriel Laub*

205 Was eine Nation groß macht, sind nicht in erster Linie die großen Männer – es ist das Format der Mittelmäßigen. *José Ortega y Gasset*

Männerblick Für das Wohlbefinden einer Frau sind bewundernde Männerblicke wichtiger als Kalorien und Medikamente. *Françoise Sagan*

Männertrick Der ganz alte Männertrick: Weiber, vertragt euch erst mal selber. *Alice Schwarzer*

Mantel Man sollte die Wahrheit dem anderen wie einen Mantel hinhalten, daß er hineinschlüpfen kann – nicht wie ein nasses Tuch um den Kopf schlagen. *Max Frisch*

Manuskript *1* Manuskripte sind wie Sandwiches; auf die richtigen Streichungen kommt es an. *Hans Bertram*

2 Das Manuskript ist ein Schriftstück, das in Eile vorgelegt und in Muße zurückgegeben wird. *Oliver Herford*

3 Es gibt Verlage, die verlegen Manuskripte gleich auf Nimmerwiedersehen. *Wolfgang Eschker*

Manuskriptseite Was nicht auf einer einzigen Manuskriptseite zusammengefaßt werden kann, ist weder durchdacht noch entscheidungsreif. *Dwight D. Eisenhower*

Märchen Die Liebe ist das einzige Märchen, das mit keinem «es war einmal» beginnt – aber schließt. *Hans Lohberger*

Marie Antoinette Nachdem die Franzosen die Österreicherin Marie Antoinette verdammt hatten, wollten sie sich mit Romy Schneider wieder freikaufen. *Claude Sautet*

Marionette *1* Marionetten machen jedes Theater mit. *Wolfgang Eschker*

2 Marionetten lassen sich sehr leicht in Gehängte verwandeln. Die Stricke sind schon da. *Stanislaw Jerzy Lec*

Mars Es ist leichter, zum Mars vorzudringen als zu sich selber. *Carl Gustav Jung*

Marschieren Feindbilder sind sicher nicht die Ursache für einen Krieg, aber sie erleichtern das Marschieren. *Max Frisch*

Märtyrer Die Kirche, die so viele zu Märtyrern gemacht hat, hat den Zeitpunkt verpaßt, selbst zum Märtyrer zu werden. *Wolfgang Eschker*

Marx *1* Gott ist tot, Marx ist tot, und ich selber fühle mich nicht sehr gut. *Eugène Ionesco*

2 Liebe: auch so ein Problem, das Marx nicht gelöst hat. *Jean Anouilh*

Maschine *1* Eines Tages werden Maschinen vielleicht nicht nur rechnen, sondern auch denken. Mit Sicherheit aber werden sie niemals Phantasie haben. *Theodor Heuß*

2 Es mag Maschinen geben, die denken; niemals aber wird es Maschinen geben, die sich etwas denken. *Peter Benary*

Masern Die Kindheit ist jene herrliche Zeit, in der man dem Bruder zum Geburtstag die Masern geschenkt hat. *Peter Ustinov*

Maske *1* Die Maske verrät mehr über den Menschen als sein Gesicht. *Jean-Louis Barrault*

2 Maske: der einzige Teil des Gesichts, den sich der Mensch selber aussucht. *Gabriel Laub*

3 Wie viele Masken muß der Mensch aufsetzen, um den Schlag ins Gesicht nicht zu spüren? *Stanislaw Jerzy Lec*

4 Wenn wir die letzte Maske ablegen, verlieren wir unser Gesicht. *Hans Kudszus*

5 Gott ist die gewinnendste Maske des Teufels. *Ernst Wilhelm Eschmann*

Masochist Schriftsteller zu werden, sollte sich nur der leisten, der entweder materiell abgesichert oder Masochist ist. *Angelika Mechtel*

Maß *1* Die Schneider sind die klügsten Leute, weil sie immer wieder von den Menschen Maß nehmen, statt sich auf die alten Angaben zu verlassen. *George Bernard Shaw*

2 Der Mensch ist das Maß aller Schneider. *Hans Arp*

3 Die Mittelmäßigkeit wägt immer richtig, nur ihre Maße sind falsch. *Moritz Heimann*

4 Es ist leichter, einer Begierde ganz zu entsagen, als in ihr Maß zu halten. *Friedrich Nietzsche*

Massaker Der Schritt von der absoluten Moral bis zum blutigen Massaker ist kurz. *Karl Schlechta*

Maßanzug Glück ist wie ein Maßanzug. Unglücklich sind meistens die, die den Maßanzug eines anderen tragen möchten. *Karl Böhm*

Masse *1* Zur Weltstadt gehört nicht ein Volk, sondern eine Masse. *Oswald Spengler*

2 Die wichtigste Eigenschaft der Masse ist ihr Drang zu wachsen. *Elias Canetti*

3 Das Glück der Masse heißt Zwang. *Sigmund Graff*

4 Demagogie ist die Fähigkeit, Massen in Bewegung zu setzen, und die Unfähigkeit, sie wieder zu bremsen. *Wolfgang Herbst*

5 Ein rollender Stein gewinnt nicht an Masse, aber an Politur. *Oliver Herford*

Massenmedium Der Mensch hat schon so viele Katastrophen überstanden, er wird auch die Massenmedien überstehen. *Thornton Wilder*

Massenmörder Man soll Massenmördern glauben, wenn sie ihre Massenmorde ankündigen. *Hermann Kesten*

Mäßigung *1* Mäßigung ist eine verhängnisvolle Sache, denn nichts ist so erfolgreich wie der Exzeß. *Oscar Wilde*

2 Abstinenz ist leichter als Mäßigung. *Ewald Balser*

Material Wir werden vom Schicksal hart- oder weichgeklopft; es kommt auf das Material an. *Marie von Ebner-Eschenbach*

Materialist Es geht nichts über Materialisten, die von der Seele reden. *Jean Dutourd*

Mathematik *1* Mathematik ist die Wissenschaft, bei der man weder weiß, wovon man spricht, noch ob das, was man sagt, wahr ist. *Bertrand Russell*

2 In der Politik ist es wie in der Mathematik: alles, was nicht ganz richtig ist, ist falsch. *Edward Kennedy*

Mauer *1* Es gibt Staaten, denen die Freiheit so teuer ist, daß sie sie mit Mauer und Stacheldraht schützen. *Wolfgang Eschker*

2 Der Idealist geht glatt durch Mauern und stößt sich wund an der Luft. *Alfred Polgar*

Maul *1* Revolutionen gelingen, wenn sie dem Volk aufs Maul schauen. *Heinrich Nüsse*

2 Ein Junggeselle ist ein Mann, der lieber Socken stopft als Mäuler. *Mario Adorf*

3 Auch das größte Maul wird am Ende mit Erde gestopft. *Hanns-Hermann Kersten*

Maulkorb *1* Wer dem Volk aufs Maul schaut, nimmt vielleicht nur Maß für den Maulkorb. *Kurt Böhme*

2 Diplomatie besteht darin, den Hund so lange zu streicheln, bis der Maulkorb fertig ist. *Fletcher Knebel*

Maus *1* Wenn dein Nachbar hungert, kommen seine Mäuse in deinen Keller. *Hans Kasper*

2 Die Wahrheit über die Katze erfährt man von den Mäusen. *Henry Ford*

3 Egal, ob eine Katze weiß oder schwarz ist – wichtig ist nur, daß sie Mäuse fängt. *Deng Xiaoping*

4 Du mußt nur die Laufrichtung ändern, sagte die Katze zur Maus und fraß sie. *Franz Kafka*

5 In der Weltpolitik tappen Elefanten manchmal in eine Falle, die jeder Maus auffiele. *David Frost*

Mäzen Ein Mäzen ist nur dann gut, wenn er nicht nur gibt, sondern auch etwas fordert. *Friedrich Dürrenmatt*

Medikament Für das Wohlbefinden einer Frau sind bewundernde Männerblicke wichtiger als Kalorien und Medikamente. *Françoise Sagan*

Medium *1* In den Medien wird Vielfalt mehr und mehr durch Einfalt ersetzt. *Dieter Stolte*

2 Die Menschen werden von keinem Medium verdummt. Sie werden nur in ihrer Dummheit bestätigt. *Gabriel Laub*

3 Die Medien würden sofort einen großen Teil ihrer Bedeutung verlieren, wenn Seitensprünge von Politikern nicht mehr ehrenrührig wären. *John Osborne*

4 Alle reden von neuen Medien, wer aber redet von neuen Programmen? *Rudi Carrell*

Medizin *1* Die Medizin: Geld her und Leben! *Karl Kraus*

2 Auch Medizin kann uns nicht frommen, voreingenommen eingenommen. *Eugen Roth*

3 Wenn man sieht, was die Medizin heute fertigbringt, fragt man sich unwillkürlich: Wie viele Etagen hat der Tod? *Jean-Paul Sartre*

Meer *1* Ein Buch muß die Axt sein für das gefrorene Meer in uns. *Franz Kafka*

2 Unser Leben ist der Fluß, der sich ins Meer ergießt, das Sterben heißt. *Federico García Lorca*

Meeresschaum Müßte Aphrodite heute dem Meeresschaum entsteigen – sie hätte Furunkel am Hintern. *Jacques-Yves Cousteau*

Mehrheit *1* Große Mehrheiten verleiten zu großen Dummheiten. *Wolfgang Mischnick*

2 Man darf die Wahrheit nicht mit Mehrheit verwechseln. *Jean Cocteau*

3 Es gibt Menschen, die sich nicht vorstellen können, daß auch die Mehrheit einmal recht hat. *John Edgar Hoover*

4 Minderheiten sind die Mehrheiten der nächsten Generation. *Jean-Paul Sartre*

5 Was nützt die Mehrheit des Volkes, wenn die Mehrheit der Regierung dagegen ist? *Wolfgang Eschker*

6 Abends versammelt sich eine schweigende Mehrheit auf dem Gemeinplatz vor dem Fernsehschirm. *Heinrich Nüsse*

7 Moral ist der instinktive Widerwille einer Mehrheit. *David Herbert Lawrence*

8 Die Laster der Mehrheit nennt man Tugenden. *Jean Genet*

Meilenstein Manchen gelingt es, einen Meilenstein zu setzen, ohne eine Meile und ohne einen Stein. *Peter Maiwald*

Meinung *1* Man führt nicht mehr genug Selbstgespräche heutzutage. Man hat wohl Angst, sich selbst die Meinung zu sagen. *Jean Giraudoux*

2 Nicht viele leisten sich den größten Luxus, den es auf Erden gibt: eine eigene Meinung. *Alec Guinness*

3 Wenn Männer in hoher Stellung den Mut zur eigenen Meinung nicht haben, was läßt sich da von Männern in niedriger Stellung erwarten? *Samuel Smiles*

4 Die öffentliche Meinung ist für viele bloß eine Entschuldigung dafür, daß sie keine eigene haben. *Thornton Wilder*

5 Eine der erstaunlichsten Erscheinungen ist, daß man sich einbildet, von abhängigen Menschen unabhängige Meinungen erwarten zu dürfen. *Sigmund Graff*

6 Wenn zwei Menschen immer die gleiche Meinung haben, taugen beide nichts. *Konrad Adenauer*

7 Wenn Sie mit einem Gesprächspartner weder politisch noch kulturell übereinstimmen, besagt das nicht, daß der Betreffende anderer Meinung ist. Er liest vielleicht nur eine andere Zeitung. *Oliver Hassencamp*

8 Die meisten Meinungen kommen zustande, indem man vergißt, wo man sie gehört oder gelesen hat. *Moritz Heimann*

9 Ein Politiker sollte wenigstens alle zwölf Jahre seine Meinung ändern dürfen. *Aristide Briand*

10 Es ist schwieriger, eine vorgefaßte Meinung zu zertrümmern als ein Atom. *Albert Einstein*

11 Ein Professor ist ein Mann, der anderer Meinung ist. *Eduard von Hartmann*

12 Jede auf Tatsachen sich gründende Meinung ist notwendig ein Irrtum, denn die Tatsachen können nie vollständig sein. *Henry Brooks Adams*

13 Am schwierigsten ist es, die Meinung geheimzuhalten, die man von sich selber hat. *Marcel Pagnol*

14 Der Mensch ist das einzige Lebewesen, das von sich eine schlechte Meinung hat. *George Bernard Shaw*

15 Es gibt Menschen, die sich immer angegriffen wähnen, wenn jemand eine Meinung ausspricht. *Christian Morgenstern*

16 Wir sind so eitel, daß uns sogar an der Meinung von Leuten, an denen uns nichts liegt, etwas gelegen ist. *Marie von Ebner-Eschenbach*

17 Die Meinung eines anderen ist nicht das Opfer eines einzigen unserer Wünsche wert. *Anatole France*

18 Man kann überhaupt nichts mehr sagen, ohne Gefahr zu laufen, daß irgendein Idiot der gleichen Meinung ist. *Gabriel Laub*

19 Wenn alle keine Meinung haben, ist es leicht, einer Meinung zu sein. *Wolfgang Eschker*

20 Auch wenn alle einer Meinung sind, können alle unrecht haben. *Bertrand Russell*

21 Die Pressefreiheit ist die Freiheit von 200 reichen Leuten, ihre Meinung zu verbreiten. *Paul Sethe*

22 Ein Gramm Information wiegt schwerer als tausend Tonnen Meinung. *Gerd Bacher*

23 Die Wahrheit ist die Meinung, die überlebt. *Elbert Hubbard*

Meinungsforscher *1* Die Grenze zwischen Meinungsforschern und Meinungsmachern ist ziemlich fließend geworden. *Malcolm Muggeridge*

2 Es lohnt sich meistens, die Prognosen der Meinungsforscher nicht gelesen zu haben. *Franz Josef Strauß*

Meinungsjournalismus Meinungsjournalismus verpflichtet vor allem dazu, täglich den Eindruck zu erwecken, daß man eine hat. *Werner Schneyder*

Meister Sobald jemand in einer Sache Meister geworden ist, sollte er in einer neuen Sache Schüler werden. *Gerhart Hauptmann*

Meisterschaft Meisterschaft ist ein Irrweg – aber was soll man machen, wenn man nichts anderes gelernt hat. *Peter Rühmkorf*

Melancholie Melancholie ist Stimmung mit Trauerrand. *Heimito von Doderer*

Memoiren *1* Memoiren – Selbstumarmungen. *Elazar Benyoëtz*

2 Memoiren sind das Gegenteil einer Klarsichtpackung. *David Frost*

3 Die meisten Memoiren sind ein Make-up aus Worten. *Norman Mailer*

4 Ein Mensch mit reinem Gewissen hat meist Schwierigkeiten, wenn er seine Memoiren schreibt. *Pearl S. Buck*

5 Memoiren sind eine Verleitung, die eigene Nase schöner zu machen, als sie ist. *Helmut Schmidt*

6 Wer wenig Zeit, viel Ressentiment und ein schlechtes Gedächtnis hat, sollte sich die Chance nicht entgehen lassen, seine Memoiren zu schreiben. *Markus M. Ronner*

7 Die meisten Memoiren sind ein nur halb geglückter Versuch, sich an Erinnerungen zu erinnern. *Anthony Eden*

8 Wenn einer sich nicht mehr anders rächen kann, dann schreibt er Memoiren. *Georges Clemenceau*

9 Wir leben in einer Zeit, in der schon

die Zwanzigjährigen Memoiren schreiben können. *Vanessa Redgrave*

10 Wer Memoiren verfaßt, gibt zu erkennen, daß er seine Karriere als beendet betrachtet. *Edward Heath*

Memoirenschreiber Viele Memoirenschreiber beweisen nur, daß sie den Respekt vor dem eigenen Leben verloren haben. *Anthony Eden*

Mengenlehre Die Mengenlehre? Ganz einfach! Wenn in einem Raum drei sind und vier rausgehen, muß einer wieder rein, damit keiner drin ist. *Lothar Späth*

Mensch *1* Was ist der Mensch? Die Tragödie Gottes. *Christian Morgenstern*

2 Als Gott den Menschen erschuf, war er bereits müde; das erklärt manches. *Mark Twain*

3 Es wäre hübsch zu erfahren, wie die ersten zwei Menschen erschaffen wurden, aber es ist hübsch zu wissen, wie der dritte entstanden ist. *Peter Sellers*

4 Mit der Entstehung des dritten Menschen begann das Do-it-yourself. *Henry Miller*

5 Was ist der Mensch? Ein Abfallprodukt der Liebe. *Stanislaw Jerzy Lec*

6 Was wären die Menschen ohne die Frauen? Rar, sehr rar. *Mark Twain*

7 Frauen sind nicht etwa die besseren Menschen; sie hatten bisher nur nicht so viel Gelegenheit, sich die Hände schmutzig zu machen. *Alice Schwarzer*

8 Deutsch ist schon deshalb eine gute Sprache, weil in ihr Mensch und Mann nicht das Gleiche sind. *Wolfgang Hildesheimer*

9 Adam war ein Mensch: er wollte den Apfel nicht um des Apfels willen, sondern weil er verboten war. *Mark Twain*

10 Ungehorsam ist für jeden, der die Geschichte kennt, die eigentliche Tugend des Menschen. *Oscar Wilde*

11 Wer die Menschen gern hat, verbietet ihnen etwas, damit sie an der Übertretung Spaß haben. *Norman Mailer*

12 Wer den Menschen die Hölle auf Erden bereiten will, braucht ihnen nur alles zu erlauben. *Graham Greene*

13 Wir müssen damit aufhören, über die Menschen zu sprechen, als wären sie die Krone der Schöpfung. *Günter Graß*

14 Die Krone der Schöpfung, das Schwein, der Mensch. *Gottfried Benn*

15 Der Mensch, die Dornenkrone der Schöpfung. *Stanislaw Jerzy Lec*

16 Der Übergang vom Affen zum Menschen sind wir. *Konrad Lorenz*

17 Der Mensch stammt vom Affen ab. Immer mehr. *Wolfgang Eschker*

18 Der Mensch: ein durch die Zensur gerutschter Affe. *Gabriel Laub*

19 Der Mensch ist das einzige Tier, das sich für einen Menschen hält. *Thomas Niederreuther*

20 Der Mensch ist ein wildes Tier, das sich selbst gezähmt hat. *Pierre Reverdy*

21 Der Mensch ist das denkende Tier. *Ludwig Klages*

22 Der Mensch ist das Tier, das Geschichte hat. *Carl Friedrich von Weizsäcker*

23 Der Mensch ist das einzige Tier, das erröten kann – oder muß. *Mark Twain*

24 Der Mensch ist ein Säugetier: jeder saugt den anderen aus. *Gerhard Uhlenbruck*

25 Der Mensch ist das gefährlichste Ungeziefer, das die Welt je bevölkert hat. *Friedensreich Hundertwasser*

26 Der Mensch brauchte Milliarden von Jahren, um Mensch zu werden. Wie lange wird er noch brauchen, um Mensch zu sein. *Hans-Horst Skupy*

27 Ich glaube, daß der Mensch noch gar nicht die Zeit hatte, etwas anderes zu werden, als er heute ist. *Friedrich Dürrenmatt*

28 Bevor man das Erb- und Erzübel, die Eitelkeit, nicht totgelacht hat, kann man nicht beginnen, das zu werden, was man ist: ein Mensch. *Erich Kästner*

29 Die Eitelkeit ist das letzte Kleid, das der Mensch auszieht. *Ernst Bloch*

30 Der Mensch wird, was er ist. *Ernst Toller*

31 Nehmen Sie die Menschen, wie sie sind; andere gibt's nicht. *Konrad Adenauer*

32 Der Mensch ist auch nur ein Mensch. *Robert Penn Warren*

33 Der Mensch ist, was er liest. *Joseph Brodsky*

34 Mensch sein heißt Utopien haben. *Paul Tillich*

35 Mensch sein genügt nicht, Mensch bist du ja sowieso. *Klaus Maria Brandauer*

36 Der Mensch ist die Summe seiner Erlebnisse. *Henry Jaeger*

37 Erfahrungen sind die Jahresringe des Menschen. *Paul Hörbiger*

38 Erfahrung ist nicht das, was mit einem Menschen geschieht, sondern was er daraus macht. *Aldous Huxley*

39 Je planmäßiger die Menschen vorgehen, desto wirksamer trifft sie der Zufall. *Friedrich Dürrenmatt*

40 Das Schicksal – das sind die zusammengerechneten Fehler, die ein Mensch gemacht hat. *Oliver Herford*

41 Gott schuf den Menschen. Der Teufel den Mitmenschen. *Gerhard Uhlenbruck*

42 Man unterscheidet zwei Arten von Teufeln: degradierte Engel und beförderte Menschen. *Stanislaw Jerzy Lec*

43 Die Absicht, daß der Mensch glücklich sei, ist im Plan der Schöpfung nicht enthalten. *Sigmund Freud*

44 Der Mensch ist ein Geschöpf, dem es bestimmt ist, in Katastrophen zu leben. *Graham Greene*

45 Während der ersten Sintflut retteten sich Menschen vor der Natur. Während der zweiten Sintflut versucht sich die Natur vor den Menschen zu retten. *Werner Schneyder*

46 Der Mensch kann sein Schicksal, das auf ihn zukommt, nicht ändern, wenn er sich nicht selbst ändert. *Aurelio Peccei*

47 Der Mensch, das sonderbare Wesen: mit den Füßen im Schlamm, mit dem Kopf in den Sternen. *Else Lasker-Schüler*

48 Der Mensch fragt, die Welt schweigt. *Wolfgang Hildesheimer*

49 Die Menschen sind gut, bloß die Leute sind schlecht. *Erich Kästner*

50 Der Mensch ist gut, nur seine Nerven sind schlecht. *Moscheh Ya'akov Ben-gavriêl*

51 Wer das Leben noch als schön preist und die Menschen als gut, ist entweder ein Schwachkopf oder einer, vor dem man auf der Hut sein muß. *Walter Serner*

52 Als ob man wissen könnte, welcher guten Tat ein Mensch fähig ist! Man weiß ja auch nicht, welcher schlechten. *Elias Canetti*

53 Der Mensch ist nicht schlecht, er hat nur keine Zeit, gut zu sein. *Gerhard Uhlenbruck*

54 Auf böse Menschen ist Verlaß. Sie ändern sich wenigstens nicht. *William Faulkner*

55 Ein Mensch ohne Fehler ist kein vollkommener Mensch. *Alfred Polgar*

56 Ein Mensch, der keine Fehler macht, macht im allgemeinen nichts. *Edward John Phelps*

57 Ich wüßte nicht, wer den Menschen besser über den Menschen belehren sollte als der Schauspieler. *Laurence Olivier*

58 Der Mensch ist das Maß aller Schneider. *Hans Arp*

59 Die Schneider sind die klügsten Leute, weil sie immer wieder von den Menschen Maß nehmen, statt sich auf die alten Angaben zu verlassen. *George Bernard Shaw*

60 Der Wert eines Menschen hängt ab von der Zahl der Dinge, für die er sich schämt. *George Bernard Shaw*

61 Einen Menschen erkennt man daran, wie er sich rächt. *Ernest Hemingway*

62 Wie der Mensch sich ärgert, so ist er. *Arthur Schnitzler*

63 Zieh von einem Menschen seine Humorlosigkeit ab, und rechne mit dem Rest. *Curt Goetz*

64 Der Mensch denkt: Gott lenkt. *Bertolt Brecht*

65 Gott lenkt, der Mensch lenkt ein. *Gerhard Uhlenbruck*

66 Der Mensch hat zwei Beine und zwei Überzeugungen: eine, wenn's ihm gut geht, und eine, wenn's ihm schlecht geht. Die letztere heißt Religion. *Kurt Tucholsky*

67 Predigen ist die Kunst, die Menschen zum Guten zu verführen. *Billy Graham*

68 Menschen, die keine Probleme kennen, sind meistens beredt. *Jakob Boßhart*

69 Menschen, die etwas zu sagen haben, werden keine Redner. *Finley Peter Dunne*

70 Kein Mensch muß Christ sein, das ist eine Gnade. *Carl Friedrich von Weizsäcker*

71 Der Katholizismus ist die Wissenschaft davon, daß der Mensch mit irdischen Mitteln allein unmöglich zu ändern ist.
Stefan Napierski

72 Die meisten Menschen beichten am liebsten die Sünden anderer Leute.
Graham Greene

73 Gott läßt vieles zu, was die Menschen verbieten möchten. *Henry Miller*

74 Gott denkt in den Genies, träumt in den Dichtern und schläft in den übrigen Menschen. *Peter Altenberg*

75 Gott denkt in den Genies, träumt in den Dichtern und schläft in den übrigen Menschen. Meine Damen und Herren – gute Nacht! *André Heller*

76 Immer weniger Menschen glauben an Gott. Was vermutlich auf Gegenseitigkeit beruht. *Michael Augustin*

77 Seitdem die Menschen nicht mehr an Gott glauben, glauben sie nicht etwa an nichts, sondern an alles. *Gilbert Keith Chesterton*

78 Die meisten Menschen verkaufen ihre Seele und leben mit gutem Gewissen von dem Erlös. *Logan P. Smith*

79 Woher sollen die Menschen, denen gesagt wurde, sie seien Ebenbilder Gottes, ihre Demut nehmen? *Erhard Blanck*

80 Wo Menschen angebetet werden, ist es gut, sich zu entfernen. *Günther Weisenborn*

81 Wer den höchsten Rang in einer Gruppe von Tieren oder Menschen hat, ist leicht zu erkennen. Es ist immer derjenige, der am meisten angeschaut wird. Davon kommt auch das Wort Ansehen. *Irenäus Eibl-Eibesfeldt*

82 Das Ideal der Gleichheit ist deshalb so schwer zu verwirklichen, weil die Menschen Gleichheit nur mit jenen wünschen, die über ihnen stehen. *John B. Priestley*

83 Zwei Jahre braucht der Mensch, um das Sprechen, ein Leben lang, um das Schweigen zu lernen. *Ernest Hemingway*

84 Im Leben lernt der Mensch zuerst das Gehen und Sprechen. Später lernt er dann, stillzusitzen und den Mund zu halten.
Marcel Pagnol

85 Es gibt keine größere Illusion als die Meinung, Sprache sei ein Mittel der Kommunikation zwischen Menschen. *Elias Canetti*

86 Über den Menschen sollte nur reden, wer über ihn verstummt ist. *Hans Kudszus*

87 Das Leben zwingt den Menschen zu allerlei freiwilligen Handlungen.
Stanislaw Jerzy Lec

88 Der Mensch ist zur Freiheit verurteilt.
Jean-Paul Sartre

89 Man sollte den Menschen auch die Freiheit geben, zu gehorchen. *Ludwig Marcuse*

90 Feig wird der Mensch nur dort, wo er die Wahl hat. *Friedrich Georg Jünger*

91 Jeder Mensch wird als Zwilling geboren: als der, der er ist, und als der, für den er sich hält. *Martin Kessel*

92 Alle Menschen bemühen sich, anders zu sein, als sie sind. *Olaf Gulbransson*

93 Die meisten Menschen haben ihre Achillesferse woanders. *Heinrich Nüsse*

94 Die unheimlichste aller Erfindungen ist der Spiegel. Woher nehmen die Menschen nur den Mut, da hineinzuschauen?
Brendan Behan

95 Von einem bestimmten Alter an ist jeder Mensch für sein Gesicht verantwortlich.
Albert Camus

96 Wie viele Masken muß der Mensch aufsetzen, um den Schlag ins Gesicht nicht zu spüren? *Stanislaw Jerzy Lec*

97 Maske: der einzige Teil des Gesichts, den sich der Mensch selber aussucht.
Gabriel Laub

98 Die Maske verrät mehr über den Menschen als sein Gesicht. *Jean-Louis Barrault*

99 Zerstören Sie einem Menschen seinen Schein, und Sie werden sehen, wie schnell auch das Sein zu Ende ist. *Georg Kreisler*

100 Idealismus ist die Fähigkeit, die Menschen so zu sehen, wie sie sein könnten, wenn sie nicht so wären, wie sie sind. *Curt Goetz*

101 Wenn der Mensch verliebt ist, zeigt er sich so, wie er immer sein sollte. *Simone de Beauvoir*

102 Die Menschen sind, wenn überhaupt etwas, dann von Geburt an ungleich. *Magnus Hirschfeld*

103 Es gibt nur zwei Arten von Menschen – solche, die man warten läßt, und solche, auf die man wartet. *Samuel N. Behrman*

104 Es gibt nur zwei Gruppen von Menschen: die charmanten und die langweiligen. *Oscar Wilde*

105 Die Menschen unterscheiden sich durch das, was sie zeigen, und gleichen sich durch das, was sie verbergen. *Paul Valéry*

106 Wenn wir immer nur vorsichtig sind, sind wir dann noch Menschen? *Alexander Solschenizyn*

107 Das Unglück ist, daß jeder denkt, der andere sei wie er – und dabei übersieht, daß es auch anständige Menschen gibt. *Heinrich Zille*

108 Das schlimmste Mißgeschick für einen gewöhnlichen Menschen besteht darin, einen außergewöhnlichen Vater zu haben. *Austin O'Malley*

109 Alle außergewöhnlichen Menschen, die ich kennengelernt habe, waren außergewöhnlich nach ihrer eigenen Meinung. *Woodrow Wilson*

110 Die Demokratie repräsentiert den Unglauben an große Menschen. *Friedrich Nietzsche*

111 Die Überschätzung eines Menschen kann von allem Luxus der teuerste sein. *Hans Arndt*

112 Menschen sind wie Berge: die großen scheinen aus der Nähe kleiner, die kleinen größer. *Aleksander Swietochowski*

113 Was ist der Mensch? Ein armes Wesen, auf diese Welt gekommen, um die anderen Menschen zu ärgern. *Erik Satie*

114 Vollkommen liebenswert und vollkommen hassenswert sind nur die Menschen, die man nicht kennt. *Evelyn Waugh*

115 Ein Humanist liebt alle Menschen – mit Ausnahme derjenigen, die ihm begegnet sind. *Wieslaw Brudziński*

116 Spargeln und Menschen haben ein gemeinsames Schicksal: Sobald einer den Kopf hochreckt, wird er abgestochen. *Eugen Gerstenmaier*

117 Der Mensch wird abgerichtet, oder er wird hingerichtet. *Frank Wedekind*

118 Menschen, die keinen Schuß Pulver wert sind, werden auch nicht abgeschossen. *Oliver Hassencamp*

119 Früher standen sich die Menschen näher. Es blieb ihnen nichts anderes übrig. Die Schußwaffen trugen nicht weit. *Stanislaw Jerzy Lec*

120 Den Fortschritt erkennt man schon daran, daß in jedem neuen Krieg die Menschen auf andere Art getötet werden. *Will Rogers*

121 Durchaus denkbar, daß der Krieg der Vater aller Dinge ist. Denn der Vater aller Menschen ist er garantiert nicht. *Werner Schneyder*

122 Man soll das Vaterland nicht mehr lieben als einen Menschen. *Friedrich Dürrenmatt*

123 Menschen sind wie Autos: man sollte den unerläßlichen Sicherheitsabstand voneinander einhalten. *Martin Held*

124 Der Kannibalismus hat die pervertierteste Form erreicht. Man tötet den Menschen, ohne ihn zu essen. *Heinrich Wiesner*

125 Ich prophezeie den Untergang des Kannibalismus. Der Mensch ekelt den Menschen. *Stanislaw Jerzy Lec*

126 Was die Menschen trennt, ist manchmal nur dieselbe Ideologie. *George F. Kennan*

127 Ein Fehler, den man mit einem anderen Menschen teilt, verbindet tiefer als ein gemeinsamer Vorzug. *Hermann Bahr*

128 Wenn zwei Menschen immer wieder die gleichen Ansichten haben, ist einer von ihnen überflüssig. *Winston S. Churchill*

129 Wenn zwei Menschen immer die gleiche Meinung haben, taugen beide nichts. *Konrad Adenauer*

130 Wenn die Menschen sich nicht aushalten, unterhalten sie sich miteinander.
Richard von Schaukal

131 Wir mögen Menschen, die frisch heraus sagen, was sie denken. Vorausgesetzt, sie denken dasselbe wie wir. *Mark Twain*

132 Der Mensch hat es so gern, wenn man über ihn spricht, daß ihn sogar eine Unterhaltung über seine Fehler entzückt.
André Maurois

133 Verdunkelung ist ein wunderbares Mittel gegen Geschwätzigkeit. Es wirkt bei Papageien; man sollte es auch bei Menschen anwenden. *Louis de Funès*

134 Man hat einen Menschen noch lange nicht überzeugt, wenn man ihn zum Schweigen gebracht hat. *Christopher Morley*

135 Weltverbesserer sind Leute, die um die Erkenntnis nicht herumkommen, daß es leichter ist, einen neuen Menschen zu machen, als die vorhandenen zu verbessern. *John Osborne*

136 Wer einen Menschen bessern will, muß ihn erst einmal respektieren.
Romano Guardini

137 Ein bißchen Güte von Mensch zu Mensch ist besser als alle Liebe zur Menschheit. *Richard Dehmel*

138 Humanität besteht darin, daß niemals ein Mensch einem Zweck geopfert wird.
Albert Schweitzer

139 Die meisten Menschen brauchen mehr Liebe, als sie verdienen.
Marie von Ebner-Eschenbach

140 Liebe zwischen zwei Menschen ist nur dann wundervoll, wenn man zwischen die richtigen zwei Leute gerät. *Woody Allen*

141 Wer die Menschen liebt, darf sie nur aus nächster Nähe betrachten oder ganz aus der Ferne. *Thomas Niederreuther*

142 Wenn man ständig mit einem Menschen zusammenlebt, sieht man nur noch die Oberfläche, die aus lauter kleinen Reibungsflächen besteht. *Brigitte Schwaiger*

143 Man mutet sich so leichtfertig anderen Menschen zu, und dabei kann man sich kaum selbst ertragen. *Wolfgang Borchert*

144 Natürlich kann man mit jedem Menschen auskommen. Das sieht man an sich selbst. *Rainer Malkowski*

145 Der einzige Geschmack, der einem Menschen wirkliche Befriedigung geben kann, ist sein eigener. *Philip Rosenthal*

146 Der wahre Beruf des Menschen ist, zu sich selbst zu kommen. *Hermann Hesse*

147 Der Mensch ist das einzige Wesen, das sich selber nicht gewachsen ist. *Hans Kudszus*

148 Der Mensch ist das einzige Lebewesen, das von sich eine schlechte Meinung hat.
George Bernard Shaw

149 Sprich nicht schlecht vom Menschen. Er sitzt in dir und belauscht dich.
Stanislaw Jerzy Lec

150 Der Mensch lebt meistens allein und sollte deshalb Wert auf gute Gesellschaft legen. *Roberto Rossellini*

151 Die wenigsten Menschen kennen das Geheimnis, zu sich selbst höflich zu sein.
Peter Bamm

152 Die meisten Menschen sind Mörder. Sie töten einen Menschen. In sich selbst.
Stanislaw Jerzy Lec

153 Mensch sein bedeutet, unter Menschen allein sein. *Karol Irzykowski*

154 Man muß manchmal von einem Menschen fortgehen, um ihn zu finden.
Heimito von Doderer

155 Das Problem ist heute nicht die Atomenergie, sondern das Herz des Menschen.
Albert Einstein

156 Der Mensch hat ein hartes Herz und gefühlvolle Eingeweide. *Georges Bernanos*

157 Der Mensch ist das einzige Lebewesen, das seine Nahrung zerstört, bevor es sie ißt.
Werner Kollath

158 Der Mensch lebt nicht vom Brot allein, besonders wenn er keines hat. *Ernst Bloch*

159 Alle Organe des Menschen sind doppelt angelegt – vor allem die Zunge.
Gerhard Uhlenbruck

160 Der Mensch hat, neben dem Trieb der Fortpflanzung und dem zu essen und zu trinken, zwei Leidenschaften: Krach zu machen und nicht zuzuhören. *Kurt Tucholsky*

161 Der Mensch ist eine in der Knechtschaft seiner Organe lebende Intelligenz.
Aldous Huxley

162 Manche Menschen benützen ihre Intelligenz zum Vereinfachen, manche zum Komplizieren. *Erich Kästner*

163 Die Reihenfolge, in der man die Dinge erlernt, ist, was schließlich die Individualität des Menschen ausmacht. *Elias Canetti*

164 Es hat schon etwas Tröstliches, daß selbst der gescheiteste Professor und die feinste Lady unterhalb der Taille auch nur Menschen sind. *Henry Miller*

165 Nur in einem Punkt sind alle Menschen zufrieden: Ihr Verstand genügt ihnen, egal, wieviel sie davon haben. *Harold Pinter*

166 Wenn der Mensch soviel Vernunft hätte wie Verstand, wäre alles viel einfacher.
Linus Pauling

167 Es liegt in der Natur des Menschen, vernünftig zu denken und unvernünftig zu handeln. *Anatole France*

168 Der Mensch ändert leichter seine Überzeugungen als seine Gewohnheiten.
Paul Wegener

169 Es gibt nur zwei Arten von Menschen, die wirklich fesseln – Leute, die alles wissen, und Leute, die überhaupt nichts wissen.
Oscar Wilde

170 Die Menschen neigen zur falschen Auffassung, daß, da sich alle unsere mechanischen Apparate so flink vorwärtsbewegen, auch das Denken schneller vor sich geht.
Christopher Morley

171 Viele Menschen sehen die Dinge, wie sie sind, und fragen: Warum? Ich träume von Dingen, die es nie gegeben hat und frage: Warum nicht? *George Bernard Shaw*

172 Das Wesentliche an jeder Erfindung tut der Zufall, aber den meisten Menschen begegnet dieser Zufall nicht. *Friedrich Nietzsche*

173 Viele Menschen verstehen unter Denken nur die Umgruppierung ihrer Vorurteile.
William James

174 Es gibt Menschen, die selbst für Vorurteile zu dumm sind. *Egon Friedell*

175 Jeder Mensch hat ein Brett vor dem Kopf. Es kommt nur auf die Entfernung an.
Marie von Ebner-Eschenbach

176 Es ist erstaunlich, wie viele Menschen den Kopf nur zum Hutaufsetzen haben.
Harold Pinter

177 Man muß Menschen vor den Kopf stoßen, damit sie lernen, ihn zu gebrauchen.
Dieter Hildebrandt

178 Der Mensch ist bereit, für jede Idee zu sterben – vorausgesetzt, daß ihm die Idee nicht ganz klar ist. *Gilbert Keith Chesterton*

179 Wir leben in einer Zeit, in der die Menschen nicht wissen, was sie wollen, aber alles tun, um es zu bekommen. *Don Marquis*

180 Oft können die Menschen etwas nicht sagen, was sie wissen sollten, weil sie etwas anderes wissen wollen. *George MacDonald*

181 Früher war der Mensch Herr seines Wissens. Jetzt ist das Wissen sein Gebieter.
John Steinbeck

182 Wenn der Mensch zuviel weiß, wird das lebensgefährlich. Das haben nicht erst die Kernphysiker erkannt, das wußte schon die Mafia. *Norman Mailer*

183 Der Mensch ist immer gefährlich. Wenn nicht durch seine Bosheit, dann durch seine Dummheit. Wenn nicht durch seine Dummheit, dann durch seinen Verstand.
Henry de Montherlant

184 Die gefährlichste Waffe sind Menschen kleinen Kalibers. *Wieslaw Brudziński*

185 Der Mensch – eine mobile Durchgangsstation für mediale Reize. *John Updike*

186 Weil der Mensch zu faul war, abends die Augen zuzumachen, erfand er das Fernsehen.
Manfred Hausmann

187 Die Menschen werden von keinem Medium verdummt. Sie werden nur in ihrer Dummheit bestätigt. *Gabriel Laub*

188 Bornierte Menschen soll man nicht widerlegen wollen. Widerspruch ist immerhin ein Zeichen von Anerkennung.
Richard von Schaukal

189 Menschen, die keine blasse Ahnung haben, bekommen schnell einen roten Kopf.
Gerhard Uhlenbruck

190 Am banalsten ist der Mensch, der nicht banal sein will. *Sigismund von Radecki*

191 Man soll nie einen Menschen aufgeben, bevor er in einer Aufgabe versagt hat, die ihm Freude bereitet. *Lewis E. Lawes*

192 Zivilcourage ist das, was von einem Menschen übrigbleibt, wenn der Vorgesetzte das Zimmer betritt. *Wernher von Braun*

193 Eine der erstaunlichsten Erscheinungen ist, daß man sich einbildet, von abhängigen Menschen unabhängige Meinungen erwarten zu dürfen. *Sigmund Graff*

194 Was nennen die Menschen am liebsten «dumm»? Das Gescheite, das sie nicht verstehen. *Marie von Ebner-Eschenbach*

195 Die größte Dummheit der Menschen besteht darin, daß sie auf eine immer unergiebigere Weise gescheit werden. *Fritz Diettrich*

196 Jeder Mensch hat die Anlage, schöpferisch zu arbeiten. Die meisten merken es nur nicht. *Truman Capote*

197 Alles, von dem sich der Mensch eine Vorstellung machen kann, ist machbar.
Wernher von Braun

198 Der eigentliche Beweis, daß wir Talent besitzen, ist die Fähigkeit, das Talent in anderen Menschen zu entdecken. *Elbert Hubbard*

199 Die Menschen sind nicht so schlecht, wie die Maler sie darstellen. *Pablo Picasso*

200 Seit der Mensch fliegen kann, muß der Pegasus ackern. *Karol Irzykowski*

201 Die Kunst ist eine Zusammenarbeit zwischen Gott und den Menschen. Je weniger der Mensch dabei tut, desto besser. *André Gide*

202 Als Mensch muß man lebendig sein, als Künstler postum. *Jean Cocteau*

203 Die beste Insel ist nicht schön, wenn man mit dem falschen Menschen drauf ist.
Boris Becker

204 Jeder Mensch ist eine Insel, die sich nach Vereinigung mit dem Festland sehnt.
Arthur Koestler

205 Der Mensch ist wie der Käse: er muß eine Rinde haben, sonst geht er kaputt.
Brendan Behan

206 Der Mensch ist wie der Löwe in der Fabel, der seine eigenen Reißzähne beschimpft, weil ihm das Beutetier leid tut – nachdem es ihm gut geschmeckt hat.
Horst Stern

207 Ein Dompteur ist jemand, der im Raubtierkäfig vor den Menschen sicher ist.
George Bernard Shaw

208 Der Mensch ist die ideale Gottvorstellung des Hundes. *Holbrook Jackson*

209 Kein Zweifel, der Hund ist treu. Aber sollen wir deshalb ein Beispiel an ihm nehmen? Er ist doch dem Menschen treu und nicht dem Hund. *Karl Kraus*

210 Wenn ein Hund dabei ist, werden die Menschen gleich menschlicher. *Hubert Ries*

211 Viele Menschen wissen von ihren Hunden nicht viel mehr, als was sie gekostet haben.
Horst Stern

212 Wenn du einen verhungernden Hund aufliest und ihn satt machst, dann wird er dich nicht beißen. Das ist der grundlegende Unterschied zwischen Hund und Mensch.
Mark Twain

213 Der Hund bellt, wenn ihn etwas erregt. Der Mensch spricht immer.
Richard von Schaukal

214 Nach manchem Gespräch mit einem Menschen hat man das Verlangen, einen Hund zu streicheln, einem Affen zuzunicken oder vor einem Elefanten den Hut zu ziehen.
Maxim Gorki

215 Mit einem Papagei finden Menschen leicht eine gemeinsame Sprache.
Stanislaw Jerzy Lec

216 Die Katze ist das einzige vierbeinige Tier, das dem Menschen eingeredet hat, er müsse es erhalten, es brauche aber dafür nichts zu tun.
Kurt Tucholsky

217 Katzen erreichen mühelos, was uns Menschen versagt bleibt: durchs Leben zu gehen, ohne Lärm zu machen.
Ernest Hemingway

218 Ein Pferd ohne Reiter ist immer noch ein Pferd. Aber ein Reiter ohne Pferd ist nur ein Mensch. *Stanislaw Jerzy Lec*

219 Pferdeverstand ist das, was Pferde davon abhält, auf künftiges Verhalten der Menschen zu wetten. *Oscar Wilde*

220 Wenn Affen Klavier spielen können, warum sollten Menschen nicht dazu singen?
John Lennon

221 Fliegen und Menschen haben eines gemeinsam: man kann sie beide mit Zeitungen erschlagen. *Dieter Hildebrandt*

222 Einem Menschen, den Kinder und Tiere nicht leiden können, ist nicht zu trauen.
Carl Hilty

223 Was nottut: Mehr Tierliebe für die Menschen. *Gottfried Edel*

224 Die Menschen, die etwas von heute auf morgen verschieben, sind dieselben, die es bereits von gestern auf heute verschoben haben. *Peter Ustinov*

225 Jeder Mensch hat seinen Weg, und jeder Weg ist richtig. *Thomas Bernhard*

226 Der Mensch kann wohl die höchsten Gipfel erreichen, aber verweilen kann er dort nicht lange. *George Bernard Shaw*

227 Auf tausend Menschen, die bereit sind, etwas Großes zu tun, kommt einer, der bereit ist, etwas Kleines zu tun. *George MacDonald*

228 Erfolg verändert den Menschen nicht. Er entlarvt ihn. *Max Frisch*

229 Es gibt Menschen, die sich eine so dicke Haut zugelegt haben, daß sie auch ohne Rückgrat aufrecht stehen können.
Markus M. Ronner

230 Die Haut ist das Tiefste am Menschen.
Paul Valéry

231 Ich bin überzeugt, daß die Menschen von den Ergebnissen ihrer Leistungsfähigkeit überfordert werden. *Günter Graß*

232 Schlimmer als Menschen, denen jedes Mittel recht ist, um zum Ziel zu kommen, sind Menschen, denen jedes Ziel recht ist, wenn sie nur Mittel dafür bekommen.
Gerhard Uhlenbruck

233 Schließlich erreicht jeder Mensch jedes Ziel. Er muß es nur genügend weit zurückstecken. *Hans Söhnker*

234 Das Leben ist eine Krankheit, und der einzige Unterschied zwischen den Menschen besteht darin, daß sie sich in verschiedenen Phasen dieser Krankheit befinden.
George Bernard Shaw

235 Menschen, die «mit dem Leben fertig werden», sind eigentlich Unmenschen.
Heinrich Böll

236 Die Menschen, die nicht über den Sinn des Lebens nachdenken, sind die wahren Nutznießer auf Erden. *Hans Arndt*

237 Alle Lebewesen außer dem Menschen wissen, daß der Hauptzweck des Lebens darin besteht, es zu genießen. *Samuel Butler*

238 Der gedächtnisfreie Mensch ist der glückliche Mensch. *Niklaus Meienberg*

239 Nur das Überflüssige braucht der Mensch notwendig. *José Ortega y Gasset*

240 Ein gutes Leben hat nur selten einen Menschen ruiniert. Was den Menschen in den Ruin treibt, sind die dummen Geschäfte.
Carl Fürstenberg

241 Der Alltag der meisten Menschen ist stilles Heldentum in Raten. *Anna Magnani*

242 Manche Menschen spielen nicht einmal in ihrem eigenen Leben die Hauptrolle.
Wolfgang Eschker

243 Manche Menschen richten ihr Leben so ein, daß sie von Vorspeisen und Beilagen leben. Das Hauptgericht lernen sie nie kennen.
José Ortega y Gasset

244 Für die meisten Menschen ist das Leben wie schlechtes Wetter: Sie treten unter und warten, bis es vorüber ist. *Alfred Polgar*

245 Für neunzig Prozent der Menschen besteht der Sinn des Lebens darin, es zu fristen.
Helmut Qualtinger

246 Leben – es gibt nichts Selteneres auf der Welt. Die meisten Menschen existieren, sonst nichts. *Oscar Wilde*

247 Im Grunde haben die Menschen nur zwei Wünsche: Alt zu werden und dabei jung zu bleiben. *Peter Bamm*

248 Jeder Mensch ist älter als er ist – um neun Monate. *Stefan Napierski*

249 Ein junger Mensch, der niemals weint, ist ein Ungeheuer. Ein alter Mensch, der niemals lacht, ist ein Narr. *George Santayana*

250 Alternde Menschen sind wie Museen: Nicht auf die Fassade kommt es an, sondern auf die Schätze im Innern. *Jeanne Moreau*

251 Nichts zeigt das Alter eines Menschen so sehr, wie wenn er die junge Generation schlechtmacht. *Adlai Stevenson*

252 Je älter der Mensch wird, desto mehr lebt er von dem, was er nicht ißt. *Willy Birgel*

253 Der Mensch bewegt sich nicht weniger, weil er alt wird. Er wird alt, weil er sich weniger bewegt. Also beweg' dich!
Gustav-Adolf Schur

254 Die medizinische Forschung hat so enorme Fortschritte gemacht, daß es praktisch überhaupt keinen gesunden Menschen mehr gibt. *Aldous Huxley*

255 Menschen denken zu historisch. Sie leben immer zur Hälfte auf dem Friedhof.
Aristide Briand

256 Man kann einen Menschen mit guten Saucen ebenso unter die Erde bringen wie mit Strychnin; es dauert nur etwas länger.
Christiaan Barnard

257 Der Mensch ist ein Lebewesen, das klopft, schlechte Musik macht und seinen Hund bellen läßt. Manchmal gibt er auch Ruhe, aber dann ist er tot. *Kurt Tucholsky*

258 Die Menschen haben vor dem Tod zuviel Achtung, gemessen an der geringen Achtung, die sie vor dem Leben haben.
Henry de Montherlant

259 Groß ist ein Mensch, der nach seinem Tod die anderen in Verlegenheit läßt.
Paul Valéry

260 Die meisten Menschen kommen mit ärztlicher Hilfe auf die Welt und verlassen sie auf dieselbe Weise. *George Bernard Shaw*

261 Ich möchte ewig leben – und sei es nur, um zu sehen, daß die Menschen in hundert Jahren die gleichen Fehler machen wie ich.
Winston S. Churchill

262 Wenn dem Menschen am Ende seines Lebens ein Lächeln übrigbleibt, so ist das ein sehr anständiger Reingewinn.
Horst Wolfram Geißler

263 Am Grab der meisten Menschen trauert, tief verschleiert, ihr ungelebtes Leben.
Oskar Jellinek

264 Menschen können leblos werden, Steine nie. *Henry Miller*

265 Sobald ein Mensch endgültig seinen Einfluß verloren hat, setzt man ihm ein Denkmal. *Robert Musil*

Menschenliebe Wir alle hungern nach Menschenliebe, und wenn man hungert, schmeckt auch schlecht gebackenes Brot. *Maxim Gorki*

Menschenmord Vaterland nennt sich der Staat immer dann, wenn er sich anschickt, auf Menschenmord auszugehen.
Friedrich Dürrenmatt

Menschenpflicht Unruhe ist die erste Menschenpflicht. *Miguel de Unamuno*

Menschenverachtung In der Leutseligkeit ist nichts von Menschenhaß, aber eben darum allzuviel von Menschenverachtung.
Friedrich Nietzsche

Menschenverstand Der gesunde Menschenverstand ist nur eine Anhäufung von Vorurteilen, die man bis zum 18. Lebensjahr erworben hat. *Albert Einstein*

Menschheit *1* Die Menschheit ist ein Buch, das immer wieder von neuem aufgelegt wird – ohne die Aussicht, jemals ein Bestseller zu werden. *William Faulkner*

2 Die Menschheit? Ein Magma von Wesen, die nicht wissen, was sie tun.
Henry de Montherlant

3 Willst du wissen, woraus die Menschheit besteht? Aus denen, die sich nicht um dich kümmern. *Martin Kessel*

4 Die moderne Menschheit hat zwei Arten von Moral: eine, die sie predigt, aber nicht anwendet, und eine andere, die sie anwendet, aber nicht predigt. *Bertrand Russell*

5 Der Jammer mit der Menschheit ist, daß die Narren so selbstsicher sind und die Gescheiten so voller Zweifel. *Bertrand Russell*

6 Ich habe Angst vor Leuten, die immer nur die Menschheit lieben und niemals einzelne Menschen. *Wolf Biermann*

7 Man liebt die Menschheit im allgemeinen, um nicht die Menschen im einzelnen lieben zu müssen. *Albert Camus*

8 Noch nie hatte die Menschheit soviel Angst wie heute – und noch nie hatte sie soviel Grund dazu. *Bertrand Russell*

9 Die Menschheit muß dem Krieg ein Ende setzen, oder der Krieg setzt der Menschheit ein Ende. *John F. Kennedy*

10 Die Wahrscheinlichkeit, daß die Menschheit die Situation, auf die wir zusteuern, nicht bewältigt, beträgt 85 Prozent. Für die restlichen 15 Prozent lebe ich. *Leo Szilard*

11 Die Frage heute ist, wie man die Menschheit überreden kann, in ihr eigenes Überleben einzuwilligen. *Bertrand Russell*

12 Daß einer anfängt aufzuhören, ist die letzte Intelligenzprüfung der Menschheit. *Heinz Haber*

Messalina Das Problem mit den Männern: Fast alle wünschen sich eine Jungfrau mit den Erfahrungen einer Messalina. *Jeanne Moreau*

Messer *1* Liebe ist, daß du mir ein Messer bist, mit dem ich in mir wühle. *Franz Kafka*

2 Die Mordwerkzeuge, die mehr Tote fordern als alle Bomben und Autos zusammen, liegen täglich vor uns auf dem Tisch: Messer und Gabel. *Manfred Köhnlechner*

3 Wir morden nicht mehr, wir lassen den anderen ins offene Messer laufen. *Gerhard Uhlenbruck*

Messias Der Messias wird erst kommen, wenn es nicht mehr nötig sein wird. *Franz Kafka*

Metapher Die Metapher ist der Lippenstift des Stils. *Hans Kudszus*

Methode Wer keinen Charakter hat, muß sich wohl oder übel eine Methode zulegen. *Albert Camus*

Metzger *1* Die Frage: «Haben Sie ein Hirn?» kann einwandfrei nur der Metzger beantworten. *Herbert Achternbusch*

2 Kultur ist das, was der Metzger hätte, wenn er Chirurg geworden wäre. *Anthony Quayle*

Mief Wenn ein Mann fortgeht, um frische Luft zu schnappen, meint er den Mief in seinem Stammlokal. *Trude Hesterberg*

Militär Das Militär ist eine Pflanze, die man sorgfältig pflegen muß, damit sie keine Früchte trägt. *Jacques Tati*

Militarist Militaristen sind Leute, die gerne schießen, vor allem ins Kraut. *Joachim Ringelnatz*

Militärjustiz Militärjustiz verhält sich zu Justiz wie Militärmusik zu Musik. *Jules Régis Debray*

Millionär *1* Millionär – ein Mann ohne Eigenschuften. *Karel Trinkewitz*

2 Alternde Millionäre leiden unter der High-life-Crisis. *Werner Schneyder*

Minderheit *1* Minderheiten sind die Mehrheiten der nächsten Generation. *Jean-Paul Sartre*

2 Die Schweiz ist ein Land, das seine Minderheiten schützt. Selbst Dienstverweigerer kommen in den Genuß der Schutzhaft. *Heinrich Wiesner*

Minderwertigkeitskomplex Das Schlechte an den Minderwertigkeitskomplexen ist, daß die falschen Leute sie haben. *Jacques Tati*

Minenfeld Unsere Gesellschaft gleicht einem Menschen, der ahnungslos in einem Minenfeld umherirrt und sich dabei Sorgen um seine Altersversorgung macht. *Hoimar von Ditfurth*

Minirock Zur Zeit der extremen Miniröcke war es schon so, daß die Frauen sich nicht mehr hinsetzen und die Männer nicht mehr aufstehen konnten. *Danny Kaye*

Minorität *1* Die besten und dauerhaftesten Werke wurden in der Öde der Minorität vollbracht. *Mahatma Gandhi*

2 Die Minorität hat immer recht. *Henrik Ibsen*

Minute *1* Jeder kann heute berühmt sein. Zumindest für 20 Minuten. *Andy Warhol*

2 Bei allem interessiert mich am meisten die zweite Halbzeit. Und ganz besonders interessieren mich die letzten zehn Minuten. *Samuel Beckett*

Mißerfolgsformel Ich kann dir keine Erfolgsformel, aber eine Mißerfolgsformel geben, die lautet: Versuche, allen zu gefallen. *Herbert Bayard Swope*

Mißgeschick Das schlimmste Mißgeschick für einen gewöhnlichen Menschen besteht darin, einen außergewöhnlichen Vater zu haben. *Austin O'Malley*

Mißlingen Alles Gelingen hat sein Geheimnis, alles Mißlingen seine Gründe. *Joachim Kaiser*

Mißstimmung Manche Mißstimmung von Frauen, der auch beste Psychiater nicht beizukommen vermögen, kann schon ein mittelmäßiger Friseur beseitigen. *Mary McCarthy*

Mißverständnis *1* Die Sprache ist die Quelle aller Mißverständnisse.
Antoine de Saint-Exupéry

2 Kommunikationswissenschaft – die Lehre von den Mißverständnissen.
Markus M. Ronner

3 Glück ist meistens ein beseligendes Mißverständnis. *Hannelore Schroth*

4 Ruhm ist nichts weiter als die Summe der Mißverständnisse, die sich um einen Namen sammeln. *Rainer Maria Rilke*

Misthaufen Jeder Misthaufen ist das Zentrum der Welt, wenn der richtige Hahn drauf kräht. *Wolf Biermann*

Mitbestimmung Mitbestimmung: den kleinsten gemeinsamen Nenner suchen.
Wolfgang Eschker

Mitglied *1* Vereine fördern die Bestrebungen ihrer Mitglieder und stören die der anderen. *Robert Musil*

2 Ich würde niemals einem Verein beitreten, der mich als Mitglied aufnähme.
Groucho Marx

Mitleid *1* Mitleid ist Liebe im Negligé.
Marie von Ebner-Eschenbach

2 Die Leute haben Mitleid mit anderen nur in dem Maß, wie sie Mitleid mit sich selbst hätten. *Jean Giraudoux*

3 Mitleid ist legale Schadenfreude.
Hans Lohberger

4 Das Mitleid des Henkers liegt im sicheren Hieb. *Ernst Jünger*

5 Man sollte Mitleid haben mit denjenigen, die sich alles erlauben können. *Jean Anouilh*

6 Man sollte lieber Neid als Mitleid erregen.
Jacques Prévert

Mitmensch *1* Gott schuf den Menschen. Der Teufel den Mitmenschen.
Gerhard Uhlenbruck

2 Nichts bedarf so sehr der Reform wie die Gewohnheiten der Mitmenschen. *Mark Twain*

3 Wer sich nicht mehr die Mühe nimmt, seine Mitmenschen zu belügen, beleidigt sie.
Jean Giraudoux

4 Philantropie ist die Zuflucht derer, die ihre Mitmenschen ärgern wollen. *Oscar Wilde*

Mitte *1* Die Mitte der Nacht ist auch schon der Anfang eines neuen Tages. *Karol Wojtyla*

2 Die Wahrheit liegt zwischen zwei Extremen, aber nicht in der Mitte.
Moritz Heimann

Mittel *1* Niemals heiligt der Zweck die Mittel, wohl aber können die Mittel den Zweck zuschanden machen. *Martin Buber*

2 Manchmal entheiligt der Zweck die Mittel.
Markus M. Ronner

3 Wer in seinen Mitteln nicht wählerisch ist, sollte es wenigstens in seinen Zielen sein.
Gerd Gaiser

4 Schlimmer als Menschen, denen jedes Mittel recht ist, um zum Ziel zu kommen, sind Menschen, denen jedes Ziel recht ist, wenn sie nur Mittel dafür bekommen.
Gerhard Uhlenbruck

Mittelmäßige *1* Nur der Mittelmäßige ist ständig in Bestform.
William Somerset Maugham

2 Die Aufgabe, ihr Volk zu vertreten, fällt den Mittelmäßigen zu, nicht den Genies.
Curzio Malaparte

3 Was eine Nation groß macht, sind nicht in erster Linie die großen Männer – es ist das Format der Mittelmäßigen. *José Ortega y Gasset*

Mittelmäßigkeit *1* Die Mittelmäßigkeit wägt immer richtig, nur ihre Maße sind falsch.
Moritz Heimann

2 Das Publikum fühlt sich am wohlsten, wenn eine Mittelmäßigkeit zu ihm redet.
Oscar Wilde

3 Mittelmäßigkeit ist bei einem Kritiker gefährlicher als bei einem Schriftsteller.
Eugène Ionesco

4 Ausdauer: eine niedere Tugend, die der Mittelmäßigkeit zu unrühmlichem Erfolg verhilft. *Ambrose Bierce*

5 Gleichgültigkeit ist die Vergeltung der Welt für Mittelmäßigkeit. *Oscar Wilde*

Mitwelt *1* Die Nachwelt ist nicht besser als die Mitwelt, sie ist nur später.
Arthur Schnitzler

2 Wer ein Genie ist, bestimmt die Nachwelt. Wer ein Star ist, entscheidet die Mitwelt.
Werner Höfer

Möbelpacker Auch den Möbelpackern sind Leute, die Bücher lesen, zuwider. Aber sie haben wenigstens einen guten Grund dafür.
Gabriel Laub

Mode *1* Die Mode entstand, als Eva beschloß, ihr Feigenblatt zu verkleinern.
Victorien Sardou

2 Wenn man bedenkt, daß die Mode mit einem Feigenblatt begonnen hat, sind wir schon fast wieder am Anfang.
Claudia Cardinale

3 Mode ist eine künstlich herbeigeführte Epidemie. *George Bernard Shaw*

4 Die Mode ist ein Befehl, den sich die Frauen wünschen. *Senta Berger*

5 Die Mode ist eine charmante Tyrannei von kurzer Dauer. *Marcel Achard*

6 In London ist die Mode eine Pflicht, in Paris ein Vergnügen. *Maurice Chevalier*

7 Mode, das heißt: Zivil als Uniform.
Hans Lohberger

8 Mode muß ein Aufschrei sein.
Wolfgang Joop

9 Die Mode ist eine so unerträgliche Form der Häßlichkeit, daß wir sie alle sechs Monate ändern müssen. *Oscar Wilde*

10 Mode ist die bereitwillige Bejahung der rätselhaften Tatsache, daß heute etwas schön ist, was gestern häßlich war und morgen unerträglich sein wird. *Senta Berger*

11 Die Mode ist das wichtigste Mittel der Textilindustrie im Kampf gegen die zunehmende Haltbarkeit der Stoffe. *Emilio Schuberth*

12 Mode muß nicht schön sein. Es genügt, daß sie neu ist. *Uschi Glas*

13 Der schlechte Geschmack gefällt, sobald er Mode wird. *Félicien Marceau*

14 Heutzutage ändert sich die Mode so rasch, daß man «Vogue» und «Harper's Bazaar» eigentlich als Tageszeitungen drucken müßte. *Peter Ustinov*

15 Man kann mit der Mode gehen oder mit der Mode laufen. Letzteres sollte man aber nur dann, wenn man noch jung genug dazu ist.
Jeanne Moreau

16 Mit der Mode kann man keine Weltanschauung demonstrieren, denn so rasch ändert niemand seine Prinzipien.
Hubert de Givenchy

17 Frauen unterwerfen sich willig der Mode, denn sie wissen, daß die Verpackung wechseln muß, wenn der Inhalt interessant bleiben soll.
Noël Coward

18 Allen Moden gemeinsam ist die Beobachtung, daß ihre ersten und ihre letzten Vertreter komisch sind. *Sigmund Graff*

19 Die etwas von Moden verstehen, machen heute längst Literatur, und keine Kleider.
Nikolaus Cybinski

Modell Modelle sollten sich bemühen, dem Porträt ähnlich zu sehen. *Salvador Dalí*

Moderator *1* Ein Moderator ist ein Dahinredner, der Pausen mit einem Maximum an Minimum füllt. *Henning Venske*

2 Ein Moderator ist eine Art Nummerngirl mit Schnauze. *Wolfgang Gruner*

Moderieren Moderieren ist die Kunst, ein Thema anzuschneiden, ohne auf seinen Kern zu kommen. *Peter Maiwald*

Modeschöpfer *1* Ein Modeschöpfer muß die Seele einer Frau erfassen und das kleiden, was drum herum ist. *Emilio Schuberth*

2 Manchmal habe ich den Verdacht, Modeschöpfer seien verkappte Karikaturisten.
Lil Dagover

Modeschöpfung Frauen, die jede Modeschöpfung zuerst tragen wollen, sind meistens jene, die es bleiben lassen sollten.
Yves Saint-Laurent

Mögliche *1* Nur mit dem Unmöglichen als Ziel kommt man zum Möglichen.
Miguel de Unamuno

2 Man muß das Unmögliche versuchen, um das Mögliche zu erreichen. *Hermann Hesse*

3 Die Wissenschaftler bemühen sich oft, das Unmögliche möglich zu machen, die Politiker das Mögliche unmöglich. *Bertrand Russell*

4 Politik ist die Kunst des Möglichen, aber auch die Wissenschaft vom Unmöglichen. *Harold Macmillan*

Möglichkeit Wir leben von Möglichkeiten und sterben an Wirklichkeiten. *Hans Kudszus*

Mona Lisa Warum bemühen sich manche Frauen, den Männern ein Rätsel zu sein? Die meisten Männer können die Mona Lisa nicht leiden. *Oswald Bumke*

Monat *1* Jeder Mensch ist älter als er ist – um neun Monate. *Stefan Napierski*

2 Für Börsenspekulationen ist der Februar einer der gefährlichsten Monate. Die anderen sind Juli, Januar, September, April, November, Mai, März, Juni, Dezember, August und Oktober. *Mark Twain*

Mönch Mönche sind Menschen, die sich zum Einzeller zurückentwickelt haben. *Hanns-Hermann Kersten*

Mond *1* Jeder ist ein Mond und hat eine dunkle Seite, die er niemandem zeigt. *Mark Twain*

2 Wie der Mond zeigt der Weise der Welt nur seine leuchtende Seite. *John Churton Collins*

3 Kein Dichter wird jemals mehr vom Mond sprechen. *Alberto Moravia*

4 Ich möchte gerne auf den Mond. Dort soll es einen Mann geben. *Jeanne Moreau*

Monogamie *1* Monogamie – das ist genau so, als müßte man jeden Tag Pommes frites essen. *Henry Miller*

2 Der Unterschied zwischen Monogamie und Monotonie liegt darin, daß Monotonie etwas interessanter ist. *Henry Miller*

3 Bigamie: eine Frau zuviel. Monogamie: dasselbe. *Oscar Wilde*

4 Wir Frauen verlieben uns immer in den gleichen Typ von Mann. Das ist unsere Form von Monogamie. *Lauren Bacall*

Monolog Monologe sind Dialoge mit sich. *Heinrich Wiesner*

Monotonie Charakter ist Mut zur Monotonie. *Hans Kudszus*

Monster Niemand bestreitet die Wunder der modernen Wissenschaft. Jetzt wäre es an der Zeit, daß sie auch für ihre Monster die Verantwortung übernimmt. *Jakob von Üxküll*

Montecristo Ich habe vergessen, wie das Restaurant hieß. Ich habe sogar vergessen, wie das Mädchen hieß. Aber ich weiß, daß ich eine Montecristo geraucht habe. *Rudyard Kipling*

Moos Am rollenden Stein wächst kein Moos. *Oskar Kokoschka*

Moral *1* Moral ist der instinktive Widerwille einer Mehrheit. *David Herbert Lawrence*

2 Moral ist die Haltung, die wir Leuten gegenüber einnehmen, die wir nicht leiden können. *Oscar Wilde*

3 Moral ist ein steter Angriff auf das Recht des Stärkeren. *Thomas Niederreuther*

4 Moral ist, was uns erlaubt, uns selbst treu zu sein. *Jeanne Moreau*

5 Moral ist, wenn man so lebt, daß es gar keinen Spaß macht, so zu leben. *Edith Piaf*

6 Die Moral ist immer die letzte Zuflucht der Leute, die die Schönheit nicht begreifen. *Oscar Wilde*

7 Moral ist jenes Maß von Anständigkeit, das gerade modern ist. *Federico Fellini*

8 Die moderne Menschheit hat zwei Arten von Moral: eine, die sie predigt, aber nicht anwendet, und eine andere, die sie anwendet, aber nicht predigt. *Bertrand Russell*

9 In der Moral zählt nur die Absicht, in der Kunst nur das Ergebnis. *Henry de Montherlant*

10 Der Schritt von der absoluten Moral bis zum blutigen Massaker ist kurz. *Karl Schlechta*

Moralist *1* Moralisten sind Menschen, die sich dort kratzen, wo es andere juckt. *Samuel Beckett*

2 Moralisten sind Leute, die sich jedes Vergnügen versagen, außer jenem, sich in das Vergnügen anderer Leute einzumischen. *Bertrand Russell*

3 Verbrechen: Muse der Prediger und der Moralisten. *Stanislaw Jerzy Lec*

Mord *1* Stete Nähe reizt zum Mord. *Sybil Gräfin Schönfeldt*

2 Alle schlechten Eigenschaften entwickeln sich in der Familie. Das fängt mit Mord an und geht über Betrug und Trunksucht bis zum Rauchen. *Alfred Hitchcock*

3 Zweifellos hat es perfekte Morde gegeben – sonst wüßte man ja etwas von ihnen. *Alfred Hitchcock*

4 Totschweigen ist Mord ohne Blutvergießen. *Stephen Spender*

Mörder *1* Mörder sehen nur im Fernsehen wie Mörder aus. *Herbert Lichtenfeld*

2 Man soll die Kritiker nicht für Mörder halten. Sie stellen nur den Totenschein aus. *Marcel Reich-Ranicki*

3 Die meisten Menschen sind Mörder. Sie töten einen Menschen. In sich selbst. *Stanislaw Jerzy Lec*

Mordwerkzeug Die Mordwerkzeuge, die mehr Tote fordern als alle Bomben und Autos zusammen, liegen täglich vor uns auf dem Tisch: Messer und Gabel. *Manfred Köhnlechner*

Morgengrauen Große Träume – ich kenne keine, die nicht im Morgengrauen enden. *Wieslaw Brudziński*

Morgengymnastik Die beste Morgengymnastik für einen Forscher ist es, jeden Tag vor dem Frühstück eine Lieblingshypothese über Bord zu werfen. *Konrad Lorenz*

Moritz Wie sich der kleine Moritz die Weltgeschichte vorstellt – genau so ist sie. *Anton Kuh*

Motor Frauen am Steuer versuchen erst gar nicht, den Motor zu verstehen; deshalb imponiert er ihnen auch nicht. *Ugo Tognazzi*

Mottenkugel Der Fortschritt ist unaufhaltsam. Früher hat man fünf Mottenkugeln für einen Badeanzug gebraucht, jetzt genügt eine Mottenkugel für fünf Badeanzüge. *Micheline Presle*

Mozart *1* Mozart – ein Geschenk, das die Menschheit gar nicht verdient hat. *Wolfgang Hildesheimer*

2 Bei den Damen kommt man mit Chopin viel weiter als mit Mozart. *Arthur Rubinstein*

Mücke *1* Wer in einem Porzellanladen ist, sollte aus einer Mücke keinen Elefanten machen. *Gerhard Uhlenbruck*

2 Was ist der Mensch am Badestrand? Eine Zielscheibe für die Artillerie der Sonne und eine Tankstelle für die Mücken. *Vittorio De Sica*

Mückenstich Nichts gegen die Ärzte, großartige Leute. Früher, bei einem Mückenstich, kratzte man sich. Heute können sie Ihnen zwölf Salben verschreiben und keine nützt, aber das ist doch Leben und Bewegung. *Gottfried Benn*

Müdigkeit Die Inspiration der Müdigkeit sagt weniger, was zu tun ist, als was gelassen werden kann. *Peter Handke*

Mühle Gott liebt es, wenn seine Quellen rauschen. Aber niemand weiß, welche Art Mühlen er damit antreibt. *Karl Heinrich Waggerl*

München *1* Wer behauptet, München sei eine Weltstadt mit Herz, der hat keines. *Oliver Hassencamp*

2 Als Brecht in München schon langweilig war, durfte er in Wien noch immer nicht gespielt werden. *Joachim Kaiser*

Mund *1* Im Leben lernt der Mensch zuerst das Gehen und Sprechen. Später lernt er dann stillzusitzen und den Mund zu halten. *Marcel Pagnol*

2 Atmen durch die Nase ist vor allem deshalb so gesund, weil man dabei den Mund hält. *Markus M. Ronner*

3 Eine Gelegenheit, den Mund zu halten, sollte man nicht vorübergehen lassen. *Curt Goetz*

4 Nichts auf Erden ist so schwer zu halten wie der Mund. *Ewald Balser*

5 Vielleicht wurde das Küssen erfunden, um sich gegenseitig den Mund zu verschließen. *Sacha Guitry*

6 Heutzutage gilt ein Mann schon als Gentleman, wenn er die Zigarette aus dem Mund nimmt, bevor er eine Frau küßt. *Barbra Streisand*

7 Manch einem geht der Mund über, bevor das Herz voll ist. *Stella Kadmon*

8 Wer sein Herz auf der Zunge trägt, sollte nicht mit vollem Munde reden. *Gerhard Uhlenbruck*

9 Viele Menschen sind zu gut erzogen, um

mit vollem Mund zu sprechen, aber sie haben keine Bedenken, dies mit leerem Kopf zu tun. *Orson Welles*

10 Ein Langweiler ist einer, der seinen Mund aufmacht und seine Heldentaten hineinsteckt. *Henry Ford*

11 Nun kommt es im Leben darauf an, wer eine Wahrheit ausspricht. In gewissem Munde wird auch die Wahrheit zur Lüge. *Thomas Mann*

12 Man kann der Wahrheit den Mund verbinden, aber dann macht sie sich immer noch durch Stöhnen bemerkbar. *Arnold J. Toynbee*

13 Es ist leichter, den Mund zu halten als ein Versprechen. *Gustav Knuth*

14 Frechheit: der Anstand nimmt das Blatt vom Mund. *Heinrich Wiesner*

15 Essen ist eine höchst ungerechte Sache: Jeder Bissen bleibt höchstens zwei Minuten im Mund, zwei Stunden im Magen, aber drei Monate an den Hüften. *Christian Dior*

16 Beim Zahnarzt läuft einem immer das Wasser im Mund zusammen. *Gerhard Uhlenbruck*

Muschel Wer die Perle in Händen hält, fragt nicht nach der Muschel. *Peter Benary*

Muse *1* Die Muse hatte ihn bloß geküßt. Seine Leserinnen wollten mehr. *Nikolaus Cybinski*

2 Mancher, der sich von der Muse geküßt wähnte, hat sie vergewaltigt. *Hanns-Hermann Kersten*

3 Eine der verläßlichsten Musen ist der Whisky. *Brendan Behan*

Museum *1* Toren besuchen im fremden Land die Museen, Weise gehen in die Tavernen. *Erhart Kästner*

2 Alternde Menschen sind wie Museen: Nicht auf die Fassade kommt es an, sondern auf die Schätze im Innern. *Jeanne Moreau*

Musical Ein Musical ist ein Sprechstück für Leute, die nicht singen können, und ein Gesangsstück für Leute, die nicht sprechen können. *Charles Aznavour*

Musik *1* Jeder Esel kann den Takt schlagen, aber Musik machen – das ist schwierig. *Arturo Toscanini*

2 Die Musik ist der Geist der Geometrie. *Paul Claudel*

3 Der Mensch ist ein Lebewesen, das klopft, schlechte Musik macht und seinen Hund bellen läßt. Manchmal gibt er auch Ruhe, aber dann ist er tot. *Kurt Tucholsky*

4 Die Jugend kann nicht mehr auf die Erwachsenen hören. Dazu ist ihre Musik zu laut. *Oliver Hassencamp*

5 Man fragte einen Leierkastenmann, was denn das Wesen der guten Musik sei. «Gleichmäßig die Kurbel drehen.» *Wiesław Brudziński*

6 Früher gingen die Leute ins Konzert, um Musik zu hören. Heute gehen sie hin, um Dirigenten zu sehen. *Paul Hörbiger*

7 Die Komponisten sollten nur Musik schreiben, in der man wohnen kann. *Darius Milhaud*

8 Man kann auch Musik mit Lippenstift beschmieren und mit Puder ersticken. *Igor Strawinski*

9 Moderne Musik ist für mich nichts anderes als Instrumentenstimmen nach Noten. *Peter Sellers*

10 Zeitgenössische Musik ist eine Wüste mit ein paar ausgespuckten Dattelkernen hier und da. *Pablo Casals*

11 Es ist nicht erforderlich, Musik zu verstehen. Man braucht sie nur zu genießen. *Leopold Stokowski*

12 Die Musik spricht für sich allein. Vorausgesetzt, wir geben ihr eine Chance. *Yehudi Menuhin*

13 Das ist mein größter Einwand gegen Musik: daß Österreicher darin exzelliert haben. *Arno Schmidt*

14 Es kann sein, daß die Engländer die Musik lieben; aber vor allem lieben sie den Lärm, den sie macht. *Thomas Beecham*

15 Ich habe meine Aufgabe immer darin gesehen, die Musik vor dem Lärm zu schützen. *Andrés Segovia*

16 Die Musik über alles lieben heißt unglücklich sein. *Paul Klee*

Musikant Das Schädliche an den Blechinstrumenten liegt in der Tatsache, daß sie die

Lungen stärken und damit das Leben der Musikanten verlängern. *George Bernard Shaw*

Musiker *1* Einen guten Musiker erkennt man an dem, was er stiehlt. *Friedrich Gulda*

2 Was ein richtiger Musiker sein will, der muß auch eine Speisekarte komponieren können. *Richard Strauß*

3 Musiker sind nicht eitel – sie bestehen aus Eitelkeit. *Kurt Tucholsky*

Muskel Man sollte lieber zwei Muskeln bewegen, um zu lachen, statt dreizehn Muskeln, um die Stirn zu runzeln und die Zähne zu fletschen. *Jacques Tati*

Muße *1* Muße ist das Kunststück, sich selbst ein angenehmer Gesellschafter zu sein. *Karl Heinrich Waggerl*

2 Wir sollten wieder lernen, aus der Freizeit Muße zu machen. *Otto Flake*

Müssen Auch dem Sterben kann man etwas Gutes abgewinnen: Es ist das letzte «Müssen» in unserem Leben. *Gerhard Uhlenbruck*

Müßiggang Schon im Wort Müßiggang liegt Weisheit, denn echte Muße gibt es nur beim Gehen. *Carl Zuckmayer*

Mut *1* Mut ist nichts anderes als Angst, die man nicht zeigt. *Sergio Leone*

2 Die Angst ist die andere Hälfte von Mut. *Reinhold Meßner*

3 Mut: Abfallprodukt der Angst. *Rudolf Rolfs*

4 Der Unwissende hat Mut, der Wissende hat Angst. *Alberto Moravia*

5 Mut kann nur der haben, der auch die Furcht kennt; der andere ist nur tollkühn. *Willy Brandt*

6 Mut beruht vor allem auf dem Willen, ihn zu haben. *Ellen Key*

7 Mut ist nur daran zu messen, wen man und wen man nicht auf seiner Seite hat. *Ludwig Marcuse*

8 Wenn Männer in hoher Stellung den Mut zur eigenen Meinung nicht haben, was läßt sich da von Männern in niedriger Stellung erwarten? *Samuel Smiles*

9 Das Dasein ist köstlich. Man muß nur den Mut haben, sein eigenes Leben zu führen. *Peter Rosegger*

10 Mut ist das Wagnis, mehr zu können, als man kann. *Heinrich Wiesner*

11 Genialität ist Mut zu sich selbst. *Hans Kudszus*

12 Auch der Mutigste von uns hat nur selten den Mut zu dem, was er eigentlich weiß. *Friedrich Nietzsche*

13 Das Publikum liebt neue Ideen, in dramatische Form gebracht. Nur müssen es Ideen sein, die jeder im Publikum gehabt haben könnte und sie nur aus Mangel an Mut nicht auszusprechen gewagt hat. *William Somerset Maugham*

14 Manchmal stellt sich der Mut erst ein, wenn man keinen anderen Ausweg mehr sieht. *William Faulkner*

15 Vernunft ist manchmal nichts anderes als der Mut zur Feigheit. *George Bernard Shaw*

16 Es gibt Leute, denen sogar der Mut fehlt, feige zu sein. *Markus M. Ronner*

17 Mut ist oft Mangel an Einsicht, Feigheit dagegen beruht nicht selten auf guten Informationen. *Peter Ustinov*

18 Hab Mut! Jedoch nicht, um ihn zu beweisen. *Joachim Ringelnatz*

19 Die unheimlichste aller Erfindungen ist der Spiegel. Woher nehmen die Menschen nur den Mut, da hineinzuschauen? *Brendan Behan*

20 Laster sind die Vergnügungen, zu denen es uns an dem nötigen Mut fehlt. *Graham Greene*

21 Lasset uns deklinieren: Der Mut – des Mutes – Demut. *Werner Finck*

Mutter *1* Es gibt kein Recht der Frau auf ein Kind, sondern es gibt nur das Recht eines Kindes auf eine Mutter. *Gertrud von Le Fort*

2 Das Kind hat den Verstand meistens vom Vater, weil die Mutter ihren noch besitzt. *Adele Sandrock*

3 Ein Faustschlag ins Gesicht der Pietät gehört zu den Taten, ohne welche man nicht von der Schürze der Mutter loskommt. *Hermann Hesse*

4 Jede Mutter hofft, daß ihre Tochter einen besseren Mann bekommt als sie selber, und ist überzeugt, daß ihr Sohn niemals eine so gute Frau bekommen wird wie sein Vater.
Martin Andersen-Nexø

5 Die Mutter des Jahres sollte eine sterilisierte Frau mit zwei adoptierten Kindern sein.
Paul Ehrlich

Muttersprache Man kann noch so viele Fremdsprachen beherrschen – wenn man sich beim Rasieren schneidet, gebraucht man die Muttersprache. *Eddie Constantine*

Mythos Die Quelle des Mythos ist nicht das Glück, sondern das Unglück. *Franz Herre*

N

Nabel Der Nabel der Welt liegt etwas tiefer.
Wolfgang Eschker

Nabelschau Die Nabelschau des Mannes: sein Bauch. *Gerhard Uhlenbruck*

Nachahmer Die meisten Nachahmer lockt das Unnachahmliche.
Marie von Ebner-Eschenbach

Nachahmung *1* Nachahmung führt leicht zu Selbsttäuschung. *Henry Ford*

2 Die Parodie ist die aggressivste Form der Nachahmung. *Arthur Koestler*

Nachbar *1* Wir machen uns Freunde. Wir machen uns Feinde. Aber Gott macht uns den Nachbarn nebenan. *Gilbert Keith Chesterton*

2 Befrage deinen Nachbarn nur über Dinge, die du besser weißt. Sein Rat könnte wertvoll sein. *Karl Kraus*

3 Wenn dein Nachbar hungert, kommen seine Mäuse in deinen Keller. *Hans Kasper*

4 Urlaub ist der Versuch, dem Nachbarn zu entgehen, obwohl man ziemlich sicher sein kann, daß man ihn im Strandkorb nebenan trifft. *Jacques Tati*

Nachdenken *1* Wer so tut, als bringe er die Menschen zum Nachdenken, den lieben sie. Wer sie wirklich zum Nachdenken bringt, den hassen sie. *Aldous Huxley*

2 Sinnloser als Fußball ist nur noch eines: Nachdenken über Fußball. *Martin Walser*

Nachdenkliche Allein ist der Zustand, in dem sich jeder Nachdenkliche befindet.
Helmar Nahr

Nachgeben Es ist immer der Schwächere, der sich nach dem Nachgeben als der Klügere ausgibt. *Georg Leber*

Nachkomme Wir sind sehr loyal zu unseren Nachkommen. Wir übergeben ihnen zwar eine erbärmlich eingerichtete Welt – aber auch die Mittel, sie zu vernichten. *Gabriel Laub*

Nachricht *1* Niemand weiß, welche Nachricht von Bedeutung ist, bevor hundert Jahre vergangen sind. *Friedrich Nietzsche*

2 Wo Nachrichten fehlen, wachsen die Gerüchte. *Alberto Moravia*

3 Unter einem Dementi versteht man in der Diplomatie die verneinende Bestätigung einer Nachricht, die bisher lediglich ein Gerücht gewesen ist. *John B. Priestley*

Nachrichtendienst Ein guter Nachrichtendienst ist der Scheibenwischer der Regierung.
George F. Kennan

Nachrichtensprecher Nachrichtensprecher fangen stets mit «Guten Abend» an und brauchen dann 15 Minuten, um zu erklären, daß es kein guter Abend ist. *Rudi Carrell*

Nachrichtenwesen Radikalismus und Nachrichtenwesen sind natürliche Verbündete.
Hans Egon Holthusen

Nachruhm Der Nachruhm ist das Dessert der Geschichte. *Harold Macmillan*

Nachsicht *1* Zuviel Nachsicht, und wir haben das Nachsehen. *Bert Berkensträter*

2 Nachsicht ist die höflichste Form der Gleichgültigkeit. *Abel Bonnard*

Nächste *1* Liebe deinen Nächsten wie dich selbst. Denn: jeder ist sich selbst der Nächste.
Karl Kraus

2 Man will ja gern seinen Nächsten lieben, aber doch nicht den Nächstbesten.
Karl Heinrich Waggerl

3 Behagen: Gemütszustand beim Betrachten der Sorgen deines Nächsten. *Ambrose Bierce*

Nächstenliebe *1* Er liebte. Er hatte keine Zeit für Nächstenliebe. *Markus M. Ronner*

2 Nächstenliebe ist Drang nach neuem Eigentum. *Friedrich Nietzsche*

Nacht *1* Über Nacht wird man nur dann berühmt, wenn man tagsüber hart gearbeitet hat. *Howard Carpendale*

2 Ich habe dreißig Jahre gebraucht, um über Nacht berühmt zu werden. *Harry Belafonte*

3 Die Antwort auf eine Frage bei Tag oder bei Nacht – das sind zwei Antworten. *Erhard Blanck*

4 Die Mitte der Nacht ist auch schon der Anfang eines neuen Tages. *Karol Wojtyla*

5 Schlaf ist Unhöflichkeit gegenüber der Nacht. *Hans Kudszus*

6 In der Nacht hat der Mensch nur ein Nachthemd an, und darunter kommt gleich der Charakter. *Robert Musil*

Nachthemd Die meisten Frauen wählen ihr Nachthemd mit mehr Verstand als ihren Mann. *Gabrielle «Coco» Chanel*

Nachtklub *1* Was in der U-Bahn Überfüllung genannt wird, nennt man in einem Nachtklub angenehme Intimität. *Frank Sinatra*

2 Ein Nachtklub ist ein Lokal, in dem die Tische reservierter sind als die Gäste. *Charlie Chaplin*

Nachwelt *1* Wer ein Genie ist, bestimmt die Nachwelt. Wer ein Star ist, entscheidet die Mitwelt. *Werner Höfer*

2 Die Nachwelt ist nicht besser als die Mitwelt, sie ist nur später. *Arthur Schnitzler*

Nacktheit Die Nacktheit der Frau ist weiser als die Lehren der Philosophie. *Max Ernst*

Nadelöhr Selbst als Kamel war er nicht größer als ein Nadelöhr. *Wolfgang Eschker*

Nagel Ich kenne wenig Weltverbesserer, die in der Lage sind, einen Nagel richtig einzuschlagen. *Henrik Ibsen*

Nagellack Solange der Nagellack noch nicht trocken ist, ist eine Frau praktisch wehrlos. *Burt Reynolds*

Nähe *1* Man ist mit der Nähe verheiratet, aber man liebt die Ferne. *Friedrich Sieburg*

2 Abstand wahren ist der kürzeste Weg in die Nähe des anderen. *Hans Kudszus*

3 Stete Nähe reizt zum Mord. *Sybil Gräfin Schönfeldt*

4 Wer die Menschen liebt, darf sie nur aus nächster Nähe betrachten oder ganz aus der Ferne. *Thomas Niederreuther*

5 Ein Volk versteht man am besten ganz aus der Nähe oder aus größerer Entfernung. *John Steinbeck*

Nähmaschine Hütet euch vor den Technikern! Mit der Nähmaschine fangen sie an, und mit der Atombombe hören sie auf. *Marcel Pagnol*

Nahrung *1* Der Mensch ist das einzige Lebewesen, das seine Nahrung zerstört, bevor es sie ißt. *Werner Kollath*

2 Mit dem Geist ist es wie mit dem Magen: Man sollte ihm nur Nahrung zumuten, die er verdauen kann. *Winston S. Churchill*

Naivität Es gehört Naivität dazu, an das zu glauben, was man sagt, und gar, es für wichtig zu halten. *Julien Green*

Name *1* Drei Dinge kann ich mir nicht merken: Das eine sind Namen, das zweite sind Zahlen, und das dritte hab' ich vergessen. *Curt Goetz*

2 Der einzige Name, der den Menschen wirklich charakterisiert, ist sein Spitzname. *Boleslaw Barlog*

3 Er wollte seinen Namen nicht beschmutzen. Deshalb wählte er ein Pseudonym. *Wolfgang Eschker*

Narbe *1* Der Optimist sieht bereits die Narbe über der Wunde, der Pessimist immer noch die Wunde unter der Narbe. *Ernst Schröder*

2 Manche tragen Narben an anderen Stellen als dort, wo ihnen Wunden geschlagen wurden. *Wieslaw Brudziński*

Narr *1* Nur ein Narr hört alles, was ihm zu Ohren kommt. *Austin O'Malley*

2 Wer alles ernst nimmt, hält sich selbst zum Narren. *Wolfgang Eschker*

3 Es gibt Narren, die erkennt man am sichersten, wenn sie nicht lachen. *Nikolaus Cybinski*

4 Die große Stärke der Narren ist es, daß sie keine Angst haben, Dummheiten zu sagen. *Jean Cocteau*

5 Der Jammer mit der Menschheit ist, daß die Narren so selbstsicher sind und die Gescheiten so voller Zweifel. *Bertrand Russell*

6 Eine selbstbewußte Gesellschaft kann viele Narren ertragen. *John Steinbeck*

7 Es gibt viele Narren, die so tun, als wären sie gescheit. Warum sollte ein Gescheiter nicht so tun dürfen, als wäre er ein Narr? *Salvador Dalí*

8 Nur Kindern und Narren verzeihen wir, daß sie uns die Wahrheit sagen; die andern werden es früher oder später büssen. *Emile M. Cioran*

9 Jeder Narr kann die Wahrheit sagen, aber nur ein verhältnismäßig Intelligenter kann gut lügen. *Samuel Butler*

10 Über das Selbstverständliche staunen nur die Narren und die Weisen. *Jean Giono*

11 Der Stein der Weisen sieht dem Stein der Narren zum Verwechseln ähnlich. *Joachim Ringelnatz*

12 Man lebt nur einmal – sagen die Narren. Man lebt nur einmal – sagen die Weisen. *Armando Palacio Valdés*

13 In Prüfungen stellen Narren Fragen, die Weise nicht beantworten können. *Oscar Wilde*

14 In der Liebe ergeben ein kluger Mann und eine kluge Frau zusammen zwei Narren. *Helen Vita*

15 Die dümmste Frau ist in der Lage, einen klugen Mann um den Finger zu wickeln. Um aber einen Narren richtig zu behandeln, bedarf es einer sehr klugen Frau. *André Maurois*

16 Ein junger Mensch, der niemals weint, ist ein Ungeheuer. Ein alter Mensch, der niemals lacht, ist ein Narr. *George Santayana*

Nase *1* Ich male die Nasen absichtlich schief, damit die Leute gezwungen sind, sie anzusehen. *Pablo Picasso*

2 Die Satire darf die kleine Nase zum Knopf, die große zur Gurke machen. *Karl Kraus*

3 Atmen durch die Nase ist vor allem deshalb so gesund, weil man dabei den Mund hält. *Markus M. Ronner*

4 Es gibt Leute, die die Nase nur deshalb so hoch tragen, weil ihnen das Wasser bis dorthin steht. *Horst Wolfram Geißler*

5 Memoiren sind eine Verleitung, die eigene Nase schöner zu machen, als sie ist. *Helmut Schmidt*

6 Wer seiner Nase nicht traut, fällt auf sie. *Heinrich Nüsse*

7 Frauen benützen Parfüm, weil die Nase leichter zu verführen ist als das Auge. *Jeanne Moreau*

8 Beim Anblick der Welt fassen sich zwei an der Nase. Der eine des Geruchs wegen, der andere, weil er wissen will, ob er träumt. *Werner Schneyder*

9 Man hat beobachtet, daß die Nase niemals glücklicher ist, als wenn sie in anderer Leute Angelegenheiten steckt – daraus haben einige Physiologen geschlossen, daß ihr der Geruchsinn fehle. *Ambrose Bierce*

10 Renne keine offene Tür ein; man schlägt sie dir sonst vor der Nase zu. *Stanislaw Jerzy Lec*

Nation *1* Eine Nation muß scheitern, wenn sie ihre Zukunft in der Vergangenheit sieht. *Walther Leisler Kiep*

2 Was eine Nation groß macht, sind nicht in erster Linie die großen Männer – es ist das Format der Mittelmäßigen. *José Ortega y Gasset*

3 Die größte Partei ist immer eine Art Verschwörung gegen den Rest der Nation. *Edward Frederick Halifax*

4 Wer eine Fremdsprache lernt, zieht den Hut vor einer anderen Nation. *Thornton Wilder*

5 Jede Nation ist im Ausland hauptsächlich durch ihre Untugenden bekannt. *Joseph Conrad*

6 Der sogenannte typische Vertreter einer Nation ist immer bereits eine halbe Karikatur. *Saul Steinberg*

7 Der typische Vertreter jeder Nation ist eine Ausnahme. *Holbrook Jackson*

8 Olympische Spiele sind eine wundervolle Gelegenheit, Zwietracht auch unter jenen Nationen zu stiften, die sonst keine Reibungsflächen haben. *George Bernard Shaw*

9 Am Chauvinismus ist nicht so sehr die

Abneigung gegen die fremden Nationen als die Liebe zur eigenen unsympathisch.
Karl Kraus

Nationalhymne Die Nationalhymne der Schweizer ist so dumm, daß man sie auswendig lernen kann. *Friedrich Dürrenmatt*

Nationalismus Der Nationalismus kann gewaltig sein. Niemals groß. *Stanislaw Jerzy Lec*

Nationalist Der Nationalist glaubt gerne, daß Christus Katholik war. *André Gide*

NATO NATO oder: Sechs Nationen suchen einen Feind. *Peter Ustinov*

Natur *1* Während der ersten Sintflut retteten sich Menschen vor der Natur. Während der zweiten Sintflut versucht sich die Natur vor den Menschen zu retten. *Werner Schneyder*

2 Zivilisation ist einfach eine Reihe von Siegen über die Natur. *William Harvey*

3 Wer sich mit der Natur verträgt, dem tut sie nichts. *Henry Miller*

4 Jäten ist Zensur an der Natur.
Oskar Kokoschka

5 Unkraut ist die Opposition der Natur gegen die Regierung der Gärtner.
Oskar Kokoschka

6 Die Natur duldet keine unheilbare Gesundheit. *Thomas Bernhard*

7 Dummheit ist ein menschliches Privileg. In der Natur gibt's keine Dummheit.
Sigismund von Radecki

8 Einem Maler sagen, er solle die Natur wiedergeben, wie sie ist, hieße einem Pianisten sagen, er solle sich auf die Klaviertasten setzen. *James Abbott McNeill Whistler*

9 Nie hat ein Dichter die Natur so frei ausgelegt wie ein Jurist die Wirklichkeit.
Jean Giraudoux

10 Die Liebe ist der Versuch der Natur, den Verstand aus dem Weg zu räumen.
Thomas Niederreuther

11 Die Wollust ist die Prämie der Natur für die Mühen von Zeugung und Geburt.
Sigmund Freud

Natürlichsein Natürlichsein ist eine Pose, die sich sehr schwer durchhalten läßt.
Oscar Wilde

Naturwissenschaft *1* Aufgabe der Naturwissenschaft ist es nicht nur, die Erfahrung zu erweitern, sondern in diese Erfahrung eine Ordnung zu bringen. *Niels Bohr*

2 Naturwissenschaft ohne Religion ist lahm, Religion ohne Naturwissenschaft ist blind.
Albert Einstein

Neapolitaner Neapolitaner können singen, bevor sie sprechen lernen. *Sophia Loren*

Neger Alle Klischees stimmen. Wahrscheinlich stinken sogar die Neger. *Urs Widmer*

Neid *1* Neid ist die Mutter der Demokratie.
Miguel de Unamuno

2 Neid ist die Grundlage der Demokratie.
Bertrand Russell

3 Neid – Ressentiment des Schwächeren.
Markus M. Ronner

4 Neid ist die aufrichtigste Form der Anerkennung. *Markus M. Ronner*

5 Nur Stolz schützt vor Neid. *Hans Habe*

6 Man sollte lieber Neid als Mitleid erregen.
Jacques Prévert

7 Gratulation: die Höflichkeit des Neides.
Ambrose Bierce

Neider *1* An eine ungetrübte Freude glaubt nur der Neider. *Hans Arndt*

2 Stell dein Licht unter den Scheffel, sonst blasen es dir die Neider aus.
Gerhard Uhlenbruck

Neigung Wer seine Neigungen stutzt, schafft Triebe. *Charles Regnier*

Nein *1* Ich kann in zwölf Sprachen Nein sagen – das ist unerläßlich für eine Frau, die weit herumkommt. *Sophia Loren*

2 Eine Frau, die ihr «Nein» begründet, hat es bereits halb zurückgenommen.
Sigmund Graff

3 Ein Nein, das einer Begründung bedarf, wird zum Vielleicht. *Malcolm Forbes*

Neinsagen Als Verleger verdient man das meiste Geld mit dem Neinsagen.
Ralph Maria Siegel

Neinsager Die häufigsten Versager sind nicht die Nein-, sondern die Jasager.
Gerhard Uhlenbruck

Nerv *1* Der Mensch ist gut, nur seine Nerven sind schlecht. *Moscheh Ya'akov Ben-gavriêl*

2 So mancher meint ein gutes Herz zu haben und hat nur schwache Nerven. *Marie von Ebner-Eschenbach*

Nerz Nicht jeder, der seiner Frau einen Nerz verweigert, ist ein Tierschützer. *Chris Howland*

Nestbeschmutzung Nestbeschmutzung ist die einzige heute noch vertretbare Form von Vaterlandsliebe. *Herbert Rosendorfer*

Neue *1* Die Zeit ist mit Neuem schwanger, ohne gebären zu können. *Ernst Bloch*

2 Das Neue wird immer im Schmerz geboren. *Graham Greene*

Neuerung Fortschritt kann auch darin bestehen, auf wissenschaftliche Neuerungen zu verzichten. *Aurelio Peccei*

Neugier *1* Die Öffentlichkeit hat eine unersättliche Neugier, alles zu wissen, nur nicht das Wissenswerte. *Oscar Wilde*

2 Wenn die Neugier sich auf ernsthafte Dinge richtet, nennt man sie Wissensdrang. *Marie von Ebner-Eschenbach*

3 Erste Liebe ist etwas Dummheit und sehr viel Neugier. *George Bernard Shaw*

4 Die Touristen sind eine Internationale der Neugier. *Alberto Moravia*

Neurose *1* Wir hängen an unseren Neurosen, sonst hätten wir gar nichts mehr. *Gottfried Benn*

2 Keine Neurose ohne Dornen. *Hans Kudszus*

Neutralität Neutralität ist: es mit den Siegenden zu halten. *Piet Hein*

Nichtmalenkönnen An das Nichtmalenkönnen werden, seitdem es eine eigene Kunstgattung geworden ist, immer höhere Anforderungen gestellt. *Hans Krailsheimer*

Nichtraucher *1* Wenn Raucher wüßten, was sie Nichtrauchern antun, hätten sie wenigstens einen Grund, nicht unter die Nichtraucher zu gehen. *Markus M. Ronner*

2 Was Raucher Nichtrauchern antun, heißt bei Nichtschwimmern: ersäufen. *Werner Schneyder*

3 Toleranz kann man von Rauchern lernen: Noch nie hat sich ein Raucher über einen Nichtraucher beschwert. *Alessandro Pertini*

Nichts Das Leben ist die Suche des Nichts nach dem Etwas. *Christian Morgenstern*

Nichtschwimmer Wasserball ist ein harter Sport – vor allem für Nichtschwimmer. *Peter Frankenfeld*

Nichtstun *1* Nichtstun ist die schwierigste Beschäftigung und zugleich diejenige, die am meisten Geist voraussetzt. *Oscar Wilde*

2 Faulpelz: ein Mensch, der sich keine Arbeit damit macht, sein Nichtstun zu begründen. *Gabriel Laub*

Nichtwähler Nichtwähler sind auch Wähler. *Werner Höfer*

Niederlage *1* Jede Niederlage beginnt damit, daß man den Standpunkt des Gegners anerkennt. *Winston S. Churchill*

2 Ein Politiker ruiniert sich nicht durch seine Niederlagen, sondern durch seine Pyrrhussiege. *Harold Macmillan*

3 Früher haben die Frauen auf ihrem eigenen Boden gekämpft. Da war jede Niederlage ein Sieg. Heute kämpfen sie auf dem Boder der Männer. Da ist jeder Sieg eine Niederlage. *Gabrielle «Coco» Chanel*

4 Einen Sieg kann man verschenken, eine Niederlage muß man immer selber einstecken. *Claudia Doren*

Niveau-Unterschied Nicht der Abgrund trennt, sondern der Niveau-Unterschied. *Stanislaw Jerzy Lec*

Nörgler *1* Nörgler: jemand, der unsere Arbeit kritisiert. *Ambrose Bierce*

2 Den Fortschritt verdanken wir den Nörglern. Zufriedene Menschen wünschen keine Veränderung. *Herbert George Wells*

Norm Schönheit ist das, was von der Norm abweicht. *Hans Werner Henze*

Normale Das Problem der Zeitungsberichterstattung liegt darin, daß das Normale uninteressant ist. *Saul Bellow*

Nostalgie *1* Nostalgie ist die Fähigkeit, darüber zu trauern, daß es nicht mehr so ist, wie es früher auch nicht gewesen ist. *Manfred Rommel*

2 Nostalgie ist die Sehnsucht nach der guten alten Zeit, in der man nichts zu lachen hatte. *Charles Aznavour*

Not *1* Früher hat man aus der Not eine Tugend gemacht. Heute macht man aus der Tugend eine Not. *Joana Maria Gorvin*

2 Ironie heißt fast immer, aus einer Not eine Überlegenheit machen. *Thomas Mann*

Notausgang Junggesellen sind Männer, die sich zuallererst über den Notausgang informieren. *Richard Attenborough*

Note *1* Moderne Musik ist für mich nichts anderes als Instrumentenstimmen nach Noten. *Peter Sellers*

2 Was noch fehlt, ist ein Staubsauger für all jene Noten, die bei einem Klavierkonzert unter den Flügel fallen. *Thomas Beecham*

Notenschrift Ist es Zufall, daß in der Notenschrift die hohlen Köpfe den größten Wert haben? *Peter Benary*

Notfall Wählt stets das kleinere Übel, hebt euch das größere auf für den Notfall. *Wieslaw Brudziński*

Notwendige *1* Lebenskünstler sind Menschen, die nicht nur Zeit für das Notwendige, sondern auch für das scheinbar Überflüssige haben. *Friedl Beutelrock*

2 Politik ist die Kunst, das Notwendige möglich zu machen. *Herbert Wehner*

Notwendigkeit *1* Zivilisation ist die unablässige Vermehrung unnötiger Notwendigkeiten. *Mark Twain*

2 Die Notwendigkeit schafft die Form. *Wassily Kandinsky*

November November: das elfte Zwölftel eines Stumpfsinns. *Ambrose Bierce*

Nudist Ein Nudist ist ein Mensch, bei dem ein Taschendieb keine Chance hat. *Georg Thomalla*

Null *1* Ein Jubiläum ist ein Datum, an dem eine Null für eine Null von mehreren Nullen geehrt wird. *Peter Ustinov*

2 Als erstes im Bankgeschäft lernt man den Respekt vor Nullen. *Carl Fürstenberg*

Nullwachstum Das Nullwachstum nimmt zu. *Gerhard Uhlenbruck*

Nuß Fernsehen ist das Vergnügen, zu bewegten Bildern Nüsse zu knabbern und nicht darauf zu achten, wie viele es sind. *Ugo Tognazzi*

Nutznießer Die Menschen, die nicht über den Sinn des Lebens nachdenken, sind die wahren Nutznießer auf Erden. *Hans Arndt*

O

Oberfläche Wenn man ständig mit einem Menschen zusammenlebt, sieht man nur noch die Oberfläche, die aus lauter kleinen Reibungsflächen besteht. *Brigitte Schwaiger*

Oberflächliche Nur die Oberflächlichen kennen sich selbst. *Oscar Wilde*

Objektivität *1* Objektivität ist das, wovon wir uns wünschen, daß andere Leute es anderen Leuten gegenüber an den Tag legen. *Gabriel Laub*

2 Objektivität ist die Kunst, geheimzuhalten, zu wem man hält. *Markus M. Ronner*

3 Objektivität ist die Subjektivität der oberen Zehntausend. *Thomas Niederreuther*

4 Manche sehen mit dem rechten und mit dem linken Auge genau dasselbe. Und glauben, dies sei Objektivität. *Stanislaw Jerzy Lec*

Obst *1* Das Obst, das er vom Baum der Erkenntnis gegessen hatte, muß noch unreif gewesen sein. *Wolfgang Eschker*

2 Witze sind wie Obst: Druck vertragen die wenigsten. *Helmut Qualtinger*

Ochse Die Vitalität wird zu Lasten des Verstandes überschätzt. Dabei sind es die Ochsen und nicht die Denker, die uns zu Tode trampeln. *Friedrich Dürrenmatt*

Ödipus Ödipus: Dilemmama. *Hans-Horst Skupy*

Offenbarung Jenseits des Weihrauchs beginnen die Offenbarungen. *Max Frisch*

Offensichtliche Der Künstler kann nur eines nicht sehen: das Offensichtliche. Das Publikum kann nur eines sehen: das Offensichtliche. Resultat: die Zeitungskritik. *Oscar Wilde*

Öffentlichkeit *1* Die Öffentlichkeit hat eine

unersättliche Neugier, alles zu wissen, nur nicht das Wissenswerte. *Oscar Wilde*

2 Man soll nicht vor die Öffentlichkeit treten, wenn die Öffentlichkeit nicht hinter einem steht. *Gerhard Uhlenbruck*

3 Ich und meine Öffentlichkeit verstehen uns sehr gut: Sie hört nicht, was ich sage, und ich sage nicht, was sie hören möchte. *Karl Kraus*

4 Kritik ist oft nur ein Wackelkontakt zwischen Kunst und Öffentlichkeit. *Hans Kudszus*

5 Wer in der Öffentlichkeit Kegel schiebt, muß sich gefallen lassen, daß nachgezählt wird, wieviel er getroffen hat. *Kurt Tucholsky*

Offizier Eine friedliche und einträchtige Welt ist der geheime Alptraum der Offiziere und Advokaten. *Norman Mailer*

Ohnmacht Haß ist stets Selbsthaß: Man haßt seine Ohnmacht. *Walter Hilsbecher*

Ohnmächtige Ironie ist keine Waffe, sondern eher ein Trost der Ohnmächtigen. *Ludwig Marcuse*

Ohr *1* Nur ein Narr hört alles, was ihm zu Ohren kommt. *Austin O'Malley*

2 Weit ist der Weg vom Ohr zum Herzen, aber noch weiter ist der Weg zu den helfenden Händen. *Josephine Baker*

3 Der Journalist hat zwei Augen und zwei Ohren, um doppelt so viel zu sehen und zu hören, wie geschieht. *Alexander Roda Roda*

4 Lärm: Gestank im Ohr. *Ambrose Bierce*

Ökologie Ökologie ist gescheite Ökonomie. *Konrad Lorenz*

Oktave Intellektuell läßt sich kein Unterschied zwischen Tenören und Bässen ausmachen. Wenn Tenöre Unsinn reden, tun sie's eben um eine Oktave höher. *Thomas Beecham*

Öl *1* Eher geht den Älländern das Öl aus als den Fernsehanstalten die alten Filme. *Dieter Hildebrandt*

2 Die Engländer haben das Öl, die Franzosen die Kernkraft und die Deutschen die Diskussion. *Lothar Späth*

Olympische Spiele *1* Olympische Spiele sind eine wundervolle Gelegenheit, Zwietracht auch unter jenen Nationen zu stiften, die sonst keine Reibungsflächen haben. *George Bernard Shaw*

2 Olympische Spiele finden im Zeichen der fünf Schlagringe statt. *Werner Schneyder*

Onkel Ein Onkel, der Gutes mitbringt, ist besser als eine Tante, die bloß Klavier spielt. *Wilhelm Busch*

Oper Mancher hat Opern und Sinfonien geschrieben und lebt doch nur weiter in einer Fußnote. *Alfred Polgar*

Opernsänger Der Opernsänger lebt wie ein Spitzensportler. Mit dem Unterschied, daß er keinen Start absagen darf. *Hans Beirer*

Opfer *1* Um manche Delikte zu begreifen, genügt es, wenn man die Opfer kennt. *Oscar Wilde*

2 Opfer kehren oft zum Ort der Tat zurück, um sich der guten alten Zeiten zu erinnern. *Wieslaw Brudziński*

3 Das Ideal läßt sich am besten an den Opfern messen, die es verlangt. *Carl Friedrich von Weizsäcker*

Opportunist *1* Opportunisten sind Leute, die den Bleistift an beiden Enden spitzen. *Peter Wehle*

2 Opportunisten sind Leute mit der politischen Blutgruppe null. *Franklin J. Schaffner*

3 Opportunisten sind Leute, die schon heute die Windrichtung von übermorgen kennen. *Alec Guinness*

4 Opportunisten sind Leute, die den Zug erst auf der Endstation besteigen. *Ernst Schröder*

5 Opportunisten: Raubvögel, die kriechen. *Rudolf Rolfs*

6 Opportunist – ein Jenachdemer. *Wilhelm Busch*

Opposition *1* Opposition ist die Kunst, etwas zu versprechen, was die Regierung nicht halten kann. *Harold George Nicolson*

2 Die Opposition bestimmt die Nichtlinien der Politik. *Walter Scheel*

3 Wer an der Regierung ist, muß Brände sofort löschen. Die Opposition kann über die Verbesserung der Feuerwehr in Ruhe nachdenken. *Norbert Blüm*

4 Ich hätte gerne ein Regierungssystem, in dem die, die etwas tun wollen, an der Macht sind – und die, die gerne reden, die Opposition bilden. *Edward Heath*

5 Es ist die Aufgabe der Opposition, die Regierung abzuschminken, während die Vorstellung läuft. *Jacques Chirac*

6 Der Niedergang einer Oppositionspartei beginnt, wenn Opposition innerhalb der Opposition gemacht wird. *Maurice Faure*

7 Viele Politiker, die in der Opposition geschmeidige Düsenjäger waren, werden an der Macht bedächtige Segelflieger. *Ignazio Silone*

8 Das Gefühl braucht Opposition. Wenn man schon aus Liebe heiratet, sollten wenigstens die Eltern dagegen sein. *Hermann Bahr*

9 Unkraut ist die Opposition der Natur gegen die Regierung der Gärtner. *Oskar Kokoschka*

Optimismus *1* Optimismus ist die extremste Form der Verwegenheit. *Anatole France*

2 Optimismus ist der Instinkt zu lügen. *Elbert Hubbard*

3 Optimismus ist eine Geistesstörung, die sich in der Überzeugung des Patienten äußert, es werde in zehn Jahren nicht nur Comics, sondern auch noch Bücher geben. *Hans Weigel*

4 Wenn man sich erst mal an den Pessimismus gewöhnt hat, ist er genau so angenehm wie der Optimismus. *Arnold Bennett*

Optimist *1* Optimist: ein Mensch, der die Dinge nicht so tragisch nimmt, wie sie sind. *Karl Valentin*

2 Ein Optimist ist ein Mensch, der sich nicht darum schert, was geschieht, solange es nicht ihn betrifft. *Elbert Hubbard*

3 Ein Optimist ist einer, der Kreuzworträtsel mit Tinte löst. *Marcel Achard*

4 Ein Optimist ist einer, der glaubt, daß das, was sich ereignen muß, verschoben werden wird. *Kin Hubbard*

5 Ein Optimist ist in der Regel ein Zeitgenosse, der ungenügend informiert ist. *John B. Priestley*

6 Ein Optimist ist ein Mensch, der von den Ereignissen laufend dementiert wird. *Marcel Achard*

7 Ein Optimist ist jemand, der glaubt, daß die Zukunft ungewiß ist. *Paul Löwinger*

8 Ich bin nicht Optimist, ich will Optimist sein. *Emile Zola*

9 Optimist zu sein, nachdem man alles hat, was man sich wünscht, gilt nicht. *Kin Hubbard*

10 Ein Optimist ist jemand, der genau weiß, wie traurig die Welt sein kann, während ein Pessimist täglich neu zu dieser Erkenntnis gelangt. *Peter Ustinov*

11 Der Optimist sieht bereits die Narbe über der Wunde, der Pessimist immer noch die Wunde unter der Narbe. *Ernst Schröder*

12 Der Optimist erklärt, daß wir in der besten aller möglichen Welten leben, und der Pessimist fürchtet, daß dies wahr ist. *James B. Cabell*

13 Sobald ein Optimist ein Licht erblickt, das es gar nicht gibt, findet sich ein Pessimist, der es wieder ausbläst. *Giovanni Guareschi*

14 Ich bin Optimist. Ich glaube an den erlösenden Einfluß des Pessimismus. *Stanislaw Jerzy Lec*

15 Optimisten haben ja keine Ahnung von den freudigen Überraschungen, die Pessimisten erleben. *Peter Bamm*

16 Ein Pessimist ist ein bekehrter Optimist. *Jean Genet*

17 Wie entsteht Pessimismus? Wenn zwei Optimisten aufeinanderprallen. *Stanislaw Jerzy Lec*

18 Pessimismus wird nur von den Optimisten verbreitet. Die Pessimisten sparen ihn für schlechtere Zeiten auf. *Gabriel Laub*

19 Wer scharf denkt, wird Pessimist. Wer tief denkt, wird Optimist. *Henri Bergson*

20 Ein Optimist sieht stets nur grünes Licht, ein Pessimist immer rotes, der wirklich Weise jedoch ist farbenblind. *Friedrich Dürrenmatt*

Optimistin Eine Optimistin ist eine Frau, die Fettpölsterchen für Kurven hält. *Françoise Hardy*

Orange Legt man eine Zitrone neben eine

Orange, so hören sie auf, Zitrone und Orange zu sein. Sie werden Früchte. *Georges Braque*

Orchester *1* Orchester haben keinen eigenen Klang; den macht der Dirigent. *Herbert von Karajan*

2 Orchester machen den Fehler immer an der gleichen Stelle. *Herbert von Karajan*

3 Wenn das Orchester seine Instrumente stimmt, fängt das Publikum an, seine Katarrhe zu stimmen. *Hermann Prey*

4 Das Orchester versetzt die Damen in Trance, aber schreiben tun's dann dem Tenor. *Arthur Schnitzler*

Orden *1* Mir tun alle leid, die sich ohne Orden an der Brust halb nackt fühlen. *Gustav Heinemann*

2 Es gibt auch Eitelkeit mit umgekehrtem Vorzeichen. Der wahre Snob bemüht sich um Orden nur, um sie nicht zu tragen. *Daniele Varè*

Ordensverleihung Es gibt eine Logik der Ordensverleihungen: den ersten bekommt man, weil man noch keinen hat; den zweiten, weil man schon einen hat; den dritten, weil ein anderer schon einen hat. *Alberto Sordi*

Ordnung *1* Ordnung ist die Lust der Vernunft. *Paul Claudel*

2 Die Basis einer gesunden Ordnung ist ein großer Papierkorb. *Kurt Tucholsky*

3 Jeder will Ordnung und Glück, trotzdem liegen sich alle in den Haaren. *Thornton Wilder*

4 Ordnung ist etwas Künstliches. Das Natürliche ist das Chaos. *Arthur Schnitzler*

5 Zeiten der Ordnung sind die Atempausen des Chaos. *Walter Hilsbecher*

6 Die perfekte Ordnung verbirgt Unordnung. *Heinrich Nüsse*

7 Durch Ruhe und Ordnung kann die Demokratie ebenso gefährdet werden wie durch Unruhe und Unordnung. *Hildegard Hamm-Brücher*

8 Ideologie ist Ordnung auf Kosten des Weiterdenkens. *Friedrich Dürrenmatt*

9 Aufgabe der Naturwissenschaft ist es nicht nur, die Erfahrung zu erweitern, sondern in diese Erfahrung eine Ordnung zu bringen. *Niels Bohr*

10 Zwischen Mann und Frau ist alles in Ordnung, wenn er das Zündholz ist und sie die Reibungsfläche. *Henry Miller*

11 Eine Familie ist in Ordnung, wenn man den Papagei unbesorgt verkaufen kann. *Will Rogers*

Ordnungssinn Er hatte einen ausgeprägten Ordnungssinn: er räumte alle aus dem Wege. *Wolfgang Eschker*

Ordnungstrieb Ihr Ordnungstrieb, nicht Kriegslust hat die Preußen in Verruf gebracht. *Ernst Jünger*

Organ *1* Der Mensch ist eine in der Knechtschaft seiner Organe lebende Intelligenz. *Aldous Huxley*

2 Alle Organe des Menschen sind doppelt angelegt – vor allem die Zunge. *Gerhard Uhlenbruck*

3 Alle menschlichen Organe werden irgendwann einmal müde, nur die Zunge nicht. *Konrad Adenauer*

Orgasmus Augenblick: der Orgasmus der Zeit. *Walter Hilsbecher*

Orientierung Wer die Orientierung verliert, der verliert auch seinen Standpunkt. *Peter Bichsel*

Original *1* Manches Original ist erst durch seine Parodierung bekannt geworden. *Michael Powell*

2 Die Fälschung unterscheidet sich vom Original dadurch, daß sie echter aussieht. *Ernst Bloch*

3 Snobismus ist die Fähigkeit, sich als Original zu fühlen, auch wenn man nur eine Kopie ist. *Victor de Kowa*

4 Die sogenannte Society ist eine Ansammlung von Kopien, die von Originalen gemieden wird. *Oliver Hassencamp*

Originalität *1* Originalität ist die Kunst, sich Bonmots zu merken und zu vergessen, von wem sie stammen. *Danny Kaye*

2 Originalität ist in der Mehrzahl der Fälle Plagiat. *Dean William Ralph Inge*

3 Die ewig Originellen sind die Todfeinde der Originalität. *Hans Kasper*

4 Ich würde tausend Originalitäten des Ausdrucks hergeben für eine Klarheit. *Manès Sperber*

5 Originalität ist etwas, das man nie mit Absicht erreicht. *William Somerset Maugham*

Orkan Wer in seinem Sprechen die Windstille ist, kann in seinem Schweigen ein Orkan sein. *Hans Kudszus*

Ornament Stil ist eine Form der Lüge. Er ist das Ornament, das die Struktur verdeckt. *Peter Ustinov*

Ort *1* Verbrecher kehren manchmal an den Ort ihres Verbrechens zurück. Politiker werden wiedergewählt. *Karel Trinkewitz*

2 Opfer kehren oft zum Ort der Tat zurück, um sich der guten alten Zeiten zu erinnern. *Wieslaw Brundziński*

3 Ein Zuhause ist, wohin man geht, wenn einem die Orte ausgegangen sind. *Barbara Stanwyck*

Orthodoxe Die Ketzer von heute sind die Orthodoxen von morgen. *Ignazio Silone*

Osten Die Sonne geht im Osten auf, wandert entsetzt weiter, erträgt auch den Westen nicht und geht endgültig unter. *Werner Schneyder*

Österreich *1* Österreich ist ein Labyrinth, in dem sich jeder auskennt. *Helmut Qualtinger*

2 Die Parzen weben anderswo. Du, Österreich, hast Grillen. *Friedrich Torberg*

3 Österreich ist der Hoflieferant für Qualitätsverhütungsmittel. *André Heller*

4 Österreich ist der Hoflieferant für Deutschland. Wir produzieren Talente, verpacken sie keimfrei und transportieren sie in die bundesdeutschen Absatzgebiete. *André Heller*

5 Nach der Ausrufung der Republik wurde der Adel in Österreich abgeschafft. An seine Stelle ist der Besitz eines Abonnements bei den Konzerten der Wiener Philharmoniker getreten. *Hans Weigel*

6 Wenn Lügen wirklich kurze Beine hätten, gäbe es in Österreich ausschließlich Liliputaner. *André Heller*

7 In Österreich wird jeder das, was er nicht ist. *Gustav Mahler*

8 In Österreich wird man nur zum großen Mann, wenn man etwas auffällig nicht tut. *Egon Friedell*

9 In der Welt geht's drunter und drüber; aber Österreich geht nicht unter. *Egon Friedell*

Österreicher *1* Österreicher ist, wer es trotzdem ist. *Alexander Lernet-Holenia*

2 Die Deutschen wollen die Welt verbessern. Die Österreicher begnügen sich damit, sie mies zu finden. *Ernst Stankowski*

3 Das ist mein größter Einwand gegen Musik: daß Österreicher darin exzelliert haben. *Arno Schmidt*

Ozean *1* Niemand hätte jemals den Ozean überquert, wenn er die Möglichkeit gehabt hätte, bei Sturm das Schiff zu verlassen. *Charles F. Kettering*

2 Wie macht man eine Komödie für die Leinwand? Fragen Sie lieber, wie man den Ozean mit einer Kaffeetasse ausschöpfen kann. *Jerry Lewis*

Ozeandampfer Der Unterschied zwischen Vergnügen und Glück ist derselbe wie zwischen einem Kahn und einem Ozeandampfer. Auf den Tiefgang kommt es an. *Ewald Balser*

Ozelot Der einzige, der einen Ozelotpelz wirklich braucht, ist der Ozelot. *Bernhard Grzimek*

P

Paar *1* Vieles auf der Welt kommt zusammen, aber selten die richtigen Paare. *August Strindberg*

2 Es können nie beide Teile eines Paares zugleich überlegen sein. *Max Frisch*

Papagei *1* Verdunkelung ist ein wunderbares Mittel gegen Geschwätzigkeit. Es wirkt bei Papageien; man sollte es auch bei Menschen anwenden. *Louis de Funès*

2 Mit einem Papagei finden Menschen leicht eine gemeinsame Sprache. *Stanislaw Jerzy Lec*

3 Eine Diktatur ist ein Staat, in dem das Halten von Papageien mit Lebensgefahr verbunden ist. *Jack Lemmon*

4 Eine Familie ist in Ordnung, wenn man den Papagei unbesorgt verkaufen kann. *Will Rogers*

Papier *1* Was ist so totenblaß wie Papier? *Heinrich Böll*

2 Papier ist geduldig. Es könnte sogar die Wahrheit ertragen. *Gabriel Laub*

3 Die sprichwörtliche Geduld des Papiers wird gottlob von der Geduld der Papierkörbe noch übertroffen. *Hanns-Hermann Kersten*

4 Bei der nächsten Sintflut wird Gott nicht Wasser, sondern Papier verwenden. *Romain Gary*

Papierkorb *1* Zum Schreiben braucht es nicht nur Papier, sondern vor allem einen Papierkorb. *Gerhard Uhlenbruck*

2 Die Basis einer gesunden Ordnung ist ein großer Papierkorb. *Kurt Tucholsky*

Papierkram Wir können die Schwerkraft überwinden, aber der Papierkram erdrückt uns. *Wernher von Braun*

Papst Es war im ersten Jahrtausend nicht so, daß der Papst absolutistisch regierte, und es braucht auch im dritten Jahrtausend nicht der Fall zu sein. *Hans Küng*

Paradies *1* Das Leben ist eine Folge von Paradiesen, die nacheinander vernichtet wurden. *Samuel Beckett*

2 Die menschlichen Paradiese halten nur solange, wie man sich nicht in ihnen niederläßt. *Werner Roß*

3 Nicht im Jenseits liegt das Paradies, sondern im Abseits. *Hans Krailsheimer*

4 Das Paradies pflegt sich erst dann als Paradies zu erkennen zu geben, wenn wir aus ihm vertrieben sind. *Hermann Hesse*

5 Zu meiner Vorstellung von Paradies gehört auch die Möglichkeit, es wieder verlassen zu können. *Markus M. Ronner*

6 Der Kommunismus ist das Paradies auf Erden. Sobald man vom Baum der Erkenntnis gegessen hat, wird man daraus vertrieben. *Wolfgang Eschker*

7 Es ist besser, in einer Wüste wach zu sein, als in einem Paradies zu schlafen. *Waldemar Bonsels*

8 Politik: das Paradies zungenfertiger Schwätzer. *George Bernard Shaw*

9 Küsse sind das, was von der Sprache des Paradieses übriggeblieben ist. *Joseph Conrad*

10 Das Fatale am Paradies ist, daß man es nur im Leichenwagen erreichen kann. *Sacha Guitry*

Parfüm *1* Frauen benützen Parfüm, weil die Nase leichter zu verführen ist als das Auge. *Jeanne Moreau*

2 Versuchung ist ein Parfüm, das man so lange riecht, bis man die Flasche haben möchte. *Jean-Paul Belmondo*

Parkett Generäle sollte man an die Front schicken und Theaterregisseure ins Parkett. *Markus M. Ronner*

Parkplatz Ein Fußgänger ist ein glücklicher Autofahrer, der einen Parkplatz gefunden hat. *Joachim Fuchsberger*

Parkverbot Unter Pressefreiheit verstehen manche Journalisten das Recht, ihren Wagen im Parkverbot zu stationieren. *Franz Böhm*

Parlament Am faulsten sind die Parlamente, die am stärksten besetzt sind. *Winston S. Churchill*

Parlamentarismus Der Parlamentarismus ist die Kasernierung der politischen Prostitution. *Karl Kraus*

Parodie *1* Die Parodie ist die aggressivste Form der Nachahmung. *Arthur Koestler*

2 Eine Parodie trifft, um zu töten. Wenn sie nicht tötet, ist sie mißlungen. *Robert Neumann*

3 Manche Leute bedürfen gar nicht der Parodie; es genügt, wenn man sie zitiert. *Robert Neumann*

Partei *1* Die Partei ist die Kampfgemeinschaft von Intimfeinden. *Helmar Nahr*

2 Je mehr in einer Partei von Solidarität geredet wird, desto weniger praktiziert man sie. *Mario Scelba*

3 Eine Partei kann nicht nur aus Flügeln bestehen, sie muß auch einen Rumpf haben. *Amintore Fanfani*

4 Parteien mit starken Flügeln bekommen schwache Beine. *Gabriel Laub*

5 Es liegt im Wesen der Parteiflügel, daß sie mehr Luftzug als Bewegung erzeugen. *Alberto Sordi*

6 Meist sind es die Flügel, die den Aufschwung einer Partei verhindern. *Wolfgang Eschker*

7 Koalition: eine Partei wäscht die andere. *Paul Renner*

8 Wer sich nicht mit Politik befaßt, hat die politische Parteinahme, die er sich sparen möchte, bereits vollzogen: Er dient der herrschenden Partei. *Max Frisch*

9 Die größte Partei ist immer eine Art Verschwörung gegen den Rest der Nation. *Edward Frederick Halifax*

Partitur Besser die Partitur im Kopf als den Kopf in der Partitur. *Leonard Bernstein*

Partner *1* Interessante Selbstgespräche setzen einen klugen Partner voraus. *Herbert George Wells*

2 Wenn in der Ehe ein Partner unter allen Umständen einen Streit vermeidet, hat er etwas zu verbergen. *Henry Miller*

3 Eine Vernunftehe kann nur dann gut gehen, wenn höchstens einer der beiden Partner vernünftig ist. *Catherine Deneuve*

4 Liebesszenen sind vor allem dann besonders schwierig zu spielen, wenn man sich mit dem Partner gut versteht. *Senta Berger*

Partnerin Als Partnerin von Fred Astaire habe ich immer die gleichen Schritte wie er gemacht. Aber rückwärts und mit hohen Absätzen. *Ginger Rogers*

Partnerwahl Welche Frau gäbe nicht gerne zu, daß ihr Mann bei der Partnerwahl einen besseren Geschmack hatte als sie selbst? *Victor de Kowa*

Party *1* Eine Party ist ein Beisammensein von Leuten, die sich nichts zu sagen haben und das auch ausgiebig tun. *Gerhard Löwenthal*

2 Man ärgert sich, wenn man nicht zu einer Party eingeladen wird, die man ohnehin nicht besucht hätte. Das Fernbleiben ist dann nur halb so schön. *Liselotte Pulver*

Parvenü Ein Parvenü ist ein Mensch, der es weiter gebracht hat als die, die ihn so nennen. *Markus M. Ronner*

Paßfoto Wer in Versuchung ist, sich ernstzunehmen, braucht bloß sein Paßfoto anzuschauen. *Georg Thomalla*

Pathetiker Der Ironiker ist meist nur ein beleidigter Pathetiker. *Christian Morgenstern*

Pathos *1* Pathos ist Faulheit der Logik. *Hans Kasper*

2 Die Satire hat auszugraben, was das Pathos zugeschüttet hat. *Stanislaw Jerzy Lec*

Patient *1* Da der Patient meist liegt, kann er nicht im Mittelpunkt stehen. *Gerhard Uhlenbruck*

2 Ein Psychoanalytiker ist ein Mann, der nach Gesprächen mit vielen Patienten sagen kann, was ihm fehlt. *Peter Sellers*

3 In einem psychiatrischen Werk interessieren mich nur die Aussagen der Patienten. *Emile M. Cioran*

4 Die Popularität ist eine Krankheit, die um so chronischer zu werden droht, je später im Leben sie den Patienten befällt. *Ernst Jünger*

5 Wenn ein Arzt hinter dem Sarg seines Patienten geht, so folgt manchmal tatsächlich die Ursache der Wirkung. *Robert Koch*

Patina Viele halten Patina für Kunst. *Wieslaw Brudziński*

Patriotismus *1* Patriotismus ist die Bereitschaft, wegen unbedeutender Gründe zu töten und getötet zu werden. *Bertrand Russell*

2 So richtig als Tugend geschätzt wird der Patriotismus doch erst, wenn das Schießen losgeht. *Hermann Hesse*

3 Der Patriotismus in Deutschland ist so furchtbar, weil er grundlos ist. *Max Horkheimer*

4 Selbsthaß ist der Patriotismus der Juden. *Arthur Koestler*

Pauke Auf die Pauke hauen will jeder, aber tragen will sie keiner. *Ulrich Bremi*

Pause *1* Die wahren Gefahren liegen in den Pausen – wenn man aufhört und wieder neu beginnen muß. *Herbert von Karajan*

2 Ein Moderator ist ein Dahinredner, der Pausen mit einem Maximum an Minimum füllt. *Henning Venske*

Pausenzeichen Die Konservativen sind die Pausenzeichen der Geschichte. *Norman Mailer*

Pavian Sie werden es nicht glauben, aber es gibt soziale Staaten, die von den Klügsten regiert werden; das ist bei den Pavianen der Fall. *Konrad Lorenz*

Pazifist *1* Pazifisten sind wie Schafe; sie glauben, der Wolf sei Vegetarier. *Yves Montand*

2 Ich habe etwas gegen Pazifisten, die auf die Jagd gehen. *Aristide Briand*

3 Von den Pazifisten geht viel Unfrieden aus. *Ludwig Marcuse*

Pech *1* Neunmal Pech mag neunmal Pech sein, aber zehnmal Pech ist Schuld. *Alfred Kerr*

2 Glück ist das Pech, das man nicht hat. *Jacques Anquetil*

Pegasus *1* Die Pegasusse fliegen tief: es wird Anerkennung regnen. *Wieslaw Brudziński*

2 Seit der Mensch fliegen kann, muß der Pegasus ackern. *Karol Irzykowski*

Peitsche Ich trage nie eine Uhr. Uhrzeiger sind Peitschen für all jene, die sich als Rennpferde mißbrauchen lassen. *François Mitterrand*

Pelzmantel Wenn eine Frau die Wahl zwischen einem Pelzmantel und einem Geliebten hat, wählt sie den Pelzmantel aus der Hand des Geliebten. *Jeanne Moreau*

Perestroika Perestroika ist für mich so etwas wie die Frau eines anderen Mannes. Die soll man bekanntlich nicht begehren. *Fidel Castro*

Perle *1* Wer die Perle in Händen hält, fragt nicht nach der Muschel. *Peter Benary*

2 Wenn die Säue doch Perlen fräßen! *Bert Berkensträter*

Person *1* Die Liebe beruht auf einer starken Übertreibung des Unterschiedes zwischen einer Person und allen anderen. *George Bernard Shaw*

2 Zu einer glücklichen Ehe gehören meistens mehr als zwei Personen. *Oscar Wilde*

Persönlichkeit *1* Persönlichkeiten, nicht Prinzipien bringen Zeit in Bewegung. *Oscar Wilde*

2 An der Aufgabe, Persönlichkeit zu sein, kann man sich verheben. *Arnold Gehlen*

3 Wer keine üblen Gewohnheiten hat, hat wahrscheinlich auch keine Persönlichkeit. *William Faulkner*

4 Hollywood ist eine Stadt mit der Persönlichkeit eines Pappbechers. *Raymond Chandler*

Persönlichkeitsentfaltung *1* Das Recht auf Dummheit wird von der Verfassung geschützt. Es gehört zur Garantie der freien Persönlichkeitsentfaltung. *Mark Twain*

2 Liften ist nichts anderes als Persönlichkeitsentfaltung. *Dieter Hildebrandt*

Pessimismus *1* Ich bin Optimist. Ich glaube an den erlösenden Einfluß des Pessimismus. *Stanislaw Jerzy Lec*

2 Wie entsteht Pessimismus? Wenn zwei Optimisten aufeinanderprallen. *Stanislaw Jerzy Lec*

3 Pessimismus wird nur von den Optimisten verbreitet. Die Pessimisten sparen ihn für schlechtere Zeiten auf. *Gabriel Laub*

4 Wenn man sich erst mal an den Pessimismus gewöhnt hat, ist er genau so angenehm wie der Optimismus. *Arnold Bennett*

5 Wer nichts zu verlieren hat, hat keinen Grund zu Pessimismus. *Gabriel Laub*

6 Echter Pessimismus wäre, nicht mehr zu schreiben und damit der Lüge freien Lauf zu lassen. *Leonardo Sciascia*

Pessimist *1* Wer in Gefahr ist, Pessimist zu werden, soll eine Rose betrachten. *Jean Rostand*

2 Ein Pessimist ist ein Mensch, der sich über schlechte Erfahrungen freut, weil sie ihm recht geben. *Heinz Rühmann*

3 Ein Pessimist ist ein Mensch, der glücklich ist, wenn er unglücklich ist. *Francis Herbert Bradley*

4 Ein Pessimist ist nicht einmal glücklich, wenn er unglücklich ist. *Johnnie Ray*

5 Ein Pessimist ist ein Mensch, dem nicht wohl zumute ist, wenn er sich wohl fühlt, weil er befürchtet, daß er sich schlechter fühlen wird, wenn er sich besser fühlt. *George Bernard Shaw*

6 Ein Pessimist ist ein Mensch, der unter mehreren Übeln keines missen möchte. *Victor de Kowa*

7 Ein Pessimist ist ein Mensch, der das Schlimmste erhofft und auf das Beste gefaßt ist. *Werner Krauß*

8 Ein Pessimist ist ein Mensch, der sich den Kuß vom Bakteriologen erklären läßt. *Paul Hubschmid*

9 Ein Pessimist ist ein Mensch, der sofort nach dem Sarg Ausschau hält, wenn er Blumen gerochen hat. *Henry Louis Mencken*

10 Pessimisten sind Leute, die nur ein einziges Instrument blasen: Trübsal. *Wim Thoelke*

11 Ein Pessimist lacht höchstens so, daß es keiner merkt. *Peter Ustinov*

12 Pessimisten sind die wahren Lebenskünstler, denn nur sie erleben angenehme Überraschungen. *Marcel Proust*

13 Optimisten haben ja keine Ahnung von den freudigen Überraschungen, die Pessimisten erleben. *Peter Bamm*

14 Wer scharf denkt, wird Pessimist. Wer tief denkt, wird Optimist. *Henri Bergson*

15 Ein Pessimist ist ein bekehrter Optimist. *Jean Genet*

16 Sobald ein Optimist ein Licht erblickt, das es gar nicht gibt, findet sich ein Pessimist, der es wieder ausbläst. *Giovanni Guareschi*

17 Der Optimist sieht bereits die Narbe über der Wunde, der Pessimist immer noch die Wunde unter der Narbe. *Ernst Schröder*

18 Ein Optimist ist jemand, der genau weiß, wie traurig die Welt sein kann, während ein Pessimist täglich neu zu dieser Erkenntnis gelangt. *Peter Ustinov*

19 Der Optimist erklärt, daß wir in der besten aller möglichen Welten leben, und der Pessimist fürchtet, daß dies wahr ist. *James B. Cabell*

20 Ein Optimist sieht stets nur grünes Licht, ein Pessimist immer rotes, der wirklich Weise jedoch ist farbenblind. *Friedrich Dürrenmatt*

Pfarrhaus Wer in ein Pfarrhaus hineingeboren wird, macht bald einmal Bekanntschaft mit dem Teufel. *Ingmar Bergman*

Pfau *1* Nur ein Pfau kann sich erlauben, weitschweifig zu sein. *Axel von Ambesser*

2 Ein Mann am Steuer eines Autos ist ein Pfau, der sein Rad in der Hand hält. *Anna Magnani*

Pfeife Die Pfeife ist ein Instrument, das dazu verleitet, andere danach tanzen zu lassen. *Michael Schiff*

Pfeifen Pfeifen und Ausgepfiffenwerden ist immer gut. Es gibt mir so ein bürgerliches Gefühl, das entsteht, wenn der Tee kocht. *André Heller*

Pfeil *1* In der Liebe fühlt sich der Mann als Bogen, er ist aber nur der Pfeil. *Jeanne Moreau*

2 Der übernächste Krieg wird nur noch mit Pfeil und Bogen entschieden. *Albert Einstein*

Pferd *1* Ein Pferd ohne Reiter ist immer noch ein Pferd. Aber ein Reiter ohne Pferd ist nur ein Mensch. *Stanislaw Jerzy Lec*

2 Pferdeverstand ist das, was Pferde davon abhält, auf künftiges Verhalten der Menschen zu wetten. *Oscar Wilde*

3 Das Auto hat das Pferd noch lange nicht verdrängt – oder kennen Sie ein Denkmal, auf dem ein Mann am Steuer sitzt? *Hans Günter Winkler*

4 In England ist das Interesse an der Ungleichheit der Pferde weitaus größer als an der Gleichheit der Menschen. *Gilbert Keith Chesterton*

5 Jockeis sind Reiter, die manchmal früher über ein Hindernis kommen als das Pferd. *Danny Kaye*

6 Der Stil eines Autors ist ein Pferd, das nur einen einzigen Reiter trägt. *John Steinbeck*

7 Die Karriere ist ein Pferd, das bisweilen auch gute Reiter abwirft. *James Baldwin*

8 Politik: Wettrennen trojanischer Pferde. *Stanislaw Jerzy Lec*

Pferdefuß Sein Pferdefuß bestand darin, daß er nicht beschlagen war. *Gerhard Uhlenbruck*

Pferderennen In der Politik ist es wie beim Pferderennen. Ein guter Jockey weiß sich beim Fallen so wenig wie möglich zu verletzen. *Edouard Herriot*

Pferdestärke Der Autonarr: Pferdestärken sind sein Steckenpferd. *Gerhard Uhlenbruck*

Pfirsich Was nützt es, von einem Pfirsich zu sagen, er sei kerngesund? *Bert Berkensträter*

Pflanze *1* Die Blume ist das Lächeln der Pflanze. *Peter Hille*

2 Lorbeer gehört zu den seltenen Pflanzen, die man nicht säen, und doch ernten kann. *Peter Maiwald*

Pflicht *1* Pflicht ist, was man von andern erwartet. *Oscar Wilde*

2 Pflichten entstehen daraus, daß man nicht beizeiten nein sagt. *Wolfgang Herbst*

3 Eingeräumte Rechte sind auferlegte Pflichten. *Hans Lohberger*

4 Die erste Pflicht im Leben besteht darin, so künstlich wie möglich zu sein. Worin die zweite Pflicht besteht, hat noch niemand herausgefunden. *Oscar Wilde*

5 Als Laster bezeichnen wir die Vergnügungen, von denen wir uns nicht zu kosten getrauen, und als Tugenden die Pflichten, denen wir uns nicht zu entziehen wagen. *Henry Miller*

6 Die Ehe wäre die schönste Sache der Welt, wenn es mehr Kür und weniger Pflicht gäbe. *Jeanne Moreau*

7 Wo es eheliche Pflichten gibt, gibt es außereheliches Vergnügen. *Henry Miller*

8 Ein Journalist hat nicht die Pflicht, geliebt zu werden. Aber er hat die Pflicht, gelesen zu werden. *Cecil King*

Pflichterfüllung Pflichterfüllung ist tägliches Heldentum ohne Ordensverleihung. *Werner Krauß*

Phänomen Ein Phänomen ist etwas, das in uns den Wunsch weckt, es zu erklären. *Markus M. Ronner*

Phantasie *1* Phantasie ist etwas, was sich manche Leute gar nicht vorstellen können. *Gabriel Laub*

2 Unordnung ist die Wonne der Phantasie. *Paul Claudel*

3 Die Logik ist die Zwangsjacke der Phantasie. *Helmar Nahr*

4 Wenn einer keine Angst hat, hat er keine Phantasie. *Erich Kästner*

5 Genuß ist eine Frage der Phantasie. *Markus M. Ronner*

6 Liebe ist der Triumph der Phantasie über die Intelligenz. *Henry Louis Mencken*

7 Die Phantasie des Mannes ist die beste Waffe der Frau. *Sophia Loren*

8 Ehemänner haben im allgemeinen mehr Phantasie als Junggesellen; sie haben sie auch nötig. *Tristan Bernard*

9 Die Phantasie der Männer reicht bei weitem nicht aus, um die Realität der Frau zu begreifen. *Anna Magnani*

10 Aufrichtigkeit ist die Zuflucht derer, die weder Phantasie noch Taktgefühl haben. *Henry de Montherlant*

11 Fernsehen ist die Phantasie der Armen. *Wieslaw Brudziński*

12 Eines Tages werden Maschinen vielleicht nicht nur rechnen, sondern auch denken. Mit Sicherheit aber werden sie niemals Phantasie haben. *Theodor Heuß*

Phantasielose *1* Beständigkeit ist die letzte Zuflucht der Phantasielosen. *Oscar Wilde*

2 Fernsehen – Rundfunk für Phantasielose. *Rudolf Rolfs*

Phantast *1* Phantasten sind Menschen, deren Uhr vorgeht. *Anita Daniel*

2 Phantasten sind Leute, die tun, was sie nicht lassen können. Realisten sind Leute, die lassen, was sie nicht tun können. *Axel von Ambesser*

Philantropie Philantropie ist die Zuflucht derer, die ihre Mitmenschen ärgern wollen. *Oscar Wilde*

Philosoph *1* Ein Philosoph ist ein Mann, der nie um Argumente verlegen ist. *Ludwig Marcuse*

2 Ein Philosoph ist ein Mann, der in Ermangelung einer Frau die ganze Welt umarmt. *Peter Ustinov*

3 Wer in einem blühenden Frauenkörper das Skelett zu sehen vermag, ist ein Philosoph. *Kurt Tucholsky*

4 Ein Philosoph ist ein Mensch, der ungelöste Probleme in gelöster Stimmung betrachten kann. *Axel von Ambesser*

5 Philosophen und Hausbesitzer haben immer Reparaturen. *Wilhelm Busch*

6 Nicht Philosophen stellen die radikalsten Fragen, sondern Kinder. *Hellmut Walters*

7 Philosophen sind erwachsene Kinder, die sich mit ihrem eigenen «Warum» auf die Nerven fallen. *Wolfgang Herbst*

8 Wenn zwei Philosophen zusammentreffen, ist es am vernünftigsten, wenn sie zueinander bloß «Guten Morgen» sagen. *Jean-Paul Sartre*

9 Wenn ein Philosoph einem antwortet, versteht man überhaupt nicht mehr, was man ihn gefragt hat. *André Gide*

10 Mit Philosophen muß man sprechen, wenn sie Zahnschmerzen haben. *Mark Twain*

11 Nur wenn man noch viel verrückter denkt als die Philosophen, kann man ihre Probleme lösen. *Ludwig Wittgenstein*

12 Sokrates hat es mit Xanthippe nicht ausgehalten, weil er Philosoph war; er wurde Philosoph, weil er mit Xanthippe verheiratet war. *Walther Kiaulehn*

Philosophie *1* Philosophie ist die geistreiche Übersetzung des Unerklärlichen in das Unverständliche. *Hans Joachim Clarin*

2 Was alles den Namen der Philosophie trägt, sollte nicht mit der Philosophie selbst verwechselt werden. *Karl Jaspers*

3 Verallgemeinerung ist die Philosophie der Primitiven. *Moscheh Ya'akov Ben-gavriêl*

4 Angeln ist die einzige Philosophie, von der man satt wird. *Peter Bamm*

5 Die Nacktheit der Frau ist weiser als die Lehren der Philosophie. *Max Ernst*

Phrase *1* Am Anfang war das Wort – am Ende die Phrase. *Stanislaw Jerzy Lec*

2 Die Phrase ist das gestärkte Vorhemd vor einer Normalgesinnung, die nie gewechselt wird. *Karl Kraus*

3 Das Schlagwort ist eine Idee auf dem Weg zur Phrase. *Rolf Haller*

4 Abgedroschene Phrasen lassen auf Stroh im Kopf schließen. *Gerhard Uhlenbruck*

Physik Man hat den Eindruck, daß die moderne Physik auf Annahmen beruht, die irgendwie dem Lächeln einer Katze gleichen, die gar nicht da ist. *Albert Einstein*

Pianissimo Die größte Kraft auf der Welt ist das Pianissimo. *Maurice Ravel*

Pianist *1* Es ist einfach nicht fair, den Pianisten zu erschießen, wenn der Flügel verstimmt ist. *Markus M. Ronner*

2 Einem Maler sagen, er solle die Natur wiedergeben, wie sie ist, hieße einem Pianisten sagen, er solle sich auf die Klaviertasten setzen. *James Abbott McNeill Whistler*

Pietät Ein Faustschlag ins Gesicht der Pietät gehört zu den Taten, ohne welche man nicht von der Schürze der Mutter loskommt. *Hermann Hesse*

Pille *1* Die Pille – die Hoffnung, nicht in dieselbe zu kommen. *Markus M. Ronner*

2 Pillen und Pulver haben sich zu einer Art von psychischem Konfekt entwickelt. *Ernst Jünger*

Pilz Wenn irgendwo Pilze schmoren, wird der Kriminalist unwillkürlich hellhörig. *Agatha Christie*

Pilzgericht Liebschaften sind wie Pilzgerichte: beide sollte man nicht aufwärmen. *Claus Biederstaedt*

Plagiat *1* Ein Plagiat ist ein Zitat unter Weglassung der Gänsefüßchen. *Victor de Kowa*

2 Plagiate gehen an Abschreibtischen vor sich, im milden Schein der Stehllampe. *Friedrich Hollaender*

3 Originalität ist in der Mehrzahl der Fälle Plagiat. *Dean William Ralph Inge*

4 Natürlich basiert so ziemlich jede Blütezeit der Literatur auf der Kraft und Unschuld ihrer Plagiate. *Bertolt Brecht*

5 Das Plagiat ist vielleicht die aufrichtigste Form der Verehrung. *Alfred Polgar*

Planet Auf dem Planeten hier –
will sagen Feuerball
wird großer Friede sein –
pardon, erst nach dem Knall. *Wolf Biermann*

Platitüde *1* Wer dauernd Endgültiges zu sagen bemüht ist, der kommt über Platitüden nicht hinaus. *Günter Graß*

2 Beifall: Echo auf eine Platitüde. *Ambrose Bierce*

Platz *1* Zwischen den Stühlen zu sitzen, ist in Wahrheit der anständigste Platz, den es gibt. *Moritz Heimann*

2 Der Platz, auf dem die meisten Leute zusammenkommen, ist der Gemeinplatz. *Hellmut Walters*

3 Wachstum treibt die Leute auseinander, weil sie keinen Platz mehr nebeneinander haben. *Peter Bichsel*

Platzhirsch Wer Platzhirsch werden will, darf keine Böcke schießen. *Gerhard Uhlenbruck*

Playboy *1* Ein Playboy ist ein Mann, der keinen Roman, sondern immer nur Kurzgeschichten erlebt. *Erika Pluhar*

2 Playboys sind Leute, die sehr eingehend ausgehen. *Paul Hubschmid*

3 Ein Playboy ist ein Zweitakter, der den Zwölfzylinder spielt. *Oliver Hassencamp*

4 Playboys sind Männer, die nicht immer an Mädchen denken. Aber wenn sie denken, dann an Mädchen. *Alberto Sordi*

5 Ein Playboy ist meistens weder das eine noch das andere. *Zsa Zsa Gábor*

Plunder Plunder ist alles, was seine Brauchbarkeit eingebüßt hat. *Oliver Herford*

Pointe *1* Eine Pointe ist die kürzeste Verbindung zwischen zwei guten Gedanken. *Ernst Schröder*

2 Eine Pointe ist das, was einem nicht einfällt, wenn man es am dringendsten braucht. *Peter Wehle*

3 Geistreich ist einer, der viele Pointen kennt, aber vergessen hat, von wem sie stammen. *Axel von Ambesser*

4 Wer sich im Gespräch beliebt machen will, muß dem Partner die Pointen zuschieben. Viele glauben zu ihrem Schaden das Gegenteil. *Sigmund Graff*

5 Die Pointen, die uns das Schicksal verpaßt, entsprechen nicht immer unserem Niveau. *Oliver Hassencamp*

Pole *1* Ein trauriger Pole philosophiert immer. *Aleksander Swietochowski*

2 Ein glücklicher Pole pflegt meist sündig zu sein, ein unglücklicher fast immer tugendhaft. *Aleksander Swietochowski*

Polemik Polemik soll den Gegner um seine Seelenruhe bringen, nicht ihn belästigen. *Karl Kraus*

Politik *1* Politik ist ein schwieriges Geschäft, und es soll sich niemand beklagen, der es freiwillig beginnt. *Günter Graß*

2 Es gibt welche, die für die Politik leben, und solche, die von ihr leben. *Max Weber*

3 Keine Politik ist besser als die Ziele, die sie sich setzt. *Henry Kissinger*

4 Politik ist die Kunst, das Notwendige möglich zu machen. *Herbert Wehner*

5 Politik ist die Kunst des Möglichen, aber auch die Wissenschaft vom Unmöglichen. *Harold Macmillan*

6 Politik ist der stets neu zu schaffende Kompromiß von Macht und Vernunft. *Carl Friedrich von Weizsäcker*

7 In der Politik ist es wie in der Mathematik: alles, was nicht ganz richtig ist, ist falsch. *Edward Kennedy*

8 In der Kunst und in der Politik ist gut gemeint das Gegenteil von gut. *André Malraux*

9 In der Politik ist es wie beim Schach: ein einziger falscher Zug kann alles verderben. *Maurice Couve de Murville*

10 Ein Fauxpas in der Politik entsteht meistens dadurch, daß ein Bein nicht weiß, was das andere vorhat. *Maurice Faure*

11 Politik ist nur selten eine Schußfahrt, meistens ist sie ein Slalom. *Edgar Faure*

12 In der Politik ist es wie beim Pferderennen. Ein guter Jockey weiß sich beim Fallen so wenig wie möglich zu verletzen. *Edouard Herriot*

13 Politik: Wettrennen trojanischer Pferde. *Stanislaw Jerzy Lec*

14 In der Politik ist es manchmal wie bei der Grammatik: ein Fehler, den alle begehen, wird schließlich als Regel anerkannt. *André Malraux*

15 Politik ist die Kunst, die Leute daran zu hindern, sich um das zu kümmern, was sie angeht. *Paul Valéry*

16 Wenn Sie in der Politik etwas gesagt haben wollen, wenden Sie sich an einen Mann.

Wenn Sie etwas getan haben wollen, wenden Sie sich an eine Frau. *Margaret Thatcher*

17 Politik: ein Streit der Interessen, der sich als Wettstreit der Prinzipien maskiert. *Ambrose Bierce*

18 Wer Harmonie wünscht, soll in einen Gesangsverein eintreten, aber nicht in die Politik gehen. *Norbert Blüm*

19 In der Politik ist es wie in der Elektrizität: Wo es Kontakte gibt, gibt es auch Spannungen. *Pierre Mendès-France*

20 Politik: das Bemühen, den eigenen Vorteil zum Interesse aller zu machen. *Rudolf Rolfs*

21 Politik ist so schmutzig wie die Menschen sind, die Politik machen. *Björn Engholm*

22 Gerade wer die Politik für ein schmutziges Geschäft hält, verlangt von ihr die saubersten Lösungen. *Rainer Malkowski*

23 Politik ist die Wahl zwischen dem Unheilvollen und dem Ungenießbaren. *John Kenneth Galbraith*

24 Politik: die Kunst, sich von den jeweiligen Umständen so ändern zu lassen, daß es aussieht, als ob man die Umstände geändert habe. *Wolfgang Herbst*

25 Fortschritt in der Politik ist manchmal nur das Gefühl, das man in einem stehenden Eisenbahnzug hat, wenn nebenan ein anderer fährt. *George Brown*

26 Den abfahrenden Zug in der Politik erreicht man am sichersten, indem man ihn selber steuert. *Amintore Fanfani*

27 Politik ist der Versuch, einem Esel klarzumachen, daß er keiner ist. *Thomas Niederreuther*

28 Strauß: das einzige Tier, das einen offiziell anerkannten Sinn für Politik hat. *Pierre Daninos*

29 Politik: das Paradies zungenfertiger Schwätzer. *George Bernard Shaw*

30 Leute, die anvertraute Geheimnisse wirklich für sich behalten, sind in der Politik unbrauchbar. *Roger Peyrefitte*

31 In der Politik bleibt nichts geheim – mit Ausnahme dessen, was öffentlich gesagt wird. *Dean Rusk*

32 Es ist immer die beste Politik, die Wahrheit zu sagen, es sei denn, man ist ein ungewöhnlich guter Lügner. *Jerome K. Jerome*

33 Kalkulierter Gedächtnisverlust ist in der Politik ein Überlebensmittel. *Hans Maier*

34 Die Politik ist die Bühne, auf der die Souffleure manchmal deutlicher zu hören sind als die Akteure. *Ignazio Silone*

35 Politik wird mit dem Kopf, nicht mit dem Kehlkopf gemacht. *Franz Josef Strauß*

36 In der Politik mischt man immer nur die Karten, anstatt zu spielen. *Karol Irzykowski*

37 In der Politik wird Ratlosigkeit oft mit Geduld verwechselt. *Roger Peyrefitte*

38 Ein Nachteil der Politik liegt darin, daß manche vernünftige Maßnahme bloß deswegen unterbleibt, weil der Gegner sie vorgeschlagen hat. *Romain Gary*

39 Für verlorene Gelegenheiten in der Politik gibt es kein Fundbüro. *Paul Henri Spaak*

40 Politik machen bedeutet, einen simplen Tatbestand so zu komplizieren, daß alle nach einem neuen Vereinfacher rufen. *Giovanni Guareschi*

41 Mit Politik kann man keine Kultur machen, aber vielleicht kann man mit Kultur Politik machen. *Theodor Heuß*

42 Eierköpfe sind in der Politik nicht sehr beliebt. Sie rollen so schlecht. *Werner Schneyder*

43 In der Politik darf man nicht versuchen, mit dem Kinn eine Faust k. o. zu schlagen. *Olof Palme*

44 Unter Politik verstehen manche Leute die Kunst, Brände zu löschen, die sie selbst gelegt haben. *Lawrence Durrell*

45 Was in der Politik noch fehlt, ist ein Machthungerstreik. *Werner Finck*

46 Wenn ich etwas in der Politik verabscheue, dann den Typ des Aals, der sich vor lauter Geschmeidigkeit am liebsten selbst in sein Hinterteil beißen würde. *Margaret Thatcher*

47 Im Krieg kann man nur einmal abgeschossen werden, in der Politik dagegen oft und oft. *Winston S. Churchill*

48 Die Opposition bestimmt die Nichtlinien der Politik. *Walter Scheel*

49 Wer sich nicht mit Politik befaßt, hat die politische Parteinahme, die er sich sparen möchte, bereits vollzogen: Er dient der herrschenden Partei. *Max Frisch*

50 Die Teilnahme der Bürger an der Politik reduziert sich allmählich aufs Zuschauen am Bildschirm. *Rudolf Wassermann*

51 Das Kabarett von morgen wird eine Art satirischer Nachhilfeunterricht in Politik sein. *Dieter Hildebrandt*

Politiker *1* Als ich jung war, glaubte ich, ein Politiker müsse intelligent sein. Heute weiß ich, daß Intelligenz wenigstens nicht schadet. *Carlo Schmid*

2 Der Behauptung, daß Politiker nicht denken können, ist zu widersprechen. Jeder Politiker denkt – an die nächsten Wahlen. *Markus M. Ronner*

3 Verständliche Sprache bei einem Politiker zeugt von gutem Gewissen. *André Malraux*

4 Schriftsteller müssen das schlechte Gewissen ihrer Nation artikulieren, weil die Politiker ein so gutes haben. *Rolf Hochhuth*

5 Aus dem Lexikon jedes ernstzunehmenden Politikers sollten die Wörter «immer» und «niemals» gestrichen werden. *George F. Kennan*

6 Die Einsichten des Wissenschaftlers sind in der Regel größer als seine Wirkungsmöglichkeiten. Beim Politiker ist es meistens umgekehrt. *Wolfgang Engelhardt*

7 Die Wissenschaftler bemühen sich oft, das Unmögliche möglich zu machen, die Politiker das Mögliche unmöglich. *Bertrand Russell*

8 Viele Politiker, die in der Opposition geschmeidige Düsenjäger waren, werden an der Macht bedächtige Segelflieger. *Ignazio Silone*

9 Viele Politiker verwechseln Zweisprachigkeit mit Doppelzüngigkeit. *Wolfgang Eschker*

10 Die Kraft, die es einen Politiker kostet, nicht zu lügen, fehlt ihm später meistens, um die Wahrheit zu sagen. *Nikolaus Cybinski*

11 Für einen Politiker ist es gefährlich, die Wahrheit zu sagen; die Leute könnten sich daran gewöhnen, die Wahrheit hören zu wollen. *George Bernard Shaw*

12 Einen Politiker, der immer die Wahrheit sagt, gibt es nicht, sonst wäre er nicht Politiker geworden. *Mark Twain*

13 Kein Politiker ist denkbar ohne gutes Gedächtnis für Dinge, die er vergessen muß. *Alberto Sordi*

14 Ein Interviewer sollte die Zitate eines Politikers besser kennen als dieser selbst. *Günter Gaus*

15 Ein Politiker sollte wenigstens alle zwölf Jahre seine Meinung ändern dürfen. *Aristide Briand*

16 Politiker sind Hoffnungsträger: Sie tragen unsere Hoffnungen zu Grabe. *Silvio Blatter*

17 Politiker sagen nur das, was sie sagen wollen; Diplomaten verschweigen sogar, was sie ohnehin nicht wissen. *Werner Höfer*

18 Dafür ist einer Politiker geworden, daß er genau weiß, welche Sorte Betrug ihm nicht abgekauft wird. *Adolf Muschg*

19 Die Überzeugung, daß er es draußen im Lande mit Millionen von Idioten zu tun hat, gehört zur psychischen Grundausstattung des Politikers. *Hans Magnus Enzensberger*

20 Ein Politiker teilt die Menschheit in zwei Klassen ein: Werkzeuge und Feinde. *Friedrich Nietzsche*

21 Mancher Politiker hat keinen schlimmeren Feind als sich selbst. *John B. Priestley*

22 Der Politiker ist im Grunde eine Unperson und alles, was von ihm ausgeht, nicht Inhalt, sondern zweckgebundene Form. *Thomas Wagner*

23 Von manchem Politiker sagt man, er sei kompliziert, weil man nicht sagen will, er sei verwickelt, und schon gar nicht, worin. *Bert Berkensträter*

24 Frustrierte Politiker erkennt man daran, daß sie brüten, bevor das Ei gelegt ist. *Gino Cervi*

25 Ungelöste Probleme sind die Evergreens der Politiker. *David Frost*

26 Die Politiker arbeiten alle nach der gleichen Methode: Zuerst sagen sie voraus, wie alles kommen wird, und nachher erklären sie, warum alles anders kam. *André François-Poncet*

27 Politiker und Journalisten teilen das traurige Schicksal, daß sie oft heute schon über Dinge reden, die sie erst morgen ganz verstehen. *Helmut Schmidt*

28 Die Verhältnisse sind dort am besten geordnet, wo die Journalisten alles schreiben können, was sie wollen, und wo die Politiker nicht alles machen, was die Journalisten schreiben. *Manfred Rommel*

29 Journalisten sind wie Politiker – sie reichen vom Verbrecher bis zum Staatsmann. *Helmut Schmidt*

30 Verbrecher kehren manchmal an den Ort ihres Verbrechens zurück. Politiker werden wiedergewählt. *Karel Trinkewitz*

31 Die Medien würden sofort einen großen Teil ihrer Bedeutung verlieren, wenn Seitensprünge von Politikern nicht mehr ehrenrührig wären. *John Osborne*

32 Manche Politiker muß man behandeln wie rohe Eier. Und wie behandelt man rohe Eier? Man haut sie in die Pfanne. *Dieter Hallervorden*

33 Zu Hause ist man nur Politiker, im Ausland dagegen ist man Staatsmann. *Harold Macmillan*

34 Ein Politiker, der schon in die Geschichte eingegangen ist, kann schwerlich daraus zurückkehren. *Henri Troyat*

35 Hütet euch vor den Politikern, die auf jede Frage eine Antwort wissen. *Norbert Blüm*

36 Erstaunlich viele Politiker suchen den besten Kopf ihres Landes vor dem Spiegel. *Saul Steinberg*

37 Jeder Politiker sieht auf die Dauer so aus, wie er ist. *Helmut Schmidt*

38 Manche Politiker halten einem Vergleich nur Stand, solange man ihn nicht zieht. *Helmut Schmidt*

39 Was manche Politiker nicht im Kopf haben, haben sie im Kehlkopf. *Peter Handke*

40 Ein Politiker ist wie Quecksilber: wenn du deinen Finger auf ihn legen willst, so findest du nichts darunter. *Austin O'Malley*

41 Es gibt Politiker, die sind zu nichts fähig. Es gibt andere, die sind zu allem fähig. *Werner Grunert*

42 Um eine schlechte Sache zu führen, muß man ein guter Politiker sein. *Karl Kraus*

43 Ein guter Verlierer ist ein ungewählter Politiker, der sich trotzdem gewählt ausdrückt. *Ernst Schröder*

44 Angeschlagene Politiker sind wie angeschlagene Boxer: doppelt gefährlich. *Edward Heath*

45 Ich kenne Politiker, welche die Gürtellinie auf Kniescheibenhöhe reduziert haben. *Peter von Oertzen*

46 Ein Politiker ruiniert sich nicht durch seine Niederlagen, sondern durch seine Pyrrhussiege. *Harold Macmillan*

47 Politiker sind wie Generäle: beide möchten verlorene Schlachten nachträglich noch gewinnen. *Arnold Wesker*

48 Maximale Lebenserwartung hat ein Politiker, wenn er sich aggressiv in der Politik und defensiv im Straßenverkehr verhält. *Franz Josef Strauß*

49 Manche Politiker sterben auf Barrikaden, auf denen sie gar nie gestanden haben. *François Mitterrand*

50 Wenn ein Politiker stirbt, kommen viele nur deshalb zur Beerdigung, um sicher zu sein, daß man ihn wirklich begräbt. *Georges Clemenceau*

51 Wir sollten, wie in Urzeiten, den Politikern die Waffen mit ins Grab geben. *Nikolaus Cybinski*

Politisieren Alles Politisieren, auch bei den größten Staatsmännern, ist Improvisieren auf gut Glück. *Friedrich Nietzsche*

Politur Ein rollender Stein gewinnt nicht an Masse, aber an Politur. *Oliver Herford*

Polizei *1* Regierungen kommen und gehen – die Polizei bleibt. *François Mauriac*

2 Polizei: eine bewaffnete Truppe zum Schutz und zum Mitmachen. *Ambrose Bierce*

3 Wer um Hilfe ruft, nimmt in Kauf, daß die Polizei kommen könnte. *Danilo Kiš*

4 Der Skandal fängt an, wenn die Polizei ihm ein Ende bereitet. *Karl Kraus*

Popularität *1* Die Popularität ist eine Krankheit, die um so chronischer zu werden droht, je später im Leben sie den Patienten befällt. *Ernst Jünger*

2 Film multipliziert die Popularität, Fernsehen potenziert sie. *Gustav Knuth*

Pornofilm Pornofilme: Lust- und Verlustobjekte. *Hans-Horst Skupy*

Pornographie Was wäre die Pornographie ohne die Zensur? *Roger Vadim*

Porträt Modelle sollten sich bemühen, dem Porträt ähnlich zu sehen. *Salvador Dalí*

Porträtist Wer Porträtisten verärgert, muß damit rechnen, ähnlich gemalt zu werden. *Winston S. Churchill*

Porzellanladen *1* Wer in einem Porzellanladen ist, sollte aus einer Mücke keinen Elefanten machen. *Gerhard Uhlenbruck*

2 «Scherben bringen Glück», sagte der Elefant, als er den Porzellanladen verließ. *Markus M. Ronner*

3 «Ausnahmen bestätigen die Regel», sagte der Elefant und ließ den Porzellanladen links liegen. *Markus M. Ronner*

Pose *1* Natürlichsein ist eine Pose, die sich sehr schwer durchhalten läßt. *Oscar Wilde*

2 Von allen Posen ist die moralische die unanständigste. *Oscar Wilde*

Position *1* Für hohe Positionen in Amerika braucht man keine Erfahrung. Es genügt die Bereitschaft, diese Erfahrung zu erwerben. *Dean Rusk*

2 Die Emanzipation ist erst dann vollendet, wenn gelegentlich auch eine total unfähige Frau in eine verantwortliche Position aufrücken kann. *Heidi Abel*

Post *1* Verwaltung bedeutet, daß «postwendend» mit dem Wenden der Post verwechselt wird. *Gerhard Uhlenbruck*

2 Eines schönen Tages befördert die Post nur noch ihre Beamten. *Heinz Schenk*

3 Eine ideale Liebesaffäre ist eine Liaison per Post. *George Bernard Shaw*

Posten *1* In einer hierarchischen Organisation pflegt jeder Beschäftigte so lange aufzusteigen, bis er einen Posten erreicht hat, für den ihm die Kompetenz fehlt. *Laurence J. Peter*

2 Verantwortliche Posten mit verantwortungsbewußten Leuten besetzen? Die würden sich dort zu Tode schinden. *Gabriel Laub*

Postkutsche Konservatives Argument für Postkutschen: sie werden heute kaum noch überfallen. *Werner Schneyder*

Postminister Das Ideal der Postminister wird verwirklicht sein, wenn das Porto zehnmal so hoch ist wie heute und die Postzustellung einmal im Monat erfolgt. *Cyril Northcote Parkinson*

Präservativ Die Bildröhre ist das Präservativ der Realität. *Dieter Hildebrandt*

Präsident *1* In Amerika regiert der Präsident für vier Jahre und der Journalismus für immer und ewig. *Oscar Wilde*

2 Es gibt Leute in Amerika, die Wichtigeres zu tun haben, als Präsident zu sein. *Peter Ustinov*

Praxis *1* Theorie und Praxis verhalten sich wie die bibliophile Ausgabe eines Kochbuchs zum verkohlten Steak. *Michael Kehlmann*

2 Die Praxis manches Arztes sollte man lieber Theorie nennen. *Erhard Blanck*

Predigen Predigen ist die Kunst, die Menschen zum Guten zu verführen. *Billy Graham*

Prediger *1* Prediger in leeren Kirchen trösten sich mit der besseren Akustik. *Markus M. Ronner*

2 Verbrechen: Muse der Prediger und der Moralisten. *Stanislaw Jerzy Lec*

Predigt *1* Die gemeinsame Steuererklärung hat sicherlich mehr zur Rettung bedrohter Ehen beigetragen als die schönste Predigt. *Dale Carnegie*

2 Predigten könnten bestimmt besser sein, wenn nicht so viele gehalten würden. *Arthur Michael Ramsey*

Preis *1* Sklaven: das waren Menschen, die einen bestimmten Preis hatten.
Gabriel Laub

2 Angesichts der heute üblichen Honorare muß ein Humorist um jeden Preis witzig sein.
Gabriel Laub

3 Preise suchen ihre Träger unerbittlich.
Gerhard Polt

Preisverleihung Wie soll man sich nach einer Preisverleihung schon fühlen? Ausgezeichnet. *Dieter Hildebrandt*

Premiere *1* Sex in längerer Verbindung ist die Kunst, Reprisen immer wieder wie Premieren erscheinen zu lassen. *Jeanne Moreau*

2 Wer ein schlechtes Gedächtnis hat, erlebt viele Premieren. *Axel von Ambesser*

Presse *1* In früheren Zeiten bediente man sich der Folter. Heutzutage bedient man sich der Presse. *Oscar Wilde*

2 Die Aktualität ist der Pulsschlag der Presse. Deshalb haben Zeitschriften einen relativ niedrigen Blutdruck. *Cecil King*

3 Die Presse ist ein Gewissen aus Papier.
Malcolm Muggeridge

4 Die Presse hat auch die Aufgabe, das Gras zu mähen, das über etwas zu wachsen droht.
Alfred Polgar

5 Die Presse muß die Freiheit haben, alles zu sagen, damit gewisse Leute nicht die Freiheit haben, alles zu tun. *Alain Peyrefitte*

6 Presse: die Möglichkeit, Dinge zu verschweigen, indem man andere druckt.
Rudolf Rolfs

7 Die Mission der Presse ist, Geist zu verbreiten und zugleich die Aufnahmefähigkeit zu zerstören. *Karl Kraus*

8 Ich muß sagen, die Presse kommt uns entgegen. Früher mußte man wirklich etwas tun, um in die Zeitung zu kommen. Heute braucht man bloß noch etwas zu sagen.
Manfred Rommel

Pressebericht Ich lese eine Menge Presseberichte und schöpfe Beruhigung aus der Tatsache, daß sie einander fast immer widersprechen. *Harold Macmillan*

Pressefreiheit *1* Pressefreiheit: jeder Journalist darf schreiben, was er will. Das heißt noch nicht, daß es gedruckt wird.
Rudolf Rolfs

2 Pressefreiheit: das Volk erfährt alles, was die Zeitung bringt. *Rudolf Rolfs*

3 Unter Pressefreiheit verstehen manche Journalisten das Recht, ihren Wagen im Parkverbot zu stationieren. *Franz Böhm*

4 In manchen Ländern bedeutet Druck- und Pressefreiheit die Freiheit zu pressen und unter Druck zu setzen. *Wolfgang Eschker*

5 Die Pressefreiheit ist die Freiheit von 200 reichen Leuten, ihre Meinung zu verbreiten.
Paul Sethe

Preuße Ihr Ordnungstrieb, nicht Kriegslust, hat die Preußen in Verruf gebracht.
Ernst Jünger

Primaballerina Eine altgewordene Primaballerina gleicht irgendwie einem gealterten Flamingo: Ein Rest von disziplinierter Grazie bleibt erkennbar. *Graham Greene*

Primitive Verallgemeinerung ist die Philosophie der Primitiven.
Moscheh Ya'akov Ben-gavriêl

Primzahl Der Aphorismus sei wie eine Primzahl: unteilbar. *Erhard Blanck*

Prinzip *1* Prinzipien sind dazu da, um durchbrochen zu werden. *Markus M. Ronner*

2 Wer einen Charakter hat, braucht keine Prinzipien. *Julius Wagner von Jauregg*

3 Prinzipien sind der jämmerlichste Grund, den es gibt, um sich unbeliebt zu machen.
George Bernard Shaw

4 Mit der Mode kann man keine Weltanschauung demonstrieren, denn so rasch ändert niemand seine Prinzipien.
Hubert de Givenchy

5 Persönlichkeiten, nicht Prinzipien bringen die Zeit in Bewegung. *Oscar Wilde*

6 Man kann Prinzipien aufstellen wie Wegweiser. Oder wie Galgen. *Hans Kasper*

7 Es ist leichter, für seine Prinzipien zu sterben, als für sie zu leben. *Alfred Adler*

8 Prinzipien reitet man mit dem Kopf.
Heinz Rühmann

Prinzipienreiter *1* Prinzipienreiter scheuern sich wund. *Boleslaw Barlog*

2 Es ist immer ein heiter stimmender Anblick, wenn Prinzipienreiter abgeworfen werden. *Werner Finck*

Privatbibliothek Zum Anlegen einer Privatbibliothek gehören ein großer Freundeskreis und ein schlechtes Gedächtnis. *Georg Thomalla*

Privatleben Das Familienleben ist ein Eingriff in das Privatleben. *Karl Kraus*

Privileg *1* Dummheit ist ein menschliches Privileg. In der Natur gibt's keine Dummheit. *Sigismund von Radecki*

2 Es ist das Privileg der Intellektuellen, sich zwischen alle Stühle zu setzen. *Max Bense*

Problem *1* Das Problem ist heute nicht die Atomenergie, sondern das Herz des Menschen. *Albert Einstein*

2 Talente finden Lösungen, Genies entdecken Probleme. *Hans Krailsheimer*

3 Menschen, die keine Probleme kennen, sind meistens beredt. *Jakob Boßhart*

4 Wer ein Problem definiert, hat es schon halb gelöst. *Julian Huxley*

5 Nur wenn man noch viel verrückter denkt als die Philosophen, kann man ihre Probleme lösen. *Ludwig Wittgenstein*

6 Ein Journalist bekommt für die Lösung eines Problems nicht mehr bezahlt als für dessen Formulierung. Deshalb stellt er die Behauptung auf und läuft vor der Lösung davon. *George Bernard Shaw*

7 Probleme mit Geld sind besser als Probleme ohne Geld. *Malcolm Forbes*

8 Der Weitblick mancher Leute besteht darin, die nächsten Probleme zu übersehen. *Wolfgang Eschker*

9 Konferenzen sind ein vorzügliches Mittel, Probleme so lange zu diskutieren, bis sie nicht mehr aktuell sind. *Alex Möller*

10 Probleme muß man kondensieren, wenn man sie lösen will. Erst der Extrakt ist überschaubar. *Henry Kissinger*

11 Jedes Problem erlaubt zwei Standpunkte: unseren eigenen und den falschen. *Channing Pollock*

12 Der Idealismus wächst mit der Entfernung vom Problem. *John Galsworthy*

13 Wenn die Italiener mit einem Problem nicht fertig werden, machen sie daraus einen -ismus. *Indro Montanelli*

Professor *1* Ein Professor ist ein Mann, der anderer Meinung ist. *Eduard von Hartmann*

2 Wieviel Unsinn ist im Laufe der Zeit von Professoren gesagt worden! Warum sollten Studenten nicht auch mal dummes Zeug reden dürfen? *Alexander Mitscherlich*

3 Es hat schon etwas Tröstliches, daß selbst der gescheiteste Professor und die feinste Lady unterhalb der Taille auch nur Menschen sind. *Henry Miller*

Profi Zeichen der Zeit: die Künstler sind Profis geworden; die Amateure Künstler. *Erik Satie*

Profisport Im Begriff Profisport fehlt ein t. *Dieter Rudolf Knoell*

Profit Es versteht sich von selbst, daß man nicht zugleich hohe Prinzipien und hohe Profite haben kann. *Howard Hughes*

Prognose *1* Es lohnt sich meistens, die Prognosen der Meinungsforscher nicht gelesen zu haben. *Franz Josef Strauß*

2 Die meisten Prognosen sind falsch – und es ist kein Fall bekannt, in dem ein Futurist die Verantwortung für die üblen Folgen seiner falschen Prognosen übernommen hätte. *Karl Steinbuch*

Programm *1* Programme sind kein Flohmarkt, auf dem jeder nur sucht, was ihm gefällt. *Norbert Blüm*

2 Alle reden von neuen Medien, wer aber redet von neuen Programmen? *Rudi Carrell*

3 Je tragbarer unsere Fernsehgeräte werden, desto untragbarer die Programme. *Markus M. Ronner*

4 Es gibt zu viele Fernsehredakteure, die lieber Spesenrechnungen als Programme machen. *Günter Verheugen*

Prometheus Prometheus hat das Feuer nicht vom Himmel geholt, damit die Wurstbratereien ihre Geschäfte machen können. *Heinrich Böll*

Prominente *1* Für einen Prominenten gibt

es nur eines, was schlimmer ist, als auf der Straße erkannt zu werden – nämlich nicht erkannt zu werden. *Wim Thoelke*

2 Quiz für Prominente: Nach einem Interview die Sätze suchen, die man tatsächlich gesagt hat. *Oliver Hassencamp*

Prominenz *1* Prominenz ist eine Eigenschaft, die nicht durch Auslese, sondern durch Beifall zustande kommt. *Friedrich Sieburg*

2 Die heutige Prominenz hat nicht einmal soviel Intimspähre wie ein Goldfisch im Aquarium. *Federico Fellini*

Propaganda *1* Propaganda ist die Kunst, den Teufel mit zwei gesunden Füßen zu fotografieren. *Hans Kasper*

2 Am Anfang war das Wort und nicht das Geschwätz, und am Ende wird nicht die Propaganda sein, sondern wieder das Wort. *Gottfried Benn*

Propagandist Ein guter Propagandist kann sogar mit Hilfe der Wahrheit überzeugen. *Wieslaw Brudziński*

Prophet *1* Propheten müssen eine starke Stimme und ein schwaches Gedächtnis haben. *John Osborne*

2 Mit Propheten unterhält man sich am besten drei Jahre später. *Peter Ustinov*

3 Propheten werden zweimal gesteinigt: zum erstenmal bei Lebzeiten, danach durch Errichtung eines Denkmals. *Christopher Morley*

4 Wenn es besser kommt, als vorausgesagt, verzeiht man auch falschen Propheten. *Ludwig Erhard*

5 Echte Propheten haben manchmal, falsche Propheten haben immer fanatische Anhänger. *Marie von Ebner-Eschenbach*

6 Wie vieles wurde schon ruiniert, um eine Handvoll Propheten zufriedenzustellen. *Peter Härtling*

7 Es ist das traurige Schicksal eines Propheten, daß er, wenn er nach zwanzigjähriger Arbeit seine Zeitgenossen überzeugt hat, selbst nicht mehr überzeugt ist. *Friedrich Nietzsche*

8 Propheten sind wie Sterne: Wenn ihre Botschaft die Menschen erreicht, gibt es sie selbst vielleicht nicht mehr. *Tennessee Williams*

9 Ein Prophet revanchiert sich: das Vaterland gilt ihm nichts. *Bert Berkensträter*

Prophezeien Prophezeien ist schwer – vor allem wenn es um die Zukunft geht. *Markus M. Ronner*

Prostitution *1* Der Parlamentarismus ist die Kasernierung der politischen Prostitution. *Karl Kraus*

2 Auch die Kultur hat ihre konzessionierte Prostitution: die Festspiele. *Martin Kessel*

Protest Protest ist heute eine der bemerkenswertesten Formen der Anpassung. *Johannes Groß*

Protokoll Das diplomatische Protokoll ist der Stoßdämpfer der Weltpolitik. *Hervé Alphand*

Provinz *1* Provinz ist immer der nächstkleinere Ort. *Joachim Kaiser*

2 Die Provinz – das sind die anderen. *Martin Gregor-Dellin*

3 In jedem Amerikaner steckt irgendwo die Provinz. *Witold Gombrowicz*

Provinzialismus Weltstadt: eine Hochburg des Provinzialismus. *Ambrose Bierce*

Provisorium Nichts hält länger als ein Provisorium. *Markus M. Ronner*

Prozeß *1* Immer wenn jemand kurzen Prozeß machen möchte, gibt es danach eine lange Berufung. *Siegfried Lowitz*

2 Prozeß: eine Maschine, in die man als Schwein eingeht und die man als Wurst verläßt. *Ambrose Bierce*

3 Mancher Prozeß übertrifft an Schrecklichkeit, wovon er handelt. *Markus M. Ronner*

4 Das Leben ist ein Prozeß, den man verliert, was man auch tut und wer man auch ist. *Thomas Bernhard*

5 Der einzige gewonnene Prozeß ist der, den man nicht geführt hat. *Hans Habe*

Prozeßpartei Prozeßpartei: jemand, der bereit ist, seine Haut zu opfern in der Hoffnung, daß er seine Knochen behalten darf. *Ambrose Bierce*

Prüfung In Prüfungen stellen Narren Fragen, die Weise nicht beantworten können. *Oscar Wilde*

Prügel Wir bekamen unsere Prügel von den Eltern. Die Jungen beziehen sie direkt vom Leben. *Waldemar Bonsels*

Pseudonym Er wollte seinen Namen nicht beschmutzen. Deshalb wählte er ein Pseudonym. *Wolfgang Eschker*

Psychiater *1* Der Psychiater ist der letzte Mensch, mit dem man spricht, bevor man anfängt, mit sich selbst zu sprechen. *Frank Sinatra*

2 Psychiater sind Leute, die sich selbst nicht konsultieren, weil sie zu teuer sind. *Peter Sellers*

3 Gerissene Psychiater schicken Schizophrenen zwei Rechnungen. *Achim Strietzel*

4 Psychiater sind nicht allwissend und nicht allmächtig, aber sie sind allgegenwärtig. Man findet sie fast bei jedem Symposium. *Viktor E. Frankl*

Psychoanalyse *1* Psychoanalyse ist mehr eine Leidenschaft als eine Wissenschaft. *Karl Kraus*

2 Die Psychoanalyse ist eine herrliche Entdeckung. Sie gibt auch einfachen Menschen das Gefühl, komplizierte Wesen zu sein. *Samuel N. Behrman*

3 Psychoanalyse ist jene Geisteskrankheit, für deren Therapie sie sich hält. *Karl Kraus*

Psychoanalytiker *1* Der Psychoanalytiker ist ein Beichtvater, den es gelüstet, auch die Sünden der Väter abzuhören. *Karl Kraus*

2 Ein Psychoanalytiker ist ein Mann, der nach Gesprächen mit vielen Patienten sagen kann, was ihm fehlt. *Peter Sellers*

Psychologie *1* Die Psychologie befaßt sich mit den einzelnen Wellen des Baches. Aber hat ein Bach je aus Wellen bestanden? *Karl Kraus*

2 Die Lektüre des Buches «Psychologie für jedermann» hat ihm sehr geholfen. Jetzt fallen ihm seine Fehler wenigstens bei den anderen auf. *Günther Schatzdorfer*

Pubertät Die Krise zur Lebensmitte ist die Pubertät des Greisenalters. *Werner Schneyder*

Publicity Publicity: Die Angaben zur Person sind alles Angaben. *Gerhard Uhlenbruck*

Publikation Die Publikation von Ideen ist eine Art Diebstahlversicherung. *Gerhard Uhlenbruck*

Publikum *1* Das Publikum weiß erst dann, was es will, wenn es das, was es will, zu sehen bekommt. *Sam Goldwyn*

2 Das Publikum ist wunderbar nachsichtig. Es verzeiht alles - außer Genie. *Oscar Wilde*

3 Verärgere niemals das Publikum, sonst ist es aus mit dir. *Sammy Davis jr.*

4 Das Publikum fühlt sich am wohlsten, wenn eine Mittelmäßigkeit zu ihm redet. *Oscar Wilde*

5 Das Publikum will gekitzelt werden und nicht gekniffen. *Wolfgang Borchert*

6 Wer dem Publikum nachläuft, sieht nur dessen Hinterteil. *Birgit Breuel*

7 Man muß das Publikum zu sich heraufholen; man darf nicht zu ihm hinuntersteigen. *Gustaf Gründgens*

8 Die Kunst darf nie populär sein wollen. Das Publikum muß künstlerisch werden. *Oscar Wilde*

9 Jedes Publikum kriegt die Vorstellung, die es verdient. *Curt Goetz*

10 Nicht immer sind an einem Mißerfolg die Sänger schuld. Es gibt auch indisponiertes Publikum. *Leonie Rysanek*

11 Es gibt Abende, an denen nicht das Schauspiel, sondern das Publikum durchfällt. *Max Reinhardt*

12 Das Publikum hat ein Recht darauf, nicht angeschmiert zu werden, auch wenn es darauf besteht, angeschmiert zu werden. *Theodor W. Adorno*

13 Das Publikum liebt neue Ideen, in dramatische Form gebracht. Nur müssen es Ideen sein, die jeder im Publikum gehabt haben könnte und sie nur aus Mangel an Mut nicht auszusprechen gewagt hat. *William Somerset Maugham*

14 Das moderne Theater muß nicht danach beurteilt werden, wieweit es die Gewohnheiten des Publikums befriedigt, sondern danach, wieweit es sie verändert. *Bertolt Brecht*

15 Im heutigen Kulturbetrieb besteht das

größte Kunstwerk bisweilen darin, Publikum zu sein. *Markus M. Ronner*

16 Der Künstler kann nur eines nicht sehen: das Offensichtliche. Das Publikum kann nur eines sehen: das Offensichtliche. Resultat: die Zeitungskritik. *Oscar Wilde*

17 Ich bin von den Kritikern oft zerrissen worden, aber das Publikum hat mich immer wieder zusammengeflickt. *Jacques Tati*

18 Ein Kritiker ist ein Mensch, der sehr böse wird, wenn dem Publikum etwas gefällt, was er nicht mag. *Erich Segal*

19 Nicht nur die Fernsehmacher, auch das Publikum trägt Verantwortung. *Gerd Bacher*

20 Wenn das Orchester seine Instrumente stimmt, fängt das Publikum an, seine Katarrhe zu stimmen. *Hermann Prey*

Publizist Journalisten sind Leute, die über Aktuelles unbefangen schreiben und über bürgerliche Ehren spotten. Dann werden sie Publizisten, schreiben über Ewiges bedeutsam und nehmen bürgerliche Ehren an. *Johannes Groß*

Puder Man kann auch Musik mit Lippenstift beschmieren und mit Puder ersticken. *Igor Strawinski*

Pullover *1* Es gibt zweierlei Mädchen: die einen, die Pullover stricken, und die anderen, die sie ausfüllen. *Daliah Lavi*

2 Der Pullover einer Frau sitzt richtig, wenn die Männer nicht mehr atmen können. *Zsa Zsa Gábor*

Puls Mancher hat das Ohr am Puls der Zeit – und keine Uhr zur Hand. *Werner Schneyder*

Pulsschlag *1* Man muß kurze Sätze schreiben, auf jede Ausschmückung verzichten. Das Ideal ist das Skelett, aber eines mit Pulsschlag. *Ernest Hemingway*

2 Die Aktualität ist der Pulsschlag der Presse. Deshalb haben Zeitschriften einen relativ niedrigen Blutdruck. *Cecil King*

Pult Autoren sollten stehend an einem Pult schreiben. Dann würden ihnen ganz von selbst kurze Sätze einfallen. *Ernest Hemingway*

Pulver Menschen, die keinen Schuß Pulver wert sind, werden auch nicht abgeschossen. *Oliver Hassencamp*

Pulverfabrik Die Welt ist eine Pulverfabrik, in der das Rauchen nicht verboten ist. *Friedrich Dürrenmatt*

Punkt *1* Man muß den Punkt kennen, bis zu dem man zurückweichen kann. *Ernst Jünger*

2 Am schwersten läßt sich der Punkt über dem i ausradieren. *Stanislaw Jerzy Lec*

Pünktchen Ich weigere mich, mit drei Pünktchen in der Stimme über Tabus hinwegzugehen. *Horst Stern*

Pünktlichkeit *1* Pünktlichkeit stiehlt uns die beste Zeit. *Oscar Wilde*

2 Fanatiker der Pünktlichkeit sind meistens allein. *Peter Lühr*

3 Pünktlichkeit ist die Kunst, richtig abzuschätzen, um wieviel sich der andere verspäten wird. *Bob Hope*

Puritaner *1* Ein Puritaner ist ein Mann, der die richtige Entrüstung in die falschen Dinge gießt. *Gilbert Keith Chesterton*

2 Puritaner machen aus der Tugend eine Not. *Gerhard Uhlenbruck*

3 Puritaner handeln nach dem Motto: Keinmal und nicht wieder. *Harold Pinter*

Puritanismus Puritanismus ist die schreckliche Furcht, daß jemand irgendwo glücklich sein könnte. *Henry Louis Mencken*

Putzen Das meiste auf der Welt geht nicht durch Gebrauch kaputt, sondern durch Putzen. *Erich Kästner*

Pyrrhussieg Ein Politiker ruiniert sich nicht durch seine Niederlagen, sondern durch seine Pyrrhussiege. *Harold Macmillan*

Q

Qual Liebe ist Qual, Lieblosigkeit ist Tod. *Marie von Ebner-Eschenbach*

Qualität *1* Qualität offenbart sich am Widerstand. *Hans Arndt*

2 Die wichtigste Loyalität des Künstlers ist jene gegenüber der Qualität. *Jean-Louis Barrault*

3 Mit Qualität hat man immer Erfolg; leider funktioniert es manchmal auch ohne Qualität. *Hanns Joachim Friedrichs*

4 Bücher sind wie Weinflaschen; der Staub darauf spricht für Qualität. *Ernst Heimeran*

5 In Wien ist Qualität schon eine Provokation. *André Heller*

Quelle *1* Die meisten Quellen sind mit dem Flußlauf nicht einverstanden. *Jean Cocteau*

2 Zu den Quellen gelangt man gegen den Strom. *Stanislaw Jerzy Lec*

3 Gott liebt es, wenn seine Quellen rauschen. Aber niemand weiß, welche Art Mühlen er damit antreibt. *Karl Heinrich Waggerl*

Querulant Querulanten sind Bürokraten, die es nicht geschafft haben. *Hans Kasper*

Quiz *1* Quiz ist der Versuch, aus einem Menschen mehr herauszuholen, als in ihm steckt. *Peter Frankenfeld*

2 Quiz-Sendungen sind deshalb so unerträglich, weil sie es dem größten Trottel erlauben, mehr zu fragen, als der klügste Mensch zu beantworten vermag. *Markus M. Ronner*

Quizmaster Ein Quizmaster ist eine seltsame Mischung von Clown, Buchhalter und Oberlehrer. *Peter Sellers*

R

Rache *1* Die Strafe, die züchtigt, ohne zu verhüten, heißt Rache. *Albert Camus*

2 Haß ist die Rache des Feiglings dafür, daß er eingeschüchtert wurde. *George Bernard Shaw*

3 Kritik ist die subtile Rache der Journalisten an den Satirikern dafür, daß diese auch wegen der Journalisten Satiriker geworden sind. *Werner Schneyder*

4 Das Schreiben ist die Rache des Geschöpfes. *Emile M. Cioran*

5 Resignation ist die sublimste Rache am Schicksal. *Hans Kudszus*

Rachen Den Kopf in den Rachen des Löwen zu stecken, ist auch nicht gefährlicher, als ihn von einer Frau streicheln zu lassen. *David Herbert Lawrence*

Rad *1* Ein Mann am Steuer eines Autos ist ein Pfau, der sein Rad in der Hand hält. *Anna Magnani*

2 Ein Chefredakteur muß an das Blatt geflochten werden wie an ein Rad. Liegt er unten, blutet er. Ist er oben, ist es sein Sieg. *Henri Nannen*

Radfahrer Radfahrer sind die einzigen sympathischen Leisetreter. *Ernst Schröder*

Radikale Ein Radikaler ist ein Mann, der mit beiden Beinen fest in der Luft steht. *Franklin D. Roosevelt*

Radikalismus *1* Radikalismus ist eine Rasur, bei der man zugleich mit dem Bart auch die Haut entfernt. *Romain Gary*

2 Radikalismus: der Konservativismus von morgen, injiziert in die Angelegenheiten von heute. *Ambrose Bierce*

3 Radikalismus und Nachrichtenwesen sind natürliche Verbündete. *Hans Egon Holthusen*

4 Radikalismus und Apathie liegen nahe beieinander. *Theodor Eschenburg*

Raffinement Je mehr Raffinement eine Frau aufs Anziehen verwendet, umso mehr tut sie es auch beim Ausziehen. *Jewgenij Jewtuschenko*

Rahmen *1* Ein Gentleman ist ein Mann, der einer Frau gegenüber nicht aus dem Rahmen fällt, auch wenn er über sie im Bilde ist. *Werner Finck*

2 Wer immer im Bild ist, fällt nicht so leicht aus dem Rahmen. *Hans Joachim Clarin*

3 Erinnerungen sind ein goldener Rahmen, der jedes Bild freundlicher macht. *Carl Zuckmayer*

Rakete Jeder Christ kann die Raketen mit seinem Gewissen vereinbaren – wenn er an die Kreuzzüge denkt. *Helmut Ruge*

Rampenlicht Wenn der Bescheidene nicht mehr weiß, wohin mit der Bescheidenheit, stellt er seinen Scheffel ins Rampenlicht. *Nikolaus Cybinski*

Rand *1* O die Glücklichen, die es immer nur an den Rand der Verzweiflung treibt. *Nikolaus Cybinski*

2 Lyrik ist, wenn die Zeilen vor dem Rand aufhören. *Markus M. Ronner*

Rang Wer den höchsten Rang in einer Gruppe von Tieren oder Menschen hat, ist leicht zu erkennen. Es ist immer derjenige, der am meisten angeschaut wird. Davon kommt auch das Wort Ansehen. *Irenäus Eibl-Eibesfeldt*

Rasieren Man kann noch so viele Fremdsprachen beherrschen – wenn man sich beim Rasieren schneidet, gebraucht man die Muttersprache. *Eddie Constantine*

Rasse Es gibt nur zwei Rassen – die geistige und die ungeistige. *Ernst Barlach*

Rassenwahn Vom Ahnenstolz ist es nur ein Schritt zum Rassenwahn. *Peter Benary*

Rat *1* Mit einem guten Rat läßt sich nichts anderes tun, als ihn weiterzugeben. Selber gebrauchen kann man ihn nicht. *Oscar Wilde*

2 Eine Frau holt gerne den Rat ihres Mannes ein – schon deshalb, um ihn nicht zu befolgen. *Arthur Schnitzler*

3 Befrage deinen Nachbarn nur über Dinge, die du besser weißt. Sein Rat könnte wertvoll sein. *Karl Kraus*

4 Rat erbitten: sich den eingeschlagenen Weg von einem anderen bestätigen lassen. *Ambrose Bierce*

5 Einen Rat befolgen heißt die Verantwortung verschieben. *Johannes Urzidil*

6 Guter Rat ist teuer, aber nicht jeder teure Rat gut. *Gerhard Uhlenbruck*

7 Guter Rat ist teuer, schlechter Rat kann teuer zu stehen kommen. *Gerhard Uhlenbruck*

8 Kommt Zeit, kommt Rat. Kommt Unrat. *Markus M. Ronner*

Rate *1* Die Zukunft kommt in Raten, das ist das Erträgliche an ihr. *Alfred Polgar*

2 Aphorismen – Geist in Raten. *Adolf Reitz*

Ratgeber Angst ist der einzige sichere Ratgeber, den das Leben überhaupt hat. *Oskar Lafontaine*

Ratlosigkeit *1* Der Dichter ist das Sprachrohr der Ratlosigkeit seiner Zeit. *Marie Luise Kaschnitz*

2 In der Politik wird Ratlosigkeit oft mit Geduld verwechselt. *Roger Peyrefitte*

Ratschlag *1* Ratschläge sind wie abgetragene Kleider: man benützt sie ungern, auch wenn sie passen. *Thornton Wilder*

2 Er versetzte mir einen tiefen Ratschlag. *Ludwig Fienhold*

Rätsel *1* Für den Mann ist jede Frau ein Rätsel, dessen Lösung er bei der nächsten sucht. *Jeanne Moreau*

2 Frauen tun so, als seien sie Rätsel. Die meisten sind aber schon die Lösung. *Jean-Luc Godard*

3 Warum bemühen sich manche Frauen, den Männern ein Rätsel zu sein? Die meisten Männer können die Mona Lisa nicht leiden. *Oswald Bumke*

4 Künstler ist nur einer, der aus der Lösung ein Rätsel machen kann. *Karl Kraus*

5 Für den Wissenschaftler ist des Rätsels Lösung immer noch ein Rätsel. *Gerhard Uhlenbruck*

Rätselecke Die Frau ist die Rätselecke in Gottes großer Weltzeitung. *Marcel Achard*

Ratte *1* Der erfahrene Kapitän weiß schon vorher, welche Ratten zuerst das sinkende Schiff verlassen. *Nikolaus Cybinski*

2 Warum nimmt man den Ratten übel, daß sie das sinkende Schiff verlassen? Wozu braucht man auf einem sinkenden Schiff auch noch Ratten? *Gabriel Laub*

3 Ratten, die das Schiff verlassen haben, nehmen es ihm übel, wenn es nicht sinkt. *Wieslaw Brudziński*

4 Es gibt auch Ratten, die das sinkende Schiff betreten. *Markus M. Ronner*

5 Manchmal muß man das Schiff versenken, um die Ratten loszuwerden. *Alfred Polgar*

Raubtier *1* Die Frau ist kein Raubtier. Sie ist die Beute, die dem Raubtier auflauert. *José Ortega y Gasset*

2 Raubtiere sind weder höflich noch unhöflich, sie sind satt oder hungrig. *Hans Kasper*

Raubtierkäfig Ein Dompteur ist jemand, der im Raubtierkäfig vor den Menschen sicher ist. *George Bernard Shaw*

Raubvogel *1* Je leiser der Flug, desto gefährlicher der Raubvogel. *Graham Greene*

2 Opportunisten: Raubvögel, die kriechen. *Rudolf Rolfs*

Rauch *1* Vom Rauch anderer krank werden oder vom Zug der Klimaanlage – das sind Alternativen der Hochzivilisation. *Oliver Hassencamp*

2 Mit Vorbildern ist es wie mit Gespenstern: Rückt man ihnen zu Leibe, nennt man sie beim Namen, so lösen sie sich in Rauch auf. *Barbara Bondy*

Rauchen *1* Alle schlechten Eigenschaften entwickeln sich in der Familie. Das fängt mit Mord an und geht über Betrug und Trunksucht bis zum Rauchen. *Alfred Hitchcock*

2 Die Welt ist eine Pulverfabrik, in der das Rauchen nicht verboten ist. *Friedrich Dürrenmatt*

Raucher *1* Die Raucher vernebeln nicht nur die Luft, sondern meist auch ihren Geist, und so kann man dann leichter mit ihnen fertig werden. *Konrad Adenauer*

2 Wenn Raucher wüßten, was sie Nichtrauchern antun, hätten sie wenigstens einen Grund, nicht unter die Nichtraucher zu gehen. *Markus M. Ronner*

3 Was Raucher Nichtrauchern antun, heißt bei Nichtschwimmern: ersäufen. *Werner Schneyder*

4 Toleranz kann man von Rauchern lernen: Noch nie hat sich ein Raucher über einen Nichtraucher beschwert. *Alessandro Pertini*

Raum *1* Laß Raum sein in unserem Zusammensein. *Kahlil Gibran*

2 Ein Haus, in dem man alle Räume kennt, ist nicht wert, bewohnt zu werden. *Giuseppe Tomasi di Lampedusa*

Raumfahrt Die Raumfahrt ist ein Triumph des Verstandes, aber ein tragisches Versagen der Vernunft. *Max Born*

Raumschiff Die nächste Eskalation der Luftpiraterie wird die Entführung eines Raumschiffes sein. *Harold Pinter*

Rausch Kunst ist eine grausame Angelegenheit, deren Rausch bitter bezahlt werden muß. *Max Beckmann*

Rauschgift Das gefährlichste aller Rauschgifte ist der Erfolg. *Billy Graham*

Rausschmeißer Dramatiker und Rausschmeißer träumen immer von einem großen Wurf. *Joachim Ringelnatz*

Reaktion Reaktion ist Fortschritt nach hinten. *Yves Montand*

Reaktionär Ein Reaktionär ist ein Schlafwandler, der rückwärts geht. *Franklin D. Roosevelt*

Realismus Ein Blick in die Welt beweist, daß Horror nichts anderes ist als Realismus. *Alfred Hitchcock*

Realist *1* Der einzige wahre Realist ist der Visionär. *Federico Fellini*

2 Phantasten sind Leute, die tun, was sie nicht lassen können. Realisten sind Leute, die lassen, was sie nicht tun können. *Axel von Ambesser*

Realität *1* Realität: der Unterschied zwischen dem, was uns freut, und dem, womit wir uns trösten. *Gabriel Laub*

2 Die Idee ist das Staatsbegräbnis der Realität. *Hans Kudszus*

3 In Zukunft wird sich die Utopie beeilen müssen, wenn sie die Realität einholen will. *Wernher von Braun*

4 Die Bildröhre ist das Präservativ der Realität. *Dieter Hildebrandt*

Rechenfehler Manchmal führt ein Rechenfehler zur richtigen Lösung. *Stanislaw Jerzy Lec*

Recherchieren Die schönsten Geschichten gehen immer durch Recherchieren kaputt. *Markus M. Ronner*

Recht *1* Das Recht ist eine Gewalt, die der Gewalt das Recht streitig macht. *Hans Kudszus*

2 Außer dem Licht wird nichts auf Erden so oft gebrochen wie das Recht. *Alfred Polgar*

3 Was hilft's, daß das Recht für alle gleich ist, wenn's der Richter nicht ist? *Markus M. Ronner*

4 Erfahrene Juristen bezeugen, daß es vor Gericht von Vorteil sein kann, wenn man im Recht ist. *Graham Chapman*

5 Juristen sind Leute, die die Gerechtigkeit mit dem Recht betrügen. *Harold Pinter*

6 Ins Stammbuch eines Juristen: Nicht jeder Recht schaffende Mensch ist ein rechtschaffener Mensch. *Markus M. Ronner*

7 Das Recht des Stärkeren ist das stärkste Unrecht. *Marie von Ebner-Eschenbach*

8 Recht zu haben, ist nur halb so schön, wenn kein anderer Unrecht hat. *Orson Welles*

9 Wer immer auf sein Recht pocht, bekommt wunde Finger. *Volker Schlöndorff*

10 Autofahrer, die auf ihr Recht pochen, tun es meistens mit dem Finger an die Stirn. *Gerhard Uhlenbruck*

11 Das Recht auf Dummheit wird von der Verfassung geschützt. Es gehört zur Garantie der freien Persönlichkeitsentfaltung. *Mark Twain*

12 Wenn du im Recht bist, kannst du es dir leisten, die Ruhe zu bewahren, und wenn du im Unrecht bist, kannst du es dir nicht leisten, sie zu verlieren. *Mahatma Gandhi*

13 Der größte Feind des Rechtes ist das Vorrecht. *Marie von Ebner-Eschenbach*

14 Eingeräumte Rechte sind auferlegte Pflichten. *Hans Lohberger*

15 Man soll niemals als Recht verlangen, was man als Vergünstigung bekommen kann. *John Churton Collins*

16 Ein Kompromiß ist eine Abmachung, bei der man großzügig auf die Rechte des anderen verzichtet. *Tage Erlander*

17 Regierung kann auch ohne Recht bestehen, nicht aber Recht ohne Regierung. *Bertrand Russell*

18 Es gibt kein Recht der Frau auf ein Kind, sondern es gibt nur das Recht eines Kindes auf eine Mutter. *Gertrud von Le Fort*

19 Der Satire steht das Recht auf Übertreibung zu. Aber sie hat es schon seit langem nicht mehr nötig, von diesem Recht Gebrauch zu machen. *Gabriel Laub*

Rechthaberei Es sind die kleinen Rechthabereien, die eine große Liebe zerstören können. *Max Frisch*

Rechtsbewußtsein Rechtsbewußtsein entsteht durch ein Unrechtserlebnis. *Manès Sperber*

Rechtsbrecher *1* Der Rechtsbrecher hat einen Anspruch darauf, bestraft zu werden. *Max Scheler*

2 Amnestie: die Großmut des Staates gegenüber jenen Rechtsbrechern, deren Bestrafung ihm zu teuer wäre. *Ambrose Bierce*

Rechtscharakter Unrecht gewinnt oft Rechtscharakter einfach dadurch, daß es häufig vorkommt. *Bertolt Brecht*

Rede *1* Die meisten Reden sind nicht der Rede wert. *Markus M. Ronner*

2 Um eine gut improvisierte Rede halten zu können, braucht man mindestens drei Wochen. *Mark Twain*

3 Eine gute Rede soll das Thema erschöpfen, nicht die Zuhörer. *Winston S. Churchill*

4 Reden auf Vegetarier-Banketten sind erfreulich kurz, weil man Angst hat, daß sonst das Essen verwelkt. *Mario Adorf*

Reden *1* Reden über Angelegenheiten, die durch Reden nicht entschieden werden können, muß man sich abgewöhnen. *Bertolt Brecht*

2 Reden ohne Schweigen wird Geschwätz. *Romano Guardini*

3 Dilemma zwischen Reden und Schweigen: das Mitteilenswerte für nicht sagbar und das Sagbare für nicht mitteilenswert zu halten. *Peter Benary*

4 Lebenskunst ist die Kunst des richtigen Weglassens. Das fängt beim Reden an und endet beim Dekolleté. *Gabrielle «Coco» Chanel*

5 Der Kuß ist ein schlau erfundenes Verfahren, welches das Reden gegenseitig stoppt, wenn Worte überflüssig sind. *Oliver Herford*

Redlichkeit Um es im Leben zu etwas zu bringen, braucht man Redlichkeit und Klugheit. Die Redlichkeit besteht darin, zu halten, was man versprochen hat, die Klugheit darin, nichts zu versprechen. *Oliver Herford*

Redner *1* Einen guten Redner erkennt man daran, daß er das Pedal sparsam gebraucht. *Edward Heath*

2 Menschen, die etwas zu sagen haben, werden keine Redner. *Finley Peter Dunne*

Rednerpult *1* Er trat ans Rednerpult und monolog. *Wolfgang Eschker*

2 Der perfekte Rhetoriker hinterläßt keine Fingerabdrücke am Rednerpult. *Markus M. Ronner*

Referent Ein Kamel ist ein Pferd, zu dem ein persönlicher Referent einen Entwurf gemacht hat. *Horst Ehmke*

Reform *1* Nichts bedarf so sehr der Reform wie die Gewohnheiten der Mitmenschen.
Mark Twain

2 Reformen kommen immer von den Benachteiligten. Wer vier Asse in der Hand hat, verlangt nicht, daß neu gegeben wird.
Wilhelm Hennis

Reformer Die besten Reformer, die die Welt kennt, sind diejenigen, die bei sich selbst anfangen. *George Bernard Shaw*

Regel *1* «Ausnahmen bestätigen die Regel», sagte der Elefant und ließ den Porzellanladen links liegen. *Markus M. Ronner*

2 Ausnahmen sind nicht immer Bestätigung einer alten Regel. Sie können auch Vorboten einer neuen Regel sein.
Marie von Ebner-Eschenbach

3 Das Leben ist wie die Grammatik: die Ausnahmen sind häufiger als die Regeln.
Rémy de Gourmont

4 In der Politik ist es manchmal wie in der Grammatik: ein Fehler, den alle begehen, wird schließlich als Regel anerkannt.
André Malraux

Regen *1* Hoffnung: man geht hinaus bei schönem Wetter und kehrt im Regen zurück.
Jules Renard

2 Ein Weiser ohne Taten ist eine Wolke ohne Regen. *John Steinbeck*

Regenschirm *1* Freundschaft ist ein Regenschirm, der den Fehler hat, daß er bei schlechtem Wetter zurückgegeben werden muß.
Pierre Véron

2 Theaterstücke haben einen zeitlich begrenzten Nutzen wie Regenschirme oder Zahnbürsten. Wenn sie ausgedient haben, gehören sie in die Mülltonne. *Peter Handke*

Regie Der Wechsel vom Schauspielerfach in die Regie – das ist so, als doziere man plötzlich vor Mitschülern. *Jeanne Moreau*

Regieren Das Regieren in einer Demokratie wäre wesentlich einfacher, wenn man nicht immer wieder Wahlen gewinnen müßte.
Georges Clemenceau

Regierende Wer in der Diktatur die Regierenden kritisiert, kommt ins Gefängnis. Wer in der Demokratie über die Regierenden schimpft, kommt ins Fernsehen.
Manfred Rommel

Regierung *1* Eine gute Regierung ist wie eine geregelte Verdauung. Solange sie funktioniert, merkt man kaum etwas von ihr.
Erskine Caldwell

2 Wir stehen hinter jeder Regierung, bei der wir nicht sitzen müssen, wenn wir nicht hinter ihr stehen. *Werner Finck*

3 Ein gutes Kabarett sorgt dafür, daß die Menschen etwas zu lachen haben. Eine Regierung sorgt auch für das Gegenteil.
Gabriel Laub

4 Was nützt die Mehrheit des Volkes, wenn die Mehrheit der Regierung dagegen ist?
Wolfgang Eschker

5 Demokratie heißt zwar Regierung durch Diskussion; aber sie ist nur wirksam, wenn man die Leute dazu bringt, daß sie aufhören zu reden. *Clement Richard Attlee*

6 Wenn eine Regierung das Trinken von Wasser verbieten würde, wäre das Wasser beliebter als Whisky. *Oscar Wilde*

7 Ein guter Nachrichtendienst ist der Scheibenwischer der Regierung. *George F. Kennan*

8 Innere Sicherheit: der Schutz der Regierung vor der Demokratie. *Rudolf Rolfs*

9 Die Dummheit von Regierungen sollte niemals unterschätzt werden. *Helmut Schmidt*

10 Es ist die Aufgabe der Opposition, die Regierung abzuschminken, während die Vorstellung läuft. *Jacques Chirac*

11 Opposition ist die Kunst, etwas zu versprechen, was die Regierung nicht halten kann. *Harold George Nicolson*

12 Wer an der Regierung ist, muß Brände sofort löschen. Die Opposition kann über die Verbesserung der Feuerwehr in Ruhe nachdenken. *Norbert Blüm*

13 Die Frage, wer an die Macht kommen soll, ist falsch gestellt. Es genügt, wenn eine schlechte Regierung abgewählt werden kann.
Karl Popper

14 Wenn die Menschen aus den Ferien zurückkommen, neigen sie dazu, sogar die

Regierung etwas milder zu beurteilen. Ein geschickter Regierungschef setzt Wahlen daher für den Frühherbst an. *David Frost*

15 Die Revolution ist die erfolgreiche Anstrengung, eine schlechte Regierung loszuwerden und eine schlechtere zu errichten. *Oscar Wilde*

16 Regierungen kommen und gehen – die Polizei bleibt. *François Mauriac*

17 Regierung kann auch ohne Recht bestehen, nicht aber Recht ohne Regierung. *Bertrand Russell*

Regierungskunst Regierungskunst ist die Fähigkeit, die größere Hälfte der Nation zufriedenzustellen, ohne die kleinere Hälfte zu vergrämen. *Edgar Faure*

Regierungssprecher *1* Ein guter Regierungssprecher versteht es, aus Magermilch Schlagsahne zu machen. *George F. Kennan*

2 Ein Regierungssprecher ist ein Mann, der aufstoßen muß, wenn andere gegessen haben. *Norman Mailer*

3 Manchmal ist ein Regierungssprecher gezwungen, den Mund anderer Leute zu halten. *George F. Kennan*

4 Das Gesicht eines Regierungssprechers: mit den Jahren sieht es aus wie sein eigenes Dementi. *Heinrich Nüsse*

Regierungssystem Ich hätte gerne ein Regierungssystem, in dem die, die etwas tun wollen, an der Macht sind – und die, die gerne reden, die Opposition bilden. *Edward Heath*

Regime An der Härte der Strafen erkennt man die Schwäche des Regimes. *Martin Kessel*

Regisseur *1* Die Karriere mancher Schauspielerin hat mit der bedeutenden Rolle begonnen, die sie im Leben des Regisseurs spielte. *Gabriel Laub*

2 Eine Diskussion mit dem Regisseur beginnen Schauspieler immer dann, wenn sie den Text nicht kennen. *Otto Schenk*

3 Die wichtigste Aufgabe eines Regisseurs ist es, einem Schauspieler das Gefühl vermitteln zu können, daß er existiert, auch wenn er nichts tut. *Claude Sautet*

4 Ein Dramatiker stirbt heute nicht einmal, sondern mehrmals – umgebracht von den Regisseuren seiner Stücke. *Fernando Arrabal*

5 Niemand auf der Welt ist so wehrlos wie ein toter Autor gegen einen lebenden Regisseur. *Laurence Olivier*

Reibungsfläche *1* Wenn man ständig mit einem Menschen zusammenlebt, sieht man nur noch die Oberfläche, die aus lauter kleinen Reibungsflächen besteht. *Brigitte Schwaiger*

2 Zwischen Mann und Frau ist alles in Ordnung, wenn er das Zündholz ist und sie die Reibungsfläche. *Henry Miller*

3 Olympische Spiele sind eine wundervolle Gelegenheit, Zwietracht auch unter jenen Nationen zu stiften, die sont keine Reibungsflächen haben. *George Bernard Shaw*

Reiche *1* Der Reiche setzt eher sein Leben für seinen Reichtum als seinen Reichtum für sein Leben aufs Spiel. *Frank Wedekind*

2 Der Reiche ist nicht böse, er ist nur zu sehr mit dem Geldverdienen beschäftigt, um gut zu sein. *Gerhard Uhlenbruck*

Reichtum Kriege führen auch die Ameisen, Staaten haben auch die Bienen, Reichtümer sammeln auch die Hamster. *Hermann Hesse*

Reife *1* Reife hat erreicht, wer auf sich selbst nicht mehr hereinfällt. *Heimito von Doderer*

2 Reife bedeutet, in einer Isolierung zu leben, die sich selbst genügt. *Cesare Pavese*

Reihe Setzt sie nur in die erste Reihe – sie werden jedem und allem applaudieren. *Gabriel Laub*

Reihenfolge Die Reihenfolge, in der man die Dinge erlernt, ist, was schließlich die Individualität des Menschen ausmacht. *Elias Canetti*

Reihengrab Es gibt Buchreihen, die erweisen sich als Reihengrab. *Wolfgang Eschker*

Reingewinn Wenn dem Menschen am Ende seines Lebens ein Lächeln übrigbleibt, so ist das ein sehr anständiger Reingewinn. *Horst Wolfram Geißler*

Reise *1* Das Beste und Schönste einer Reise wird daheim erlebt: teils vorher, teils nachher. *Sigmund Graff*

2 Manche Leute gehen nur auf Reisen, um ihre Vorurteile bestätigt zu bekommen. *Josef Pieper*

3 Alle Reisen haben eine heimliche Bestimmung, die der Reisende nicht ahnt. *Martin Buber*

4 Keiner kommt von einer Reise so zurück, wie er weggefahren ist. *Graham Greene*

5 Manche Leute kommen von einer Reise dümmer zurück, als sie hingefahren sind. *Wolf Biermann*

6 Wenn einer eine Reise tut, glaubt er davon erzählen zu dürfen. *Richard von Schaukal*

Reisegesellschaft Auch glücklich landende Reisegesellschaften kann man Flugkatastrophen nennen. *Werner Schneyder*

Reisen *1* Reisen? Dieser Augenzwang! *Paul Valéry*

2 Der verborgene Sinn allen Reisens ist es, Heimweh zu haben. *Erhart Kästner*

3 Der Sinn des Reisens ist, an ein Ziel zu kommen, der Sinn des Wanderns, unterwegs zu sein. *Theodor Heuß*

4 Das Reisen führt uns zu uns zurück. *Albert Camus*

5 Reisen bildet - vor allem Staus auf Autobahnen. *Michael Schiff*

Reißverschluß Die Männer haben keine Geduld. Darum haben sie auch den Reißverschluß erfunden. *Senta Berger*

Reißzahn Der Mensch ist wie der Löwe in der Fabel, der seine eigenen Reißzähne beschimpft, weil ihm das Beutetier leid tut - nachdem es ihm gut geschmeckt hat. *Horst Stern*

Reiter *1* Ein Pferd ohne Reiter ist immer noch ein Pferd. Aber ein Reiter ohne Pferd ist nur ein Mensch. *Stanislaw Jerzy Lec*

2 Jockeis sind Reiter, die manchmal früher über ein Hindernis kommen als das Pferd. *Danny Kaye*

3 Die Karriere ist ein Pferd, das bisweilen auch gute Reiter abwirft. *James Baldwin*

4 Hobbies sind Steckenpferde, die den Reitern die Sporen geben. *Heinz Rühmann*

5 Der Stil eines Autors ist ein Pferd, das nur einen einzigen Reiter trägt. *John Steinbeck*

Reiz Es ist absolut sinnlos, die Frauen verstehen zu wollen, wo doch ihr größter Reiz in der Unergründlichkeit liegt. *Alfred Hitchcock*

Reklame Jubel über militärische Schauspiele ist eine Reklame für den nächsten Krieg. *Kurt Tucholsky*

Relativitäts-Theorie Es kann doch nicht der Sinn von Bildung sein, daß jeder Einsteins Relativitäts-Theorie erklären, aber keiner mehr einen tropfenden Wasserhahn reparieren kann. *Norbert Blüm*

Religion *1* Religion ist das Werk Gottes, das durch den Teufel seine Perfektion erhielt. *Peter Ustinov*

2 Religion ist der Weihrauch des Unverdauten. *Martin Kessel*

3 Die Religion stützt sich hauptsächlich und vor allem auf die Angst. *Bertrand Russell*

4 Die Religion hat der Liebe einen großen Dienst erwiesen, indem sie sie zur Sünde gestempelt hat. *Anatole France*

5 Die Sünden sind die Pfeiler der Religion. *Hans Lohberger*

6 Der Mensch hat zwei Beine und zwei Überzeugungen: eine, wenn's ihm gut geht, und eine, wenn's ihm schlecht geht. Die letztere heißt Religion. *Kurt Tucholsky*

7 Ein wenig Wissen entfremdet Menschen oft von der Religion, tieferes Wissen bringt sie zu ihr zurück. *Dean William Ralph Inge*

8 Naturwissenschaft ohne Religion ist lahm, Religion ohne Naturwissenschaft ist blind. *Albert Einstein*

9 Horoskope sind Religionsersatz, denn wer Religion hat, dem sind die Sterne schnuppe. *Sigismund von Radecki*

10 Der Bayer hat ein irdisches Verhältnis zur Religion und ein mystisches zum Bier. *Johann-Baptist Metz*

Religionsgeschichte Man kann sich einen Spezialisten der Religionsgeschichte nicht beim Gebet vorstellen. *Emile M. Cioran*

Religiöse Was aber ist denn das Religiöse? Der Gedanke an den Tod. *Thomas Mann*

Reling Das einzige Vorbeugemittel gegen Seekrankheit ist die Reling. *Max Pallenberg*

Rendez-vous *1* Wenn eine Frau in ein

Rendez-vous einwilligt, dann weiß sie im Moment noch nicht, ob sie kommen wird oder nicht. In dieser Ungewißheit liegt für sie der Reiz der Verabredung. *Tristan Bernard*

2 Eine Frau, die zu einem Rendez-vous nicht zu spät kommt, kommt zu früh. *Françoise Hardy*

3 Eine Kundgebung ist kein Rendez-vous der Köpfe, sondern der Kehlen. *Hans Kasper*

Rennbahn Nicht alle auf der Rennbahn sind Gauner. Aber alle Gauner sind auf der Rennbahn. *Winston S. Churchill*

Rennbranche Nichts charakterisiert die Rennbranche so wie das Wort «Rennstall». *Werner Schneyder*

Rennen Ein guter Vorsatz ist ein Startschuß, dem kein Rennen folgt. *Siegfried Lowitz*

Rennpferd Ich trage nie eine Uhr. Uhrzeiger sind Peitschen für all jene, die sich als Rennpferde mißbrauchen lassen. *François Mitterrand*

Reparatur *1* Philosophen und Hausbesitzer haben immer Reparaturen. *Wilhelm Busch*

2 Die Reparatur alter Fehler kostet oft mehr als die Anschaffung neuer. *Wieslaw Brudziński*

Repertoire Die Ehe ist ein Spielplan mit gleichbleibendem Repertoire. Folglich sollte man wenigstens gelegentlich die Inszenierung ändern. *Federico Fellini*

Report Dadurch, daß man einen Bericht Report nennt, wird er auch nicht besser. *Helmut Qualtinger*

Reportage Was man heute als Sciencefiction beginnt, wird man vielleicht schon morgen als Reportage zu Ende schreiben müssen. *Norman Mailer*

Reporter *1* Reporter: ein Schreiber, der den Weg zur Wahrheit errät und ihn mit einem Wolkenbruch von Worten verschüttet. *Ambrose Bierce*

2 Reportern sage ich nie die Wahrheit. *William Faulkner*

Reprise Sex in längerer Verbindung ist die Kunst, Reprisen immer wieder wie Premieren erscheinen zu lassen. *Jeanne Moreau*

Resignation Resignation ist die sublimste Rache am Schicksal. *Hans Kudszus*

Respekt *1* Die junge Generation hat auch heute noch Respekt vor dem Alter. Allerdings nur beim Wein, beim Whisky und bei den Möbeln. *Truman Capote*

2 Als erstes im Bankgeschäft lernt man den Respekt vor Nullen. *Carl Fürstenberg*

Ressentiment Neid – Ressentiment des Schwächeren. *Markus M. Ronner*

Restaurant Restaurants sind Gelegenheiten, wo Wirte grüßen, Gäste bestellen und Kellner essen. *Karl Kraus*

Rettungsanker So mancher akzeptiert die Kette in dem Glauben, an ihrem Ende befinde sich der Rettungsanker. *Wieslaw Brudziński*

Reue *1* Die Reue ist das Bedauern darüber, daß man so lange gewartet hat, es zu tun. *Henry Louis Mencken*

2 Reue ist der feste Vorsatz, beim nächstenmal keine Fingerabdrücke zu hinterlassen. *Marcel Achard*

3 Mancher sündigt bloß um des Genusses der Reue willen. *Sacha Guitry*

Revolution *1* Jede Revolution ist viel weniger Bauplatz der Zukunft als Auktion der Vergangenheit. *Heimito von Doderer*

2 Die Revolution kennt keine Triebe; denn die Revolution ist Trieb. *Fidel Castro*

3 Revolutionen gelingen, wenn sie dem Volk aufs Maul schauen. *Heinrich Nüsse*

4 Die Revolution ist die erfolgreiche Anstrengung, eine schlechte Regierung loszuwerden und eine schlechtere zu errichten. *Oscar Wilde*

5 Die meisten Revolutionen sind nur Rasuren. *Rudolf Rolfs*

6 Die Sauberkeit einer Revolution dauert höchstens vierzehn Tage. *Jean Cocteau*

7 Revolution ist Lebensmüdigkeit. *Heimito von Doderer*

8 Wer eine friedliche Revolution unmöglich macht, macht eine gewaltsame unvermeidbar. *John F. Kennedy*

9 Auf tausend Kriege kommen nicht zehn Revolutionen. *Ernst Bloch*

10 Konserven und Waschmaschinen haben mehr zur Befreiung der Frau beigetragen als alle Revolutionen. *Jean Duché*

Revolutionär *1* Ein Revolutionär ist ein Mann, der das Feuer der Unzufriedenheit mit Benzin löscht. *Henry de Montherlant*

2 Wer heute versucht, etwas Bewahrenswertes zu bewahren, der muß schon fast ein Revolutionär sein. *Erhard Eppler*

3 Konservativismus: die Verehrung toter Revolutionäre. *Clinton Rossiter*

Rezension Der Künstler hat keine Zeit, sich mit Kritikern zu beschäftigen. Nur Möchtegern-Schriftsteller lesen Rezensionen. *William Faulkner*

Rheinwein Die Deutschen lieben Rheinwein. Er wird in schlanke Flaschen gefüllt und für ein gutes Getränk gehalten. Von Essig unterscheidet er sich durch die Etikette. *Mark Twain*

Rhetorik Die Kunst der Rhetorik besteht darin, sogar bei Schlafenden einen Eindruck zu erwecken. *Gerhard Uhlenbruck*

Rhetoriker Der perfekte Rhetoriker hinterläßt keine Fingerabdrücke am Rednerpult. *Markus M. Ronner*

Rheumatismus An Rheumatismus und an wahre Liebe glaubt man erst, wenn man davon befallen wird. *Marie von Ebner-Eschenbach*

Richter *1* Was hilft's, daß das Recht für alle gleich ist, wenn's der Richter nicht ist? *Markus M. Ronner*

2 Manche Richter sind so stolz auf ihre Unbestechlichkeit, daß sie darüber die Gerechtigkeit vergessen. *Oscar Wilde*

3 Ein Richter ist erst, wer nachts verfassungsrechtlich träumt. *Ernst Benda*

Richtige *1* Es kommt nicht darauf an, recht zu behalten, sondern das Richtige zu tun. *Norbert Blüm*

2 In zweifelhaften Fällen entscheide man sich für das Richtige. *Karl Kraus*

Richtschnur Manche haben eine lange Leitung aus lauter Richtschnüren. *Peter Maiwald*

Richtung *1* Unser Kopf ist rund, damit die Gedanken die Richtung ändern können. *Francis Picabia*

2 Erst in der Übertreibung der Dinge werden sie klar und einsichtig. Natürlich muß man in der richtigen Richtung übertreiben. *Marcel Reich-Ranicki*

3 Schlimm, wenn Leute, die sich im Kreise drehen, das auch noch in der falschen Richtung tun. *Wolfgang Eschker*

4 Wer die Zukunft als Gegenwind empfindet, geht in die falsche Richtung. *Martin Held*

5 Wenn man in die falsche Richtung läuft, hat es keinen Zweck, das Tempo zu erhöhen. *Birgit Breuel*

6 Wenn ein Zug in die falsche Richtung fährt, sind alle Stationen falsch. *Franz Josef Strauß*

Riese Wer im Handeln ein Zwerg ist, kann im Ertragen ein Riese sein. *Hans Kudszus*

Riesenarmee Die Schweizer stehen jetzt vor dem Problem, daß die Russen freundlicher werden. Man hat eine Riesenarmee, und niemand kommt. *Friedrich Dürrenmatt*

Rinde Der Mensch ist wie der Käse: er muß eine Rinde haben, sonst geht er kaputt. *Brendan Behan*

Rippe Es gibt Männer, die heute noch der Rippe nachtrauern, die Adam hergeben mußte. *Markus M. Ronner*

Riß Privileg des Ästheten: die Risse in den Wänden rein ornamental zu betrachten. *Hans Kasper*

Rivale Ist es nicht Ironie, daß der größte Rivale einer Frau der beste Freund ihres Mannes sein kann, und nicht eine andere Frau? *Henry Miller*

Rivalin Kein Couturier kann ein Kleid so exakt beschreiben wie eine Frau, die die Robe einer Rivalin demonstrativ ignoriert. *Hubert de Givenchy*

Rolladen Wer im Glashaus sitzt, sollte die Rolläden herunterlassen. *Oliver Herford*

Rolle *1* Beim Theater ist jede Rolle wichtig. Ich werde nicht dadurch zum König, daß ich mich königlich gebärde, sondern dadurch, daß der Diener sich vor mir verneigt. *Will Quadflieg*

2 In der ersten Vorstellung als «Jedermann»

kann man gar nicht gut spielen, weil man sich immer noch freut, daß man die Rolle bekommen hat. *Klaus Maria Brandauer*

3 Die Karriere mancher Schauspielerin hat mit der bedeutenden Rolle begonnen, die sie im Leben des Regisseurs spielte.
Gabriel Laub

4 Die Frage ist nicht, ob eine schöne Frau schön genug für die Rolle ist. Die Frage ist, ob die Rolle schön genug für eine schöne Frau ist.
Otto Preminger

5 Die Welt ist eine Bühne, aber die Rollen sind schlecht verteilt. *Oscar Wilde*

6 Wer nicht aus der Rolle fallen möchte, sollte keine spielen. *Markus M. Ronner*

Rolls-Royce *1* Wenn man in einem Bentley fahren gelernt hat, tritt der Wunsch nach einem Rolls-Royce etwas in den Hintergrund.
Louis Malle

2 Auch in einem Rolls-Royce wird geweint – vielleicht sogar noch mehr als in einem Bus.
Françoise Sagan

Rom *1* Rom ist ein riesiger Friedhof, der von Leben strotzt. *Federico Fellini*

2 Rom läßt sich nicht aus den Angeln heben.
Jean Daniélou

3 «Ausnahmen bestätigen die Regel», sagte der Weg und führte an Rom vorbei.
Markus M. Ronner

Roman *1* Wer heute einen utopischen Roman zu schreiben beginnt, weiß nie, ob er ihn morgen nicht als Tatsachenbericht weiterschreiben muß. *Arthur Miller*

2 Es ist idiotisch, sieben oder acht Monate an einem Roman zu schreiben, wenn man in jedem Buchladen für zwei Dollar einen kaufen kann. *Mark Twain*

3 Man kann in diesem Zeitalter Romane nicht mehr lesen – höchstens noch schreiben.
Robert Neumann

4 Wenn man es nicht kann, dann ist ein Roman leichter zu schreiben als ein Aphorismus. *Karl Kraus*

5 Romane langweilen mich zu Tode. Ich würde meine Romane nie lesen, wenn ich sie nicht selbst geschrieben hätte.
Friedrich Dürrenmatt

6 Mit den Romanen ist es wie mit den Mahlzeiten: Wenn man sieht, wie sie zubereitet werden, kann einem der Appetit vergehen.
Annette Kolb

7 Wenn man aus einem Roman eine Kurzgeschichte machen könnte, ist er überflüßig.
Ernest Hemingway

8 Die Freundschaft zwischen zwei Schriftstellern hält manches aus, aber nicht die Tatsache, daß der eine ein Drehbuch aus dem Roman des anderen macht. *Truman Capote*

Romanfigur Wir sind alle potentielle Romanfiguren – mit dem Unterschied, daß sich Romanfiguren wirklich ausleben.
Georges Simenon

Romantik Das Wesen der Romantik ist die Ungewißheit. *Oscar Wilde*

Romeo und Julia Romeo und Julia haben nur noch einen musealen Sinn, denn heute würde die Julia wahrscheinlich sagen: «Ach, wart' doch ein bißchen, ich hole nur die Pille, dann können wir miteinander schlafen.»
Max Horkheimer

Röntgenbild Das Zebra ist ein Tier, das sein Röntgenbild außen trägt.
Ramón Gómez de la Serna

Röntgenologe Die einzigen Männer, die eine Frau zu durchschauen vermögen, sind die Röntgenologen. *Sacha Guitry*

Rose *1* Wer in Gefahr ist, Pessimist zu werden, soll eine Rose betrachten. *Jean Rostand*

2 Für einen Maler gibt es nichts Schwierigeres, als eine Rose zu malen, denn dazu muß er zuerst alle Rosen vergessen, die jemals gemalt worden sind. *Henri Matisse*

3 Ein Idealist ist ein Mann, der aus der Tatsache, daß die Rose besser riecht als der Kohl, darauf schließt, eine Suppe aus Rosen müsse auch besser schmecken. *Ernest Hemingway*

4 Die Rose ist das gute Gewissen ihrer Dornen. *Hans Kudszus*

5 Verträge sind wie Rosen und junge Mädchen: sie halten sich, solange sie sich halten.
Charles de Gaulle

Roß *1* Wer andere in den Sattel hebt, muß sich nicht wundern, wenn sie anschließend auf dem hohen Roß sitzen. *Gerhard Uhlenbruck*

2 Aufs hohe Roß setzen sich meistens diejenigen, die nicht reiten können.
Friedl Beutelrock

3 Zwischen sämtlichen Stühlen auf hohem Roß – das nenne ich Charakter.
Hanns-Hermann Kersten

Routine Manche leben mit einer so erstaunlichen Routine, daß es schwerfällt, zu glauben, sie lebten zum ersten Mal.
Stanislaw Jerzy Lec

Rücken Die Zukunft sieht man nicht, die Vergangenheit wohl. Das ist seltsam, denn wir haben ja unsere Augen nicht auf dem Rücken.
Eugène Ionesco

Rückfahrkarte Geburt ist die Aushändigung einer Rückfahrkarte. *Hans Kudszus*

Rückgrat *1* Fahre nicht aus der Haut, wenn du kein Rückgrat hast. *Stanislaw Jerzy Lec*

2 Es gibt Menschen, die sich eine so dicke Haut zugelegt haben, daß sie auch ohne Rückgrat aufrecht stehen können.
Markus M. Ronner

Rückspiegel Glück erkennt man erst im Rückspiegel. *Hannelore Schroth*

Rücktritt *1* Leute, die dauernd mit ihrem Rücktritt kokettieren, haben meistens das dickste Sitzfleisch. *Barbra Streisand*

2 Nirgends läßt man einem anderen so gern den Vortritt wie beim Rücktritt. *Heinz Hilpert*

Rücktrittsdrohung Die Waffe der Rücktrittsdrohung funktioniert nur so lange, wie man sie nicht gebraucht. *Edgar Faure*

Rückzugsmöglichkeit Ein durchdachter Angriffsplan schließt die Rückzugsmöglichkeit ein. *Hans Kasper*

Rudern Lernen ist wie Rudern gegen den Strom. Sobald man aufhört, treibt man zurück. *Benjamin Britten*

Ruf *1* Man hat einen zu guten oder einen zu schlechten Ruf; nur den Ruf hat man nicht, den man verdient.
Marie von Ebner-Eschenbach

2 Ich wüßte gerne, wie viele Frauen ihren guten Ruf schon verwünscht haben.
Norman Mailer

3 Den Ruf verantworten wir, nicht den Widerhall. *Peter Benary*

4 Sex-Appeal ist ein Ruf, den man nicht hört, sondern sieht. *Burt Lancaster*

Rufname Liebling ist der Rufname für alle Frauen, deren Vorname uns im Augenblick nicht einfällt. *Oliver Herford*

Ruhe *1* Die Vergangenheit muß reden, und wir müssen zuhören. Vorher werden wir und sie keine Ruhe finden. *Erich Kästner*

2 Durch Ruhe und Ordnung kann die Demokratie ebenso gefährdet werden wie durch Unruhe und Unordnung.
Hildegard Hamm-Brücher

3 Wenn du im Recht bist, kannst du es dir leisten, die Ruhe zu bewahren, und wenn du im Unrecht bist, kannst du es dir nicht leisten, sie zu verlieren. *Mahatma Gandhi*

4 Im Unglück finden wir meistens die Ruhe wieder, die uns durch die Furcht vor dem Unglück geraubt wurde.
Marie von Ebner-Eschenbach

5 Bildung ist die Fähigkeit, fast alles anhören zu können, ohne die Ruhe zu verlieren. *Robert Frost*

6 Das Problem vieler Ehen: Der Mann möchte sich zur Ruhe setzen, die Frau zur Unruhe legen. *Rolf Thiele*

7 Leben und Ruhe schließen einander aus.
Reinhold Schneider

8 Der Mensch ist ein Lebewesen, das klopft, schlechte Musik macht und seinen Hund bellen läßt. Manchmal gibt er auch Ruhe, aber dann ist er tot. *Kurt Tucholsky*

9 Der Tod ist die Ruhe, aber der Gedanke an den Tod ist der Störer jeglicher Ruhe.
Cesare Pavese

10 Wenn wir die ersehnte Ruhe endlich haben werden, werden wir nichts mehr von ihr haben. *Marie von Ebner-Eschenbach*

Ruhekissen Tradition ist das Ruhekissen der Urteilskraft. *Sigmund Graff*

Ruhm *1* Der Ruhm ist eine jugendliche Form der Blindheit. *Arthur Miller*

2 Ruhm ist nichts weiter als die Summe der Mißverständnisse, die sich um einen Namen sammeln. *Rainer Maria Rilke*

3 Ruhm ist etwas, das anzupissen Spaß zu bereiten scheint. *Günter Graß*

4 Vielleicht der größte Vorteil des Ruhmes liegt darin, daß man ungestraft die größten Dummheiten sagen darf. *André Gide*

5 Der Ruhm steigt am leichtesten in leere Köpfe. *Gabriel Laub*

6 Dem Wissenschaftler kann der Ruhm nicht zu Kopf steigen – einfach aus Platzmangel. *Gerhard Uhlenbruck*

7 Ruhm bedeutet vor allem, daß man im richtigen Zeitpunkt stirbt. *Alfred Polgar*

Rührende Das wirklich Rührende an der Liebe ist – der Kochlöffel. *Gerhard Uhlenbruck*

Rührung Rührung trübt den Geist. *Jean Cocteau*

Ruin Ein gutes Leben hat nur selten einen Menschen ruiniert. Was den Menschen in den Ruin treibt, sind die dummen Geschäfte. *Carl Fürstenberg*

Ruine *1* Die meisten leben in den Ruinen ihrer Gewohnheiten. *Jean Cocteau*

2 Die Tugend nistet, wie der Rabe, mit Vorliebe in Ruinen. *Anatole France*

Rundfunk *1* Fernsehen – Rundfunk für Phantasielose. *Rudolf Rolfs*

2 Eines der schwierigsten Probleme, die sich aus der Verbreitung von Rundfunk und Fernsehen ergeben haben, lautet: Was geschieht mit dem Sprichwort: «Er lügt wie gedruckt»? *Gabriel Laub*

Runzel *1* Runzeln – Schützengräben der Haut. *Kurt Tucholsky*

2 Runzeln und Krähenfüsse sind die Haltestellen der Gesichtszüge. *Manfred Schmidt*

Russe Die Schweizer stehen jetzt vor dem Problem, daß die Russen freundlicher werden. Man hat eine Riesenarmee, und niemand kommt. *Friedrich Dürrenmatt*

Rußland Rußland ist ein Rätsel, eingehüllt in ein Geheimnis inmitten eines Mysteriums. *Winston S. Churchill*

Rüstung *1* Rüstung: die Kleidung eines Mannes, dessen Schneider ein Schmied ist. *Ambrose Bierce*

2 Die gerechte Entrüstung ist leider viel seltener als die ungerechte Rüstung. *Joachim Ringelnatz*

S

Saat Wer die Saat verfüttert hat, kann nicht erwarten, daß der Weizen blüht. *Norbert Blüm*

Sache *1* Für die wirklichen Sachen gibt es keine Beschreibung, und die Wörter gelten nicht. *Adolf Muschg*

2 Wenn man Spaß an einer Sache hat, dann nimmt man sie auch ernst. *Gerhard Uhlenbruck*

3 Um eine schlechte Sache zu führen, muß man ein guter Politiker sein. *Karl Kraus*

Sachlichkeit Das Ideal von Stil: die Verbindung von Sachlichkeit und Inspiration. *Stefan Napierski*

Sachverständigenkommission Die zehn Gebote sind deshalb so kurz und verständlich, weil sie ohne Mitwirkung einer Sachverständigenkommission entstanden sind. *Charles de Gaulle*

Sackgasse *1* Das Gute an den Sackgassen: Sie zwingen zur Umkehr. *Martin Held*

2 Umwälzungen finden in Sackgassen statt. *Bertolt Brecht*

3 Fortschritt ist nur durch Sackgassen möglich. *Helmut Heißenbüttel*

Sadist Wer eine Frau beim Wort nimmt, ist ein Sadist. *Jeanne Moreau*

Saite Spezialisten sind Leute, die nur eine Saite auf ihrer Fiedel haben. *Henry Miller*

Salbe Nichts gegen die Ärzte, großartige Leute. Früher, bei einem Mückenstich, kratzte man sich. Heute können sie Ihnen zwölf Salben verschreiben und keine nützt, aber das ist doch Leben und Bewegung. *Gottfried Benn*

Salutschuß Hört im Salutschuß nicht nur den Salut! *Wolfgang Eschker*

Sammeln Es gibt kaum etwas Schöneres, als den Frauen beim Sammeln von Erfahrungen behilflich zu sein. *Marcel Achard*

Sammler Sammler sind Leute, die Seltenes zusammentragen in der Hoffnung, daß es noch seltener wird. *Sigismund von Radecki*

Sand *1* Wer den Kopf in den Sand steckt, bekommt heute einen besonders tiefen Einblick in unsere Umweltverschmutzung. *Gerhard Uhlenbruck*

2 Bei den meisten Menschen verläuft der Urlaub im Sande. *Gerhard Uhlenbruck*

Sandwich Manuskripte sind wie Sandwiches; auf die richtigen Streichungen kommt es an. *Hans Bertram*

Sanftmut Sanftmut: ungewöhnliche Geduld beim Planen einer wirklich lohnenden Rache. *Ambrose Bierce*

Sänger *1* Das Zubehör eines Sängers: ein großer Brustkorb, ein großer Mund, neunzig Prozent Gedächtnis, zehn Prozent Intelligenz, sehr viel schwere Arbeit und ein gewisses Etwas im Herzen. *Enrico Caruso*

2 Von Sängern kann man viel lernen – zum Beispiel auch, wie man auf dem Klavier singt. *Wladimir Horowitz*

3 Nicht immer sind an einem Mißerfolg die Sänger schuld. Es gibt auch indisponiertes Publikum. *Leonie Rysanek*

Sanktion Auf dem Weg von der Ankündigung bis zur Verwirklichung von Sanktionen erleben wir immer wieder die Verwandlung eines Elefanten in eine Maus. *Julius Nyerere*

Sarg *1* Die aufregendste Beziehungskiste ist zweifellos der Sarg. *Nikolaus Cybinski*

2 Ein Pessimist ist ein Mensch, der sofort nach dem Sarg Ausschau hält, wenn er Blumen gerochen hat. *Henry Louis Mencken*

3 Wenn du im Sarg liegst, haben sie dich das letzte Mal reingelegt. *Hanns-Hermann Kersten*

4 Wenn ein Arzt hinter dem Sarg seines Patienten geht, so folgt manchmal tatsächlich die Ursache der Wirkung. *Robert Koch*

5 Kabarett: rosa Schleifchen am Sarg der Meinungsfreiheit. *Rudolf Rolfs*

Sarkasmus *1* Sarkasmus ist das, was entsteht, wenn sich Intelligenz und Erfolg nicht die Waage halten. *Oliver Hassencamp*

2 Produzenten von Sarkasmen sollte es ergehen wie den Wespen: Wer seinen Stachel betätigt, müßte umkommen. *Eleonora Duse*

3 Der Witz ist das Erdgeschoß des Humors, die Satire der erste Stock, die Ironie der zweite, der Sarkasmus die Mansarde. *Werner Krauß*

Satire *1* Satire heißt zwischen den Zeilen denken. *Hans-Horst Skupy*

2 Satire: Clown im Minenfeld. *Rudolf Rolfs*

3 Die Satire darf die kleine Nase zum Knopf, die große zur Gurke machen. *Karl Kraus*

4 Satiren sind aussichtslose Versuche, die Wirklichkeit zu übertreffen. *Gerhard Uhlenbruck*

5 Es ist der Zauber guter Satiren zu beweisen, daß die Wirklichkeit ohne Übertreibung unerträglich ist. *Nikolaus Cybinski*

6 Der Satire steht das Recht auf Übertreibung zu. Aber sie hat es schon seit langem nicht mehr nötig, von diesem Recht Gebrauch zu machen. *Gabriel Laub*

7 Die Satire hat auszugraben, was das Pathos zugeschüttet hat. *Stanislaw Jerzy Lec*

8 Die Satire erkennt das Lächerliche, die Ironie erfindet es. *Helmut Arntzen*

9 Satire ist Hochrechnung in die Zukunft. Um zu zeigen, was heute ist, muß man zeigen, wie es weitergeht. *Helmut Ruge*

10 Was darf die Satire? Alles. *Kurt Tucholsky*

11 Bei der Satire gilt das Prinzip: Wer sich getroffen fühlt, ist gemeint. *Werner Finck*

12 Satire ist die Kunst, einem anderen so auf den Fuß zu treten, daß er es merkt, aber nicht aufschreit. *Helmut Qualtinger*

13 Wo keine Satire mehr möglich ist, hört der Spaß auf. *César Keiser*

14 Nicht die Satire wird verfolgt, sondern die in ihr enthaltene Wahrheit. *Gabriel Laub*

15 Satire kann nichts bewirken, sie wirkt sich lediglich negativ auf die Karriere des Satirikers aus. *Gerhard Uhlenbruck*

16 Verunglimpfung: Satire, wie Dummköpfe und alle anderen Geistesbehinderten sie verstehen. *Ambrose Bierce*

17 Niemals wird die Satire ihr Examen bestehen. In der Jury sitzen ihre Objekte. *Stanislaw Jerzy Lec*

18 Satiren, die der Zensor versteht, werden zu Recht verboten. *Karl Kraus*

19 Satiren, über die die Mächtigen sich totlachen, haben ihren Zweck erfüllt. *Nikolaus Cybinski*

20 Im Gegensatz zur Satire sind in Deutschland der Dummheit keine Grenzen gesetzt. *Dieter Hildebrandt*

Satiriker *1* Der Satiriker ist ein gekränkter Idealist. *Kurt Tucholsky*

2 Ein feiger Satiriker erzeugt nur einen Witz – sich. *Stanislaw Jerzy Lec*

3 Als Gastarbeiter in Deutschland braucht man kein Talent zum Satiriker. Die Deutschen liefern das nötige Material selber. *Sinasi Dikmen*

Sattel *1* Keine Stunde im Leben, die man im Sattel verbringt, ist verloren. *Winston S. Churchill*

2 Wer andere in den Sattel hebt, muß sich nicht wundern, wenn sie anschließend auf dem hohen Roß sitzen. *Gerhard Uhlenbruck*

Satz *1* Schreib einen wahren Satz! *Ernest Hemingway*

2 Schreib den ersten Satz so, daß der Leser unbedingt auch den zweiten Satz lesen will. Und dann immer so weiter. *William Faulkner*

3 Jeder Satz sollte ein Maßanzug für das Gedachte sein. *Friedrich Sieburg*

4 Ein großer Schriftsteller ist einer, der unvergeßliche Sätze schreibt. *Henry de Montherlant*

5 Aphorismen: vollendete Sätze. *Hans-Horst Skupy*

6 Am schwersten verdaulich sind meistens die Sätze, die man selber einmal gesagt hat. *Harold Macmillan*

7 Er legt Sätze wie Eier, aber er vergißt, sie zu bebrüten. *Elias Canetti*

8 Wenn einem Autor der Atem ausgeht, werden die Sätze nicht kürzer, sondern länger. *John Steinbeck*

9 Autoren sollten stehend an einem Pult schreiben. Dann würden ihnen ganz von selbst kurze Sätze einfallen. *Ernest Hemingway*

10 Wann immer du einen Satz kürzen kannst, tu es. *Anatole France*

11 Man muß kurze Sätze schreiben, auf jede Ausschmückung verzichten. Das Ideal ist das Skelett, aber eines mit Pulsschlag. *Ernest Hemingway*

12 In die Geschichte gehen Sätze von höchstens sieben Wörtern ein. *Hugo Dionizy Steinhaus*

13 Je klüger ein Satz, desto größer die Erleichterung, daß er nicht von mir ist. *Werner Schneyder*

Sau *1* Heute muß einer im Showbusineß schon von Schwein reden, wenn er nicht zur Sau gemacht wird. *Harald Juhnke*

2 Wenn wir uns gegenseitig zur Sau machen, dürfen wir uns über das Ergebnis nicht wundern. *Gerhard Uhlenbruck*

3 Wenn die Säue doch Perlen fräßen! *Bert Berkensträter*

Sauce Man kann einen Menschen mit guten Saucen ebenso unter die Erde bringen wie mit Strychnin; es dauert nur etwas länger. *Christiaan Barnard*

Saucenkoch Es gibt nichts Rührseligeres als einen Saucenkoch. *Heinz Erhardt*

Säugetier Der Mensch ist ein Säugetier: jeder saugt den anderen aus. *Gerhard Uhlenbruck*

Säugling Jeder Säugling sollte sich so früh und so gründlich wie möglich mit einem Fernsehgerät beschäftigen, denn später hat er ja auch nichts anderes. *Loriot*

Saxophon Daß das Saxophon von Adolphe Sax stammt, ist noch kein Beweis dafür, daß das Telephon von Wilhelm Tell erfunden worden ist. *Markus M. Ronner*

Schach *1* Neben den Anstrengungen der Werbewirtschaft ist Schach die größte Verschwendung menschlicher Intelligenz. *Raymond Chandler*

2 In der Politik ist es wie beim Schach: ein einziger falscher Zug kann alles verderben. *Maurice Couve de Murville*

3 Diplomatie ist ein Schachspiel, bei dem die Völker matt gesetzt werden. *Karl Kraus*

4 Auch der orthodoxeste Kommunist verteidigt, wenn er Schach spielt, seinen König. *Brana Crnčević*

5 Stückeschreiben ist wie Schach: Bei der Eröffnung ist man frei; dann bekommt die Partie ihre eigene Logik. *Friedrich Dürrenmatt*

6 Schach ist ein geistiges Catch-as-catch-can, bei dem sich nur der Brutale durchsetzen kann. *Robert «Bobby» Fischer*

Schaden *1* Wir asphaltieren alle unsere Wege, um den Schaden besser davonzutragen. *Wolfgang Eschker*

2 Wer möchte nicht lieber durch Glück dümmer als durch Schaden klug werden? *Salvador Dalí*

Schadenfreude *1* Schadenfreude ist die Freude, die durch Schaden nicht klug wird. *Hellmut Walters*

2 Was die meisten Fernsehzuschauer übersehen: daß Ansagerinnen oft aus Schadenfreude lächeln. *Werner Schneyder*

3 Mitleid ist legale Schadenfreude. *Hans Lohberger*

4 Schadenfreude ist ein typisch deutsches Wort – für mich die mieseste Äußerung des Humors. *Loriot*

Schaf *1* Pazifisten sind wie Schafe; sie glauben, der Wolf sei Vegetarier. *Yves Montand*

2 Es nützt den Schafen wenig, für die vegetarische Lebensweise einzutreten, solange der Wolf gegenteiliger Meinung bleibt. *Dean William Ralph Inge*

3 Schlimmer als ein Wolf im Schafspelz ist ein Schaf, das mit den Wölfen heult. *Wolfgang Eschker*

Schafschur Bei der Schafschur und bei den Steuern sollte man aufhören, sobald die Haut erreicht ist. *Austin O'Malley*

Schafspelz Wölfe im Schafspelz erkennt man daran, daß sie ungeschoren bleiben. *Simone Signoret*

Schall Klatsch ist das einzige Geräusch, das schneller ist als der Schall. *Luise Ullrich*

Schallplatte Schallplatten sind kreisende Troubadoure. *Sacha Distel*

Scham *1* Scham gab es eher als Kleidung, und sie wird wieder geboren werden, wenn es keine Kleidung mehr gibt. *Mark Twain*

2 Die Scham wird dann peinlich, wenn man sie ablegen will. *Emil Baschnonga*

3 Der Verlust von Scham ist das erste Zeichen von Schwachsinn. *Sigmund Freud*

Schande Nichts können ist keine Schande, aber es nicht merken. *Markus M. Ronner*

Scharfsinn Glück ist Scharfsinn für Gelegenheiten und die Fähigkeit, sie zu nutzen. *Sam Goldwyn*

Schatten *1* Wir können nur die Schatten unserer Träume verwirklichen. *Emil Jannings*

2 Nicht weil es dort Sonne gibt, reizt mich der Süden, sondern weil es dort angenehm ist, im Schatten zu sitzen. *Martin Kessel*

3 Wo viel Schatten ist, muß viel Licht vermutet werden. *Heinrich Nüsse*

4 Wer dem Licht entgegengeht, sieht seinen Schatten nicht. *Erhard Blanck*

5 Wenn die Sonne der Kultur niedrig steht, werfen selbst Zwerge lange Schatten. *Karl Kraus*

6 Die schwerste sportliche Disziplin ist der Sprung über den eigenen Schatten. *Gerhard Uhlenbruck*

7 Große Ereignisse werfen ihre Schatten unter die Augen. *Markus M. Ronner*

Schauerroman Der Schauerroman ist an den konkreten Schauern des 20. Jahrhunderts gestorben. *Alfred Andersch*

Schaufel Ein Buch ist für mich eine Art Schaufel, mit der ich mich umgrabe. *Martin Walser*

Schaufensterdekorateur Eine Kunstrichtung hat sich erst dann durchgesetzt, wenn sie auch von den Schaufensterdekorateuren praktiziert wird. *Pablo Picasso*

Schauspiel Es gibt Abende, an denen nicht das Schauspiel, sondern das Publikum durchfällt. *Max Reinhardt*

Schauspieler *1* Wer das Zeug zu einem guten Schauspieler hat, sei fleißig, damit er es nicht wird. *Hans Albers*

2 Ein Schauspieler ist ein Mensch, dem es gelungen ist, die Kindheit in die Tasche zu stecken und sie bis an sein Lebensende darin aufzubewahren. *Max Reinhardt*

3 Er glaubte an seine Berufung als Schauspieler, weil er schon in der Schule nicht ohne Souffleur ausgekommen war. *Wolfgang Eschker*

4 Ich wüßte nicht, wer den Menschen besser über den Menschen belehren sollte als der Schauspieler. *Laurence Olivier*

5 Der beste Schauspieler ist derjenige, der nichts richtig gut kann. *Alfred Hitchcock*

6 Schauspieler schauspielern einfach zuviel. *Norman Mailer*

7 Schauspieler kommen direkt in den Himmel, weil sie das Fegefeuer schon auf Erden erlebt haben. *Rudolf Fernau*

8 Ein Schauspieler ist ein Mann, der eher einer Frau nein sagen kann als einem Theaterintendanten. *Horst Tappert*

9 Eine Diskussion mit dem Regisseur beginnen Schauspieler immer dann, wenn sie den Text nicht kennen. *Otto Schenk*

10 Die wichtigste Aufgabe eines Regisseurs ist es, einem Schauspieler das Gefühl vermitteln zu können, daß er existiert, auch wenn er nichts tut. *Claude Sautet*

11 Ich nehme lieber einen echten Kellner als einen Schauspieler, der in der Rolle eines Kellners gleich den Hamlet spielen will. *Ulrich Schamoni*

12 Bühnenbildner wären glücklicher, wenn nicht dauernd irgendwelche Schauspieler vor ihren Kunstwerken herumstünden. *Rolf von Sydow*

13 Italien besteht aus fünfzig Millionen Schauspielern. Die schlechtesten von ihnen stehen auf der Bühne. *Orson Welles*

Schauspielerehe Das Problem der Schauspielerehen liegt darin, daß man zu Hause weiterspielt. *Franz Antel*

Schauspielerei Die Schauspielerei ist ein herrlich überbezahltes Hobby für kindliche Gemüter. *David Niven*

Schauspielerfach Der Wechsel vom Schauspielerfach in die Regie – das ist so, als doziere man plötzlich vor Mitschülern. *Jeanne Moreau*

Schauspielerin *1* Das Publikum will Schauspielerinnen haben, weil es alle Schauspielerinnen für unanständig hält. *George Bernard Shaw*

2 Die Karriere mancher Schauspielerin hat mit der bedeutenden Rolle begonnen, die sie im Leben des Regisseurs spielte. *Gabriel Laub*

3 Schauspielerinnen sind ideale Ehefrauen; sie machen ihre Szenen auf der Bühne. *Bernhard Wicki*

4 Ein Starlet ist ein hübsches Mädchen, das vielleicht eines Tages ein Star wird, ohne jemals eine Schauspielerin gewesen zu sein. *Vivien Leigh*

5 Eine Schauspielerin, die Erfolg haben will, muß die Schönheit einer Aphrodite, die Klugheit einer Athene, das Gedächtnis eines Elefanten und das dicke Fell eines Rhinozerosses haben. *Kim Novak*

6 Schöne Schauspielerinnen haben in England keine Chance. Das weibliche Ideal professioneller englischer Theaterkritiker ist offenbar die Schielende mit abstehenden Ohren und grünen Zähnen. *Noël Coward*

Schauspielern Schauspielern kann man nicht lernen. Wenn man es dann doch lernt, ist man zu alt dafür. *Bette Davis*

Schauspielkunst Die neue Schauspielkunst: Dilettanten ohne Lampenfieber. *Karl Kraus*

Scheffel *1* Wer sein Licht leuchten läßt, muß sich nicht wundern, wenn die anderen nach dem Scheffel suchen. *Gerhard Uhlenbruck*

2 Stell dein Licht unter den Scheffel, sonst blasen es dir die Neider aus. *Gerhard Uhlenbruck*

3 Wenn der Bescheidene nicht mehr weiß, wohin mit der Bescheidenheit, stellt er seinen Scheffel ins Rampenlicht. *Nikolaus Cybinski*

Scheibe Wer ins Schwarze treffen will, muß die ganze Scheibe sehen. *Ulrich Bremi*

Scheibenwischer Ein guter Nachrichtendienst ist der Scheibenwischer der Regierung. *George F. Kennan*

Scheideweg Wo zwei stehen, da ist ein Scheideweg. *Elazar Benyoëtz*

Scheidung *1* Eine Heirat geht ja furchtbar schnell, nur die Scheidung ist immer so zeitraubend. *Brigitte Bardot*

2 Keine Ehe ist so viel wert, wie ihre Scheidung kostet. *Rolf Hochhuth*

3 Heute ist eine Ehe schon glücklich, wenn man dreimal die Scheidung verschiebt. *Danny Kaye*

4 Warum geht eigentlich die Familie nie zur Scheidung mit? *Brigitte Schwaiger*

5 Bigamie ist eine Möglichkeit, zugleich die Schmutzwäsche der Scheidung und die Last von Unterhaltszahlungen zu vermeiden. *Oliver Herford*

Schein Zerstören Sie einem Menschen seinen Schein, und Sie werden sehen, wie schnell auch das Sein zu Ende ist. *Georg Kreisler*

Scheitel Wer mit den Füßen fest auf der Erde steht, kann nicht mit dem Scheitel den Himmel berühren. *Hans Kudszus*

Scheitern Manche Menschen bleiben nur durch ihr Scheitern in Erinnerung. Auch das ist Unsterblichkeit. *Henri Troyat*

Schellenbaum Ein ordengeschmückter General mit Schluckauf ersetzt jeden Schellenbaum. *Jaroslav Hašek*

Scherbe *1* «Scherben bringen Glück», sagte der Elefant, als er den Porzellanladen verließ. *Markus M. Ronner*

2 Scherben bringen Glück – aber nur dem Archäologen. *Agatha Christie*

Schere Die gefährlichste Form der Zensur ist die Schere im eigenen Kopf. *Curzio Malaparte*

Scherz Ein Scherz ist ein Nachwort zu einem Gefühl. *Friedrich Nietzsche*

Schickeria Schickeria: Schick ist, was sich nicht schickt. *Gerhard Uhlenbruck*

Schicksal *1* Das Schicksal ist die satirische Antwort auf unser Hoffen, Planen und Wünschen. *Martin Kessel*

2 Man soll das Schicksal nicht mit Vorschlägen verärgern, es legt zuviel Wert auf seine eigenen Einfälle. *Karl Heinrich Waggerl*

3 Die Pointen, die uns das Schicksal verpaßt, entsprechen nicht immer unserem Niveau. *Oliver Hassencamp*

4 Wir werden vom Schicksal hart- oder weichgeklopft; es kommt auf das Material an. *Marie von Ebner-Eschenbach*

5 Spargeln und Menschen haben ein gemeinsames Schicksal: Sobald einer den Kopf hochreckt, wird er abgestochen. *Eugen Gerstenmaier*

6 Das Schicksal der Welt hängt in erster Linie von den Staatsmännern ab, in zweiter Linie von den Dolmetschern. *Trygve Lie*

7 Schicksal kann man nur durch Begreifen überwinden. *Hermann Hesse*

8 Das Schicksal – das sind die zusammengerechneten Fehler, die ein Mensch gemacht hat. *Oliver Herford*

9 Der Mensch kann sein Schicksal, das auf ihn zukommt, nicht ändern, wenn er sich nicht selbst ändert. *Aurelio Peccei*

10 Ich kann nicht begreifen, daß eine Frau das Haus verlassen kann, ohne sich hübsch gemacht zu haben. Sie könnte gerade an diesem Tag ihrem Schicksal begegnen. *Gabrielle «Coco» Chanel*

11 Wer nie eine heimliche Liaison hatte, weiß nicht, wie das Schicksal übertreibt. *Oliver Hassencamp*

12 Die Meisterung des Schicksals besteht aus rechtzeitigen Absprüngen. *Hans Arndt*

13 Resignation ist die sublimste Rache am Schicksal. *Hans Kudszus*

14 Die Welt kann verändert werden. Zukunft ist kein Schicksal. *Robert Jungk*

Schiedsrichter *1* Fairplay bedeutet, das Foul so versteckt zu machen, daß der Schiedsrichter es nicht sieht. *Dieter Hildebrandt*

2 Demokratie heißt die Spielregeln einhalten, auch wenn kein Schiedsrichter zusieht. *Manfred Hausmann*

Schießen So richtig als Tugend geschätzt wird der Patriotismus doch erst, wenn das Schießen losgeht. *Hermann Hesse*

Schiff *1* Wenn ein Schiff schon nicht fahren kann, sollte es wenigstens nicht schaukeln. *Peter Glotz*

2 Niemand hätte jemals den Ozean überquert, wenn er die Möglichkeit gehabt hätte, bei Sturm das Schiff zu verlassen. *Charles F. Kettering*

3 Der erfahrene Kapitän weiß schon vorher, welche Ratten zuerst das sinkende Schiff verlassen. *Nikolaus Cybinski*

4 Warum nimmt man den Ratten übel, daß sie das sinkende Schiff verlassen? Wozu braucht man auf einem sinkenden Schiff auch noch Ratten? *Gabriel Laub*

5 Ratten, die das Schiff verlassen haben, nehmen es ihm übel, wenn es nicht sinkt. *Wieslaw Brudziński*

6 Es gibt auch Ratten, die das sinkende Schiff betreten. *Markus M. Ronner*

7 Manchmal muß man das Schiff versenken, um die Ratten loszuwerden. *Alfred Polgar*

Schiffbruch Das Alter ist ein Schiffbruch. *Charles de Gaulle*

Schildbürger Das Verkehrsproblem zeigt uns, was wir für Schildbürger sind. *Wolfgang Eschker*

Schilderung Die Schilderung der schlechten Charaktere gelingt oft besser als die der guten, weil sie in uns selber schlummern. *Ernst Jünger*

Schizophrene Gerissene Psychiater schicken Schizophrenen zwei Rechnungen. *Achim Strietzel*

Schlaf *1* Der Schlaf ist für manche Menschen der fruchtbarste Teil ihres Daseins. *Carl Zuckmayer*

2 Schlaf ist Unhöflichkeit gegenüber der Nacht. *Hans Kudszus*

3 Träume sind eine Art Fernsehen im Schlaf. *Alberto Sordi*

4 Der Schlaf der Ungerechten ist tief und sehr schwer zu stören. *Helmut Qualtinger*

Schlafen Auch Schlafen ist eine Form der Kritik, vor allem im Theater. *George Bernard Shaw*

Schlafende Die Kunst der Rhetorik besteht darin, sogar bei Schlafenden einen Eindruck zu erwecken. *Gerhard Uhlenbruck*

Schlaflose Die Unglücklichen und die Schlaflosen sind immer auch ein bißchen stolz auf ihr Malheur. *Bertrand Russell*

Schlaflosigkeit Ich leide zunehmend an Schlaflosigkeit, weil ich einfach nicht mehr beide Augen zumachen kann. *Werner Schneyder*

Schlafmittel Fernsehen ist das einzige Schlafmittel, das mit den Augen eingenommen wird. *Vittorio De Sica*

Schlafwandler Ein Reaktionär ist ein Schlafwandler, der rückwärts geht. *Franklin D. Roosevelt*

Schlafzimmer *1* Das einzige Erotische am Liebesakt ist sein Schauplatz – das Schlafzimmer. *Saul Steinberg*

2 Whisky ist gut gegen Schlangenbisse. Deswegen sollte er in keinem Schlafzimmer fehlen. *Brendan Behan*

3 Früher schauten die Schriftsteller durch das Fenster in den Salon; jetzt schauen sie durch das Schlüsselloch in das Schlafzimmer. *John Steinbeck*

4 In das Schlafzimmer gehören nur ein Mann, seine Frau und Gott. *Billy Graham*

Schlafzimmertüre Ein Don Juan rennt offene Schlafzimmertüren ein. *Gerhard Uhlenbruck*

Schlag *1* Wer die Hand als erster zum Schlag erhebt, gibt zu, daß ihm die Ideen ausgegangen sind. *Franklin D. Roosevelt*

2 Wie viele Masken muß der Mensch aufsetzen, um den Schlag ins Gesicht nicht zu spüren? *Stanislaw Jerzy Lec*

3 Nur Boxer werden mit einem Schlag berühmt. *Gerhard Uhlenbruck*

Schlager *1* Alles am Schlager ist echt, weil es so wunderschön falsch ist. *Kurt Tucholsky*

2 Die meisten Schlager sind Tonfolgen, die gesungen wurden, bevor sie einer komponierte. *Markus M. Ronner*

3 Leistungssteigerung beim deutschen Schlager? Finderlohn für jede richtige Note. *Markus M. Ronner*

4 Es ist der Sinn des Schlagers, beschissen zu sein. *Manfred Krug*

5 Ein Snob ist ein Mensch, der bei Schlagern dem Text applaudiert. *Ugo Tognazzi*

Schlagersänger *1* Schlagersänger sind Leute, die immer schon Gesangsunterricht nehmen wollten, aber niemals dazu gekommen sind, und die es jetzt bleiben lassen, weil sie inzwischen berühmt geworden sind. *Jacques Tati*

2 Schlagersänger sind junge Männer, die bei Stromausfall keine Sänger mehr sind. *Danny Kaye*

3 Schlagersänger sind heisere Hähne, die abends krähen statt am Morgen. *Jacques Tati*

4 Manche Schlagersänger könnten von den Schwänen lernen: die singen immer erst kurz bevor sie das Zeitliche segnen. *Markus M. Ronner*

5 Deutschland ist das einzige Land, in dem die Schlagersänger so aussehen wie ihre Lieder. *André Heller*

Schlagfertigkeit *1* Schlagfertigkeit ist die schnellste Bestätigung des Selbstgefühls. *Hans Arndt*

2 Schlagfertigkeit ist etwas, worauf man erst 24 Stunden später kommt. *Mark Twain*

Schlaginstrument Das Klavier ist ein Schlaginstrument, das man zum Singen bringen muß. *Wladimir Horowitz*

Schlagwort *1* Schlagwort: der Buchstabe als Fetisch. *Hans Lohberger*

2 Das Schlagwort ist eine Idee auf dem Weg zur Phrase. *Rolf Haller*

3 Je hohler ein Schlagwort ist, desto mehr Lärm kann man mit ihm erzeugen. *John B. Priestley*

4 Schlagworte sind Kommandos der Dummheit. *Hans Lohberger*

5 Eine mit Schlagworten geohrfeigte Zeit produziert eine geschwollene Literatur. *Alfred Polgar*

Schlagzeile *1* Die Unterwelt tut's mit dem Schlagring, der Boulevard mit der Schlagzeile. *Markus M. Ronner*

2 Schlagzeilen heißen darum so, weil man von ihnen erschlagen werden kann. *Helmut Qualtinger*

3 Schlagzeilen – das ist Weltgeschichte in Pillenform. *Norman Mailer*

4 Die Schlagzeile, die ich am liebsten lesen würde, lautet: «Es gibt keine Zeitungen mehr!» *Gerold Tandler*

Schlamm Der Mensch, das sonderbare Wesen: mit den Füßen im Schlamm, mit dem Kopf in den Sternen. *Else Lasker-Schüler*

Schlamperei Tradition ist Schlamperei. *Gustav Mahler*

Schlange *1* Die Schlange ist das Tier der Weisheit. Ihr Biß ist tödlich. *Wolfgang Eschker*

2 Jeder Engländer ist der Anfang einer Schlange. *Pierre Daninos*

3 Die Engländer sind die einzigen Menschen, die sogar Schlange stehen, um in eine Schlange zu kommen. *Pierre Daninos*

Schlankheitsmittel Das beste Schlankheitsmittel: morgens ein Ei und ein Glas Rotwein, mittags zwei Eier und zwei Glas Rotwein, abends drei Eier und den Rest der Flasche. *Inge Meysel*

Schlechte *1* Wie einfach ließe sich das Leben an, wenn nur die Schlechten schlecht sein könnten. *Karl Heinrich Waggerl*

2 Da man Macht haben muß, um das Gute durchzusetzen, setzt man zunächst das Schlechte durch, um Macht zu gewinnen. *Ludwig Marcuse*

Schlechtigkeit Wer mit 20 Wörtern sagt, was man auch mit 10 Wörtern sagen kann, der ist auch zu allen anderen Schlechtigkeiten fähig. *Giosuè Carducci*

Schleifstein Die Ehe ist so etwas wie die gegenseitige Zärtlichkeit von zwei Schleifsteinen. *John Osborne*

Schlimmste *1* Ein Pessimist ist ein Mensch, der das Schlimmste erhofft und auf das Beste gefaßt ist. *Werner Krauß*

2 Man hat so lange das Schlimmste vor sich, bis es einen zum Lachen bringt. *Samuel Beckett*

Schlittschuhlaufen Du kannst das Schlittschuhlaufen nicht lernen, ohne dich lächerlich zu machen. Das Eis des Lebens ist schlüpfrig. *George Bernard Shaw*

Schluck Aphorismen sind Schnäpse: es genügt ein Schluck, um die klarsten Visionen zu haben. *Martin Kessel*

Schluckauf Ein ordengeschmückter General mit Schluckauf ersetzt jeden Schellenbaum. *Jaroslav Hašek*

Schlüsselloch *1* Die Verengung des Gesichtsfeldes hebt das Interesse. Darin liegt der Reiz des Schlüsselloches. *Peter Frankenfeld*

2 Oft geschieht es, daß Schlüssellöcher optisch selbst dort benützt werden, wo die Türen unverschlossen sind. *Günther Anders*

Schlußverkauf Schlußverkäufe sind die Olympischen Spiele der Taschendiebe.
Alberto Sordi

Schmarotzer Der Zyniker, dieser Schmarotzer der Zivilisation, lebt davon, sie zu verneinen, weil er überzeugt ist, daß sie ihn nicht im Stich lassen wird. *José Ortega y Gasset*

Schmeichelei *1* Schmeichelei ist eine Bestätigung nicht vorhandener Vorzüge. *Erik Ode*

2 Schmeicheleien ist man in dem Maße zugänglich, wie man sich selber schmeichelt.
Paul Valéry

3 Schmeicheleien täten so wohl, wenn sie keine Schmeicheleien wären.
Markus M. Ronner

4 Was einem Manne schmeichelt, ist, daß man ihn der Schmeichelei für wert erachtet.
George Bernard Shaw

Schmerz *1* Das Neue wird immer im Schmerz geboren. *Graham Greene*

2 Herz reimt sich wieder häufiger auf Schmerz, seit der Infarkt wie eine Seuche um sich greift. *Christiaan Barnard*

3 Nicht die heftigen Schmerzen prägen uns, sondern die dumpfen, beharrlichen, ja erträglichen, die zu unserem grauen Alltag gehören.
Emile M. Cioran

4 Der Witz ist ein überlisteter Schmerz.
Martin Kessel

5 Langeweile ist die Auflösung des Schmerzes in die Zeit. *Ernst Jünger*

Schmetterling Lampenfieber – das sind Schmetterlinge im Magen. *Leo Slezak*

Schmied *1* «Jeder ist seines Glückes Schmied.» Aber wer kann noch mit Schmiedwerkzeug umgehen? *Oliver Hassencamp*

2 «Jeder ist seines Glückes Schmied»? Die meisten von uns sind der Amboß.
Hans-Horst Skupy

3 Rüstung: die Kleidung eines Mannes, dessen Schneider ein Schmied ist.
Ambrose Bierce

Schminkmeister Die Historiker sind so etwas wie die Schminkmeister des großen Welttheaters. *John Osborne*

Schmuggeln Keine Grenze verlockt mehr zum Schmuggeln als die Altersgrenze.
Robert Musil

Schmutz In Deutschland gilt derjenige, der auf den Schmutz hinweist, für viel gefährlicher als derjenige, der den Schmutz macht.
Kurt Tucholsky

Schnabel Der Kuß ist nichts anderes als eine Weiterentwicklung der Nahrungsübertragung von Schnabel zu Schnabel, wie sie bei Vögeln üblich ist. *Irenäus Eibl-Eibesfeldt*

Schnaps Aphorismen sind Schnäpse: es genügt ein Schluck, um die klarsten Visionen zu haben. *Martin Kessel*

Schneid Ich verabscheue Leute, die Hunde halten. Es sind Feiglinge, die nicht genug Schneid haben, selbst zu beißen.
August Strindberg

Schneider *1* Der Mensch ist das Maß aller Schneider. *Hans Arp*

2 Die Schneider sind die klügsten Leute, weil sie immer wieder von den Menschen Maß nehmen, statt sich auf die alten Angaben zu verlassen. *George Bernard Shaw*

3 Am schönsten sind die Frauen so, wie Gott sie erschaffen hat – die Schneider können sie nur verderben. *Paul Gauguin*

Schneider Romy Nachdem die Franzosen die Österreicherin Marie Antoinette verdammt hatten, wollten sie sich mit Romy Schneider wieder freikaufen. *Claude Sautet*

Schneidermeister Zensoren sind Schneidermeister, die verunstalten. *Jean-Luc Godard*

Schnellste Die Kunst des Autorennfahrens: so langsam wie möglich der Schnellste zu sein.
Emerson Fittipaldi

Schnellzug Kleine Stationen sind stolz darauf, daß die Schnellzüge an ihnen vorbeifahren müssen. *Karl Kraus*

Schnupfen Für Kritiker zu schreiben, lohnt sich nicht, wie es sich nicht lohnt, denjenigen Blumen riechen zu lassen, der einen Schnupfen hat. *Anton Tschechow*

Schnurrbart Ohne Schnurrbart ist ein Mann nicht richtig angezogen. *Salvador Dalí*

Schokoladeplätzchen Argumente nützen gegen Vorurteile so wenig wie Schokoladeplätzchen gegen Stuhlverstopfung. *Max Pallenberg*

Schöne Wer sich die Fähigkeit erhält, Schönes zu erkennen, wird nicht alt. *Franz Kafka*

Schönheit *1* Schönheit ist das, was von der Norm abweicht. *Hans Werner Henze*

2 Schönheit ist nicht der Ausgangspunkt, sondern das Ziel. *Auguste Rodin*

3 Wer immer nur nach dem Zweck der Dinge fragt, wird ihre Schönheit nie entdecken. *Halldór Laxness*

4 Hüte dich vor dem Imposanten! Aus der Länge des Stiels kann man nicht auf die Schönheit der Blüte schließen. *Peter Altenberg*

5 Köder: ein Präparat, das einen Haken genießbar macht. Der beste Köder ist Schönheit. *Ambrose Bierce*

6 Die Schönheit einer Frau besteht in dem Grad des Verlangens, das sie bei einem Manne auslöst. *Italo Svevo*

7 Die Schönheit brauchen wir Frauen, damit die Männer uns lieben, die Dummheit, damit wir die Männer lieben. *Gabrielle «Coco» Chanel*

8 Schönheit: die Macht, womit eine Frau ihren Liebhaber bezaubert und ihren Ehegatten in Schranken hält. *Ambrose Bierce*

9 Schönheit wirkt auf den ersten Blick angenehm, aber wem fällt sie auf, wenn sie drei Tage im Hause ist? *George Bernard Shaw*

10 Schönheit ist nach drei Tagen genauso langweilig wie Tugend. *George Bernard Shaw*

11 Schönheit ist ein Geschenk für einige Jahre, aber kein Lebensinhalt. *Lil Dagover*

Schöpfung *1* Wir müssen damit aufhören, über die Menschen zu sprechen, als wären sie die Krone der Schöpfung. *Günter Graß*

2 Die Krone der Schöpfung, das Schwein, der Mensch. *Gottfried Benn*

3 Der Mensch, die Dornenkrone der Schöpfung. *Stanislaw Jerzy Lec*

4 Die Absicht, daß der Mensch glücklich sei, ist im Plan der Schöpfung nicht enthalten. *Sigmund Freud*

5 Die Welt ist eine optimistische Schöpfung. Beweis: Alle Vögel singen in Dur. *Jean Giono*

Schöpfungswoche Von jeder Bombe springt ein Stück in die Schöpfungswoche zurück. *Elias Canetti*

Schoß Wer arbeitet, macht Fehler. Wer viel arbeitet, macht mehr Fehler. Nur wer die Hände in den Schoß legt, macht gar keine Fehler. *Alfred Krupp*

Schrank Wer dauernd Kaffeepausen macht, kann nicht alle Tassen im Schrank haben. *Gerhard Uhlenbruck*

Schrecklichkeit Mancher Prozeß übertrifft an Schrecklichkeit, wovon er handelt. *Markus M. Ronner*

Schrei Ihr Kleid war der letzte Schrei. Danach hat keiner mehr etwas von ihr gehört. *Nikolaus Cybinski*

Schreiben *1* Schreiben lernt man weniger in der Schule als gegen die Schule. *Hans-Georg Gadamer*

2 Das Schreiben ist die Rache des Geschöpfes. *Emile M. Cioran*

3 Mit Schreiben rechtfertige ich den Raum, den ich auf dem Planeten Erde einnehme. *John Updike*

4 Schreiben geschieht nicht, weil man etwas zu sagen hat, sondern weil man die Neigung spürt, etwas zu sagen. *Emile M. Cioran*

5 Schreiben heißt sich selber lesen. *Max Frisch*

6 Lesen bedeutet, den Starrkrampf zu lösen, in den man einen Gedanken beim Schreiben versetzt hat. *Hans Kudszus*

7 Sich erinnern ist eine Kunst, Schreiben eine andere. *Heinrich Böll*

8 Schreiben ist kein Beruf, Schreiben ist so etwas wie eine Berufung zum Unglücklichsein. *Georges Simenon*

9 Ein Schriftsteller ist ein Mann, dem das Schreiben schwerfällt. *Thomas Mann*

10 Ein Schriftsteller ist jemand, dessen Intelligenz nicht groß genug ist, um mit dem Schreiben aufhören zu können. *Günter Graß*

11 Oft ist das Denken schwer, indes
das Schreiben geht auch ohne es.
Wilhelm Busch

12 Zum Schreiben braucht es nicht nur Papier, sondern vor allem einen Papierkorb. *Gerhard Uhlenbruck*

13 Das Schreiben zwischen den Zeilen zahlt sich nicht aus, weil nur die Zeilen honoriert werden. *Zarko Petan*

14 Wer beim Schreiben viele Ausrufzeichen verwendet, spricht auch sehr laut. *Heimito von Doderer*

15 Schreiben und Verehren, das geht nicht zusammen: ob man will oder nicht – von Gott sprechen, heißt ihn von oben betrachten. *Emile M. Cioran*

Schreiber Reporter: ein Schreiber, der den Weg zur Wahrheit errät und ihn mit einem Wolkenbruch von Worten verschüttet. *Ambrose Bierce*

Schreibmaschine *1* Autoren, die auf der Schreibmaschine mit zwei Fingern tippen, sind im Vorteil, weil sie dabei in aller Ruhe denken können. *Herbert Asmodi*

2 Einen Aphorismus kann man in keine Schreibmaschine diktieren. Es würde zu lange dauern. *Karl Kraus*

3 Schreibmaschine. Die Graphologen werden künftig aus dem Anschlag lesen müssen. *Heinrich Wiesner*

4 Seit Lucrezia Borgia bin ich die Frau, die am meisten Menschen umgebracht hat – wenn auch nur mit der Schreibmaschine. *Agatha Christie*

5 Literatur ist Kannibalismus mit der Schreibmaschine. *Thornton Wilder*

6 Bei manchen Kritikern hat man den Eindruck, daß sie die Schreibmaschine mit dem elektrischen Stuhl verwechseln. *Norman Mailer*

Schreibtisch *1* Viele herrliche Einfälle verscheiden auf dem Transport zum Schreibtisch. *Max Frisch*

2 Der Schreibtisch ist der Ort, wo sich die Welt entscheidet. *Günter Eich*

3 Der Schreibtisch ist ein Kloster aus Holz. *Ludwig Marcuse*

4 Je größer der Schreibtisch, desto kleiner der Mann, der dahinter sitzt. *Dominik Tatarka*

5 Die Tyrannei fängt ganz unauffällig mit aufgeräumten Schreibtischen an. *Harold Pinter*

Schreibverbot Schreibverbot für einen Schriftsteller ist ein Todesurteil, das täglich neu vollstreckt wird. *Herbert Eisenreich*

Schriftsteller *1* Schriftsteller wird man, wenn man alle Dinge beim Wort nimmt. *Hans Kudszus*

2 Ein Schriftsteller existiert eigentlich nur in seinen Texten. *Joyce Carol Oates*

3 Der Schriftsteller – die schwache Stimme in der Höhle unter dem Lärm. *Botho Strauß*

4 Der sogenannte freie Schriftsteller ist eine der letzten Bastionen der Freiheit. *Heinrich Böll*

5 Ein Schriftsteller ist arriviert, wenn alles, was er schreibt, gedruckt wird. Ein Schriftsteller ist berühmt, wenn alles, was von ihm gedruckt wird, gelobt wird. *Gabriel Laub*

6 Ein großer Schriftsteller ist einer, der unvergeßliche Sätze schreibt. *Henry de Montherlant*

7 Bücher liegen in der Luft. Der Schriftsteller ist nur die Brücke zwischen dem Stoff und der Niederschrift. *Marguerite Duras*

8 Der Schriftsteller behält den Staat kritisch im Blick wie der Dompteur den Tiger und weiß doch, daß er sein Gegenüber nicht zu bändigen vermag. *Stefan Andres*

9 Schriftsteller müssen das schlechte Gewissen ihrer Nation artikulieren, weil die Politiker ein so gutes haben. *Rolf Hochhuth*

10 Schriftsteller zu werden, sollte sich nur der leisten, der entweder materiell abgesichert oder Masochist ist. *Angelika Mechtel*

11 Ein Schriftsteller ist jemand, der einen Großteil seines Lebens in Einzelhaft vor einem Schreibgerät verbringt. *Barbara Frischmuth*

12 Ein Schriftsteller ist ein Mensch, den niemand zwingt, das zu sein, was er ist. *Siegfried Lenz*

13 Schriftsteller sind Leute, die ihre unge-

lösten Lebensprobleme, interessant verpackt, an andere weiterreichen. Gegen bar.
Hanns-Hermann Kersten

14 Das ist der Vorteil des Schriftstellers: Wenn man etwas loswerden will, schreibt man ein Buch. *Peter Bamm*

15 Ein Schriftsteller ist selten so beredt, als wenn er über sich selbst spricht.
Anatole France

16 Ein Schriftsteller ist jemand, dessen Intelligenz nicht groß genug ist, um mit dem Schreiben aufhören zu können. *Günter Graß*

17 Ein Arzt weiß, daß er gegen unheilbare Krankheiten nichts ausrichten kann; trotzdem behandelt er weiter. Für den Schriftsteller gilt dasselbe. *Walter Mehring*

18 Ein Schriftsteller kann die Welt im besten Fall beunruhigen, im seltensten Fall beeinflussen – verändern nie. *Friedrich Dürrenmatt*

19 Schriftsteller: einer, der Leuten Vergnügen liefert, die selbst nicht genug Witz haben, sich zu unterhalten. *George Bernard Shaw*

20 Für den Leser ist ein gutes Buch das billigste Hobby, für den Schriftsteller – das teuerste.
Gabriel Laub

21 Wenn sich ein Autor so wenig wandelte wie seine Leser, wäre der Schriftstellerberuf unmöglich. *John Steinbeck*

22 Früher schauten die Schriftsteller durch das Fenster in den Salon; jetzt schauen sie durch das Schlüsselloch in das Schlafzimmer.
John Steinbeck

23 Der Schriftsteller scheut sich vor Gefühlen, die sich zur Veröffentlichung nicht eignen, und wartet dann auf seine Ironie. *Max Frisch*

24 Stil: die Seife des Schriftstellers.
Hans Kudszus

25 Klarheit ist die Höflichkeit des Schriftstellers. *Jules Renard*

26 Eine gute Regel für Schriftsteller: erkläre nicht zuviel. *William Somerset Maugham*

27 Schriftsteller, die ununterbrochen den Tiefgang suchen, kommen mir vor wie Taucher in einer Badewanne. *Alfred Polgar*

28 Umschweife: ein literarischer Trick, mit dem der Schriftsteller, der nichts zu sagen hat, dies dem Leser schonend beibringt.
Ambrose Bierce

29 Ein Schriftsteller braucht kein ganzes Schaf zu essen, um schildern zu können, wie Hammel schmeckt. Es genügt, wenn er ein Kotelett ißt. Das aber sollte er tun.
William Somerset Maugham

30 Heutzutage scheint es eine Art Schrulligkeit zu sein, wenn ein Schriftsteller tatsächlich schreibt. *Joyce Carol Oates*

31 Manche Schriftsteller schreiben nur ab und zu, vor allem ab. *Heinz Erhardt*

32 Schriftsteller, die ihrem Weltbild sprachlich nicht gewachsen sind, nennt man in Deutschland Seher. *Gottfried Benn*

33 Die Freundschaft zwischen zwei Schriftstellern hält manches aus, aber nicht die Tatsache, daß der eine ein Drehbuch aus dem Roman des anderen macht. *Truman Capote*

34 Schriftsteller verzeihen ihren Kollegen alles, nur nicht den Erfolg.
Marcel Reich-Ranicki

35 Ein schlechter Schriftsteller wird manchmal ein guter Kritiker, genauso wie man aus einem schlechten Wein einen guten Essig machen kann. *Henry de Montherlant*

36 Mittelmäßigkeit ist bei einem Kritiker gefährlicher als bei einem Schriftsteller.
Eugène Ionesco

Schriftstück Das Manuskript ist ein Schriftstück, das in Eile vorgelegt und in Muße zurückgegeben wird. *Oliver Herford*

Schriftzeichen Von den Chinesen könnten wir einiges lernen. Man hat mir gesagt, sie hätten ein und dasselbe Schriftzeichen für die Krise und für die Chance.
Richard von Weizsäcker

Schritt *1* Der Schritt ist mehr als das Ziel.
Victor Auburtin

2 Auch Schritte der Vorsicht hinterlassen Spuren. *Stanislaw Jerzy Lec*

3 Beim Verlassen des Grabes wechselt man den Schritt. *Hans Arndt*

4 Als Partnerin von Fred Astaire habe ich

immer die gleichen Schritte wie er gemacht. Aber rückwärts und mit hohen Absätzen.
Ginger Rogers

Schublade Unsere Kultur besteht aus drei Schubladen, deren zwei sich schließen, wenn eine geöffnet wird: Arbeit, Unterhaltung, Belehrung. *Karl Kraus*

Schüchterne Es gibt Heldentaten, derer nur die ganz Schüchternen fähig sind.
Pierre Gascar

Schüchternheit Schüchternheit ist eine Art Furcht vor sich selbst. *Walter Hilsbecher*

Schuh *1* So ist der Mensch: er schimpft auf den Schuh, und dabei ist der Fuß der Schuldige. *Samuel Beckett*

2 Übertretungen kommen nur von den Geboten, Hühneraugen von zu engen Schuhen.
Peter Hille

3 Koalition ist das Kunststück, den rechten Schuh auf dem linken Fuß zu tragen, ohne Hühneraugen zu bekommen. *Guy Mollet*

Schuhfabrikant Schuhfabrikanten produzieren Damenschuhe nicht zum Davonlaufen, sondern zum Dableiben; das ist ein Fehler.
Alice Schwarzer

Schulausbildung Die englische Schulausbildung ist die beste der Welt – falls man sie überlebt. *Peter Ustinov*

Schuld *1* Wenn man liebt, sucht man die Schuld bei sich selbst. *Richard Burton*

2 Alle Schuld aus sich zu nehmen, ist die gewiegteste Art, andere abhängig zu machen.
Heinrich Nüsse

3 Man vergißt seine Schuld, wenn man sie einem andern gebeichtet hat, aber gewöhnlich vergißt der andere sie nicht.
Friedrich Nietzsche

4 Neunmal Pech mag neunmal Pech sein, aber zehnmal Pech ist Schuld. *Alfred Kerr*

5 Für die Schuld der Väter werden oft erst die Söhne ausgezeichnet. *Stanislaw Jerzy Lec*

Schuldige Die Strafe ist die Gerechtigkeit, welche die Schuldigen an die austeilen, die gefaßt werden. *Elbert Hubbard*

Schule *1* Schreiben lernt man weniger in der Schule als gegen die Schule.
Hans-Georg Gadamer

2 Er glaubte an seine Berufung als Schauspieler, weil er schon in der Schule nicht ohne Souffleur ausgekommen war.
Wolfgang Eschker

3 Die Ehe ist die Schule der Einsamkeit.
Arthur Schnitzler

Schüler *1* Wer Schulsterben verhindern will, muß Schüler importieren. *Hans Schwier*

2 Spezialisten sind Leute, die immer mehr über immer weniger wissen. Schüler sind Leute, die immer weniger über immer mehr wissen. *Danny Kaye*

3 Sobald jemand in einer Sache Meister geworden ist, sollte er in einer neuen Sache Schüler werden. *Gerhart Hauptmann*

4 Der Held: ein Mensch, der sein Leben dafür opfert, daß der Lehrer an seinem Beispiel die Schüler zur Folgsamkeit erzieht.
Gabriel Laub

5 Die Geschichte ist der beste Lehrmeister mit den unaufmerksamsten Schülern.
Indira Gandhi

6 Die Zeit ist eine große Lehrerin. Schade nur, daß sie ihre Schüler umbringt. *Curt Goetz*

Schulfreund Je berühmter man wird, desto mehr Schulfreunde trifft man.
Franklin D. Roosevelt

Schulter *1* Es ist anatomisch schwierig und immer etwas lächerlich, sich gratulierend auf die eigene Schulter zu klopfen. *Edward Heath*

2 In Wien sollte man sich die Schultern amputieren lassen, damit einem niemand draufklopft. *André Heller*

Schulzeit Aus der Schulzeit sind mir nur die Bildungslücken in Erinnerung geblieben.
Oskar Kokoschka

Schurke *1* Gelegentliche Ehrlichkeit ist das Kontrastprogramm der Schurken.
John Osborne

2 Es geht ungerecht zu auf dieser Welt: Ein Schurke darf sich jede Anständigkeit herausnehmen, ein anständiger Mensch aber nicht die kleinste Schurkerei. *Mark Twain*

3 Gebildete sind, wenn sie einmal Schurken sind, Doktoren der Schurkerei. *Karl Kraus*

4 Jede Gesellschaft hat die Schurken, die sie verdient. *Albert Camus*

5 Arme Männer! Wenn sie erst einmal geheiratet haben, haben sie eigentlich immer nur die Wahl, Schurken oder Trottel zu werden. *Sebastian Haffner*

6 Wenn man die Inschriften auf dem Friedhof liest, fragt man sich unwillkürlich, wo denn eigentlich die Schurken begraben liegen. *Peter Sellers*

Schurkerei Kleine Schurkereien nennt man kriminell – große historische Taten. *Herbert Reinecker*

Schürze Ein Faustschlag ins Gesicht der Pietät gehört zu den Taten, ohne welche man nicht von der Schürze der Mutter loskommt. *Hermann Hesse*

Schuß Menschen, die keinen Schuß Pulver wert sind, werden auch nicht abgeschossen. *Oliver Hassencamp*

Schußwaffe Früher standen sich die Menschen näher. Es blieb ihnen nichts anderes übrig. Die Schußwaffen trugen nicht weit. *Stanislaw Jerzy Lec*

Schutz *1* Polizei: eine bewaffnete Truppe zum Schutz und zum Mitmachen. *Ambrose Bierce*

2 Innere Sicherheit: der Schutz der Regierung vor der Demokratie. *Rudolf Rolfs*

3 Wirksamster Schutz vor Infarkt: rechtzeitig versagen. *Oliver Hassencamp*

Schutzbedürftige Gegenüber sehr attraktiven Frauen ist meist der Mann der Schutzbedürftige. *Oscar Wilde*

Schwabe Der Schwabe tut gerne so, als ob er arm sei. Aber er ist beleidigt, wenn andere ihm das glauben. *Manfred Rommel*

Schwache *1* Die Schwachen, die mit ihrer Schwäche umzugehen wissen, sind stark. Das ist das Geheimnis der Frauen und der Entwicklungsländer. *Maurice Couve de Murville*

2 Anpassung ist die Stärke der Schwachen. *Wolfgang Herbst*

3 Die Hoffnung ist die Willenskraft der Schwachen. *Henry de Montherlant*

4 Die Willenskraft der Schwachen heißt Eigensinn. *Marie von Ebner-Eschenbach*

Schwäche *1* Erwarte keine Dankbarkeit, wenn du einem Menschen Gutes tust; du hast seine Schwächen aufgedeckt. *Elbert Hubbard*

2 Kein Mann ist so stark wie eine hilflose Frau, die ihre Schwäche zu erkennen gibt. *Hans Holt*

3 Frauen stehen immer vor dem Dilemma, die Schwächen eines Mannes zu beseitigen, oder seine Schwäche zu sein. *Françoise Sagan*

4 Die Frau liebt die Schwäche des Starken mehr als seine Stärke, die Dummheit des Gescheiten mehr als seine Gescheitheit. *Shirley MacLaine*

5 Man liebt einen Menschen nicht wegen seiner Stärke, sondern wegen seiner Schwächen. *Tilla Durieux*

6 Eine gute Schwäche ist besser als eine schlechte Stärke. *Charles Aznavour*

7 Stärke des Charakters ist oft nichts anderes als eine Schwäche des Gefühls. *Arthur Schnitzler*

8 An der Härte der Strafen erkennt man die Schwäche des Regimes. *Martin Kessel*

Schwächere *1* Immer zwingt der Stärkere den Schwächeren, über ihn nachzudenken. *Hans Kasper*

2 Neid – Ressentiment des Schwächeren. *Markus M. Ronner*

3 Es ist immer der Schwächere, der sich nach dem Nachgeben als der Klügere ausgibt. *Georg Leber*

Schwachkopf *1* Wer das Leben noch als schön preist und die Menschen als gut, ist entweder ein Schwachkopf oder einer, vor dem man auf der Hut sein muß. *Walter Serner*

2 Hellseher: eine Person – meist weiblichen Geschlechts –, die zu sehen vermag, was ihrem Kunden verborgen bleibt: daß er ein Schwachkopf ist. *Ambrose Bierce*

Schwachsinn Der Verlust von Scham ist das erste Zeichen von Schwachsinn. *Sigmund Freud*

Schwachstrom Mit der Liebelei ist es wie mit der Elektrizität: Erst Starkstrom, dann Schwachstrom, zuletzt Wechselstrom. *Jacques Tati*

Schwan Manche Schlagersänger könnten

von den Schwänen lernen: die singen immer erst kurz bevor sie das Zeitliche segnen. *Markus M. Ronner*

Schwarze der Wären Weiße Schwarze, wären Schwarze keine Schwarzen. *Heinrich Wiesner*

Schwarze das Wer ins Schwarze treffen will, muß die ganze Scheibe sehen. *Ulrich Bremi*

Schwätzer Politik: das Paradies zungenfertiger Schwätzer. *George Bernard Shaw*

Schweigen *1* Zwei Jahre braucht der Mensch, um das Sprechen, ein Leben lang, um das Schweigen zu lernen. *Ernest Hemingway*

2 Dilemma zwischen Reden und Schweigen: das Mitteilenswerte für nicht sagbar und das Sagbare für nicht mitteilenswert zu halten. *Peter Benary*

3 Wer in seinem Sprechen die Windstille ist, kann in seinem Schweigen ein Orkan sein. *Hans Kudszus*

4 Sprechen heißt urteilen, Schweigen heißt geurteilt haben. *Hans Lohberger*

5 Je älter man wird, desto höher schätzt man die Kunst des konstruktiven Schweigens. *Ezra Pound*

6 Er redete lange und lobte das Schweigen. *Peter Benary*

7 Reden ohne Schweigen wird Geschwätz. *Romano Guardini*

8 Schweigen ist ein köstlicher Genuß, aber um ihn ganz auszuschöpfen, muß man einen Gefährten haben. Allein ist man nur stumm. *Karl Heinrich Waggerl*

9 Eine Ehe ohne Schweigen ist wie ein Auto ohne Bremsen. *Charles Aznavour*

10 Schweigen hat alle Vorteile des Redens und zusätzlich den, daß es schwer zu widerlegen ist. *Eugen Klöpfer*

11 Schweigen ist das einzige Argument, das sich nicht widerlegen läßt. *Christine Brückner*

12 Das Echo des Schweigens ist unüberhörbar. *Stanislaw Jerzy Lec*

13 Wer dein Schweigen nicht versteht, versteht auch deine Worte nicht. *Elbert Hubbard*

14 Schweigen ist die schlimmste oder die gnädigste Form der Kritik. *Pierre Reverdy*

15 Schweigen ist die unerträglichste Erwiderung. *Gilbert Keith Chesterton*

16 Schweigen ist der vollkommenste Ausdruck der Verachtung. *George Bernard Shaw*

17 Es gibt kaum etwas Schöneres, als dem Schweigen eines Dummkopfs zuzuhören. *Helmut Qualtinger*

18 Man hat einen Menschen noch lange nicht überzeugt, wenn man ihn zum Schweigen gebracht hat. *Christopher Morley*

19 Anständigkeit ist die Verschwörung der Unanständigkeit mit dem Schweigen. *George Bernard Shaw*

Schwein *1* Die Krone der Schöpfung, das Schwein, der Mensch. *Gottfried Benn*

2 Was kann man von einem Schwein anderes erwarten, außer Grunzen? *Sean O'Casey*

3 Wenn das Schwein satt ist, will es weiter fressen; wenn der Bauer reich ist, will er weiter raffen. *Wsewolod Iwanow*

4 Prozeß: eine Maschine, in die man als Schwein eingeht und die man als Wurst verläßt. *Ambrose Bierce*

5 Heute muß einer im Showbusiness schon von Schwein reden, wenn er nicht zur Sau gemacht wird. *Harald Juhnke*

Schweiß *1* Die chemische Analyse der sogenannten dichterischen Inspiration ergibt 99 Prozent Whisky und 1 Prozent Schweiß. *William Faulkner*

2 Schweiß ist Transpiration, die heute nur noch bei Urlaubsreisen und Freizeitbeschäftigungen auftritt. *Michael Schiff*

Schweiz *1* Die Schweiz ist der Traum der andern. *Walter Vogt*

2 Die Schweiz ein kleines Europa. Mit dessen Ausschluß. *Heinrich Wiesner*

3 Die Schweiz ist ein Land, das seine Minderheiten schützt. Selbst Dienstverweigerer kommen in den Genuß der Schutzhaft. *Heinrich Wiesner*

4 Im Falle eines Atomkriegs gehe ich in die Schweiz; dort findet alles zwanzig Jahre später statt als anderswo. *Albert Einstein*

Schweizer *1* Als Schweizer geboren zu werden, ist ein großes Glück. Es ist aber auch schön, als Schweizer zu sterben. Doch was tut man dazwischen. *Alexander Roda Roda*

2 Jeder Schweizer trägt seine Gletscher in sich. *André Gide*

3 Die Schweizer sind unheimlich schlagfertig, wenn man ihnen genug Zeit dafür läßt. *Markus M. Ronner*

4 Die Nationalhymne der Schweizer ist so dumm, daß man sie auswendig lernen kann. *Friedrich Dürrenmatt*

5 Wilhelm Tell ist noch immer der einzige Schweizer, den die ganze Welt kennt. *Friedrich Dürrenmatt*

6 Die Schweizer Armee ist kriegerisch nicht geprüft worden, deshalb eignet sie sich zur Legende. *Max Frisch*

7 Die Schweizer stehen jetzt vor dem Problem, daß die Russen freundlicher werden. Man hat eine Riesenarmee, und niemand kommt. *Friedrich Dürrenmatt*

8 Es macht den Charme der Schweizer Wirtschaftspolitik aus, daß sie die Fehler der anderen erst mit einigen Jahren Verspätung nachholt. *Carl-Christian von Weizsäcker*

9 Was können die Schweizer dafür, daß ihre Anfechtungen klein sind? *Heinrich Nüsse*

Schwerarbeit Ideen sind keine Schmetterlinge, sie sind Fazit einer Schwerarbeit. *Rudolf Rolfs*

Schwerhörigkeit In jeder Ehe kommt einmal die Zeit, in der man andere um ihre Schwerhörigkeit beneidet. *August Strindberg*

Schwerkraft *1* Tanz ist ein Telegramm an die Erde mit der Bitte um Aufhebung der Schwerkraft. *Fred Astaire*

2 Wir können die Schwerkraft überwinden, aber der Papierkram erdrückt uns. *Wernher von Braun*

Schwiegermutter *1* Das Gewissen ist eine Schwiegermutter, deren Besuch nie endet. *Henry Louis Mencken*

2 Wer sich mit der Kunst verheiratet, bekommt die Kritik zur Schwiegermutter. *Hildegard Knef*

Schwimmen Der Glaube an Gott ist wie das Wagnis des Schwimmens: man muß sich dem Element anvertrauen und sehen, ob es trägt. *Hans Küng*

Schwimmer Es hat keinen Sinn, Sorgen im Alkohol ertränken zu wollen, denn Sorgen sind gute Schwimmer. *Robert Musil*

Schwimmgürtel Humor ist der Schwimmgürtel auf dem Strom des Lebens. *Wilhelm Raabe*

Science-fiction Was man heute als Science-fiction beginnt, wird man vielleicht schon morgen als Reportage zu Ende schreiben müssen. *Norman Mailer*

Seekrankheit Das einzige Vorbeugemittel gegen Seekrankheit ist die Reling. *Max Pallenberg*

Seele *1* Die Seele ist jene Welt, die wir uns selber schaffen. *Hans Lohberger*

2 Glück ist die Gesundheit der Seele. *Hans Lohberger*

3 Das Fernsehen ist eine Infektion der Seele. *Federico Fellini*

4 Die Kinderkrankheiten der Seele brechen erst bei den Erwachsenen aus. *Hans Weigel*

5 Der Körper ist der Übersetzer der Seele ins Sichtbare. *Christian Morgenstern*

6 Manch einer trägt seine Haut nicht gern zu Markte, weil sie seine vielen Seelen in der Brust zusammenhält. *Arnold Gehlen*

7 Entrüstung ist ein erregter Zustand der Seele, der meist dann eintritt, wenn man erwischt wird. *Wilhelm Busch*

8 Die Kirchen in Amerika sind eine Art Kosmetiksalon für Seelen. *Thomas Niederreuther*

9 Ein Modeschöpfer muß die Seele einer Frau erfassen und das kleiden, was drum herum ist. *Emilio Schuberth*

10 Hollywood ist ein Ort, wo sie dir 50000 Dollar für einen Kuß und 50 Cent für deine Seele zahlen. *Marilyn Monroe*

11 Die meisten Menschen verkaufen ihre Seele und leben mit gutem Gewissen von dem Erlös. *Logan P. Smith*

12 Es geht nichts über Materialisten, die von der Seele reden. *Jean Dutourd*

13 Freiheit existiert nicht; sie ist nur ein Wunsch der Seele. *Émile Henriot*

Seelenleben In unserem Seelenleben liegen zwischen Blitz und Donner oft viele Jahre. *Hans Arndt*

Sehenswürdigkeit *1* Sehenswürdigkeiten sind Dinge, die man gesehen haben muß, weil andere sie auch gesehen haben. *Hans Söhnker*

2 Sehenswürdigkeiten sind Dinge, vor denen man gesehen werden muß. *Chris Howland*

3 Sexbomben sind Damen, die ihre eigenen Sehenswürdigkeiten mitbringen. *Franz Antel*

4 Die meisten sogenannten Sehenswürdigkeiten sind vom vielen Hinschauen schon ganz abgenutzt. *Helmut Qualtinger*

Seher Schriftsteller, die ihrem Weltbild sprachlich nicht gewachsen sind, nennt man in Deutschland Seher. *Gottfried Benn*

Sehnsucht *1* Die Sehnsucht, scheint mir, ist die einzige ehrliche Eigenschaft aller Menschen. *Ernst Bloch*

2 Das ist die Sehnsucht: wohnen im Gewoge und keine Heimat haben in der Zeit. *Rainer Maria Rilke*

3 In einer wirklich schönen Stadt läßt es sich auf die Dauer nicht leben – sie treibt einem alle Sehnsucht aus. *Elias Canetti*

4 Sehnsucht: die nach vorn gebeugte Erinnerung. *Elazar Benyoëtz*

5 Nostalgie ist die Sehnsucht nach der guten alten Zeit, in der man nichts zu lachen hatte. *Charles Aznavour*

6 Das Beste, was diese Welt bietet, ist die Sehnsucht nach einer anderen. *Martin Kessel*

Seil Erst auf dem Seil wird Balance bedeutsam. *Peter Benary*

Seiltanz Die Liebe ist nichts anderes als ein Seiltanz von Amateuren ohne Balancierstange und Netz. *Peter Altenberg*

Sein Zerstören Sie einem Menschen seinen Schein, und Sie werden sehen, wie schnell auch das Sein zu Ende ist. *Georg Kreisler*

Seismograph *1* Der vielgerühmte weibliche Instinkt gleicht einem Seismographen, der den Fall eines Blumentopfes anzeigt, aber beim Ausbruch des Ätna versagt. *Anna Magnani*

2 Nach dem Erdbeben schlägt man auf die Seismographen ein. *Ernst Jünger*

Seite *1* Jedes Ding hat zwei Seiten. Fanatiker sehen nur die eine. *Hellmut Walters*

2 Auch das Gute hat zwei Seiten. Eine gute und eine böse. *Stanislaw Jerzy Lec*

3 Jedes Ding hat zwei Seiten. Mich interessiert die dritte. *Hanns-Hermann Kersten*

4 Jeder ist ein Mond und hat eine dunkle Seite, die er niemandem zeigt. *Mark Twain*

5 Wie der Mond zeigt der Weise der Welt nur seine leuchtende Seite. *John Churton Collins*

Seitensprung *1* In einer Koalition bestätigt man seine Treue durch Seitensprünge von begrenztem Radius. *Ugo Tognazzi*

2 Die Medien würden sofort einen großen Teil ihrer Bedeutung verlieren, wenn Seitensprünge von Politikern nicht mehr ehrenrührig wären. *John Osborne*

Sekundenbruchschnelle Unter Intuition versteht man die Fähigkeit mancher Leute, eine Lage in Sekundenbruchschnelle falsch zu beurteilen. *Heinz Hilpert*

Selbstachtung Selbstachtung: eine falsche Einschätzung. *Ambrose Bierce*

Selbstaufopferung Selbstaufopferung ist eine Sache, welche die Menschen demoralisiert, für die wir uns aufopfern. *Oscar Wilde*

Selbstbefriedigung Das Ungesunde an der Selbstbefriedigung ist, daß es sie nicht gibt. *Werner Schneyder*

Selbstbeherrschung *1* Selbstbeherrschung ist die Mutter vieler Versäumnisse. *Markus M. Ronner*

2 Wer Atomwaffen hat, lernt Selbstbeherrschung. *George F. Kennan*

Selbstbewußtsein *1* Gelassenheit ist eine anmutige Form des Selbstbewußtseins. *Marie von Ebner-Eschenbach*

2 Snobismus ist das Selbstbewußtsein derjenigen, die ihrer selbst nicht sicher sind. *Thornton Wilder*

Selbsterhaltungstrieb Die größte Bremse im Denken ist der Selbsterhaltungstrieb. *Stefan Napierski*

Selbsterkenntnis Das Gehirn entwickelt sich

zwecks Existenzerhaltung, nicht zwecks Selbsterkenntnis. *Karl Steinbuch*

Selbsterniedrigung Bewunderung: eine beliebte Form der Selbsterniedrigung, nicht frei von Stolz. *Ambrose Bierce*

Selbstgefühl Schlagfertigkeit ist die schnellste Bestätigung des Selbstgefühls. *Hans Arndt*

Selbstgerechtigkeit Es gibt keinen gefährlicheren Feind der Gerechtigkeit als die Selbstgerechtigkeit. *Richard Schmid*

Selbstgespräch *1* Groß betrachtet ist alles Gespräch nur – Selbstgespräch. *Christian Morgenstern*

2 Man führt nicht mehr genug Selbstgespräche heutzutage. Man hat wohl Angst, sich selbst die Meinung zu sagen. *Jean Giraudoux*

3 Interessante Selbstgespräche setzen einen klugen Partner voraus. *Herbert George Wells*

4 Selbstgespräche geben einem die Chance, auf jeden Fall recht zu behalten. *Helmut Qualtinger*

Selbsthaß Selbsthaß ist der Patriotismus der Juden. *Arthur Koestler*

Selbstkostenpreis Der Selbstkostenpreis ist eine Kalkulation, bei der man sich mit 25 Prozent Gewinn begnügt. *Michael Schiff*

Selbstliebe Selbstliebe ist der Beginn einer lebenslangen Romanze. *Oscar Wilde*

Selbstlosigkeit *1* Selbstlosigkeit ist ausgereifter Egoismus. *Herbert Spencer*

2 Selbstlosigkeit ist Eigenliebe, die sich schämt. *Hans Lohberger*

Selbstmord *1* Selbstmord ist ein Kompliment, das man der Gesellschaft nicht machen dürfte. *Oscar Wilde*

2 Selbstmord – die ihn als feige bezeichnen, sind ihrerseits zu feige dazu. *Henry de Montherlant*

Selbsttäuschung Nachahmung führt leicht zu Selbsttäuschung. *Henry Ford*

Selbstverleugnung Selbstverleugnung ist eine Methode, durch die der Mensch seine Weiterentwicklung hemmt. *Oscar Wilde*

Selbstverständliche *1* Ein Genie ist ein Mensch, dem etwas Selbstverständliches zum erstenmal einfällt. *Hermann Bahr*

2 Über das Selbstverständliche staunen nur die Narren und die Weisen. *Jean Giono*

Selbstverständlichkeit Selbstverständlichkeiten sind keine Gedankenlosigkeiten. *Peter Benary*

Selbstvertrauen Selbstvertrauen ist der Name, den wir dem Egoismus der Erfolgreichen beilegen. *Elbert Hubbard*

Selfmademan Ein Selfmademan ist ein Mann, aus dem andere nichts machen konnten. *Markus M. Ronner*

Seltene Sammler sind Leute, die Seltenes zusammentragen in der Hoffnung, daß es noch seltener wird. *Sigismund von Radecki*

Senf Wo die Würstchen an die Macht kommen, wird der Senf rationiert. *Wolfgang Menge*

Senilität Das Gute an der Senilität ist, daß sie einen selbst hindert, sie zu bemerken. *Alfred Polgar*

Sensation Das Aufregendste an den Sensationen ist, wie schnell sie vergessen werden. *Wolfgang Kieling*

Sense *1* Die Wirklichkeit ist eine Sense für Ideale. *Helmut Qualtinger*

2 Symbolwechsel. Der Tod hat die Sense weggelegt. Er sitzt jetzt am Steuer. *Heinrich Wiesner*

Sentimentalität *1* Die Sentimentalität ist das Alibi der Hartherzigen. *Arthur Schnitzler*

2 Sentimentalität nennen wir das Gefühl, das wir nicht teilen. *Graham Greene*

Serie Niemand kann bestreiten, daß Serien Folgen haben. *Ilja Richter*

Serviette Wenn man nach einem Festessen die Gastgeberin auf beide Wangen küßt, erspart man die Serviette. *Alexander Roda Roda*

Serviettenmangel Ich hatte schon immer den Verdacht, daß der Handkuß zu einer Zeit des extremen Serviettenmangels erfunden wurde. *Alexander Roda Roda*

Sesam Sesam öffne dich – ich möchte hinaus. *Stanislaw Jerzy Lec*

Seufzer Das Leben ist eine Brücke von Seufzern über einen Strom von Tränen. *Philip James Bailey*

Sex *1* Sex ist die Kunst, Erwartungen zu wecken, die gar nicht geschlafen haben. *Senta Berger*

2 Liebe ist Geduld, Sex Ungeduld. *Erich Segal*

3 Sex ohne Eros ist ein Kontakt zweier Hautbesitzer. *Marguerite Duras*

4 Sex ist das immer wiederholte Sechstagerennen der Hormone. *Henry Miller*

5 Sex ist ein Derbysieger, den man auch zu Tode reiten kann. *Ingmar Bergman*

6 Sex in längerer Verbindung ist die Kunst, Reprisen immer wieder wie Premieren erscheinen zu lassen. *Jeanne Moreau*

7 Die Frau kontrolliert ihren Sex, weil sie für Sex all das bekommt, was ihr noch wichtiger ist als Sex. *Esther Vilar*

Sex-Appeal *1* Sex-Appeal ist ein Ruf, den man nicht hört, sondern sieht. *Burt Lancaster*

2 Sex-Appeal ist das, was Männer nur mit den Händen beschreiben können. *Uschi Glas*

3 Eine traurige Zeit, in der man den Sex-Appeal nach Zentimetern mißt. *Alfred Hitchcock*

Sexbombe *1* Sexbomben sind Damen, die ihre eigenen Sehenswürdigkeiten mitbringen. *Franz Antel*

2 Sexbomben sind Sprengkörper, die meistens von Blindgängern begleitet werden. *Alberto Sordi*

Sexualität *1* Die Geschichte der Sexualität ist die Geschichte ihrer Unterdrückung. *Lutz Röhrich*

2 Tabus gehören zur Sexualität wie das Ei zum Kuchen. *Hans Giese*

3 In Sachen Sexualität verwechseln viele das Stimmen der Instrumente mit dem Konzert. *Henry Miller*

4 Man kann erst dann wieder einen Film über Sexualität drehen, wenn ein neues Geschlechtsorgan erfunden worden ist. *Alfred Hitchcock*

5 Tänzerinnen haben die Sexualität in den Beinen, Tenöre im Kehlkopf. Darum täuschen sich die Frauen in den Tenören und die Männer in den Tänzerinnen. *Karl Kraus*

Sexualschulung Die Sexualschulung hat das Bett um die Prüfungsangst bereichert. *Werner Schneyder*

Sexwelle Die Sexwelle mußte scheitern, weil alle daran verdienen wollten, statt sich daran zu beteiligen. *Werner Schneyder*

Shakespeare *1* Shakespeare ist ein Autor, dessen Werke so hervorragend sind, daß man glaubt, jemand anderer habe sie geschrieben. *Alistair MacLean*

2 Wir gehen zu Shakespeare nur noch, um seine Zitate zu erkennen. *Orson Welles*

Show Manche Kritiker meinen, in einer einzigen Show müsse man all das leisten, was das Fernsehen sonst nicht fertigbringt. *Werner Höfer*

Showbusiness *1* Showbusiness ist nur mit drei Eigenschaften zu ertragen: Mit Dummheit, Demut oder Zynismus. *Ernst Stankowski*

2 Avantgardistische Ideen im Showbusiness sind riskant. Hier beißen die Hunde den ersten, nicht den letzten. *Michael Pfleghar*

3 Heute muß einer im Showbusiness schon von Schwein reden, wenn er nicht zur Sau gemacht wird. *Harald Juhnke*

Showmaster Die beste Kombination für einen guten Showmaster ist ein sagenhaft dickes Fell und die Sensibilität einer Operndiva. *Wim Thoelke*

Sicherheit *1* Sicherheit erreicht man nicht, indem man Zäune errichtet, sondern indem man Tore öffnet. *Urho Kekkonen*

2 Innere Sicherheit: der Schutz der Regierung vor der Demokratie. *Rudolf Rolfs*

3 Immer auf dem Sprung stehen, bedeutet Leben. Von Sicherheit eingewiegt werden, bedeutet Tod. *Oscar Wilde*

Sicherheitsabstand Menschen sind wie Autos: man sollte den unerlässlichen Sicherheitsabstand voneinander einhalten. *Martin Held*

Sicherung Männer sind wie Sicherungen: Wenn die Spannung im Hause zu groß wird, brennen sie durch. *Helen Vita*

Sichtbare Die Kunst gibt nicht das Sichtbare wieder, sondern macht sichtbar. *Paul Klee*

Sieb Das Gedächtnis ist ein sonderbares Sieb: es behält alles Gute von uns und alles Üble von den anderen. *Wieslaw Brudziński*

Sieg *1* Alle Siege werden davongetragen. *Elazar Benyoëtz*

2 Einen Sieg kann man verschenken, eine Niederlage muß man immer selber einstecken. *Claudia Doren*

3 Der Friede hat ebenso viele Siege aufzuweisen wie der Krieg, aber weit weniger Denkmäler. *Kin Hubbard*

4 Jede künstlerische Leistung ist ein Sieg über die menschliche Trägheit. *Herbert von Karajan*

5 Früher haben die Frauen auf ihrem eigenen Boden gekämpft. Da war jede Niederlage ein Sieg. Heute kämpfen sie auf dem Boden der Männer. Da ist jeder Sieg eine Niederlage. *Gabrielle «Coco» Chanel*

Siegende Neutralität ist: es mit den Siegenden zu halten. *Piet Hein*

Sieger Frauen lieben die Besiegten, aber sie betrügen sie mit den Siegern. *Tennessee Williams*

Signatur An den modernen Gemälden ist nur noch eines verständlich: die Signatur. *Ephraim Kishon*

Sinfonie Mancher hat Opern und Sinfonien geschrieben und lebt doch nur weiter in einer Fußnote. *Alfred Polgar*

Singen Das Klavier ist ein Schlaginstrument, das man zum Singen bringen muß. *Wladimir Horowitz*

Singular Liebe ist der für manche Männer unvorstellbare Zustand, in dem man bereit ist, die Frau im Singular zu akzeptieren. *Georges Courteline*

Sinn *1* Nichts im Leben hätte auch nur den geringsten Sinn, wenn es den Tod nicht gäbe. *Wolfgang Hildesheimer*

2 Wer keinen Sinn in der Welt finden kann, der übersieht ihn gewöhnlich, weil es ihm aus diesem oder jenem Grunde paßt, daß die Welt sinnlos sein soll. *Aldous Huxley*

3 Für neunzig Prozent der Menschen besteht der Sinn des Lebens darin, es zu fristen. *Helmut Qualtinger*

4 Die Menschen, die nicht über den Sinn des Lebens nachdenken, sind die wahren Nutznießer auf Erden. *Hans Arndt*

5 Im Moment, da man nach Sinn und Wert des Lebens fragt, ist man krank. *Sigmund Freud*

6 Die Frage ist falsch gestellt, wenn wir nach dem Sinn unseres Lebens fragen. Das Leben ist es, das Fragen stellt; wir sind die Befragten, die zu antworten haben. *Viktor E. Frankl*

7 Der Sinn unseres Daseins läßt sich nicht benennen. Wahrscheinlich laufen wir auf ihn zu. *Heinrich Nüsse*

8 Das Leben hat keinen Sinn außer dem, den wir ihm geben. *Thornton Wilder*

9 Der Sinn wird gegeben, die Bedeutung nur verliehen. *Elazar Benyoëtz*

10 Druckfehler zu sein, der einen Sinn hat – eine Höllenqual! *Karol Irzykowski*

Sinnlichkeit Die Frauen sind sinnlicher als die Männer, aber sie wissen weniger um ihre Sinnlichkeit. *Friedrich Nietzsche*

Sintflut *1* Während der ersten Sintflut retteten sich Menschen vor der Natur. Während der zweiten Sintflut versucht sich die Natur vor den Menschen zu retten. *Werner Schneyder*

2 Bei der nächsten Sintflut wird es keine Arche Noah geben. *Hans Habe*

3 Bei der nächsten Sintflut wird Gott nicht Wasser, sondern Papier verwenden. *Romain Gary*

Sitte Manche Sitten sind arrivierte Laster. *Henry Miller*

Situation Wer glaubt, über der Situation zu stehen, steht in Wirklichkeit oft nur daneben. *Friedl Beutelrock*

Sitzen Eigentlich ist alles im männlichen Sitzen produziert worden, was das Abendland so sein Höheres nennt. *Gottfried Benn*

Sitzfleisch Leute, die dauernd mit ihrem Rücktritt kokettieren, haben meistens das dickste Sitzfleisch. *Barbra Streisand*

Skandal *1* Skandale stören das Untersichsein der Herrschenden. *Karl Otto Hondrich*

2 Der Skandal fängt an, wenn die Polizei ihm ein Ende bereitet. *Karl Kraus*

Skelett *1* Wer in einem blühenden Frauenkörper das Skelett zu sehen vermag, ist ein Philosoph. *Kurt Tucholsky*

2 Man muß kurze Sätze schreiben, auf jede Ausschmückung verzichten. Das Ideal ist das Skelett, aber eines mit Pulsschlag. *Ernest Hemingway*

Skepsis Die Skepsis ist die Eleganz der Angst. *Emile M. Cioran*

Skeptiker Das Positive am Skeptiker ist, daß er alles für möglich hält. *Thomas Mann*

Skilehrer Ein guter Skilehrer muß seine Leistung am Tag bringen, nicht in der Nacht. *Georg Thoma*

Sklave *1* Sklaven: das waren Menschen, die einen bestimmten Preis hatten. *Gabriel Laub*

2 Der Sklave ist frei, solange er sich begnügt, und der Freie ist Sklave, solange er begehrt. *Gabriel Laub*

3 Der Sklave will nicht frei werden. Er will Sklavenaufseher werden. *Gabriel Laub*

4 Demokratisch heißt jedermanns Sklave sein dürfen. *Karl Kraus*

5 Wir sind die Sklaven von dem, was uns nicht glücklich macht. *Hans Arndt*

6 Emanzipation: der Übergang eines Sklaven aus der Unterdrückung durch einen anderen zur Unterdrückung durch sich selbst. *Ambrose Bierce*

7 Ehe: Eine Gemeinschaft, bestehend aus Herr, Herrin und zwei Sklaven. *Ambrose Bierce*

Sklavin Eine liebende Frau ist eine Sklavin, die ihrem Herrn die Ketten anlegt. *George Bernard Shaw*

Slalom Politik ist nur selten eine Schußfahrt, meistens ist sie ein Slalom. *Edgar Faure*

Slalomläufer Slalomläufer sind wie Hunde: Wenn sie Stangen sehen, wedeln sie. *Georg Thomalla*

Slang *1* Slang ist der durchgescheuerte Hosenboden der Sprache. *Truman Capote*

2 Slang ist Sprache in Rollkragenpullover und Blue Jeans. *Thornton Wilder*

3 Slang ist Sprache, die ihre Jacke auszieht, die Hemdärmel aufkrempelt, in die Hände spuckt und an die Arbeit geht. *Carl Sandburg*

Smog Smog: die Sonne scheint – zu resignieren. *Wolfgang Eschker*

Snob *1* Sei kein Snob. Lüge nie, wo die Wahrheit besser bezahlt wird. *Stanislaw Jerzy Lec*

2 Snobs sind schlechte Kopien eines mißverstandenen Originals. *Loriot*

3 Snobs sind Leute, die am Käse nur die Löcher mögen, und auch die nicht immer. *Paul Kuhn*

4 Ein Snob ist ein Mensch, der bei Schlagern dem Text applaudiert. *Ugo Tognazzi*

5 Es gibt auch Eitelkeit mit umgekehrtem Vorzeichen. Der wahre Snob bemüht sich um Orden nur, um sie nicht zu tragen. *Daniele Varè*

Snobismus *1* Snobismus ist das Selbstbewußtsein derjenigen, die ihrer selbst nicht sicher sind. *Thornton Wilder*

2 Snobismus ist die Fähigkeit, sich als Original zu fühlen, auch wenn man nur eine Kopie ist. *Victor de Kowa*

3 Snobismus heißt, gegen den Strom zu schwimmen, wo keiner ist. *Oliver Hassencamp*

Society Die sogenannte Society ist eine Ansammlung von Kopien, die von Originalen gemieden wird. *Oliver Hassencamp*

Socke Ein Junggeselle ist ein Mann, der lieber Socken stopft als Mäuler. *Mario Adorf*

Sockel *1* Denkmäler errichtet man nur den Junggesellen. Ehemänner bringen es höchstens bis zum Sockel. *Tristan Bernard*

2 Schont die Sockel, wenn ihr die Denkmäler stürzt. Sie können noch gebraucht werden. *Stanislaw Jerzy Lec*

Sofa *1* Die Vergangenheit ist ein Sprungbrett, kein Sofa. *Harold Macmillan*

2 Es kann passieren, daß die Leute schon beleidigt auf dem Sofa sitzen, bevor eine Fernsehsendung beginnt. *Dieter Hildebrandt*

Softie Ein Softie ist ein Macho, der mit den Waffen der Frau arbeitet. *Rainhard Fendrich*

Sohn *1* Der Wunsch nach dem Sohn ist der Vater vieler Töchter. *Karl Schiller*

2 Jede Mutter hofft, daß ihre Tochter einen besseren Mann bekommt als sie selber, und ist überzeugt, daß ihr Sohn niemals eine so gute Frau bekommen wird wie sein Vater. *Martin Andersen-Nexø*

3 Wenn die Eltern schon alles aufgebaut haben, bleibt den Söhnen und Töchtern nur noch das Einreißen. *Gino Cervi*

4 Für die Schuld der Väter werden oft erst die Söhne ausgezeichnet. *Stanislaw Jerzy Lec*

5 Als Sohn eines berühmten Vaters hat man erst dann wirklich Karriere gemacht, wenn die Leute den Vater fragen, wie es dem Sohn geht. *Hans Haß*

Sokrates Sokrates hat es mit Xanthippe nicht ausgehalten, weil er Philosoph war; er wurde Philosoph, weil er mit Xanthippe verheiratet war. *Walther Kiaulehn*

Soldat Ein Soldat, der anfängt zu denken, ist schon fast keiner mehr. *Heinrich Böll*

Solidarität Je mehr in einer Partei von Solidarität geredet wird, desto weniger praktiziert man sie. *Mario Scelba*

Sommer Wer im Sommer das Gras frißt, hat im Winter kein Heu. *Norbert Blüm*

Sommersprosse *1* Sommersprossen sind Gesichtspunkte, die man küssen kann. *Curt Goetz*

2 Wer sich in Sommersprossen verliebt, sollte auch an den Winter denken. *Hans Söhnker*

Sonne *1* Die Sonne geht im Osten auf, wandert entsetzt weiter, erträgt auch den Westen nicht und geht endgültig unter. *Werner Schneyder*

2 Daraus, daß die Sonne bisher jeden Tag aufgegangen ist, folgt logisch nicht, daß sie es morgen wieder tun werde. *Carl Friedrich von Weizsäcker*

3 Würde ein Hahn so denken wie ein Mensch – er wäre der Meinung, die Sonne gehe auf, um ihn krähen zu hören. *Markus M. Ronner*

4 Die Sonne ist eine Art von Inspiration; man soll sie darum nicht immer haben. *Elias Canetti*

5 Nicht weil es dort Sonne gibt, reizt mich der Süden, sondern weil es dort angenehm ist, im Schatten zu sitzen. *Martin Kessel*

6 Es gibt den Maler, der aus der Sonne einen gelben Fleck macht, aber es gibt auch den, der mit Überlegung und Geschick aus einem gelben Fleck eine Sonne macht. *Pablo Picasso*

7 Wenn die Sonne der Kultur niedrig steht, werfen selbst Zwerge lange Schatten. *Karl Kraus*

8 Atheismus ist der Versuch, die Erde ohne die Sonne zu erklären. *Sigismund von Radecki*

9 Was ist der Mensch am Badestrand? Eine Zielscheibe für die Artillerie der Sonne und eine Tankstelle für die Mücken. *Vittorio De Sica*

10 Nichts Schöneres unter der Sonne, als unter der Sonne zu sein. *Ingeborg Bachmann*

Sonnenbrand Der Chic eines Badeanzuges besteht darin, daß er wie ein Sonnenbrand sitzt. *Esther Williams*

Sonnensystem Der Komet – ein Flüchtling des Sonnensystems. *Marc Chagall*

Sonnenuhr Subjektivität heißt eine Sonnenuhr mit Hilfe einer Taschenlampe ablesen. *Piet Hein*

Sonntagsanzug Erinnerungen sind Wirklichkeiten im Sonntagsanzug. *Oliver Hassencamp*

Sorge *1* Ein großer Teil der Sorgen besteht aus unbegründeter Furcht. *Jean-Paul Sartre*

2 Es hat keinen Sinn, Sorgen im Alkohol ertränken zu wollen, denn Sorgen sind gute Schwimmer. *Robert Musil*

3 Behagen: Gemütszustand beim Betrachten der Sorgen deines Nächsten. *Ambrose Bierce*

Souffleur *1* Er glaubte an seine Berufung als Schauspieler, weil er schon in der Schule nicht ohne Souffleur ausgekommen war. *Wolfgang Eschker*

2 Politik ist die Bühne, auf der die Souffleure manchmal deutlicher zu hören sind als die Akteure. *Ignazio Silone*

3 Politisches Theater: Auf einen Darsteller zehn Souffleure. *Wieslaw Brudziński*

Souveränität *1* Souveränität ist durchlittener Abstand. *Hans Arndt*

2 Dem Storch gegenüber haben die Frösche eine beschränkte Souveränität. *David Frost*

Sozialismus *1* Unter Sozialismus verstehen viele manches. *Rudolf Rolfs*

2 Sozialismus ist eine Utopie, solange es mehr faule als fleißige Menschen gibt. *Marie von Ebner-Eschenbach*

3 Sozialismus ist der degenerierte Kapitalismus zahlungsunfähiger Kapitalisten. *Henry Louis Mencken*

4 Auch dem Sozialismus wohnt eine Tugend inne: die gleichmäßige Verteilung des Elends. *Winston S. Churchill*

Sozialist *1* Wer vor seinem dreißigsten Lebensjahr niemals Sozialist war, hat kein Herz. Wer nach seinem dreißigsten Lebensjahr noch Sozialist ist, hat keinen Verstand. *Benedetto Croce*

2 Alles, was die Sozialisten vom Geld verstehen, ist die Tatsache, daß sie es von anderen haben wollen. *Konrad Adenauer*

Spannung *1* Spannung: das Leben einer Spinne. *George Bernard Shaw*

2 In der Politik ist es wie in der Elektrizität: Wo es Kontakte gibt, gibt es auch Spannungen. *Pierre Mendès-France*

3 Manche Staatsmänner sind wie Klavierstimmer: Sie wollen die Harmonie wiederherstellen, indem sie die Spannung verstärken. *Walter Lippmann*

Spargel *1* Es hat mich nie gestört, wenn man mich mit einem Spargel verglichen hat, denn am Spargel ist der Kopf das Wichtigste. *Charles de Gaulle*

2 Spargeln und Menschen haben ein gemeinsames Schicksal: Sobald einer den Kopf hochreckt, wird er abgestochen. *Eugen Gerstenmaier*

Spaß *1* Wer die Menschen gern hat, verbietet ihnen etwas, damit sie an der Übertretung Spaß haben. *Norman Mailer*

2 «Spaß muß sein», sagte der Spaßmacher, doch das Publikum war anderer Meinung. *Markus M. Ronner*

3 Kein Mann, dem seine Sache nicht Spaß macht, darf erwarten, daß sie irgend sonst jemandem Spaß macht. *Bertolt Brecht*

4 Wenn man Spaß an einer Sache hat, dann nimmt man sie auch ernst. *Gerhard Uhlenbruck*

5 Wer keinen Spaß versteht, hat auch keinen Anspruch, ernstgenommen zu werden. *Bruce Low*

6 In Deutschland hat es der Spaß doppelt so schwer. Hier muß er sein. *Nikolaus Cybinski*

7 Wo keine Satire mehr möglich ist, hört der Spaß auf. *César Keiser*

8 Wenn einem die Treue Spaß macht, dann ist es Liebe. *Julie Andrews*

Spaßmachen Zum Spaßmachen gehört auch ein Schuß Demagogie. *Werner Finck*

Spatz Es ist mir rätselhaft, woher die andern jedesmal so genau wissen, was die Spatzen von den Dächern pfeifen. *Nikolaus Cybinski*

Specht Was haben begabte Journalisten mit Spechten gemeinsam? Wenn sie auf etwas pochen, ist meistens der Wurm drin. *Markus M. Ronner*

Speisekarte Was ein richtiger Musiker sein will, der muß auch eine Speisekarte komponieren können. *Richard Strauß*

Spekulation Ohne die Spekulation, was hätte geschehen können, wirft das tatsächlich Geschehene keine Schatten. *Sebastian Haffner*

Spesen Spesen sind steuerfreies Einkommen, von dem leitende Mitarbeiter ihre Familien ernähren. *Michael Schiff*

Spesenrechnung Es gibt zu viele Fernsehredakteure, die lieber Spesenrechnungen als Programme machen. *Günter Verheugen*

Spezialist *1* Ein Spezialist ist einer, der sich auf eine von ihm gewählte Form der Unwissenheit beschränkt hat. *Elbert Hubbard*

2 Spezialisten sind Leute, die nur eine Saite auf ihrer Fiedel haben. *Henry Miller*

3 Experte: ein Spezialist, der über etwas alles weiß und über alles andere nichts. *Ambrose Bierce*

4 Spezialisten sind Leute, die immer mehr über immer weniger wissen. Schüler sind Leute, die immer weniger über immer mehr wissen. *Danny Kaye*

5 Wenn es für eine Krankheit keinen Spezialisten gibt, ist es die Ehe. *Martin Walser*

Spiegel *1* Die unheimlichste aller Erfindungen ist der Spiegel. Woher nehmen die Menschen nur den Mut, da hineinzuschauen? *Brendan Behan*

2 Je näher wir dem Spiegel treten, um so mehr trüben wir ihn mit unserem Atem. *Hans Kudszus*

3 Wer sich zu lange im Spiegel betrachtet, verliert sein Gesicht. *Martin Kessel*

4 Der vergeßlichste Augenzeuge ist der Spiegel. *Hans-Horst Skupy*

5 Erstaunlich viele Politiker suchen den besten Kopf ihres Landes vor dem Spiegel. *Saul Steinberg*

6 Eine eitle Frau braucht einen Spiegel. Ein eitler Mann ist sein eigener Spiegel. *Françoise Sagan*

7 Die Eitelkeit des Mannes besteht nicht darin, in den Spiegel zu sehen, sondern nicht in den Spiegel zu sehen. *Erhard Blanck*

8 Alte Spiegel sind nachsichtiger zu uns – sie haben schon viel gesehen. *Wieslaw Brudziński*

Spiegelschrift Komik ist Tragik in Spiegelschrift. *James Thurber*

Spiel *1* Das Spiel ist das einzige, was Männer wirklich ernst nehmen. Deshalb sind Spielregeln älter als alle Gesetze der Welt. *Peter Bamm*

2 Ein Leben, bei dem nicht von Zeit zu Zeit alles auf dem Spiel steht, ist nichts wert. *Luise Rinser*

Spielen Spielen ist eine Tätigkeit, die man gar nicht ernst genug nehmen kann. *Jacques-Yves Cousteau*

Spielplan *1* Das schönste Denkmal für einen Komponisten ist, wenn er im Spielplan bleibt. *Carl Orff*

2 Es gibt Theaterstücke, die so schwach sind, daß sie aus eigener Kraft nicht vom Spielplan herunter können. *Stanislaw Jerzy Lec*

3 Die Ehe ist ein Spielplan mit gleichbleibendem Repertoire. Folglich sollte man wenigstens gelegentlich die Inszenierung ändern. *Federico Fellini*

Spielregel Demokratie heißt die Spielregeln einhalten, auch wenn kein Schiedsrichter zusieht. *Manfred Hausmann*

Spießer Einen Spießer in unseren Breiten zu schockieren, ist relativ einfach, ihn zu vergnügen auch. *Günter Graß*

Spinne *1* Nur Dummköpfe und Spinnen produzieren aus sich selbst heraus. *Bernard von Brentano*

2 Der Kriminalschriftsteller ist eine Spinne, die die Fliege bereits hat, bevor sie das Netz um sie herum webt. *Arthur Conan Doyle*

Spionage Gewissenserforschung ist Spionage bei sich selbst. *Jerome K. Jerome*

Spitze *1* Die Gesellschaft neigt dazu, die Stumpfen zu ihren Spitzen zu machen. *Werner Schneyder*

2 Ein Mann ohne Urteilskraft mag bis zur Spitze aufsteigen, aber er wird sich dort nicht sehr lange halten. *Clement Richard Attlee*

3 Er stellte sich an die Spitze des Staates. Da brach sie ab. *Wolfgang Eschker*

4 Manchmal sind sogar Brüste nur die Spitzen eines Eisbergs. *Nikolaus Cybinski*

Spitzfindigkeit Die Spitzfindigkeit ist eine Nadel ohne Faden. *Hans Kasper*

Spitzname Der einzige Name, der den Menschen wirklich charakterisiert, ist sein Spitzname. *Boleslaw Barlog*

Sporn Hobbies sind Steckenpferde, die den Reitern die Sporen geben. *Heinz Rühmann*

Sport *1* Lob des Sports. Alles, was den Menschen von ihm selbst befreit, ist gut. *Stefan Napierski*

2 Der Sport ist eine völkerverbindende Sache. Vor allem die Ärzte haben viel zu verbinden. *Herbert Rosendorfer*

3 Der große Sport fängt da an, wo er längst aufgehört hat, gesund zu sein. *Bertolt Brecht*

4 Vor allem die Diktatoren wissen, warum sie immer und in jedem Fall für den Sport sind: er unterhält, benebelt und verdummt. *Thomas Bernhard*

5 Wenn man den Begriff «Sport» aus den entsprechenden Seiten der Zeitungen herausnähme, würden Frontberichte übrigbleiben. *Peter Turrini*

Sportwagen Das Gefährlichste im modernen Straßenverkehr sind die niedrig fliegenden Sportwagen. *Georg Thomalla*

Spott Der Spott endet, wo das Verständnis beginnt. *Marie von Ebner-Eschenbach*

Sprache *1* Es gibt keine größere Illusion als die Meinung, Sprache sei ein Mittel der Kommunikation zwischen Menschen. *Elias Canetti*

2 Am unverständlichsten reden die Leute daher, denen die Sprache zu nichts anderem dient, als sich verständlich zu machen. *Karl Kraus*

3 Die Sprache ist die Quelle aller Mißverständnisse. *Antoine de Saint-Exupéry*

4 Bei der Sprache bildet sich jeder ein, mitreden zu können. *Peter Rühmkorf*

5 Das letzte Wort hat die Sprache. *Heinz Piontek*

6 Er ergriff das Wort. Da verschlug es ihm die Sprache. *Peter Benary*

7 Wir haben die Sprache, um stumm zu werden. *Max Frisch*

8 Leute, die viele Sprachen beherrschen, haben meistens nichts zu sagen – in keiner Sprache. *Peter Ustinov*

9 Wer viele Sprachen spricht, kann in vielen Sprachen Unsinn reden. *Alexander Roda Roda*

10 Sprache ist nicht das, womit man etwas beschreibt, sondern womit man denkt. *Peter Bichsel*

11 Talleyrand hat zwar gesagt, die Sprache sei dazu da, die Gedanken zu verbergen. Ich glaube aber eher, daß sie dazu da ist, zu verbergen, daß jemand keine Gedanken hat. *Edward Heath*

12 Es wäre eine reine Freude, Journalist zu sein, wenn die Bürger soviel acht auf die Sprache gäben wie auf den Lack ihrer Autos. *Fritz Richert*

13 Mit einem Papagei finden Menschen leicht eine gemeinsame Sprache. *Stanislaw Jerzy Lec*

14 Wer dichtet, sündigt nicht. Höchstens an der Sprache. *Günter Jäntsch*

15 Sprache ist eine Waffe. Haltet sie scharf. *Kurt Tucholsky*

16 Die deutliche Sprache der Gewehre verstehen immer nur die Erschossenen. *Wolf Biermann*

17 Wer die Sprache liebt, weiß, daß sie das Menschlichste am Menschen ist und darum auch schrecklichster Ausdruck seiner Unmenschlichkeit werden kann. *Heinrich Böll*

18 In der deutschen Sprache ist der Tod trotz allem ein vornehmer Besucher geblieben. Er tritt immer noch ein. *Nikolaus Cybinski*

19 Freundlichkeit ist eine Sprache, die Taube hören und Blinde lesen können. *Mark Twain*

20 Verständliche Sprache bei einem Politiker zeugt von gutem Gewissen. *André Malraux*

21 Küsse sind das, was von der Sprache des Paradieses übriggeblieben ist. *Joseph Conrad*

22 Eine Sprache mit vielen Konsonanten ist wie ein Kartoffelacker. Eine Sprache mit vielen Vokalen ist wie ein Blumenbeet. *Enrico Caruso*

23 Der Geist einer Sprache offenbart sich am deutlichsten in ihren unübersetzbaren Worten. *Marie von Ebner-Eschenbach*

24 Jargon: die Sprache hockt sich an den Biertisch. *Heinrich Wiesner*

25 Slang ist der durchgescheuerte Hosenboden der Sprache. *Truman Capote*

26 Slang ist Sprache in Rollkragenpullover und Blue Jeans. *Thornton Wilder*

27 Slang ist Sprache, die ihre Jacke auszieht, die Hemdärmel aufkrempelt, in die Hände spuckt und an die Arbeit geht. *Carl Sandburg*

28 Die Zukunft der Sprache ist die Formel. *C. W. Ceram*

Sprachrohr Der Dichter ist das Sprachrohr der Ratlosigkeit seiner Zeit. *Marie Luise Kaschnitz*

Sprechen *1* Im Leben lernt der Mensch zuerst das Gehen und Sprechen. Später lernt er dann stillzusitzen und den Mund zu halten. *Marcel Pagnol*

2 Zwei Jahre braucht der Mensch, um das Sprechen, ein Leben lang, um das Schweigen zu lernen. *Ernest Hemingway*

3 Sprechen heißt urteilen, Schweigen heißt geurteilt haben. *Hans Lohberger*

4 Wer in seinem Sprechen die Windstille ist, kann in seinem Schweigen ein Orkan sein. *Hans Kudszus*

Spreu Fernsehredakteure haben eine einmalige Begabung: Sie können Spreu von Weizen trennen. Und die Spreu senden sie dann. *Dieter Hallervorden*

Sprichwort *1* Sprichwörter sind ein öffentlicher Unterstützungsverein für Leute ohne eigene Gedanken. *Wilhelm Raabe*

2 Ein Sprichwort ist eine allgemein bekannte Weisheit, an die sich niemand hält. *Wolfgang Herbst*

3 Sprichwörter sollten immer paarweise verkauft werden, denn jedes gibt immer nur die halbe Wahrheit wieder. *Brander Matthews*

4 Aphoristiker: ein Mensch, der sich freut wie ein kleines Kind, wenn es ihm gelingt, etwas zu erfinden, was höchstwahrscheinlich schon die Phönizier als uraltes Sprichwort gekannt hatten. *Bertolt Brecht*

5 Eines der schwierigsten Probleme, die sich aus der Verbreitung von Rundfunk und Fernsehen ergeben haben, lautet: Was geschieht mit dem Sprichwort: «Er lügt wie gedruckt»? *Gabriel Laub*

Sprung *1* Der Sprung nach oben hinterläßt oft auch im Charakter einen Sprung. *Gerhard Uhlenbruck*

2 Die schwerste sportliche Disziplin ist der Sprung über den eigenen Schatten. *Gerhard Uhlenbruck*

3 Immer auf dem Sprung sein, bedeutet Leben. Von Sicherheit eingewiegt werden, bedeutet Tod. *Oscar Wilde*

Sprungbrett Die Vergangenheit ist ein Sprungbrett, kein Sofa. *Harold Macmillan*

Spülmaschine Wenn in tausend Jahren künftige Generationen die Reste unserer Kultur ausgraben – was werden sie dann finden? Badewannen und Spülmaschinen. *Frank Lloyd Wright*

Spur *1* Auch Schritte der Vorsicht hinterlassen Spuren. *Stanislaw Jerzy Lec*

2 Einbrecher und Chirurgen ziehen Handschuhe an, weil sie ihre Spuren verwischen wollen. *Jacques Tati*

3 Bücherschreiben ist das einzige Verbrechen, bei dem sich der Täter bemüht, Spuren zu hinterlassen. *Gabriel Laub*

Staat *1* Der Staat ist eine Notordnung gegen das Chaos. *Gustav Heinemann*

2 Je größer ein Staat, desto kleiner die Individuen, die ihn bilden. *Georg Kaiser*

3 Das Schönste an einem freien Staat ist, daß keiner zuzuhören braucht, wenn ihm die Lust dazu fehlt. *Ambrose Bierce*

4 Wem Worte fehlen, der bekommt sie portofrei vom Staat geliefert. *Stanislaw Jerzy Lec*

5 Der Schriftsteller behält den Staat kritisch im Blick wie der Dompteur den Tiger und weiß doch, daß er sein Gegenüber nicht zu bändigen vermag. *Stefan Andres*

6 Amnestie: die Großmut des Staates gegenüber jenen Rechtsbrechern, deren Bestrafung ihm zu teuer wäre. *Ambrose Bierce*

7 Vaterland nennt sich der Staat immer dann, wenn er sich anschickt, auf Menschenmord auszugehen. *Friedrich Dürrenmatt*

8 In der Verfassung eines idealen Staates sollte an erster Stelle das Recht stehen, alle, die uns lästig werden, auszumerzen. *Emile M. Cioran*

9 Mit manchen Völkern ist kein Staat zu machen. *Wolfgang Eschker*

10 Zwischen Staaten gibt es keine Freundschaft, sondern nur Allianzen. *Charles de Gaulle*

11 Ein autoritärer Staat ist ein Staat, in dem jeder das tun darf, was er tun muß. *Danny Kaye*

12 Eine Diktatur ist ein Staat, in dem sich alle vor einem fürchten und einer vor allen. *Alberto Moravia*

13 Eine Diktatur ist ein Staat, in dem das Halten von Papageien mit Lebensgefahr verbunden ist. *Jack Lemmon*

14 Es gibt Staaten, denen die Freiheit so teuer ist, daß sie sie mit Mauer und Stacheldraht schützen. *Wolfgang Eschker*

15 Er stellte sich an die Spitze des Staates. Da brach sie ab. *Wolfgang Eschker*

16 Bestimmt wäre es für die Staaten besser, sie hätten einen Kopf und kein Oberhaupt. *Nikolaus Cybinski*

17 Sie werden es nicht glauben, aber es gibt soziale Staaten, die von den Klügsten regiert werden; das ist bei den Pavianen der Fall. *Konrad Lorenz*

18 Kriege führen auch die Ameisen, Staaten haben auch die Bienen, Reichtümer sammeln auch die Hamster. *Hermann Hesse*

Staatsanwalt Das Gewissen ist die Stimme des Staatsanwalts in uns. *William Casey*

Staatsbegräbnis Die Idee ist das Staatsbegräbnis der Realität. *Hans Kudszus*

Staatsform Die Demokratie ist die schlechteste Staatsform, ausgenommen alle anderen. *Winston S. Churchill*

Staatsgrenze Kanone: Instrument zur Berichtigung von Staatsgrenzen. *Ambrose Bierce*

Staatshaushalt Der Staatshaushalt ist ein Haushalt, in dem alle essen möchten, aber niemand Geschirr spülen will. *Werner Finck*

Staatsmann *1* Zu Hause ist man nur Politiker, im Ausland dagegen ist man Staatsmann. *Harold Macmillan*

2 Das Schicksal der Welt hängt in erster Linie von den Staatsmännern ab, in zweiter Linie von den Dometschern. *Trygve Lie*

3 Immer wieder kommen Staatsmänner mit großen Farbtöpfen des Weges und erklären, sie seien die neuen Baumeister. Und immer wieder sind es nur Anstreicher. Die Farben wechseln, die Dummheit bleibt. *Erich Kästner*

4 Alles Politisieren, auch bei den größten Staatsmännern, ist Improvisieren auf gut Glück. *Friedrich Nietzsche*

5 Ein guter Staatsmann weiß, wie eine Haushälterin, daß man jeden Morgen sauber machen muß. *André Maurois*

6 Ein Staatsmann muß sagen können, was getan werden soll. Und er muß hinterher erklären können, warum es nicht getan worden ist. *Winston S. Churchill*

7 Je weniger Bedeutung ein Staatsmann hat, desto mehr liebt er die Fahne. *Kin Hubbard*

8 Manche Staatsmänner sind wie Klavierstimmer: Sie wollen die Harmonie wiederherstellen, indem sie die Spannung verstärken. *Walter Lippmann*

9 Die Staatsmänner sind wie die Chirurgen: ihre Irrtümer sind tödlich. *François Mauriac*

Stabilität Stabilität ist nicht alles, aber ohne Stabilität ist alles nichts. *Karl Schiller*

Stachel Produzenten von Sarkasmen sollte es ergehen wie den Wespen: Wer seinen Stachel betätigt, müßte umkommen. *Eleonora Duse*

Stadt *1* Umleitungen sind die beste Chance, endlich die eigene Stadt kennnenzulernen. *Danny Kaye*

2 In einer wirklich schönen Stadt läßt es sich auf die Dauer nicht leben – sie treibt einem alle Sehnsucht aus. *Elias Canetti*

Städter Was der Bauer nicht kennt, das frißt er nicht. Würde der Städter kennen, was er frißt – er würde umgehend Bauer werden. *Oliver Hassencamp*

Stammbaum *1* In manchen Familien sind Hunde mit Stammbaum so eine Art Adelsersatz. *Oliver Hassencamp*

2 Bevor man in England einen Hund mit einem edlen Stammbaum kaufen kann, muß man seinen eigenen nachweisen. *Pierre Daninos*

Stammlokal Wenn ein Mann fortgeht, um frische Luft zu schnappen, meint er den Mief in seinem Stammlokal. *Trude Hesterberg*

Stand Man hebt einen Stand am besten dadurch, daß man sich eine gute Konkurrenz schafft. *Kurt Tucholsky*

Standort Der bequemste Standort ist prinzipiell der auf den Zehen des politischen Gegners. *Georges Clemenceau*

Standpunkt *1* Wer die Orientierung verliert, der verliert auch seinen Standpunkt. *Peter Bichsel*

2 Jedes Problem erlaubt zwei Standpunkte: unseren eigenen und den falschen. *Channing Pollock*

3 Man kann auf einem Standpunkt stehen, aber man sollte nicht darauf sitzen. *Erich Kästner*

4 Wer einen Standpunkt allzu lange vertritt, bekommt schiefe Absätze. *Gustav Knuth*

5 Man braucht nicht immer denselben Standpunkt zu vertreten, denn niemand kann einen daran hindern, klüger zu werden. *Konrad Adenauer*

Star *1* Stars sind Leute, die man mehr vom Hörensagen als vom Gesehenhaben kennt. *Werner Höfer*

2 Ein Star ist ein Mensch, von dem alle wissen, was er gerade tut, ausgenommen seine Familie. *Rock Hudson*

3 Ein Star ist ein Mensch, der überall zu Hause ist – nur nicht bei sich selbst. *Sammy Davis jr.*

4 Ein Star ist ein Mensch, der dir nicht zuhört, wenn du nicht über ihn sprichst. *Marlon Brando*

5 Wer ein Genie ist, bestimmt die Nachwelt. Wer ein Star ist, entscheidet die Mitwelt. *Werner Höfer*

6 Das Fernsehen macht den Star, nicht umgekehrt. *Silvio Berlusconi*

7 Ein Star ist jemand, der andere überragt, weil er geschickt genug war, auf einen Stuhl zu steigen. *Billy Wilder*

Starallüre Leute mit Starallüren sind keine Stars. Ein Star hat keine Allüren. *Anna Moffo*

Stärke *1* Es ist die Stärke der Frauen, daß sie imstande sind, Illusionen für Tatsachen zu halten. *Federico Fellini*

2 Die Frauen haben gelernt, die Stärke der Männer zu bewundern. Die Stärke anderer Frauen ist ihnen verdächtig. *Alice Schwarzer*

3 Die Frau liebt die Schwäche des Starken mehr als seine Stärke, die Dummheit des Gescheiten mehr als seine Gescheitheit. *Shirley MacLaine*

4 Man liebt einen Menschen nicht wegen seiner Stärke, sondern wegen seiner Schwächen. *Tilla Durieux*

5 Eine gute Schwäche ist besser als eine schlechte Stärke. *Charles Aznavour*

6 Anpassung ist die Stärke der Schwachen. *Wolfgang Herbst*

7 Stärke des Charakters ist oft nichts anderes als eine Schwäche des Gefühls. *Arthur Schnitzler*

Stärkere *1* Immer zwingt der Stärkere den Schwächeren, über ihn nachzudenken. *Hans Kasper*

2 Das Recht des Stärkeren ist das stärkste Unrecht. *Marie von Ebner-Eschenbach*

Stärkste Der Stärkste in der Gruppe ist immer auch das größte Arschloch. *Claude Sautet*

Starkstrom Mit der Liebelei ist es wie mit der Elektrizität: Zuerst Starkstrom, dann Schwachstrom, zuletzt Wechselstrom. *Jacques Tati*

Starlet *1* Ein Starlet ist ein hübsches Mädchen, das vielleicht eines Tages ein Star wird, ohne jemals eine Schauspielerin gewesen zu sein. *Vivien Leigh*

2 Starlets sind junge Damen, die sich noch keine Kleider leisten können und das auch tun. *Peter Sellers*

Starrkrampf Lesen bedeutet, den Starrkrampf zu lösen, in den man einen Gedanken beim Schreiben versetzt hat. *Hans Kudszus*

Starrsinn Entschlossenheit: Starrsinn, den wir billigen. *Ambrose Bierce*

Startschuß Ein guter Vorsatz ist ein Startschuß, dem kein Rennen folgt. *Siegfried Lowitz*

Station *1* Kleine Stationen sind stolz darauf, daß die Schnellzüge an ihnen vorbeifahren müssen. *Karl Kraus*

2 Wenn ein Zug in die falsche Richtung fährt, sind alle Stationen falsch. *Franz Josef Strauß*

Statistik Die Lüge hat zwei Steigerungsformen: Diplomatie und Statistik. *Marcel Achard*

Statue Aphorismen entstehen nach dem gleichen Rezept wie Statuen: man nehme ein Stück Marmor und schlage alles ab, was man nicht unbedingt braucht. *Gabriel Laub*

Stau Reisen bildet – vor allem Staus auf Autobahnen. *Michael Schiff*

Staub *1* Es ist unmöglich, Staub aufzuwirbeln, ohne daß einige Leute husten. *Erwin Piscator*

2 Ohne den Staub, worin er aufleuchtet, wäre der Strahl nicht sichtbar. *André Gide*

3 Bücher sind wie Weinflaschen; der Staub darauf spricht für Qualität. *Ernst Heimeran*

Staubsauger Was noch fehlt, ist ein Staubsauger für all jene Noten, die bei einem Klavierkonzert unter den Flügel fallen. *Thomas Beecham*

Staunen Der Fortgang der wissenschaftlichen Entwicklung ist im Endeffekt eine ständige Flucht vor dem Staunen. *Albert Einstein*

Steckdose Mich verwundert es immer wieder, welch dezidierte Vorstellung die Leute über Atomkraftwerke haben, die zu Hause noch nicht einmal in der Lage sind, eine Steckdose zu reparieren. *Helmut Schmidt*

Steckenpferd *1* Hobbies sind Steckenpferde, die den Reitern die Sporen geben. *Heinz Rühmann*

2 Ein Steckenpferd kann einen ganz schön in Trab halten. *Gerhard Uhlenbruck*

3 Steckenpferde dürfen nicht im Galopp geritten werden, sonst nützen sie nichts. *Mathias Wieman*

4 Stecken«pferd» bedeutet nicht, daß man ein Hobby tierisch ernst nehmen soll. *Gerhard Uhlenbruck*

5 Der Autonarr: Pferdestärken sind sein Steckenpferd. *Gerhard Uhlenbruck*

Stegreif Improvisation ist die Kunst, ohne Anlauf durch den Stegreif zu springen. *Georg Thomalla*

Stehkneipe Stehkneipen sind so beliebt, weil der Alkohol hier das beste Gefälle hat. *Jürgen von Manger*

Stehplatz Ein Denkmal ist ein Stehplatz, den man von der Geschichte bekommen hat. *Harold Macmillan*

Stein *1* Stein: ein häufig für Herzen verwendetes Material. *Ambrose Bierce*

2 Mit kleinen Jungen und Journalisten soll man vorsichtig sein. Die schmeißen immer noch 'nen Stein hinterher. *Konrad Adenauer*

3 Am rollenden Stein wächst kein Moos. *Oskar Kokoschka*

4 Ein rollender Stein gewinnt nicht an Masse, aber an Politur. *Oliver Herford*

5 Wer im Glashaus sitzt, soll ruhig mit Steinen werfen. Scherben bringen Glück. *Markus M. Ronner*

6 Wer hat denn schon Steine zur Hand, wenn er im Glashaus sitzt? *Günther Ungeheuer*

7 Sie bauten ihm ein Denkmal: aus Steinen, mit denen sie ihn einst gesteinigt hatten. *Wolfgang Eschker*

8 Geistige Inflation: man sieht den Stein vor lauter Weisen nicht. *Wolfgang Eschker*

9 Der Stein der Weisen sieht dem Stein der Narren zum Verwechseln ähnlich. *Joachim Ringelnatz*

10 Der Stein der Weisen erweist sich oft als Grabstein. *Wolfgang Eschker*

11 Menschen können leblos werden, Steine nie. *Henry Miller*

Steinhaus Wer in einem Steinhaus sitzt, soll nicht mit Gläsern werfen. *Austin O'Malley*

Steinigung Manches Denkmal ist nichts anderes als Steinigung eines Toten. *Martin Held*

Stelle Bewegung kann man auch vortäuschen, indem man noch schneller auf der Stelle tritt. *Roger Peyrefitte*

Stellung *1* Wenn Männer in hoher Stellung den Mut zur eigenen Meinung nicht haben, was läßt sich da von Männern in niedriger Stellung erwarten? *Samuel Smiles*

2 Eine Frau, die die Stellung ihres Mannes bei seinen Vorgesetzten festigt, festigt auch ihre eigene im Haus. *Otto Flake*

Sterben *1* Unser Leben ist der Fluß, der sich ins Meer ergießt, das Sterben heißt. *Federico García Lorca*

2 Machen wir uns gegenseitig das Leben so schwer, damit uns das Sterben leichter fällt? *Gerhard Uhlenbruck*

3 Die Tragödie besteht meistens im Weiterleben, nicht im Sterben. *Gian Carlo Menotti*

4 Die nicht zu leben verstehen, müssen aus dem Sterben eine Tugend machen. *George Bernard Shaw*

5 Auch dem Sterben kann man etwas Gutes abgewinnen: Es ist das letzte «Müssen» in unserem Leben. *Gerhard Uhlenbruck*

6 Sterben heißt, dem Leben unerträglich werden. *Hans Kudszus*

Sterblichkeit Das Bewußtsein unserer Sterblichkeit macht unser Dasein erst menschlich. *Max Frisch*

Stern *1* Die Menschen heben ihren Blick auch zu Sternen auf, die schon lange nicht mehr über ihnen stehen. *Hans Arndt*

2 Die Sterne, die wir am Himmel sehen, gibt es vielleicht gar nicht mehr. Genauso verhält es sich mit den Idealen früherer Generationen. *Tennessee Williams*

3 Ideale sind wie Sterne: Man kann sie nicht erreichen, aber man kann sich an ihnen orientieren. *Carl Schurz*

4 Wer nach den Sternen greift, verliert leicht den Boden unter den Füßen. *Wolfgang Eschker*

5 Der Mensch, das sonderbare Wesen: mit den Füßen im Schlamm, mit dem Kopf in den Sternen. *Else Lasker-Schüler*

6 Die Erde ist ein gebildeter Stern mit sehr viel Wasserspülung. *Erich Kästner*

7 Horoskope sind Religionsersatz, denn wer Religion hat, dem sind die Sterne schnuppe. *Sigismund von Radecki*

Steuer das *1* Das Auto hat das Pferd noch lange nicht verdrängt – oder kennen Sie ein Denkmal, auf dem ein Mann am Steuer sitzt? *Hans Günter Winkler*

2 Ein Mann am Steuer eines Autos ist ein Pfau, der sein Rad in der Hand hält. *Anna Magnani*

3 Frauen am Steuer haben eine ruhigere Hand, weil sie nicht die Kurven fürchten müssen, die neben ihnen sitzen. *Alexander Kerst*

4 Frauen am Steuer versuchen erst gar nicht, den Motor zu verstehen; deshalb imponiert er ihnen auch nicht. *Ugo Tognazzi*

5 Symbolwechsel. Der Tod hat die Sense weggelegt. Er sitzt jetzt am Steuer. *Heinrich Wiesner*

Steuer die *1* Bei der Schafschur und bei den Steuern sollte man aufhören, sobald die Haut erreicht ist. *Austin O'Malley*

2 Steuer: Geld, welches man nicht angibt, sollte man ausgeben. *Gerhard Uhlenbruck*

3 Ehefrau: die Steuer, die man für den Luxus zahlen muß, Kinder zu haben. *Gabriel Laub*

Steueramt Die einzige abartige Veranlagung, die ich kenne, wird vom Steueramt verschickt. *Wolfgang Neuß*

Steuererklärung Die gemeinsame Steuererklärung hat sicherlich mehr zur Rettung bedrohter Ehen beigetragen als die schönste Predigt. *Dale Carnegie*

Stiefel Je größer der Stiefel, desto größer der Absatz. *Karl Kraus*

Stiel Hüte dich vor dem Imposanten! Aus der Länge des Stiels kann man nicht auf die Schönheit der Blüte schließen. *Peter Altenberg*

Stier Auch eine heilige Kuh braucht einen Stier. *Harold Pinter*

Stil *1* Stil ist Sicherheit. *Wolfgang Joop*

2 Stil ist Verzicht auf Hochmut. *Alessandro Pertini*

3 Stil ist die Geliebte der Kunst. *Gabrielle «Coco» Chanel*

4 Stil fängt da an, wo die Begabung aufhört. *Max Liebermann*

5 Stil ist nichts Endgültiges, sondern beständiger Wandel. *Walter Gropius*

6 Stil hat alles Unfertige und Zufällige. *Andy Warhol*

7 Stil ist eine Form der Lüge. Er ist das Ornament, das die Struktur verdeckt. *Peter Ustinov*

8 Wenn man das Forschen vom Formulieren trennt, wird der Stil frigid. *Niklaus Meienberg*

9 Stil ist die Fähigkeit, komplizierte Dinge einfach zu sagen – nicht umgekehrt. *Jean Cocteau*

10 Stil: die Seife des Schriftstellers. *Hans Kudszus*

11 Das Ideal von Stil: die Verbindung von Sachlichkeit und Inspiration. *Stefan Napierski*

12 Stil haben: das heißt die Worte so setzen, daß die Gedanken spazieren können. *Hans Lohberger*

13 Der Stil eines Autors ist ein Pferd, das nur einen einzigen Reiter trägt. *John Steinbeck*

14 Wer Stil hat, ist parodierbar. *Joachim Kaiser*

Stilblüte Es gibt Stilblüten aus Immergrün. *Wolfgang Eschker*

Stille Nicht immer sind die Stillen auch die Weisen. Es gibt verschlossene Truhen, die leer sind. *Jean Giono*

Stilleben Leben ist kein Stilleben. *Oskar Kokoschka*

Stilmodell Stilmodelle: der Fluch, das Telegramm und der Grabspruch. *Emile M. Cioran*

Stimmbruch Auch die Stimme des Gewissens kennt den Stimmbruch. *Stanislaw Jerzy Lec*

Stimme *1* Von allen Frauen, deren Charme ich erlegen bin, habe ich hauptsächlich Augen und Stimme in Erinnerung. *Marcel Proust*

2 Propheten müssen eine starke Stimme und ein schwaches Gedächtnis haben. *John Osborne*

3 Die Stimmen werden lauter, wenn das Verständnis abnimmt. *Friedrich Georg Jünger*

4 Lautsprecher verstärken die Stimme, aber nicht die Argumente. *Hans Kasper*

5 Das Gewissen ist die Stimme des Staatsanwalts in uns. *William Casey*

6 Gewissen: die innere Stimme, die uns warnt, weil jemand zuschauen könnte. *Henry Louis Mencken*

7 Das Gewissen ist jene innere Stimme, die uns zwar nicht abhält, etwas zu tun, aber das Vergnügen erheblich stört. *Marcel Achard*

8 Die Stimme des Gewissens wäre ein besserer Berater, wenn wir ihr nicht immerzu soufflieren würden, was sie sagen soll. *Jean Anouilh*

9 Die innere Stimme muß schon vorlaut werden, damit wir ihr folgen. *Hans Arndt*

Stimmung *1* Herr über Stimmungen zu sein, ist köstlich, von ihnen beherrscht zu werden, noch köstlicher. *Oscar Wilde*

2 Stimmung ist Schwelgen in Gefühlen, die man nicht hat. *Werner Roß*

3 Zitate sind Eis für jede Stimmung. *Christian Morgenstern*

Stimmungsmäßige Wenn man vom Gereimten das Stimmungsmäßige abzieht – was dann übrigbleibt, wenn dann noch etwas übrigbleibt, das ist dann vielleicht ein Gedicht. *Gottfried Benn*

Stirn *1* Eine glatte Stirn deutet auf Unempfindlichkeit hin. *Bertolt Brecht*

2 Autofahrer, die auf ihr Recht pochen, tun es meistens mit dem Finger an die Stirn. *Gerhard Uhlenbruck*

3 Erfunden wurden die hohen Absätze zweifellos von einer Frau, deren Mann sie immer nur auf die Stirn geküßt hat. *Curt Goetz*

Stock Es ist keine Höflichkeit, dem Lahmen den Stock tragen zu wollen. *Arthur Schnitzler*

Stöhnen Man kann der Wahrheit den Mund verbinden, aber dann macht sie sich immer noch durch Stöhnen bemerkbar. *Arnold J. Toynbee*

Stolpern Stolpern ist eine Ungeschicklichkeit, für die man nicht die Beine, sondern die Türschwelle verantwortlich macht. *Norman Mailer*

Stolz *1* Nur Stolz schützt vor Neid. *Hans Habe*

2 Bewunderung: eine beliebte Form von Selbsterniedrigung, nicht frei von Stolz. *Ambrose Bierce*

Stolze Der Stolze verlangt von sich das Außerordentliche, der Hochmütige schreibt es sich zu. *Marie von Ebner-Eschenbach*

Storch Dem Storch gegenüber haben die Frösche eine beschränkte Souveränität. *David Frost*

Störenfried Agitatoren sind Störenfriede, die eine zufriedene Bevölkerung zur Unzufriedenheit aufstacheln. Deshalb sind Agitatoren notwendig. *Oscar Wilde*

Stoßdämpfer *1* Ein Kompromiß ist ein Zusammenprall unter Anwendung von Stoßdämpfern. *Maurice Couve de Murville*

2 Das diplomatische Protokoll ist der Stoßdämpfer der Weltpolitik. *Hervé Alphand*

Strafaufschub Eine Verlobung ist bedingte Verurteilung zu lebenslänglicher Doppelhaft mit vorläufigem Strafaufschub.
August Strindberg

Strafe *1* Die Strafe ist die Gerechtigkeit, welche die Schuldigen an die austeilen, die gefaßt werden. *Elbert Hubbard*

2 An der Härte der Strafen erkennt man die Schwäche des Regimes. *Martin Kessel*

3 Die Strafe folgt meist so, daß es scheint, sie wäre ein Unrecht. *Karol Irzykowski*

4 Die Strafe, die züchtigt, ohne zu verhüten, heißt Rache. *Albert Camus*

5 Die Liebe ist unsere Strafe dafür, daß wir es nicht einfach bei der Fortpflanzung bewenden lassen. *Helmar Nahr*

Sträfling Sträflinge sind Leute, die «in» sind, obwohl sie viel lieber «out» wären.
David Frost

Strahl Ohne den Staub, worin er aufleuchtet, wäre der Strahl nicht sichtbar. *André Gide*

Strand *1* Ein Strand ist ein Gelände, auf dem junge Damen einen Ehemann suchen und Ehemänner eine junge Dame. *Alberto Sordi*

2 Flirtende Ehemänner am Strand sind keine Gefahr, denn sie schaffen es nicht lange, den Bauch einzuziehen. *Heidi Kabel*

Strandkorb Urlaub ist der Versuch, dem Nachbarn zu entgehen, obwohl man ziemlich sicher sein kann, daß man ihn im Strandkorb nebenan trifft. *Jacques Tati*

Strang Am gleichen Strang zu ziehen, heißt noch gar nichts. Auch Henker und Gehenkter tun das. *Helmut Qualtinger*

Straße *1* Die Straße des geringsten Widerstandes ist nur am Anfang asphaltiert.
Hans Kasper

2 Der sicherste Weg, in die Zeitung zu kommen, besteht darin, eine zu lesen, während man die Straße überquert. *Alberto Sordi*

3 Für einen Prominenten gibt es nur eines, was schlimmer ist, als auf der Straße erkannt zu werden – nämlich nicht erkannt zu werden.
Wim Thoelke

4 Die Huren auf der Straße benehmen sich so schlecht, daß man daraus auf das Benehmen der Bürger im Hause schließen kann.
Karl Kraus

Straßenbahn Es gibt genug charakterfeste Männer, die eine Frau nicht sitzen lassen – vor allem im Bus und in der Straßenbahn.
Grethe Weiser

Straßenverkehr *1* Am gefährlichsten im Straßenverkehr sind die Leute, die immer so dicht vor einem herfahren. *Georg Thomalla*

2 Das Gefährlichste im modernen Straßenverkehr sind die niedrig fliegenden Sportwagen. *Georg Thomalla*

3 Maximale Lebenserwartung hat ein Politiker, wenn er sich aggressiv in der Politik und defensiv im Straßenverkehr verhält.
Franz Josef Strauß

Strauß Strauß: das einzige Tier, das einen offiziell anerkannten Sinn für Politik hat.
Pierre Daninos

Streber Was ein Streber werden will, krümmt sich beizeiten. *Peter Hille*

Streichposten Kultur ist der klassische Streichposten. *Adolf Muschg*

Streichung *1* Manuskripte sind wie Sandwiches; auf die richtigen Streichungen kommt es an. *Hans Bertram*

2 Zensur ist ungewollte Unterstreichung durch gewollte Streichung. *Martin Sperr*

Streifschuß Amors Streifschüsse nennt man Flirt. *Georg Thomalla*

Streit *1* Beim Streit um die Wahrheit bleibt der Streit die einzige Wahrheit.
Rabindranath Tagore

2 Ein Zitat ist besser als ein Argument. Man kann damit in einem Streit die Oberhand gewinnen, ohne den Gegner überzeugt zu haben.
Gabriel Laub

3 Wenn in der Ehe ein Partner unter allen Umständen einen Streit vermeidet, hat er etwas zu verbergen. *Henry Miller*

Streitbarkeit Friede ist nichts anderes als geistige Streitbarkeit. *Albert Camus*

Streß *1* Streß: man leistet mehr als man sich leisten kann. *Gerhard Uhlenbruck*

2 Streß: alles zu einer Zeit!
Gerhard Uhlenbruck

Strich *1* Zeichnen ist die Kunst, Striche spazierenzuführen. *Paul Klee*

2 Es gibt Zeichner, die mit wenigen Strichen auskommen dürfen, weil sie zuviel können. Und es gibt Zeichner, die mit wenigen Strichen auskommen müssen, weil sie nicht genug können. *Saul Steinberg*

Strichpunkt Wir leben in einer Zeit, die das Empfinden für den Strichpunkt völlig verloren hat. *Jean Anouilh*

Strick Marionetten lassen sich sehr leicht in Gehängte verwandeln. Die Stricke sind schon da. *Stanislaw Jerzy Lec*

Striptease *1* Striptease: Die Verwandlung hübscher Mädchen von brutto in netto. *Arthur-Maria Rabenalt*

2 Striptease: Anatomieunterricht mit Musik. *Frank Sinatra*

Striptease-Tänzerin Eine Striptease-Tänzerin ist eine Frau, die zum Ausziehen dreimal so lange braucht wie andere Frauen zum Anziehen. *Peter Sellers*

Stroh *1* Wer zuviel Korn trinkt, hat am Ende nur noch Stroh im Kopf. *Gerhard Uhlenbruck*

2 Abgedroschene Phrasen lassen auf Stroh im Kopf schließen. *Gerhard Uhlenbruck*

Strohwitwe Der Unterschied zwischen Witwe und Strohwitwe besteht darin, daß erstere weiß, wo ihr Mann liegt. *Markus M. Ronner*

Strohwitwer Strohwitwer sind jederzeit entflammbar; das ist ganz einfach materialbedingt. *Helen Vita*

Strom *1* Das Leben ist eine Brücke von Seufzern über einen Strom von Tränen. *Philip James Bailey*

2 Lernen ist wie Rudern gegen den Strom. Sobald man aufhört, treibt man zurück. *Benjamin Britten*

3 Zu den Quellen gelangt man gegen den Strom. *Stanislaw Jerzy Lec*

4 Immer, wenn man gegen den Strom schwimmen will, geht man baden. *Gerhard Uhlenbruck*

5 Da er immer gegen den Strom schwamm, war er mit allen Wassern gewaschen. *Gerhard Uhlenbruck*

6 Die Energie, die wir benötigen, bekommen wir nur aus dem Strom, gegen den wir schwimmen. *Leander Segebrecht*

7 Die entscheidenden Veränderer der Welt sind immer gegen den Strom geschwommen. *Walter Jens*

8 Snobismus heißt, gegen den Strom zu schwimmen, wo keiner ist. *Oliver Hassencamp*

Stromausfall Schlagersänger sind junge Männer, die bei Stromausfall keine Sänger mehr sind. *Danny Kaye*

Strychnin Man kann einen Menschen mit guten Saucen ebenso unter die Erde bringen wie mit Strychnin; es dauert nur etwas länger. *Christiaan Barnard*

Stückeschreiben *1* Stückeschreiben ist wie Schach: Bei der Eröffnung ist man frei, dann bekommt die Partie ihre eigene Logik. *Friedrich Dürrenmatt*

2 Tiefgang nennt man beim Stückeschreiben die Stellen, an denen Personen untertauchen, für die einem nichts mehr einfällt. *Noël Coward*

Student Wieviel Unsinn ist im Laufe der Zeit von Professoren gesagt worden! Warum sollten Studenten nicht auch mal dummes Zeug reden dürfen? *Alexander Mitscherlich*

Stuhl *1* Wir sitzen mit unseren Gefühlen meistens zwischen zwei Stühlen. *Kurt Tucholsky*

2 Es ist das Privileg der Intellektuellen, sich zwischen alle Stühle zu setzen. *Max Bense*

3 Zwischen den Stühlen sitzt man unbequem, aber luftig. *Alfred Polgar*

4 Zwischen den Stühlen zu sitzen, ist in Wahrheit der anständigste Platz, den es gibt. *Moritz Heimann*

5 Zwischen sämtlichen Stühlen auf hohem Roß – das nenne ich Charakter. *Hanns-Hermann Kersten*

6 Glück ist ein Stuhl, der plötzlich da steht, wo man sich gerade zwischen zwei andere setzen wollte. *George Bernard Shaw*

7 Ein Star ist jemand, der andere überragt, weil er geschickt genug war, auf einen Stuhl zu steigen. *Billy Wilder*

8 Es ist immer noch besser, vor leeren Stühlen spielen zu müssen, als vor leeren Gesichtern. *Alec Guinness*

9 Bei manchen Kritikern hat man den Eindruck, daß sie die Schreibmaschine mit dem elektrischen Stuhl verwechseln. *Norman Mailer*

Stuhlverstopfung Argumente nützen gegen Vorurteile so wenig wie Schokoladeplätzchen gegen Stuhlverstopfung. *Max Pallenberg*

Stummfilm Die meisten Filmdialoge werden von rachsüchtigen Anhängern des Stummfilms geschrieben. *Gabriel Laub*

Stümper Eile: die Tüchtigkeit von Stümpern. *Ambrose Bierce*

Stumpfe Die Gesellschaft neigt dazu, die Stumpfen zu ihren Spitzen zu machen. *Werner Schneyder*

Stunde *1* Manche Menschen können in einer Stunde länger dableiben als andere in einer Woche. *William Dean Howells*

2 Schlagfertigkeit ist etwas, worauf man erst 24 Stunden später kommt. *Mark Twain*

Sturm Niemand hätte jemals den Ozean überquert, wenn er die Möglichkeit gehabt hätte, bei Sturm das Schiff zu verlassen. *Charles F. Kettering*

Sturz Schrittweises Zurückweichen ist oft schlimmer als ein Sturz. *Marie von Ebner-Eschenbach*

Subjektivität *1* Subjektivität heißt eine Sonnenuhr mit Hilfe einer Taschenlampe ablesen. *Piet Hein*

2 Objektivität ist die Subjektivität der oberen Zehntausend. *Thomas Niederreuther*

Suche *1* Das Leben ist die Suche des Nichts nach dem Etwas. *Christian Morgenstern*

2 Verbringe nicht die Zeit mit der Suche nach einem Hindernis, vielleicht ist keines da. *Franz Kafka*

3 Jeder ist auf der Suche nach etwas, dem er gleichen möchte. *Siegfried Lenz*

4 Die Gefahr bei der Suche nach der Wahrheit liegt darin, daß man sie manchmal findet. *William Faulkner*

Sucht Jede Sucht sucht – nach einem Ende. *Gerhard Uhlenbruck*

Süden Nicht weil es dort Sonne gibt, reizt mich der Süden, sondern weil es dort angenehm ist, im Schatten zu sitzen. *Martin Kessel*

Sünde *1* Die Sünde ist das einzig Farbige, das im modernen Leben übriggeblieben ist. *Oscar Wilde*

2 Es gibt keine Sünde außer Dummheit. *Oscar Wilde*

3 Sünde ist Gegenverkehr auf moralischer Einbahnstraße. *Rudolf Rolfs*

4 Die Sünden sind die Pfeiler der Religion. *Hans Lohberger*

5 Die Religion hat der Liebe einen großen Dienst erwiesen, indem sie sie zur Sünde gestempelt hat. *Anatole France*

6 In der Liebe gibt es zweierlei Sünden: die läßlichen und die unerläßlichen. *Helen Vita*

7 Der Flirt ist die Sünde der Tugendhaften und die Tugend der Sünderinnen. *Paul Bourget*

8 Wenn eine Frau ihrem Mann einmal verziehen hat, darf sie ihm seine Sünden nicht immer wieder aufgewärmt zum Frühstück servieren. *Marlene Dietrich*

9 Wir werden nicht für unsere Sünden bestraft, sondern durch sie. *Elbert Hubbard*

10 Damit Gott uns die Sünden vergeben kann, müssen wir erst einmal sündigen. *Brendan Behan*

11 Im Alter bereut man vor allem die Sünden, die man nicht begangen hat. *William Somerset Maugham*

12 Nenne das, was du nicht entbehren kannst, einfach nicht mehr Sünde. *André Gide*

13 Die meisten Menschen beichten am liebsten die Sünden anderer Leute. *Graham Greene*

14 Wer sich zum Ärger hinreißen läßt, büßt für die Sünden anderer. *Konrad Adenauer*

15 Der Psychoanalytiker ist ein Beichtvater, den es gelüstet, auch die Sünden der Väter abzuhören. *Karl Kraus*

Sündenbock Wir haben viele Sündenböcke, aber der populärste ist die Vorsehung. *Mark Twain*

Sünder *1* Heiliger: ein toter Sünder, überarbeitet und neu herausgegeben.
Ambrose Bierce

2 Der einzige Unterschied zwischen dem Heiligen und dem Sünder ist, daß jeder Heilige eine Vergangenheit und jeder Sünder eine Zukunft hat. *Oscar Wilde*

3 Eine Reform der Beichte wäre vorzuschlagen: Der Sünder beichtet nur seine guten Taten. *Karol Irzykowski*

Superlativ Wer an den Superlativ glaubt, ist noch nicht in den besten Jahren.
Markus M. Ronner

Suppe *1* Ein Idealist ist ein Mann, der aus der Tatsache, daß die Rose besser riecht als der Kohl, darauf schließt, eine Suppe aus Rosen müsse auch besser schmecken.
Ernest Hemingway

2 Schon an der Suppe erkennt man die Hausfrau. Eine Suppe kann lachen.
Thomas Niederreuther

3 Der Gourmet muß in jeder Suppe ein Haar finden. Um seine Klasse zu beweisen.
Oliver Hassencamp

4 Auch Kritik kann zur Manie werden: Man schmeckt vor lauter Haaren die Suppe nicht mehr. *Werner Roß*

Suppentopf Ein Hahn besingt sogar den Morgen, an dem er in den Suppentopf wandert. *Stanislaw Jerzy Lec*

Sympathie Schon gemeinsame Brechreize schaffen eine Art ausreichender Sympathie.
Arno Schmidt

Szene Schauspielerinnen sind ideale Ehefrauen; sie machen ihre Szenen auf der Bühne.
Bernhard Wicki

T

Tabu *1* Tabus gehören zur Sexualität wie das Ei zum Kuchen. *Hans Giese*

2 Das Tändeln mit Tabus genügt nicht.
Martin Walser

3 Ein zerschlagenes Tabu ist kein Tabu mehr – auch wenn es Leute gibt, die meinen, man könne es immer wieder zertrümmern.
Jean Genet

4 Ich weigere mich, mit drei Pünktchen in der Stimme über Tabus hinwegzugehen.
Horst Stern

5 Manchmal werden mehr Tabus verletzt, als überhaupt vorhanden sind. *Heinrich Böll*

Tadel *1* Es gibt Augenblicke, da schadet ein Lob mehr, als ein Tadel zerstören könnte.
Nikolaus Cybinski

2 Empfindsame Kinder und bedeutende Männer ertragen Tadel nur in Lob eingewickelt. *Walther von Hollander*

Tag *1* Die Mitte der Nacht ist auch schon der Anfang eines neuen Tages. *Karol Wojtyla*

2 Jeder Tag ist ein neuer Anfang.
Thomas Stearns Eliot

3 Dem Tage dient der Journalist, vom Tage hat er seinen Namen.
Hugo von Hofmannsthal

4 Feuilleton: die Unsterblichkeit eines Tages.
Ludwig Speidel

5 Jeder Held des Tages fürchtet die Dämmerstunde. *Stanislaw Jerzy Lec*

6 «Man soll den Tag nicht vor dem Abend loben», sagte die Eintagsfliege, als es dunkelte.
Markus M. Ronner

7 Die Eintagsfliege, die den Anbruch des zweiten Tages erlebte, glaubte sich unsterblich.
Nikolaus Cybinski

8 Man soll den Tag nicht vor dem Fernsehabend loben. *Gerhard Uhlenbruck*

9 Ein guter Skilehrer muß seine Leistung am Tag bringen, nicht in der Nacht. *Georg Thoma*

10 Der Herbst ist die Zeit, da die Tage kürzer und die Bremswege länger werden.
Markus M. Ronner

11 Nur im Urlaub gibt es die ewige Liebe für vierzehn Tage. *Uschi Glas*

12 Die Antwort auf eine Frage bei Tag oder bei Nacht – das sind zwei Antworten.
Erhard Blanck

13 Das Beste an der Zukunft ist, daß nie zwei Tage auf einmal kommen. *Dean Acheson*

Tagebuch *1* Es ist gut, wenn man ein Tagebuch führt. Und es ist nützlich, wenn viele Leute das wissen. *Giulio Andreotti*

2 Jedermann sollte ein Tagebuch führen, aber das eines anderen. *Oscar Wilde*

Tagebuchführen Tagebuchführen ist das Spiel mit der Chance der nicht gewollten Veröffentlichung. *Uwe Johnson*

Taille Es hat schon etwas Tröstliches, daß selbst der gescheiteste Professor und die feinste Lady unterhalb der Taille auch nur Menschen sind. *Henry Miller*

Takt *1* Takt ist etwas, das kaum bemerkt wird, wenn man es hat, das aber sofort auffällt, wenn man es nicht hat. *Käte Haack*

2 Takt ist die Fähigkeit, andere so zu sehen, wie sie nicht sind. *Victor de Kowa*

3 Takt ist die Fähigkeit, zu verbergen, wieviel wir von uns selbst und wie wenig wir von anderen halten. *Gilbert Gil*

4 Takt ist die innere Uhr, die uns sagt, wieviel es geschlagen hat. *Maurice Chevalier*

5 Takt besteht darin, zu wissen, wie weit man zu weit gehen kann. *Jean Cocteau*

6 Takt ist die Fähigkeit, einem anderen auf die Beine zu helfen, ohne ihm dabei auf die Zehen zu treten. *Curt Goetz*

7 Toleranz heißt die Fehler des anderen entschuldigen. Takt heißt sie nicht bemerken. *Arthur Schnitzler*

8 Takt ist vor allem die Kunst des Überhörens. *Hans Söhnker*

9 Takt ist die Kunst, etwas deutlich zu machen, ohne sich Feinde zu schaffen. *Madeleine Carroll*

10 Takt ist unhörbare Harmonie. *Richard von Schaukal*

11 Jeder Esel kann den Takt schlagen, aber Musik machen – das ist schwierig. *Arturo Toscanini*

Taktgefühl Aufrichtigkeit ist die Zuflucht derer, die weder Phantasie noch Taktgefühl haben. *Henry de Montherlant*

Taktik Taktik ist ein Modewort für Hinterlist. *Rudolf Rolfs*

Talent *1* Mit fünfundzwanzig Jahren kann jeder Talent haben. Mit fünfzig Jahren Talent zu haben, darauf kommt es an. *Edgar Degas*

2 Talent ist nur große Geduld. *Anatole France*

3 Es genügt nicht, Talent zu haben. Man muß außerdem jemand sein. *Stefan Napierski*

4 Der eigentliche Beweis, daß wir Talent besitzen, ist die Fähigkeit, das Talent in anderen Menschen zu entdecken. *Elbert Hubbard*

5 Das Lampenfieber kommt mit dem Talent. *Sarah Bernhardt*

6 Im Entwurf zeigt sich das Talent, in der Ausführung die Kunst. *Marie von Ebner-Eschenbach*

7 Das Genie entdeckt die Frage, das Talent beantwortet sie. *Karl Heinrich Waggerl*

8 Talente finden Lösungen, Genies entdecken Probleme. *Hans Krailsheimer*

9 Zu den Blitzen des Genies machen die Talente den Donner. *Peter Sirius*

10 Engagement ist vielfach nichts als Mangel an Talent, an Anspannung, Nachlassen der Kraft. *Theodor W. Adorno*

11 Österreich ist der Hoflieferant für Deutschland. Wir produzieren Talente, verpacken sie keimfrei und transportieren sie in die bundesdeutschen Absatzgebiete. *André Heller*

Talk-Master «Durch Fragen wird man klug», sagte der Talk-Master, aber er blieb dumm. *Markus M. Ronner*

Talk-Show In Talk-Shows wird meistens zuviel geredet und zu wenig gesagt. *Ida Ehre*

Talleyrand Talleyrand hat zwar gesagt, die Sprache sei dazu da, die Gedanken zu verbergen. Ich glaube aber eher, daß sie dazu da ist, zu verbergen, daß jemand keine Gedanken hat. *Edward Heath*

Tante Ein Onkel, der Gutes mitbringt, ist besser als eine Tante, die bloß Klavier spielt. *Wilhelm Busch*

Tanz *1* Tanz ist ein Telegramm an die Erde mit der Bitte um Aufhebung der Schwerkraft. *Fred Astaire*

2 Tanz ist Esperanto mit dem ganzen Körper. *Fred Astaire*

3 Der Tanz ist ein gutes Training für junge

Mädchen. Sie lernen dabei zu erraten, was der Mann im nächsten Augenblick tun wird. *Christopher Morley*

Tänzerin Tänzerinnen haben die Sexualität in den Beinen, Tenöre im Kehlkopf. Darum täuschen sich die Frauen in den Tenören und die Männer in den Tänzerinnen. *Karl Kraus*

Tapferkeit *1* Tapferkeit ist ein Anfall, der bei den meisten Menschen schnell vorübergeht. *Mark Twain*

2 Aufrichtigkeit ist höchstwahrscheinlich die verwegenste Form der Tapferkeit. *William Somerset Maugham*

Tapferkeitsauszeichnung Der Ehering ist eine Tapferkeitsauszeichnung, die man am Finger trägt. *Noël Coward*

Tarnung Die beste Tarnung ist die Wahrheit. Die glaubt einem keiner. *Max Frisch*

Taschendieb *1* Schlußverkäufe sind die Olympischen Spiele der Taschendiebe. *Alberto Sordi*

2 Ein Nudist ist ein Mensch, bei dem ein Taschendieb keine Chance hat. *Georg Thomalla*

Taschentuch *1* Taschentuch: ein bei Begräbnissen besonders nützlicher Gegenstand, um den Mangel an Tränen zu verbergen. *Ambrose Bierce*

2 Früher brauchte man nur ein Taschentuch fallen zu lassen, und schon stürzten die Männer herbei. Heute könnte man einen Büstenhalter verlieren, und keiner rührt einen Finger. *Helen Vita*

Tasse Wer dauernd Kaffeepausen macht, kann nicht alle Tassen im Schrank haben. *Gerhard Uhlenbruck*

Tastversuch Begriffe sind Tastversuche des Geistes. *Otto Michel*

Tat *1* Tat ist Trägheit mal Wille. *Herbert Heckmann*

2 Wenn deine Taten für dich sprechen, unterbrich sie nicht! *Henry J. Kaiser*

3 Oft sind wir unserer Taten nicht würdig. *William Faulkner*

4 Ein Weiser ohne Taten ist eine Wolke ohne Regen. *John Steinbeck*

5 Kleine Taten, die man ausführt, sind besser als große, die man plant. *George C. Marshall*

6 Als ob man wissen könnte, welcher guten Tat ein Mensch fähig ist! Man weiß ja auch nicht, welcher schlechten. *Elias Canetti*

7 Eine Reform der Beichte wäre vorzuschlagen: Der Sünder beichtet nur seine guten Taten. *Karol Irzykowski*

8 Opfer kehren oft zum Ort der Tat zurück, um sich der guten alten Zeiten zu erinnern. *Wieslaw Brudziński*

9 Mit der Zeit vollbringen unsere Vorfahren immer ruhmreichere Taten. *Wieslaw Brudziński*

Täter Bücherschreiben ist das einzige Verbrechen, bei dem sich der Täter bemüht, Spuren zu hinterlassen. *Gabriel Laub*

Tätigkeit *1* Es gibt keine schöpferische Tätigkeit ohne Ungehorsam. *Jean Cocteau*

2 Holzhacken ist bei manchen Leuten deshalb so beliebt, weil sie den Erfolg dieser Tätigkeit sofort sehen können. *Albert Einstein*

Tatsache *1* Tatsachen hören nicht auf, zu bestehen, weil sie unbeachtet bleiben. *Aldous Huxley*

2 Geschichte ist eine Sammlung von Tatsachen, die vermeidbar gewesen wären. *Stanislaw Jerzy Lec*

3 Es gibt keinen besseren Lehrmeister als die Tatsachen. *Amintore Fanfani*

4 Jede auf Tatsachen sich gründende Meinung ist notwendig ein Irrtum, denn die Tatsachen können nie vollständig sein. *Henry Brooks Adams*

5 Es ist die Stärke der Frauen, daß sie imstande sind, Illusionen für Tatsachen zu halten. *Federico Fellini*

6 Wenn jemand eine Theorie akzeptiert, führt er erbitterte Nachhutgefechte gegen die Tatsachen. *Jean-Paul Sartre*

7 Wenn die Tatsachen mit der Theorie nicht übereinstimmen – um so schlimmer für die Tatsachen. *Herbert Marcuse*

8 Man muß die Tatsachen kennen, bevor man sie verdrehen kann. *Mark Twain*

Taube Freundlichkeit ist eine Sprache, die Taube hören und Blinde lesen können. *Mark Twain*

Taucher Schriftsteller, die ununterbrochen den Tiefgang suchen, kommen mir vor wie Taucher in einer Badewanne. *Alfred Polgar*

Taverne Toren besuchen im fremden Land die Museen, Weise gehen in die Tavernen. *Erhart Kästner*

Technik Wo die Technik im Spiel ist, tritt die Katastrophe in Galauniform auf. *Martin Kessel*

Techniker Hütet euch vor den Technikern! Mit der Nähmaschine fangen sie an, und mit der Atombombe hören sie auf. *Marcel Pagnol*

Tee Pfeifen und Ausgepfiffenwerden ist immer gut. Es gibt mir so ein bürgerliches Gefühl, das entsteht, wenn der Tee kocht. *André Heller*

Telegramm Stilmodelle: der Fluch, das Telegramm und der Grabspruch. *Emile M. Cioran*

Teleobjektiv Teleobjektive sind die Artillerie der Indiskretion. *Georges Pompidou*

Telephon *1* Telephon: eine Erfindung des Teufels, die die erfreuliche Möglichkeit, sich einen lästigen Menschen vom Leib halten zu können, teilweise wieder zunichte macht. *Ambrose Bierce*

2 Das Telephon gehört zu den Unentbehrlichkeiten, die nicht gekannt zu haben, ein rohes Zeitalter adelt. *Richard von Schaukal*

3 Daß das Saxophon von Adolphe Sax stammt, ist noch kein Beweis dafür, daß das Telephon von Wilhelm Tell erfunden worden ist. *Markus M. Ronner*

Telex Botschaften soll man per Telex verschicken, aber nicht in einen Film verpacken. *Jerry Lewis*

Tell Wilhelm Tell ist noch immer der einzige Schweizer, den die ganze Welt kennt. *Friedrich Dürrenmatt*

Temperament Liebeskunst besteht darin, mit dem Temperament eines Vampirs die Diskretion einer Anemone zu verbinden. *Emile M. Cioran*

Tempo *1* Wenn man in die falsche Richtung läuft, hat es keinen Zweck, das Tempo zu erhöhen. *Birgit Breuel*

2 Es gibt nur ein Tempo, und das ist das richtige. *Wilhelm Furtwängler*

Tennis Einer Gesellschaft, die man damit unterhalten kann, daß zwei Menschen einen Ball hin- und herschlagen, ist alles zuzutrauen. *Manfred Rommel*

Tenor *1* Das Orchester versetzt die Damen in Trance, aber schreiben tun's dann dem Tenor. *Arthur Schnitzler*

2 Tänzerinnen haben die Sexualität in den Beinen, Tenöre im Kehlkopf. Darum täuschen sich die Frauen in den Tenören und die Männer in den Tänzerinnen. *Karl Kraus*

3 In der Liebe halten die Bässe, was die Tenöre versprechen. *Nellie Melba*

4 Intellektuell läßt sich kein Unterschied zwischen Tenören und Bässen ausmachen. Wenn Tenöre Unsinn reden, tun sie's eben um eine Oktave höher. *Thomas Beecham*

Teppich *1* Er war einer der wenigen Verleger, die stets auf dem Teppich blieben. Er war Teppichverleger. *Markus M. Ronner*

2 Manche Männer sind wie Teppiche: Wenn man etwas von ihnen aufrollt, sehen sie plötzlich betreten aus. *Kai Fischer*

Termin Der Journalist ist vom Termin angeregt. Er schreibt schlechter, wenn er Zeit hat. *Karl Kraus*

Territorium *1* Die Dummheit überschreitet keine Grenzen. Überall, wo sie hintritt, ist ihr Territorium. *Stanislaw Jerzy Lec*

2 Familienurlaub ist die Fortsetzung des Ehekrieges auf anderem Territorium. *Gabriel Laub*

Terrorist Terroristen haben kein Gewissen, da sie meinen, das Gewissen zu sein. *Friedrich Hacker*

Testament *1* Wer in einem Testament nicht bedacht worden ist, findet Trost in dem Gedanken, daß der Verstorbene ihm vermutlich die Erbschaftssteuer ersparen wollte. *Peter Ustinov*

2 Jemanden mit dessen Wissen im Testament zu bedenken und dann nicht in angemessener Frist zu sterben, das grenzt schon an Provokation. *Samuel Butler*

Teufel *1* Gott schuf den Menschen. Der Teufel den Mitmenschen. *Gerhard Uhlenbruck*

2 Man unterscheidet zwei Arten von Teufeln: degradierte Engel und beförderte Menschen. *Stanislaw Jerzy Lec*

3 Wer in ein Pfarrhaus hineingeboren wird, macht bald einmal Bekanntschaft mit dem Teufel. *Ingmar Bergman*

4 Den Teufel, der einen reitet, sollte man nicht auf sich sitzen lassen. *Gerhard Uhlenbruck*

5 Es heißt, der Teufel stecke im Detail. Ich glaube manchmal, er stecke eher in den Grundsätzen. *Michael Stewart*

6 Wir machen uns diese Welt zur Hölle, und jeder von uns ist sein eigener Teufel. *Oscar Wilde*

7 Er versprach ihr den Himmel auf Erden. Dann schickte er sie zum Teufel. *Wolfgang Eschker*

8 Propaganda ist die Kunst, den Teufel mit zwei gesunden Füßen zu photographieren. *Hans Kasper*

9 Über der Formulierung geht die Wahrheit zum Teufel. *Hans Erich Nossack*

10 Ich habe oft über das Pech nachdenken müssen, daß die interessanteste deutsche Bühnenfigur der Teufel ist. *Friedrich Dürrenmatt*

11 Goethes «Faust» beweist, daß ein junger Mann nur bei den Deutschen den Teufel braucht, um ein Mädchen zu verführen. *Friedrich Dürrenmatt*

12 Der größte Erfolg des Teufels besteht darin, den Eindruck zu erwecken, daß es ihn nicht gibt. *Karol Wojtyla*

13 In der Hölle ist der Teufel eine positive Gestalt. *Stanislaw Jerzy Lec*

14 Die Hölle bietet immerhin den Vorteil, daß man den Teufel nicht mehr an die Wand zu malen braucht. *Markus M. Ronner*

15 Der Teufel ist sicher kein Atheist. *Paul von Heyse*

16 Der Fluch ist das Gebet des Teufels. *Hans Lohberger*

17 Religion ist das Werk Gottes, das durch den Teufel seine Perfektion erhielt. *Peter Ustinov*

18 Gott ist die gewinnendste Maske des Teufels. *Ernst Wilhelm Eschmann*

Teutone Wir Teutonen sind nun mal dran gewöhnt, eher einander die Schädel als einen vernünftigen Weg einzuschlagen. *Werner Finck*

Text *1* Ein Schriftsteller existiert eigentlich nur in seinen Texten. *Joyce Carol Oates*

2 Eine Diskussion mit dem Regisseur beginnen Schauspieler immer dann, wenn sie den Text nicht kennen. *Otto Schenk*

3 Wo alle einstimmig singen, ist der Text ohne Bedeutung. *Stanislaw Jerzy Lec*

4 Ein Snob ist ein Mensch, der bei Schlagern dem Text applaudiert. *Ugo Tognazzi*

Textilindustrie Die Mode ist das wichtigste Mittel der Textilindustrie im Kampf gegen die zunehmende Haltbarkeit der Stoffe. *Emilio Schuberth*

Theater *1* Theater ist masochistischer Exhibitionismus. *Laurence Olivier*

2 Beim Theater ist jede Rolle wichtig. Ich werde nicht dadurch zum König, daß ich mich königlich gebärde, sondern dadurch, daß der Diener sich vor mir verneigt. *Will Quadflieg*

3 Das moderne Theater muß nicht danach beurteilt werden, wieweit es die Gewohnheiten des Publikums befriedigt, sondern danach, wieweit es sie verändert. *Bertolt Brecht*

4 Wer ein Theater füllen will, bedient sich der Dramaturgie. Um es zu leeren, genügt Ideologie. *Oliver Hassencamp*

5 Politisches Theater: Auf einen Darsteller zehn Souffleure. *Wieslaw Brudziński*

6 Das politische Theater erreicht nichts, weil die, die gemeint sind, nicht ins Theater gehen. *Wolfgang Bauer*

7 Marionetten machen jedes Theater mit. *Wolfgang Eschker*

8 Auch Schlafen ist eine Form der Kritik, vor allem im Theater. *George Bernard Shaw*

9 Die Menschen würden noch viel schlechter schlafen, wenn es das Theater nicht gäbe. *Mark Twain*

10 Der Zuschauer im Theater will träumen. Freilich einen Traum, in dem man nicht schlafen soll. *Jean-Louis Barrault*

11 Warum geht man, wenn man erkältet ist, lieber ins Konzert oder ins Theater statt zum Arzt? *Hermann Prey*

12 Fernsehen ist die Rache des Theaters an der Filmindustrie. *Peter Ustinov*

Theaterintendant Ein Schauspieler ist ein Mann, der eher einer Frau nein sagen kann als einem Theaterintendanten. *Horst Tappert*

Theaterkritiker Auf die Theaterkritiker ist Verlaß. Was überwiegend verrissen wird, verspricht einen amüsanten Abend. *Oliver Hassencamp*

Theaterregisseur Generäle sollte man an die Front schicken und Theaterregisseure ins Parkett. *Markus M. Ronner*

Theaterstück *1* Ich kenne viele Theaterstücke, bei denen man schon im ersten Akt nach dem Ausgang fragt. *Wolfgang Eschker*

2 Es gibt Theaterstücke, die so schwach sind, daß sie aus eigener Kraft nicht vom Spielplan herunter können. *Stanislaw Jerzy Lec*

3 Theaterstücke haben einen zeitlich begrenzten Nutzen wie Regenschirme oder Zahnbürsten. Wenn sie ausgedient haben, gehören sie in die Mülltonne. *Peter Handke*

Thema *1* Eine gute Rede soll das Thema erschöpfen, nicht die Zuhörer. *Winston S. Churchill*

2 Wenn es nur eine einzige Wahrheit gäbe, könnte man nicht hundert Bilder über dasselbe Thema malen. *Pablo Picasso*

3 Es gibt kaum etwas Besseres, als mit einem guten Freund über ein interessantes Thema zu schweigen. *Alec Guinness*

4 Klatsch ist Mangel eines lohnenden Themas. *Elbert Hubbard*

5 Moderieren ist die Kunst, ein Thema anzuschneiden, ohne auf seinen Kern zu kommen. *Peter Maiwald*

6 Ein Generalist ist ein Mensch, dem auch zum ausgefallensten Thema noch ein Gemeinplatz einfällt. *Lore Lorentz*

7 Um die Wahrheit zu finden, zieht man in Frankreich etwas ab, in Deutschland fügt man etwas hinzu, und in England wechselt man das Thema. *Peter Ustinov*

Theologe Wer sein eigenes Ich entfalten will, der soll nicht Theologe werden. *Otto Dibelius*

Theoretiker Der Theoretiker entkernt das Übel und stolpert über seine Schalen. *Peter Maiwald*

Theorie *1* Wenn jemand eine Theorie akzeptiert, führt er erbitterte Nachhutgefechte gegen die Tatsachen. *Jean-Paul Sartre*

2 Wenn die Tatsachen mit der Theorie nicht übereinstimmen – um so schlimmer für die Tatsachen. *Herbert Marcuse*

3 Gefährlicher als eine falsche Theorie ist eine richtige in falschen Händen. *Gabriel Laub*

4 Theorie und Praxis verhalten sich wie die bibliophile Ausgabe eines Kochbuchs zum verkohlten Steak. *Michael Kehlmann*

5 Die Praxis manches Arztes sollte man lieber Theorie nennen. *Erhard Blanck*

6 Das letzte, was eine Frau an der Liebe interessiert, ist die Theorie. *Alfred Charles Kinsey*

Therapie Psychoanalyse ist jene Geisteskrankheit, für deren Therapie sie sich hält. *Karl Kraus*

Thermometer Eine gute Köchin braucht kein Thermometer. *Karl Valentin*

Thriller Jeder Film sollte ein Thriller sein, auch wenn er nur eine kleine Liebesgeschichte ist. *Bernardo Bertolucci*

Thron Die Herrschenden zimmern ihren Thron nicht mehr selber. Darum wissen sie auch nicht, wo er brüchig ist. *Karl Heinrich Waggerl*

Tiefe *1* Der Gipfel zwingt erst zur Bewährung beim Blick in die Tiefe. *Hans Arndt*

2 Eine Liaison gleicht meistens durch Länge aus, was ihr an Tiefe fehlt. *Marcello Mastroianni*

Tiefgang *1* Der Unterschied zwischen Vergnügen und Glück ist derselbe wie zwischen einem Kahn und einem Ozeandampfer. Auf den Tiefgang kommt es an. *Ewald Balser*

2 Schriftsteller, die ununterbrochen den Tiefgang suchen, kommen mir vor wie Taucher in einer Badewanne. *Alfred Polgar*

3 Tiefgang nennt man beim Stückeschreiben die Stellen, an denen Personen untertauchen, für die einem nichts mehr einfällt. *Noël Coward*

Tier *1* Der Mensch ist das einzige Tier, das sich für einen Menschen hält. *Thomas Niederreuther*

2 Der Mensch ist das Tier, das Geschichte hat. *Carl Friedrich von Weizsäcker*

3 Der Mensch ist ein wildes Tier, das sich selbst gezähmt hat. *Pierre Reverdy*

4 Der Mensch ist das denkende Tier. *Ludwig Klages*

5 Der Mensch ist das einzige Tier, das erröten kann – oder muß. *Mark Twain*

6 Ohne das Tier in uns sind wir kastrierte Engel. *Hermann Hesse*

7 Ohne Utopie leben nur die Tiere. *Max Frisch*

8 Einem Menschen, den Kinder und Tiere nicht leiden können, ist nicht zu trauen. *Carl Hilty*

9 Wer den höchsten Rang in einer Gruppe von Tieren oder Menschen hat, ist leicht zu erkennen. Es ist immer derjenige, der am meisten angeschaut wird. Davon kommt auch das Wort Ansehen. *Irenäus Eibl-Eibesfeldt*

10 Die Katze ist das einzige vierbeinige Tier, das dem Menschen eingeredet hat, er müsse es erhalten, es brauche aber dafür nichts zu tun. *Kurt Tucholsky*

11 Strauß: das einzige Tier, das einen offiziell anerkannten Sinn für Politik hat. *Pierre Daninos*

12 Die Schlange ist das Tier der Weisheit. Ihr Biß ist tödlich. *Wolfgang Eschker*

Tierliebe Was nottut: Mehr Tierliebe für die Menschen. *Gottfried Edel*

Tierreich Die Männer sind das nebensächliche Geschlecht. Im Tierreich braucht man sie bei vielen Arten nicht einmal zur Fortpflanzung. *Orson Welles*

Tierschützer Nicht jeder, der seiner Frau einen Nerz verweigert, ist ein Tierschützer. *Chris Howland*

Tiger Der Schriftsteller behält den Staat kritisch im Blick wie der Dompteur den Tiger und weiß doch, daß er sein Gegenüber nicht zu bändigen vermag. *Stefan Andres*

Tinte Ein Optimist ist einer, der Kreuzworträtsel mit Tinte löst. *Marcel Achard*

Tisch *1* Zu oft mit der Faust auf den Tisch schlagen, bekommt der Faust schlechter als dem Tisch. *Willy Brandt*

2 Ein Nachtklub ist ein Lokal, in dem die Tische reservierter sind als die Gäste. *Charlie Chaplin*

Tischdame Lästige Konversation mit Tischdamen kann man sich ersparen, indem man unverheiratete Frauen fragt, wie viele Kinder sie schon haben, und verheiratete, warum sie noch keine haben. *George Bernard Shaw*

Tischgespräch Ein Tischgespräch zu zweit ist das ergiebigste von allen. Das Fehlen von Zuhörern unterdrückt die Eitelkeit. *André Maurois*

Tischrede Die Engländer haben die Tischreden erfunden, damit man ihr Essen vergißt. *Pierre Daninos*

Tochter *1* Der Wunsch nach dem Sohn ist der Vater vieler Töchter. *Karl Schiller*

2 Nicht jeder, der danach aussieht, ist ein Gammler. Vielleicht hat er vier Töchter und nur ein Badezimmer. *Markus M. Ronner*

3 Eltern haben Vertrauen zu ihrer Tochter und Vertrauen zum Freund ihrer Tochter, aber sie haben selten Vertrauen, wenn beide zusammen sind. *Peter Sellers*

4 Wenn die Eltern schon alles aufgebaut haben, bleibt den Söhnen und Töchtern nur noch das Einreißen. *Gino Cervi*

5 Jede Mutter hofft, daß ihre Tochter einen besseren Mann bekommt als sie selber, und ist überzeugt, daß ihr Sohn niemals eine so gute Frau bekommen wird wie sein Vater. *Martin Andersen-Nexø*

Tod *1* Nichts im Leben hätte auch nur den geringsten Sinn, wenn es den Tod nicht gäbe. *Wolfgang Hildesheimer*

2 Alles Geschriebene ist gegen den Tod angeschrieben. *Heinrich Böll*

3 Das Leben vergißt manchen, der Tod keinen. *Danilo Kiš*

4 Der Tod ist das Solideste, was das Leben bisher erfunden hat. *Emile M. Cioran*

5 Die Menschen haben vor dem Tod zuviel Achtung, gemessen an der geringen Achtung, die sie vor dem Leben haben. *Henry de Montherlant*

6 Alles ist lächerlich, wenn man an den Tod denkt. *Thomas Bernhard*

7 Was aber ist denn das Religiöse? Der Gedanke an den Tod. *Thomas Mann*

8 Tod bedeutet Aufgeben; wenn man aufgibt, geht man unter; wenn man weitermacht, bleibt man lebendig. *Camilo José Cela*

9 Es gibt ein Leben vor dem Tod. *Rolf Biermann*

10 Es ist besser, den Tod für das Leben zu halten, als das Leben für den Tod. *Wassily Kandinsky*

11 Immer auf dem Sprung sein, bedeutet Leben. Von Sicherheit eingewiegt werden, bedeutet Tod. *Oscar Wilde*

12 Der Tod ist die Ruhe, aber der Gedanke an den Tod ist der Störer jeglicher Ruhe. *Cesare Pavese*

13 Das einzige Mittel gegen Geburt und Tod besteht darin, die Zeit dazwischen zu nützen. *George Santayana*

14 Verantwortliche Posten mit verantwortungsbewußten Leuten besetzen? Die würden sich dort zu Tode schinden. *Gabriel Laub*

15 Liebe ist Qual, Lieblosigkeit ist Tod. *Marie von Ebner-Eschenbach*

16 Die Vitalität wird zu Lasten des Verstandes überschätzt. Dabei sind es die Ochsen und nicht die Denker, die uns zu Tode trampeln. *Friedrich Dürrenmatt*

17 Krankheiten sind Höflichkeitsbesuche des Todes. *Hans Kudszus*

18 Wenn man sieht, was die Medizin heute fertigbringt, fragt man sich unwillkürlich: Wie viele Etagen hat der Tod? *Jean-Paul Sartre*

19 Wir sterben viele Tode, solang wir leben; der letzte ist nicht der bitterste. *Karl Heinrich Waggerl*

20 Gegen den Tod läßt sich eine Menge sagen. Immerhin braucht man seinetwegen nicht das Bett zu verlassen. *Kingsley Amis*

21 Symbolwechsel. Der Tod hat die Sense weggelegt. Er sitzt jetzt am Steuer. *Heinrich Wiesner*

22 Vielleicht ist doch ein Unterschied, ob einer sich das Leben nimmt oder den Tod gibt. *Nikolaus Cybinski*

23 In der deutschen Sprache ist der Tod trotz allem ein vornehmer Besucher geblieben. Er tritt immer noch ein. *Nikolaus Cybinski*

24 Tod: Koma, Punkt. *Hanns-Hermann Kersten*

25 Es gibt keinen Trost über den Tod hinaus, weil der Tod selbst schon der Trost ist. *Dolf Sternberger*

26 Das einzig Tröstliche am Tod ist, daß man dann wirklich wissen wird, was los ist. *John Osborne*

27 Groß ist ein Mensch, der nach seinem Tod die anderen in Verlegenheit läßt. *Paul Valéry*

Todesangst Todesängste: man hört das Gras wachsen, in welches man glaubt beißen zu müssen. *Gerhard Uhlenbruck*

Todesanzeige Beim Lesen der Todesanzeigen wird man belehrt, daß nur engelsgleiche Wesen diese Welt verlassen. *Hans Arndt*

Todesfall Leiden heißt an Bewußtsein leiden, nicht an Todesfällen. *Gottfried Benn*

Todesstrafe *1* Der kultivierte Herr sprach von den guten alten Zeiten und dachte an die Todesstrafe. *Werner Schneyder*

2 Könnte man nicht die Todesstrafe einführen für Leute, die sie vorschlagen? *Wolfgang Neuß*

Todesurteil Schreibverbot für einen Schriftsteller ist ein Todesurteil, das täglich neu vollstreckt wird. *Herbert Eisenreich*

Todfeind Todfeinde machen einem den Tod zum Freund. *Gerhard Uhlenbruck*

Toilette *1* Ich trage große Toiletten immer nur einmal und verschenke sie dann. So kommt es, daß meine Abendkleider häufiger ausgehen als ich selbst. *Brigitte Bardot*

2 Ein Fernsehstar ist man dann, wenn die

Leute vor dem Bildschirm vergessen, daß sie eigentlich längst auf die Toilette müßten.
Gilbert Bécaud

Toleranz *1* Toleranz ist die Fähigkeit, Widerspruch zu ertragen. *Philippe Soupault*

2 Toleranz ist das unbehagliche Gefühl, der andere könne am Ende vielleicht doch recht haben. *Robert Frost*

3 Toleranz ist immer ein Zeichen dafür, daß sich eine Herrschaft als gesichert betrachtet.
Max Frisch

4 Toleranz ist ein anderes Wort für Gleichgültigkeit. *William Somerset Maugham*

5 Toleranz heißt die Fehler des andern entschuldigen. Takt heißt sie nicht bemerken.
Arthur Schnitzler

6 Wenn's um Toleranz geht, machen die Christen einen Heidenlärm.
Bert Berkensträter

7 Toleranz kann man von Rauchern lernen: Noch nie hat sich ein Raucher über einen Nichtraucher beschwert. *Allessandro Pertini*

Ton Manche meinen, wenn sie ein Echo hören, der Ton stamme von ihnen.
Ernest Hemingway

Tor der *1* Bildung: das, was den eigenen Mangel an Intelligenz dem Weisen offenbart und dem Toren verbirgt. *Ambrose Bierce*

2 Toren besuchen im fremden Land die Museen, Weise gehen in die Tavernen.
Erhart Kästner

Tor das *1* Sicherheit erreicht man nicht, indem man Zäune errichtet, sondern indem man Tore öffnet. *Urho Kekkonen*

2 Es gibt gewisse Tore, die nur die Krankheit öffnen kann. *André Gide*

Torheit *1* Lustige Leute begehen mehr Torheiten als traurige. Aber traurige begehen größere. *Ewald von Kleist*

2 Die Errungenschaften der Zivilisation sind nur eine Anhäufung von Torheiten, die unweigerlich auf ihre Schöpfer zurückfallen und sie am Ende vernichten werden.
Herbert George Wells

Törichte Die Törichten machen immer wieder dieselben Dummheiten, die Gescheiten wenigstens immer wieder andere.
Karl Heinrich Waggerl

Tornado Liebe ist ein Tornado, Freundschaft ein ständig wehender Passat. *Colette*

Torwart «Versprechen und Halten ist zweierlei», sagte der vielversprechende Torwart nach dem 5:0. *Markus M. Ronner*

Tote *1* Manches Denkmal ist nichts anderes als Steinigung eines Toten. *Martin Held*

2 Uneigennützig sind nur die Toten.
Joseph Roth

3 Die einzigen konsequenten Menschen sind die Toten. *Aldous Huxley*

4 Ein Toter belebt das Gespräch.
Rainer Malkowski

5 Die Verherrlichung der Toten beruht unter anderem darauf, daß sie uns nicht mehr enttäuschen können. *Martin Kessel*

Totenschein Man soll die Kritiker nicht für Mörder halten. Sie stellen nur den Totenschein aus. *Marcel Reich-Ranicki*

Totschweigen *1* Der geschickte Journalist hat eine Waffe: das Totschweigen – und von dieser Waffe macht er oft genug Gebrauch.
Kurt Tucholsky

2 Totschweigen ist Mord ohne Blutvergießen.
Stephen Spender

Tourismus *1* Der Tourismus ist die Völkerwanderung der Neuzeit. *Halldór Laxness*

2 Man verreist ja doch nur, um es daheim wieder schön zu finden. Das ist der Sinn des Tourismus. *Manfred Schmidt*

Tourist *1* Die Touristen sind eine Internationale der Neugier. *Alberto Moravia*

2 Als deutscher Tourist im Ausland steht man vor der Frage, ob man sich anständig benehmen muß oder ob schon deutsche Touristen dagewesen sind. *Kurt Tucholsky*

Trab Ein Steckenpferd kann einen ganz schön in Trab halten. *Gerhard Uhlenbruck*

Tradition *1* Tradition ist das Ruhekissen der Urteilskraft. *Sigmund Graff*

2 Die Tradition ist lediglich eine Sammlung schlechter Angewohnheiten. *Artur Schnabel*

3 Tradition ist Schlamperei. *Gustav Mahler*

4 Stolz sein sollte ein Volk vor allem auf die Traditionen, die es nicht hat.
Helmut Qualtinger

5 Die englische Achtung vor der Tradition geht so weit, daß man alte Gesetze lieber umgeht als aufhebt. *Pierre Daninos*

Träger Preise suchen ihre Träger unerbittlich. *Gerhard Polt*

Trägheit *1* Immer wieder klammert man sich an das Liebgewonnene und meint, es sei Treue; es ist aber bloß Trägheit.
Hermann Hesse

2 Jede künstlerische Leistung ist ein Sieg über die menschliche Trägheit.
Herbert von Karajan

3 Tat ist die Trägheit mal Wille.
Herbert Heckmann

Tragik *1* Komik ist Tragik in Spiegelschrift.
James Thurber

2 Die Sache mit Mann und Frau kann doch immer nur in Tragik enden. *Peter Handke*

Tragische Wer noch fähig ist, Fragen zu stellen, dem kann nichts geschehen. Ein fragender Mensch hat nichts Tragisches. *Peter Handke*

Tragödie *1* In dieser Welt gibt es nur zwei Tragödien. Die eine ist, nicht zu bekommen, was man möchte, und die andere ist, es zu bekommen. *Oscar Wilde*

2 Was ist der Mensch? Die Tragödie Gottes.
Christian Morgenstern

3 Das Leben ist eine Komödie für jene, die denken, eine Tragödie aber für jene, die fühlen. *Oscar Wilde*

4 Die eigentliche Tragödie besteht darin, bewundert zu werden, weil man mißverstanden worden ist. *Jean Cocteau*

5 Komik entsteht, wenn man Tragödien anschaut und dabei ein Auge zukneift.
Eugène Ionesco

6 Eine Komödie, die mit einer Hochzeit endet, ist der Anfang einer Tragödie.
George Bernard Shaw

7 Er war so lächerlich, daß er nur in eine Tragödie paßte. *Wolfgang Eschker*

8 Alles ist komisch – sogar die Tragödie.
Harold Pinter

9 Wer eine Tragödie überlebt hat, ist nicht ihr Held gewesen. *Stanislaw Jerzy Lec*

10 Die Tragödie besteht meistens im Weiterleben, nicht im Sterben. *Gian Carlo Menotti*

Trance Das Orchester versetzt die Damen in Trance, aber schreiben tun's dann dem Tenor.
Arthur Schnitzler

Träne *1* Das Leben ist eine Brücke von Seufzern über einen Strom von Tränen.
Philip James Bailey

2 Humor: mit einer Träne im Auge lächelnd dem Leben beipflichten. *Friedl Beutelrock*

3 Wie tröstlich: wenn «gar nichts mehr läuft», laufen immer noch die Tränen.
Hanns-Hermann Kersten

4 Taschentuch: ein bei Begräbnissen besonders nützlicher Gegenstand, um den Mangel an Tränen zu verbergen. *Ambrose Bierce*

5 Humanität ist das Waschweib der Gesellschaft, das seine schmutzige Wäsche in Tränen auswindet. *Karl Kraus*

6 Was sind das für Menschen, die kein Blut sehen können, aber Tränen?
Nikolaus Cybinski

7 Beim Jüngsten Gericht werden einzig die Tränen in die Waagschale gelegt.
Emile M. Cioran

Tränke Ausgetretene Fährten führen gewöhnlich zur Tränke. *Emil Baschnonga*

Transpiration Schweiß ist Transpiration, die heute nur noch bei Urlaubsreisen und Freizeitbeschäftigungen auftritt. *Michael Schiff*

Trauer Manchmal sind das die schmerzhaftesten Verluste, bei denen wir keine Trauer empfinden. *Nikolaus Cybinski*

Traum *1* Es ist gut, seinen Träumen nachzujagen, aber schlecht, wie es dann meistens auszugehen pflegt, von ihnen gejagt zu werden.
Franz Kafka

2 Wir können nur die Schatten unserer Träume verwirklichen. *Emil Jannings*

3 Träume sind eine Art Fernsehen im Schlaf.
Alberto Sordi

4 Der Zuschauer im Theater will träumen. Freilich einen Traum, in dem man nicht schlafen soll. *Jean-Louis Barrault*

5 Kino ist nichts anderes als der Traum, den jeder von uns kurz vor und kurz nach dem Einschlafen träumt. *Federico Fellini*

6 Frühnachrichten beenden Träume. *Heinrich Nüsse*

7 Große Träume – ich kenne keine, die nicht im Morgengrauen enden. *Wieslaw Brudziński*

8 Nach jedem Traum gibt es ein Erwachen – auch nach dem erfüllten Traum. *Sam Peckinpah*

9 Unsere Träume können wir erst dann verwirklichen, wenn wir uns entschließen, daraus zu erwachen. *Josephine Baker*

10 Wer seine Träume verwirklichen will, muß wach sein. *Michael Pfleghar*

11 Manche Frau weint, weil sie den Mann ihrer Träume nicht bekommen hat, und manche weint, weil sie ihn bekommen hat. *Annette Kolb*

12 Aus den Träumen von gestern werden manchmal die Alpträume von morgen. *Friedrich Nowottny*

Träumen Sie vermochten zwar zusammen zu schlafen, aber zum Träumen reichte es nicht. *Hans Arndt*

Traummann Es ist besser, dem Traummann im Traum zu begegnen als in der Wirklichkeit. Aus dem Traum kann man immerhin aufwachen. *Jeanne Moreau*

Trend Es gibt auch so etwas wie geistiges Asthma. Man bekommt es, wenn man hinter jedem Trend herrennt. *Jean Marais*

Treue *1* Wenn einem die Treue Spaß macht, dann ist es Liebe. *Julie Andrews*

2 Wer über Treue nachzudenken beginnt, ist im Begriff, untreu zu werden. *Markus M. Ronner*

3 Treue ist erst ein Problem, wenn man nicht mehr liebt. *Esther Vilar*

4 Es sind nicht die dümmsten Frauen, die sich für eine Untreue des Mannes durch bedingungslose Treue rächen. *Alec Guinness*

5 Immer wieder klammert man sich an das Liebgewonnene und meint, es sei Treue; es ist aber bloß Trägheit. *Hermann Hesse*

6 Vergessen ist Mangel an Treue. *Gabriel Marcel*

7 In einer Koalition bestätigt man seine Treue durch Seitensprünge von begrenztem Radius. *Ugo Tognazzi*

Trieb *1* Wer seine Neigungen stutzt, schafft Triebe. *Charles Regnier*

2 Gewissensbiß: der Trieb wird Hemmung. *Hans Lohberger*

3 Die Revolution kennt keine Triebe; denn die Revolution ist Trieb. *Fidel Castro*

Trinken Wasser ist nicht zum Trinken da, sonst hätte Gott nicht soviel davon gesalzen. *Brendan Behan*

Triumph Die Angst zittert mit im Triumph. *Walter Hilsbecher*

Trompeter Trompeter sind Alchimisten: Sie machen aus Blech Gold. *Herb Alpert*

Tropfen Was für ein Gefühl muß der Tropfen haben, der das Faß zum Überlaufen bringt. *Nikolaus Cybinski*

Trost *1* Der Trost ist die Kunst des Alters. *Simone de Beauvoir*

2 Kinder sind ein Trost im Alter und ein Mittel, es rascher zu erreichen. *Rudolf Fernau*

3 Es ist ein großer Trost, andere dort scheitern zu sehen, wo man selbst gescheitert ist. *William Somerset Maugham*

4 Ironie ist keine Waffe, sondern eher ein Trost der Ohnmächtigen. *Ludwig Marcuse*

5 Es gibt keinen Trost über den Tod hinaus, weil der Tod selbst schon der Trost ist. *Dolf Sternberger*

Tröstliche Es hat schon etwas Tröstliches, daß selbst der gescheiteste Professor und die feinste Lady unterhalb der Taille auch nur Menschen sind. *Henry Miller*

Trott Wer sich nach einer Krankheit wieder im alten Trott bewegt, ist ein alter Trottel. *Gerhard Uhlenbruck*

Trottel *1* Wer immer nur geliebt wird, ist ein Trottel. *Thomas Mann*

2 Arme Männer! Wenn sie erst einmal geheiratet haben, haben sie eigentlich immer nur die Wahl, Schurken oder Trottel zu werden. *Sebastian Haffner*

3 Quiz-Sendungen sind deshalb so unerträglich, weil sie es dem größten Trottel erlauben, mehr zu fragen, als der klügste Mensch zu beantworten vermag. *Markus M. Ronner*

4 Im Grunde ist jeder ein Trottel, nur auf einem anderen Gebiet. *Will Rogers*

Troubadour *1* Die Troubadoure von heute benützen keine Mandolinen mehr, sondern Autohupen. *Igor Strawinski*

2 Schallplatten sind kreisende Troubadoure. *Sacha Distel*

Trübsal Pessimisten sind Leute, die nur ein einziges Instrument blasen: Trübsal. *Wim Thoelke*

Truhe Nicht immer sind die Stillen auch die Weisen. Es gibt verschlossene Truhen, die leer sind. *Jean Giono*

Trumpf *1* Wer verlangt, daß mit offenen Karten gespielt wird, hat gewöhnlich alle Trümpfe in der Hand. *Graham Greene*

2 Man sollte immer anständig spielen, wenn man die Trümpfe in der Hand hat. *Oscar Wilde*

Trunksucht Alle schlechten Eigenschaften entwickeln sich in der Familie. Das fängt mit Mord an und geht über Betrug und Trunksucht bis zum Rauchen. *Alfred Hitchcock*

Tüchtigkeit *1* Tüchtigkeit ist weder Fähigkeit noch Begabung, sondern Gewohnheit. *Peter Drucker*

2 Eile: die Tüchtigkeit von Stümpern. *Ambrose Bierce*

Tugend *1* Tugend ist eine Eigenschaft, die nie so angesehen war wie das Geld. *Mark Twain*

2 Als Laster bezeichnen wir die Vergnügungen, von denen wir uns nicht zu kosten getrauen, und als Tugenden die Pflichten, denen wir uns nicht zu entziehen wagen. *Henry Miller*

3 Je weiter sich ein Laster ausbreitet, desto größer sind seine Chancen, zur Tugend zu werden. *Sacha Guitry*

4 Die Laster der Mehrheit nennt man Tugenden. *Jean Genet*

5 Wer sich alle Laster abgewöhnt hat, dessen Tugenden verkümmern. *Jean Genet*

6 Früher hat man aus der Not eine Tugend gemacht. Heute macht man aus der Tugend eine Not. *Joana Maria Gorvin*

7 Die Tugend nistet, wie der Rabe, mit Vorliebe in Ruinen. *Anatole France*

8 Auch Tugenden stecken an. *Erich Kästner*

9 So richtig als Tugend geschätzt wird der Patriotismus doch erst, wenn das Schießen losgeht. *Hermann Hesse*

10 Ungehorsam ist für jeden, der die Geschichte kennt, die eigentliche Tugend des Menschen. *Oscar Wilde*

11 Ausdauer: eine niedere Tugend, die der Mittelmäßigkeit zu unrühmlichem Erfolg verhilft. *Ambrose Bierce*

12 Keuschheit ist ebensowenig eine Tugend wie Unterernährung. *Alexander Comfort*

13 Der Flirt ist die Sünde der Tugendhaften und die Tugend der Sünderinnen. *Paul Bourget*

14 Schönheit ist nach drei Tagen genauso langweilig wie Tugend. *George Bernard Shaw*

15 Was ist die Tugend denn anderes als die Gewerkschaftsbewegung der Verheirateten? *George Bernard Shaw*

16 Die Grabsteine der Tugend werden gewöhnlich beim Juwelier gekauft. *Oskar Blumenthal*

17 Alt ist ein Mann dann, wenn er an einer Frau vor allem ihre Tugend bewundert. *Sacha Guitry*

18 Die nicht zu leben verstehen, müssen aus dem Sterben eine Tugend machen. *George Bernard Shaw*

Tun Für das Können gibt es nur einen überzeugenden Beweis: das Tun. *Marie von Ebner-Eschenbach*

Tunnel *1* Man muß ins Dunkel hineinschreiben wie in einen Tunnel. *Franz Kafka*

2 Nicht jedes Licht am Ende eines Tunnels bedeutet einen Hoffnungsschimmer. Manchmal ist es auch ein entgegenkommender Zug. *Markus M. Ronner*

Tür *1* Sobald wir sprechen, schließen sich Türen. *Robert Musil*

2 Es entspricht einem Lebensgesetz: Wenn sich eine Tür vor uns schließt, öffnet sich eine andere. Die Tragik ist jedoch, daß man auf die geschlossene Tür blickt und die geöffnete nicht beachtet. *André Gide*

3 Es ist Unsinn, Türen zuzuschlagen, wenn man sie angelehnt lassen kann. *James William Fulbright*

4 Oft geschieht es, daß Schlüssellöcher optisch selbst dort benützt werden, wo die Türen unverschlossen sind. *Günther Anders*

5 Renne keine offene Tür ein; man schlägt sie dir sonst vor der Nase zu. *Stanislaw Jerzy Lec*

6 Man kann sich auch an offenen Türen den Kopf einrennen. *Erich Kästner*

7 Weltverbesserer sind Leute, die sofort das ganze Haus einreißen, wenn eine Tür quietscht. *Gustav Knuth*

8 Die Tür zur Vergangenheit ist ohne Knarren nicht zu öffnen. *Alberto Moravia*

Turnübung Die schwierigste Turnübung ist immer noch, sich selbst auf den Arm zu nehmen. *Werner Finck*

Türschwelle Stolpern ist eine Ungeschicklichkeit, für die man nicht die Beine, sondern die Türschwelle verantwortlich macht. *Norman Mailer*

Typ *1* Wir Frauen verlieben uns immer in den gleichen Typ von Mann. Das ist unsere Form von Monogamie. *Lauren Bacall*

2 Wenn ich etwas in der Politik verabscheue, dann den Typ des Aals, der sich vor lauter Geschmeidigkeit am liebsten selbst in sein Hinterteil beißen würde. *Margaret Thatcher*

Typische Nichts ist weniger repräsentativ als das Typische. *Henry de Montherlant*

Tyrannei *1* Die Tyrannei fängt ganz unauffällig mit aufgeräumten Schreibtischen an. *Harold Pinter*

2 Die Mode ist eine charmante Tyrannei von kurzer Dauer. *Marcel Achard*

U

U-Bahn Was in der U-Bahn Überfüllung genannt wird, nennt man in einem Nachtklub angenehme Intimität. *Frank Sinatra*

Übel *1* Das Übel gedeiht nie besser, als wenn ein Ideal davorsteht. *Karl Kraus*

2 Eingebildete Übel gehören zu den unheilbaren. *Marie von Ebner-Eschenbach*

3 Ein Pessimist ist ein Mensch, der unter mehreren Übeln keines missen möchte. *Victor de Kowa*

4 Wählt stets das kleinere Übel, hebt euch das größere auf für den Notfall. *Wieslaw Brudziński*

5 Die kleineren Übel sind meist von längerer Dauer. *Wieslaw Brudziński*

Überflüssige *1* Lebenskunst ist nicht zuletzt die Fähigkeit, auf etwas Notwendiges zu verzichten, um sich etwas Überflüssiges zu leisten. *Vittorio De Sica*

2 Nur das Überflüssige braucht der Mensch notwendig. *José Ortega y Gasset*

Überhören Takt ist vor allem die Kunst des Überhörens. *Hans Söhnker*

Überlaufen Was für ein Gefühl muß der Tropfen haben, der das Faß zum Überlaufen bringt. *Nikolaus Cybinski*

Überleben *1* Die Frage heute ist, wie man die Menschheit überreden kann, in ihr eigenes Überleben einzuwilligen. *Bertrand Russell*

2 Überleben bedingt, über dem Leben zu stehen. *Karl Heinz Stroux*

Überlebensmittel Kalkulierter Gedächtnisverlust ist in der Politik ein Überlebensmittel. *Hans Maier*

Überlegenheit *1* Es gibt keinen besseren Grund, höflich zu sein, als die Überlegenheit. *Marie von Ebner-Eschenbach*

2 Haß: ein angemessenes Gefühl angesichts der Überlegenheit eines anderen. *Ambrose Bierce*

3 Ironie heißt fast immer, aus einer Not eine Überlegenheit machen. *Thomas Mann*

Überraschung *1* Optimisten haben ja keine Ahnung von den freudigen Überraschungen, die Pessimisten erleben. *Peter Bamm*

2 Pessimisten sind die wahren Lebenskünstler, denn nur sie erleben angenehme Überraschungen. *Marcel Proust*

3 Wir sind auf jede Überraschung vorbereitet, nur die alltäglichen Dinge brechen über uns herein wie Katastrophen. *Stanislaw Jerzy Lec*

Überschätzung Die Überschätzung eines Menschen kann von allem Luxus der teuerste sein. *Hans Arndt*

Übersetzen Übersetzen ist eine fürchterliche Art des Dienens. *Thomas Bernhard*

Übersetzer Übersetzer sind verwegene Kämpfer, die den Turm von Babel angreifen. *Albert Camus*

Übersetzung Frauen sind wie Übersetzungen: die schönen sind nicht treu, und die treuen sind nicht schön. *George Bernard Shaw*

Übertreibung *1* Nichts wird so sehr für Übertreibung gehalten wie die nackte Wahrheit. *Joseph Conrad*

2 Eine Übertreibung ist eine Wahrheit, die die Geduld verloren hat. *Kahlil Gibran*

3 Erst in der Übertreibung der Dinge werden sie klar und einsichtig. Natürlich muß man in der richtigen Richtung übertreiben. *Marcel Reich-Ranicki*

4 Es ist der Zauber guter Satiren zu beweisen, daß die Wirklichkeit ohne Übertreibung unerträglich ist. *Nikolaus Cybinski*

5 Der Satire steht das Recht auf Übertreibung zu. Aber sie hat es schon seit langem nicht mehr nötig, von diesem Recht Gebrauch zu machen. *Gabriel Laub*

6 Ein hübsches Kompliment ist eine glaubwürdige Übertreibung. *Peter Alexander*

7 Die Liebe beruht auf einer starken Übertreibung des Unterschiedes zwischen einer Person und allen anderen. *George Bernard Shaw*

Übertretung *1* Wer die Menschen gern hat, verbietet ihnen etwas, damit sie an der Übertretung Spaß haben. *Norman Mailer*

2 Übertretungen kommen nur von den Geboten, Hühneraugen von zu engen Schuhen. *Peter Hille*

Überzeugung *1* Überzeugungen sind Krankheiten, die durch Begeisterung übertragen werden. *Siegfried Lenz*

2 Der Mensch ändert leichter seine Überzeugungen als seine Gewohnheiten. *Paul Wegener*

3 Der Mensch hat zwei Beine und zwei Überzeugungen: eine, wenn's ihm gut geht, und eine, wenn's ihm schlecht geht. Die letztere heißt Religion. *Kurt Tucholsky*

Üble Das Gedächtnis ist ein sonderbares Sieb: es behält alles Gute von uns und alles Üble von den anderen. *Wieslaw Brudziński*

Übung Frauen sind im Unglück weiser als Männer, weil sie Übung darin haben. *Eleonora Duse*

Ufer Bleib in deinen Ufern, wenn du nicht genug Wasser hast. *Paul Valéry*

Uhr *1* Die Uhr schlägt. Alle. *Stanislaw Jerzy Lec*

2 Ich trage nie eine Uhr. Uhrzeiger sind Peitschen für all jene, die sich als Rennpferde mißbrauchen lassen. *François Mitterrand*

3 Jetzt gehe ich mit der Zeit, sagte er, nachdem er sich eine Uhr gekauft hatte. *Wolfgang Eschker*

4 Auch eine stehengebliebene Uhr kann noch zweimal am Tag die richtige Zeit anzeigen; es kommt nur darauf an, daß man im richtigen Augenblick hinschaut. *Alfred Polgar*

5 Phantasten sind Menschen, deren Uhr vorgeht. *Anita Daniel*

6 Takt ist die innere Uhr, die uns sagt, wieviel es geschlagen hat. *Maurice Chevalier*

7 Das Gewissen ist eine Uhr, die immer richtig geht. Nur wir gehen manchmal falsch. *Erich Kästner*

8 Die Zeit ist eine Uhr ohne Ziffern. *Ernst Bloch*

Uhu Der Uhu ist eine gefiederte Katze. *Ramón Gómez de la Serna*

Ultimatum *1* Beim modernen Ultimatum droht man nicht mit Krieg, sondern mit Hilfe. *George F. Kennan*

2 Ultimatum: eine letzte Forderung, bevor man seine Zuflucht zu Konzessionen nimmt. *Ambrose Bierce*

Umarmung Auch mit einer Umarmung kann man einen Gegner bewegungsunfähig machen. *Amintore Fanfani*

Umgebung *1* Intelligenz ist die Fähigkeit, seine Umgebung zu akzeptieren. *William Faulkner*

2 Feine Leute sind solche, die nur in feiner Umgebung ordinär werden. *Wolfgang Herbst*

Umkehr Das Gute an den Sackgassen: Sie zwingen zur Umkehr. *Martin Held*

Umleitung *1* Umleitungen sind die beste Chance, endlich die eigene Stadt kennenzulernen. *Danny Kaye*

2 Beim Liebesspiel ist es wie bei Autofahren: Die Frauen mögen die Umleitung, die Männer die Abkürzung. *Jeanne Moreau*

Umschweif Umschweife: ein literarischer Trick, mit dem der Schriftsteller, der nichts zu sagen hat, dies dem Leser schonend beibringt. *Ambrose Bierce*

Umstand *1* Politik: die Kunst, sich von den jeweiligen Umständen so ändern zu lassen, daß es aussieht, als ob man die Umstände geändert habe. *Wolfgang Herbst*

2 Unter anderen Umständen wäre sie nie in andere Umstände gekommen. *Gerhard Uhlenbruck*

Umsturz Kegeln ist die Kunst, einen Umsturz zu machen, indem man eine ruhige Kugel schiebt. *Jürgen von Manger*

Umwälzung Umwälzungen finden in Sackgassen statt. *Bertolt Brecht*

Umweg *1* Das Leben besteht hauptsächlich aus Umwegen. *Frank Thieß*

2 Man muß sich einfache Ziele setzen, dann kann man sich komplizierte Umwege erlauben. *Charles de Gaulle*

3 Daß wir vor dem Himmel erst in die Erde müssen! Manche Umwege sind derart lang, daß wir eine Ewigkeit für sie brauchen. *Nikolaus Cybinski*

Umweltverschmutzung Wer den Kopf in den Sand steckt, bekommt heute einen besonders tiefen Einblick in unsere Umweltverschmutzung. *Gerhard Uhlenbruck*

Unabhängigkeit Es ist ein angenehmes Gefühl der Unabhängigkeit, wenn man einen Bestseller nicht besitzt. *Danny Kaye*

Unanständigkeit Anständigkeit ist die Verschwörung der Unanständigkeit mit dem Schweigen. *George Bernard Shaw*

Unart Gefühl ist eine Unart, die man sich nicht abgewöhnt. *Richard von Schaukal*

Unaufmerksamkeit Glück in der Ehe setzt viele kleine Aufmerksamkeiten und manchmal eine große Unaufmerksamkeit voraus. *Inge Meysel*

Unaufrichtigkeit Es gibt ein Minimum von Unaufrichtigkeit, das von jedem verlangt werden kann: Höflichkeit. *Hans Krailsheimer*

Unbegabte *1* Alles selbst machen zu wollen, ist das Kennzeichen des Unbegabten. *Richard von Schaukal*

2 Nur der Unbegabte stiehlt, der Kluge macht Geldgeschäfte. *Kurt Tucholsky*

Unbequeme Die Unbequemen sind den Unbequemen stets bequem. *André Heller*

Unbeständigkeit Die Unbeständigkeit der Frau, die man liebt, wird meistens aufgewogen durch die unheimliche Beständigkeit der Frau, von der man geliebt wird. *George Bernard Shaw*

Unbestechlichkeit Manche Richter sind so stolz auf ihre Unbestechlichkeit, daß sie darüber die Gerechtigkeit vergessen. *Oscar Wilde*

Understatement Understatement ist ein beliebtes Vergrößerungsglas für die eigene Größe. *Peter Ustinov*

Unempfindlichkeit Eine glatte Stirn deutet auf Unempfindlichkeit hin. *Bertolt Brecht*

Unentbehrlichkeit Das Telephon gehört zu den Unentbehrlichkeiten, die nicht gekannt zu haben, ein rohes Zeitalter adelt. *Richard von Schaukal*

Unergründlichkeit Es ist absolut sinnlos, die Frauen verstehen zu wollen, wo doch ihr größter Reiz in der Unergründlichkeit liegt. *Alfred Hitchcock*

Unfähigkeit Den eigenen Fleiß empfinden wir als notwendiges Übel. Der Fleiß der anderen ist eine Folge ihrer Unfähigkeit. *Gabriel Laub*

Unfreiheit Die Unfreiheit hassen wir nun. Wann fangen wir an, die Freiheit zu lieben? *Nikolaus Cybinski*

Ungar Ein Ungar ist ein Mensch, der hinter dir eine Drehtüre betritt und vor dir herauskommt. *Edward Teller*

Ungebildete Der Ungebildete ist ein Mensch, der oft ein schlechtes Buch für gut hält. Der Gebildete ist ein Mensch, der genauso oft ein gutes Buch für schlecht hält. *Robert Lynd*

Ungeduld *1* Liebe ist Geduld, Sex Ungeduld. *Erich Segal*

2 Geduld ist die Kunst, die Ungeduld zu verbergen. *Hermann Schridde*

3 Die Ungeduld ist die einzige Eigenschaft der Jugend, deren Verlust man im Alter nicht beklagt. *Frank Thieß*

4 Was Ungeduld ist, kann nur der ermessen, der einen steinreichen kranken Erbonkel hat. *Mark Twain*

Ungeheuer *1* Ein junger Mensch, der niemals weint, ist ein Ungeheuer. Ein alter Mensch, der niemals lacht, ist ein Narr. *George Santayana*

2 Wenn jemand sagt: «Richard III. ist ein Ungeheuer», hat er recht. Wenn er sagt: «Salome ist ein Ungeheuer», ist er ein Frauenfeind. *Hans Weigel*

Ungehorsam *1* Es gibt keine schöpferische Tätigkeit ohne Ungehorsam. *Jean Cocteau*

2 Ungehorsam ist für jeden, der die Geschichte kennt, die eigentliche Tugend des Menschen. *Oscar Wilde*

3 Die Franzosen wollen kommandiert sein, aber nur, um einen Grund zum Ungehorsam zu haben. *Harold Wilson*

Ungenauigkeit Ungenauigkeit ist ein Umweg. *Carl Sternheim*

Ungerechte Der Schlaf der Ungerechten ist tief und sehr schwer zu stören. *Helmut Qualtinger*

Ungerechtigkeit *1* Ungerechtigkeit ist verhältnismäßig leicht zu ertragen. Was wehtut, ist Gerechtigkeit. *Henry Louis Mencken*

2 Gegen Lärm wird gekämpft – warum nicht gegen die schreiende Ungerechtigkeit? *Wieslaw Brudziński*

3 Amnestie: ein Akt, durch den die Herrscher Ungerechtigkeiten verzeihen, die sie begangen haben. *Pierre Véron*

Ungeschicklichkeit Stolpern ist eine Ungeschicklichkeit, für die man nicht die Beine, sondern die Türschwelle verantwortlich macht. *Norman Mailer*

Ungewißheit Wenn eine Frau in ein Rendezvous einwilligt, dann weiß sie im Moment noch nicht, ob sie kommen wird oder nicht. In dieser Ungewißheit liegt für sie der Reiz der Verabredung. *Tristan Bernard*

Ungeziefer Der Mensch ist das gefährlichste Ungeziefer, das die Welt je bevölkert hat. *Friedensreich Hundertwasser*

Unglaube Unglaube: die größte der großen Weltreligionen. *Ambrose Bierce*

Unglück *1* Die Quelle des Mythos ist nicht das Glück, sondern das Unglück. *Franz Herre*

2 Unglücklichsein ist das halbe Unglück, Bedauertwerden das ganze. *Arthur Koestler*

3 Ob die Liebe ein Glück ist? Jedenfalls ist sie das charmanteste Unglück, das uns zustoßen kann. *Curt Goetz*

4 Wer liebt, sucht nicht das Glück, sondern das Unglück. *Marcel Proust*

5 Das Glück unterscheidet sich vom Unglück vor allem durch die kurze Dauer. *Gerhard Uhlenbruck*

6 Frauen sind im Unglück weiser als Männer, weil sie Übung darin haben. *Eleonora Duse*

7 Im Unglück finden wir meistens die Ruhe wieder, die uns durch die Furcht vor dem Unglück geraubt wurde. *Marie von Ebner-Eschenbach*

8 Im Grunde ist jedes Unglück nur gerade so schwer, wie man es nimmt. *Marie von Ebner-Eschenbach*

9 Nichts ist komischer als das Unglück – natürlich anderer. *Samuel Beckett*

Unglückliche *1* Unter den Dummen findet man wenige Unglückliche.
George Bernard Shaw

2 Der Glückliche fühlt, der Unglückliche denkt. *Joachim Fernau*

3 Die Unglücklichen und die Schlaflosen sind immer auch ein bißchen stolz auf ihr Malheur. *Bertrand Russell*

Unheil In Deutschland hat man das größte Unheil mit «Heil»-Rufen heraufbeschworen.
Axel Springer

Unhöflichkeit Schlaf ist Unhöflichkeit gegenüber der Nacht. *Hans Kudszus*

Uniform *1* Wer die Uniform erfunden hat, wollte keine Gesichter mehr sehen.
Thomas Niederreuther

2 Mode, das heißt: Zivil als Uniform.
Hans Lohberger

Universität Universitäten sind weniger eine Auslese von Intelligenz als von Eitelkeit.
Gerhard Zwerenz

Universum Meine persönliche Theologie basiert darauf, daß das Universum im Entwurf zwar diktiert, aber nicht unterschrieben worden ist. *Christopher Morley*

Unkraut *1* Unkraut ist die Opposition der Natur gegen die Regierung der Gärtner.
Oskar Kokoschka

2 Unkraut ist alles, was nach dem Jäten wieder wächst. *Mark Twain*

Unmensch Menschen, die «mit dem Leben fertig werden», sind eigentlich Unmenschen.
Heinrich Böll

Unmenschlichkeit Gerechtigkeit ohne Gnade ist nicht viel mehr als Unmenschlichkeit.
Albert Camus

Unmögliche *1* Das Unmögliche ist das, was man nie versucht hat. *Hans Günther Adler*

2 Nur mit dem Unmöglichen als Ziel kommt man zum Möglichen. *Miguel de Unamuno*

3 Man muß das Unmögliche versuchen, um das Mögliche zu erreichen. *Hermann Hesse*

4 Hoffnung ist der krankhafte Glaube an den Eintritt des Unmöglichen.
Henry Louis Mencken

5 Politik ist die Kunst des Möglichen, aber auch die Wissenschaft vom Unmöglichen.
Harold Macmillan

6 Die Wissenschaftler bemühen sich oft, das Unmögliche möglich zu machen, die Politiker das Mögliche unmöglich. *Bertrand Russell*

Unnachahmliche Die meisten Nachahmer lockt das Unnachahmliche.
Marie von Ebner-Eschenbach

Unordnung *1* Die perfekte Ordnung verbirgt Unordnung. *Heinrich Nüsse*

2 Durch Ruhe und Ordnung kann die Demokratie ebenso gefährdet werden wie durch Unruhe und Unordnung.
Hildegard Hamm-Brücher

3 Unordnung ist die Wonne der Phantasie.
Paul Claudel

Unrat Kommt Zeit, kommt Rat. Kommt Unrat. *Markus M. Ronner*

Unrecht *1* Unrecht gewinnt oft Rechtscharakter einfach dadurch, daß es häufig vorkommt. *Bertolt Brecht*

2 Das Recht des Stärkeren ist das stärkste Unrecht. *Marie von Ebner-Eschenbach*

3 Wenn du im Recht bist, kannst du es dir leisten, die Ruhe zu bewahren, und wenn du im Unrecht bist, kannst du es dir nicht leisten, sie zu verlieren. *Mahatma Gandhi*

4 Wenn man mir zustimmt, habe ich immer das Gefühl, im Unrecht zu sein. *Oscar Wilde*

5 Recht zu haben, ist nur halb so schön, wenn kein anderer Unrecht hat. *Orson Welles*

6 Die Strafe folgt meist so, daß es scheint, sie wäre ein Unrecht. *Karol Irzykowski*

7 Es kommt nicht darauf an, wieviel Unrecht einer erleiden kann; wie wenig er erträgt, ist entscheidend. *Nikolaus Cybinski*

8 Dem Gegner Unrecht widerfahren zu lassen, kräftigt ihn moralisch. *Hans Kasper*

9 Auch wenn alle einer Meinung sind, können alle Unrecht haben. *Bertrand Russell*

Unrechtserlebnis Rechtsbewußtsein entsteht durch ein Unrechtserlebnis. *Manès Sperber*

Unruhe *1* Wer für sich in Anspruch nimmt, mündig zu sein, ist zur Unruhe verpflichtet.
Siegfried Lenz

2 Unruhe ist die erste Menschenpflicht.
Miguel de Unamuno

3 Das Problem vieler Ehen: Der Mann möchte sich zur Ruhe setzen, die Frau zur Unruhe legen. *Rolf Thiele*

Unsicherheit Ist dir noch nicht aufgefallen, wieviel Frechheit durch Unsicherheit zu erklären ist? *Kurt Tucholsky*

Unsinn *1* Verstand sieht jeden Unsinn, Vernunft rät, manches davon zu übersehen.
Wieslaw Brudziński

2 Wieviel Unsinn ist im Laufe der Zeit von Professoren gesagt worden! Warum sollten Studenten nicht auch mal dummes Zeug reden dürfen? *Alexander Mitscherlich*

3 Wer viele Sprachen spricht, kann in vielen Sprachen Unsinn reden.
Alexander Roda Roda

4 Literatur ist gedruckter Unsinn.
August Strindberg

Unsterblichkeit *1* Unsterblichkeit bedeutet, von vielen Anonymen geliebt zu werden.
Sigmund Freud

2 Feuilleton: die Unsterblichkeit eines Tages.
Ludwig Speidel

3 Kinder sind eine Art Lebensversicherung – die einzige Art der Unsterblichkeit, derer wir sicher sein können. *Peter Ustinov*

4 Manche Menschen bleiben nur durch ihr Scheitern in Erinnerung. Auch das ist Unsterblichkeit. *Henri Troyat*

Untat *1* Es ist erstaunlich zu sehen, wieviel Untaten ein gutes Gewissen erträgt.
Nikolaus Cybinski

2 Es gibt Untaten, über welche kein Gras wächst. *Ernst Bloch*

Unterbrechung Niemanden stört eine Unterbrechung, wenn es Beifall ist.
Joachim Fuchsberger

Unterdrückung *1* Die Geschichte der Sexualität ist die Geschichte ihrer Unterdrückung.
Lutz Röhrich

2 Emanzipation: der Übergang eines Sklaven aus der Unterdrückung durch einen anderen zur Unterdrückung durch sich selbst.
Ambrose Bierce

Unterernährung Keuschheit ist ebensowenig eine Tugend wie Unterernährung.
Alexander Comfort

Unterhaltspflicht Ehe ist vielfach nur der Kontrakt, auf dessen Bruch die Unterhaltspflicht als Konventionalstrafe steht.
Karl Jaspers

Unterhaltszahlung Bigamie ist die Möglichkeit, zugleich die Schmutzwäsche der Scheidung und die Last der Unterhaltszahlungen zu vermeiden. *Oliver Herford*

Unterhaltung *1* Unsere Kultur besteht aus drei Schubladen, deren zwei sich schließen, wenn eine geöffnet wird: Arbeit, Unterhaltung, Belehrung. *Karl Kraus*

2 Der Unterschied zwischen Kunst und Unterhaltung ist eine absurde Trennung, die nur in Deutschland gemacht wird.
Johannes Schaaf

3 Das gestörte Verhältnis der deutschen Intelligenz zur Unterhaltung mag es wohl geben. Das gestörte Verhältnis der deutschen Unterhaltung zur Intelligenz ist Programmbestandteil. *Werner Schneyder*

4 Unterhaltung besteht meistens nicht darin, daß man selbst etwas Gescheites sagt, sondern daß man etwas Dummes anhören muß.
Wilhelm Busch

Unterleib Früher zeigte man im Film die Dame ohne Unterleib. Heute zeigt man den Unterleib der Dame. *Ida Ehre*

Unternehmer Das Zeitalter der Fusionen hat den Unternehmer zum bloßen Übernehmer degradiert. Zum Glück hat sich mancher dabei übernommen. *Markus M. Ronner*

Unterschied *1* Das Leben ist eine Krankheit, und der einzige Unterschied zwischen den Menschen besteht darin, daß sie sich in verschiedenen Phasen dieser Krankheit befinden.
George Bernard Shaw

2 Die Liebe beruht auf einer starken Übertreibung des Unterschiedes zwischen einer Person und allen anderen.
George Bernard Shaw

3 Wie lächerlich gering ist der Unterschied zwischen Mann und Frau! Von achtundvierzig Chromosomen unterscheidet sich nur eines.
Germaine Greer

4 Der kleine Unterschied: Er denkt beim Lieben, sie liebt beim Denken.
Oliver Hassencamp

5 Auch emanzipierte Frauen wünschen sich manchmal, daß der Unterschied zwischen den Geschlechtern etwas größer wäre.
Wolfgang Eschker

6 Realität: der Unterschied zwischen dem, was uns freut, und dem, womit wir uns trösten.
Gabriel Laub

Unterstreichung Zensur ist ungewollte Unterstreichung durch gewollte Streichung.
Martin Sperr

Untertreibung Die Engländer sind ein Volk, das die Untertreibung übertreibt.
Pierre Daninos

Unterwäsche Ich bin gegen funktionelle Unterwäsche. Ein Dessous muß nicht praktisch sein, sondern reizvoll.
Catherine Deneuve

Unterwelt Die Unterwelt tut's mit dem Schlagring, der Boulevard mit der Schlagzeile.
Markus M. Ronner

Untreue *1* Manche Männer erwarten die Untreue ihrer Frau mit der gleichen Spannung, mit der sie im Zirkus den Absturz eines Seiltänzers erwarten. *Henry Miller*

2 Viele Ehen brauchen die Untreue, damit sie Bestand haben. *Alexander Comfort*

3 Es sind nicht die dümmsten Frauen, die sich für eine Untreue des Mannes durch bedingungslose Treue rächen. *Alec Guinness*

Untugend Jede Nation ist im Ausland hauptsächlich durch ihre Untugenden bekannt. *Joseph Conrad*

Unvernunft Kein Mann ist imstande, die weibliche Vernunft zu begreifen. Deshalb gilt sie als Unvernunft. *Eleonora Duse*

Unwahrheit Die Unwahrheiten sind oft nicht in dem, was man sagt, sondern, was man nicht sagt. *Ludwig Marcuse*

Unwahrscheinlichkeit Beweis: eine Aussage, die einen Grad glaubwürdiger ist als die Unwahrscheinlichkeit. *Ambrose Bierce*

Unwille Den freien Willen gibt es nicht, den freien Unwillen sollte man uns schon lassen.
Gerhard Uhlenbruck

Unwissende Der Unwissende hat Mut, der Wissende hat Angst. *Alberto Moravia*

Unwissenheit *1* Es gibt nur ein Elend, und das ist Unwissenheit. *Thornton Wilder*

2 Durch unser Wissen unterscheiden wir uns nur wenig, in unserer grenzenlosen Unwissenheit aber sind wir alle gleich. *Karl Popper*

3 Wissen: jener kleine Teil der Unwissenheit, den wir geordnet und klassifiziert haben.
Ambrose Bierce

4 Ein Spezialist ist einer, der sich auf eine von ihm gewählte Form der Unwissenheit beschränkt hat. *Elbert Hubbard*

Unzufriedene Den Fortschritt verdanken die Menschen den Unzufriedenen.
Aldous Huxley

Unzufriedenheit *1* Unzufriedenheit ist der erste Schritt zum Erfolg. *Oscar Wilde*

2 Agitatoren sind Störenfriede, die eine zufriedene Bevölkerung zur Unzufriedenheit aufstacheln. Deshalb sind Agitatoren notwendig. *Oscar Wilde*

Unzurechnungsfähigkeit *1* Liebe nennt man die Unzurechnungsfähigkeit der Zurechnungsfähigen. *Alfred Polgar*

2 Liebe ist der angenehmste Zustand teilweiser Unzurechnungsfähigkeit. *Marcel Aymé*

Urgroßvater Jede Generation lächelt über die Väter, lacht über die Großväter und bewundert die Urgroßväter.
William Somerset Maugham

Urheberrecht Wenn das Echo sich verspätet, beginnt der Kampf um das Urheberrecht.
Wolfgang Eschker

Urlaub *1* Urlaub – das ist jene Zeit, in der man zum Ausspannen eingespannt wird.
Hans Söhnker

2 Urlaub ist der Versuch, dem Nachbarn zu entgehen, obwohl man ziemlich sicher sein kann, daß man ihn im Strandkorb nebenan trifft. *Jacques Tati*

3 Manche Menschen reisen hauptsächlich in den Urlaub, um Ansichtskarten zu kaufen, obwohl es doch vernünftiger wäre, sich diese Karten kommen zu lassen. *Robert Musil*

4 Bei den meisten Menschen verläuft der Urlaub im Sande. *Gerhard Uhlenbruck*

5 Nur im Urlaub gibt es die ewige Liebe für vierzehn Tage. *Uschi Glas*

Urlaubsreise Schweiß ist Transpiration, die heute nur noch bei Urlaubsreisen und Freizeitbeschäftigungen auftritt. *Michael Schiff*

Urlaut Mein Werk besteht aus Urlauten, die ich mit voller Kraft von mir gegeben habe. *Samuel Beckett*

Ursache Wenn ein Arzt hinter dem Sarg seines Patienten geht, so folgt manchmal tatsächlich die Ursache der Wirkung. *Robert Koch*

Urteil *1* Je reicher man an Urteilen ist, desto ärmer wird man an Vorurteilen. *Henry Miller*

2 Vorurteil! Das Wort ist nicht übel, wollte nur das Urteil nachkommen. *Peter Hille*

3 Ein Urteil läßt sich widerlegen, aber niemals ein Vorurteil. *Marie von Ebner-Eschenbach*

Urteilskraft *1* Ein Mann ohne Urteilskraft mag bis zur Spitze aufsteigen, aber er wird sich dort nicht sehr lange halten. *Clement Richard Attlee*

2 Tradition ist das Ruhekissen der Urteilskraft. *Sigmund Graff*

Urzeit Wir sollten, wie in Urzeiten, den Politikern die Waffen mit ins Grab geben. *Nikolaus Cybinski*

Utopie *1* Mensch sein heißt Utopien haben. *Paul Tillich*

2 Ohne Utopie leben nur die Tiere. *Max Frisch*

3 Ein guter Vorsatz ist eine private Utopie. *Bernhard Wicki*

4 Man muß an Utopien glauben, um sie verwirklichen zu können. *Jean Jacques Servan-Schreiber*

5 Utopien sind heutzutage geplante Wunder. *Halldór Laxness*

6 In Zukunft wird sich die Utopie beeilen müsen, wenn sie die Realität einholen will. *Wernher von Braun*

7 Heutzutage ist kaum etwas realistischer als eine Utopie. *Thornton Wilder*

8 Heute ist die Utopie vom Vormittag die Wirklichkeit vom Nachmittag. *Truman Capote*

V

Vampir Liebeskunst besteht darin, mit dem Temperament eines Vampirs die Diskretion einer Anemone zu verbinden. *Emile M. Cioran*

Vater *1* Es kann vorkommen, daß sich der Vater um das neuentstandene Leben kümmert – ein bei den Fischen häufiges Phänomen. *Simone de Beauvoir*

2 Der Wunsch nach dem Sohn ist der Vater vieler Töchter. *Karl Schiller*

3 Das Kind hat den Verstand meistens vom Vater, weil die Mutter ihren noch besitzt. *Adele Sandrock*

4 Nicht zu wissen, wen man zum Vater hat, ist ein Mittel gegen die Furcht, ihm ähnlich zu sein. *André Gide*

5 Das Vertrauen junger Menschen erwirbt man am sichersten dadurch, daß man nicht ihr Vater ist. *Henry de Montherlant*

6 Das schlimmste Mißgeschick für einen gewöhnlichen Menschen besteht darin, einen außergewöhnlichen Vater zu haben. *Austin O'Malley*

7 Ich hatte immer Angst, wie mein Vater zu werden. Jetzt bin ich's, und es ist gar nicht so schlimm. *Manfred Krug*

8 Als Sohn eines berühmten Vaters hat man erst dann wirklich Karriere gemacht, wenn die Leute den Vater fragen, wie es dem Sohn geht. *Hans Haß*

9 Jede Mutter hofft, daß ihre Tochter einen besseren Mann bekommt als sie selber, und ist überzeugt, daß ihr Sohn niemals eine so gute Frau bekommen wird wie sein Vater. *Martin Andersen-Nexø*

10 Durchaus denkbar, daß der Krieg der Vater aller Dinge ist. Denn der Vater aller Menschen ist er garantiert nicht. *Werner Schneyder*

11 Für die Schuld der Väter werden oft erst die Söhne ausgezeichnet. *Stanislaw Jerzy Lec*

12 Das Gewissen ist der unpersönlich gewordene Vater. *Hans Lohberger*

13 Jede Generation lächelt über die Väter, lacht über die Großväter und bewundert die Urgroßväter. *William Somerset Maugham*

14 Der Psychoanalytiker ist ein Beichtvater, den es gelüstet, auch die Sünden der Väter abzuhören. *Karl Kraus*

Vaterland *1* Frag nicht, was dein Vaterland für dich tun kann; frag, was du für dein Vaterland tun kannst. *John F. Kennedy*

2 Das eigene Vaterland lieben kann nur einer, der auch die Vaterländer der anderen liebt. *Alessandro Pertini*

3 Man soll das Vaterland nicht mehr lieben als einen Menschen. *Friedrich Dürrenmatt*

4 Vaterland nennt sich der Staat immer dann, wenn er sich anschickt, auf Menschenmord auszugehen. *Friedrich Dürrenmatt*

5 Ehe du für dein Vaterland sterben willst, sieh dir's erst mal genauer an. *Arno Schmidt*

6 Ein Prophet revanchiert sich: das Vaterland gilt ihm nichts. *Bert Berkensträter*

Vaterlandsliebe Nestbeschmutzung ist die einzige heute noch vertretbare Form von Vaterlandsliebe. *Herbert Rosendorfer*

Vatikan Unter Engeln ist der Vatikan als eine Art Las Vegas beliebt. *Jürg Federspiel*

Vegetarier *1* Vegetarier seien harmlose Leute. Die Karotten sind da ganz anderer Ansicht. *Markus M. Ronner*

2 Auch die besessensten Vegetarier beißen nicht gern ins Gras. *Joachim Ringelnatz*

3 Pazifisten sind wie Schafe; sie glauben, der Wolf sei Vegetarier. *Yves Montand*

Vegetarier-Bankett Reden auf Vegetarier-Banketten sind erfreulich kurz, weil man Angst hat, daß sonst das Essen verwelkt. *Mario Adorf*

Venedig Venedig ist meistens die zweite Enttäuschung der Braut auf der Hochzeitsreise. *Alberto Sordi*

Verabredung Wenn eine Frau in ein Rendezvous einwilligt, dann weiß sie im Moment noch nicht, ob sie kommen wird oder nicht. In dieser Ungewißheit liegt für sie der Reiz der Verabredung. *Tristan Bernard*

Verachtung *1* Höflichkeit ist die sicherste Form der Verachtung. *Heinrich Böll*

2 Schweigen ist der vollkommenste Ausdruck der Verachtung. *George Bernard Shaw*

Verallgemeinerung *1* Verallgemeinerung ist die Philosophie der Primitiven. *Moscheh Ya'akov Ben-gavriêl*

2 Verallgemeinerungen sind Lügen. *Gerhart Hauptmann*

Veränderer Die entscheidenden Veränderer der Welt sind immer gegen den Strom geschwommen. *Walter Jens*

Veränderung *1* Den Fortschritt verdanken wir den Nörglern. Zufriedene Menschen wünschen keine Veränderung. *Herbert George Wells*

2 Werte kann man nur durch Veränderung bewahren. *Richard Löwenthal*

Veranlagung Die einzige abartige Veranlagung, die ich kenne, wird vom Steueramt verschickt. *Wolfgang Neuß*

Verantwortung *1* Wenn man nichts tut, glaubt man, daß man für alles die Verantwortung trägt. *Jean-Paul Sartre*

2 Freiheit bedeutet Verantwortung. Deshalb wird sie von den meisten Menschen gefürchtet. *George Bernard Shaw*

3 Schade, daß die, die Verantwortung übernehmen, sie nur so selten tragen wollen. *Markus M. Ronner*

4 Einen Rat befolgen heißt die Verantwortung verschieben. *Johannes Urzidil*

5 Nicht nur die Fernsehmacher, auch das Publikum trägt Verantwortung. *Gerd Bacher*

6 Niemand bestreitet die Wunder der modernen Wissenschaft. Jetzt wäre es an der Zeit, daß sie auch für ihre Monster die Verantwortung übernimmt. *Jakob von Üxküll*

Verbesserung Auch Gott lernt dazu. Man merkt das an den Verbesserungen bei der Erschaffung der Frau gegenüber der des Mannes. *Zsa Zsa Gábor*

Verbindung Der Mächtigere in einer Verbindung ist immer der, der weniger liebt. *Eleonora Duse*

Verbot Zensur ist geheime Empfehlung durch öffentliches Verbot. *Dieter Hildebrandt*

Verbotene Verbotenes bekämpft man am besten, indem man es erlaubt.
John B. Priestley

Verbrechen *1* Verbrechen: Muse der Prediger und der Moralisten. *Stanislaw Jerzy Lec*

2 Bücherschreiben ist das einzige Verbrechen, bei dem sich der Täter bemüht, Spuren zu hinterlassen. *Gabriel Laub*

3 Wer kein Verbrechen begeht, ist für die Gerechtigkeit uninteressant.
Stanislaw Jerzy Lec

4 Manchmal ist das Alibi das Verbrechen.
Stanislaw Jerzy Lec

Verbrecher *1* Wer die Wahrheit nicht weiß, der ist bloß ein Dummkopf. Aber wer sie weiß und sie eine Lüge nennt, der ist ein Verbrecher.
Bertolt Brecht

2 Der Verbrecher von gestern ist der Held von heute. *Fritz Bauer*

3 Journalisten sind wie Politiker – sie reichen vom Verbrecher bis zum Staatsmann.
Helmut Schmidt

4 Verbrecher kehren manchmal an den Ort ihres Verbrechens zurück. Politiker werden wiedergewählt. *Karel Trinkewitz*

Verdacht Die Wahrheit ist ein Verdacht, der andauert.
Ramon Campoamor y Compoosorio

Verdauung Eine gute Regierung ist wie eine geregelte Verdauung. Solange sie funktioniert, merkt man kaum etwas von ihr.
Erskine Caldwell

Verdrängung Die Wahrheit wird von Verdrängung ersetzt, aber verdrängen heißt lügen. *Jewgenij Jewtuschenko*

Verdruß Wenn ein Mann nicht gar zuviel Verdruß hat, ist er bereits glücklich.
Henry de Montherlant

Verdunkelung Verdunkelung ist ein wunderbares Mittel gegen Geschwätzigkeit. Es wirkt bei Papageien; man sollte es auch bei Menschen anwenden. *Louis de Funès*

Verehren Schreiben und Verehren, das geht nicht zusammen: ob man will oder nicht – von Gott sprechen, heißt ihn von oben betrachten.
Emile M. Cioran

Verehrung *1* Verehrung ist tiefgekühlte Liebe. *Françoise Sagan*

2 Das Plagiat ist vielleicht die aufrichtigste Form der Verehrung. *Alfred Polgar*

3 Konservativismus: die Verehrung toter Revolutionäre. *Clinton Rossiter*

Verein *1* Ein Verein ist eine Vereinigung von Personen, die entweder gemeinsam Krach machen oder untereinander Krach haben.
Gerhard Uhlenbruck

2 Vereine fördern die Bestrebungen ihrer Mitglieder und stören die der anderen.
Robert Musil

3 Man muß spätestens aus einem Verein austreten, wenn man Vorsitzender wird.
Ernst Jünger

4 Ich würde niemals einem Verein beitreten, der mich als Mitglied aufnähme.
Groucho Marx

Vereinfachen Manche Menschen benützen ihre Intelligenz zum Vereinfachen, manche zum Komplizieren. *Erich Kästner*

Vereinfacher Politik machen bedeutet, einen simplen Tatbestand so zu komplizieren, daß alle nach einem neuen Vereinfacher rufen.
Giovanni Guareschi

Verengung Die Verengung des Gesichtsfeldes hebt das Interesse. Darin liegt der Reiz des Schlüsselloches. *Peter Frankenfeld*

Vererbung Eltern begabter Kinder glauben unerschütterlich an Vererbung.
Joachim Fuchsberger

Verfasser *1* Wir leben in einer Zeit, in der immer mehr Verfasser alles erreichen, was sie mit einem Zeitungsartikel erreichen wollen: er wird gedruckt. *Gabriel Laub*

2 Autobiographien sind Enthüllungen über das schlechte Gedächtnis ihrer Verfasser.
Alessandro Blasetti

Verfassung *1* Die Verfassung muß elastisch sein – lieber aus Gummi als aus Eisen.
Charles de Gaulle

2 Wir haben eine gute Verfassung – aber sind wir auch in guter Verfassung?
Richard von Weizsäcker

3 Das Recht auf Dummheit wird von der

Verfassung geschützt. Es gehört zur Garantie der freien Persönlichkeitsentfaltung. *Mark Twain*

4 In der Verfassung eines idealen Staates sollte an erster Stelle das Recht stehen, alle, die uns lästig werden, auszumerzen. *Emile M. Cioran*

Verfolger Die Verfolger des Bösen sind oft schlimmer als das Böse. *Joachim Günther*

Verführer *1* Ein Verführer ist ein Mann, der Frauen wie Bücher liest: keine ganz zu Ende. *Henry Miller*

2 Alle großen Verführer beherrschen die Kunst, einer Frau beim Fallen so behilflich zu sein, daß sie sich nicht wehtut. *Michel Simon*

3 Alle großen Verführer wissen, daß man Frauen erst die Augen öffnen muß, damit sie sie schließen können. *Henry Miller*

4 Wenn Verführer wüßten, wie oft sie selbst die Verführten sind, wären sie sehr kleinlaut. *Jeanne Moreau*

Vergangene Das Vergangene ist nie tot. Es ist nicht einmal vergangen. *William Faulkner*

Vergangenheit *1* Die Vergangenheit muß reden, und wir müssen zuhören. Vorher werden wir und sie keine Ruhe finden. *Erich Kästner*

2 Wer die Vergangenheit nicht versteht, versteht nichts wirklich. *Stefan Zweig*

3 Die Tür zur Vergangenheit ist ohne Knarren nicht zu öffnen. *Alberto Moravia*

4 Man wendet sich zur Vergangenheit zurück - und schon springt sie einen an. *Jacques Prévert*

5 Die Vergangenheit ist ein Sprungbrett, kein Sofa. *Harold Macmillan*

6 Oft überholt einen die Vergangenheit - wie könnte man sonst über sie stolpern? *Gerhard Uhlenbruck*

7 Wer sich an die Vergangenheit nicht erinnern kann, ist dazu verdammt, sie zu wiederholen. *George Santayana*

8 Der Unterschied zwischen Gott und den Historikern besteht hauptsächlich darin, daß Gott die Vergangenheit nicht ändern kann. *Samuel Butler*

9 Geschichtsschreibung ist Planung für die Vergangenheit. *Thornton Wilder*

10 Nichts ist so wandelbar wie die Vergangenheit. *Markus M. Ronner*

11 Das Gedächtnis des Menschen ist das Vermögen, die Vergangenheit den Bedürfnissen der Gegenwart entsprechend umzudeuten. *George Santayana*

12 Die Vergangenheit ändert sich dauernd. Die Leute erinnern sich an nichts, und wenn sie es doch mal tun, dann verliert man eben ein paar Dokumente. *Arthur Miller*

13 Wer die Vergangenheit nicht kennt, wird die Zukunft nicht in den Griff bekommen. *Golo Mann*

14 Wer in der Zukunft lesen will, muß in der Vergangenheit blättern. *André Malraux*

15 Zukunft ist die Zeit, in der man die ganze Vergangenheit kennen wird. Solange man die Vergangenheit nur teilweise kennt, lebt man in der Gegenwart. *Gabriel Laub*

16 Jede Revolution ist viel weniger Bauplatz der Zukunft als Auktion der Vergangenheit. *Heimito von Doderer*

17 Frauen mit Vergangenheit und Männer mit Zukunft ergeben eine fast ideale Mischung. *Oscar Wilde*

18 Der einzige Unterschied zwischen dem Heiligen und dem Sünder ist, daß jeder Heilige eine Vergangenheit und jeder Sünder eine Zukunft hat. *Oscar Wilde*

19 Die Zukunft sieht man nicht, die Vergangenheit wohl. Das ist seltsam, denn wir haben ja unsere Augen nicht auf dem Rücken. *Eugène Ionesco*

20 Alt ist man dann, wenn man an der Vergangenheit mehr Freude hat als an der Zukunft. *John Knittel*

21 Eine Nation muß scheitern, wenn sie ihre Zukunft in der Vergangenheit sieht. *Walther Leisler Kiep*

22 Aus der Vergangenheit kann jeder lernen. Heute kommt es darauf an, aus der Zukunft zu lernen. *Herman Kahn*

23 Zukunft ist die Ausrede derer, die Vergangenheit und Gegenwart zu verbergen trachten. *Ludwig Marcuse*

24 Eine Zukunft, von der man zuviel spricht, gehört bereits der Vergangenheit an. *André Malraux*

25 Zukunft ist etwas, das die meisten Menschen erst lieben, wenn es Vergangenheit geworden ist. *William Somerset Maugham*

Vergänglichkeit *1* Die Zeitung deckt unseren täglichen Bedarf an Vergänglichkeit. *Ernst Schröder*

2 Erscheinen die meisten Bücher im Herbst, um an ihre Vergänglichkeit zu erinnern? *Nikolaus Cybinski*

Vergessen *1* Vergessen, das ist die Kunst, Bewußtes unbewußt zu machen. *Hans Lohberger*

2 Vergessen ist Mangel an Treue. *Gabriel Marcel*

3 Das Vergessen kann eine große produktive Tat sein. *Hans Arndt*

Vergessenkönnen Vergessenkönnen ist das Geheimnis ewiger Jugend. Wir werden alt durch Erinnerung. *Erich Maria Remarque*

Vergeßlichkeit Zum Weiterleben ist Vergeßlichkeit nötig. *Friedrich Sieburg*

Vergleich *1* Manche Politiker halten einem Vergleich nur Stand, solange man ihn nicht zieht. *Helmut Schmidt*

2 Viele Vergleiche hinken – dennoch ins Ziel. *Wolfgang Eschker*

3 Eifersucht ist Angst vor dem Vergleich. *Max Frisch*

Vergnügen *1* Es ist immer ein besonderes Vergnügen, den Menschen zu zeigen, daß man ohne sie auskommen kann. *Henry de Montherlant*

2 Der Unterschied zwischen Vergnügen und Glück ist derselbe wie zwischen einem Kahn und einem Ozeandampfer. Auf den Tiefgang kommt es an. *Ewald Balser*

3 Der Unterschied zwischen Glück und Vergnügen besteht darin, daß man sich das Vergnügen selber wählen kann. *Gustav Knuth*

4 Man sollte nur für das Vergnügen leben, denn nichts geht so schnell vorüber. *Oscar Wilde*

5 Vergnügen kann ein Fließbanderzeugnis sein, Glück niemals. *John Steinbeck*

6 Das Gewissen ist jene innere Stimme, die uns zwar nicht abhält, etwas zu tun, aber das Vergnügen erheblich stört. *Marcel Achard*

7 Wer die Gesetze nicht kennt, bringt sich um das Vergnügen, gegen sie zu verstoßen. *Jean Genet*

8 Wo es eheliche Pflichten gibt, gibt es außereheliches Vergnügen. *Henry Miller*

9 Manches Vergnügen besteht darin, daß man mit Vergnügen darauf verzichtet. *Peter Rosegger*

10 Moralisten sind Leute, die sich jedes Vergnügen versagen, außer jenem, sich in das Vergnügen anderer Leute einzumischen. *Bertrand Russell*

11 Schriftsteller: einer, der Leuten Vergnügen liefert, die selbst nicht genug Witz haben, sich zu unterhalten. *George Bernard Shaw*

Vergnügung *1* Wer das ganze Elend seiner Mitmenschen ermessen will, braucht sich nur ihre Vergnügungen anzusehen. *Thomas Stearns Eliot*

2 Laster sind die Vergnügungen, zu denen es uns an dem nötigen Mut fehlt. *Graham Greene*

3 Als Laster bezeichnen wir die Vergnügungen, von denen wir uns nicht zu kosten getrauen, und als Tugenden die Pflichten, denen wir uns nicht zu entziehen wagen. *Henry Miller*

Vergrößerungsglas *1* Understatement ist ein beliebtes Vergrößerungsglas für die eigene Größe. *Peter Ustinov*

2 Die besten Vergrößerungsgläser für die Freuden der Welt sind die, aus denen man trinkt. *Joachim Ringelnatz*

Vergrößerungsspiegel Frauen waren jahrhundertelang ein Vergrößerungsspiegel, der es den Männern ermöglichte, sich selbst in doppelter Lebensgröße zu sehen. *Virginia Woolf*

Vergünstigung Man soll niemals als Recht verlangen, was man als Vergünstigung bekommen kann. *John Churton Collins*

Verhalten Pferdeverstand ist das, was Pferde davon abhält, auf künftiges Verhalten der Menschen zu wetten. *Oscar Wilde*

Verhandlung Mit Aufrichtigkeit kann man

bei diplomatischen Verhandlungen die verblüffendsten Wirkungen erzielen.
André François-Poncet

Verherrlichung Die Verherrlichung der Toten beruht unter anderem darauf, daß sie uns nicht mehr enttäuschen können.
Martin Kessel

Verirrung Die sonderbarste aller sexuellen Verirrungen ist vielleicht die Enthaltsamkeit.
Rémy de Gourmont

Verkalkung Verkalkungen werden oft für Kristallisationen gehalten. *Karol Irzykowski*

Verkehr *1* Im Verkehr kann man täglich ein Leben retten, nämlich sein eigenes.
Siegfried Sommer

2 Verkehr ist, wenn man trotzdem lebt.
Siegfried Sommer

Verkehrsproblem Das Verkehrsproblem zeigt uns, was wir für Schildbürger sind.
Wolfgang Eschker

Verlag Es gibt Verlage, die verlegen Manuskripte gleich auf Nimmerwiedersehen.
Wolfgang Eschker

Verlangen Die Schönheit einer Frau besteht in dem Grad des Verlangens, das sie bei einem Manne auslöst. *Italo Svevo*

Verlaß Auf böse Menschen ist Verlaß. Sie ändern sich wenigstens nicht.
William Faulkner

Verlegenheit Groß ist ein Mensch, der nach seinem Tod die anderen in Verlegenheit läßt.
Paul Valéry

Verleger *1* Vor die Edition haben die Verleger die Addition gesetzt. *Bert Berkensträter*

2 Als Verleger verdient man das meiste Geld mit dem Neinsagen. *Ralph Maria Siegel*

3 Verleger interessiert an Klassikern vor allem, daß sie tantiemenfrei geworden sind.
Hubert Beuve-Méry

4 Er war einer der wenigen Verleger, die stets auf dem Teppich blieben. Er war Teppichverleger. *Markus M. Ronner*

5 Wer weiß, daß der Begriff «Verleger» aus der Bierbranche stammt, ist gegen Ernüchterungen gefeit. *Markus M. Ronner*

6 Wäre ich Verleger, ich würde zuversichtlichen Autoren mißtrauen. Ein Autor hat seine Zuversicht verbraucht, wenn er aus Papier Manuskript gemacht hat. *Heinrich Böll*

Veliebte Verliebte singen aus demselben Grund, aus dem ein Kind im Dunkeln pfeift.
August Strindberg

Verliebtheit Keiner, der ein Liebesgedicht schreibt, wird sich über Hormonausschüttung bei Verliebtheit orientieren. *Peter Bichsel*

Verliebtsein Verliebtsein bedeutet, den Unterschied zwischen einer Frau und einer anderen ungebührlich zu überschätzen.
George Bernard Shaw

Verlierer Ein guter Verlierer ist ein ungewählter Politiker, der sich trotzdem gewählt ausdrückt. *Ernst Schröder*

Verlobung *1* Eine Verlobung ist bedingte Verurteilung zu lebenslänglicher Doppelhaft mit vorläufigem Strafaufschub.
August Strindberg

2 Verlobung ist eine Art Ausnüchterungszelle für Berauschte. *Evelyn Waugh*

Verlobungszeit Die Würze einer langen Verlobungszeit liegt darin, daß die Bräute wechseln. *Alexander Roda Roda*

Verlogenheit Es gibt einen Grad von eingefleischter Verlogenheit, den nennt man «das gute Gewissen». *Friedrich Nietzsche*

Verlust Manchmal sind das die schmerzhaftesten Verluste, bei denen wir keine Trauer empfinden. *Nikolaus Cybinski*

Vermählungsanzeige Vermählungsanzeigen sind der Vorspann eines Films, an dem noch gedreht wird. *Peter Maiwald*

Verneinung Ein Dementi ist ratenweise Bestätigung durch fortgesetzte Verneinung.
Roger Peyrefitte

Vernichtung Anerkennung und Applaus können auch Vernichtung bedeuten.
Helmut Qualtinger

Vernunft *1* Die Vernunft spricht leise, deshalb wird sie so oft nicht gehört.
Jawaharlal Nehru

2 Die Stimme der Vernunft ist leise, aber sie ruht nicht, ehe sie sich Gehör verschafft hat.
Sigmund Freud

3 Vernunft ist so etwas wie ansteckende Gesundheit. *Alberto Moravia*

4 Vernunft annehmen kann niemand, der nicht schon welche hat. *Marie von Ebner-Eschenbach*

5 Vernunft muß sich jeder selbst erwerben, nur die Dummheit pflanzt sich gratis fort. *Erich Kästner*

6 Wenn der Mensch soviel Vernunft hätte wie Verstand, wäre alles viel einfacher. *Linus Pauling*

7 Verstand sieht jeden Unsinn, Vernunft rät, manches davon zu übersehen. *Wieslaw Brudziński*

8 Aufklärung: Die Vernunft macht immer heller, in welchem Dunkel wir leben. *Ludwig Marcuse*

9 Keine Begeisterung sollte größer sein als die nüchterne Leidenschaft zur praktischen Vernunft. *Helmut Schmidt*

10 Vernunft ist manchmal nichts anderes als der Mut zur Feigheit. *George Bernard Shaw*

11 Kein Mann ist imstande, die weibliche Vernunft zu begreifen. Deshalb gilt sie als Unvernunft. *Eleonora Duse*

12 Wenn man sich von der Vernunft lange genug leiten läßt, kommt man zu ganz unvernünftigen Schlußfolgerungen. *Samuel Butler*

13 Die Raumfahrt ist ein Triumph des Verstandes, aber ein tragisches Versagen der Vernunft. *Max Born*

14 Der Glaube ist eine Art von sechstem Sinn, der wirksam wird, wenn die Vernunft versagt. *Mahatma Gandhi*

15 Politik ist der stets neu zu schaffende Kompromiß von Macht und Vernunft. *Carl Friedrich von Weizsäcker*

16 Was ist Gewalt anderes als Vernunft, die verzweifelt? *José Ortega y Gasset*

Vernunftehe *1* Oft gehen zwei Idioten eine Vernunftehe ein. *Wieslaw Brudziński*

2 Eine Vernunftehe kann nur dann gut gehen, wenn höchstens einer der beiden Partner vernünftig ist. *Catherine Deneuve*

Veröffentlichung Tagebuchführen ist das Spiel mit der Chance der nicht gewollten Veröffentlichung. *Uwe Johnson*

Verpackung Frauen unterwerfen sich willig der Mode, denn sie wissen, daß die Verpackung wechseln muß, wenn der Inhalt interessant bleiben soll. *Noël Coward*

Verrückte *1* Der Unterschied zwischen mir und einem Verrückten besteht darin, daß ich nicht verrückt bin. *Salvador Dalí*

2 An einem Verrückten erschrickt uns am meisten die vernünftige Art, auf die er sich unterhält. *Anatole France*

Versager *1* Ein Versager ist ein Mensch, der Fehler gemacht hat und nicht fähig ist, Nutzen aus der Erfahrung zu ziehen. *Francis Ponge*

2 Die häufigsten Versager sind nicht die Nein-, sondern die Jasager. *Gerhard Uhlenbruck*

Versäumnis Selbstbeherrschung ist die Mutter vieler Versäumnisse. *Markus M. Ronner*

Verschwendung Eleganz ist gemeisterte Verschwendung. *Walther Rathenau*

Verschwiegenheit Erste Tugend des Journalisten – möchten Sie es glauben? – ist: Verschwiegenheit. *Alexander Roda Roda*

Verschwörung *1* Weltgeschichte ist die Verschwörung der Diplomaten gegen den gesunden Menschenverstand. *Arthur Schnitzler*

2 Die größte Partei ist immer eine Art Verschwörung gegen den Rest der Nation. *Edward Frederick Halifax*

3 Freundschaft zwischen zwei Frauen ist entweder ein Nichtangriffspakt oder eine Verschwörung gegen eine dritte. *Markus M. Ronner*

Versprechen *1* Es ist leichter, den Mund zu halten als ein Versprechen. *Gustav Knuth*

2 Wenn ein Mensch sein Versprechen wiederholt, ist er entschlossen, es zu brechen. *Max Halbe*

3 Die erste Liebe ist ein Versprechen, das andere halten werden. *Senta Berger*

4 Charme ist ein unbewußtes Versprechen. *Sigmund Graff*

Versprechung Hüte dich vor Leuten, die dir Versprechungen machen, ohne Gegenleistungen zu fordern. *Bernard Mannes Baruch*

Verstand *1* Es gibt Leute, die so in ihren Geist verliebt sind, daß sie darob den Verstand verlieren. *Curt Goetz*

2 Wo die Eitelkeit anfängt, hört der Verstand auf. *Marie von Ebner-Eschenbach*

3 Verstand sieht jeden Unsinn, Vernunft rät, manches davon zu übersehen. *Wieslaw Brudziński*

4 Nur in einem Punkt sind alle Menschen zufrieden: Ihr Verstand genügt ihnen, egal, wieviel sie davon haben. *Harold Pinter*

5 Wenn der Mensch soviel Vernunft hätte wie Verstand, wäre alles viel einfacher. *Linus Pauling*

6 Dummheit ist auch eine bestimmte Art, den Verstand zu gebrauchen. *Karol Irzykowski*

7 Der Mensch ist immer gefährlich. Wenn nicht durch seine Bosheit, dann durch seine Dummheit. Wenn nicht durch seine Dummheit, dann durch seinen Verstand. *Henry de Montherlant*

8 Die Vitalität wird zu Lasten des Verstandes überschätzt. Dabei sind es die Ochsen und nicht die Denker, die uns zu Tode trampeln. *Friedrich Dürrenmatt*

9 Die Liebe ist der Versuch der Natur, den Verstand aus dem Weg zu räumen. *Thomas Niederreuther*

10 Die meisten Frauen wählen ihr Nachthemd mit mehr Verstand als ihren Mann. *Gabrielle «Coco» Chanel*

11 Die Frauen machen sich nur deshalb so hübsch, weil das Auge des Mannes besser entwickelt ist als sein Verstand. *Doris Day*

12 Die Frauen sind darauf angewiesen, daß die Männer den Verstand verlieren. *Peter Bamm*

13 Das Kind hat den Verstand meistens vom Vater, weil die Mutter ihren noch besitzt. *Adele Sandrock*

14 Wer ob gewissen Dingen den Verstand nicht verliert, hat keinen zu verlieren. *Markus M. Ronner*

Verständigung Zur Verständigung zweier Seiten genügt es, daß sie das Allerschlimmste voneinander annehmen. *Adolf Nowaczyński*

Verständnis *1* Die Stimmen werden lauter, wenn das Verständnis abnimmt. *Friedrich Georg Jünger*

2 Das Verständnis reicht oft viel weiter als der Verstand. *Marie von Ebner-Eschenbach*

3 Der Spott endet, wo das Verständnis beginnt. *Marie von Ebner-Eschenbach*

Verstimmung Zorn: eine in Fahrt geratene Verstimmung. *Heinrich Wiesner*

Verstorbene Wer in einem Testament nicht bedacht worden ist, findet Trost in dem Gedanken, daß der Verstorbene ihm vermutlich die Erbschaftssteuer ersparen wollte. *Peter Ustinov*

Versuchung *1* Versuchung ist ein Parfüm, das man so lange riecht, bis man die Flasche haben möchte. *Jean-Paul Belmondo*

2 Ich kann allem widerstehen, nur nicht der Versuchung. *Oscar Wilde*

3 Ich kann eigentlich allem widerstehen – außer der Versuchung. *Wolfgang Hildesheimer*

4 Der einzige Weg, eine Versuchung loszuwerden, ist, ihr nachzugeben. *Oscar Wilde*

5 Versuchungen sollte man nachgeben. Wer weiß, ob sie wiederkommen! *Oscar Wilde*

6 Eine Versuchung, der man sofort nachgibt, ist keine Versuchung mehr. Die richtige Versuchung kommt erst, wenn man sich die Sache nochmals überlegt hat. *Peter Ustinov*

7 Manch einer, der vor der Versuchung flieht, hofft doch heimlich, daß sie ihn einholt. *Giovanni Guareschi*

8 Feigheit ist der wirksamste Schutz gegen die Versuchung. *Mark Twain*

9 Versuchung im vorgerückten Alter ist wie ein Dudelsack ohne Luft. *John Barrymore*

Verteidigung Wenn die Wahrheit zur Verteidigung zu schwach ist, muß sie zum Angriff übergehen. *Bertolt Brecht*

Vertrag Verträge sind wie Rosen und junge Mädchen: sie halten sich, solange sie sich halten. *Charles de Gaulle*

Vertrauen *1* Vertrauen ist das Gefühl, einem Menschen sogar dann glauben zu können, wenn man weiß, daß man an seiner Stelle lügen würde. *Henry Louis Mencken*

2 Wer die Dummköpfe gegen sich hat, verdient Vertrauen. *Jean-Paul Sartre*

3 Menschen, die sich überall zu Hause fühlen, wenn sie verreisen, verdienen auch sonst nicht viel Vertrauen. *George Bernard Shaw*

4 Vertrauen wird dadurch erschöpft, daß es in Anspruch genommen wird. *Bertolt Brecht*

5 Das Vertrauen junger Menschen erwirbt man am sichersten dadurch, daß man nicht ihr Vater ist. *Henry de Montherlant*

6 Kann man Vertrauen zu einer Frau haben, die einen selber zum Mann nimmt. *Curt Goetz*

7 Eltern haben Vertrauen zu ihrer Tochter und Vertrauen zum Freund ihrer Tochter, aber sie haben selten Vertrauen, wenn beide zusammen sind. *Peter Sellers*

8 Vertrauen ist gut, Kontrolle ist besser. *Wladimir Iljitsch Lenin*

Verunglimpfung Verunglimpfung: Satire, wie Dummköpfe und alle anderen Geistesbehinderten sie verstehen. *Ambrose Bierce*

Verurteilung Die Heirat ist die einzige lebenslängliche Verurteilung, bei der man auf Grund schlechter Führung begnadigt werden kann. *Alfred Hitchcock*

Vervielfältigung Vervielfältigung ist insofern ein Fortschritt, als sie die Verbreitung des Einfältigen ermöglicht. *Karl Kraus*

Verwaltung Verwaltung bedeutet, daß «postwendend» mit dem Wenden der Post verwechselt wird. *Gerhard Uhlenbruck*

Verwandte *1* Verwandte sind eine Gesellschaft von Leuten, die weder im geringsten ahnen, wie man leben soll, noch den Takt besitzen, im rechten Augenblick zu sterben. *Oscar Wilde*

2 Seitdem es Flugzeuge gibt, sind die entfernten Verwandten auch nicht mehr, was sie einmal waren. *Helmut Qualtinger*

Verwegenheit Optimismus ist die extremste Form der Verwegenheit. *Anatole France*

Verwirrung *1* Die verbitterten Gesichtszüge eines Mannes sind oft nur die festgefrorene Verwirrung eines Knaben. *Franz Kafka*

2 Klar nennt man Ideen, die dasselbe Maß an Verwirrung haben wie unser eigener Geist. *Marcel Proust*

Verzeihung Verzeihung bedeutet, daß alles vorbei ist. *Françoise Sagan*

Verzicht *1* Form ist Verzicht. *Reinhold Schneider*

2 Ich habe mir vorgenommen, Zeit zu gewinnen durch Verzicht auf Interesse. *Peter Bichsel*

Verzichten Abstinenzler sind Leute, die vom Verzichten nicht genug bekommen können. *Michael Pfleghar*

Verzweifelte Die letzte Freiheit, die ein Verzweifelter hat, ist die, komisch zu sein. *Herbert Achternbusch*

Verzweiflung *1* Künstler wird man aus Verzweiflung. *Ernst Ludwig Kirchner*

2 Gewalt birgt immer ein Element der Verzweiflung. *Thomas Mann*

3 O die Glücklichen, die es immer nur an den Rand der Verzweiflung treibt! *Nikolaus Cybinski*

Vielfalt In den Medien wird Vielfalt mehr und mehr durch Einfalt ersetzt. *Dieter Stolte*

Vietnamkrieg Der Vietnamkrieg ist für viele Amerikaner erst dadurch unmoralisch geworden, daß er verloren ging. *Edward Albee*

Villenbesitzer Zu den Villenbesitzern kommt die Wahrheit nicht mit den Gästen, sie kommt mit den Lieferanten. *Martin Kessel*

Virus Die Krankheit der Welt kann geheilt werden, wenn man den Virus, der sie krank macht und der in uns allen steckt, ausrottet: den Virus der Macht. *Carlo Schmid*

Vision *1* Aphorismen sind Schnäpse: es genügt ein Schluck, um die klarsten Visionen zu haben. *Martin Kessel*

2 Meine Vision der Zukunft ist so genau, daß ich, falls ich Kinder hätte, sie sogleich erwürgen würde. *Emile M. Cioran*

Visionär Der einzige wahre Realist ist der Visionär. *Federico Fellini*

Vitalität *1* Die Vitalität wird zu Lasten des Verstandes überschätzt. Dabei sind es die Ochsen und nicht die Denker, die uns zu Tode trampeln. *Friedrich Dürrenmatt*

2 Wo die Beize der Vitalität nachläßt, wird Herrenparfum ruchbar. *Oliver Hassencamp*

Vogel *1* Die Welt ist eine optimistische Schöpfung. Beweis: Alle Vögel singen in Dur.
Jean Giono

2 Könnte ein Vogel genau sagen, was er pfeift, warum er das pfeift und was in ihm pfeift, würde er nicht pfeifen. *Paul Valéry*

3 Der Kuß ist nichts anderes als eine Weiterentwicklung der Nahrungsübertragung von Schnabel zu Schnabel, wie sie bei Vögeln üblich ist. *Irenäus Eibl-Eibesfeldt*

4 Warum Vögel den Menschen nie verstehen werden? Körner im Winter – Vogelscheuchen im Sommer. *Markus M. Ronner*

5 Wenn Insekten nicht schädlich wären, wären Vögel nicht nützlich. *Walter Vogt*

6 Daß Gott die Vögel, die nicht säen und nicht ernten, dennoch ernährt, freut am meisten die Katzen. *Hans Kudszus*

7 Gott ernähret die Vögel unter dem Himmel – und im Winter läßt er sie verhungern.
Jules Renard

Vokal Eine Sprache mit vielen Konsonanten ist wie ein Kartoffelacker. Eine Sprache mit vielen Vokalen ist wie ein Blumenbeet.
Enrico Caruso

Volk *1* Ein Volk versteht man am besten ganz aus der Nähe oder aus größerer Entfernung. *John Steinbeck*

2 Alle Macht geht vom Volke aus – und kehrt nie wieder zurück. *Gabriel Laub*

3 Was nützt die Mehrheit des Volkes, wenn die Mehrheit der Regierung dagegen ist?
Wolfgang Eschker

4 Es ist beruhigend festzustellen, daß die, die uns regieren, eigentlich gar kein Volk brauchen. *Dieter Hildebrandt*

5 Die Aufgabe, ihr Volk zu vertreten, fällt den Mittelmäßigen zu, nicht den Genies.
Curzio Malaparte

6 Diplomatie ist ein Schachspiel, bei dem die Völker matt gesetzt werden. *Karl Kraus*

7 Große Völker vergessen Leiden, nicht aber Demütigungen. *Winston S. Churchill*

8 Revolutionen gelingen, wenn sie dem Volk aufs Maul schauen. *Heinrich Nüsse*

9 Wer dem Volk aufs Maul schaut, nimmt vielleicht nur Maß für den Maulkorb.
Kurt Böhme

10 Pressefreiheit: das Volk erfährt alles, was die Zeitung bringt. *Rudolf Rolfs*

11 Das Volk will niemals die Freiheit. Erstens: weil es keinen Begriff von ihr hat. Und zweitens: weil es mit ihr gar nichts anfangen könnte. *Egon Friedell*

12 Wenn ein Volk seine Dichter nicht mehr lesen will, dann feiert es sie. *Alec Guinness*

13 Stolz sein sollte ein Volk vor allem auf die Traditionen, die es nicht hat.
Helmut Qualtinger

14 Mit manchen Völkern ist kein Staat zu machen. *Wolfgang Eschker*

15 Ein Volk, das aus seiner Geschichte nicht lernt, ist dazu verurteilt, sie zu wiederholen.
Francisco Franco

Völkerwanderung Der Tourismus ist die Völkerwanderung der Neuzeit.
Halldór Laxness

Vollkommenheit Zur Vollkommenheit gehört, daß man sie nicht bemerkt, wohl aber vermißt, wenn sie nicht vorhanden ist.
Jascha Heifetz

Vollständigkeit Früher oder später stößt jedem alles zu. Das Leben achtet auf Vollständigkeit. *George Bernard Shaw*

Voraussagen Voraussagen heißt beobachten, was geschehen ist, und vermuten, daß es wieder geschehen wird. *Elbert Hubbard*

Vorbeugemittel Das einzige Vorbeugemittel gegen Seekrankheit ist die Reling.
Max Pallenberg

Vorbild *1* Es gibt keine andere vernünftige Erziehung als Vorbild zu sein – wenn's nicht anders geht, ein abschreckendes.
Albert Einstein

2 Ein Vorbild wird zum Hindernis, wenn man es erreicht hat. *Efrem Zimbalist*

3 Mit Vorbildern ist es wie mit Gespenstern: Rückt man ihnen zu Leibe, nennt man sie beim Namen, so lösen sie sich in Rauch auf.
Barbara Bondy

Vordermann Der Vordermann fährt fast immer miserabel. Zum Glück fühlt man sich nie als Vordermann. *Wolfgang Altendorf*

Vorfahre Mit der Zeit vollbringen unsere Vorfahren immer ruhmreichere Taten. *Wieslaw Brudziński*

Vorfahrt Der größte Aberglaube ist der Glaube an die Vorfahrt. *Jacques Tati*

Vorgesetzte *1* Zivilcourage ist das, was von einem Menschen übrigbleibt, wenn der Vorgesetzte das Zimmer betritt. *Wernher von Braun*

2 Eine Frau, die die Stellung ihres Mannes bei seinen Vorgesetzten festigt, festigt auch ihre eigene im Haus. *Otto Flake*

Vorkriegszeit Wer keinen Krieg erlebt, wird niemals wissen, was für eine herrliche Vorkriegszeit er erlebt hat. *Gabriel Laub*

Vorlacher Es gibt Fernsehsendungen, die nicht leben würden, wenn es die Vorlacher nicht gäbe. *Werner Schneyder*

Vorleben Erziehen heißt Vorleben. Alles andere ist höchstens Dressur. *Oswald Bumke*

Vormittag Heute ist die Utopie vom Vormittag die Wirklichkeit vom Nachmittag. *Truman Capote*

Vorname Liebling ist der Rufname für alle Frauen, deren Vorname uns im Augenblick nicht einfällt. *Oliver Herford*

Vorrecht Der größte Feind des Rechtes ist das Vorrecht. *Marie von Ebner-Eschenbach*

Vorsatz *1* Gute Vorsätze sind nutzlose Versuche, Naturgesetze umzustoßen. *Oscar Wilde*

2 Ein guter Vorsatz ist eine private Utopie. *Bernhard Wicki*

3 Ein guter Vorsatz ist ein Startschuß, dem kein Rennen folgt. *Siegfried Lowitz*

Vorschlag Man soll das Schicksal nicht mit Vorschlägen verärgern, es legt zuviel Wert auf seine eigenen Einfälle. *Karl Heinrich Waggerl*

Vorschrift Vorschriften haben nur den Sinn, umgangen zu werden. *Heinrich Böll*

Vorschuß Wenn schon Vorschuß, dann bitte keine Lorbeeren. *Wolfgang Neuß*

Vorsehung Wir haben viele Sündenböcke, aber der populärste ist die Vorsehung. *Mark Twain*

Vorsicht *1* Vorsicht ist das, was wir bei anderen Feigheit nennen. *Oscar Wilde*

2 Auch Schritte der Vorsicht hinterlassen Spuren. *Stanislaw Jerzy Lec*

3 Vorsicht vor dem Burschen, der dich unentwegt reden läßt. *Kin Hubbard*

Vorsitzende Man muß spätestens aus einem Verein austreten, wenn man Vorsitzender wird. *Ernst Jünger*

Vorspeise Manche Menschen richten ihr Leben so ein, daß sie von Vorspeisen und Beilagen leben. Das Hauptgericht lernen sie nie kennen. *José Ortega y Gasset*

Vorstellung *1* In der Vorstellung des Dichters überrascht uns die Welt. *Reiner Kunze*

2 Alles, von dem sich der Mensch eine Vorstellung machen kann, ist machbar. *Wernher von Braun*

3 Hoffen heißt: vom Leben falsche Vorstellungen haben. *Gottfried Benn*

4 Es ist die Aufgabe der Opposition, die Regierung abzuschminken, während die Vorstellung läuft. *Jacques Chirac*

5 Jedes Publikum kriegt die Vorstellung, die es verdient. *Curt Goetz*

Vorstrafenregister Manche Erbanlagen sind das Vorstrafenregister unseres Lebens. *Gerhard Uhlenbruck*

Vorteil Politik: das Bemühen, den eigenen Vorteil zum Interesse aller zu machen. *Rudolf Rolfs*

Vortritt Nirgends läßt man einem anderen so gern den Vortritt wie beim Rücktritt. *Heinz Hilpert*

Vorurteil *1* Vorurteil! Das Wort ist nicht übel, wollte nur das Urteil nachkommen. *Peter Hille*

2 Je reicher man an Urteilen ist, desto ärmer wird man an Vorurteilen. *Henry Miller*

3 Der gesunde Menschenverstand ist nur eine Anhäufung von Vorurteilen, die man bis zum 18. Lebensjahr erworben hat. *Albert Einstein*

4 Man kann Dummheit sorgfältig durch Erziehung zu Vorurteilen herbeiführen. *Alexander Mitscherlich*

5 Erfahrungen sind die beste Schutzimpfung gegen Vorurteile. *Heinz Hilpert*

6 Das Vorurteil ist ein Floß, an das sich der schiffbrüchige Geist klammert. *Ben Hecht*

7 Ein Vorurteil ist ziemlich sicher daran zu erkennen, daß man sich bei seiner Begründung ereifert. *Victor de Kowa*

8 Die menschlichen Vorurteile sind wie bissige Hunde, die nur den Furchtsamen angreifen. *Isolde Kurz*

9 Manche Leute gehen nur auf Reisen, um ihre Vorurteile bestätigt zu bekommen. *Josef Pieper*

10 Vorurteile sind die Stützen der Zivilisation. *André Gide*

11 Ein Vorurteil ist ein Irrtum, der Wurzeln geschlagen hat. *Martin Held*

12 Es gibt Menschen, die selbst für Vorurteile zu dumm sind. *Egon Friedell*

13 Ein Urteil läßt sich widerlegen, aber niemals ein Vorurteil. *Marie von Ebner-Eschenbach*

14 Argumente nützen gegen Vorurteile so wenig wie Schokoladeplätzchen gegen Stuhlverstopfung. *Max Pallenberg*

15 Logik ist ein Instrument zum Aufpolstern der Vorurteile. *Elbert Hubbard*

16 Viele Menschen verstehen unter Denken nur die Umgruppierung ihrer Vorurteile. *William James*

17 Vorurteile sind wie ein Blumenstrauß, den man wenigstens von Zeit zu Zeit neu arrangieren sollte. *Luther Burbank*

18 Wissenschaft: das selbstbewußteste aller Vorurteile. *Hans Lohberger*

19 Wer Vorurteile revidieren kann, hat keine. *Arthur Schnitzler*

Vorwurf *1* Ein Vorwurf sitzt dann am besten, wenn man ihn in ein Kompliment verpackt. *Markus M. Ronner*

2 Ich fange an zu glauben, daß man unter berechtigten Vorwürfen mehr leidet als unter solchen, die man gar nicht verdient. *André Gide*

Vorzug Ein Fehler, den man mit einem anderen Menschen teilt, verbindet tiefer als ein gemeinsamer Vorzug. *Hermann Bahr*

Voyeur Ein Voyeur: ein Sehräuber. *Dieter Rudolf Knoell*

Vulkan Aschehaufen haben es gern, wenn man sie für erloschene Vulkane hält. *Wieslaw Brudziński*

W

Waage Es bringt nichts, den Bauch einzuziehen, wenn man auf der Waage steht. *Fritz Herdi*

Waagschale Beim Jüngsten Gericht werden einzig die Tränen in die Waagschale gelegt. *Emile M. Cioran*

Wachstum Wachstum treibt die Leute auseinander, weil sie keinen Platz mehr nebeneinander haben. *Peter Bichsel*

Wächter Man muß die Anzahl der Gedanken derart vermehren, daß die Anzahl der Wächter für sie nicht ausreicht. *Stanislaw Jerzy Lec*

Wackelkontakt Kritik ist oft nur ein Wackelkontakt zwischen Kunst und Öffentlichkeit. *Hans Kudszus*

Waffe *1* Die gefährlichste Waffe sind Menschen kleinen Kalibers. *Bertolt Brecht*

2 Die Phantasie des Mannes ist die beste Waffe der Frau. *Sophia Loren*

3 Ein Softie ist ein Macho, der mit den Waffen der Frau arbeitet. *Rainhard Fendrich*

4 Die Liebe ist eine Waffe, mit der man spielt, ohne daran zu denken, daß sie geladen ist. *Otto Eduard Hasse*

5 Die beste Waffe gegen ein schlechtes Argument besteht darin, es bekannt zu machen. *Sidney Smith*

6 Witz – die Waffe der Wehrlosen. *Peter Wapnewski*

7 Der geschickte Journalist hat eine Waffe: das Totschweigen – und von dieser Waffe macht er oft genug Gebrauch. *Kurt Tucholsky*

8 Wir sollten, wie in Urzeiten, den Politikern die Waffen mit ins Grab geben. *Nikolaus Cybinski*

Waffenstillstand Charme zur Haltung gemacht, ist etwas Fürchterliches. Waffenstillstand mit der eigenen Lüge. *Max Frisch*

Wagen Wer mit seinem Wagen auf der Autobahn verunfallt, schlägt als Plusposten im Bruttosozialprodukt zu Buch. *Adolf Muschg*

Wagentüre Wenn ein Mann einer Frau höflich die Wagentüre aufreißt, dann ist entweder der Wagen neu oder die Frau. *Uschi Glas*

Wagnis *1* Mut ist das Wagnis, mehr zu können, als man kann. *Heinrich Wiesner*

2 Der Glaube an Gott ist wie das Wagnis des Schwimmens: man muß sich dem Element anvertrauen und sehen, ob es trägt. *Hans Küng*

Wahl *1* Der Behauptung, daß Politiker nicht denken können, ist zu widersprechen. Jeder Politiker denkt – an die nächsten Wahlen. *Markus M. Ronner*

2 Das Regieren in einer Demokratie wäre wesentlich einfacher, wenn man nicht immer wieder Wahlen gewinnen müßte. *Georges Clemenceau*

3 Es ist schon ein großer Trost bei Wahlen, daß von mehreren Kandidaten immer nur einer gewählt werden kann. *Mark Twain*

4 Wenn die Menschen aus den Ferien zurückkommen, neigen sie dazu, sogar die Regierung etwas milder zu beurteilen. Ein geschickter Regierungschef setzt Wahlen daher für den Frühherbst an. *David Frost*

5 Man kann in der Wahl seiner Feinde nicht vorsichtig genug sein. *Oscar Wilde*

6 Feig wird der Mensch nur dort, wo er die Wahl hat. *Friedrich Georg Jünger*

7 Wenn eine Frau die Wahl zwischen einem Pelzmantel und einem Geliebten hat, wählt sie den Pelzmantel aus der Hand des Geliebten. *Jeanne Moreau*

8 Es ist schon möglich, daß man im Laufe der Zeit an mehrere falsche Frauen gerät. Bei der Wahl seiner Witwe aber sollte man keinen Fehler mehr machen. *Sacha Guitry*

Wähler *1* Alle paar Jahre machen die Wähler ihr Kreuz. Und hinterher müssen sie's dann tragen. *Birgit Berg-Khoshnavaz*

2 Wähler: einer, der sich des geheiligten Privilegs erfreut, für den Mann stimmen zu dürfen, den ein anderer für ihn ausgewählt hat. *Ambrose Bierce*

3 Nichtwähler sind auch Wähler. *Werner Höfer*

Wahlkampf *1* Im Wahlkampf muß man mit dem Wortschatz eines Kindergartens und mit der Grammatik eines Computers auskommen. *Hans Magnus Enzensberger*

2 Im Fernsehzeitalter kann ein guter Coiffeur einen Wahlkampf entscheiden. *James Stewart*

Wahlredner Wahlredner: einer, der es allen recht zu machen verspricht. *Rolf Haller*

Wahrheit *1* Die Gefahr bei der Suche nach der Wahrheit liegt darin, daß man sie manchmal findet. *William Faulkner*

2 Glaube denen, die die Wahrheit suchen, und zweifle an denen, die sie gefunden haben. *André Gide*

3 Wer die Wahrheit liebt, will sie sehen. Wer sie fürchtet, hat sie gesehen. *Hans Kudszus*

4 Der Weg zur Wahrheit ist mit Paradoxen gepflastert. *Oscar Wilde*

5 So manche Wahrheit ging von einem Irrtum aus. *Marie von Ebner-Eschenbach*

6 Wahrheit ist der Name, den wir unseren wechselnden Irrtümern geben. *Rabindranath Tagore*

7 Die Wahrheit ist ein Verdacht, der andauert. *Ramón Campoamor y Campoosorio*

8 Die Wahrheit ist die Meinung, die überlebt. *Elbert Hubbard*

9 Die Wahrheit ist eine scheue Geliebte; man besitzt sie niemals ganz. *Hermann Bahr*

10 Es ist schon viel, wenn man mit der Wahrheit flirtet; heiraten kann man sie ja doch nicht. *George Bernard Shaw*

11 Mit der Wahrheit ist das wie mit einer stadtbekannten Hure. Jeder kennt sie, aber es ist peinlich, wenn man ihr auf der Straße begegnet. *Wolfgang Borchert*

12 Wir haben fast den Zustand erreicht, in dem man nicht die Wahrheit sagen kann, ohne indiskret zu sein. *Kin Hubbard*

13 Die ungeschminkte Wahrheit bringt immer Farbe ins Gesicht. *Gerhard Uhlenbruck*

14 Nichts wird so sehr für Übertreibung gehalten wie die nackte Wahrheit.
Joseph Conrad

15 Es sollte für ehrlos gelten, wider besseres Wissen die Wahrheit zu sagen. *Karl Kraus*

16 Die beste Tarnung ist die Wahrheit. Die glaubt einem keiner. *Max Frisch*

17 Die Wahrheit zu sagen, hat viele Vorteile. Der erste besteht darin, daß die Menschen die Natürlichkeit bestaunen, mit der man lügt.
Jean Dutourd

18 Wahrheit ist die Lüge, die am angenehmsten zu glauben ist. *Henry Louis Mencken*

19 Wahrheit ist die Lüge, die lange Beine hat.
Fritz Grünbaum

20 Es ist immer die beste Politik, die Wahrheit zu sagen, es sei denn, man ist ein ungewöhnlich guter Lügner. *Jerome K. Jerome*

21 Diplomatie ist die Kunst, so gut zu lügen, daß einem sogar die Wahrheit geglaubt wird.
Alberto Sordi

22 Sei kein Snob. Lüge nie, wo die Wahrheit besser bezahlt wird. *Stanislaw Jerzy Lec*

23 Die Lüge ist ein sehr trauriger Ersatz für die Wahrheit, aber sie ist der einzige, den man bis heute entdeckt hat. *Elbert Hubbard*

24 Jeder Narr kann die Wahrheit sagen, aber nur ein verhältnismäßig Intelligenter kann gut lügen. *Samuel Butler*

25 Der Lügendetektor beruht auf dem einfachen Prinzip, daß es anstrengender ist, zu lügen, als die Wahrheit zu sagen.
Dagobert Lindlau

26 Wer lügt, hat die Wahrheit immerhin gedacht. *Oliver Hassencamp*

27 Wer ein schlechtes Gedächtnis hat, dem bleibt keine andere Wahl, als die Wahrheit zu sagen. *Tennessee Williams*

28 Wer nicht lügen kann, weiß nicht, was Wahrheit ist. *Friedrich Nietzsche*

29 Ein guter Propagandist kann sogar mit Hilfe der Wahrheit überzeugen.
Wieslaw Brudziński

30 Nun kommt es im Leben darauf an, wer eine Wahrheit ausspricht. In gewissem Munde wird auch die Wahrheit zur Lüge.
Thomas Mann

31 Wer die Wahrheit sagt, wird früher oder später erwischt. *Oscar Wilde*

32 Nur Kindern und Narren verzeihen wir, daß sie uns die Wahrheit sagen; die andern werden es früher oder später büßen.
Emile M. Cioran

33 Kinder sind Menschen, die mit Lügen erzogen werden, die Wahrheit zu sagen.
Rudolf Rolfs

34 Die Wahrheit wird von Verdrängung ersetzt, aber verdrängen heißt lügen.
Jewgenij Jewtuschenko

35 Wahrheit läßt sich nicht zeigen, nur erfinden. *Max Frisch*

36 Wer die Wahrheit nicht weiß, der ist bloß ein Dummkopf. Aber wer sie weiß und sie eine Lüge nennt, der ist ein Verbrecher.
Bertolt Brecht

37 Der Kitsch ist die Lüge, die die Wahrheit an den Tag bringt. *Helmut Arntzen*

38 Eine Lüge ist bereits dreimal um die Erde gelaufen, bevor sich die Wahrheit die Schuhe anzieht. *Mark Twain*

39 Wer keinmal lügt, dem glaubt man nicht, weil keiner immer die Wahrheit spricht.
Gerhard Uhlenbruck

40 Es ist schwer, es zugleich der Wahrheit und den Leuten recht zu machen.
Thomas Mann

41 Man kann die Wahrheit nur mit List verbreiten. *Bertolt Brecht*

42 Eine geflüsterte Wahrheit wirkt nachhaltiger als eine hinausgeschriene. *Lothar Müthel*

43 Wahrheiten können nicht oft genug neu formuliert werden, sonst werden sie langweilig. *Gerhard Uhlenbruck*

44 Früher trichterte man den Leuten ein: Zweimal zwei ist sechs. Es wäre zu hart, ihnen plötzlich die ganze Wahrheit zu sagen. Also heißt es jetzt: Zweimal zwei ist fünf.
Slawomir Mrožek

45 Wird die Wahrheit frisiert, muß sie Haare lassen. *Hans Kasper*

46 Man sollte die Wahrheit dem anderen wie einen Mantel hinhalten, daß er hineinschlüpfen kann – nicht wie ein nasses Tuch um den Kopf schlagen. *Max Frisch*

47 Die Wahrheit kann auch eine Keule sein, mit der man andere erschlägt. *Anatole France*

48 Es gibt Wahrheiten, auf die man Gift nehmen kann. *Heinrich Nüsse*

49 Von der Wahrheit kann man sich nicht ernähren, man kann mit ihr nur würzen. *Christopher Morley*

50 Am Ende zeigt sich's, daß alle Klischees wahr sind. Und das ist fast noch schlimmer zu ertragen als die Wahrheit. *Peter Ustinov*

51 Man kann der Wahrheit den Mund verbinden, aber dann macht sie sich immer noch durch Stöhnen bemerkbar. *Arnold J. Toynbee*

52 Wenn die Wahrheit zur Verteidigung zu schwach ist, muß sie zum Angriff übergehen. *Bertolt Brecht*

53 Man sollte nie seine beste Hose anziehen, wenn man hingeht, um für Freiheit und Wahrheit zu kämpfen. *Henrik Ibsen*

54 Beim Streit um die Wahrheit bleibt der Streit die einzige Wahrheit. *Rabindranath Tagore*

55 Die Wahrheit triumphiert nie, ihre Gegner sterben nur aus. *Max Planck*

56 Eines Tages schwimmt die Wahrheit doch nach oben. Als Wasserleiche. *Wieslaw Brudziński*

57 Wahrheiten verwandeln sich in Dogmen, sobald sie diskutiert werden. *Gilbert Keith Chesterton*

58 Eine Wahrheit hört auf, wahr zu sein, wenn mehr als einer an sie glaubt. *Oscar Wilde*

59 Man darf die Wahrheit nicht mit Mehrheit verwechseln. *Jean Cocteau*

60 Der gefährlichste Feind der Wahrheit ist die kompakte Majorität. *Henrik Ibsen*

61 Wenn es nur eine einzige Wahrheit gäbe, könnte man nicht hundert Bilder über dasselbe Thema malen. *Pablo Picasso*

62 Kunst ist eine Lüge, die uns die Wahrheit erkennen läßt. *Pablo Picasso*

63 Wir haben die Kunst, damit wir nicht an der Wahrheit zugrunde gehen. *Friedrich Nietzsche*

64 Ein Aphorismus braucht nicht wahr zu sein, aber er soll die Wahrheit überflügeln. *Karl Kraus*

65 Sprichwörter sollten immer paarweise verkauft werden, denn jedes gibt immer nur die halbe Wahrheit wieder. *Brander Matthews*

66 Man schätzt den Aphorismus unter anderem deshalb, weil er eine halbe Wahrheit enthält. Das ist ein ungewöhnlich hoher Prozentsatz. *Gabriel Laub*

67 Eine halbe Wahrheit ist nie die Hälfte einer ganzen. *Karl Heinrich Waggerl*

68 Ein halbleeres Glas Wein ist zwar zugleich ein halbvolles, aber eine halbe Lüge mitnichten eine halbe Wahrheit. *Jean Cocteau*

69 Die Wahrheit liegt zwischen zwei Extremen, aber nicht in der Mitte. *Moritz Heimann*

70 Nicht die Satire wird verfolgt, sondern die in ihr enthaltene Wahrheit. *Gabriel Laub*

71 Ein Kompliment ist eine freundliche Wahrheit mit etwas Make-up. *Hannelore Schroth*

72 Ein Kompliment ist die charmante Vergrößerung einer kleinen Wahrheit. *Johannes Heesters*

73 Eine Übertreibung ist eine Wahrheit, die die Geduld verloren hat. *Kahlil Gibran*

74 Die Menschen stolpern gelegentlich über die Wahrheit, aber sie richten sich danach auf und gehen weiter, als sei nichts geschehen. *Winston S. Churchill*

75 Frauen lügen nie. Sie erfinden höchstens die Wahrheit, die sie gerade brauchen. *Yves Montand*

76 Die Wahrheit über eine Frau erfährt man entweder von ihrer besten Freundin oder von ihrer ärgsten Feindin – und manchmal ist das die selbe Person. *Vittorio De Sica*

77 Von einem Mann erfährt man die Wahrheit, indem man ihm widerspricht; von einer Frau, indem man ihr zustimmt. *George Bernard Shaw*

78 Papier ist geduldig. Es könnte sogar die Wahrheit ertragen. *Gabriel Laub*

79 Man muß die historische Wahrheit mehr gegen die Historiker verteidigen als gegen die Dichter. *Ezra Pound*

80 Über der Formulierung geht die Wahrheit zum Teufel. *Hans Erich Nossack*

81 Reporter: ein Schreiber, der den Weg zur Wahrheit errät und ihn mit einem Wolkenbruch von Worten verschüttet.
Ambrose Bierce

82 Reportern sage ich nie die Wahrheit.
William Faulkner

83 Die Kraft, die es einen Politiker kostet, nicht zu lügen, fehlt ihm später meistens, um die Wahrheit zu sagen. *Nikolaus Cybinski*

84 Für einen Politiker ist es gefährlich, die Wahrheit zu sagen; die Leute könnten sich daran gewöhnen, die Wahrheit hören zu wollen.
George Bernard Shaw

85 Politische Wahrheit scheint so kostbar zu sein, daß sie immer von einer Leibwache von Lügen umgeben ist. *Winston S. Churchill*

86 Einen Politiker, der immer die Wahrheit sagt, gibt es nicht, sonst wäre er nicht Politiker geworden. *Mark Twain*

87 Um die Wahrheit zu finden, zieht man in Frankreich etwas ab, in Deutschland fügt man etwas hinzu, und in England wechselt man das Thema. *Peter Ustinov*

Wahrheitsfanatismus Es gibt Leute, die sich in ihren Wahrheitsfanatismus hineinlügen.
Miguel de Unamuno

Wahrheitsgehalt Letzten Endes kommt es nur auf den Wahrheitsgehalt der Lüge an.
Thomas Bernhard

Wahrheitsliebe Wahrheitsliebe ist die seltenste aller amourösen Bindungen. *Alfred Polgar*

Wahrsager Die realen Konturen der Zukunft zu umreißen, überlassen wir lieber den Wahrsagern. *Stanislaw Lem*

Wahrscheinliche Bei einer Frau muß man sich auf alles gefaßt machen, außer auf das Wahrscheinliche. *Hans Söhnker*

Wahrzeichen Wien hat lauter Wahrzeichen, und jeder Wiener fühlt sich als solches.
Karl Kraus

Wald Was nützt einer Frau der ökologisch sauberste Wald, wenn sie darin vergewaltigt werden kann? *Alice Schwarzer*

Wand *1* Fanatiker sind Leute, die mit einem nicht vorhandenen Kopf durch eine vorhandene Wand rennen wollen. *Martin Held*

2 Privileg des Ästheten: die Risse in den Wänden rein ornamental zu betrachten.
Hans Kasper

3 Die Hölle bietet immerhin den Vorteil, daß man den Teufel nicht mehr an die Wand zu malen braucht. *Markus M. Ronner*

Wandern Der Sinn des Reisens ist, an ein Ziel zu kommen, der Sinn des Wanderns, unterwegs zu sein. *Theodor Heuß*

Wange *1* Wer in ein Grübchen verliebt ist, sollte nicht versuchen, die ganze Wange zu heiraten. *George Bernard Shaw*

2 Wenn man nach einem Festessen die Gastgeberin auf beide Wangen küßt, erspart man die Serviette. *Alexander Roda Roda*

Wärme Je mehr menschliche Wärme einer hat, desto besser kann man ihn verheizen.
Gerhard Uhlenbruck

Wärmeflasche Erinnerungen sind Wärmeflaschen fürs Herz. *Rudolf Fernau*

Warum Philosophen sind erwachsene Kinder, die sich mit ihrem eigenen «Warum» auf die Nerven fallen. *Wolfgang Herbst*

Waschmaschine Konserven und Waschmaschinen haben mehr zur Befreiung der Frau beigetragen als alle Revolutionen. *Jean Duché*

Waschmittel Der Zweck heiligt höchstens noch die Waschmittel. *Helmut Qualtinger*

Wasser *1* Wasser ist nicht zum Trinken da, sonst hätte Gott nicht soviel davon gesalzen.
Brendan Behan

2 Whisky ist ein probates Mittel, den Geschmack von Wasser zu verbessern.
Brendan Behan

3 Wenn eine Regierung das Trinken von Wasser verbieten würde, wäre das Wasser beliebter als Whisky. *Oscar Wilde*

4 Die Welt ist voll von Leuten, die Wasser predigen und Wein trinken.
Giovanni Guareschi

5 Manche können sogar das Wasser verwässern. *Peter Maiwald*

6 Es gibt Leute, die die Nase nur deshalb so hoch tragen, weil ihnen das Wasser bis dorthin steht. *Horst Wolfram Geißler*

7 Bleib in deinen Ufern, wenn du nicht genug Wasser hast. *Paul Valéry*

8 Da er immer gegen den Strom schwamm, war er mit allen Wassern gewaschen. *Gerhard Uhlenbruck*

9 Beim Zahnarzt läuft einem immer das Wasser im Mund zusammen. *Gerhard Uhlenbruck*

10 Bei der nächsten Sintflut wird Gott nicht Wasser, sondern Papier verwenden. *Romain Gary*

Wasserball Wasserball ist ein harter Sport – vor allem für Nichtschwimmer. *Peter Frankenfeld*

Wasserhahn Es kann doch nicht der Sinn von Bildung sein, daß jeder Einsteins Relativitäts-Theorie erklären, aber keiner mehr einen tropfenden Wasserhahn reparieren kann. *Norbert Blüm*

Wasserkraft Die stärkste Wasserkraft der Welt dürften immer noch Frauentränen sein. *Marc Heyral*

Wasserleiche Eines Tages schwimmt die Wahrheit doch nach oben. Als Wasserleiche. *Wieslaw Brudziński*

Wasserschutzpolizei Als die Wasserschutzpolizei geschaffen wurde, dachte man noch an eine andere Bedeutung. *Alois Mertes*

Wasserspülung Die Erde ist ein gebildeter Stern mit sehr viel Wasserspülung. *Erich Kästner*

Wechsel Gewohnheiten machen alt. Jung bleibt man durch die Bereitschaft zum Wechsel. *Attila Hörbiger*

Wechselstrom Mit der Liebelei ist es wie mit der Elektrizität: Zuerst Starkstrom, dann Schwachstrom, zuletzt Wechselstrom. *Jacques Tati*

Wecker Die Hoffnung, die Atomwaffen abzuschaffen, aber im übrigen weiterzumachen wie bisher, ist die Hoffnung, den Wecker aus dem Fenster zu werfen und eine Stunde weiterzuschlafen, während das Haus schon brennt. *Carl Friedrich von Weizsäcker*

Weckuhr Weckuhren und Kritiker dürfen nicht rücksichtsvoll sein. *Gabriel Laub*

Weg *1* Wege entstehen dadurch, daß wir sie gehen. *Hans Kudszus*

2 Unseren Weg weisen uns meistens die Feinde. *Hans Habe*

3 Es gibt keinen erkennbaren Weg vor uns, sondern nur hinter uns. *Waldemar Bonsels*

4 Wir asphaltieren alle unsere Wege, um den Schaden besser davonzutragen. *Wolfgang Eschker*

5 Jeder Mensch hat seinen Weg, und jeder Weg ist richtig. *Thomas Bernhard*

6 Rat erbitten: sich den eingeschlagenen Weg von einem anderen bestätigen lassen. *Ambrose Bierce*

7 Wenn alle Wege verstellt sind, bleibt nur der Weg nach oben. *Franz Werfel*

8 Schade, daß man das Glück nicht auf dem Wege zu ihm finden kann. *Stanislaw Jerzy Lec*

9 Der Weg ist immer mehr als das Ziel. *Heimito von Doderer*

10 «Ausnahmen bestätigen die Regel», sagte der Weg und führte an Rom vorbei. *Markus M. Ronner*

11 Reporter: ein Schreiber, der den Weg zur Wahrheit erträgt und ihn mit einem Wolkenbruch von Worten verschüttet. *Ambrose Bierce*

Weglassen Lebenskunst ist die Kunst des richtigen Weglassens. Das fängt beim Reden an und endet beim Dekolleté. *Gabrielle «Coco» Chanel*

Wegweiser Man kann Prinzipien aufstellen wie Wegweiser. Oder wie Galgen. *Hans Kasper*

Wegwerfgesellschaft Wir leben in einer Wegwerfgesellschaft, auch was den Ehepartner betrifft. *Harold Pinter*

Wehrlose Witz – die Waffe der Wehrlosen. *Peter Wapnewski*

Weib *1* Der Mann macht Geschichte, das Weib ist Geschichte. *Oswald Spengler*

2 Jeder Mann hat etwas Höheres als das Weib, wenn er wieder nüchtern ist. *Max Frisch*

3 Der ganz alte Männertrick: Weiber, vertragt euch erst mal selber. *Alice Schwarzer*

Weibeslust Weibeslust liegt neben der männlichen wie ein Epos neben einem Epigramm. *Karl Kraus*

Weihnacht Die Ware Weihnacht ist nicht die wahre Weihnacht. *Kurt Marti*

Weihnachtszeit Weihnachtszeit ist die Zeit, in der man für andere Leute Dinge kauft, die man sich selbst nicht leisten kann. *Alberto Sordi*

Weihrauch Jenseits des Weihrauchs beginnen die Offenbarungen. *Max Frisch*

Wein *1* Die Welt ist voll von Leuten, die Wasser predigen und Wein trinken. *Giovanni Guareschi*

2 Kein Wein ist so sauer wie der reine, der einem eingeschenkt wird. *Markus M. Ronner*

3 Ein halbleeres Glas Wein ist zwar zugleich ein halbvolles, aber eine halbe Lüge mitnichten eine halbe Wahrheit. *Jean Cocteau*

4 Ein schlechter Schriftsteller wird manchmal ein guter Kritiker, genauso wie man aus einem schlechten Wein einen guten Essig machen kann. *Henry de Montherlant*

5 Der Deutsche gleicht gewissen Weinen, die verschnitten am trinkbarsten sind. *Ernst Jünger*

Weinen *1* Das Weinen ist dem Menschen angeboren, aber das Lachen will gelernt sein. *Max Pallenberg*

2 Das Lächeln ist nur ein gut getrocknetes Weinen. *Albert Paris Gütersloh*

3 Wo das Lachen verboten ist, ist gewöhnlich auch das Weinen nicht gestattet. *Stanislaw Jerzy Lec*

Weinflasche Bücher sind wie Weinflaschen; der Staub darauf spricht für Qualität. *Ernst Heimeran*

Weise *1* Wer seine Grenzen kennt, ist schon ein halber Weiser. *John Galsworthy*

2 Aus einem Weisen wird man nicht klug. *Elazar Benyoëtz*

3 Der Weise ist selten klug. *Marie von Ebner-Eschenbach*

4 Dumme Gedanken hat jeder, nur der Weise verschweigt sie. *Wilhelm Busch*

5 Über das Selbstverständliche staunen nur die Narren und die Weisen. *Jean Giono*

6 Man lebt nur einmal – sagen die Narren. Man lebt nur einmal – sagen die Weisen. *Armando Palacio Valdés*

7 In Prüfungen stellen Narren Fragen, die Weise nicht beantworten können. *Oscar Wilde*

8 Bildung: das, was den eigenen Mangel an Intelligenz dem Weisen offenbart und dem Toren verbirgt. *Ambrose Bierce*

9 Der Stein der Weisen sieht dem Stein der Narren zum Verwechseln ähnlich. *Joachim Ringelnatz*

10 Geistige Inflation: man sieht den Stein vor lauter Weisen nicht. *Wolfgang Eschker*

11 Der Stein der Weisen erweist sich oft als Grabstein. *Wolfgang Eschker*

12 Wie der Mond zeigt der Weise der Welt nur seine leuchtende Seite. *John Churton Collins*

13 Ein Optimist sieht stets nur grünes Licht, ein Pessimist immer rotes, der wirklich Weise jedoch ist farbenblind. *Friedrich Dürrenmatt*

14 Toren besuchen im fremden Land die Museen, Weise gehen in die Tavernen. *Erhart Kästner*

15 Ein Weiser ohne Taten ist eine Wolke ohne Regen. *John Steinbeck*

16 Der Weise sagt niemals, was er tut, aber er tut niemals etwas, was er nicht sagen könnte. *Jean-Paul Sartre*

17 Nicht immer sind die Stillen auch die Weisen. Es gibt verschlossene Truhen, die leer sind. *Jean Giono*

Weisheit *1* Unsere Weisheit kommt aus unserer Erfahrung. Unsere Erfahrung kommt aus unseren Dummheiten. *Sacha Guitry*

2 Die Kunst der Weisheit besteht darin, zu wissen, was man übersehen muß. *William James*

3 Ein Sprichwort ist eine allgemein bekannte Weisheit, an die sich niemand hält. *Wolfgang Herbst*

4 Er hatte die Weisheit mit Löffeln gefressen; so dünn war sie. *Nikolaus Cybinski*

5 Die Schlange ist das Tier der Weisheit. Ihr Biß ist tödlich. *Wolfgang Eschker*

Weiße Wären Weiße Schwarze, wären Schwarze keine Schwarzen. *Heinrich Wiesner*

Weitblick Der Weitblick mancher Leute

besteht darin, die nächsten Probleme zu übersehen. *Wolfgang Eschker*

Weiterdenken Ideologie ist Ordnung auf Kosten des Weiterdenkens. *Friedrich Dürrenmatt*

Weiterleben *1* Die Tragödie besteht meistens im Weiterleben, nicht im Sterben. *Gian Carlo Menotti*

2 Zum Weiterleben ist Vergeßlichkeit nötig. *Friedrich Sieburg*

Weizen *1* Wer die Saat verfüttert hat, kann nicht erwarten, daß der Weizen blüht. *Norbert Blüm*

2 Fernsehredakteure haben eine einmalige Begabung: Sie können Spreu von Weizen trennen. Und die Spreu senden sie dann. *Dieter Hallervorden*

Welle *1* Die Welle, die an Land will, tut nur so. *Hans Peter Keller*

2 Die Psychologie befaßt sich mit den einzelnen Wellen des Baches. Aber hat ein Bach je aus Wellen bestanden? *Karl Kraus*

Wellenlänge Worte verbinden nur, wo unsere Wellenlängen übereinstimmen. *Max Frisch*

Welt *1* Gott schuf die Welt – und dann begann er mit ihr zu spielen. *Karol Irzykowski*

2 Darüber, wer die Welt erschaffen hat, läßt sich streiten. Sicher ist nur, wer sie vernichten wird. *George Adamson*

3 Die Welt ist eine optimistische Schöpfung. Beweis: Alle Vögel singen in Dur. *Jean Giono*

4 Der Optimist erklärt, daß wir in der besten aller möglichen Welten leben, und der Pessimist fürchtet, daß dies wahr ist. *James B. Cabell*

5 Zynismus ist der geglückte Versuch, die Welt so zu sehen, wie sie wirklich ist. *Jean Genet*

6 Es soll sich einer für die Welt nur soweit interessieren, als er auch imstande ist, sie zu ertragen. *Hugo Loetscher*

7 Wir machen uns diese Welt zur Hölle, und jeder von uns ist sein eigener Teufel. *Oscar Wilde*

8 Was ist der Mensch? Ein armes Wesen, auf diese Welt gekommen, um die anderen Menschen zu ärgern. *Erik Satie*

9 Die Welt ist eine Bühne, aber die Rollen sind schlecht verteilt. *Oscar Wilde*

10 Die Welt vergöttert die Jugend, aber regieren läßt sie sich von den Alten. *Henry de Montherlant*

11 Alles auf der Welt ist eine zukünftige Antiquität. *Bernard Buffet*

12 Die Welt ist ein Gefängnis, in dem Einzelhaft vorzuziehen ist. *Karl Kraus*

13 Die Welt will betrogen sein, gewiß. Sie wird sogar ernstlich böse, wenn du es nicht tust. *Walter Serner*

14 Beim Anblick der Welt fassen sich zwei an der Nase. Der eine des Geruchs wegen, der andere, weil er wissen will, ob er träumt. *Werner Schneyder*

15 Was die Welt vorwärtstreibt, ist nicht die Liebe, sondern der Zweifel. *Peter Ustinov*

16 Der Mensch fragt, die Welt schweigt. *Wolfgang Hildesheimer*

17 Auch die Bretter, die man vor dem Kopf hat, können die Welt bedeuten. *Werner Finck*

18 Wer keinen Sinn in der Welt finden kann, der übersieht ihn gewöhnlich, weil es ihm aus diesem oder jenem Grunde paßt, daß die Welt sinnlos sein soll. *Aldous Huxley*

19 Er verstand die Welt nicht mehr. Als hätte er sie je verstanden! *Wolfgang Eschker*

20 Wer die Welt nicht mehr begreift, fängt an, sich selbst zu verstehen. *James Hall*

21 Man darf nie aufhören, sich die Welt vorzustellen, wie sie am vernünftigsten wäre. *Friedrich Dürrenmatt*

22 Wenn die Welt klar wäre, gäbe es keine Kunst. *Albert Camus*

23 Kunst ist kein Abbild der realen Welt. Eine ist, bei Gott, mehr als genug. *Virginia Woolf*

24 Kunst ist das Bemühen, neben der wirklichen Welt eine menschlichere Welt zu schaffen. *André Maurois*

25 Es lohnt sich, das Antlitz der Welt zu ändern, ohne sein eigenes zu verlieren. *Wieslaw Brudziński*

26 Man muß die Welt verändern, um zu verhindern, daß sie uns verändert. *Stanislaw Lem*

27 Ändere die Welt: sie braucht es. *Bertolt Brecht*

28 Wer die Welt verbessern will, kann gleich bei sich selber anfangen. *Pearl S. Buck*

29 Wer will, daß die Welt so bleibt, wie sie ist, der will nicht, daß sie bleibt. *Erich Fried*

30 Die Welt wird nie gut, aber sie könnte besser werden. *Carl Zuckmayer*

31 Die entscheidenden Veränderer der Welt sind immer gegen den Strom geschwommen. *Walter Jens*

32 Die Welt kann verändert werden. Zukunft ist kein Schicksal. *Robert Jungk*

33 Bevor man die Welt verändert, wäre es vielleicht doch wichtiger, sie nicht zugrunde zu richten. *Paul Claudel*

34 Die Welt ist eine Pulverfabrik, in der das Rauchen nicht verboten ist. *Friedrich Dürrenmatt*

35 Ein Blick in die Welt beweist, daß Horror nichts anderes ist als Realismus. *Alfred Hitchcock*

36 Wir sind sehr loyal zu unseren Nachkommen. Wir übergeben ihnen zwar eine erbärmlich eingerichtete Welt – aber auch die Mittel, sie zu vernichten. *Gabriel Laub*

37 Alles auf dieser Welt kann man rückgängig machen, bloß nicht das Wissen. *Alberto Moravia*

38 Wir gehen mit dieser Welt um, als hätten wir noch eine zweite im Kofferraum. *Jane Fonda*

39 Die Welt wird entweder explodieren oder verschweizern. Ob so oder so – die Zukunft wird fürchterlich. *Friedrich Dürrenmatt*

40 Das Beste, was diese Welt bietet, ist die Sehnsucht nach einer anderen. *Martin Kessel*

41 Die Kirche hat nicht den Auftrag, die Welt zu verändern. Wenn sie aber ihren Auftrag erfüllt, verändert sie die Welt. *Carl Friedrich von Weizsäcker*

42 Die Seele ist jene Welt, die wir uns selber schaffen. *Hans Lohberger*

43 Der Schreibtisch ist der Ort, wo sich die Welt entscheidet. *Günter Eich*

44 Ein Schriftsteller kann die Welt im besten Fall beunruhigen, im seltensten Fall beeinflussen – verändern nie. *Friedrich Dürrenmatt*

45 In der Vorstellung des Dichters überrascht uns die Welt. *Reiner Kunze*

46 Der Dichter ist überflüssig in der technischen wie in der ökonomischen Welt – das macht sein Elend und seine Größe aus. *Ernst Jünger*

47 Die Krankheit der Welt kann geheilt werden, wenn man den Virus, der sie krank macht und der in uns allen steckt, ausrottet: den Virus der Macht. *Carlo Schmid*

48 Das Schicksal der Welt hängt in erster Linie von den Staatsmännern ab, in zweiter Linie von den Dolmetschern. *Trygve Lie*

49 Der Nabel der Welt liegt etwas tiefer. *Wolfgang Eschker*

50 Frauen begnügen sich nicht länger mit der Hälfte des Himmels, sie wollen die Hälfte der Welt. *Alice Schwarzer*

51 In dieser Welt gibt es nur zwei Tragödien. Die eine ist, nicht zu bekommen, was man möchte, und die andere ist, es zu bekommen. *Oscar Wilde*

Weltanschauung *1* Weltanschauungen sind Vokabelmischungen. *Walter Serner*

2 Mit der Mode kann man keine Weltanschauung demonstrieren, denn so rasch ändert niemand seine Prinzipien. *Hubert de Givenchy*

3 In der DDR hat man von mir eine Weltanschauung verlangt, ohne daß ich die Welt anschauen durfte. *Manfred Krug*

Weltereignis Liebe ist ein privates Weltereignis. *Alfred Polgar*

Weltgeschichte *1* Wie sich der kleine Moritz die Weltgeschichte vorstellt – genau so ist sie. *Anton Kuh*

2 Schlagzeilen – das ist Weltgeschichte in Pillenform. *Norman Mailer*

3 Weltgeschichte ist die Verschwörung der Diplomaten gegen den gesunden Menschenverstand. *Arthur Schnitzler*

4 Die Weltgeschichte ist die Summe dessen, was vermeidbar gewesen wäre. *Bertrand Russell*

Weltpolitik *1* Die Weltpolitik ist kein Klub, aus dem man nach Belieben austreten kann. *Edgar Faure*

2 Das diplomatische Protokoll ist der Stoßdämpfer der Weltpolitik. *Hervé Alphand*

3 In der Weltpolitik herrscht Konjunktur für Kosmetik. Jeder will sein Gesicht wahren. *Joseph Alsop*

4 In der Weltpolitik tappen Elefanten manchmal in eine Falle, die jeder Maus auffiele. *David Frost*

5 In der Weltpolitik spritzt mancher, der sich als Feuerwehrmann ausgibt, mit Benzin. *Bertrand Russell*

6 Beim Kartenspiel und in der Weltpolitik hört die Freundschaft auf. *Finley Peter Dunne*

Weltraum Eigentlich wollten sie ja wieder einen Affen in den Weltraum schießen, aber dann erschien ihnen das doch zu grausam – und sie haben mich genommen. *Alan Shepard*

Weltraumfahrt *1* Wenn ein Mensch zu anderen Himmelskörpern fliegt und dort feststellt, wie schön es doch auf unserer Erde ist, hat die Weltraumfahrt ihren wichtigsten Zweck erfüllt. *Jules Romains*

2 Die Weltraumfahrt hat nur dann einen Sinn, wenn wir durch ihn die Erde entdecken und damit uns selber. *Friedrich Dürrenmatt*

Weltreligion Der Unglaube ist die größte der großen Weltreligionen. *Ambrose Bierce*

Weltstadt *1* Weltstadt: eine Hochburg des Provinzialismus. *Ambrose Bierce*

2 Zur Weltstadt gehört nicht ein Volk, sondern eine Masse. *Oswald Spengler*

3 Wer behauptet, München sei eine Weltstadt mit Herz, der hat keines. *Oliver Hassencamp*

Welttheater Die Historiker sind so etwas wie die Schminkmeister des großen Welttheaters. *John Osborne*

Weltverbesserer *1* Weltverbesserer sind Leute, die um die Erkenntnis nicht herumkommen, daß es leichter ist, einen neuen Menschen zu machen, als die vorhandenen zu verbessern. *John Osborne*

2 Weltverbesserer sind Leute, die sofort das ganze Haus einreißen, wenn eine Tür quietscht. *Gustav Knuth*

3 Ich kenne wenige Weltverbesserer, die in der Lage sind, einen Nagel richtig einzuschlagen. *Henrik Ibsen*

4 Der Jammer mit den Weltverbesserern ist, daß sie nicht bei sich selber anfangen. *Mark Twain*

Weltwirtschaft Was die Weltwirtschaft angeht, so ist sie verflochten. *Kurt Tucholsky*

Werk *1* Das Werk sollte immer ein wenig schlauer sein als der Autor. *Václav Havel*

2 Die besten und dauerhaftesten Werke wurden in der Öde der Minorität vollbracht. *Mahatma Gandhi*

3 Der Künstler ringt nicht mit seinem Werk, sondern mit dem, was ihn daran hindert. *Waldemar Bonsels*

4 Das Werk ist die Totenmaske der Konzeption. *Walter Benjamin*

Wert *1* Werte kann man nur durch Veränderung bewahren. *Richard Löwenthal*

2 Der Wert eines Menschen hängt ab von der Zahl der Dinge, für die er sich schämt. *George Bernard Shaw*

3 Im Moment, da man nach Sinn und Wert des Lebens fragt, ist man krank. *Sigmund Freud*

4 Der Wert der Ideale steigt. Wenigstens behaupten das diejenigen, die ihre Ideale erfolgreich verkauft haben. *Gabriel Laub*

5 Ein Zyniker ist ein Mensch, der von jedem Ding den Preis und von keinem den Wert kennt. *Oscar Wilde*

6 Ist es Zufall, daß in der Notenschrift die hohlen Köpfe den größten Wert haben. *Peter Benary*

Wesen *1* Die Menschheit? Ein Magma von Wesen, die nicht wissen, was sie tun. *Henry de Montherlant*

2 Der Mensch, das sonderbare Wesen: mit den Füßen im Schlamm, mit dem Kopf in den Sternen. *Else Lasker-Schüler*

3 Der Mensch ist das einzige Wesen, das sich selber nicht gewachsen ist. *Hans Kudszus*

Wespe Produzenten von Sarkasmen sollte es ergehen wie den Wespen: Wer seinen Stachel betätigt, müßte umkommen. *Eleonora Duse*

Westen Die Sonne geht im Osten auf, wandert entsetzt weiter, erträgt auch den Westen nicht und geht endgültig unter.
Werner Schneyder

Western-Autor Der beste Western-Autor aller Zeiten war Homer. Seine Helden Achill, Ajax, Hector, Agamemnon denken, reden und handeln wie meine Filmbanditen.
Sergio Leone

Wetter *1* Für die meisten Menschen ist das Leben wie schlechtes Wetter: Sie treten unter und warten, bis es vorüber ist. *Alfred Polgar*

2 Wenn man mit einer jungen Dame vom Wetter redet, vermutet sie, daß man etwas ganz anderes im Sinn hat. Und meistens hat sie damit recht. *Oscar Wilde*

3 Freundschaft ist ein Regenschirm, der den Fehler hat, daß er bei schlechtem Wetter zurückgegeben werden muß. *Pierre Véron*

4 Freundschaft: ein Schiff, groß genug, um bei gutem Wetter zwei Menschen, bei schlechtem aber nur einen zu tragen. *Ambrose Bierce*

5 Hoffnung: man geht hinaus bei schönem Wetter und kehrt im Regen zurück.
Jules Renard

6 Malerei: die Kunst, Flächen vor dem Wetter zu schützen und sie den Kritikern auszusetzen. *Ambrose Bierce*

Wetterbericht Am zuverlässigsten unterscheiden sich die einzelnen Fernsehprogramme noch immer durch den Wetterbericht.
Woody Allen

Wetterhahn Wenn überhaupt keine Winde wehen, hat sogar der Wetterhahn Charakter.
Stanislaw Jerzy Lec

Wettkämpfer Die Zeiten der Wettkämpfer sind die einzigen, die immer besser geworden sind. *Werner Schneyder*

Wettrennen Politik: Wettrennen trojanischer Pferde. *Stanislaw Jerzy Lec*

Wettrüsten Beenden wir das Wettrüsten, sagte der General – und eröffnete das Feuer.
Wolfgang Eschker

Whisky *1* Die chemische Analyse der sogenannten dichterischen Inspiration ergibt 99 Prozent Whisky und 1 Prozent Schweiß.
William Faulkner

2 Eine der verläßlichsten Musen ist der Whisky. *Brendan Behan*

3 Whisky ist ein probates Mittel, den Geschmack von Wasser zu verbessern.
Brendan Behan

4 Wenn eine Regierung das Trinken von Wasser verbieten würde, wäre das Wasser beliebter als Whisky. *Oscar Wilde*

5 Whisky ist gut gegen Schlangenbisse. Deswegen sollte er in keinem Schlafzimmer fehlen. *Brendan Behan*

6 Manche Komiker sind offensichtlich der Meinung, Witze müßten so alt sein wie bester schottischer Whisky. *George Bernard Shaw*

Wichtige Ein Journalist ist ein Mensch, der immer etwas Wichtigeres zu tun hat und daher nie zum Wichtigen kommt.
Heimito von Doderer

Wichtigtuer Es gibt zu viele Wichtigtuer, die nichts Wichtiges tun. *Friedrich Dürrenmatt*

Widerhall *1* Was dein Wort zu bedeuten hat, erfährst du durch den Widerhall, den es erweckt. *Marie von Ebner-Eschenbach*

2 Den Ruf verantworten wir, nicht den Widerhall. *Peter Benary*

Widerspruch *1* Wollen heißt Widersprüche wecken. *Albert Camus*

2 Die Geschichte der Freiheit ist die Geschichte des Widerspruchs. *Woodrow Wilson*

3 Bornierte Menschen soll man nicht widerlegen wollen. Widerspruch ist immerhin ein Zeichen von Anerkennung.
Richard von Schaukal

Widerstand *1* Jugendkraft besteht darin, daß einem jeder Widerstand Freude macht.
Sigismund von Radecki

2 Die Straße des geringsten Widerstandes ist nur am Anfang asphaltiert. *Hans Kasper*

3 Ein Aufruf zur Hoffnung ist heute ein Aufruf zum Widerstand. *Max Frisch*

4 Qualität offenbart sich am Widerstand.
Hans Arndt

5 Kitsch ist Kunst, gescheitert am fehlenden Widerstand. *Sigismund von Radecki*

6 Wenn ein Mann sich für unwiderstehlich

hält, liegt es oft daran, daß er nur dort verkehrt, wo kein Widerstand zu erwarten ist. *Françoise Sagan*

7 Eine Frau, die ihren Widerstand aufgibt, geht zum Angriff über. *Marcello Mastroianni*

Widerwille Moral ist der instinktive Widerwille einer Mehrheit. *David Herbert Lawrence*

Wiederholung Wer sich nicht äußert, wird auch nicht um eine Wiederholung gebeten. *Calvin Coolidge*

Wiege Europa ist zweifellos die Wiege der Kultur, aber man kann nicht sein ganzes Leben in der Wiege verbringen. *Oskar Maria Graf*

Wien *1* Wien hat lauter Wahrzeichen, und jeder Wiener fühlt sich als solches. *Karl Kraus*

2 Die jungen Leute in Wien kommen mt siebzig auf die Welt und leben sich dann auf fünfzig runter. *André Heller*

3 In Wien leben zwei Gruppen von Menschen sehr gut – die einen, die ständig auf ihre Heimat schimpfen, und die anderen, die schuld daran sind, daß man schimpft. *Peter Weck*

4 In Wien sollte man sich die Schultern amputieren lassen, damit einem niemand draufklopft. *André Heller*

5 In Wien ist Qualität schon eine Provokation. *André Heller*

6 Als Brecht in München schon langweilig war, durfte er in Wien noch immer nicht gespielt werden. *Joachim Kaiser*

7 In Wien hat sich seit hundert Jahren nichts verändert. Nur der Kaiser kommt nicht mehr. *Fritz Molden*

8 Wien bleibt Wien – und das ist wohl das Schlimmste, was man über diese Stadt sagen kann. *Alfred Polgar*

Wiener *1* Was ein rechter Wiener ist, der rührt grundsätzlich keinen Finger. *Walter Hasenclever*

2 Die Wiener machen aus ihrer Mördergrube ein Herz. *Fritz Kortner*

3 Manchmal weiß ich nicht, ob ich ein Wiener oder ein Mensch bin. *Helmut Qualtinger*

4 Der Wiener ist ein mit sich sehr unglücklicher Mensch, der den Wiener haßt, aber ohne den Wiener nicht leben kann. *Hermann Bahr*

5 Der Wiener ist der Heimat treuester Hasser. *Karl Kraus*

6 Das Problem für jeden Wiener: Man kann es in Wien nicht mehr aushalten. Aber wo anders auch nicht. *Helmut Qualtinger*

Wild Herbst. Wenn das Wild im Pfeffer liegt. *Emil Baschnonga*

Wille *1* Gezeugt und geboren werden wir gegen unseren Willen, aber deshalb sollten wir nicht auch noch gegen unseren Willen leben. *Gerhard Uhlenbruck*

2 Wer seinen Willen durchsetzen will, muß leise sprechen. *Jean Giraudoux*

3 Wenn alles gutgeht, war es freier Wille. *Rainer Malkowski*

4 Freier Wille? Ich kann zwar tun, was ich will, aber ich kann nicht wollen, was ich will. *Wolfgang Hildesheimer*

5 Den freien Willen gibt es nicht, den freien Unwillen sollte man uns schon lassen. *Gerhard Uhlenbruck*

6 Tat ist Trägheit mal Wille. *Herbert Heckmann*

7 Der Wunsch ist ein Wille, der sich selbst nicht ganz ernst nimmt. *Robert Musil*

Willenskraft *1* Die Hoffnung ist die Willenskraft der Schwachen. *Henry de Montherlant*

2 Die Willenskraft der Schwachen heißt Eigensinn. *Marie von Ebner-Eschenbach*

Willkür Freiheit ist nicht die Willkür, beliebig zu handeln, sondern die Fähigkeit, vernünftig zu handeln. *Rudolf Virchow*

Wind *1* Worte sind Luft. Aber die Luft wird zum Wind, und der Wind macht die Schiffe segeln. *Arthur Koestler*

2 Wer auf frischen Wind wartet, darf nicht verschnupft sein, wenn er kommt. *Helmut Qualtinger*

3 Gegen den Wind muß man kreuzen. *Hans Kasper*

4 Demagogen sind Leute, die in den Wind sprechen, den sie selbst gemacht haben. *Helmut Qualtinger*

5 Wenn überhaupt keine Winde wehen, hat sogar der Wetterhahn Charakter. *Stanislaw Jerzy Lec*

Windmühle Wir haben keine Windmühlen mehr. Haben wir deshalb den Kampf gewonnen? *Wolfgang Eschker*

Windrichtung Opportunisten sind Leute, die schon heute die Windrichtung von übermorgen kennen. *Alec Guinness*

Windstille Wer in seinem Sprechen die Windstille ist, kann in seinem Schweigen ein Orkan sein. *Hans Kudszus*

Winter *1* Wer im Sommer das Gras frißt, hat im Winter kein Heu. *Norbert Blüm*

2 Gott ernähret die Vögel unter dem Himmel – und im Winter läßt er sie verhungern. *Jules Renard*

3 Wer sich in Sommersprossen verliebt, sollte auch an den Winter denken. *Hans Söhnker*

4 Der Winter ist auch nicht mehr, was er war; die Männer sind alle so unverfroren. *Helen Vita*

Wirbelsturm *1* Seine Fahne war jedem Wirbelsturm gewachsen. *Wolfgang Eschker*

2 Ich begreife nicht, warum die Damen gegen Frauennamen für Wirbelstürme sind. Im Zentrum eines Wirbelsturmes ist es doch am schönsten. *Henry Miller*

Wirklichkeit *1* Die Wirklichkeit ist eine Sense für Ideale. *Helmut Qualtinger*

2 Idealisten werden manchmal sehr böse, wenn die Wirklichkeit sie widerlegt. *Jean-Louis Barrault*

3 Extreme Idealisten sind immer Feiglinge; sie nehmen vor der Wirklichkeit Reißaus. *Jakob Boßhart*

4 Wenn Sie sich verwirrt fühlen, fassen Sie sich ein Herz: Sie sind nur in Kontakt mit der Wirklichkeit. *Dean Rusk*

5 Heute ist die Utopie vom Vormittag die Wirklichkeit vom Nachmittag. *Truman Capote*

6 Nur belehrt von der Wirklichkeit, können wir die Wirklichkeit ändern. *Bertolt Brecht*

7 Vor der Wirklichkeit kann man seine Augen verschließen, aber nicht vor der Erinnerung. *Stanislaw Jerzy Lec*

8 Erinnerungen sind Wirklichkeiten im Sonntagsanzug. *Oliver Hassencamp*

9 Es ist besser, dem Traummann im Traum zu begegnen als in der Wirklichkeit. Aus dem Traum kann man immerhin aufwachen. *Jeanne Moreau*

10 Lieben heißt, sich mit der Wirklichkeit begnügen. *Stefan Napierski*

11 Nie hat ein Dichter die Natur so frei ausgelegt wie ein Jurist die Wirklichkeit. *Jean Giraudoux*

12 Satiren sind aussichtslose Versuche, die Wirklichkeit zu übertreffen. *Gerhard Uhlenbruck*

13 Es ist der Zauber guter Satiren zu beweisen, daß die Wirklichkeit ohne Übertreibung unerträglich ist. *Nikolaus Cybinski*

14 Wir leben von Möglichkeiten und sterben an Wirklichkeiten. *Hans Kudszus*

Wirksamkeit Erzählen heißt: der Wirklichkeit zur Wirksamkeit zu verhelfen. *Jean-Paul Sartre*

Wirkung *1* Kosmetik ist eine Maßnahme mit aufschiebender Wirkung. *Helmar Nahr*

2 Wenn ein Arzt hinter dem Sarg seines Patienten geht, so folgt manchmal tatsächlich die Ursache der Wirkung. *Robert Koch*

Wirt Restaurants sind Gelegenheiten, wo Wirte grüßen, Gäste bestellen und Kellner essen. *Karl Kraus*

Wirtschaftspolitik Es macht den Charme der Schweizer Wirtschaftspolitik aus, daß sie die Fehler der anderen erst mit einigen Jahren Verspätung nachholt. *Carl-Christian von Weizsäcker*

Wirtschaftswachstum Das Wort Wirtschaftswachstum sollte entweder ein Schreckgespenst sein oder die Ausbreitung der Kneipen bedeuten. *Wolfgang Hildesheimer*

Wissen *1* Wissen: jener kleine Teil der Unwissenheit, den wir geordnet und klassifiziert haben. *Ambrose Bierce*

2 Durch unser Wissen unterscheiden wir uns nur wenig, in unserer grenzenlosen Unwissenheit aber sind wir alle gleich. *Karl Popper*

3 Denken – das heißt eingesehen haben, daß das Wissen zu Ende geht. *Hans Lohberger*

4 Die Engagierten sind oft in nichts als in einen Mangel an Wissen engagiert. *Ludwig Marcuse*

5 Unser Wissen ist nicht vorhanden, wenn es nicht benützt wird. *Igor Strawinski*

6 Früher war der Mensch Herr seines Wissens. Jetzt ist das Wissen sein Gebieter. *John Steinbeck*

7 Alles auf dieser Welt kann man rückgängig machen, bloß nicht das Wissen. *Alberto Moravia*

8 Die Ahnung der Frau ist meistens zuverlässiger als das Wissen des Mannes. *Rudyard Kipling*

9 Weder Liebe ohne Wissen noch Wissen ohne Liebe können ein gutes Leben bewirken. *Bertrand Russell*

10 Ein wenig Wissen entfremdet Menschen oft von der Religion, tieferes Wissen bringt sie zu ihr zurück. *Dean William Ralph Inge*

11 Gewissen kann nur sein, wo Wissen ist. *Erhard Blanck*

12 Es sollte für ehrlos gelten, wider besseres Wissen die Wahrheit zu sagen. *Karl Kraus*

Wissende Der Unwissende hat Mut, der Wissende hat Angst. *Alberto Moravia*

Wissenschaft *1* Das einzige Ziel der Wissenschaft besteht darin, die Mühseligkeiten der menschlichen Existenz zu erleichtern. *Bertolt Brecht*

2 Eine Wissenschaft, die zögert, ihre Gründer zu vergessen, ist verloren. *Alfred N. Whitehead*

3 Wissenschaft: das selbstbewußteste aller Vorurteile. *Hans Lohberger*

4 Niemand bestreitet die Wunder der modernen Wissenschaft. Jetzt wäre es an der Zeit, daß sie auch für ihre Monster die Verantwortung übernimmt. *Jakob von Üxküll*

Wissenschaftler *1* Der Wissenschaftler ist verantwortlich für die Erklärung seines Wissens, nicht aber dafür, wie dieses Wissen angewendet wird. *Edward Teller*

2 Die Einsichten des Wissenschaftlers sind in aller Regel größer als seine Wirkungsmöglichkeiten. Beim Politiker ist es meistens umgekehrt. *Wolfgang Engelhardt*

3 Die Wissenschaftler bemühen sich oft, das Unmögliche möglich zu machen, die Politiker das Mögliche unmöglich. *Bertrand Russell*

4 Die Wege des Dichters und des Wissenschaftlers kreuzen sich für einen Moment. *Douglas Sirk*

5 Für den Wissenschaftler ist des Rätsels Lösung immer noch ein Rätsel. *Gerhard Uhlenbruck*

6 Dem Wissenschaftler kann der Ruhm nicht zu Kopf steigen – einfach aus Platzmangel. *Gerhard Uhlenbruck*

Wissensdrang Wissensdrang: Wenn die Neugier sich auf ernsthafte Dinge richtet. *Marie von Ebner-Eschenbach*

Wissensdurst Leute, die über den Wissensdurst getrunken haben, sind eine gesellschaftliche Plage. *Karl Kraus*

Wissenswerte Die Öffentlichkeit hat eine unersättliche Neugier, alles zu wissen, nur nicht das Wissenswerte. *Oscar Wilde*

Witwe *1* Es ist schon möglich, daß man im Laufe der Zeit an mehrere falsche Frauen gerät. Bei der Wahl seiner Witwe sollte man aber keinen Fehler mehr machen. *Sacha Guitry*

2 Der Unterschied zwischen Witwe und Strohwitwe besteht darin, daß erstere weiß, wo ihr Mann liegt. *Markus M. Ronner*

3 Grüne Witwen sind Hinterbliebene von Männern, die noch leben. *Senta Berger*

Witz *1* Witz – Intellekt auf dem Bummel. *Oscar Wilde*

2 Ein guter Witz muß den Schein des Unabsichtlichen haben. Ein guter Witz ist inkognito. *Marie von Ebner-Eschenbach*

3 Der Witz ist ein überlisteter Schmerz. *Martin Kessel*

4 Witz – die Waffe der Wehrlosen. *Peter Wapnewski*

5 Der Witz ist das Erdgeschoß des Humors, die Satire der erste Stock, die Ironie der zweite, der Sarkasmus die Mansarde. *Werner Krauß*

6 Humor unterscheidet sich vom Witz, wie sich das Lächeln vom Gelächter unterscheidet. *Paul Alverdes*

7 Wer Humor hat, der hat beinahe schon

Genie. Wer nur Witz hat, der hat meistens nicht einmal den. *Arthur Schnitzler*

8 Witze sind wie Obst: Druck vertragen die wenigsten. *Helmut Qualtinger*

9 Witze kann man nur dann aus dem Ärmel schütteln, wenn man sie vorher hineingesteckt hat. *Rudi Carrell*

10 Es ist gefährlich, über einen Witz zu lachen. Man bekommt ihn dann immer wieder zu hören. *Danny Kaye*

11 Wenn Adam auf die Erde zurückkäme, würde er nichts wiedererkennen - augenommen die Witze. *Ugo Tognazzi*

12 Manche Komiker sind offensichtlich der Meinung, Witze müßten so alt sein wie bester schottischer Whisky. *George Bernard Shaw*

13 Ein alter Witz im richtigen Moment ist manchmal besser als ein neuer im falschen. *Henning Venske*

14 Ein feiger Satiriker erzeugt nur einen Witz - sich. *Stanislaw Jerzy Lec*

15 Wenn einer bei uns einen guten politischen Witz macht, dann sitzt halb Deutschland auf dem Sofa und nimmt übel. *Kurt Tucholsky*

Woche Manche Menschen können in einer Stunde länger dableiben als andere in einer Woche. *William Dean Howells*

Wohlbefinden *1* Nichts trägt mehr zu unserem Wohlbefinden bei als der Gedanke, daß jemand anders ein Bösewicht ist. *Robert Lynd*

2 Für das Wohlbefinden einer Frau sind bewundernde Männerblicke wichtiger als Kalorien und Medikamente. *Françoise Sagan*

Wohnsitz Nicht da ist man daheim, wo man seinen Wohnsitz hat, sondern wo man verstanden wird. *Christian Morgenstern*

Wohnung Man kann einen Menschen mit einer Wohnung genau so töten wie mit einer Axt. *Heinrich Zille*

Wohnzimmer Das Fernsehen sorgt dafür, daß man in seinem Wohnzimmer von Leuten unterhalten wird, die man nie zu sich einladen würde. *Shirley MacLaine*

Wohnzimmerpersonal Fernsehansagerinnen sind das einzige Wohnzimmerpersonal, das sich jede Familie leisten kann. *Petra Schürmann*

Wolf *1* Pazifisten sind wie Schafe; sie glauben, der Wolf sei Vegetarier. *Yves Montand*

2 Es nützt den Schafen wenig, für die vegetarische Lebensweise einzutreten, solange der Wolf gegenteiliger Meinung bleibt. *Dean William Ralph Inge*

3 Wölfe im Schafspelz erkennt man daran, daß sie ungeschoren bleiben. *Simone Signoret*

4 Schlimmer als ein Wolf im Schafspelz ist ein Schaf, das mit den Wölfen heult. *Wolfgang Eschker*

Wolke *1* Gar mancher wähnt sich im Himmel, dabei schwebt er nur über den Wolken. *Friedl Beutelrock*

2 Ein Weiser ohne Taten ist eine Wolke ohne Regen. *John Steinbeck*

Wollen Wollen heißt Widersprüche wecken. *Albert Camus*

Wollust Die Wollust ist die Prämie der Natur für die Mühen von Zeugung und Geburt. *Sigmund Freud*

Wort *1* Am Anfang war das Wort. Aber es ist noch kein Ende abzusehen. *Wolfgang Eschker*

2 Am Anfang war das Wort. Dann muß es ihm die Sprache verschlagen haben. *Heinrich Wiesner*

3 Am Anfang war das Wort - am Ende die Phrase. *Stanislaw Jerzy Lec*

4 Am Anfang war das Wort und nicht das Geschwätz, und am Ende wird nicht die Propaganda sein, sondern wieder das Wort. *Gottfried Benn*

5 Unsere Worte sind Trümmer von einem Tempelbau, der nie zum Abschluß kam. *Fritz Diettrich*

6 Worte sind Luft. Aber die Luft wird zum Wind, und der Wind macht die Schiffe segeln. *Arthur Koestler*

7 Warum es von Vorteil ist, Worte auf die Goldwaage zu legen? Damit man sie von Blech unterscheiden kann. *Markus M. Ronner*

8 Die eigentliche Sendung des Intellektuellen ist das Mißtrauen gegenüber den Worten. *Václav Havel*

9 Worte nützen sich ab. *Romano Guardini*

10 Reporter: ein Schreiber, der den Weg zur Wahrheit errät und ihn mit einem Wolkenbruch von Worten verschüttet.
Ambrose Bierce

11 Noch ein Jahrhundert Zeitungen – und alle Worte stinken. *Friedrich Nietzsche*

12 Es gibt kaum noch ein Wort, das mit beiden Beinen fest auf der Erde steht.
Thornton Wilder

13 Der Unterschied zwischen dem richtigen Wort und dem beinahe richtigen ist derselbe wie zwischem dem Blitz und einem Glühwürmchen. *Mark Twain*

14 Solange das Wort richtig gebraucht wird, wird nicht getötet. *Friedrich Sieburg*

15 Die großen Dinge haben einen tödlichen Feind: die großen Worte. *Hans Krailsheimer*

16 Von zwei möglichen Wörtern ist immer das schlichtere zu wählen. *Paul Valéry*

17 Für die wirklichen Sachen gibt es keine Beschreibung, und die Wörter gelten nicht.
Adolf Muschg

18 Wem Worte fehlen, der bekommt sie portofrei vom Staat geliefert.
Stanislaw Jerzy Lec

19 Die zehn Gebote enthalten 279 Wörter, die amerikanische Unabhängigkeitserklärung 300 und die Verordnung der Europäischen Gemeinschaft über den Import von Karamelbonbons hat exakt 25 911 Wörter.
Franz Josef Strauß

20 Wer mit 20 Wörtern sagt, was man auch mit 10 Wörtern sagen kann, der ist auch zu allen anderen Schlechtigkeiten fähig.
Giosuè Carducci

21 Er ergriff das Wort. Da verschlug es ihm die Sprache. *Peter Benary*

22 Wer dein Schweigen nicht versteht, versteht auch deine Worte nicht. *Elbert Hubbard*

23 Was dein Wort zu bedeuten hat, erfährst du durch den Widerhall, den es erweckt.
Marie von Ebner-Eschenbach

24 Worte verbinden nur, wo unsere Wellenlängen übereinstimmen. *Max Frisch*

25 Es ist immer etwas verwirrend, wenn der falsche Mann die richtigen Worte sagt.
Norman Mailer

26 Groß ist, wer im gegebenen Augenblick ein Wort sprechen kann, das zum geflügelten wird. *Albert Vigoleis Thelen*

27 Viele Worte sind lange zu Fuß gegangen, ehe sie geflügelte Worte wurden.
Marie von Ebner-Eschenbach

28 In die Geschichte gehen Sätze von höchstens sieben Wörtern ein.
Hugo Dionizy Steinhaus

29 Schriftsteller wird man, wenn man alle Dinge beim Wort nimmt. *Hans Kudszus*

30 Literatur ist die Kunst, Außergewöhnliches an gewöhnlichen Menschen zu entdecken und darüber mit gewöhnlichen Worten Außergewöhnliches zu sagen. *Boris Pasternak*

31 Stil haben: das heißt die Worte so setzen, daß die Gedanken spazieren können.
Hans Lohberger

32 Der Geist einer Sprache offenbart sich am deutlichsten in ihren unübersetzbaren Worten. *Marie von Ebner-Eschenbach*

33 Italienisch ist eine Gebärdensprache, deren Verständnis durch Worte erschwert wird. *Anthony Quinn*

34 Der Kuß ist ein schlau erfundenes Verfahren, welches das Reden gegenseitig stoppt, wenn Worte überflüssig sind. *Oliver Herford*

35 Junge Damen erkennt man heute daran, daß sie Wörter gebrauchen, die man früher in ihrer Gesellschaft vermieden hätte.
Johannes Heesters

36 Wer eine Frau beim Wort nimmt, ist ein Sadist. *Jeanne Moreau*

37 Richtig verheiratet ist ein Mann erst dann, wenn er jedes Wort versteht, das seine Frau nicht gesagt hat. *Alfred Hitchcock*

38 Letzte Worte werden verliehen wie Auszeichnungen. *Ernst Jünger*

39 Das letzte Wort hat die Sprache.
Heinz Piontek

Wortschatz Man kann nicht alles meinen, was man sagt. Dafür ist der Wortschatz zu groß. *Rainer Malkowski*

Wortwahl Wir leben in einer Zeit, in der man bei der Wortwahl bereits zum Täter werden kann. *Alfred Großer*

Wunde *1* Man kann die Wunden anderer nur heilen, wenn man selber welche hat.
Carl Gustav Jung

2 Der Krieg wird niemals zu Ende sein, solange noch eine Wunde blutet, die er geschlagen hat. *Heinrich Böll*

3 Erfahrungen sind die vernarbten Wunden unserer Dummheit. *John Osborne*

4 Der Optimist sieht bereits die Narbe über der Wunde, der Pessimist immer noch die Wunde unter der Narbe. *Ernst Schröder*

5 Manche tragen Narben an anderen Stellen als dort, wo ihnen Wunden geschlagen wurden. *Wiesław Brudziński*

Wunder *1* Worauf wartest du? Worauf wir immer warten: auf ein Wunder!
Stefan Napierski

2 Alltag ist nur durch Wunder erträglich.
Max Frisch

3 Es gibt kein Wunder für den, der sich nicht wundern kann. *Marie von Ebner-Eschenbach*

4 Utopien sind heutzutage geplante Wunder.
Halldór Laxness

5 Niemand bestreitet die Wunder der modernen Wissenschaft. Jetzt wäre es an der Zeit, daß sie auch für ihre Monster die Verantwortung übernimmt. *Jakob von Üxküll*

6 Eine Freundschaft zwischen zwei Männern ist ein Luxus, zwischen zwei Frauen ein Wunder. *Jorge Luis Borges*

Wunderkind Das ist der Fluch angeborener Intelligenz: mit vier Jahren Wunderkind – mit vierzig wunderlich. *Ernest Hemingway*

Wunderkinderkrankheit Die Wunderkinderkrankheit endet oft mit tödlichem Ausgang.
Jascha Heifetz

Wunsch *1* Der Wunsch ist ein Wille, der sich selbst nicht ganz ernst nimmt. *Robert Musil*

2 Im Grunde haben die Menschen nur zwei Wünsche: Alt zu werden und dabei jung zu bleiben. *Peter Bamm*

3 Unerreichbare Wünsche werden als «fromm» bezeichnet. Man scheint anzunehmen, daß nur die profanen in Erfüllung gehen.
Marie von Ebner-Eschenbach

4 Ein jeder Wunsch, wenn er erfüllt, kriegt augenblicklich Junge. *Wilhelm Busch*

5 Die Meinung eines anderen ist nicht das Opfer eines einzigen unserer Wünsche wert.
Anatole France

Würde *1* Zum Gentleman gehört auch die Fähigkeit, sich mit Würde betrügen zu lassen.
Alec Guinness

2 Würde ist die konditionale Form von dem, was einer ist. *Karl Kraus*

Wurf Dramatiker und Rausschmeißer träumen immer von einem großen Wurf.
Joachim Ringelnatz

Würfel Es gibt nur einen guten Wurf mit Würfeln – sie fortzuwerfen.
Hobard C. Chatfield-Taylor

Wurm Was haben begabte Journalisten mit Spechten gemeinsam? Wenn sie auf etwas pochen, ist meistens der Wurm drin.
Markus M. Ronner

Wurstbraterei Prometheus hat das Feuer nicht vom Himmel geholt, damit die Wurstbratereien ihre Geschäfte machen können.
Heinrich Böll

Würstchen Wo die Würstchen an die Macht kommen, wird der Senf rationiert.
Wolfgang Menge

Wurstpapier Die Zeitung: heute aktuell, morgen Wurstpapier, in zwanzig Jahren Kulturgeschichte. *Paul Fechter*

Wurzel *1* Wer seine Wurzeln nicht kennt, kennt keinen Halt. *Stefan Zweig*

2 Unter Fortschritt verstehen die meisten die Unfähigkeit, Wurzel zu fassen.
Richard von Schaukal

3 Was nicht in die Wurzel geht, geht nicht in die Krone. *Friedrich Georg Jünger*

4 Manchmal schlägt der Lorbeer im Kopf Wurzeln. *Stanisław Jerzy Lec*

Wüste *1* Die Wüste kennt nur, wer sie zu Fuß durchquert. *Hans Kudszus*

2 Es ist besser, in einer Wüste wach zu sein, als in einem Paradies zu schlafen.
Waldemar Bonsels

3 Deserteure sind Leute, die sich selbst in die Wüste schicken. *Alfred Andersch*

Wüstling Ein Wüstling ist einer, der auch dort noch Geist hat, wo andere nur Körper haben. *Karl Kraus*

Wut *1* Die Wut ist das einzige, was einem noch hilft. *Lore Lorentz*

2 Ärger ist die Unfähigkeit, Wut in Aktion umzusetzen. *Wolfgang Herbst*

X

X Das X ist der Klappstuhl des Alphabets. *Ramón Gómez de la Serna*

Xanthippe Sokrates hat es mit Xanthippe nicht ausgehalten, weil er Philosoph war; er wurde Philosoph, weil er mit Xanthippe verheiratet war. *Walther Kiaulehn*

Z

Zahl *1* Runde Zahlen sind immer falsch. *Markus M. Ronner*

2 Drei Dinge kann ich mir nicht merken: Das eine sind Namen, das andere sind Zahlen, und das dritte hab' ich vergessen. *Curt Goetz*

Zahn *1* Adam und Eva hatten viele Vorteile. Vor allem bekamen sie ihre Zähne sofort und auf einmal. *Mark Twain*

2 Lächeln ist die beste Art, den Leuten die Zähne zu zeigen. *Werner Finck*

3 Man kann auch mit lauter echten Zähnen ein falsches Lächeln produzieren. *Gabriel Laub*

4 Wenn wir keine eigenen Zähne mehr haben, bekommen wir erst so richtig Lust zuzubeißen. *Thomas Bernhard*

5 Je weniger Zähne ein Mann hat, desto leichter beißt er an. *Trude Hesterberg*

Zahnarzt *1* Zahnarzt: ein Taschenspieler, der, während er Metall in deinen Mund hineinsteckt, Münzen aus deiner Tasche herauszieht. *Ambrose Bierce*

2 Beim Zahnarzt läuft einem immer das Wasser im Mund zusammen. *Gerhard Uhlenbruck*

Zahnschmerz Mit Philosophen muß man sprechen, wenn sie Zahnschmerzen haben. *Mark Twain*

Zankapfel Wann wird der Zankapfel endlich zur verbotenen Frucht erklärt. *Wiesław Brudziński*

Zärtlichkeit Die Ehe ist so etwas wie die gegenseitige Zärtlichkeit von zwei Schleifsteinen. *John Osborne*

Zauber Wenn man die Frauen verstehen könnte, ginge viel von ihrem Zauber verloren. *Sacha Guitry*

Zaun Sicherheit erreicht man nicht, indem man Zäune errichtet, sondern indem man Tore öffnet. *Urho Kekkonen*

Zebra Das Zebra ist ein Tier, das sein Röntgenbild außen trägt. *Ramón Gómez de la Serna*

Zehe *1* Nur wer sich nicht vom Fleck rührt, tritt keinem auf die Zehen. *Markus M. Ronner*

2 Es ist auch eine Kunst, auf eigenen Füßen zu stehen, ohne jemandem auf die Zehen treten zu müssen. *Stavros Spyros Niarchos*

3 Takt ist die Fähigkeit, einem anderen auf die Beine zu helfen, ohne ihm dabei auf die Zehen zu treten. *Curt Goetz*

4 Der bequemste Standort ist prinzipiell der auf den Zehen des politischen Gegners. *Georges Clemenceau*

Zeichnen Zeichnen ist die Kunst, Striche spazierenzuführen. *Paul Klee*

Zeichner Es gibt Zeichner, die mit wenigen Strichen auskommen dürfen, weil sie zuviel können. Und es gibt Zeichner, die mit wenigen Strichen auskommen müssen, weil sie nicht genug können. *Saul Steinberg*

Zeile *1* Wer was zu sagen hat, hat keine Eile. Er läßt sich Zeit und sagt's in einer Zeile. *Erich Kästner*

2 Wer nach Zeilen schreibt, muß damit rechnen, unterbezahlt zu werden. *Hans-Horst Skupy*

3 Das Schreiben zwischen den Zeilen zahlt sich nicht aus, weil nur die Zeilen honoriert werden. *Zarko Petan*

4 Gerechterweise sollten Literaten auch dafür honoriert werden, was zwischen den Zeilen steht. *Hans-Horst Skupy*

5 Analphabeten können am besten zwischen den Zeilen lesen. *Peter Benary*

6 Satire heißt zwischen den Zeilen denken. *Hans-Horst Skupy*

7 Es gibt Gedichte, bei denen sogar der Raum zwischen den Zeilen leer ist. *Günter Eich*

8 Lyrik ist, wenn die Zeilen vor dem Rand aufhören. *Markus M. Ronner*

9 Vier Zeilen in einem Lexikon sind mehr wert als der schönste Grabstein. *Alec Guinness*

Zeilenschinder Aphoristiker sind Zeilenschinder. *Heinrich Wiesner*

Zeit *1* Glück besteht darin, die Eigenschaften zu haben, die von der Zeit verlangt werden. *Henry Ford*

2 Glück ist, wenn man zusieht, wie die Zeit vergeht, und davon überzeugt ist, daß sie für einen arbeitet. *Werner Schneyder*

3 Lebenskünstler sind Menschen, die nicht nur Zeit für das Notwendige, sondern auch für das scheinbar Überflüssige haben. *Friedl Beutelrock*

4 Es gibt Zeiten, in denen einem alles gelingt. Aber man braucht nicht zu erschrecken, das geht schnell vorüber. *Jules Renard*

5 Zeiten der Ordnung sind die Atempausen des Chaos. *Walter Hilsbecher*

6 Nostalgie ist die Sehnsucht nach der guten alten Zeit, in der man nichts zu lachen hatte. *Charles Aznavour*

7 Der kultivierte Herr sprach von den guten alten Zeiten und dachte an die Todesstrafe. *Werner Schneyder*

8 Opfer kehren oft zum Ort der Tat zurück, um sich der guten alten Zeiten zu erinnern. *Wieslaw Brudziński*

9 Das Merkwürdigste an der Zukunft ist wohl die Vorstellung, daß man unsere Zeit später die gute alte Zeit nennen wird. *John Steinbeck*

10 Jetzt sind die guten alten Zeiten, nach denen man sich in zehn Jahren zurücksehnt. *Peter Ustinov*

11 Nichts ist so sehr für die gute alte Zeit verantwortlich wie das schlechte Gedächtnis. *Anatole France*

12 Mit der Zeit vollbringen unsere Vorfahren immer ruhmreichere Taten. *Wieslaw Brudziński*

13 Wir leben in einer Zeit, in der die Menschen nicht wissen, was sie wollen, aber alles tun, um es zu bekommen. *Don Marquis*

14 Die Zeiten der Wettkämpfer sind die einzigen, die immer besser geworden sind. *Werner Schneyder*

15 Pessimismus wird nur von den Optimisten verbreitet. Die Pessimisten sparen ihn für schlechtere Zeiten auf. *Gabriel Laub*

16 Schlechte Zeiten sind gute Gesprächsthemen. *Wolf Wondratschek*

17 Wir leben in einer Zeit, in der schon die Zwanzigjährigen Memoiren schreiben können. *Vanessa Redgrave*

18 Nicht das Genie ist 100 Jahre seiner Zeit voraus, sondern der Durchschnittsmensch ist um 100 Jahre hinter ihr zurück. *Robert Musil*

19 Die Zeit ist immer reif, es fragt sich nur, wofür. *François Mauriac*

20 Augenblick: der Orgasmus der Zeit. *Walter Hilsbecher*

21 Die Zeit ist mit Neuem schwanger, ohne gebären zu können. *Ernst Bloch*

22 Man muß der Zeit Zeit lassen. *Angelo Giuseppe Roncalli*

23 Die Zeit verwandelt uns nicht, sie entfaltet uns nur. *Max Frisch*

24 Die Zeit ist ein guter Arzt, aber ein schlechter Kosmetiker. *William Somerset Maugham*

25 Verbringe nicht die Zeit mit der Suche nach einem Hindernis, vielleicht ist keines da. *Franz Kafka*

26 Die Zeit wartet auf keinen, auch nicht auf dich. *Mick Jagger*

27 Kommt Zeit, kommt Rat. Kommt Unrat. *Markus M. Ronner*

28 Die Zeit ist eine Uhr ohne Ziffern. *Ernst Bloch*

29 Manche Zeitgenossen haben mit der Zeit nur das Datum gemein. *Karl Steinbuch*

30 Jetzt gehe ich mit der Zeit, sagte er, nachdem er sich eine Uhr gekauft hatte. *Wolfgang Eschker*

31 Geh mit der Zeit, aber komm von Zeit zu Zeit zurück. *Stanislaw Jerzy Lec*

32 Die Zeit ist eine große Lehrerin. Schade nur, daß sie ihre Schüler umbringt. *Curt Goetz*

33 Ich glaube, daß der Mensch noch gar nicht die Zeit hatte, etwas anderes zu werden, als er heute ist. *Friedrich Dürrenmatt*

34 Der Mensch ist nicht schlecht. Er hat nur keine Zeit, gut zu sein. *Gerhard Uhlenbruck*

35 Weil du nicht weißt, was du tun sollst, wenn du Zeit hast, tust du alles, um keine Zeit zu haben. *Peter Benary*

36 Die Armbanduhr ist eine Handfessel der Zeit. *Sigismund von Radecki*

37 Die meiste Zeit verwenden wir dazu, Zeit zu verschwenden. *Gerhard Uhlenbruck*

38 Pünktlichkeit stiehlt uns die beste Zeit. *Oscar Wilde*

39 Ich habe mir vorgenommen, Zeit zu gewinnen durch Verzicht auf Interesse. *Peter Bichsel*

40 Man verliert die meiste Zeit damit, daß man Zeit gewinnen will. *John Steinbeck*

41 Man sollte mehr Zeit in seine Arbeit und mehr Arbeit in seine Zeit stecken. *Friedrich Dürrenmatt*

42 Das traute Heim erspart dir eine Menge Arbeit, weil es dir keine Zeit für sie läßt. *Gabriel Laub*

43 Wer was zu sagen hat, hat keine Eile.
Er läßt sich Zeit und sagt's in einer Zeile. *Erich Kästner*

44 Zeit haben nur diejenigen, die es zu nichts gebracht haben. Damit haben sie es weiter gebracht als alle anderen. *Giovanni Guareschi*

45 Auch eine stehengebliebene Uhr kann noch zweimal am Tag die richtige Zeit anzeigen; es kommt nur darauf an, daß man im richtigen Augenblick hinschaut. *Alfred Polgar*

46 Wer sich bloß die Zeit vertreibt, vertreibt mit der Zeit noch einiges andere. *Alexander Lernet-Holenia*

47 Langeweile ist die Zeit, die wir mit Kurzweil totschlagen. *Gerhard Uhlenbruck*

48 Denkt ans fünfte Gebot: Schlagt eure Zeit nicht tot! *Erich Kästner*

49 Gutes Fernsehen ist besonders schlecht, weil es dazu verleitet, Zeit vor dem Bildschirm zu verbringen. *Alexander Mitscherlich*

50 In früheren Zeiten bediente man sich der Folter. Heutzutage bedient man sich der Presse. *Oscar Wilde*

51 Wir leben in einer Zeit, in der immer mehr Verfasser alles erreichen, was sie mit einem Zeitungsartikel erreichen wollen: er wird gedruckt. *Gabriel Laub*

52 Die Zeitung ist die Konserve der Zeit. *Karl Kraus*

53 Der Journalist ist vom Termin angeregt. Er schreibt schlechter, wenn er Zeit hat. *Karl Kraus*

54 Wenn der Interviewte zu dem Interviewer sagt: «Das ist eine gute Frage», will er entweder schmeicheln oder Zeit gewinnen. *David Frost*

55 Die beste Frage nützt nichts, wenn sie so lange dauert, daß keine Zeit zum Antworten bleibt. *Peter Ustinov*

56 Stil und Geist von Briefen sind immer das eigentliche Zeichen der Zeit. *Friedrich Nietzsche*

57 Eine mit Schlagworten geohrfeigte Zeit produziert eine geschwollene Literatur. *Alfred Polgar*

58 Die Bücher haben die gleichen Feinde wie der Mensch: das Feuer, die Nässe, die Zeit und ihren eigenen Inhalt. *Paul Valéry*

59 Zeichen der Zeit: die Künstler sind Profis geworden; die Amateure Künstler. *Erik Satie*

60 Eine traurige Zeit, in der man den Sex-Appeal nach Zentimetern mißt. *Alfred Hitchcock*

61 Das Schlimme am Leben ist, daß es so viele schöne Frauen gibt und so verdammt wenig Zeit. *John Barrymore*

62 Wenn die Zeit kommt, in der man könnte, ist die vorüber, in der man kann. *Marie von Ebner-Eschenbach*

63 Viele, die ihrer Zeit vorausgeeilt waren, mußten auf sie in sehr unbequemen Unterkünften warten. *Stanislaw Jerzy Lec*

Zeitalter Das Telephon gehört zu den Unentbehrlichkeiten, die nicht gekannt zu haben, ein rohes Zeitalter adelt. *Richard von Schaukal*

Zeitgeist Zeitgeist ist, wenn alle gleichzeitig anders sein wollen als die anderen. *Werner Schneyder*

Zeitschrift Die Aktualität ist der Pulsschlag der Presse. Deshalb haben Zeitschriften einen relativ niedrigen Blutdruck. *Cecil King*

Zeitung *1* Die Zeitung deckt unseren täglichen Bedarf an Vergänglichkeit. *Ernst Schröder*

2 Zeitungen ersetzen das Leben; daher ihre Popularität. *Stefan Napierski*

3 Die Zeitung ist die Konserve der Zeit. *Karl Kraus*

4 Die Zeitung: heute aktuell, morgen Wurstpapier, in zwanzig Jahren Kulturgeschichte. *Paul Fechter*

5 Noch ein Jahrhundert Zeitungen – und alle Worte stinken. *Friedrich Nietzsche*

6 Manche Zeitungen sind an und für sich ein Druckfehler. *Werner Schneyder*

7 Die Schlagzeile, die ich am liebsten lesen würde, lautet: «Es gibt keine Zeitungen mehr.» *Gerold Tandler*

8 Nähme man den Zeitungen den Fettdruck – um wieviel stiller wäre es in der Welt. *Kurt Tucholsky*

9 Wenn man den Begriff «Sport» aus den entsprechenden Seiten der Zeitungen herausnähme, würden Frontberichte übrigbleiben. *Peter Turrini*

10 Selbst wenn die Zeitung noch so ärgerliche und finstere Dinge verkündet oder prophezeit – solange sie überhaupt da ist, kann es nicht allzu schlimm sein. *Joachim Kaiser*

11 Pressefreiheit: das Volk erfährt alles, was die Zeitung bringt. *Rudolf Rolfs*

12 In einer Zeitung schreiben heißt die Menschen vor sich sehen, die sie lesen sollen. *Walther Victor*

13 Ich muß sagen, die Presse kommt uns entgegen. Früher mußte man wirklich etwas tun, um in die Zeitung zu kommen. Heute braucht man bloß noch etwas zu sagen. *Manfred Rommel*

14 Der sicherste Weg, in die Zeitung zu kommen, besteht darin, eine zu lesen, während man die Straße überquert. *Alberto Sordi*

15 Wenn Sie mit einem Gesprächspartner weder politisch noch kulturell übereinstimmen, besagt das nicht, daß der Betreffende anderer Meinung ist. Er liest vielleicht nur eine andere Zeitung. *Oliver Hassencamp*

16 Den Blick auf die Welt kann man mit einer Zeitung versperren. *Stanislaw Jerzy Lec*

17 Fliegen und Menschen haben eines gemeinsam: man kann sie beide mit Zeitungen erschlagen. *Dieter Hildebrandt*

18 Solange man mit einem Fernsehapparat keine Fliege totschlagen kann, solange kann er die Zeitung nicht ersetzen. *Manfred Rommel*

Zeitungsartikel Wir leben in einer Zeit, in der immer mehr Verfasser alles erreichen, was sie mit einem Zeitungsartikel erreichen wollen: er wird gedruckt. *Gabriel Laub*

Zeitungsberichterstattung Das Problem der Zeitungsberichterstattung liegt darin, daß das Normale uninteressant ist. *Saul Bellow*

Zeitungskritik Der Künstler kann nur eines nicht sehen: das Offensichtliche. Das Publikum kann nur eines sehen: das Offensichtliche. Resultat: die Zeitungskritik. *Oscar Wilde*

Zensor *1* Ein Zensor ist ein Mann, der für seine schmutzigen Gedanken bezahlt wird. *George Trevelyan*

2 Zensoren behalten die besten Stellen für sich. *Ava Gardner*

3 Zensoren sind Schneidermeister, die verunstalten. *Jean-Luc Godard*

4 Satiren, die der Zensor versteht, werden zu Recht verboten. *Karl Kraus*

Zensur *1* Der Mensch: ein durch die Zensur gerutschter Affe. *Gabriel Laub*

2 Zensur ist ungewollte Unterstreichung durch gewollte Streichung. *Martin Sperr*

3 Zensur ist geheime Empfehlung durch öffentliches Verbot. *Dieter Hildebrandt*

4 Was wäre die Pornographie ohne die Zensur? *Roger Vadim*

5 Die gefährlichste Form der Zensur ist die Schere im eigenen Kopf. *Curzio Malaparte*

6 Die Perfektion der Zensur ist erreicht, wenn nur solche Bücher zur Lektüre freigegeben werden, die ohnehin niemand liest. *George Bernard Shaw*

7 Zensur hat auch ihre gute Seite: Zahllosen Büchern hat sie wenigstens einen Leser beschert. *Kateb Yacine*

8 Auch Kochbücher sollten der Zensur unterliegen. *Stanislaw Jerzy Lec*

9 Jäten ist Zensur an der Natur. *Oskar Kokoschka*

Zentimeter *1* Heute steht man immer wieder vor der Alternative, ob man zehn Kilogramm abnehmen oder um zehn Zentimeter wachsen soll. *Peter Ustinov*

2 Eine traurige Zeit, in der man den Sex-Appeal nach Zentimetern mißt. *Alfred Hitchcock*

Zerrspiegel Mancher müßte in einen Zerrspiegel schauen, um erträglich auszusehen. *Ödön von Horváth*

Zeuge Gott ist ein Zeuge, den man nicht vereidigen kann. *Samuel Beckett*

Zeugung Die Wollust ist die Prämie der Natur für die Mühen von Zeugung und Geburt. *Sigmund Freud*

Ziel *1* Wer all seine Ziele erreicht, hat sie zu niedrig gewählt. *Herbert von Karajan*

2 Man muß sich einfache Ziele setzen, dann kann man sich komplizierte Umwege erlauben. *Charles de Gaulle*

3 Der Schritt ist mehr als das Ziel. *Victor Auburtin*

4 Der Weg ist immer mehr als das Ziel. *Heimito von Doderer*

5 Nur mit dem Unmöglichen als Ziel kommt man zum Möglichen. *Miguel de Unamuno*

6 Keine Politik ist besser als die Ziele, die sie sich setzt. *Henry Kissinger*

7 Fleiß für die falschen Ziele ist noch schädlicher als Faulheit für die richtigen. *Peter Bamm*

8 Fanatismus besteht im Verdoppeln der Anstrengung, wenn das Ziel vergessen ist. *George Santayana*

9 Schlimmer als Menschen, denen jedes Mittel recht ist, um zum Ziel zu kommen, sind Menschen, denen jedes Ziel recht ist, wenn sie nur Mittel dafür bekommen. *Gerhard Uhlenbruck*

10 Wer in seinen Mitteln nicht wählerisch ist, sollte es wenigstens in seinen Zielen sein. *Gerd Gaiser*

11 Ein Junggeselle ist ein Mann, der sein Ziel erreicht, ohne dort zu verweilen. *Alberto Sordi*

12 Schließlich erreicht jeder Mensch jedes Ziel. Er muß es nur genügend weit zurückstecken. *Hans Söhnker*

Zielen Platonische Liebe kommt mir vor wie ein ewiges Zielen und Niemals-Losdrücken. *Wilhelm Busch*

Zielscheibe Eine der fröhlichsten Erfahrungen im Leben ist es, als Zielscheibe zu dienen, ohne getroffen zu werden. *Winston S. Churchill*

Zigarette Heutzutage gilt ein Mann schon als Gentleman, wenn er die Zigarette aus dem Mund nimmt, bevor er eine Frau küßt. *Barbra Streisand*

Zigarre Eine Frau ist nur eine Frau, aber eine gute Zigarre kann man rauchen. *Rudyard Kipling*

Zigeunerin Charakter ist nur Eigensinn. Es lebe die Zigeunerin. *Paul Scheerbart*

Zimmer Bevor man es nicht geschafft hat, in einem Zimmer zu leben, kann man nicht hinausgehen und kämpfen. *Harold Pinter*

Zins Auch was das Leben betrifft, ist es besser, nur die Zinsen, nicht das Kapital zu verbrauchen. *Joachim Günther*

Zitat *1* Zitat: die fehlerhaft wiedergegebenen Worte eines anderen. *Ambrose Bierce*

2 Es gibt Zitate, die es sind, und solche, die es werden. *Johann-Baptist Metz*

3 Wir gehen zu Shakespeare nur noch, um seine Zitate zu erkennen. *Orson Welles*

4 Von der Mehrzahl literarischer Werke bleiben nur die Zitate übrig. Wäre es da nicht besser, von Anfang an nur die Zitate aufzuschreiben? *Stanislaw Jerzy Lec*

5 Über manche Gedankenlücke bilden Zitate die Eselsbrücke. *Ludwig Fulda*

6 Zitate sind Eis für jede Stimmung. *Christian Morgenstern*

7 Ein Zitat ist besser als ein Argument. Man kann damit in einem Streit die Oberhand gewinnen, ohne den Gegner überzeugt zu haben. *Gabriel Laub*

8 Ein Interviewer sollte die Zitate eines Politikers besser kennen als dieser selbst. *Günter Gaus*

9 Ein Plagiat ist ein Zitat unter Weglassung der Gänsefüßchen. *Victor de Kowa*

Zitrone Legt man eine Zitrone neben eine Orange, so hören sie auf, Zitrone und Orange zu sein. Sie werden Früchte. *Georges Braque*

Zivilcourage *1* Zivilcourage ist das, was von einem Menschen übrigbleibt, wenn der Vorgesetzte das Zimmer betritt. *Wernher von Braun*

2 Unter Zivilcourage verstehe ich, daß es für mich ganz einfach zu anstrengend ist, zu überlegen, was ich verschweigen könnte. *Anja Silja*

Zivilisation *1* Zivilisation ist einfach eine Reihe von Siegen über die Natur. *William Harvey*

2 Die Zivilisation ist nichts anderes als ein Farbanstrich, der vom nächsten Regen fortgewaschen wird. *Auguste Rodin*

3 Zivilisation ist die unablässige Vermehrung unnötiger Notwendigkeiten. *Mark Twain*

4 Die Errungenschaften der Zivilisation sind nur eine Anhäufung von Torheiten, die unweigerlich auf ihre Schöpfer zurückfallen und sie am Ende vernichten werden. *Herbert George Wells*

5 Barbarei und Zivilisation – Vorgericht und Nachspeise der Kultur. *Hans Kasper*

6 Die Zivilisation hat die Liebe von der Stufe des Instinkts auf die der Leidenschaft gehoben. *George Moore*

7 Der Zyniker, dieser Schmarotzer der Zivilisation, lebt davon, sie zu verneinen, weil er überzeugt ist, daß sie ihn nicht im Stich lassen wird. *José Ortega y Gasset*

Zölibat Auch das Zölibat ist eine Form von Empfängnisverhütung. *Günther Schatzdorfer*

Zoobesuch Zoobesuch ist unbewußter Ahnenkult. *Fernandel*

Zorn *1* Zorn: eine in Fahrt geratene Verstimmung. *Heinrich Wiesner*

2 Zorn ist ein schlechter Berater, aber ein scharfsinniger Analytiker. *Karol Irzykowski*

3 Nicht durch Zorn, sondern durch Lachen tötet man. *Friedrich Nietzsche*

Zucker Wo Zucker ist, ist die Karies nicht fern. *Rüdiger Nehberg*

Zuckerzange Ein Gentleman ist ein Herr, der sich sogar dann der Zuckerzange bedient, wenn er allein ist. *Alphonse Allais*

Zudringliche Höflichkeit ist der dritte Arm, der uns erlaubt, Zudringliche auf Distanz zu halten. *Walther Kiaulehn*

Zudringlichkeit Anteilnahme ist die gesellschaftliche Form der Zudringlichkeit. *Hans Lohberger*

Zufall *1* Der Zufall ist die in Schleier gehüllte Notwendigkeit. *Marie von Ebner-Eschenbach*

2 Zufall: ein unvermeidliches Vorkommnis, das auf unabänderlichen Naturgesetzen beruht. *Ambrose Bierce*

3 Was wir Zufall nennen, ist vielleicht die Logik Gottes. *Georges Bernanos*

4 Der Zufall ist Gottes Deckname, wenn Gott sich nicht zu erkennen geben will. *Anatole France*

5 Es gibt Zufälle, an denen sind noch die Fingerabdrücke Gottes. *Nikolaus Cybinski*

6 Glücklich, wer dem Himmel danken kann! Der Zufall braucht keinen Dank. *Nikolaus Cybinski*

7 Je planmäßiger die Menschen vorgehen, desto wirksamer trifft sie der Zufall. *Friedrich Dürrenmatt*

8 Das Wesentliche an jeder Erfindung tut der Zufall, aber den meisten Menschen begegnet dieser Zufall nicht. *Friedrich Nietzsche*

9 Wie wenig du gelesen hast, wie wenig du kennst – aber vom Zufall des Gelesenen hängt es ab, was du bist. *Elias Canetti*

10 Geschichte ist die Addition von Zufällen. *Werner Höfer*

Zufriedenheit Zufriedenheit ist die schwachsinnige Schwester der Dummheit. *Peter Ustinov*

Zug *1* Wir sitzen alle im gleichen Zug und viele im falschen Coupé. *Erich Kästner*

2 Den abfahrenden Zug in der Politik erreicht man am sichersten, indem man ihn selber steuert. *Amintore Fanfani*

3 Wenn ein Zug in die falsche Richtung fährt, sind alle Stationen falsch. *Franz Josef Strauß*

4 Nicht jedes Licht am Ende eines Tunnels bedeutet einen Hoffnungsschimmer. Manchmal ist es auch ein entgegenkommender Zug. *Markus M. Ronner*

5 Opportunisten sind Leute, die den Zug erst auf der Endstation besteigen. *Ernst Schröder*

Zuhause Ein Zuhause ist, wohin man geht, wenn einem die Orte ausgegangen sind. *Barbara Stanwyck*

Zuhören Zuhören ist eine leise, aber elementare Äußerung guten Benehmens. *Thaddäus Troll*

Zuhörer *1* Gott schweigt. Deswegen gilt er als guter Zuhörer. *Emil Baschnonga*

2 Eine gute Rede soll das Thema erschöpfen, nicht die Zuhörer. *Winston S. Churchill*

3 Ein Tischgespräch zu zweit ist das ergiebigste von allen. Das Fehlen von Zuhörern unterdrückt die Eitelkeit. *André Maurois*

4 Schlagfertig ist eine Antwort, die so klug ist, daß der Zuhörer wünscht, er hätte sie gegeben. *Elbert Hubbard*

Zuknöpfen Wer das erste Knopfloch verfehlt, kommt mit dem Zuknöpfen nie zurecht. *Emlyn Williams*

Zukunft *1* Die Zukunft ist auch nicht mehr, was sie war. *Hermann Josef Abs*

2 Zukunft ist die Gegenwart, die nicht gelebt wird. *Hellmut Walters*

3 Wer die Vergangenheit nicht kennt, wird die Zukunft nicht in den Griff bekommen. *Golo Mann*

4 Wer in der Zukunft lesen will, muß in der Vergangenheit blättern. *André Malraux*

5 Zukunft: jene Zeit, in der unsere Geschäfte gut gehen, unsere Freunde treu sind und unser Glück gesichert ist. *Ambrose Bierce*

6 Die Zukunft ist ein Bankier, dessen fortwährende Pleiten seinen Kredit nicht zerstören. *Winston S. Churchill*

7 Die Zukunft ist unser Hemd, aber die Gegenwart ist unsere Haut. *Eugène Ionesco*

8 Zukunft ist die Ausrede derer, die Vergangenheit und Gegenwart zu verbergen trachten. *Ludwig Marcuse*

9 Die Zukunft ist die Ausrede all jener, die in der Gegenwart nichts tun wollen. *Harold Pinter*

10 Frauen mit Vergangenheit und Männer mit Zukunft ergeben eine fast ideale Mischung. *Oscar Wilde*

11 Der einzige Unterschied zwischen dem Heiligen und dem Sünder ist, daß jeder Heilige eine Vergangenheit und jeder Sünder eine Zukunft hat. *Oscar Wilde*

12 Die Zukunft sieht man nicht, die Vergangenheit wohl. Das ist seltsam, denn wir haben ja unsere Augen nicht auf dem Rücken. *Eugène Ionesco*

13 Oft ist die Zukunft schon da, ehe wir ihr gewachsen sind. *John Steinbeck*

14 Ich verstehe Einstein nicht, aber die heutigen Gymnasiasten verstehen ihn. Wir müssen also auf die Zukunft hoffen. *Eugène Ionesco*

15 Eine Zukunft, von der man zuviel spricht, gehört bereits der Vergangenheit an. *André Malraux*

16 Zukunft ist etwas, das die meisten Menschen erst lieben, wenn es Vergangenheit geworden ist. *William Somerset Maugham*

17 Zukunft ist die Zeit, in der man die ganze Vergangenheit kennen wird. Solange man die Vergangenheit nur teilweise kennt, lebt man in der Gegenwart. *Gabriel Laub*

18 Antiquitäten sind das einzige Feld, auf dem das Gestern noch Zukunft hat. *Harold Wilson*

19 Alt ist man dann, wenn man an der Vergangenheit mehr Freude hat als an der Zukunft. *John Knittel*

20 Alte Männer sind gefährlich, ihnen ist die Zukunft egal. *George Bernard Shaw*

21 Eine Nation muß scheitern, wenn sie ihre Zukunft in der Vergangenheit sieht. *Walther Leisler Kiep*

22 Prophezeien ist schwer - vor allem wenn es um die Zukunft geht. *Markus M. Ronner*

23 Die realen Konturen der Zukunft zu umreißen, überlassen wir lieber den Wahrsagern. *Stanislaw Lem*

24 Die Zukunft vorauszusagen, ist keine Kunst; aber die Gegenwart zu erraten. *Hugo Dionizy Steinhaus*

25 Die Zukunft soll man nicht voraussehen wollen, sondern möglich machen. *Antoine de Saint-Exupéry*

26 Ich denke niemals an die Zukunft. Sie kommt früh genug. *Albert Einstein*

27 Die Zukunft hat schon begonnen. *Robert Jungk*

28 Ich interessiere mich sehr für die Zukunft, denn ich werde den Rest meines Lebens in ihr verbringen. *Charles F. Kettering*

29 Hoffen heißt: die Zukunft dementieren. *Emile M. Cioran*

30 Ein Optimist ist jemand, der glaubt, daß die Zukunft ungewiß ist. *Paul Löwinger*

31 Angst vor der Zukunft heißt heute Angst vor keiner Zukunft. *Armand Salacrou*

32 Das Beste an der Zukunft ist, daß nie zwei Tage auf einmal kommen. *Dean Acheson*

33 Die Zukunft kommt in Raten, das ist das Erträgliche an ihr. *Alfred Polgar*

34 In der Zukunft wird es weniger auf die Arbeit ankommen als auf die Faulheit. *Eric Rohmer*

35 Was mag uns die Zukunft bringen? Was wir der Zukunft bringen. *Peter Benary*

36 Die Zukunft der Sprache ist die Formel. *C. W. Ceram*

37 Die Zukunft der Literatur liegt im Aphorismus. Den kann man nicht verfilmen. *Gabriel Laub*

38 Das Merkwürdigste an der Zukunft ist wohl die Vorstellung, daß man unsere Zeit später die gute alte Zeit nennen wird. *John Steinbeck*

39 Aus der Vergangenheit kann jeder lernen. Heute kommt es darauf an, aus der Zukunft zu lernen. *Herman Kahn*

40 Futurologe: einer, der sich vorstellen kann, wie die Zukunft einmal sein wird, sich aber nicht vorstellen kann, daß diese ohne ihn auskommen könnte. *Stanislaw Jerzy Lec*

41 Satire ist Hochrechnung in die Zukunft. Um zu zeigen, was heute ist, muß man zeigen, wie es weitergeht. *Helmut Ruge*

42 Am liebsten erinnere ich mich an die Zukunft. *Salvador Dalí*

43 Die Jugend hat Heimweh nach der Zukunft. *Jean-Paul Sartre*

44 Wer die Zukunft als Gegenwind empfindet, geht in die falsche Richtung. *Martin Held*

45 Die Welt wird entweder explodieren oder verschweizern. Ob so oder so - die Zukunft wird fürchterlich. *Friedrich Dürrenmatt*

46 Zukunft wird nur dann möglich sein, wenn wir lernen, auf Dinge, die machbar wären, zu verzichten, weil wir sie nicht brauchen. *Günter Graß*

47 Meine Vision der Zukunft ist so genau, daß ich, wenn ich Kinder hätte, sie sogleich erwürgen würde. *Emile M. Cioran*

48 Die Welt kann verändert werden. Zukunft ist kein Schicksal. *Robert Jungk*

Zukunftsforschung Zukunftsforschung heißt die Kunst, sich zu kratzen, bevor es einen juckt. *Peter Sellers*

Zündholz Zwischen Mann und Frau ist alles in Ordnung, wenn er das Zündholz ist und sie die Reibungsfläche. *Henry Miller*

Zuneigung *1* Der einzige Entschuldigungsgrund für eine Liebesheirat ist die unüberwindliche gegenseitige Zuneigung. *George Bernard Shaw*

2 Nichts nützt der Liebe so sehr wie Distanz. Mit jedem Kilometer Entfernung wächst die Zuneigung. *George Bernard Shaw*

Zunge *1* Die Liebenden reden mit Zungen. *Bert Berkensträter*

2 Alle Organe des Menschen sind doppelt angelegt - vor allem die Zunge. *Gerhard Uhlenbruck*

3 Alle menschlichen Organe werden irgendwann einmal müde, nur die Zunge nicht.
Konrad Adenauer

4 Wer sein Herz auf der Zunge trägt, sollte nicht mit vollem Munde reden.
Gerhard Uhlenbruck

5 Das Götz-Zitat ist bekannt, so weit die deutsche Zunge reicht. *Markus M. Ronner*

Zurückweichen Schrittweises Zurückweichen ist oft schlimmer als ein Sturz.
Marie von Ebner-Eschenbach

Zusammenarbeit Die Kunst ist eine Zusammenarbeit zwischen Gott und den Menschen. Je weniger der Mensch dabei tut, desto besser.
André Gide

Zusammenbruch Zusammenbrüche sind die Arme der Engel, die uns vor uns selbst bewahren. *Hans Arndt*

Zusammensein *1* Laß Raum sein in unserem Zusammensein. *Kahlil Gibran*

2 Ein Gentleman ist ein Mann, der sich nach einem Zusammensein mit einer Frau als freiwilliger Geheimnisträger betrachtet.
Alec Guinness

3 Abschied ist die innigste Weise menschlichen Zusammenseins. *Hans Kudszus*

Zuschauen Die Teilnahme der Bürger an der Politik reduziert sich allmählich aufs Zuschauen am Bildschirm. *Rudolf Wassermann*

Zuschauer *1* Überall gibt es Zuschauer – Menschen, die an etwas interessiert sind, das sie gar nicht interessiert. *Peter Altenberg*

2 Der Zuschauer im Theater will träumen. Freilich einen Traum, in dem man nicht schlafen soll. *Jean-Louis Barrault*

3 Wer fragt die Zuschauer schon, was sie wünschen, wenn das, was sie wünschen, nicht erwünscht ist. *Manfred Delling*

Zutraulichkeit Die Bosheit ist die Antwort auf eine enttäuschte Zutraulichkeit.
Martin Kessel

Zutritt Ich ziehe das Schild «Kein Zutritt» dem Schild «Kein Ausgang» vor.
Stanislaw Jerzy Lec

Zuverlässigkeit *1* Die eigene Zuverlässigkeit lernt man erst schätzen, wenn man sich auf andere verlassen muß. *Mariano Rumor*

2 Zuverlässigkeit kann auch darin bestehen, daß jemand regelmäßig versagt.
Amintore Fanfani

Zuversicht Wäre ich Verleger, ich würde zuversichtlichen Autoren mißtrauen. Ein Autor hat seine Zuversicht verbraucht, wenn er aus Papier Manuskript gemacht hat.
Heinrich Böll

Zwang Das Glück der Masse heißt Zwang.
Sigmund Graff

Zwangsvorstellung *1* Länder spiegeln in ihrer Architektur ihre Zwangsvorstellungen wider. *Lawrence Durrell*

2 Zwangsvorstellungen kennen nicht nur die Psychiater, sondern auch die Konzertkritiker.
Virgil Thomson

Zwanzigjährige Wir leben in einer Zeit, in der schon die Zwanzigjährigen Memoiren schreiben können. *Vanessa Redgrave*

Zweck *1* Niemals heiligt der Zweck die Mittel, wohl aber können die Mittel den Zweck zuschanden machen. *Martin Buber*

2 Der Zweck heiligt höchstens noch die Waschmittel. *Helmut Qualtinger*

3 Manchmal entheiligt der Zweck die Mittel.
Markus M. Ronner

4 Wer immer nur nach dem Zweck der Dinge fragt, wird ihre Schönheit nie entdecken.
Halldór Laxness

5 Humanität besteht darin, daß niemals ein Mensch einem Zweck geopfert wird.
Albert Schweitzer

Zweifel *1* Was die Welt vorwärtstreibt, ist nicht die Liebe, sondern der Zweifel.
Peter Ustinov

2 Der Jammer mit der Menschheit ist, daß die Narren so selbstsicher sind und die Gescheiten so voller Zweifel. *Bertrand Russell*

3 Der Zweifel ist das Wartezimmer der Erkenntnis. *Eleonore Rozanek*

4 Der Glaube versetzt Berge, der Zweifel erklettert sie. *Karl Heinrich Waggerl*

5 Glauben: seine Zweifel in Sicherheit bringen. *Elazar Benyoëtz*

6 Von den sicheren Dingen das sicherste ist der Zweifel. *Bertolt Brecht*

7 Der Zweifel ist die einzige Möglichkeit, die uns bleibt. *Dante Andrea Franzetti*

Zweifler Der Gläubige, der nie gezweifelt hat, wird schwerlich einen Zweifler bekehren. *Marie von Ebner-Eschenbach*

Zweiparteiensystem Das Zweiparteiensystem produziert mediokre Kandidaten und gibt der Mehrheit der Bevölkerung keine echte Alternative. *Eugene McCarthy*

Zweisprachigkeit Viele Politiker verwechseln Zweisprachigkeit mit Doppelzüngigkeit. *Wolfgang Eschker*

Zweitakter Ein Playboy ist ein Zweitakter, der den Zwölfzylinder spielt. *Oliver Hassencamp*

Zwerg *1* Wenn die Sonne der Kultur niedrig steht, werfen selbst Zwerge lange Schatten. *Karl Kraus*

2 Größenwahn: Kinderkrankheit der Zwerge. *Stanislaw Jerzy Lec*

3 Wenn Zwerge wachsen wollen, brauchen sie fremde Knochen. *Stanislaw Jerzy Lec*

4 Wer im Handeln ein Zwerg ist, kann im Ertragen ein Riese sein. *Hans Kudszus*

Zwiebel Leute, die selber Zwiebeln essen, können nicht gut beurteilen, ob andere Zwiebeln gegessen haben oder nicht. *Thornton Wilder*

Zwietracht Olympische Spiele sind eine wundervolle Gelegenheit, Zwietracht auch unter jenen Nationen zu stiften, die sonst keine Reibungsflächen haben. *George Bernard Shaw*

Zwilling Jeder Mensch wird als Zwilling geboren: als der, der er ist, und als der, für den er sich hält. *Martin Kessel*

Zwischenfall Das Geheimnis einer glücklichen Ehe besteht darin, Katastrophen als Zwischenfälle und Zwischenfälle nicht als Katastrophen zu behandeln. *Harold George Nicolson*

Zyniker *1* Zyniker nennen wir Menschen, die laut sagen, was wir denken. *Pierre Daninos*

2 Zyniker: ein Mensch, der die Dinge sieht, wie sie sind, und nicht, wie sie sein sollten. *Ambrose Bierce*

3 Ein Zyniker ist ein Mensch, der von jedem Ding den Preis und von keinem den Wert kennt. *Oscar Wilde*

4 Der Zyniker, dieser Schmarotzer der Zivilisation, lebt davon, sie zu verneinen, weil er überzeugt ist, daß sie ihn nicht im Stich lassen wird. *José Ortega y Gasset*

Zynismus *1* Zynismus entsteht, wenn ein heißes Gefühl kalt geduscht wird. *Alberto Sordi*

2 Zynismus: daß man von niemandem mehr erwartet, als man selber ist. *Elias Canetti*

3 Zynismus ist der geglückte Versuch, die Welt so zu sehen, wie sie wirklich ist. *Jean Genet*

4 Kein Zynismus kann das Leben übertreffen. *Anton Tschechow*

Autorenverzeichnis

A

B

C

D

F

G

H

I

J

K

L

M

N

O

P

Q

R

S

T

U

V

W

Y

Z